緒方洪庵全集　第一巻

扶氏経験遺訓

上

適塾記念会緒方洪庵全集編集委員会　編集

大阪大学出版会

緒方洪庵肖像（嘉永２年〔1849〕、40歳当時）
南譲画、篠崎小竹賛、適塾記念会所蔵

『緒方洪庵全集』の刊行にあたって

適塾記念会会長
大阪大学総長
鷲田　清一

緒方洪庵は、幕末の我が国を代表する蘭学者、医師、そして教育者である。西洋医学の紹介、福澤諭吉をはじめ、我が国の近代化に大きな貢献をした多くの著名人を輩出した適塾における教育、当時最も恐れられた病気である天然痘を予防する種痘事業など、その功績は広く知られている。洪庵は、生涯のうちに医学に関する多くの著書・訳書を残した。また家族や門下生に宛てた数多くの書状、日々の生活を記録した日記、趣味として嗜んだ和歌など、洪庵の人となりや考え方を伝える多くのものが遺されている。

適塾記念会は、洪庵と適塾門下生の業績を顕彰し、我が国近代学術の発展を解明することを主目的に昭和二七年（一九五二）に設立された。大阪北浜の地に現存する旧適塾の土地と建物は、昭和一六年に国の史跡となり、翌一七年には大阪帝国大学の所有となった。適塾をその精神的源流とする大阪大学では、総長を委員長とする適塾管理運営委員会を設置して、適塾の保存管理、一般への公開を行うとともに、適塾記念会とともに、洪庵と適塾の顕彰活動を行ってきた。

適塾記念会においては、故藤野恒三郎大阪大学名誉教授を中心に、早くから『緒方洪庵全集』の刊行が念願されていた。その実現の見通しのもとに、まず故緒方富雄東京大学名誉教授により、洪庵の書状を収録した『緒方洪庵のてがみ』その一、その二（菜根出版、一九八〇年）が刊行された。この『緒方洪庵のてがみ』は、その後、梅溪昇大阪大学名誉教授の手によって、その三、その四、その五が出され、一九九六年に完結した。二〇一〇年の洪庵生誕二〇〇周年が近づいた二〇〇四年頃から、梅溪名誉教授と芝哲夫大阪大学名誉教授が相次いで適塾記念会機関誌である『適塾』の巻頭言で提案されるなど、洪庵生誕二〇〇周年を目標に全集刊行を実現させようという機運が高まった。

これを承けて、二〇〇六年初めに適塾記念会幹事会で刊行を決定し、刊行計画の具体的検討が始まった。以来四年あまりを経て、ここに『緒方洪庵全集』第一巻および第二巻を刊行する運びとなった。

緒方洪庵は、文化七年（一八一〇）、備中足守藩士の子として、足守城下で生まれた。蘭学を志し、大坂の中天游のもとで学んだあと、江戸に遊学し、坪井信道および宇田川玄真（榛斎）に師事した。その後長崎で学び、天保九年（一八三八）より大坂で医業を始めるとともに、蘭学塾適塾を開いた。洪庵は大坂における種痘事業の先駆者でもあり、嘉永二年（一八四九）には大坂に種痘所（大坂除痘館）を開設している。文久二年（一八六二）、幕府の要請により奥医師となり、江戸で勤務することになった。洪庵は、西洋医学所の頭取を兼ね、幕府の西洋医学教育の最高責任者となったが、翌文久三年、突然の喀血により世を去った。享年五四歳であった。

洪庵の著書・訳書のうち、版行されたものとしては、『扶氏経験遺訓』『病学通論』『虎狼痢治準』がある。この三著作は、洪庵の主著というべきものであるが、それ以外に、『人身窮理学小解』『和蘭詞解略説』

『医薬品述語集』『謨私篤牛痘説』その他、写本の形で今日に伝わっているものがある。この全集では、これら蘭学関係の学問書だけでなく、書状・日記・和歌・書など、洪庵の手になるものすべてが翻刻され、収録される予定である。第一巻および第二巻として最初に刊行されるのは、洪庵の著作の中でも、特に重要な『扶氏経験遺訓』である。『扶氏経験遺訓』の翻刻および注・解説・索引の作成は全面的に芝哲夫先生によって行われた。洪庵が我が国医学の発展を願い、ベルリン大学教授フーフェランドによる、当時ヨーロッパで随一の内科全書を渾身の力を込めて訳出したのが、『扶氏経験遺訓』である。芝哲夫先生は、まさにこの書を訳出した洪庵同様の気魄をもって、翻刻から索引の作成に至るまで、数年にわたり心血を注いで成し遂げられた。しかし、刊行をまたず、二〇一〇年九月二八日に逝去された。病の床にありながら最期まで、校正刷に目をお通しいただいた。第一巻と第二巻を洪庵生誕二〇〇周年である本年に刊行することができたことについて、芝哲夫先生の畢生のご努力をここに記し、心よりの賞賛と感謝の念を表したい。

洪庵は、当時一流の医学者・医師であり、教育者であったが、種痘事業の推進や『虎狼痢治準』の刊行に示されているように、医師としての社会的責務を強く自覚し、それを見事に実践した人でもあった。洪庵の手になるものすべてを収録する本全集から、その医学的業績のみならず、時勢を見すえつつ、真の医師たらんとした洪庵の生き方が浮かび上がるであろう。本全集の刊行を機に、緒方洪庵が果たした歴史的役割が再評価されることを切に願う。

『緒方洪庵全集』の編集について

『緒方洪庵全集』刊行に向けて実際に準備が始まったのは二〇〇六年初めである。まず、適塾記念会幹事会の内部において基本方針の検討を行い、それをふまえ、二〇〇七年より、芝哲夫、木下タロウ、村田路人によって構成される緒方洪庵全集編集委員会が、具体的な編集計画の検討を進めた。

この全集では、洪庵の手になるものすべてを翻刻し、収録することにした。全集は全五巻の予定で、最初に刊行することにしたのは『扶氏経験遺訓』である。これは洪庵の主著とされる三著作（『扶氏経験遺訓』『病学通論』『虎狼痢治準』）の中でも、特に重要な著作で、第一巻および第二巻をこれにあてた。今後、残り三巻を順次刊行していく予定である。

第四巻に収録する予定の書状の大半は、緒方富雄・適塾記念会編『緒方洪庵のてがみ』その一～その五（菜根出版、一九八〇～一九九六年、なお、その三より緒方富雄・梅溪昇・適塾記念会の共編）に、また、第五巻に収録する予定の日記および和歌は、緒方富雄『緒方洪庵伝　第二版増補版』（岩波書店、一九七七年）に、それぞれ収められている。書状・日記および和歌については、これら既刊の書物を参考にしつつ、改めて翻刻作業を行い、収録する予定である。なお、第五巻には、附録として、適塾門下生の入門帳である「姓名録」を収録することになっている。

二〇一〇年一〇月

適塾記念会緒方洪庵全集編集委員会
木下　タロウ
村田　路人

凡　例

一、本巻には、『緒方洪庵全集』全五巻の第一巻として、『扶氏経験遺訓』巻之一〜巻之二十を収めた。続く巻之二十一〜巻之二十五、附録巻之一〜巻之三、薬方編巻之一・巻之二は、第一巻と同時に刊行する第二巻に収めた。

一、本巻および第二巻に収めた『扶氏経験遺訓』は、安政四年（一八五七）から文久元年（一八六一）にかけて出版された刊本（大阪大学附属図書館所蔵）を底本とした。

一、『扶氏経験遺訓』を本巻および第二巻に収録するにあたっては、三〇巻から成る『扶氏経験遺訓』の巻ごとに註をつけるとともに、第二巻の巻末に全体の索引をつけた。また、第二巻には『扶氏経験遺訓』の解説を載せた。

一、翻刻にあたっては、原文に忠実であることを旨としたが、一部原文の文字等を改めたところがある。翻刻の原則は以下の通りである。

（イ）改行は原文通りとし、字間や、項目の文章の末尾と次の項目のタイトルとの間にある空行も、できるだけ原文に従った。ただし、空行については、改段後すぐに新たな項目が始まる場合は、編集上、空行を設けなかった。また、各巻末の空行の行数については、すべて一行に統一した。

（ロ）原文では、文章の区切りや文末を示す記号として「⌋」「－」が用いられているが、原文のままとした。ただし、漢文返り点のうちの「一・二点」の数字が誤っている場合（「一二」とすべきところを「一」としている例が見られる）は訂正した。

（ハ）原文では、並列を表す記号として「。」が用いられているが、そのままとした。

（ニ）旧字・俗字については、本字（正字）に統一した。ただし、俗字が常用漢字の場合は、俗字のままとした。また、字形の似た別字が用いられている場合もそのままとし、正しい字を傍注で示した。

（ホ）「〆（して）」「ヿ（こと）」「𪜊（とき）」「𪜈（とも）」「ゝ（漢字の反復記号）」などの異体字や、単位の「氏（グレイン）」「℈（スクルプル）」「℥（オンス）」「比（ポンド）」は原文のままとした。

（ヘ）「〆（して）」と「メ」は、原文では厳密に区別されていないが、文意にふさわしい方の文字を採用した。

（ト）「ネ」と仮名読みさせる「子」については、すべてポイントを小さくして記載した。

（チ）原文では全巻を通じて、「已」とすべき文字を「巳」と記しているが、すべて「已」に変更した。

（リ）［病］などの表記が、原文で一部〔病〕などと見える箇所もあるが、刷り具合による場合もあるため、全て［病］などの表記に統一した。ただし、（病）など、意味が同じでも明らかに表記が異なる場合は、原文のままとした。

一、本巻および第二巻に収めた『扶氏経験遺訓』の翻刻、註・解説の執筆、索引の作成は、芝哲夫が行った。また、翻刻文の校閲は橋本孝成が行った。

緒方洪庵全集　第一巻　扶氏経験遺訓　上　目次

『緒方洪庵全集』の刊行にあたって……鷲田　清一　i
『緒方洪庵全集』の編集について……木下タロウ　村田　路人　iv
凡例……v

扶氏経験遺訓巻之一表紙　1
扶氏遺訓序　2
凡例　6
扶氏経験遺訓初帙目次……9
扶氏経験遺訓巻之一　第一編　11
扶氏経験遺訓巻之二表紙　30
扶氏経験遺訓巻之二　30
扶氏経験遺訓巻之三表紙　49
扶氏経験遺訓巻之三　第二編　49
扶氏経験遺訓巻之四表紙　61
扶氏経験遺訓第二帙目次……62

扶氏経験遺訓巻之四　第三編　65
扶氏経験遺訓巻之五表紙　86
扶氏経験遺訓巻之五　86
扶氏経験遺訓巻之六・七表紙　112
扶氏経験遺訓巻之六　第四編　112
扶氏経験遺訓巻之七　第五編　125
扶氏経験遺訓巻之八表紙　133
扶氏経験遺訓第三帙目次……134
扶氏経験遺訓巻之八　第六編　138
扶氏経験遺訓巻之九表紙　159
扶氏経験遺訓巻之九　159
扶氏経験遺訓巻之十表紙　185
扶氏経験遺訓巻之十　185
扶氏経験遺訓巻之十一表紙　206
扶氏経験遺訓巻之十一　206
扶氏経験遺訓巻之十二表紙　239
扶氏経験遺訓第四帙目次……240
扶氏経験遺訓巻之十二　第七編　245

扶氏経験遺訓巻之十三・十四表紙 268
扶氏経験遺訓巻之十三 268
扶氏経験遺訓巻之十四 第八編 279
扶氏経験遺訓巻之十五表紙 293
扶氏経験遺訓巻之十五 第九編 293
扶氏経験遺訓巻之十六表紙 315
扶氏経験遺訓巻之十六 315
扶氏経験遺訓巻之十七表紙 341
扶氏経験遺訓巻之十七 第十編 341
扶氏経験遺訓巻之十八表紙 353
扶氏経験遺訓第五帙目次…… 354
扶氏経験遺訓巻之十八 第十一編 357
扶氏経験遺訓巻之十九表紙 386
扶氏経験遺訓巻之十九 386
扶氏経験遺訓巻之二十表紙 406
扶氏経験遺訓巻之二十 406

扶氏経験遺訓巻之二十一表紙
扶氏経験遺訓巻之二十一　第十二編
扶氏経験遺訓巻之二十二表紙
扶氏経験遺訓巻之二十二
扶氏経験遺訓巻之二十三表紙
扶氏経験遺訓巻之二十三　第十三編
扶氏経験遺訓巻之二十四表紙
扶氏経験遺訓巻之二十四　第十四編
扶氏経験遺訓巻之二十五表紙
扶氏経験遺訓巻之二十五　第十五編
扶氏経験遺訓附録上表紙
扶氏経験遺訓附録凡例
扶氏経験遺訓附録目次
扶氏経験遺訓附録巻之一　薬品之部
扶氏経験遺訓附録中表紙
扶氏経験遺訓附録巻之二　方術之部
扶氏経験遺訓附録下表紙
扶氏経験遺訓附録巻之三　病証之部
扶氏経験遺訓薬方編上表紙
扶氏経験遺訓薬方巻之一
扶氏経験遺訓薬方編下表紙
扶氏経験遺訓薬方巻之二
解説……………………………………芝　哲夫
索引

（表紙）

扶氏経験遺訓　一

（扉）

安政四年丁巳初秋新雕

緒方洪菴訳本

扶氏経験遺訓

適適斎蔵

扶氏遺訓序㊞

施[1]烏扶歇蘭士韵府諸書無載其伝。履歴不可得而詳。然据是書題目普[2]魯社人。任[3]国王侍医。伯[4]隣大学上博士。班[5]王国参政。盖異数也。自序云。余忝職医科。教授生徒。専心竭力於職事。既已五十年。因有所自淂窃謂。凡日用医療。処措着実不渉虚妄。頗使人平康焉。又謂。少年子弟始進此途。每必指授方嚮。今皆就正路矣。此二項自信既篤。則又決意欲終身無所他顧。輯心血所瀝以着一書。而大成本分職事。於是刻苦磨礲[6]。其書始成焉。然初謂桒[7]楡[8]景薄。自分公之於死後。而使読是書者知其生也黄[9]耇。漠然無所求於世者之一遺言。則足矣。然而天仮吾年。出於初念之外。故不忍永秘欲裨世之言於帳中也。而況指南学者迷途之着。而久靳[10]而不授子弟可乎。今味其言其人以毉道自任。囂ゝ不疑。想其為人。慷慨剛明。識見公正。大有超卓尋常医人之上者。其著述精確明暢。非[11]採擷陳言。[12]餖飣成書之比也。若余家世忝醫職。而甘舍半世余閒。白首纏綿西文者。誠可愧死焉。緒方[13]公裁。備中人。夙齢東下。従学[14]宇榛翁。暨[15]平誠軒。既去又西遊長崎。遂僑居浪華。為人深沈寸宏学博。生徒雲従。[16]其病学通論一書。久已行於世。一時推関西大家。而自嗛如不足。恂〻繙書。嚮者淂扶氏此書。嗜如[17]芻豢。拮据翻訳。卒業。然謙抑自重。不妄上[18]梨棗。近者官開洋禁。設[19]洋館。公裁乃曰。扶氏初念欲公其書於没後。則余今刻於　我邦。以供明時之用。復何不可。於是反復[20]校讐。遂以[21]刷釘。余菲薄晩暮固無足以序其書。然今也前輩凋謝。謬見権先進。無辞可[22]権謏。然世之[23]重糈者。往〻競翻訳刊刻。始不論原意当否。余甚陋之。今扶氏之書既非尋常醫籍。而公裁重訳。非所謂[24]衒鬻之倫。則不淂不楽而序之也。抑余又窃有所感焉。扶氏躬職医科。而班普魯社国参

政。則淂為范[25]文正一言之知已於千歳之下萬里之
表矣。乃知宇内随処各有人材焉。
安政四年丁巳七月美作箕[26]作虔儒識 印 印
浪華 呉[27]策書 印 印

序註

1 C.W. ヒュヘランド（フーフェランド）。Christoph Wilhelm Hufeland（一七六二－一八三六）ドイツ人内科医。ベルリン大学教授。主著“Enchiridion Medicum”（一八三六）は緒方洪庵による『扶氏経験遺訓』の他に、杉田成卿により『済生三方』『医戒』、青木浩斎により『察病亀鑑』としてそれぞれ部分訳が刊行されている。その他のフーフェランドの著作が堀内素堂により訳された小児科書『幼幼精義』の出版もある。

2 プロシア。

3 ワイマール侯侍医。

4 ベルリン大学教授。

5 班は列（つら）なる。

6 研ぎ磨く。

7 桑と楡。日の影が木の梢を照らすことから日暮れを意味し、人生の晩年、老年にたとえる。

8 景はひざし。日の暮れから晩年を意味する。

9 黄は黄髪、耇はしみ。老人のこと。

10 靳（キン）は惜しむ。

11 採擷（サイケツ）は摘み取る。

12 餖飣（トウテイ）はならべつらねる。

13 公裁は緒方洪庵の字。

14 宇田川榛斎（一七九八－一八四六）。

15 坪井信道（一七九五－一八四八）。

16 緒方洪庵著『病学通論』三巻、嘉永二年（一八四九）刊。

17 芻豢（スウカン）草を食べる牛羊類のいけにえの意。転じてご馳走。

18 梨棗（リソウ）なしとなつめ。書籍の版木のこと。

19 蕃書調所。江戸幕府が安政三年（一八五六）江戸に開いた洋書研究機関。
20 他の異本などと引き合わせて誤りや異動を正すこと。
21 本に刷り上ること。
22 権はかり、諉はゆだねる。かこつける、わずらわすこと。
23 糈は糧。
24 実力以上に自分の才能を見せびらかすして売り込む。
25 宋の人で二十四巻より成る范文正公集を著した。
26 箕作阮甫（一七九九－一八六三）。虔儒はその名。津山藩医、蘭学者。洪庵の本書刊行を助けた箕作秋坪の義父。
27 大坂の書家。春日棋堤、名は馭。北渚と号す。

凡例

一此書ハ彼邦紀元一千八百三十六年天保七年孛漏生《プロイセン》[1]地名医官扶歇蘭土《ヒュヘランド》[2]著ハス所ニメ五十年経験遺訓[3]ト題セリ而メ一千八百三十八年天保九年和蘭医官華《ハー》[4]傑満《ゲマン》其国語ニ訳セシ所ノ者ナリ」扶氏自序ニ曰ク予病ヲ療シ人ヲ教ル者茲ニ五十年殆ント生ヲ医ト学トニ終レリ故ニ諸病ノ治法学問ノ次第共ニ其要領ヲ発明セル者少シトセス則チ今之ヲ集録メ身後ニ遺シ亦将ニ以テ後学ヲ教訓セントスト蓋シ此書ノ旨趣ニメ題名ノ由テ出シ所ナリ」又曰ク予カ此著人ノ匿ク所ヲ匿サス人ノ文サル所ヲ文サラス唯実ノマヽニ之ヲ録ス是我耆[5]老ノ所長ナリトメ独リ自任スルヿヲ得タリト今其齢ヲ審ニスルヿ能ハスト雖氏著書ノ年紀ヲ以テ考レハ当時年八旬[6]ニ下ラサラン其煆煉精工亦以テ知ルヘシ」扶氏ノ著書頗ル多シ就裡病学書[7]。神経熱[8]経験書。痘瘡[9]治験書等和蘭人訳セシ者往ゝ我邦ニ齎シ来セリ是皆医家ノ必用タルヿ人ノ知ル所ナリ而メ其論理則チ懇欸ヲ尽シ今古ノ習弊ヲ撓メ毫モ臆度ヲ交ヘス是故ニ武烈篇《ブレッヘン》[10]和蘭人ノ著神経熱経験書ヲ訳シ其序ニ賛メ曰ク扶氏ノ著書悉ク病床ノ実験ニ出テ、学室ノ工夫ニ成ル者ナシ」ト其此ノ賛辞ヲ冒セル著書今ヲ距ルヿ蓋シ三四十年然ルヲ況ンヤ此書ノ老煉ノ後ニ成リシヲヤ其済世ニ鴻益アランヿ必セリ」余頃日此書ヲ得テ之ヲ閲スルニ初メニハ諸病皆自然良能ニ由テ治スルノ弁論ヲ挙ケ診察ノ法則ヲ示メシ次ニ各病治法ニ渉リ終リニハ刺絡[11]。阿芙蓉[12]。吐剤用法ノ訣[13]ト医家ノ警戒トヲ詳説セリ熟読数回ニメ漸ク味ヒヲ生シ愈ゝ玩味スレハ愈ゝ意味ノ深長ヲ覚エ自ラ旧来ノ疑団氷釈セルヲ知ラス殆ト寝食ヲ忘レタリ之ヲ久フシテ以為ク此論説ヲ以テ之ヲ同志ニ示サハ其喜ヒ亦タ必ス余カ若クナラント是ニ於テ自ラ固陋ヲ顧ミス先ツ各病治法ノ編ヲ訳メ之ヲ上梓シ以テ四方ノ済世ニ頒ツ覧者文字ヲ以テスルヿ勿レ一書中毎病編首ニ徴候ヲ挙ケ次ニ原由ヲ論シ終リニ治法ヲ示ス而《メ》其説専ラ簡約ニ従フ乃《チ》自序ニ曰ク此書勉メテ簡約ヲ旨トス故ニ徴候条ニハ唯其病ノ本徴ヲ挙テ他病トノ弁別ヲ示シ原由条ニハ其論最《モ》治術ニ益アル者ノミ摘テ之ヲ説キ治法条ニハ特ニ治法ノ綱領ヲ示シ皆曽テ実験ヲ経シ者ニ撰ヘリ故ニ夫ノ新奇ノ薬方未《タ》試ミサル者ハ一モ采用セス」ト乃《チ》其言ノ如ク一篇中論説ヲ文《サ》ラス真ニ其要領ヲ掲ク学者其旨ノ裏面ニ達セサレハ或《ハ》簡約ニ憾《ミ》アラン然《レ》圧熟読玩味メ能ク其要ヲ得ハ則《チ》必《ス》其施用ノ際ニ於テ自ラ余リアルヲ知ルヘシ

一書中人身諸器諸官及《ヒ》病名病証等耳目ニ慣《レ》サル名称ヲ新製スル者多シ是《レ》彼邦医道研究日新スルニ随ヒ古人ノ未《タ》言ハサル所ヲ言ヒ或《ハ》旧名ノ充サルヲ改ムルニ出ツ其名称大抵余カ訳述セル所ノ病学通論ニ詳説スト雖モ洩ル所ノ者ハ各名下ニ原語ヲ附シ或《ハ》註説ヲ加ヘ以テ考証ニ備フ其病学通論ニ出ル者ハ［病］符ヲ記ス」且《ツ》書中ノ理論率《子》病学ニ拠レリ学者宜ク病学通論ニ就テ之ヲ考索スヘシ

一書中余カ愚按ヲ加ヘテ註釈ヲナス者ハ皆其上下ニ〔　〕ヲ記メ之ヲ分ツ原文ヲ訳メ分註トセル者ハ別ニ符ヲ設ケス覧者混同スルヿ勿レ

一書中ノ薬品方剤。和蘭薬鏡。[14]名物考。[15]同補遺。[16]舎密開宗等ニ出ル者ハ註説ヲ加ヘス唯［鏡］［名］［補］［舎］等ノ符ヲ記メ撿索ニ便ス若《シ》洩ル所ノ者ハ各名下ニ［附］ヲ記メ薬方編ノ後ニ其品類製法ヲ附録ス

[18]天保壬寅夏五月　[19]章識

凡例註

1 プロイセン、プロシア。

2 序註1。

3 C. W. フーフェランドの主著"Enchiridion Medicum（医学必携）"（一八三六）は自らの五十年にわたる医療の経験をも

とに著した臨床内科書。

4 Herman Hendrik Hageman Jr.（一八一三－一八五〇）。オランダ、アムステルダムの医家。十数種のドイツ医書をオランダ語に訳した。

5 老いぼれ。老人。

6 八〇歳。この原書の刊行の年はフーフェランドの没年の七四歳に当たる。

7 "Pathologie, of ziektekunde"（一八〇一）。C. H. Brink による蘭訳など。

8 "Waarneemingen omtrent de zenuwkoortsen en derzelver complication"（一八〇九）。A. NUMAN らによる蘭訳など。

9 "Waarneemingen over de natuurlijke en ingeënte kinderpokjes, over verscheidene ziekten der kinderen, en zowel over de geneeskundige behandeling, als over den eefregel der kinderen"（一八〇二）。J. A. SAXE による蘭訳。

10 F. van der Breggen（一七八三－一八三四）はオランダ、アムステルダムの医学教授。

11 瀉血。

12 阿片。

13 方法、奥義。

14 宇田川榛斎抄訳、宇田川榕菴校。『和蘭薬鏡』三巻。文政三年（一八二〇）刊。オランダ本草書、薬書二十余部から抄訳し、和漢本草と比較同定した書。

15 『遠西医方名物考』三六巻。宇田川榛斎訳述、宇田川榕菴校補。文政五年（一八二二）から同八年（一八二五）にかけて刊行。西洋薬物名をイロハ順に記載、詳述した書。

16 『遠西医方名物考補遺』九巻。宇田川榛斎訳述、宇田川榕菴校補。天保五年（一八三四）刊行。

17 『舎密開宗（せいみかいそう）』宇田川榕菴著。内篇一八巻、外篇三巻。天保八年（一八三七）から弘化四年（一八四七）にかけて刊行された。舎密（せいみ）は chemie の音訳で化学の意。オランダ化学書二十余冊を参考にして著されたわが国にはじめて化学を紹介した書。

18 天保一三年（一八四二）。

19 章は緒方洪庵の名。

扶氏経験遺訓初帙目次

巻之一
第一編
急性熱病　総論
単純熱
焮衝熱
神経熱
巻之二
腐敗熱
腸胃熱
僂麻質《レウマチ》熱
聖京偘《シンキング》熱
伝染熱総論
伝染疫
列漢多《レハント》疫
発黄熱

哥烏垤百私篤《コウデペスト》
犬毒狂水病
密爾多扶児《ミルトヒュール》

巻之三

第二編
慢性熱病
間歇熱
遷延熱

扶氏経験遺訓巻之一

足守　緒方　章　公裁
　　　義弟　郁　子文　同訳
西肥　大庭　悫　景徳　参校

第一編

急性熱病「[1]フェブリスアキュター」羅「[2]ヘーテコールツ」蘭

総論

凡《ソ》熱病品類多シト雖モ之ヲ要スルニ心蔵血脈ノ運動亢進シ諸器ノ運営増盛シ以テ体温過越セル一轍ノ急性病ナルノミ」故ニ諸《ヒ》熱病其初メ[3]焮衝性ナラサル者ナク勢ヒ纔《カ》ニ増劇スレハ輒《チ》真焮衝熱トナル」是故ニ又諸《ヒ》熱病必シモ其区域ヲ固守セス精力ノ旺衰ニ随ヒ生機ノ転変ニ応シテ或《ハ》互ヒニ交換シ移リ或《ハ》逐次ニ経過シ伝フルヿアリ喩ヘハ始《メ》単純熱ナル者熱性ノ飲食ヲ誤用メ焮衝熱ニ移リ瀉血過度ニ由テ又神経熱トナリ終ニ亦間歇熱ニ変スルヿアルカ如シ

徴候　悪寒。発熱。脈駃数[4]。四肢倦怠。小便違常。之《レ》ヲ熱病ノ通証トス然メ其熱一向ニ稽留持続スル者アリ或《ハ》進退弛張スル者アリ但《シ》熱証全ク間歇スルヿアル者ハ此ニ属セス〔急性熱病ニ非ルヲ云フ後ニ本条アリ〕

凡《ソ》熱病ノ解散スル大抵第七日第十四日第廿一日第廿八日ヲ以テス故ニ之ヲ分利日[5]トス又其経過ヲ五期ニ別ツ初期。進期。極期。退期。復期。是《レ》ナリ而《メ》其極期ハ即《チ》応サニ分利ヲ営ムヘキノ期トス故ニ此時ニ於テ其分利全キ者ハ必《ス》較然タル排泄発汗[6]尿洷等有テ率《子》復期ニ至ルマテ連綿ス」分利若《シ》全キヲ得サレハ転徙[7]病変形病ヲ以テ他病ニ変シ或《ハ》病《ヒ》益《ミ》劇クシテ総身ノ生力虚脱シ若クハ貴重ノ器其害ヲ被ムリテ終ニ死滅ニ帰ス」其全分利ヲ得ルト否ラサルトハ殊ニ皮膚ト小便トヲ以テ徴スヘシ乃《チ》小便一様ニ稀薄若クハ溷濁ナリシ者上面澄徹麦稈色トナリ器底ニ灰白或《ハ》帯赤ノ沈洷[8]ヲ見ハシ渾身普ク滋潤[9]ヲ得ル者ハ是《レ》十全ノ回復ヲ為スヘキ兆ナリ但《シ》脈ノ短数退テ軟緩トナルニ非レハ回復ノ諸徴具ハリ患者軽快ヲ覚ユト雖モ未《タ》以テ信拠スルニ足ラス諸

証悉ク去ル氏脈仍ホ数ナル者ハ他病ニ移ルノ徴ナリ故ニ脈度ニ憑ルヲ最モ確実ナリトス

原由　凡ソ非常ニ刺衝シテ運営ノ偏倚ヲ起ス者ハ皆熱病ノ誘因トナル」寒暖変革。腸胃汚物。天行毒。[10]伝染毒等其最ナル者ナリ而メ素因ハ特ニ血管系〔心蔵及ヒ動静二脈ノ総称〕ニ在テ神経系〔脳髄脊髄及ヒ神経ノ総称〕ニ拘ラス故ニ依卜昆垤児《ヒポコンデル》[11]。歇以私的里《ヘイステリ》[12]家ノ如キハ神経系病弱ナレ氏急性熱ニ罹ルヿ少ナシ

或云熱病ハ皆一部ノ刺衝[13]ニメ交感ノ為メニ総身ニ現ハル、者ナリト此ノ如キ者亦少ナカラスト雖氏咸ナ然リトスルハ非ナリ

凡ソ熱病其本体一ナリ〔一輙ノ急性病〕ト雖モ其起ル所ノ器。其感スル所ノ系。同シカラサルニ随テ各ヽ病性ヲ異ニシ亦治法ヲ等フセス其類大率子左ノ如シ

〔単純熱〕体内ノ器系。処ヲ局メ侵サル、ヿナキ者是レナリ

〔焮衝熱〕血管系。専ラ侵サレテ其運動過越シ血質ノ生力モ亢盛セル者是レナリ

〔神経熱〕神経系。専ラ侵サレテ其運営変動シ精力衰弊ニ傾ケル者是レナリ

〔腐敗熱〕血質ノ生力。専ラ侵サレテ其質溶渙[14]セル者是レナリ

〔腸胃熱〕腸胃。専ラ侵サレテ其運営変常シ病毒。内ニ鬱醸セル者是レナリ

〔僂麻質熱《レウマチ》[15]〕〔聖京偪熱《シンキング》[16]〕皮膝[17]閉塞ニ起因メ沕乙《ウエイ》[18]膜粘液膜専ラ侵サル、者是レナリ〔以上六種ノ熱病各ヽ後ニ本条アリ〕

右ノ如ク品類区別ヲ生スル所以ノ者種ヽアリ」夫ノ驚駭ノ神経熱ヲ起シ忿怒ノ胆液熱〔腸胃熱ノ一種〕ヲ起シ過酒ノ焮衝熱ヲ起シ壊物ノ腐敗熱ヲ起スカ如キハ誘因ニ係ル者トシ誘因同一ナレ氏虚家ハ神経熱ヲ発シ実家ハ焮衝熱ヲ発スルカ如キハ体質ニ係ル者トシ体質ノ強弱誘因ノ異同ヲ択ハス衆人一般同種ノ熱病ニ罹ルカ如キハ当時ノ越必垤密性《エピデミ》[19]〔病〕ニ係ル者トシ焮衝熱其劇動ノ為メニ生力虚脱メ神経熱ニ転シ腸胃ノ分泌変常メ腸胃熱ニ転スルカ如キハ病勢ノ為メニ変

性スル者トシ温補度ヲ過シテ単純熱ノ焮衝熱ニ移リ[20]攻瀉宜キニ適セスメ焮衝熱ノ腐敗熱ニ転スルカ如キハ傍来ノ事故ニ係ル者トス

治法　急性熱病ハ皆焮衝性ナリ前ニ出ツ故ニ其治法亦[21]防焮法ヲ以テ主トス」是故ニ熱病ノ初起末《タ》其性ヲ審ニセサル間ハ総テ此法ヲ用フルニ宜シ」抑《ゝ》急性熱病ハ大率《子》皆自然良能ノ妙用ニ出ル者ニメ其熱ハ乃《チ》排邪的ノ[22]機撥ナリ故ニ医治ヲ須タスメ独リ自ラ分利ヲ得ル者少カラス是故ニ医謾リニ其熱ヲ退ケンヿヲ要セス唯其排邪ノ機撥ヲ扶ケテ十全ノ分利ヲ得セシメンヿヲ求ムヘシ然メ其害ヲナス者ハ之ヲ除キ其強ニ過クル者ハ之ヲ退ケ其弱ニ過クル者ハ之ヲ進メ以テ那ノ運営ニ中和ノ度ヲ与フルノ外《カ》人為ノ得テ与カル所ニ非ス学者能ク此理ヲ了解メ妄リニ人寿ヲ[23]戕フヿ勿レ

治法通則五件

〔第一〕誘因ヲ駆除スヘシ」皮膚ノ蒸気ヲ開達シ腸胃ノ汚物ヲ排泄スル類是《レ》ナリ

〔第二〕熱性ヲ弁メ治法ヲ立ツヘシ」[21]防焮法。鎮痙法。衝動法。強壮法。防腐法。[24]疎滌法。発汗法等各《ゝ》其品類ニ随フ是《レ》ナリ

〔第三〕局発ノ諸患ヲ治スヘシ

〔第四〕自然良能ノ所為ニ注意メ[5]分利ノ機撥ヲ扶ケンヿヲ求ムヘシ

〔第五〕証ノ変化。病《ヒ》ノ[7]転徙ニ注意メ預メ其策ヲ回ラスベシ

凡《ソ》熱病ノ区別。紙上ニ論スルカ如ク毎《ツ子》ニ井然タル者ニ非ス或《ハ》互《ヒ》ニ相転徙シ或《ハ》交《ヽ》相合併メ弁別シ難キ者多シ乃《チ》神経熱ト焮衝熱相合シ腸胃熱ト僂麻質《レウマチ》熱相併スルカ如シ或《ハ》神経証神経熱条ニ出ツノ神経熱ニ類似スルヿアルカ如ク仮リニ他熱ノ状ヲ現スル者アリ」且夫熱病斯《シカ》ク品類ヲ異ニスト雖モ原《モト》皆一性焮衝ナリ是故ニ区別品類較然タル者ハ固ヨリ対証ノ治法ヲ処スヘケレ𪜈否ラサル者ハ須ク先ツ防焮法ヲ施シ蔬食ヲ与ヘ

以テ其時ヲ俟ツヘシ是レ治術ノ大法ナリ

将息《ヨウジョウ》[25]通則七件

〔第一〕臥床ニ就テ静息センヿヲ要ス」熱病ノ患者皆倦怠ヲ覚ユル者是レ臥床ニ就ント欲スルノ自然良能ナリ乃チ臥メ静息スレハ脈動降鎮メ血行順調シ生力運営咸ナ自然ノ排邪機ニ向ヒ分利ノ機撥亦凝滞ナキヿヲ得。故ニ諸熱病共ニ欠クヘカラサルノ要務ナリトス

〔第二〕飲液多量ヲ許ルスヘシ」諸ヽ熱病皆渇ヲ兼ル者是レ亦自然ノ良能ナリ此ニ由テ殊ニ能ク分利ヲ催進ス蓋シ飲液ハ水ヲ良トス但シ胃弱家或ハ其液ノ速ニ血中ニ達センヿヲ欲スル者ニハ大麦。[26]蒸餅。林檎等ノ煮汁ヲ与フヘシ

〔第三〕食量ヲ減スヘシ」諸ヽ熱病食欲ヲ失フ者是レ亦自然ノ良能タリ蓋シ生力運営夫ノ排邪機ニ専ラナルカ故ニ飲食消化ノ力自ラ衰ヘ食スル所ノ物化セスメ胃中ニ停滞シ以テ腐壊ヲ致スナリ是故ニ強ヒテ食ヲ与フレハ体ヲ養ハス却テ病ヲ培フニ足ル殊ニ肉食ハ焮熱ヲ増スヲ以テ概メ之ヲ禁スヘシ唯ヽ稀羹[27]汁ニ蒸餅若クハ燕麦粉ヲ加ヘ煮ル者及ヒ煮熟セル果実（梅李ノ類）ヲ食セシムルハ可ナリ

〔第四〕室内ノ大気ヲ清涼浄潔ニスヘシ」是レ熱勢ヲ減シ焮衝腐敗ヲ預防スル要法トス若シ室内ノ気密閉鬱蒸スレハ他ノ所因ナキモ単純熱ヲメ腐敗熱ニ転セシムルニ足ル」故ニ室内ノ温度ハ列[28]氏験温管ノ十[29]四五度ニ越エサルヲ宜シトス而メ其大気ヲ清浄スルノ最良法ハ唯新鮮ノ外気ヲ迎フルニアリ舎密[30]術ニ由テ消酸塩酸等ヲ撒スルノ法アリト雖モ利少クメ却テ害多シ殊ニ肺ヲ害ス但シ醋ヲ取テ室中ニ撒潑[31]スルハ益アリトス

〔第五〕善ク温覆スヘシト雖モ衾褥軽カランヿヲ要ス」総テ羽毛ヲ充ツル衾褥[32]ヲ避ケ唯藁褥ニ臥メ毛布衾ヲ被ルヲ良トス

〔第六〕神思安静ナランヿヲ要ス」凡テ情意ノ感動ハ喜怒哀楽共ニ害アリ

〔第七〕毎日上圜[33]ヲ欠カサランヿヲ要ス」煮熟セル果実梅李ノ類ヲ喫メ仍《ホ》大便通セサル者ハ毎晩灌腸法ヲ怠ルヘカラス

単純熱「[34]フェブリスシンプレクス」羅「[35]ヱーンホウヂゲコールツ」蘭

徴候　熱病ノ通証前ニ出ツヲ具フルノミニメ別ニ定徴アルヿナシ然メ其十二時ニ進退メ分利ヲ遂クル者之ヲ一日熱ト謂フ

原由　諸部運営過不及ナク中和ヲ得テ健康ナリシ者偶〻軽微ノ因ニ侵サレ或《ハ》卒カニ伝染毒ニ感メ起ル所ノ熱乃《チ》是《レ》単純熱ナリ」又諸〻熱病ノ初発〔第一日〕率《子》皆此熱ニ属ス故ニ凡《ソ》熱病未《タ》確然タル定徴ヲ得サル間ハ医姑[36]ク之ヲ単純熱トメ従事スルヲ法トス其定徴ヲ得スメ之カ性ヲ預メシ以テ妄リニ其治法ヲ施ス等ハ其医治ヲ須タスメ自《ラ》治スヘキ者或《ハ》変悪メ難治ノ病ニ転シ或《ハ》方証全ク相反スルニ至ルヿアレハナリ喩ヘハ焮衝熱ノ初発。謾ニ衝動薬ヲ投シ神経熱ノ初起。誤テ清涼剤ヲ用フル等ノ過失アルカ如シ

治法　第一二方ノ如キ軽キ防焮剤ヲ用ヒ或《ハ》酒石飲第三方ヲ与ヘ且《ツ》静息セシメテ食量ヲ減シ飲液ヲ多服セシムル等総論ノ治法。将息。皆適当ス飲液多服ノミヲ以テ治ヲ得ヘキ者アリ又芒消[37]。答麻林度《タマリンド》[38]。満那《マンナ》[39][名]共ニ下剤ヲ行フテ大ニ利アリ胃腸ニ汚物有テ熱ノ為《メ》ニ鬱滞シ更ニ害ヲ起ス者多ケレハナリ

焮衝熱[40]「[41]フェブリスインフラムマトリア」羅「[42]オントステーキングスコールツ」蘭

徴候　初起ノ悪寒極メテ太甚シク脈強数ニメ翕[43]〻発熱シ口渇キ尿赤ク皮膚舌上共ニ乾燥シ呼吸ト脈ト相応シ脈ト諸証ト進退ヲ一ニシ脈度諸証[44]違動セス経過速カニメ整斉。時期ノ次序。分利ノ日期。愆リナク発汗。利尿。失血等ヲ以テ分利ヲ得」而《メ》其終始。大抵七日ヲ限リ日ヲ延クモ十四日ヲ越エス然レ𪜈神経熱腐敗熱等ニ変スレハ尚《ホ》久キヲ瀰ル」此熱ノ性タル抑〻良性ナリ故ニ劇証モ始メヨリ適当ノ防焮法ヲ施セハ治スルニ

難カラス」但《シ》動モスレハ一部ノ焮衝ヲ兼子易シ
トス

原由　近因ハ血質ノ生力亢盛メ動脈ノ運営過越シ以テ血液稠厚ヲ致スニアリ」故ニ此病ニ於テハ脈管裏面亦必《ス》焮衝ナキ了能ハサル者トス素因ハ焮衝性ノ[10]越必垤密《エピデミ》。[45]英垤密《エンデミ》。[病]焮衝性ノ稟賦。少壮ノ年齢十五歳至三十歳或《ハ》常ニ屋外ニ力作シ或《ハ》肉食飲酒ニ飽キ或《ハ》[46]乾燥冱寒ノ気候。北風東北風ニ冒触スル等ナリ」而《メ》冒寒。外傷。非恒ノ感激。一部ノ焮衝。他熱ノ誤治等凡テ起熱ノ諸件皆其誘因トナル

治法　心蔵動脈ノ生力ヲ減損シ繊維ヲ弛緩シ稠血ヲ[47]稀渙シ熱勢ヲ退却スルヲ主トス」其生力ヲ減損スルニハ瀉血ヲ行ヒ[48]消石類ノ清涼薬ヲ与ヘ清涼灌腸法ヲ施シ其繊維ヲ弛緩スルニハ飲液ヲ多服セシメ其稠血ヲ稀渙スルニハ甘汞ニ消石。[49]剥篤亜斯《ホットアス》。[50]鹻蓬塩[名]共ニ等ヲ配用シ其熱勢ヲ退却スルニハ冷気冷水ヲ外用内服スルニ宜シ」

而《メ》其最《モ》主トスヘキ者ハ刺絡ナリ蓋シ刺絡ハ悉《ク》右ノ功能ヲ兼摂スル者ニメ生力ヲ減殺シ焮衝ノ劇証ヲ拯フ了之ヨリ的切ナル者ナシ」然リト雖モ此術ヤ謹慎メ之ヲ行ハン了ヲ要ス若《シ》誤テ無益ニ多量ノ血ヲ奪ヘハ随テ済フヘカラサルノ大害並ヒ起ル乃《チ》血液誤奪ニ由テハ焮衝熱転メ神経熱腐敗熱ニ陥リ或《ハ》生力脱亡メ分利ノ機撥ヲ致ス了能ハサルニ至リ或《ハ》遷延瀰久メ衰弱難治ノ諸患ヲ招クニ至ル」是故ニ其証ノ軽重ヲ分テ之ヲ商量セン了ヲ要ス

軽証　唯《ヾ》食量ヲ減メ清爽ノ品ヲ与ヘ静息多飲等総論ノ通則ニ準ヒ清涼下剤ヲ用ヒ消石ヲ内服セシムレハ乃《チ》足ルナリ」胃弱家及《ヒ》下利劇キ徒ハ[51]硇砂ニ[52]吐酒石[名]共ニヲ加ヘテ消石ニ代フヘシ乃《チ》第四方ノ消石ヲ硇砂ニ換フルカ如シ」若《シ》[48]消石ヲ連用スヘクメ衰弱ヲ起スノ恐レアル者ハ[53]消酸曹達[舎]ヲ以テ之ニ代フヘシ乃《チ》第五方ノ消石ヲ去テ同量ノ消酸曹達ヲ加フルカ如シ」或《ハ》其初

発ニ当テ速《ハヤ》ク第六方ノ清涼下剤[54]ヲ与フルモ大ニ功アリ

〔重証〕　諸証劇烈。脈殊ニ強実ニメ力アル者是《レ》ナリ此証ハ唯《ヽ》厳ニ摂養ヲ慎ンテ刺絡ヲ行フノ外毫モ他技ヲ要スルヿナシ」刺絡ノ功害亦用法ト分量ニ係ルヿ他ノ諸薬ニ於ケルト一般。少ニ過クレハ功ヲ為サス多ニ失スレハ害ヲ招ク能ク法ニ適メ之ヲ行ヘハ唯《ヽ》一回ニメ其功遥カニ数回ノ者ニ優ル」其法則左ノ如シ

〔第一〕　早ク之ヲ行ハンヿヲ要ス」焮衝ノ初起ニ当テ之ヲ行フヿ愈《ヽ》早ケレハ其奏功愈《ヽ》大ナリ若《シ》諸証既ニ全ク発メ而《メ》後之《レ》ヲ行フハ三四回ニ及ヒ且《ツ》多量ヲ洩ラスモ猶《ホ》初起ノ一微瀉ニシカス

〔第二〕　瀉血ノ量ハ唯《ヽ》焮衝ヲ除クニ足ルヲ度トス必《ス》過度ナルヘカラス」其量ヲ定ムルニ容[55]量《カサ》重量《オモサ》ヲ以テセス宜ク徴ヲ脈ニ取ルヘシ甲ハ一比ヲ瀉メ足ル𪜈乙ハ一比半乃至多量ヲ瀉メ未《タ》足ラサル者アレハナリ」故ニ施術中屢《ヽ》脈ヲ按メ其強実ナリシ者降鎮メ軟緩ト為ルヿヲ診シ得ハ乃《チ》止ムヘシ決メ卒倒スルニ至ルヿ勿レ」其已ニ稠厚トナレル血液卒倒ニ由テ循行滞止スレハ凝[56]泣メ心蔵及《ヒ》大血脈ノ裏面ニ繋[57]著シ以テ贅肉状ノ者ヲ生シ〔所謂列編《レイヘン》剥[58]《ポ》〕或《ハ》肺ニ壅塞メ更ニ肺焮衝ヲ起スヿアレハナリ」其卒倒ヲ防クニハ仰臥セシメテ之ヲ行ヒ脈不斉若クハ結代ヲ見ハサハ直チニ止ムルヲ宜シトス

〔第三〕　血ノ迸出急疾ナルヲ貴フ故ニ緘口大ナランヿヲ要ス」迸血孤線ヲナシテ急疾ニ射出スレハ脈管ノ勢ヒ頓縮スルヿヲ得テ焮衝ヲ撲滅スルニ足レリ緩徐ニ流出メ臂ニ沿ヒ或《ハ》搾出メ稍ク泄ル、者ノ如キハ脈管ノ怒力ヲ転セシメサルヲ以テ功ヲ奏スルヿナシ」故ニ急疾ニ迸射スル血一比ハ緩徐ニ流泄スル血ノ三四比ヨリモ其功逈カニ超絶ス而《メ》其刺処ハ尺沢[59]ヲ良トス其最《モ》心蔵ニ近キヲ以テナリ

患者多血強実ニメ年齢少壮十八歳至三十歳ナル者。平

生刺絡ニ慣ル徒ノ其期ニ当ル者。痔血衄血[60]等ヲ得レハ常ニ爽快ヲ覚ユル者。一部焮衝ノ徴ヲ見ハス者。或《ハ》「乾燥冱寒ノ候。越必垤密《エピデミ》ノ専ラ焮衝性ナル等皆刺絡必当トス故ニ若《シ》「刺絡ノ当否弁シ難ク功害預メ決シ得ヘカラサル時ハ宜ク此《ノ》「諸件ヲ参考スヘシ或《ハ》「試ニ絡ヲ刺シテ其当否ヲ決スルモ亦可ナリ其法先ツ一二℥[61]ノ血ヲ瀉メ其脈細数ニ陥ル者ハ直チニ之ヲ止メ其緩縦ヲ覚ユル者ハ益《ヒ》「之ヲ洩スヘシ

刺絡ニ代フルニ蜞[62]鍼[63]吸角等ヲ以テスルハ宜シカラス或《ハ》「以為ラク四十個乃至六十個ノ蜞針ヲ施メ多量ノ血ヲ泄ラサハ亦刺絡ト功ヲ同フスヘシ」ト是「唯嬰児虚弱ノ徒ノ一部焮衝ヲ患フル者ニ代用スヘキノミ真ノ焮衝ヲ根治スルニハ迸射急疾ノ瀉血ニ由テ脈管ノ萎縮ヲ誘フニ非レハ必《ス》「功アル者ヲ見ス」且夫刺絡一回ニメ必シモ足ル者ニ非ス初瀉ノ後。焮衝未《タ》「減スルヿヲ得スメ四時六時若《ク》「ハ十二時ヲ経テ熱更ニ増盛シ脈故《ト》「ノ強大ニ復セハ再ヒ之ヲ行フヘシ或《ハ》「三四回モ逐次ニ行ハサルヘカラサル者アリ但《シ》「之ヲ行フ毎ニ必《ス》「細慎メ脈度ニ注意シ其瀉出セル血ノ皮膜〔所謂焮衝皮〕ト参勘メ分量ヲ斟酌スヘシ然レ𪜈唯皮膜ノミヲ以テ憑依トスルヿ勿レ全身ノ血液瀉シ尽ス𪜈尚《ホ》「皮膜ヲ結フ者アレバナリ刺絡ノ効用右ノ如シト雖モ尚《ホ》「之ニ兼ルニ清涼下剤ヲ取テ少許宛与ヘ以テ上圊三四行ヲ得セシメ而《メ》「後消石二三銭ニ吐酒石少許ヲ加ヘテ一昼夜ニ之ヲ用ヒ或《ハ》「硇砂ヲ与フルヿ前証軽証ニ於ケルカ如クスヘシ但《シ》「峻[64]下剤ハ熱勢ヲ増進メ却テ害アリ

単純ノ焮衝熱ハ治法右ノ如クニメ終始清涼ノ食養ヲ命シ以テ自然ノ分利ヲ俟ツヘキノミ多《ク》「ハ熱証自《ラ》「退散メ別ニ他技ヲ要スルヿナシ」然レ𪜈其熱証ノ退散。転徙[病]ニ因ル者亦少ナカラス是「多クハ感冒等ノ加ハルニ由テ分利ノ機撥妨害ヲ受ルニ出ツ」而《メ》「其転徙或《ハ》「麻痺[65]不遂健忘等ヲ

起スル者アリ芫菁[66]名ヲ良トス或ハ膿腫皮疹等ヲ発スル者アリ膿腫ハ緩和毘布[67]《パップ》ヲ貼シ若クハ刺衝薬ヲ外敷メ醸熱潰破ヲ促スヲ佳トス

或ハ熱証荏苒トメ退カス若クハ焮衝ノ候ナキニ第六七日ニ至テ却テ増熱シ而メ適宜ノ分利ヲ得サル者アリ此時ニ当テハ治法ヲ転メ以テ分利ヲ得セシメン𛀁ヲ要ス乃チ民垤列里精[68]《ミンデレリ》補三十滴至六十滴ヲ取テ毎一時之レヲ与フルニ宜シ謹テ強キ衝動薬ヲ投スル𛀁勿レ動モスレハ更ニ焮衝ヲ発シ易ケレハナリ」而メ仍ホ功ナキ者ニ二証アリ一ハ焮衝去テ心蔵血脈ニ虚性ノ感動過敏ヲ残セル者ナリ民垤列里精[68]《ミンデレリ》ニ老利児結爾斯水[69]《ラウリールケルス》補一昼夜二一銭[70]許ヲ加ヘテ之ヲ与フヘシ一ハ過度ノ瀉血等ニ由テ既ニ神経熱。腐敗熱若クハ遷延熱等ニ転セシ者ナリ各ゝ対証ノ治法ヲ処スヘシ

凡ツ純一ノ焮衝熱後ハ強壮治法ヲ要スル者少ナシ殊ニ幾那[71]ノ類ハ甚タ宜シカラス動モスレハ更ニ血液ノ刺衝ヲ喚起スレハナリ但ヒ忽弗満[72]《ホフマン》氏越ヱ栗失爾必設刺児《リッシルヒッセラル》附六十滴ヲ取テ日ニ二次之ヲ与フルハ大ニ佳トス

神経熱「[73]フェブリス子ルホサ」羅「[74]セーニューコールツ」蘭

徴候　初起ノ悪寒。焮衝熱ノ如ク甚シカラス微ゝ寒戦メ熱ト交ゝ発シ始メヨリ頭重。頭痛。憂思。悒悶。眩暈。振慄。昏冒。卒厥[75]等ヲ発シ次テ虚脱疲労ヲ覚エ譫妄。嗜眠。内外諸般ノ痙攣搐掣[76]等神経脳髄ニ係ル諸患ヲ現ス」而メ現候屢ゝ違動シ脈細数軟弱或ハ緩徐ニメ頻リニ転易シ小便或ハ赤或ハ白。定色ナクメ多クハ黄濁シ呼吸ト脈ト相応セス諸証反乖シ彼此合致セス或ハ口乾テ渇ナク或ハ病ヒ劇フメ自ラ軽快ヲ覚エ或ハ打痛ノ因[77]芥子泥ヲ貼スル類モ絶テ痛ヲ発スル𛀁ナク凡テ他ノ熱病ノ定徴ヲ見ハサス且ツ焮衝熱ノ如キ整斉合致ノ諸候ヲ具セス焮衝熱ハ脈常ニ強実現候尿脈俄ニ変易セス経過期ヲ守リ諸証互ニ相応シ就中脈ト呼吸ト常ニ緩急ヲ等フス」然レ𪜈亦諸証虚実錯雑メ焮衝熱ト弁別シ難キ者アリ此ノ如キ者ハ謹慎ヲ加ヘテ試ニ刺絡シ

一二ヲ[61]ノ血ヲ瀉メ以テ其功績如何ンヲ視ルヘシ之ニ由テ脈発揚シ差《ヤヽ》緩縦ヲ見ハス者ハ焮衝熱ナリ愈《ヽ》多量ノ血ヲ泄ラスニ宜シ脈若《シ》沈ンデ細数ニ徙ル者ハ則《チ》神経熱タルヿ疑ナシ直チニ刺絡ヲ舍ヒテ対証ノ治法ヲ決スヘシ」又神経証ト神経熱ヲヨク区別セサルヘカラズ動モスレハ彼此混同シ易キヿアリ所謂ル神経証ハ他ノ熱病ニ罹レル患者神経虚弱ニメ触覚過敏ナルヲ以テ恰モ神経熱ノ如キ諸候ヲ現スレ𪜈其実ハ非ナル者ナリ」其他弁別シ難キ諸証少ナカラス須ラク審診メ明弁スヘシ

神経熱ノ経過ハ次序アルヿナシ然レ𪜈大抵発病前数日若《ク》ハ数週。頭重。眩暈。四肢。顫振。頭痛。不寐。多夢等ノ前兆有テ其分利スル率《子》第廿一日或《ハ》第廿八日ニ於テシ或《ハ》尚《ホ》日ヲ延ク者アリ其復故亦甚《タ》緩慢ニメ且《ツ》再発シ易シ劇証ハ治後二三月ヲ経テ漸ク故ニ復スルヿヲ得」其治スル者モ亦十全ノ分利ヲ以テスル者少ナク多クハ転徙変形[病]ニ帰ス故ニ或《ハ》粟疹[78]。癤瘡[79]。膿腫。壊疽。或《ハ》耳聾。眼盲。健忘。精神病。或《ハ》遷延瀰久ノ神経病。胸腹ノ諸病等ニ終ハルヲ常トス」而《メ》其死スル者ハ生力ノ虚脱。血液ノ溶崩。脳髄ノ麻痺。焮衝。壊疽等ニ徙ルニヨル

凡《ソ》此病ハ患者感覚ヲ錯マリ諸証違動ノ定リナク内外相反スルヿアルヲ以テ其安危ヲ預メスルヿ甚《タ》難シ乃《チ》外候順良ナル者不意ニ脳髄麻痺等ヲ発メ斃レ死徴悉《ク》具ハル者頓ニ十全分利ヲ得ルヿアリ然《レ》𪜈其安危大約左ノ証候ヲ以テ徴知スヘシ

〔脈動〕短数愈《ヽ》進ム者ハ危険愈《ヽ》大ナリ而《メ》穏静ナル者ハ総テ平安ナリ

〔小便〕極メテ澄徹ナル者。濃厚ニメ褐色ナル者。血ヲ交フル者或《ハ》雲翳唯上面ニ浮ヒ若クハ器底ヨリ升テ上ニ向フ者或《ハ》[8]沈垽極メテ多クメ上辺清澄ナラサル者。皆大危険ノ徴ナリ」原《モト》濃厚ナリシ者漸ク澄徹トナリ清稀ナリシ者差《ヤヽ》溷濁スルハ

共ニ良徴ナリ」而メ上面澄徹麦稈色沈垽適宜ナル者ハ必治ノ徴タルヿ疑ナシ

〔脳髄神経ノ機関〕精神恍惚。嗜眠昏睡スル者。感覚触知ヲ失フ者或ハ病進テ触覚益〻過敏ナル者局処ノ麻痺ヲ発スル者[80]舌痱メ出シ難ク言語嚥下ニ妨アル等是ナリ両便失禁スル者。劇キ搐掣拘急ヲ起ス者等ハ皆大悪徴ナリ

〔皮膚〕渾身温度同等ナラス或ハ乾燥メ弛緩シ或ハ粘汗流漓シ或ハ早ク粟疹ヲ発シ病末ニ発スルハ善徴ナリ或ハ紫斑ヲ見ハス等皆悪徴ナリ

自余失血。殊ニ尿血便血下利。[81]紫斑。[82]蓐瘡。局処死壊。総身腐臭等。血液溶崩ノ候アル者ハ最モ危篤トス而メ其死期ニ迫マル者ハ乍チ寤メ乍チ眠リ腹張満メ泄瀉シ咽喉不利。昏睡。[83]鄭声。[84]摸床。理線等ノ諸証ヲ現ス」然レ𪜈此ノ諸候断メ死徴ト定メ難シ斯ノ如キ者モ猶ホ活路ニ趣クヿアレハナリ」但シ耳聾ハ大抵善徴トス

此病軽証。重証。稽留証。往来証。急証。慢証等ニ区別スト雖𪜈合併ヲ以テ分ツ者治術ニ益アリトス

故ニ心蔵血脈ノ変動甚シカラスメ他ノ合併病ナキ者ハ単純神経熱ト名ケ」心蔵血脈モ頗ル侵サレテ其運動昂盛スル者ハ焮衝性神経熱ト名ケ」血脈ノ運営衰弱メ血液ノ生力脱耗シ以テ溶崩ニ傾ク者ハ腐敗性神経熱ト名ケ」僂麻質《レウマチ》。聖京《シンキン》倔《ク》ヲ兼ル者ハ僂麻質性神経熱。聖京倔性神経熱ト名ク

原由　近因ハ脳髄神経ノ騒擾ニメ其余弊心蔵血脈ニ波及シ兼ルニ生力衰弱ヲ以テス故ニ神経ニ係ル諸患主証ト為テ血脈ニ係ルノ諸証ヲ兼併ス」或ハ其変動血脈ニ[85]逮ハス脈度体温大ニ常ヲ違ヘサル者アリ或ハ焮衝ノ素因有テ焮衝熱証ヲ現ハス者アリ或ハ虚性ノ素因有テ直チニ腐敗熱ニ陥ル者アリ」而メ栄養不給食物腐壊饑渇等酸素不足密室稠人雑居ノ類大気不良居室不潔等血液脱泄等凡ソ生力ヲ減耗シ神経ヲ罷弊セシムル諸件或ハ房事。労力。温被等ノ過度。熱性薬ノ過用。瀉血証ニ瀉血ヲ怠ル者。既往ノ疾患。他種ノ熱病等ノ如キ刺衝過度ノ諸

件」或《ハ》憂苦。悲愁。湿気。寒冷等ノ如キ生力抑圧ノ諸件皆此病ノ遠因素因誘因トナル」或《ハ》直チニ伝染毒ニ起因スル者モ亦之レアリ

治法　神経ノ運営ヲ整復シ血脈ト神経トノ対称《ツリアヒ》ヲ調和スルニアリ但《シ》此病常ニ衰弱ヲ兼ルヲ以テ終始茲《コヽ》ニ注意センコトヲ要ス」故ニ其焮衝性ノ者ハ固ヨリ防焮剤ノ適当スル所ナレトモ真焮衝熱ノ如ク強ク之ヲ用フルコトヲ得ス而《メ》其衰弱大ニメ腐敗ノ恐レアル者ハ衝動強壮ノ薬ヲ用ヒ其痙攣搐掣等甚キ者ハ鎮痙降和ノ法ヲ処スヘシ」且《ツ》患者ノ体質。誘因。当時ノ越必埡密《エピデミ》等ヲ推按シ殊ニ其伝染ニ起ルト内部ヨリ発セルトヲ弁スルコト緊要ナリ蓋《シ》伝染ニ起リシ者ハ卒爾ニ来ルカ故ニ大率《子》実性ニメ焮衝ヲ挟ミ内部ヨリ発セシ者ハ神経精力ノ所患ニ原クヲ以テ多ク皆虚性ニ属ス」凡《ソ》此熱ハ其解散早キモ三週以内ニアラス且《ツ》特リ自然ノ分利ニ委任スヘキ者少ナシ故ニ治術ノ要ハ努メテ患者ヲメ危険ノ時期病初ヨリ第十八日ニ至ルヲ保続セシムルニアリ」而《メ》各証ノ治法大同小異アリ左ニ之ヲ列ス

〔軽証神経熱〕即単純神経熱神経熱ノ通証ヲ具フレトモ軽クメ脈甚《タ》短数ナラス譫語セス或《ハ》之レヲ発スルモ少焉ニメ乃《チ》止ム是レ多クハ重証神経熱ノ初期ナリ」此証ハ妄リニ衆方ヲ襍用センヨリ簡易ノ治法ヲ処センコトヲ要ス即《チ》蘇魯林水《ソロリン》[86]第七方日ニ半匁至一匁ヲ与ヘ臥シテ静息セシメ室中寒暄不同ナカラシメ兼テ足部ニ芥子泥[名]ヲ貼スルヲ佳トス予毎常唯此法ヲ須ヒテ全功ヲ収メシコト少ナカラス」然メ仍《ホ》功ヲ奏セサル者ハ纈草泡剤[87]第八方民埡列里精《ミンデレリ》[68][補]忽弗満鎮痛液《ホフマン》[88][名]厳醋[89]等ヲ飲液ニ加ヘ用ヒ芥子泥。微温浴ヲ行ヒ以テ蒸気ヲ催進シ皮膚ノ分利ヲ促サンコトヲ要スヘシ」然レトモ腸胃汚物ヲ夾ム者ハ吐下剤ヲ兼用シ僂麻質《レウマチ》証アル者ハ民埡列里精《ミンデレリ》[68][補]安質没扭《アンチモニ》[90][名]等ノ緩性発汗薬ヲ兼用スル類合併証ヲ忽ニスルコト勿レ但《シ》熱性発汗剤ハ宜キ所ニアラズ

〔重証神経熱〕譫語嗜眠搐掣等頭脳ノ所患劇甚ナル者是《レ》ナリ蓋《シ》此ニ脳焮衝証。神経虚脱証ノ二般アリ

〔脳焮衝証〕眼光爛ゝ赤ヲ帯ヒ顔面紅活盈張シ頸脈怒起シ頭顱灼熱シ小便赤色ニメ脈実数ナル者 脳髄ノ圧迫甚シケレハ脈遅慢ナルヿアリ 是ナリ」尚且当時[46]越必垤《エピデ》密《ミ》ノ焮衝性。患者年齢ノ少壮等ヲ併考セハ乃《チ》能ク確実ナルヿヲ得ヘシ而《メ》後疑似仍《ホ》決シ難キニ方テハ謹慎ヲ加ヘテ試法ヲ用フルモ可ナリ即《チ》葡萄酒一二匙ヲ与ヘテ譫語数脈増進スル者ハ焮衝証タリ減退スル者ハ則《チ》虚脱証タリ」或《ハ》刺絡メ血少許ヲ洩ラシ脈沈細数トナル者ハ焮衝証ニ非ルヿ必セリ」焮衝証ハ固《ト》ヨリ防焮法ヲ行フヘシト雖モ其熱ノ本性神経衰弱ナルヲ以テ終始此《コヽ》ニ注意メ従事センヿヲ要ス故ニ刺絡センヨリハ一部瀉血 顳顬項窩耳後ニ[62]蜞針[63]吸角ヲ施ス類 ヲ佳トス唯患者少壮多血ニメ平常刺絡ニ慣レ且《ツ》其脈強実ナル者。病《ヒ》ノ初期ニ於ケル者。伝染毒ニ起因セル者等ハ刺絡ヲ行フテ可ナリ然レ𪜈頓ニ多量ノ血ヲ瀉セス少許ツヽ泄ラスヲ良トス」是故ニ亦消石ヲ与ヘンヨリハ[51]硇砂[91]孕礬酒石[名]ニ[52]吐酒石[名]少許ヲ加ヘテ用ヒ且《ツ》水ヲ以テ頭頂ヲ[92]冷溻シ 或《ハ》氷片ヲ外貼ス 毎一時冷浴法ヲ行ヒ醋三四丂ヲ用ヒテ灌腸法ヲ施シ毎日芥子泥ヲ[93]脚腓ニ貼スル等ヲ宜シトス」而《メ》頭脳ノ所患速ニ減スルヿヲ得サル者ハ毎[94]一時 若《ク》ハ毎一時半 [95]甘汞[名][96]一氏至二氏ヲ与フヘシ」但《シ》全身冷浴法ハ皮膚乾燥メ灼熱甚キ者ニ宜キノミ皮膚滋潤スル者ハ決メ行フヘカラス」右ノ諸法ヲ行フヿ一二日頭部面部ノ紅灼減シ脈細軟ト為テ頭脳ノ所患仍《ホ》未《タ》退カサル者ハ已ニ是《レ》虚証ニ移レル者ナリ此時ニ方テハ阿芙蓉[名]四分氏ニ甘汞一氏ヲ合メ毎一時之《レ》ヲ与ヘ芫菁[名]ヲ[97]項窩ニ貼スルヲ無比ノ良法ナリトス

〔神経虚脱証〕始メヨリ全ク焮衝ノ候ナキ者或《ハ》原《モト》焮衝証ナリシニ其証既ニ去テ熱仍《ホ》持留シ或《ハ》却テ増劇セル者是《レ》ナリ」治法ハ強壮衝動鎮痙ノ諸

方ヲ用ヒテ専ラ神経力ヲ復治スルニアリ」此証ニ於テハ譫語。頭痛。脈ノ短数皆衰弱ノ兆ナリ故ニ揮発衝動薬ノ功アルㇾ猶《ホ》瀉血ノ焮衝証ニ於ケルカ如シ蓋《シ》彼ニ在テハ脈力ノ減退ヲ回復ノ徴トシ此ニ在テハ其増進ヲ善徴トスル等諸件全ク相反対ス」亦過敏。麻痺。腐敗ノ三証アリ

〔過敏証〕譫語。煩燥[98]。頭痛。羞明[99]。搐掣。拘急等総テ動覚両機〔病〕ノ亢盛ヲ徴シ脈細数ニメ緊ヲ帯フ」此証ハ動機亢盛セルヲ以テ動モスレハ焮衝証ニ転スルノ恐レアリ卒カニ過強ノ刺衝薬ヲ用フルㇾ勿レ但《シ》其初起内外力《ラ》ヲ戮セテ微々揮発鎮痙ノ神経剤ヲ与ヘ其諸証退カサルニ準ヒ漸ク進テ峻劇ニ移ルヲ良トス殊ニ能ク脈ト証トヲ参勘シ脈更ニ力《ラ》ヲ得テ諸証退クニ至ルマテ漸ク薬力ヲ強メンㇾヲ要ス」其法服量ヲ増シ薬味ヲ多クシ品類ヲ交換シ用法ヲ転スル等ニアリ〔神経〕ノ性タル刺衝ニ慣習シ易キヲ以テ一薬ヲ連用スレハ奏功漸ク衰フル者ナリ故ニ服量ヲ増シ薬味ヲ多クスルノミナラス品類ヲ交換シ用法ヲ転スルニ非レハ薬力ヲ強ムルㇾ能ハス」用法ヲ転スルトハ或《ハ》散トシ或《ハ》丸トシ或《ハ》煎剤トシ或《ハ》浸剤トシ或《ハ》灌腸法トシ或《ハ》浴湯法トシ用フル等ノ類ヲ云フ」而《メ》其薬剤ハ就ㇾ裡硫酸常用飲液ニ和メ之ヲ用フ下利甚キ者ハ塩酸ヲ以テ之ニ代フ葡萄酒ヲ以テ終始連用スヘキ品トス殊ニ二十年許ヲ経シ[100]列印設酒ヲ良トス衰弱ノ度ヲ量テ多少斟酌シ用フレハ他薬ヲ仮ラスメ全治ヲ得ル者多シ其他纈草。白芷[101]〔鏡〕亜児尼加《アルニカ》[102]〔名〕ノ濃浸剤第九方第十方ヲ用ヒ衰弱尚《ホ》増進スル者ハ纈草油。加耶《カヤ》[103]普的油《フーテ》。桂油[104]。〔名〕各皆《ナ》痛液ニ和シ用フ[88]忽弗満鎮[105]鹿琥精〔補〕等」而《メ》仍《ホ》功ナキ者ハ亜的児《アーテル》[106]。甘消石精[107]。遏設印亜的児《アセインアーテル》[108]。抜爾撒《バルサ》[109]謨孛露《ムペーリュー》〔名〕忽弗満抜爾撒謨非答《ホフマンバルサムヒター》[110]〔附〕等」尚《ホ》衰弱甚フメ脳ノ所患退カス脈細軟弱ナル者ハ羯布羅《カムプラ》[111]〔名〕痙攣劇シク脈細小ニメ緊ヲ帯フル者ハ麝香〔名〕譫語。痙攣。疼痛。吐逆。下利等劇クメ脈沈細数ナル者ハ葛私多僂謨《カストレウム》[112]。阿芙蓉ヲ与フヘシ蓋《シ》阿芙蓉ハ服量多ケレハ麻酔薬トナリ少ナケレハ衝動薬トナル故ニ神経証劇キ者ハ多量ヲ用ヒ衰弱大ナル者ハ少量ヲ用フヘシ」而《メ》芳香薬ノ蒸湯法[113]心窩ニ施ス芥子泥日ニ一回重証ハ二回換貼ス強壮薬ノ灌腸法。香竄[114]薬ノ微温浴列氏験温管二十八度許ノ温ニメ十[115]密扭篤《ミニウト》間之ヲ行フㇾ日ニ数回等

強壮衝動ノ物ヲ外用シ食養ニハ[116]卵湯。[117]鹿角膠其ニ葡萄酒ヲ和スル者[118]肉羹汁等軽キ滋養強壮ノ品ヲ与フヘシ

〔麻痺証〕各部知覚ヲ失フテ不遂シ或ハ諸部ノ括約筋麻痺シ嗜眠昏睡鄭声スル者是レナリ」初起ヨリ此証ヲ発スル者アレ𪜈多クハ過敏証ノ進悪セル者ナリ」前条ノ諸薬ヲ合メ多量ニ与ヘ且ツ[119]硇砂加石灰精［名］経年葡萄酒。[120]亜爾箇児《アルコール》［名］燐［舎］等ヲ兼用シ新鮮清涼ノ外気ヲ迎入スル等決メ欠クヘカラス」病勢此ノ如キニ至レハ殆ト消滅セル生機唯ヒ強劇ノ刺衝薬ニ由テ維持セラル、ノミ実ニ患者ノ性命。医者ノ手中ニ懸レリト謂ツヘシ」患者全ク脱力メ人事ヲ省セス感覚挙動共ニ絶エ腹肚脹満大小便失禁等死徴悉ク具ハル者モ左ノ治法ヲ行フテ其命ヲ挽回セシヿアリ」即チ経年ノ葡萄酒ヲ撰テ一匙ツヽ口ニ注キ芫菁膏［名］五枚ヲ造テ一ハ心窩ニ貼シ余ハ四肢ニ貼シ香竄強烈ノ薬草ヲ葡萄酒或ハ[121]焼酒ニ浸メ微温浴トシ氷冷ノ罨法ヲ[122]少腹ト頭上ニ施シ且ツ第十一方ヲ与ヘ頭上ニ[123]艾灸法ヲ行ヘリ

〔腐敗証〕前証ヨリ移リ来ル者アリ病初ヨリ発スル者アリ証候治法後ノ腐敗熱条ニ詳説ス

又腸胃ノ患ヒヲ兼ル神経熱ニ証アリ一ヲ[124]瓦斯篤《ガスト》里《リ》神経熱ト曰ヒ一ヲ[125]英底里扶《エンテリチ》神経熱ト曰フ

〔[124]瓦斯篤里《ガストリ》神経熱〕腸胃汚物証或ハ蛔虫証ヲ合併スル者ナリ」治法ハ神経熱治法ニ腸胃熱治法ヲ兼ヌヘシ但シ[126]疎滌薬ヲ用フルニハ殊ニ注意メ其衰弱ヲ加ヘサランヿヲ要ス〔腸胃熱篇ヲ参考スヘシ〕

〔[125]英底里扶《エンテリチ》神経熱〕神経熱兼腸焮衝ノ義 徴候甚タ弁シ難シ但シ下利メ少腹鈍痛シ其痛殊ニ左方ニ偏シ或ハ之レヲ按メ始メテ其痛ヲ知リ且ツ其部稍ヒ膨張セル者是レナリ」解屍メ之ヲ撿スルニ腸ノ裏面殊ニ小腸ノ腺焮衝メ小斑点ヲ発シ少《ヤヽ》隆起メ潰瘍状トナレリ然レ𪜈是レ真ノ焮衝ニ非ス唯熱毒ノ腸ニ転輪メ此ニ分利セルノミ猶ホ胃管ニ[127]鵞口瘡ヲ発シ皮膚ニ[78]粟疹ヲ生スルト同比ナル者ナリ」治法ハ神経熱

治法ノ外患部ニ蜞鍼冷淵法ヲ施シ[87]蘇魯林《ソロリン》水[舎]ニ[128]亜刺比亜護謨《アラビアゴム》[名]ヲ加ヘテ内服セシメ頑固証ハ甘汞三氏至六氏日ニ二三次与フヘシ

凡ソ神経熱荏苒瀰久メ已ニ遷延病ニ移ラントスル者ハ毎日微温浴ヲ行フヨリ的実ノ功ヲナス者ナシ」差後ノ衰弱ハ麦芽煎汁ノ微温浴ヨリ速ニ精力ヲ復スル者ナシ

扶氏経験遺訓巻之一 終

巻之一註

1 *febres acutae*。
2 heete koorts。
3 焮衝（きんしょう）。ontsteeking 炎症。
4 versmelde pols 頻脈。駃（けつ）は早くなるの意。
5 critische dagen 分利は機が熟す分かれ目。
6 尿のおり。垽（ギン）はおり。
7 転移。
8 沈澱。
9 bedarrheid en weekheid 静かで穏やかなこと。
10 epidemische involeden 流行病。
11 hypochondrische 心気症。
12 hysterrische menschen ヒステリー者。
13 prikkeling 刺激。
14 aangedaan 影響を受けて冒される。
15 *febris rheumatica* リュウマチ熱。
16 蘭原文は *catarrhalis* 聖京偪の蘭語は zinking でともにカタルの意。
17 皮膚。
18 wei 血清。
19 epidemische 伝染性、流行性。
20 治療。
21 antiphlogosis 炎症予防法。
22 genezings process 回復経過。撥はひらく、おこす。
23 戕（ソコナ）フ。傷つける、痛める。
24 原文は gastrische とのみあり、胃洗浄であろう。滌はあらう。
25 leefregel 養生法。將は養、息は生。
26 パン。
27 スープ。
28 Réaumur 氏。水の氷点を零度、沸点を八〇度とした温度目盛。
29 列氏十四、五度は摂氏一八、九度。

30 化学術。
31 撒布。
32 夜具。
33 通便。圊は便所。
34 *febris simplex*。
35 eenvoedige koorts。
36 シバラク。とりあえず。
37 芒硝。硫酸ナトリウム。
38 tamarinden　アフリカ産マメ科の薬用植物。
39 manna　コンニャクなどの主成分マンナンを含む植物。
40 炎症熱。
41 *febris inflamatoria*。
42 ontsteking koorts。
43 盛んにおこる様。
44 変動。
45 endemische　地方特有の風土病。
46 凍って寒い様子。
47 薄くして散らす。
48 *nitrum*　硝石。硝酸カリウム。
49 potasch　炭酸カリウム。
50 soda　炭酸ナトリウム。
51 *sal ammoniacum*　塩化アンモニウム塩。
52 *tartarus emeticus*　酒石酸水素カリウムと三酸化アンチモンとの化合物。
53 *nitrum cubicum*（*bitras sodae*）　硝酸ナトリウム。
54 清涼緩下剤。
55 pond　薬量一ポンドは約三七三・二グラム。
56 stolling　凝固。凝は血が鬱血すること、泣はしぶる。血の循環の悪いこと。
57 つなぎとらわれること。
58 polijpeuse　ポリープ。
59 セキタク。脈経の一の尺脈。肘の内側の動脈が手に応じるところ。原文は arm　腕。
60 ジクケツ、鼻血。
61 ons　薬量一オンスは約三一・一グラム。
62 bloed zuiger　蛭。
63 koppen　中空ガラス瓶にゴム球を取りつけ、悪血などを吸い取る器具。
64 強い下剤。峻はきびしい、はげしい。
65 不随。
66 ゲンセイコウ　spaanisch vliegen　カンタリス膏。
67 pappen　湿布剤。
68 *spiritus mindereri*　ミンデレリ氏精。酢酸アンモニウム液。Raymund Minderer は一六世紀末にバイエルンで生まれ、一六二一年に没した。酢酸アンモニウムを主成分とするミンデレリ精の発明で知られる。
69 *aqua lauroceras*　月桂樹水。
70 銭の原文は drachme　薬量一ダラクマは約三・九グラム。

71 kina　キナ皮。
72 *elixir. viscerale hofmanni*　elixir は芳香チンキ製剤、viscerale は内臓。
73 *febris nervosa*。
74 zenuuwkoorts。
75 krampen　痙攣。
76 stuipen　ひきつけ。
77 mostaard pappen　からしの湿布。
78 gierstuitslag gierst はきび、uitslag は発疹。
79 原文は bleodzweren　腫れもの。癤はべぶと、かたね。
80 舌の麻痺。
81 紫斑。班は斑の誤植か。
82 床ずれ。
83 vlokkenlezer　みだらな声。
84 *crocidimus*　物を探るような運動。
85 およばず。
86 chlorwater.*acidum muriaticum oxygenatum*　塩素水。
87 zwak aftreksel van valeriaan　セイヨウカノコの浸出液。
88 *liquor anodyne.miner.hofmanni*　ホフマン鎮痛液。ホフマン鎮痛液はエチルエーテル一分、エチルアルコール三分の滴剤。Friedrich Hofman（一六六〇－一七四二）は一八世紀におけるドイツ医学の英雄と称され、ホフマン鎮痛剤、ホフマン滴剤、ホフマン内臓エリキシルなどにその名を留めている。
89 *asetum vini*　厳はつよい、錯は酢酸。
90 spiesglans　アンチモン。
91 *tart. tartaris*　礬（硫酸塩）を含んだ酒石（酒石酸水素カリウム）。
92 冷湿布。
93 脚のふくらはぎ。
94 二時間。
95 塩化水銀（I）。
96 grein　一グレインは約六五ミリグラム。
97 首のくぼみ。
98 うるさくやかましい。
99 まぶしがること。
100 レインセシュ　rhijnwijn　ラインワイン。
101 *angelica*　ビャクシ。セイヨウヨロイグサ。根を感冒薬とする。
102 *arnica*　ウサギグサ。乾葉は神経痛薬。
103 *ol.cajuput*　カヤプテ油。フトモモ科喬木。葉油が芳香鎮痛薬。
104 *ol.cinnamon*　桂皮油。カッシア油。
105 *liquor c.c.succinat*　キナ液。
106 原文は *aether sulphuricus*。
107 原文には *muriaticus*（塩酸）とある。
108 原文は *aether acetics.*　アセイン azijn は酢。酢酸。
109 *balsam. pēruv*　ペルーバルサム。

110 *bal vit. hofm.*　ホフマン生バスサム。Mixture olevso-balsam といわれる気付け薬、興奮剤。ホフマンについては巻之一註88参照。

111 *camphora*　樟脳。

112 *castoreum*　海狸香。

113 ジョウトウホウ　specerijachtige omslagen　薬料湿布。

114 香をしみこませた薬。

115 minuten　分。

116 ラントウ　eijerenwater met wijn　ワイン入り卵湯。

117 ロッカクコウ　gelei van herlshoorn met wijn　鹿角とワインから製したゼリー。

118 肉スープ。ブイヨン。

119 硇砂（塩化アンモニウム）と石灰精（酸化カルシウム）の混合物。原文は *ammonia*。

120 *alcohol*　アルコール。

121 brande wijn　ブランデー。

122 下腹。

123 ガイキュウホウ　brand middel　もぐさを用いる灸法。

124 *typhus gastricus*　胃チフス。

125 *typhus enteriticus*　腸チフス。

126 gastrische zuiveringsmiddelen　胃洗滌薬。

127 ガコウソウ　spruw　乳児に発する口内炎。

128 arabische gom。

（表紙）

扶氏経験遺訓　二

扶氏経験遺訓巻之二

足守　緒方　章　公裁
義弟郁　子文　同訳
西肥　大庭　悳　景徳　参校

腐敗熱〔[1]フェブリスピュトリダ〕羅〔[2]ロットコールツ〕蘭

徴候　神経熱ノ諸証ヲ具ヘ虚脱極メテ甚シク脈短数弱小ニメ肌膚異常ノ熱ヲ発ス之レニ触ル、ニ刺スカ如ク灼クカ如ク悪ムヘキ感触ヲ与ヘ久フシテ手之ニ慣レス却テ其熱ノ増スヲ覚エ之ヲ放テ𪜈掌中ノ感触急ニ去ラス〔是レ動体ノ活温ニ非ス溶崩腐敗ノ為ニ発スル熱ナリ〕而メ蒸気。噓気[3]。諸排泄。皆腐臭有テ油ノ如キ粘汗流漓シ小便濃厚溷濁シ衄血[4]。尿血。便血。蓐瘡[5]。壊疽。血班[6]〔後ニ本条アリ〕及ヒ溶崩[7]下利等腐敗ノ徴ヲ現ハシ刺絡メ得ル所ノ血。黯色ニメ洳乙《ウエイ》[8]ト血[9]肝トニ分離セス混淆メ糊ノ如シ〔平人ノ血ヲ器ニ盛レハ凝聚メ塊ヲナシ稀液分レテ満面ニ浮フ其稀液ヲ洳乙ト云ヒ其塊ヲ血肝ト云フ〕

原由　此病率子皆神経熱ノ継病[10]〔病〕ナリ」然レ𪜈他熱〔殊ニ衝熱〕[11]焮モ亦温薬ヲ誤用シ不潔ノ室中ニ蟄居スレハ終ニ此病ニ転ス」又伝染毒ノ侵襲ニ由リ失[12]シ荀児陪苦《ケウルボイク》ノ素因ヲ胎ムニ由リ汞剤[13]ヲ多服スル等ニ由テ初起ヨリ直チニ腐敗熱ヲ発スル者アリ而メ其本性ハ生力已[14]甚シク衰弱メ諸液溶渙ニ傾ク者トス

治法　沈衰セル生力ヲ振起シ溶崩[7]腐敗ヲ防クニアリ」生力ヲ振起スルニハ最モ有力ノ衝動薬[15]ヲ用ヒ神経熱重証ノ治法咸ナ挙テ之レヲ行ヒ殊ニ葡萄酒ヲ与フヘク腐敗ヲ防クニハ凝流二体ヲ収固

シ溶崩ヲ拒ムヘキ方薬ヲ撰用スヘシ即《チ》[16]幾那或《ハ》[17]楊皮鉱酸。[18]明礬（第十二方）等ヲ内服セシメ[19]冷湯法ヲ頭上心下ニ施シ水ニ醋ヲ加ヘテ冷洗法ヲ行ヒ氷片ヲ以テ諸部ヲ摩擦シ冷水ヲ飲マシメ新鮮清涼ノ外気ヲ迎入スル等ナリ」但《シ》[20]芫菁膏ハ此病ニ宜シカラス其壊疽ヲ作《コ》シ易キヲ以テナリ」而《メ》一部ノ壊疽ハ幾那ニ葡萄酒。明礬。[21]硇砂。[22]没薬等ヲ加ヘテ蒸湯法ヲ行ヒ其敗臭ヲ禦クニハ[23]蘓魯林加爾《ソロリンカル》幾《キ》〔舎〕ヲ外用ス

腸胃熱「[24]フェブリスガストリカ」羅「[25]ガストリセコールツ」蘭

徴候 舌胎不潔。黄色或《ハ》黒黄。悪心メ[26]饐味苦味汚味粘味ヲ覚エ[27]心下苦満メ倦怠殊ニ甚《シ》ク頭重フメ頭痛最《モ》劇シク脈甚《タ》短数ナリ而レ𪜈焮衝熱ノ如ク緊実ナラス神経熱腐敗熱ノ如ク微弱ナラス自余腸胃汚物ノ証アルト患者ノ体質ト当時ノ[28]越必垤密《エビデミ》性〔病〕ト他ノ熱病ノ徴ナキトヲ参考メ以テ之ヲ決スヘシ」而《メ》仍《ホ》微惑アル者ハ仮リニ揮発衝動薬或《ハ》防焮衝薬ヲ投メ之ヲ試ムヘシ両薬功ナク却テ害アル者ハ則《チ》此病タルヿ疑ヒナシ」此病経過定度ナシ唯停食ニ起因セル者ハ一二日ニメ解シ胆液熱粘液熱ノ如キハ数週連緜スルヿアリ」其時期モ亦一定ノ次序ナシ終始貫通メ純一ノ腸胃熱ニ止マルアリ始メ腸胃熱ニメ後チ総身熱（焮衝熱神経熱ノ類）ニ変シ或《ハ》始メ総身熱ニメ中頃腸胃熱ニ転シ後チ終ニ他ノ熱ニ変スルヿアリ」此病ハ独リ純一ノ者ノミ吐下ニ由テ汚物排除スレハ全ク[29]分利ヲ得ルト雖モ他熱ヲ兼併シ或《ハ》転メ他熱トナル者ハ尚且《ツ》発汗利尿ノ排泄有テ而後ニ分利スルヿヲ得然レ𪜈其分利多クハ全カラスメ[30]粟疹。膿腫。[31]鵞口瘡。及《ヒ》血班等ノ[32]転徙〔病〕ヲ致ス」是《レ》其始メ[33]疎滌薬ヲ怠リ或《ハ》発汗起熱ノ薬ヲ用ヒ以テ其毒ヲ血中ニ輸タスニ坐ス」凡《ソ》腸胃熱転メ神経熱腐敗熱トナリ或《ハ》遷延熱ニ徙ル者モ亦多《ク》ハ皆之ニ因ス」而《メ》其区別モ亦多端ナリ乃《チ》其因ヲ以テ分テハ停食熱。胆液熱。粘液熱。蛔虫

熱等。其性ヲ以テ分テハ焮衝性。神経性。腐敗性等。其兼証ヲ以テ分テハ兼胸痛証。兼肝焮衝証。兼頭痛証。兼脳焮衝証等ナリ

原由　近因ハ毒物腸胃ニ在テ消食機之ヲ制剋スルヿヲ得ス其運営ノ変。一身ノ血脈神経ニ波及スルナリ」而《メ》其毒ハ外ヨリ入ルアリ内ニ生セルアリ其外ヨリ入ル者ハ飲食ノ多寡性質等宜キニ適セスメ消食機ノ力《ラ》ヲ拒ミ化セスメ内ニ停滞セル者ナリ其内ニ生セル者ハ腸。胃。肝。等ノ分泌機変常メ其液。胆液粘液胃液腸液等量ヲ差ヘ性ヲ敗リ以テ腸胃ニ鬱滞セル者ナリ其鬱滞間〻非常ニ過多ナルアリ故ニ其内ニ生スル者ニ於テハ分泌ノ変常。第一因ニメ汚物胆液粘液等ハ其余弊ナルノミ然レ𪜈汚物除カサレハ熱証退カス故ニ汚物ヲ以テ其熱ノ近因トス」而《メ》胃。腸。肝蔵ノ衰弱。弛緩。感動過敏。為《メ》ニ胆液粘液生シ易ク僅微ノ事故ニモ鬱滞シ易シ平生静坐ヲ業トシ飲食ヲ節ニセス難化ノ食物ヲ喫スル等或《ハ》霖雨久ク霽レス粘液鬱滞ノ因炎暑長ク退カス胆液鬱滞ノ因不良ノ飲食ヲ用ヒ憂苦悲愁ヲ被ムル等之カ素因トナル」故ニ夏秋ノ時令。寒暖不定ノ諸国。繁華[34]飽旨ノ都下ニ於テハ此病《ヒ》流行スルヿ殊ニ多シ」而《メ》其誘因ハ飽飡。労思。忿恚。疼痛。感冒等劇キ感動ヲ起ス者皆是ナリ」故ニ諸《ヽ》熱病。腸胃熱ヲ合併セサル者幾ント希ナリ

治法　唯腸胃ノ汚物ヲ疎解メ滌除スルニアリ」吐下ニ由テ解散セサル者ハ腸胃熱ニ非レハナリ」但《シ》其病勢ニ準テ治法亦各《ヽ》小異アリ宜ク注意メ之ヲ分弁スヘシ

〔第一〕汚物排除ノ[35]機撥ヲ現セサル者〔自《ラ》吐下ヲ催サヽル者〕ハ先ツ[36]孕鹼酒石[名][37]芒消等解凝瀉下ノ薬ヲ取リ少許宛与フヘシ但《シ》強ク下利セシメサランヿヲ要ス而《メ》粘液甚キ者ハ[21]硇砂。[36]孕礬酒石[名]ヲ与ヘ感動過敏ノ者ハ[38]沸騰散第二方[39]民垤列里《ミンデレリ》精ヲ与ヘ[40]水瀉ヲ兼ル者ハ〔水瀉ハ排除ノ機ニ非ス〕亦硇砂ヲ与ルニ宜シ」凡《ソ》是諸薬ハ分泌ト排泄トヲ催進ス故ニ之ヲ用フレハ或《ハ》汚物自ラ消除シ或《ハ》悪心若クハ下ヲ催

スニ至ル是時ニ於テ始メテ其機ニ応メ吐剤下剤ヲ用ルヲ良トス」或《ハ》右ノ諸薬功ナク亦吐下ヲ催サス熱勢愈ヽ増進スル者アリ是ノ如キ者若《シ》多血焮衝ノ徴アラハ意ヲ用ヒテ刺絡ヲ施シ神経熱証有テ腹部殊ニ胃部ノ痙攣ヲ兼ル者ハ纈草[41]【鏡】菲《ヒ》[42]阿斯《オス》【補】葛私多僂謨《カストレウム》[43]【名】等ノ鎮痙薬ヲ取リ解凝薬ニ伍メ与フヘシ

〔第二〕上ニ排除セントスルノ機撥ヲ現スル者ハ直ニ吐剤第十三方少許宛与ヘ以テ吐ヲ得ルニ至ルヘシ一吐メ後四分時[44]ニ至ルマテ再ヒ吐セサル者ハ更ニ復《タ》少許ヲ与ヘ以テ吐三回ヲ得ンコヲ要ス」但《シ》毎吐後必《ス》加《カ》[45]密列《ミツレ》泡剤【名】ヲ与ルヲ佳トス若《シ》焮衝性ノ合併病有テ脈緊実ナル者ハ先ツ刺絡メ而《ソ》吐剤ヲ与ヘ吐ヲ得テ而《ソ》下剤ヲ与フヘシ」凡《ソ》吐剤ハ微ヽ与《フ》ルニ宜シ一頓ニ多量ヲ与《フ》レハ過度ノ吐ヲ起シテ危険ニ陥ル者アリ胃ノ感動ハ患者各ヽ大ニ差等アル者ニメ預メ之ヲ知ルコ難シ其感動過敏ナル者ニ至テハ唯海葱蜜[46]【名】加《カ》[45]密列《ミツレ》泡剤ノミヲ用ヒテ十分ノ吐ヲ得《ル》ニ足ル者アレハナリ」然レ𪜈久ク吐剤ヲ怠リ胃已ニ汚物ノ刺衝ニ慣レ終ニ感動遅鈍トナリ水瀉ヲ兼ル者ハ少量ノ吐剤吐ヲ起サス却テ下ヲ増ス者ナリ此証ハ吐根一刄[47]ヲ頓服セシムヘシ但《シ》吐酒石[48]ハ宜シカラス〔其下ヲ起スヲ以テナリ〕若《シ》其感動甚《タ》遅鈍ニメ下利多キ者ハ先ツ芫菁膏[20]【名】ヲ胃部ニ貼シ阿芙蓉液二三滴ヲ内服セシメ而後吐剤ヲ行フヘシ」或《ハ》以為ラク吐剤下剤同功ナリ吐剤ニ代フルニ下剤ヲ以テスルモ可ナリト是《レ》豈然ランヤ夫ノ自然良能ノ吐ニ由テ除カント欲スル者ハ下剤ノ能ク治ムル所ニ非ス且《ツ》吐剤ハ胃肝ノ神経ヲ激動メ其分泌機ヲ転変スレ𪜈胆液熱ノ如キニ於テハ此転変ヲ以テ能ク汚物ノ泉源ヲ壅止ス下剤ハ絶《エ》テ其功ヲ奏スルコ能ハス之《レ》ニ加ルニ其排除ノ道路長フメ衰弱ヲ起シ汚物ヲ血中ニ輸タス等ノ恐レアルナリ」然リト雖𪜈便秘甚キ者遽カニ吐剤ヲ与レハ動モスレハ吐糞病[49]ヲ起スニ至ル宜ク先ツ灌腸法ヲ行

テ腸ヲ一掃シ而後吐法ヲ処スヘシ
〔第三〕下ニ排除セントスル機撥ヲ現スル者ハ腹満メ腰痛シ雷鳴メ悪臭ノ[50]屎気ヲ洩ラシ或《ハ》自ラ下利ヲ発ス」此証ハ始メヨリ直《チ》ニ下剤ヲ用フヘシ然レ𪜈亦少許宛与ルヲ良トス而《メ》感動過敏ノ者ハ[36]孕鹼酒石[名][37]芒消。[51]満那[名]ヲ与ヘ感動遅鈍ノ者ハ[52]瀉利塩。孕礬酒石[名]ヲ与ヘ尚《ホ》頑鈍ナル者ハ之ニ[53]旃那ヲ加ヘ第十四方衰弱甚フメ痙攣ヲ兼ル者ハ[54]大黄。[55]甘汞。亜麻仁油ヲ与ルニ宜シ」凡《ソ》下剤連用ノ長短ハ汚物ノ多少ト熱ノ増減トニ準フヘシ
熱勢諸証減退スレ𪜈大便仍《ホ》穢物ヲ交フル際ハ持続メ之ヲ用ヒ諸証全ク去リ食欲常ニ復スルニ至テ始テ漸ク強壮薬ニ移ルヲ法トス」然レ𪜈大便水瀉スル等汚物ノ徴復《タ》現セハ再ヒ解凝薬ヲ用ヒ上下排除ノ機ニ乗メ更ニ吐下剤ヲ撰用スベシ是故ニ下剤ノ連施短キハ三日ニメ足ル者アレ𪜈長キハ三週ニ至テ仍《ホ》止ムヘカラサル者アリ

其他合併ノ熱病ト汚物ノ性質ニ注意メ治法ヲ処スルヿ緊要ナリ即《チ》焮衝熱ヲ兼ル者ハ防焮薬ヲ与ヘ神経熱腐敗熱ヲ兼ル者ハ揮発強壮防腐ノ諸薬ヲ兼用シ腐敗ノ胆液ニ起ル者ハ酒石酸。[56]答麻林度《タマリンド》[名]ヲ与ヘ腐壊ノ汚物ニ起ル者ハ硫酸。塩酸[舎]ヲ与ヘ酷厲毒ニ起ル者ハ粘味ノ飲液〔沙列布漿。亜剌比亜護謨漿ノ類〕ヲ与ヘ粘液ニ起ル者ハ硇砂。[46]海葱。[57]遠志。吐酒石[名]等ヲ与フルカ如シ
此病《ヒ》適当ノ排除ヲ得テ腸胃ノ諸証既ニ去レ𪜈熱仍《ホ》留連メ治セサル者アリ是《レ》汚物ノ血中ニ達セルカ或《ハ》合併病ノ所為ニ係ル宜ク[39]民垤列里《ミンデレリ》精。[58]安質没扭《アンチモニ》[名]「[59]セルチェル」水鉱泉名[附]等ヲ用《ヒ》テ総身ノ分利〔発汗利尿〕ヲ促カシ或《ハ》合併病ノ治法ヲ施スヘシ而《メ》其合併ハ神経証殊ニ多シトス故ニ衰弱甚キ者ハ強壮薬ヲ行ハザルヘカラス
凡《ソ》腸胃熱其終リ必《ス》強壮剤ヲ用ヒンヿヲ要ス汚物ノ再ヒ生スルハ多ク皆衰弱ニ因レハナリ但《シ》薄弱ノ徒ハ汚物仍《ホ》未《タ》去ラス𪜈強壮薬ヲ与ヘテ

可ナリ強壮薬ニハ先ツ蒲公英[60]。麻爾羅歇《マルローヘ》[61]【補】睡菜[62]【鏡】等ノ越幾斯第十五方ノ如キ苦味解凝品ヲ与ヘ次テ括失亜《クハシア》[63]【補】ヲ用ヒ第十六方証ニ随テ大黄[54]ヲ加ルヲ良トス

僂麻質熱《レウマチ》「[64]フェブリスレウマチカ」羅「[65]レウマチセコールツ」蘭

聖京偪熱《シンキング》「[66]フェブリスカタルラリス」羅「[67]シンキングコールツ」蘭

徴候　寒熱交《ヒ》発メ四肢掣痛[68]シ小便頻数ニメ或《ハ》痛ヲ兼子其色溷濁ニメ瓦色ノ沈滓[69]ヲ見ハシ〔彼邦ノ瓦未《タ》之ヲ審ニセス其色我邦ノ[70]土盌ノ如キカ〕汗スレハ輙《チ》軽快ヲ覚エ冷ユレハ輙《チ》熱ノ進ムヲ覚ユ」而《メ》僂麻質証《レウマチ》ヲ発スル者ヲ僂麻質熱《レウマチ》ト謂ヒ聖京偪証《シンキング》[71]ヲ発スル者ヲ聖《シン》京偪熱《キング》ト謂フ」蓋《シ》此両証。熱ト同時ニ発スルヲ常トスレ圧或《ハ》先チ発スルアリ或《ハ》後レテ発スルアリ

〔僂麻質証《レウマチ》〕諸部殊ニ筋。骨膜。腱膜。等疼痛ヲ発メ或《ハ》腫起シ其痛或《ハ》一処ニ停住シ或《ハ》彼此ニ遊走ス」若《シ》夫ノ遊走外部ヨリ内部ニ向フ者ハ悪徴ナリ

〔聖京偪証《シンキング》[71]〕即感冒証鼻孔気管等ノ粘液膜ニ病患ヲ得ル者是ナリ」而《メ》其頻リニ嚔ヲ発メ稀涼苛厲ノ涕液ヲ流泄スル者之《レ》ヲ鼻感冒ト名ク其液漸ク変メ稠厚膿状ト為ルニ随ヒ熱ト諸証ト共ニ漸ク減退ス」其咳嗽頻数咽喉乾燥声嗄レ咽痛ミ稀涼ニメ少《ヤヽ》苛厲ナル痰ヲ喀出スル者之《レ》ヲ咽喉感冒或《ハ》胸感冒ト名ク其痰漸ク烹熟[72]メ粘膿状ト為ルニ随ヒ咳嗽熱証亦共ニ減退ス」右両証鼻感冒胸感冒多《ク》ハ相兼発シ或《ハ》互ニ転換ス

原由　近因ハ皮腠運営[73]蒸気分泌ノ抑遏ヨリ対称機【病】ニ由テ筋。沕乙膜《ウエイ》[8]〔筋膜。骨膜。胸膜。腹膜等ノ総称〕粘液膜鼻孔。気管等ノ裏膜ニ焮衝様ノ抗抵[74]【病】ヲ発シ其沕乙《ウエイ》[8]其粘液変性メ苛烈ノ刺衝物ト為リ以テ那ノ抗抵ヲ持続セシムルニアリ[75]〔其変ノ筋。沕乙膜ニ在ル者ハ僂麻質ト為リ粘液膜ニ在ル者ハ聖京偪ト為ル〕蓋《シ》此抗抵唯沕乙管〔動脈ノ末梢赤血通セス唯沕乙ヲ送輸スル者〕ノ擬焮衝ニメ真焮衝ニ非ス故ニ其部微《ヤヽ》発赤起熱スレ圧結膿スルニ至ラス然レ圧其刺衝甚シク増進シ若クハ他因之《レ》ニ加ツテ終ニ血管ヲ侵ス

ニ至テハ乃チ真ノ焮衝ト為ル」凡ソ皮膚衰弱メ感動過敏ト為ル者。温居煖衣度ヲ過コシ若クハ閉窒メ外気ニ触レス以テ総身ノ脆弱ヲ致セル者。血液変性メ一種粘液様ノ悪液ト為レル者或ハ春時秋末ノ気候。大気ノ変性。居恒《ツ子ニ》風ヲ受テ寒煖ノ渝変ニ係リ易キ住地等皆之レカ素因ト為ル」而メ其誘因ハ寒気ニ冒触シ寒煖急卒ノ変更ニ遇ヒ[76]賊風ニ感シ温服ヲ脱スル等ナリ

治法　皮膚ノ運営ヲ整復シ兼テ総身各部ノ焮衝証ヲ預防スルニ在リ」凡ソ僂麻質《レウマチ》証。聖京偪《シンキング》証共ニ増長スレハ乃チ真ノ焮衝ニ転ス故ニ終始其熱ノ劇易ヲ慮ツテ之レカ策ヲ行ハンヿヲ要ス」即チ熱勢劇クメ多血ナル者ハ先ツ刺絡メ[77]消石ニ安質没《アンチモ》扭《ニ》塩〔発汗安質没扭。[78]金硫黄[48]吐酒石ノ類〕ヲ伍シ与ヘ兼テ防焮ノ[79]将息ヲ命シ居室ヲ熱セシメス亦寒煖不等無ラシムヘシ」然メ熱度減退スル者或ハ始メヨリ熱劇シカラサル者ハ[39]民垤列里《ミンデレリ》精。安質没扭《アンチモニ》剤。[80]接骨木花第十七方等ノ如キ刺衝少キ発汗薬ヲ与ヘ[20]芫菁膏ヲ外貼スルニ宜シ」熱尚ホ少キ者ハ[81]双鸞菊第十九方[57]遠志。[82]蜀羊泉【鏡】[83]朴屈福烏篤脂《ボックホウト》。硫黄【名】等ヲ与ヘ或ハ[84]羯布羅《カムフラ》ニ消石ヲ配用シ第十八方芫菁硬膏【名】ヲ外敷スヘシ患者若シ神経質ニメ痙攣性ノ劇痛アル者ハ阿芙蓉ヲ与フルヲ良トス」瀉血ハ最モ慎重ヲ加ヘンヿヲ要ス過度ナレハ必ス病ヲメ遷延瀰久セシム患部ノ瀉血ハ特ニ忌ムヘシ然レ𪜈胸感冒ノ胸内刺痛。呼吸困難。乾欬等ノ証アル者肺焮衝ヲ催スノ徴肺労ノ素質有テ既ニ肺患ヲ得タル者感冒ニ由テ[85]動輒肺焮衝ヲ発シ又肺労ニ転シ易シ等ハ必ス刺絡セサルヘカラス

僂麻質《レウマチ》熱。聖京偪《シンキング》熱共ニ能ク腸胃熱神経熱ヲ合併スル宜ク対証ノ治法ヲ処スヘシ殊ニ神経熱ノ合併甚タ多ク且ツ危険ニ陥リ易シ是レ最モ注意メ其治法ヲ施サンヿヲ要ス

凡ソ聖京偪《シンキンク》熱ハ殊ニ粘液膜ノ刺衝ヲ寛解シ烹熟分利吐痰ヲ催進センヿヲ要ス故ニ[58]安質没扭《アンチモニ》剤。硫黄。[80]接骨木花。[86]茴香。[87]遏泥子《アニイス》。[88]甘草第二十方第二十一方緩和粘滑ノ飲剤。蜜剤。舐剤等ヲ用ヒ湯蒸気ヲ吸入セシ

メ或《ハ》「フラ子ル」布名ヲ以テ胸部ヲ温被セシムルニ宜シ若《シ》胸痛有テ刺絡証無キ者ハ其部ニ発泡膏ヲ貼スヘシ」僂麻質《レウマチ》痛モ亦毛布若クハ絹布ニテ患部ヲ温被シ局処ノ発汗ヲ促カシ疼痛劇キ者ハ近傍ニ芫菁膏ヲ貼メ醸膿セシメ赤色。焮熱。焮衝ノ徴アル者ハ蜞鍼[89]吸角[90]ヲ施シ感動過敏ノ者ハ阿芙蓉膏第二十二方ヲ外貼スヘシ」熱気既ニ退テ僂麻質《レウマチ》証。聖京偪《シンキング》証仍《ホ》依然トメ留連スル者ハ後ノ僂麻質《レウマチ》編ニ参勘メ各《ゝ》其治法ヲ行フヘシ

伝染熱「[91]フェブリスアキュターコンタギオサ」羅「[92]アーンステーケンデコールツ」蘭

徴候　凡《ソ》熱病。外来ノ伝染毒ニ起テ証候経過。各毒固有ノ性ヲ具フル者之《レ》ヲ伝染熱ト謂フ即《チ》痘瘡。麻疹。疫咳。伝染疫。列漢多《レハント》[93]疫。発黄熱。恐水病[94]。哥烏垤《コウデ》[95]百私篤《ペスト》。密爾多扶児《ミルトヒユール》[96]。共ニ次ニ出ツ等ノ如キ者是《レ》ナリ

原由　伝染毒ハ各人ノ体質ヲ択ハス常ニ一定ノ病ヲ起シ亦同種ノ毒ヲ醸成セシム」而《メ》二般アリ一ハ動体生機ノ作用ヨリ生シテ人身ヲ侵襲スル者ナリ一ハ大気中ニ生シテ人身ヲ侵襲スル者ナリ」然レ𪜈其毒タル之ニ契合スル感応性病ヲ具フル人ニ非レハ感染セス」而《メ》其感染スル先ツ生力ノ抗抵病ヲ挑起メ種〻ノ病証〔悪寒発熱焮衝発疹等ノ類〕ヲ発シ漸ク資成ノ機力病ヲ転メ終ニ已レト同一ノ毒ヲ醸成セシム猶《ホ》夫ノ植物ノ種子先ツ芽ヲ抽キ枝葉ヲ生シ蕃息暢茂シ花開キ実結テ終ニ同一ノ種子ヲ生スルト其機殆ト一ナリ故ニ急性ニメ経過ノ次序。発疹。排泄等植物ノ花実ヲ結フニ譬フノ時期整然タル者ハ植物ノ宿根セス一歳ニ栄枯ヲ為ス者ノコトク慢性ニメ久ク淹滞シ時ニ増減浮沈スル者ハ植物ノ宿根スル者ノコトシ〔黴毒瘰癧毒ノ類ノ如シ其根ヲ抜サレハ其病ヲ治シ難シ〕是《レ》ニ由テ之ヲ観レハ凡テ急性伝染病ノ治ハ其毒ヲ攻ムルヨリ早ク其生息蕃茂ヲ禦クニ在ルコト知ルヘシ

伝染熱固有性五件

〔第一〕生力ヲ振起ス」是《レ》邪毒侵襲ノ所為ニメ病ノ初起ニ在リ故ニ其初メ多クハ皆焮衝性ナリ

〔第二〕　焮衝ノ素質アル者ニ非レハ焮衝証久シク持続セス忽チ転メ反対証虚性ト為ル」是唯外毒ノ為メニ苟ラク発動セル焮衝ニメ真ノ焮衝ニ非レハナリ

〔第三〕　伝染毒ノ異ナルト各人生力ノ差フトニ随テ其証状各ゝ同シカラス」則チ伝染毒ノ性異ナル者ハ或ハ直チニ生力ヲ抑損スルアリ或ハ斉シク血質ヲ侵襲スルアリ」各人生力ノ差フ者ハ同一ノ伝染毒ヲ受クレ𪜈甲ハ焮衝熱ヲ発シ乙ハ神経熱ヲ患フルカ如ク各ゝ其熱状ヲ殊ニス」又当時ノ[28]越必垤密《エピデミ》性能ク各人ノ体質ヲメ一様ノ素因ヲ有セシム乃チ痘瘡。麻疹。神経熱等ノ如キ各ゝ其毒ヲ異ニスル者モ或ハ一般ニ焮衝性ヲ得或ハ一般ニ虚性ヲ夾ミ或ハ一般ニ腸胃性ヲ兼ルヿアリ

〔第四〕　大率子皆十全ノ分利ヲ得難ク変形。転徙[32](病)等ヲ以テ不全分利ヲナス」是レ其毒頑性ニメ生力之レヲ化シ尽スヿ能ハサレハナリ

〔第五〕　伝染毒ノ増息スルト否ラサルトハ単ニ熱勢ノ強弱ニ準フ」故ニ起熱ノ諸因ハ皆能ク其毒ヲ滋蔓セシメ解熱ノ諸件ハ皆能ク其毒ヲ減却セシム

伝染熱経過四期

感染期　始メテ感染スルノ期ニメ所謂ル布種《タ子マキ》ノ時トス其間夕較著ノ証候ナク短キハ三日許長キハ十四日ニ及フ者アリ

発熱期　生力抗抵始メテ奮発スルノ期ニメ所謂ル抽芽ノ時トス

発現期　痘瘡ノ如キニ在テハ起張灌[97]漿スルノ期ニメ所謂ル花実結ヒ種子成ルノ時トス

減退期　諸証退散ノ期ニメ所謂ル凋落死枯ノ時トス

治法　熱性ヲ査点メ各ゝ之レカ備ヘヲ為シ傍ハラ毒性ニ注目メ対証ノ治法ヲ処センヿヲ要ス」凡テ此病ヒハ自然良能ノ病毒ヲ化メ体外ニ排擯セントスルノ妙機ニ出ツ故ニ熱度中和ヲ得ル者善性痘瘡ノ類ノ医ノ助ケヲ俟タス確定セル時期ヲ経テ

確定セル時日ニ至リ自ラ全治スルヿヲ得ルナリ」然レ𪜈病勢差《ヤヽ》劇フメ熱性班然ト頒カル者ハ各ヽ其性ニ随テ対証ノ治法ヲ立テサルヘカラス」但シ病初ニ於テハ統ヘテ防焮法ヲ行フニ宜シ其熱ハ則チ固トヨリ病毒排除ノ機ニ出ツト雖𪜈勢ヒ劇キ時ハ其毒之レカ為メニ滋蔓スレハナリ古人斯ノ諸病ニ温熱発汗ノ薬ヲ用ヒ其毒ヲ駆除スルヲ以テ治則トセシハ惑ヘルノ甚キ者ニメ唯其毒ヲ増スニ足レルノミ故ニ方今ハ務メテ熱勢ヲ制挫シ以テ病毒ノ蓄息ヲ減却スルヲ治術ノ通法トス而メ病室ノ温度ハ[98]列氏験温管ノ十四度ニ越エシメス夏日ハ冷水ヲ器ニ盛テ室内ニ置キ且ツ之レヲ室内ニ撒潑シ羽毛ヲ充ツル[99]衾褥ヲ除キ（羽毛ノ衾褥ハ其熱ヲ増スノミナラス患者ノ毒気ヲ永ク其中ニ含蓄ス）藁褥ニ臥メ軽衾ヲ被ヒ腐敗ノ徴アル者ハ尚ホ[19]冷瀉法ヲ施ス等欠クヘカラサルノ要事タリ」又務メテ大気ヲ新鮮ニシ患者ヲ清楚ナラシメンヿヲ要ス凡ツ是ノ患者ハ躬ラ蒸発スル毒気更ニ復タ其体ニ侵入メ宛カモ毒中ニ沈没セルカ如シ故ニ意ヲ用ヒテ其蒸気ヲ除逐シ大気ヲ清鮮ニセサルヘカラス」近世[100]舎密《セーミ》術ニ拠リ塩酸。[101]蘓魯林《ソロリン》等ヲ薫メ大気ヲ掃除スル法有レ𪜈皆的切ノ功無クメ肺質ヲ損害スルヿ特ニ著ルシ是故ニ[102]牖戸ヨリ風ヲ迎ヘテ新陳代謝セシムルヲ最勝ノ法トス而メ其戸一ハ天井ニ近ク之ヲ開キ一ハ褥牀ニ近ク之ヲ開キ以テ斜メニ風ヲ過ヘラシムヘシ（毒気重フメ下ニ居ル者アリ或ハ軽フメ高ク浮フ者アレハナリ）但シ此時患者善ク被覆メ直ニ其風ニ中ラサランヿヲ要ス」又数患者一室ニ臥スヿヲ禁シ稠人ノ雑居ヲ戒メ速ニ患者ノ排泄物ヲ撤除セシムル等皆忽ルカセニスヘカラス

伝染疫「[103]テイヒュスコンタギオシュス」羅

徴候　神経熱腐敗熱ノ諸証。伝染毒ニ起因メ発現スル者是レナリ」初起大抵焮衝性ニメ後チ必ス神経熱腐敗熱ニ転ス亦或ハ終始焮衝性ヲ帯ル者之レアリ是レ患者ノ性質ト当時ノ[28]越必垤密《エピデミ》性トニ随テ

其別ヲ為スナリ

治法　神経熱ノ治轍[104]ヲ踏ミ兼テ各自ノ病性ニ注意メ応当ノ法ヲ行ハンヿヲ要ス」但《シ》初発大概防焮法ニ宜シ神経熱編ヲ参考スヘシ其他伝染熱ノ通治法見前ヲ取捨シ特ニ大気ヲ清浄ニスルヲ要トス

列漢多《レハント》[93]疫「[105]ペスチスビュボニカ」羅「[106]ビュボペスト」又「[107]レハンチュペスト」蘭

徴候　腋下鼡蹊等ノ腺。焮腫シテ初メヨリ壊疽状ヲ帯ヒ忽チ転メ真ノ寒[108]壊疽ニ変シ皮膚紫班ヲ発ス而《メ》血液皮下ニ汎濫シ熱勢燬クカ如ク煩悶。吐逆。脳ノ所患〔譫語昏冒等〕甚シク。諸《ヒ》排泄物腐臭有テ衰弱脱力ノ極ニ至ル」病勢甚《タ》猛烈ナレハ十二時間ニ死ヲ致ス者アリ尋常第三四日ヲ以テ分利スル者アレ𪜈斃ル者十之七八ニ居ル

此病ハ原来列漢多《レハント》[93]地名ノ海浜ニ起リテ専ラ阨日多《エヂト》[109]。私密爾那《スミルナ》[110]。公斯丹扶乃百児《コンスタンチノペル》[111]以上地名ニ行ハレ漸ク相伝ヘテ北方諸地龍動《ロンドン》。哥寧倔私別爾健《コーニングスベルケン》[112]。莫私哥《モスコー》[113]等ニ滋蔓セリ」然レ𪜈其毒大気ニ伝ヘス直ニ接メ感染スルノミ故ニ其患者ニ接セス其器什ニ触ルヿ無ケレハ預メ伝染ヲ防クヿヲ得ヘシ

治法　熱性ニ応メ防焮法。防腐法。衝動法。強壮法ヲ施スヘシ」当時ノ越必垤密《エピデミ》性。患者ノ体質等ニ由テハ初期刺絡ヲ行《フ》テ大功ヲ奏スルヿアリ但《シ》腺腫ニ良膿ヲ醸サシメ分利ヲ催進スルヲ以テ一大要事トス又大気ノ疎通ニ意ヲ用ヒテ善ク交代セシメサルヘカラス伝染熱編ヲ参考スヘシ腐敗極メテ甚キ者ニハ氷片ノ摩擦奇験アリ死徴悉《ク》具ハル者モ之ニ由テ屢《ヒ》回生スルヿヲ得タリ

発黄熱一名吐黒熱「[114]テイヒュスイクテロデス」羅「[115]ゲーレコールツ」又「[116]ズワルテブラーケン」蘭

徴候　皮膚黄色ヲ発メ黒物ヲ吐下シ熱勢劇烈ニメ煩悶脱力特ニ甚シク経過迅速ニメ死スル者半ハニ過ク」此病原来《モト》西印度《インド》ノ海浜ニ起リ漸ク伝染メ欧羅巴ノ諸地ニ氾濫ス然レ𪜈唯北緯四十五度ノ地ヲ限テ流行スルノミ

治法　列漢《レハント》多疫ノ如ク其熱性ニ随テ治法ヲ立ツヘシ特ニ刺絡ト多量ノ甘汞ヲ用ヒテ屢《ヽ》竣効ヲ収メタリ

哥烏垤百私篤《コウデペスト》[95]「[117]コレラオリーンタリス」羅「[118]オーストインヂセブラークロープ」蘭〇邦俗所謂虎狼痢《コロリ》

徴候　稀薄ノ粘水ヲ吐瀉シ皮膚青色。煩悶甚シク胃部及《ヒ》少腹疼ミ下肢殊ニ[119]腓腸劇ク攣痛シ四肢。腹。舌共ニ冷徹スルヿ[120]満爾蔑児《マルメル》石ノ如ク声音嘶嗄シ小便閉止シ脈細小沈伏メ応シ難ク時ゝ結代シ或《ハ》終ニ全ク絶エ皮膚張力ヲ失フテ〔指ヲ以テ皮膚ヲ撮起シ或《ハ》之ヲ圧没メ其痕依然ト〕メ消シ難キヲ其徴トス〕卒厥絶息スルニ至ル」経過迅速ナルヿ列漢《レハント》多疫。発黄熱ノ如ク大抵発病後二三日ニ死スルヲ常トスレ𪜈其極劇ノ者ハ十二時間ニ斃ルアリ或《ハ》吐瀉止ムニ随テ神経熱状ニ転シ以テ漸ク死ヲ致スアリ幸ヒニ愈ユル者モ必《ス》神経消食機ノ衰弱ヲ残シ経日瀰久故ニ復セス」而《メ》死スル者常ニ三分ノ二或《ハ》其半《ハ》ニ居ル」此病《ヒ》始メ東印度ノ海浜及《ヒ》[121]安日河《アンゲス》瀕岸ノ地ニ生シ漸ク伝送メ諸国ニ蔓延シ終ニ大洋ヲ越テ亜墨利加《アメリカ》洲ニ及ヘリ但《シ》人ゝ相伝送スルハ列漢《レハン》多《ト》疫ノ如ク甚シカラス」又高燥ノ地ハ多ク之ヲ免ルト云発黄熱。列漢多疫モ亦然リ

治法　証候ニ拘ラス初起直《チ》ニ刺絡ト吐剤ヲ行フヲ要務トス但稟賦甚タ虚弱ナル者ノミハ此例ニ非ス之ニ由テ全ク其発作ヲ撲滅スルニ足ルヿアリ又兼テ[122]蒸餅母及《ヒ》芳香薬ノ蒸溻剤ヲ[27]心下ニ施スニ宜シ」而《メ》後発作仍《ホ》治マラサル時ハ甘汞ヲ与ヘ冷水ヲ多服セシメ冷水灌腸法ヲ行ヒ全腹ニ[19]冷溻法ヲ行フヘシ且《ツ》[54]大黄ヲ与ヘテ以テ残余ノ胆液ヲ泄除シ極メテ劇キ証ハ[123]漑水法ヲ施スヲ佳トス」其神経熱ニ転変スル者ハ宜ク神経熱ノ治法ヲ処スヘシ是《ノ》時血液復《タ》頭脳ニ鬱積メ刺絡ヲ要スルヿアリ亦注意セサルヘカラス

犬毒恐水病「[124]ラビース」羅「[125]ホンヅドルヘイド」又「[126]ワートルフレイス」蘭

徴候　水及《ヒ》飲液ヲ嚥下スルヿ能ハス総テ流体光体鏡面ノ類ヲ視ルヿヲ嫌ヒ甚キ者ハ之ヲ見テ発搐[127]スル者アリ」然レ圧硬固ノ品ハ自由ニ嚥下メ毫モ痛ヲ覚ユルヿナシ」是《レ》此病ノ本証ニメ或《ハ》最初ヨリ之ヲ発シ或《ハ》先ツ煩悶。倦怠。諸般ノ神経証。不寐悶夢殊ニ犬ヲ夢ム等ノ前駆アリテ継テ其本証ヲ発スルアリ而《メ》其水ヲ恐ルニ及テハ必《ス》狂証ヲ兼発ス」経過急劇ニメ久キモ三四日ヲ越エス尋常搐[128]掣若クハ虚性ノ卒中証ヲ以テ死ヲ致スナリ」此病多クハ著シキ熱ヲ夾マス五官一モ妨ケナク死ニ至ルマテ能ク人事ヲ省ス」然レ圧時ニ大狂ヲ発メ頻リニ唾ヲ飛ハシ事物ヲ択ハス之ヲ咬ミ或《ハ》叫ンテ吠声ヲ為シ屢《ヽ》昏冒搐搦[129]ヲ発シ大ニ煩悶ヲ作スヿアリ」而《メ》陰器ノ怒張勃起スルモ亦此病ノ固有証トス

原由　近因ハ神経。狂犬毒ヲ被ムルナリ」遠因ハ創処或《ハ》口唇。眼瞼。鼻孔。陰具等ノ如キ皮膚嫩脆ノ部ヨリ其毒ノ侵入スルニ在リ而《メ》其侵入或《ハ》狂犬ノ咬傷ニ由リ或《ハ》患者ノ伝フルニ由ル」蓋《シ》其毒既ニ体中ニ入ルト雖モ空ク感染ノ部ニ潜蟄メ久ク作用ヲ現サス大率二三週ヲ越エ或《ハ》年月ヲ累子テ始メテ発動スルナリ其一旦発動スルヤ既往感染ノ部俄然トメ瘙痒焮痛ヲ起シ継テ狂証ヲ発現ス」此ノ如ク隠伏セル病毒ヲ頓ニ喚起スル誘因ハ過度ノ温熱。情意ノ劇動。起熱ノ飲料等ナリ

此病ノ本体ハ神経性ニメ焮衝性ニ非ス其熱気少クメ神経証多ク且《ツ》末期ノ状態〔搐掣卒中ノ類〕等以テ之ヲ証スルニ足ルヘシ」又其屍ヲ剖観スルニ絶テ焮衝ノ遺痕ナク偶《ヽ》彼此ニ赭班ヲ見ルヿアレ圧是《レ》唯《ヽ》抗抵過劇ノ余証ナルノミ

凡《ツ》此毒ハ唯狂犬咬傷ニ由ルノミナラス他ノ人畜モ発狂スレハ亦能ク此《レ》ヲ醸成ス」故ニ狂躁極メテ甚キ人畜ニ咬マレテ終ニ恐水病ヲ発セシ者其例少カラス

治法　狂証方サニ発スルニ迨《ン》テハ治スル者罕レナリ故ニ其毒ノ未《タ》発動セサルニ先《ッ》テ之ヲ防クヘシ」其咬傷セル犬既ニ逃亡シ或《ハ》直《チ》ニ之ヲ打殺スル等ニ由テ其狂犬タル丁ヲ知ラス亦其毒ヲ受ケシヤ否ヤ弁スヘカラサル者モ必《ス》預防法ヲ施シテ之カ備ヘヲ為サゝルヘカラス是《レ》危険最モ恐ルヘキノ病ナレハナリ」預防法ニ二アリ感染ノ部ニテ直《チ》ニ其毒ヲ鏖《シ》ニスルト局処療法ヲ主トス既ニ肉質ニ混在セル者ヲ消滅化成セシムルト水銀ヲ主トス其毒ニ抗抵スル神経力ヲ転セシムルト[130]莨若ヲ主トス是《レ》ナリ是故ニ左ノ治法ヲ施ス丁愈《ゝ》早ケレハ愈《ゝ》良トス即《チ》患部ヲ乱刺シ[90]吸角ヲ貼メ其毒ヲ吸ハシメ次ニ[131]焔消ヲ用ヒテ其部ヲ焼尽シ其火力深ク肉裏ニ鑽透スルヲ以テ[132]烙鉄ニ勝レリトス其部ニ[133]赤降汞ト芫菁ノ軟膏ヲ塗テ強ク膿潰セシムル丁六週ニ至ルヘシ爾後其創急ニ完愈スル者ハ仍《ホ》狂証ヲ発スルノ恐レアリ宜ク[134]打膿法ヲ換ヘ行フ丁期年余ナルヘシ」眼瞼口唇面部等ノ咬傷右ノ治法ヲ施シ難キ者ハ唯海水若クハ灰汁ヲ以テ洗フヲ佳トス」尚《ホ》且ツ水銀軟膏一銭ヲ取テ創ノ周囲及《ヒ》他部ニ塗擦スル丁日ニ二次而《メ》甘汞二[135]氏ニ莨若根一氏ヲ配メ朝夕内服セシメ以テ徐ク吐涎セシムル丁大約二週間ナルヘシ

病証既ニ発スル者モ猶左ノ治法ヲ行フテ良験ヲ得タリ」即《チ》初起直《チ》ニ前条ノ外治法ヲ咬傷ノ部ニ施シ水銀軟膏ヲ取テ一時半毎ニ身体諸部殊ニ頸囲ニ塗擦シ勉メテ速ニ吐涎セシメ吐涎ニ由テ間ゝ良善ノ分利ヲ得且ツ甘汞二氏莨若根一氏合メ一時半毎ニ内服セシメ而《メ》漸ク其服量ヲ増スニ宜シ」又少壮多血ノ徒ハ刺絡メ卒倒スルニ至ルヘシ」微温浴モ亦処シ難キ証有ルニ非レハ之ヲ行フテ大ニ利ヲ得ル丁アリ

[96]密《ミ》爾《ル》多《ト》扶児《ヒュール》「[136]カルボンキュリュスコンタギオシュス」羅「[137]ズワルテブラール」蘭

徴候　此病ヲ患ル獣畜ノ肉ヲ啖ヒ或《ハ》創処ヨリ其毒ヲ受ケテ之ヲ発ス」其証先ツ発熱メ大ニ脱力

シ昏冒煩悶甚シク或《ハ》吐逆泄瀉ヲ作シ而後一二ノ泡腫ヲ発出ス其泡始メ細小稀液ヲ充ツル細泡其周囲ニ簇生ス一二日ヲ経テ褐色ト為リ黒色トナリ終ニ深ク皮中ニ侵蝕メ寒[108]壊疽状ノ腫瘍ニ変ス或《ハ》浅ク表面ニ在ルアリ而《メ》焮衝セス疼痛ナク四肢膨腫麻痺シ或《ハ》潰乱メ頽敗スルニ至ル」又其熱初日ヨリ極劇ノ腐敗熱ニ転シ毒肉ヲ喫スル者特ニ然リ腐敗忽チ全身ニ及ヒ煩悶極メテ甚シク。腹痛下血溶崩ノ諸証蜂起シ一昼夜若クハ二昼夜未《タ》泡腫ヲ発スルニ迨ハスメ死スル者アリ」然レ𪜈大抵泡腫既ニ生シ発汗泄瀉ノ分利有テ其熱去リ病漸ク一局処ニ帰メ終ニ寒壊疽ニ陥リ而《メ》後斃ルヲ常トス」但《シ》其証甚《タ》悪性ナラサル者ハ慢〻膿ヲ醸シ壊肉自《ラ》剥離シ六週若クハ八週ヲ経テ幸ニ十全ノ復治ヲ得ルヿアリ

此病ハ身体ノ内外ヲ論セス直ニ其毒ニ触レテノミ感染シ絶テ大気ノ媒介ヲ俟ツヿナシ

治法　治療ノ要ハ熱ト壊疽トヲ攻ムルニ在リ」即《チ》其熱ヲ攻ルニハ初起直《チ》ニ吐剤ヲ与ヘ而《メ》熱勢退カサル者ハ次テ腐敗熱ノ治法ヲ尽クシ殊ニ醋飲料ニ加ヘ用フ幾那[16]。羯布羅《カムフラ》[84]名等ヲ用フヘシ又酪余[138]名ヲ与ヘテ甚《タ》偉効ヲ収メシヿアリ壊疽ハ切断メ防腐催膿ノ蒸[139]湯法ヲ行フニ宜シ然レ𪜈単ニ亜麻仁鏡ノ如キ緩和蒸湯剤ヲ連用スルノミニメ全治ヲ得シ者亦屢《ヒ》実験セリ

扶氏経験遺訓巻之二終

巻之二註

1　*febris putrida*。
2　rot koorts。
3　キョキ。吐き出した息。
4　ジクケツ。鼻血。
5　ジョクソウ。床づれ。
6　血斑の誤字か。皮膚の紫黒色斑点。
7　ontbinding　変質。分解。
8　ウエイ。wei　血清。

9 bloedkoek　血餅。
10 gevolg en overgang　結果と移行。
11 炎症熱。
12 scheurbuik　壊血病。
13 水銀剤。
14 已甚ははなはだ。
15 刺激剤。
16 キニーネ。規那皮。
17 *cort. salicis*　ヤナギ皮。アスピリン成分を含む白ヤナギ皮。
18 硫酸アルミニウムと硫酸アルカリの複塩。
19 レイトウ。冷湿布。
20 spaansche vlieg pleister　カンタリス膏。
21 ドウサ。塩化アンモニウム。
22 モツヤク。ミルラ。アフリカ産植物のゴム樹脂。去痰健胃剤。
23 塩化カルシウム。
24 *febris gastrica*　胃熱。
25 gastrische koorts。
26 イミ。すえる味。腐味。
27 みぞおち。
28 epidemisch　流行性。
29 crisis　症状が散り治ること。
30 gierstuitslag　gierst はキビ。uitslag は発疹。
31 spruw　アフタ。小児の口内炎。
32 テンシ。転移。
33 ontlastingmiddelen　排便薬。
34 gebruik van onverteerbare, bedorvene spijzen、腐った不消化の食事。
35 teeekenen　徴候。
36 *tartarus tartarisatus*　酒石酸カリウム。
37 芒硝。硝酸ナトリウム。
38 *purvis aërophorus*　本書薬方篇巻一、第二方参照。
39 *spiritus mindereri*　酢酸アンモニウム液。
40 水がそそぐように激しく下痢すること。
41 *valeriana.*　キッソウ。セイヨウカノコソウの根。鎮痛剤として用いる。
42 *hyoscyamus*　ヒヨス。ナス科植物。アルカロイドを含み鎮痛、鎮痙剤となる。
43 *castoreum*　海狸香。
44 半時間。
45 kamillethee　カミツレ。カモミル茶。
46 カイソウ。*oxymel squilliticum*　ユリ科多年草。利尿剤。
47 スクルプル。scrupel　約一・三グラム。
48 酒石酸水素カリウムと三酸化アンチモンとの化合物。催吐剤。
49 大便の排泄が停止し、糞臭を帯びた流動物を嘔吐する腸閉塞病。
50 シキ。屎はくそ。

51 マンナ manna。こんにゃくの主成分の多糖。
52 *sal sedlicense* 硫酸マグネシウム。
53 センナ、*sennae* マメ科カワラケツメイ属薬用植物。健胃剤。下剤。
54 ダイオウ。大黄。rhabarber タデ科植物の根茎の生薬。健胃瀉下剤。
55 塩化水銀（I）。
56 tamarinden アフリカ原産薬用植物。清涼緩下剤。
57 オンジ。*senega.* セネガ。イトヒメハギの根の生薬。去痰薬。
58 アンチモン。spiesglansbereidingen。
59 Seltzerwater.。
60 ホコウエイ。*taraxaci* セイヨウタンポポの根。
61 *marrubii* シソ科マルルビウム属。
62 *trifolii fibrini Menyanthes trifoliate* ミツガシワの全草。
63 *quassia* セイヨウニガキの材。
64 *febris reumatica*。
65 reumatische koorts。
66 *febris catarrhalis* カタル熱。
67 zinking koorts.。
68 pijnlijke trekking 苦痛を伴ったひきつけ。
69 沈殿。
70 ドワン。土鉢。
71 zinking カタル。
72 ホウジュク。十分に熟す。
73 ヒソウ。皮膚。
74 抵抗。
75 刺激。
76 隙間風。
77 硝石。硝酸カリウム。
78 キンイオウ。五硫化アンチモン。
79 養生。将は養、息は生。
80 *flor.sambuci* ニワトコの花。
81 *aconitum* セイヨウトリカブトの塊根。付子。
82 *stip.dulcamarae* ヒヨドリジョウゴ。
83 *gumm.guajaci* 癒瘡木脂。
84 *champhora.* 樟脳。
85 ややもすれば。
86 ウイキョウ。*sem.foeniculi* セリ科多年草の果実。芳香健胃薬。
87 *anis* アニス。セリ科一年草の果実。芳香健胃薬。
88 *rad. en succus liquiritial* カンゾウ。マメ科多年草。甘味料。鎮消炎薬として繁用される。
89 キシン。bloedzuiger 蛭。
90 koppen 吸い玉。中空ガラス瓶にゴム球をつけ、悪血を吸い取る器具。
91 *febris acutae contagiosae*。
92 aanstekende koorts 接触伝染性急性発熱。

93 Levant　イタリア西北海岸の都市名。
94 狂犬病。
95 koude pest　koude は冷たい、冷酷な。原文は *cholera orientalis*。アジアコレラ。
96 miltvuur　炭疽。
97 カンショウ。uitbreken van den uitslag　吹き出物の発生。灌はひたす、あつめる。漿は汁。
98 摂氏一七・五度。
99 キンジョク。夜具。
100 化学術。
101 塩素。
102 ユウト。窓と戸。
103 *typhus contagiosus*　伝染性チフス。
104 治療の例。
105 *pestis bubonica*　黒死病。よこねペスト。
106 bubopest　黒死病。
107 Levantsche pest。
108 koudvuur　壊疽。脱疽。
109 Egypte　エジプト。
110 Smirna　トルコ西海岸地名。
111 Constantinople　コンスタンチノープル。
112 Koningsbergen　コーニングスベルゲン。
113 Moskou　モスコー。
114 *typhus icterodes*。
115 gele koorts。
116 zwarte braken。
117 *cholera orientalis*。
118 oostindische braakloop。
119 ヒチョウ。ふくらはぎ。
120 大理石。
121 Ganges　ガンジス河。
122 パン。
123 koude begietingen　冷水で注ぎ洗う法。
124 *rabies*　恐水病。狂犬病。
125 hondsdolheid。
126 watervrees。
127 ハッチク。ontstaan van stuiptrekkingen　痙攣が生じる。
128 チクセイ。stuipen　痙攣。
129 チクジャク。stuipen　痙攣。
130 ロウトウ。*belladonna*　ベラドンナ。ナス科の薬用植物。根茎が鎮痛剤。
131 焔硝。硝石。硝酸カリウム。
132 灼熱した鉄。
133 セキコウコウ。酸化水銀（Ⅱ）。
134 排膿法。
135 grein　一グレイン（ゲレイン）は約〇・〇六五グラム。
136 *carbunculus contagiosus*。
137 zwarte blaar。

138 karnemelk　バターミルク。

139 薬料湿布。

（表紙）

扶氏経験遺訓　三

扶氏経験遺訓巻之三

足守　緒方　章　公裁
義弟郁　子文　同訳
西肥　大庭　忞　景徳　参校

第二編

慢性熱病「[1]コロニセコールツ」蘭

前条説ク所ノ急性熱ハ其熱乃《チ》是《レ》本病ナレ𪜈此編論スル所ノ者ハ唯他病ノ外証ノミ故ニ経過[2]修短一定セス治法亦千差萬端ニメ各《ゝ》其致ヲ同

フセス

間歇熱「[3]フェブリスインテルミッテンス」羅「[4]チュツセンポーセンデコールツ」蘭

徴候　寒熱時ヲ限リ発汗期ヲ定メ小便瓦色ノ沈[5]浧ヲ見ハシ而《メ》其休歇ノ際ハ諸証全ク去テ脈平常ノ如シ」故ニ毎発作皆《ナ》少焉ノ急性熱ニメ直チニ[6]分利ヲ致ス者トシ其少焉急性熱《ノ》区〻相聯ナルヲ此病ノ全体トス」而《メ》其発作大抵時刻ヲ差ヘス或《ハ》毎十二時日発熱或《ハ》毎二十四時間日熱或《ハ》毎三十六時三日熱ニ一発スルナリ又或《ハ》其間歇尚《ホ》長フメ直七日七日熱ニ一発スルアリ或《ハ》間歇ノ際別ニ小発作ヲ為ス者アリ重複熱総テ此病ハ毎発作時刻ノ長短各《ゝ》等シク諸証ノ劇易互ニ同キヲ以テ本徴トス」通例間歇熱ハ右ノ如ク顕著ノ熱証ヲ発スルヲ常トスレ𪜈或《ハ》毫モ熱証無ク頭痛。[7]疝痛。[8]霍乱。歯痛。眼焮衝等ノ定証《ノミ》期ヲ定メテ発作スル者アリ是ヲ〔変形間歇熱〕ト謂フ是《レ》亦間歇時ハ諸患一掃メ些《ニ》モ其候ヲ覚ユルヿナク唯発作後ノ尿中必《ス》瓦赤色ノ[9]浧渣アルヲ以テ之ヲ徴知ス」又其発作ニ当テ危険ノ病証卒中。昏睡。[10]搐搦。窒息等ヲ兼摂スル者アリ是ヲ〔悪性間歇熱〕ト名ク後ニ詳説ス」間歇熱モ亦他熱ノ如ク単純証合併証アリ故ニ焮衝性間歇熱。腸胃性間歇熱。僂麻質《レウマチ》性間歇熱。神経性間歇熱アリ或《ハ》亦急性稽留熱ト合併スル者アリ」然メ此病《ヒ》其経過甚《タ》不定ナリ三日熱ハ殊ニ久ク持続ス或《ハ》三四発ニメ乃《チ》止《ム》アリ或《ハ》連綿シテ数週数月数年ニ及フアリ」蓋《シ》間歇熱ハ危険ノ病ニ非レ𪜈兼発ノ病証ニ由リ或《ハ》荏苒日ヲ経テ体液変性。腹蔵閉塞。腫脹。水腫。神経病等ヲ惹キ出スニ由テハ終ニ危険ニ陥ルヘシ然レ𪜈亦其熱良性ニメ頑固ノ旧痾之《レ》カ為《メ》ニ一掃スルヿヲ得ル者アリ

原由　間歇熱ハ急性病ト慢性病ノ混交セル者トス即《チ》其発作ハ少焉ノ急性熱ニメ其発歇往来スル所以ノ者ハ神経病ナリ」且《ツ》其熱ノ一発一歇相合セル者間歇熱ノ全体ヲナスカ故ニ唯其熱ヲ指テ間歇熱ト称セス定時発歇シテ而後ニ間歇熱トスルノミ」然メ定時発歇ノ原ハ神経ニ拘ルカ故ニ此熱ノ本性ハ神経病ニメ近因ハ有形発熱ノ因無形神経変調ノ和ニ成ル者トス是故ニ神経変調ノ存亡ニ準フテ間歇熱急性熱ニ転シ急性熱間歇熱ニ変スルヿアリ故ニ亦間歇熱ノ因具ハルト雖モ神経ノ変調アルニ非レハ此病ヲ発スルヿヲ得ス」是《レ》此病ノ連年甚《タ》罕レニ累歳甚《タ》夥ク或《ハ》情意感動ニ由テ乍《チ》生シ乍《チ》治シ或《ハ》諸《ヒ》神経薬皆之《レ》カ解熱剤ト為ル所以《ン》ナリ」然メ凡《ツ》神経ニ変調ヲ生セシムル[11]英垤密性《エンデミ》汚地泥沼卑湿ノ地等[12]越必垤密性《エビデミ》。居《ツ》恒《子》ニ難化ノ魚肉穀粉類ヲ過食シ汚泥ノ気ヲ受ル等之《レ》カ素因トナリ総テ熱病ノ起因ト為ル者其誘因トナル即《チ》停食。感冒。内蔵壅塞。隠伏病毒痛風梅毒等一部刺衝朽歯ノ類等ノ如シ但《シ》他病ヲ起サスメ必《ス》間歇熱ヲ誘フ所以《ン》ハ神経ニ右ノ素質変調アルニ由ルノミ」又此病少《ヤヽ》久ク稽留スレハ自ラ淹滞スヘキ因ヲ生ス即《チ》常習病因既ニ去リ唯常習ノミニ由テ瀰久スル者多《シ》腹内壅積等是《レ》ナリ

治法　間歇熱ノ治法ニ両個ノ要訣アリ第一急ニ

其熱ヲ抑制スルヿ勿レ是《レ》此病ハ屢《ゝ》良能ノ機撥ニ出ルヿアルヲ以テ妄リニ其熱ヲ抑遏スレハ必《ス》大害ヲ速ケハナリ」第二久ク其熱ヲ淹滞セシムルヿ勿レ発作毎ニ衰弱ヲ益シ終ニ他ノ悪証ヲ誘起スルヿアレハナリ故ニ此両訣ヲ合メ治法ヲ立《ツ》ルヲ良術トスト雖𪜈其術亦甚《タ》易シトセス因テ其法則ヲ示スヿ左ノ如シ

〔第一則〕宜ク先《ツ》遠因ヲ除去シテ而《メ》熱証ハ則《チ》他ノ熱病ノ如ク之ヲ療スヘシ唯此ニ由テノミ全治ヲ得ル者少ナカラス病初及ヒ春ノ間歇熱或《ハ》間歇時脈全ク安静セス将ニ急性熱ニ移ラントスル勢ヒアル者殊ニ然リ乃《チ》胃ノ飽満及《ヒ》汚物ノ徴候アル者ハ吐下剤解凝剤ヲ用ヒ虫証アル者ハ駆虫薬ヲ与ヘ大気変動感冒ニ坐スル者ハ聖《シン》[13]京偏《キング》熱ノ治法ニ従ヒ磠砂[14]。民埞列里《ミンテレリ》[15]精等ヲ服セシメテ蒸気ヲ催進スル等ノ如シ」是《レ》幾那等ノ解熱薬ヲ用ルニモ亦預《メ》為スヘキノ要務ナリトス

〔第二則〕遠因既ニ除去スレ𪜈熱証仍《ホ》淹滞スル者或《ハ》固ヨリ遠因ノ斥スヘキ者無キ証ハ直チニ其近因ノ神経変調ヲ復スヘシ」但《シ》尋常間歇熱ノ恐ル可キ余証無キ者ハ卒カニ其熱ヲ抑遏センヨリ五六回ノ発作ヲ俟タンヿヲ要ス」故ニ其初メハ少《ヤヽ》解熱ノ効有テ熱勢ヲ頓遏スルヿ無キ薬剤ヲ用ルニ宜シ即《チ》毎日磠砂[名]二銭[16]ヲ用ヒ発作前ニ吐剤ヲ与ヘ加密列《カミツレ》[17]花。睡菜[18]。蓍草[19][鏡]等ノ散剤若クハ越幾斯剤ヲ兼服セシムヘシ」然シテ其熱仍《ホ》解散セサル者或《ハ》之カ頓遏ヲ要スヘキ事故アル者ハ乃《チ》幾那ヲ最良ノ薬トス是《レ》其熱ヲ頓挫《メ》滅却スルヿ他薬ノ能《ク》及フ所ニ非レハナリ然レ𪜈其用法律ニ適ハサレハ功ヲ遂《ク》ルヿ能ハス故ニ其的証ト用法ヲ示スヿ左ノ如シ

〔幾那的証〕胃中汚物無ク舌清潔ナル者ト間歇時毫モ余証無ク脈常ノ如クナル者ト合併病ヲ夾ムヿ無キ純一ノ真間歇熱ト是《レ》ナリ

〔幾那用法〕凡《ソ》幾那ハ先《ツ》吐剤ヲ与ヘテ而後之ヲ用フベシ其効最《モ》切実ニ《メ》害ヲ惹クヿ無シ」乃《チ》黄幾那末[名]一匁[20]ヲ取テ間歇時一時毎ニ間歇時短キ者ハ毎

半時半銭宛与フルニ宜シ第二十三方第二十四方或《ハ》規尼《クイニー》[21]幾那塩附
八氏[22]至十二氏ヲ取テ間歇時。一時毎ニ一氏宛与
ルモ亦其効ヲ同フス第二十五方但《シ》最後ノ一服ハ其
量ヲ多クシ且《ツ》「次ノ発作ニ近《ツ》「ケテ与ルヲ佳トス」
幾那ヲ服メ下利ヲ発スレハ功ヲ奏スルヿ無シ
若《シ》「然ル時ハ一時半若クハ二時毎ニ阿芙蓉液[23]名
ヲ一滴宛兼用シ」便秘ヲ起ス者ハ毎服大黄[24]二三
氏ヲ加ヘ用ヒ」胃部圧重悪心嘔吐ヲ起スヿアラ
ハ桂[25]末或葡萄酒一匙ヲ配用シ」痙攣証アル者ハ纈[26]
草鏡 葛私多僂謨《カストレウム》[27]ヲ[28]伍用スヘシ
尋常右ノ治法ヲ用ルニ由テ其熱大抵一発若ク
ハ二発ニ迨ンテ全ク解ス然レ𪜈仍《ホ》一回ノ間歇
時ニ当テ前ノ如ク一ゟノ幾那ヲ与ヘ其次二回
ハ其半分宛与ヘ其次ハ三分ノ一ヲ与ヘ又其次
ハ四分ノ一ヲ与ヘ以テ八日若クハ十四日ニ至
ルマテ連用スヘシ但《シ》其連用ノ日数ハ病ノ修[2]短
ニ随フガ故ニ其淹滞修カリシ者ハ之ヲ連用ス
ルヿ亦久シカルヘシ是《レ》其再発ヲ禦キ得ルニ切

実ナリトス」而《メ》良性ノ摂養ヲ命シ消食機ニ妨ケ
ナカラシメ魚肉穀粉類ヲ禁シ冒寒ヲ防キ房事
ヲ慎ミ水辺ヲ避ケシメ且《ツ》妄リニ下剤ヲ投スル
ヿ勿レ下剤ノ為《メ》ニ忽チ再発スルヿ有レハナリ」
幾那ヲ用《ヒ》テ後《チ》熱却テ増劇シ胃部圧重煩悶ヲ作《コ》
シ間歇時モ脈急数トナル者アリ是《レ》幾那ヲ投ス
ルヿ早キニ過キテ病《ヒ》急性熱ニ転セントスルノ
徴ナリ宜ク幾那ヲ舎《ヒ》テ吐下剤ヲ撰用シ合併病
有ルヿヲ察セハ之ヲ除去シ而《メ》後又《タ》更ニ幾那ヲ
用フヘシ」或《ハ》幾那ニ由テ熱勢増劇セサレ𪜈亦之《レ》
ヲ退治スルヿ能ハサル者アリ是証ニハ其最後
ノ一服ニ阿芙蓉一氏ヲ加ヘテ次ノ発作ノ少前
ニ与ルヲ佳ナリトス
小児若クハ幾那ヲ内服スルヿ能ハサル者ニハ
之ヲ灌腸剤ニ造リ施シ或《ハ》幾那末一二ゟニ葡萄
酒ヲ加ヘ煮テ胃部少腹ニ貼シ英垤児末扶《エンデルマチ》[29]法〔発泡膏ヲ貼メ表皮ヲ剥脱シ此ニ薬ヲ布キ以テ内服ニ代フルノ法〕ヲ以テ規尼《クイニー》ヲ用
ルモ亦同効ヲ収ムルヿヲ得

若《シ》幾那ノ欠ルニ会ヒ若クハ貧児ノ之ヲ賖《カ》[30]フヿヲ得サル者ハ代薬ヲ行《フ》テ可ナリ乃《チ》楊皮[31]。七葉樹皮[32]。水楊梅根[33][鏡]等ヲ取リ用法。服量幾那ノ如ク与フヘシ」其他苦味薬。収濇薬[34]。神経薬。揮発芳香ノ諸薬殊ニ胡椒四肢ノ結縛等亦皆解熱ノ功アリ」或《ハ》亦神[35]璽符[36]呪ノ類モ能《ク》功ヲ奏スルヿアリ〔是其近因ノ神経病ナルカ故ナリ〕凡《ソ》幾那ヲ用ルハ早キニ失スヘカラス晩キニ過クヘカラス甚《タ》頻数スルヘカラス之《レ》ヲ其大法トス

〔頑滞証〕〔再感証〕 間歇熱甚《タ》頑固ニメ幾那ヲ用フレ圧治シ難キアリ一旦解スレ圧継テ復《タ》再発スルアリ其然ル所以《ン》ノ者率《子》三件ニ帰ス〔其一〕未《タ》遠因ヲ除キ尽サスメ早ク幾那ヲ用《フ》ルニ由ル」是《レ》吐剤解凝剤等ノ宜キヲ撰テ更ニ其遠因ヲ攻治スヘシ〔其二〕潜伏病毒変形梅毒ノ類ノ之《レ》ヲ淹滞セシムル者アルニ由ル」是《レ》其対証ノ治法ヲ処スベシ〔其三〕幾那ヲ用《フ》ルヿ晩キニ過キ且《ツ》其連用足ラスメ薬力猶《ホ》未《タ》達セサルニ由ル是《レ》宜ク幾那ヲ取テ更ニ久ク連用スベシ」又右ノ諸法皆功ナク屢《ヽ》再感スル者アリ三日熱ニ於テ殊ニ然リ是《レ》莨菪[37][名]ヲ主薬トス宜ク日ニ二氏至四氏ヲ与フヘシ」若《シ》内蔵閉塞ノ徴アラハ甘汞[38][名]ニ白屈菜[39]越幾斯[鏡]ヲ配用シ或《ハ》鉄剤殊ニ鉄華[名]礵[40]ヲ行フヘシ此諸薬仍《ホ》功ヲ奏シ難キヲ見ハ燐[舎]ヲ用《フ》ルニ宜シ第二十六方予自《ラ》経験メヨク其偉功ヲ知《レ》ル者ナリ」或《ハ》此証ニ砒石[41]ヲ称誉スル者有レ圧多クハ危険ノ証ヲ起シテ性命ヲ害スルヿアリ故ニ予ハ常ニ前ノ諸薬ヲ以テ足レリトス

〔稽留熱合併証〕 原《ト》稽留熱ニメ偶《ヽ》間歇熱ヲ兼ル者ナリ其徴熱常ニ留連シ脈常ニ急数ナレ圧時ニ悪寒増熱メ脈動益《ヽ》急疾諸証愈《ヽ》劇勢トナル其時刻定マルアリ否ラサルアリ是《レ》両熱相合シ以テ一層ノ危険ヲ致ス者タリ治法速ニ兼証ノ間歇熱ヲ除カンヿヲ要ス且《ツ》此熱大抵神経性兼腸胃性タルヲ以《テ》先《ツ》吐剤ヲ用ヒ而《メ》後規尼《クイニー》[21]ヲ取リ稽留熱証ノ留連スルニ拘ラス間歇時ニ之ヲ用フヘシ用法見前則《チ》併

証ノ間歇熱ハ能《ク》解散スルヿヲ得ルナリ

〔悪性間歇熱〕 発作毎ニ昏睡。卒中。霍乱[8]窒息等ノ険証ヲ兼発スル者ヲ謂フ其兼証ニ準テ種々其称ヲ異ニス此証ハ危篤最《モ》甚シク多クハ第一発ニ乄乃《チ》死ス以テ間歇熱タリシヿヲ知ラサル者アリ仮ヒ第一発ニ死ヲ免ルモ第二発第三発ニ至レハ必《ス》斃ル故ニ其治法勉メテ次ノ発作ヲ防止スルニ在リ即《チ》間歇時ニ黄幾那極末一匁ヲ取リ法ノ如ク与ヘテ毎一時半銭第二発作ノ少前ニ其二服ヲ合シ阿芙蓉二氏ヲ加ヘ頓服セシムルヲ佳トス」而《メ》卒中証既ニ発スル者ハ阿芙蓉ヲ主トス宜ク毎一時一氏宛与ヘ漸ク服量ヲ増《シ》テ人事ヲ省スルニ至ルヘシ患者若《シ》嚥下スルヿ能ハサル時ハ阿芙蓉液二刄[42]ヲ取テ灌腸剤トシ施コ乄可ナリ且《ツ》此《ノ》卒中証ハ刺絡シテ治スヘキ者ト思フヿ勿レ是《レ》間歇熱ノ一傍証ニ乄真ノ卒中ニ非ス之《レ》ト其休作興廃ヲ共ニスル者ナレハナリ但《シ》多血満溢ノ徒ノミハ間歇時ニ少《ヽ》刺絡シ次ノ間歇時又《タ》一タヒ之《レ》ヲ行フテ可ナリ然レ𪜈此《レ》唯其劇証ヲ軽ムルノミニ乄決乄其治ヲ営ムニ足ラサルナリ」凡《ツ》此証ハ危険緊シク相迫《マ》ルカ故ニ吐下ノ諸証ヲ具ヘシ者モ先《ツ》其熱ヲ抑遏スルヲ以テ専務トシ汚物ノ治ハ熱証退テ而後施スヲ法トス

〔間歇熱継病〕 間歇熱差[43]エテ後屢《ヽ》諸種ノ疾患ヲ継発スルヿアリ即《チ》或《ハ》急性熱ニ転シ或《ハ》水腫。黄疸。喘息。労咳[44]。悪液病。肝脾ノ閉塞。腫脹等ノ遷延病ニ徙ル是《レ》ナリ就《レ》中脾ノ腫脹ヲ遺《コ》ス者多シトス之《レ》ヲ哥児質古苦《コールツクーク》[45]漢人所謂瘧母[46]ト名ク」蓋《シ》継病ヲ誘フ所以ノ者ハ本病ノ遠因ヲ除去セス乄早ク熱証ヲ抑遏スルニ由リ或《ハ》幾那ヲ用《フ》ルノ期ヲ後《ク》レ若《ク》ハ服量不足ニ乄久ク淹滞セシムルニ由リ或《ハ》誘因ト為リシ疾病仍《ホ》未《タ》治セサルニ由ル」宜ク其原由ニ随テ治法ヲ処スヘシ即《チ》急性熱ニ転セシ者ハ其熱性ニ随テ対証ノ治法ヲ行ヒ遷延病ト為リシ者ハ先《ツ》甘汞。護謨安母尼亜幾《ゴムアンモニアキ》[47][14]。硇砂。[名]白屈菜[39][鏡]莨若[37][名]等ノ如キ峻効ノ解凝剤ヲ用ヒ而《メ》水腫ハ利

尿薬ヲ兼子内蔵壅塞ハ[48]瓦爾抜奴謨膏《ガルバニュム》[名]ヲ外貼スル等病性ニ応スルノ治怠ルヘカラス患者モト衰弱若クハ未《タ》幾那ヲ用ヒス或《ハ》服量足ラザルニ由テ之ヲ発スルカ如キハ皆幾那鉄剤ヲ主用スルニ宜シ但《シ》脾ノ腫脹ニハ規尼《クイニー》奇功有リトス又既往ノ疾患仍《ホ》淹滞メ害ヲ為セル者アラハ各ヽ其治法ヲ以テ之ヲ攻ムヘシ喩ヘハ変形梅毒ニ由ル者ハ汞[49]剤ヲ処スルカ如シ」右ノ諸法ヲ尽シテ寸験無キ者ハ更ニ間歇熱ヲ再発セシムルニ若クハナシ此術甚難シト雖モ塩類下剤或《ハ》莨菪ヲ用《ヒ》テ間ヽ其功ヲ遂ルヿアリ

遷延熱「[50]フェブリスレンター」羅「[51]スレーペンデコールツ」蘭

徴候　凡《ソ》熱病急性熱ノ時限ヲ越《エ》テ久ク淹滞セル者皆是《レ》是ナリ短キハ数月長キハ数歳ニ及ヒ脈居《ツ子》ニ恒緊数早旦仍《ホ》其数ヲ減セス其遷延瀰久スル者多クハ生力欠損虚脱メ総身痩削シ器液溶崩敗壊メ終ニ斃ル、ニ至ル

原由　非常ノ労力。手淫。房事。脱血等ノ如ク全体ヲ疲ラシ血管ノ生力ヲ過敏ナラシムル事件或《ハ》総身局処ノ連緜刺衝等皆此病ノ原由トナル」而《メ》其刺衝総身ニ在ル者ハ外来ノ諸毒。酷厲ノ諸液。梅毒。痛風毒。瘰癧毒。心思労傷等是ナリ」其一部ニ在ル者ハ慢性ノ焮[52]衝。膿腫。潰瘍。器質変壊等是ナリ

治法　治法ノ要ハ衰弱ヲ起スノ原由ヲ遠クルト生力ノ沈衰ヲ振起スルトニ在リ」故ニ勉メテ悪[53]液質。酷厲毒。焮衝。潰瘍等ヲ除キ側ハラ強壮薬。滋養物ヲ与ヘザルベカラス」此熱ニ四種ノ別アリ治法モ亦随テ少《ヤヽ》其致ヲ異ニス

〔慢性神経熱〕　内蔵ニハ一モ局処ノ患ヒ無ク神経大ヒニ疲憊シテ其運営虚衰シ脈細数ニメ変動シ易ク熱勢微ニメ頻《リ》ニ悪寒戦慄シ尿色数ヽ変シ皮膚汗ナク或《ハ》乍《チ》汗シテ乍《チ》止ミ頭脳ノ諸患。痙攣《ノ》諸証[54]依卜昆埊児《ヒポコンデル》ノ状態有テ神気乏ク情意変リ易ク空心早旦殊ニ患苦多クシテ熱ノ増進ヲ覚エ食後諸証ノ減退ヲ覚ユ是《レ》「[55]歇屈扶加熱ノ反対証」其因ハ

諸ゝ急性熱。神経熱ノ余弊。精神肢体ノ労動。房事手淫ノ過度経久ノ失血。脱液。帯下。久淋[56]。下利。脱汗等ニ在リ」治法ハ虚衰ノ因ヲ除キ覚機神経力病ノ過敏ヲ鎮静シ適宜ノ強壮滋養法ヲ処センヿヲ要ス」乃《チ》香竄薬[57]ト麦芽トヲ煮タル微温浴ヲ施シ喧和[58]ノ地方ニ移シ心思ヲ鼓舞シ村落ノ清浄気ニ値ハシメ幾那鉄剤ヲ与ヘ消化シ易キ鉱泉乳汁ヲ加ヘ用ヿヲ飲マシメ軽キ肉羹汁[59]甘和有力ノ葡萄酒ヲ用ヒ感動過敏ノ者ハ格綸僕[60]《コロンボ》[33]。水楊梅根ヲ与フル等特ニ功アリトス

〔労熱〕　前証ニ比スレハ体温過強ニメ動モスレハ焮衝様ノ証ヲ発シ其熱食後ニ増進シ両頬紅灼。手掌煩熱シ且《ツ》他ノ遷延熱ニ比スレハ早ク朝汗ヲ発シ溶崩証[61]ニ傾クヿ亦多シ」抑ゝ此証ハ内部外部ニ結膿ノ徴有テ其熱ハ必《ス》之《レ》ニ起因セル者トス後チノ膿労条ヲ参考スヘシ

〔歇屈扶加《ヘクチカ》熱〕[55]　諸証大抵前証ニ等シ然レ𪜈熱度稍軽ク焮衝証溶崩証ニ傾クヿ亦斯《タシカ》ク甚シカラス此証ハ貴要ナル内蔵ノ変常若クハ硬結腫ヲ生スル等ヨリ起ル。後ノ歇屈扶加《ヘクチカ》条ヲ参考スヘシ

〔傍発遷延熱〕　痛風。梅毒。瘰癧等ノ如キ慢性ノ悪液病ニ副フテ発スル者ヲ謂フ」宜ク其本病ノ治法ヲ施シ強壮滋養ノ物ヲ兼用スヘシ殊ニ乳汁幾那ヲ佳トス尚《ホ》各病条下ニ就テ参考スヘシ

扶氏経験遺訓巻之三終

増補
改訂 訳鍵　広田憲寛先生補正　全部五冊

和蘭語ト我　邦語ヲ対訳《タイヤク》セル旧本即チ訳鍵ト題セル者既ニ世ニ公敷《コウフ》セリ然リトイヘ𪜈蘭語ヲ載スルヿ要約《ヨウヤク》ニ過ギテ初心ニ便ナラズ之ヲ注訳スルモ亦彼意ヲ尽ザルヿ少カラズ学者之ヲ憾《ウラ》ムルヿ久シ此ヲ以テ今又大ニ其不足ヲ増加シ訳語ヲ改正シ且ツ一々其語類ヲ弁表《ベンヘウ》メ増補改正ノ四字ヲ冠ラシメ以テ旧本ニ別ツト云フ実ニ此書ヤ簡便《カンベン》ニメ又備レリト謂ツベシ

病学通論　緒方洪菴先生訳述　初篇三冊既刻 次篇嗣出

事物ノ病ヲ成ス所以ノ理ヨリ諸《モロ〳〵》ノ病因病証ヲ弁晰究定《ベンセッキウテイ》セル書ニメ医家コレヲ熟読セハ百般ノ病理判然《ハンゼン》トメ疑惑《ギワク》スル所ナク千般《ハン》ノ治方自ラ明決《メイケツ》スベシ凡ソ志ヲ済生ニ用ルモノハ日夜手ヲ解ベカラザルモノタリ

扶氏経験遺訓　同　訳　全部廿五冊

扶歇蘭度《ヒュヘランド》ハ当時西洋諸国ニ卓絶タル名医ニメ著書頗《スコブ》ル夥《ヲビタヽ》シ中ニ就テ此経験遺訓ハ最《モット》モ単思潜心《タンシセンシン》メ齢《ヨハヒ》八十歳ニ迄《イタ》ルマデ実測ニ原ヒテ研討折衷《ケントウセッチウ》シ而メ初テ梓行セリ故ニ彼内科書中未タ此ノ如キ確切《クワクセツ》ノモノアラズ凡ソ済生ニ従《シウ》事スルノ徒《トモガラ》ハ漢蘭ヲ問ハズ日用必ズ須臾《シハラク》モ座右ヲカクベカラザルモノナリ

遠西名医
扶歇蘭度 察病亀鑑　青木浩齋先生訳　全部三冊

此書ハ診察法《シンサツハウ》ヲ懇諭《コンユ》セル者ニメ扶歇蘭度《ヒュヘランド》君ノ著ナリ彼経験遺訓ト同ク一生ノ実測ヲ積ミ八十歳ニ至テ初テ上梓シ経験遺訓ノ巻頭ニ附シ一帙ト倣メ世ニ同行セシム其論ノ精詳明確《セイシャウメイクワク》実ニ診家《シンカ》ノ亀鑑《キカン》医人ノ宝玉ト謂ツベン占来脉論診察論アリトイヘ𪜈豈コノ書ノ確切ナルニ如ンヤ

泰西名医彙講　箕作阮甫先生纂述　既刻八冊

西洋諸国ノ諸名医輩各々沈痾癈疾《チンアハイシツ》ヲ救《スク》ハント欲メ日夜焦心割苦《セウシンカイク》シ而メ遂《ツイ》

ニ大発明ヲ致セル名方奇薬多シ故ニ亦タ之ヲ簒輯《サンシウ》セル叢書《ソウショ》少カラズ今其中ヨリ奇偉特抜《イトクハツ》日用ニ最切《サイセツ》ナル者ヲ抄訳集録《セウヤクシウロク》メ済世ノ裨益《ヒエキ》ニ供ス医家百方無験ノ痼疾《コシツ》ニ遇《ア》フ𪜈此書ヲ探索《タンサク》メ其裨益ヲカラバ偉勲神績《イクンシンセキ》ヲイタサンヿ必セリ

内服同功　空洞石阪先生閲　山田寛輯録　初篇全二冊既刻 二篇

此書ハ外用剤ヲ以テ小児及ビ大患人等内服薬ヲ悪ム者ニ施テ其効内服薬ト相伯仲スルノ良方ヲ輯録セル書也

西洋算籌用法略解　空洞石阪先生口授　男逸筆記

附算籌合刻筐入　懐中本全一冊

窮理
入学 格致問答　箕作先生校正　初編二冊既刻二編ノ上一冊并図一帖既刻 二編ノ中二冊既刻二編ノ下近刻

原書《ゲンショ》ハ乏《トボシ》クシテ且ツ価《ヒ》貴シ偶《タマ〳〵》奇《キ》書珍《チン》本アリト雖モ容易ニ机上ニ置キガタシ此ヲ以テ先生為ニ此書ヲ翻刻セシメ生徒《ショセイ》ヲシテ学ビヤスカラシム此書ヤ窮理ノ入学ニシテ自問自答《ジモンジトウ》ニ説キ其上図《ソノウヘヅ》ヲ描《エガ》キ丁寧反覆《テイネイハンフク》ノコス処ナシ実ニ儒門ノ大学ト謂フベシ殊ニ文法モ正シケレバ和蘭文典ト共ニ必読スベキ書ハ之レニ勝ル、ハナシ

瓦鸞麻
知加 訳和蘭文語　大庭雪齋先生訳　初編二冊既刻 自大序至数字自代辞至問辞

和蘭文語ニ邦語ヲ対訳シ又注解ヲ加ヘテ明詳ナレハ苟モ初学ノ徒此書ヲ熟読スルトキハ他書ニ対シ文理判《ハン》然トメ疑惑《ギワク》ナカルベシ実ニ蘭学入門必読ノ書ナリ

公氏病学淵源　児玉順蔵先生訳　病証各論ノ部既刻 次編近刻

銃工便覧　折本全一帖

西洋ノ歩兵銃騎《キ》兵銃ノ図ヲ出シ又器具《キグ》ヲ分解《フンカイ》シテ真《シン》形ヲ写《ウツ》シ名《ナ》称ヲシルシ

鍛錬《タンレン》ノ術マデヲ丁寧ニ記シタレバ銃工師伝ヲ受ズ氐其秘《ヒ》術ヲ知ルベシ又雷《ドン》
粉製作《ドルセイサク》ノ器ヨリ分量沾ヲ記シ陣中早蝋燭ノ製小銃琢《ミガキ》法其他細事ニ至ルマデ
ヲ明詳ニ載スレハ武術研窮《カク》ノ士左右ニ欠ベカラズ

翻刻 **重学浅説** 全一冊

此書ハ西洋人ノ発明セルヲ翻刻ス重学ハ格知日用ノヿニシテ奇〻妙〻ノ理ヲ説キタルモノナリ一〻図ヲ出シテ理解シヤスカラシム夫レ川ヲホリ山ヲウガチ家ヲツクリ城ヲキツク等《ナドニ》重学ヲ解スルトキハ大石大木ヲ動スニ人力ヲ労スルヿナシ故ニ士農工商ノ分《ワカ》チナク一読シテ其益少ナカラズ

七新薬説 全三冊

佐渡 司馬凌海訳選
佐倉 関 寛齋校

此書ハ和蘭ノ名医朋百氏ノ書ニ基ツキ其他近来新渡ノ珍書ニ載スル処ノ奇術良薬ノ用法并ニ製法マデモ精密ニ遺漏ナク集メテ大成スルモノナリ実ニ古来未曽有ノ新書ニシテ
西洋医家ノ珍宝凡案ニ置ベキ書ハ之レニ勝ル、ハナシ

（奥付）

安政四年丁巳初秋

三都書賈

京二条通柳馬場 若山屋 茂助
江戸日本橋通壱町目 須原屋 茂兵衛
同二町目 山城屋 佐兵衛
同芝神明前 岡田屋 嘉七
同浅草茅町二丁目 須原屋 伊八
大坂心斎橋通北久宝寺町 秋田屋 治助
同安堂寺町北エ入 秋田屋 善助
同安堂寺町南エ入 秋田屋 太右衛門

巻之三註

1 chronische koorts。
2 長短。
3 *febris intermittentes*。
4 tussen poogende koorts。
5 チンギン。沈殿。
6 crisis　病状が散り治ること。
7 間歇性の激しい腹痛。
8 カクラン。暑さあたりの病気。日射病。原文は*cholera*、コレラ。
9 ギンサ。沈殿物。
10 チクジャク。痙攣。
11 endemisch　地方特有の風土病。
12 epidemisch　広範囲に拡がる伝染病。
13 zinking　カタル。
14 ドウサ。*sal ammoniac*　塩化アンモニウム。
15 *spirit.mindereri*　酢酸アンモニウム。
16 drachm　ダラム。薬量一ダラムは約三・九グラム。
17 カミルレ。カミツレ。駆風、発汗剤。
18 *trifolii fibrin. Menyanthos trifoliate.*　ミツガシワ。
19 シソウ。*millefol*。メドハギ。利尿、解熱剤。
20 オンス。ons　一オンスは約三一・一グラム。
21 クイニー。chinine　キナ塩。キニーネ。
22 ゲレイン。grein　一ゲレインは約〇・〇六五グラム。
23 *tinct. opii*　阿片。
24 rhabarber　大黄。タデ科多年草。健胃、瀉下剤。
25 kaneel　桂皮末。健胃、鎮痛剤。
26 *valeriana.*　セイヨウカノコソウの根茎。
27 *castoreum*　ひまし油。
28 かわるがわる用いる。
29 endermatisch　皮膚的方法。
30 カフ。買う。
31 *cort. salicis*　シロヤナギの樹皮。
32 *hippocastani*　セイヨウトチノキの樹皮。
33 *rad. caryophyllata Geum rivale.*　ナデシコ科植物ベネディクトソウの根。間歇熱、急性発熱に有効。
34 シュウショクヤク。adstringentia.　収斂薬。
35 amuletten　魔除け、護符。
36 werking der verbeeldingskracht　信仰の念力。
37 ロウトウ。*belladonna*　ベラドンナ。
38 塩化水銀（I）。
39 *extr. chelidonii*　クサノオウエキス。
40 ドウテツカ。*flores salis ammoniaci martiales*　塩化アンモニウム鉄塩。
41 無水亜砒酸。
42 scrupel　スクルプル。約一・三グラム。
43 イエテ。治る。
44 ロウガイ。*phithisis*　肺結核の漢方名。

45 koortskoeken　熱の固定。
46 ギャクボ。久しいおこりで腹にかたまりが生じる病。慢性脾臓腫大症。
47 *gummi ammoniacum*。
48 *emplastr. de galbano*。
49 水銀剤。
50 *febris lentae*。
51 slepende koorts。
52 炎症。腫れて熱をもちづきづき痛む症状。
53 kwaadsappigheden　癌、結核などの末期に現れる衰弱状態。
54 hypochondrische luim　心気症。
55 ヘクチカ熱。hectische koorts　消耗熱。
56 慢性淋病。
57 aromatische kruiden　芳香香辛料。
58 ケンワ。暖かくてのびやか。
59 肉スープ。
60 *colombo*　コロンボ根。
61 ettering koorts　化膿熱。

（表紙）

扶氏経験遺訓　四

（扉）

安政四年丁巳初秋新雕

緒方洪菴訳本

扶氏経験遺訓

適適斎蔵

扶氏経験遺訓第二帙目次

巻之四
第三編
焮衝病　総論
脳焮衝
脊髄焮衝
咽喉焮衝
口内壊疽焮衝
舌焮衝
巻之五
胸焮衝
心臓焮衝
腹臓焮衝総論
胃焮衝
腸焮衝
肝焮衝

脾焮衝
横隔膜焮衝
腸間膜焮衝
膵焮衝
腹膜焮衝
網膜焮衝
腎焮衝
膀胱焮衝
子宮焮衝
卵巣焮衝
腰筋焮衝
眼焮衝
耳焮衝
羅斯
帯状羅斯

巻之六

第四編

僂麻質病　総論

僂麻質

胯痛

腰痛

聖京僩

巻之七

第五編

腸胃病

扶氏経験遺訓巻之四

足守 緒方 章 公裁
義弟郁 子文 同訳
西肥 大庭 忞 景徳 参校

第三編

焮衝病「[1]インフラムマチオ子ストピカー」羅「[2]オントステーキング」蘭

総論

徴候 焮熱[3]。赤色。腫脹。疼痛是レ[4]焮衝ノ通証ナリ」然レ氏内部ノ焮衝ニ於テハ此《ノ》諸証悉ク具ハラス或ハ其部ノ官能変常ト総身ノ焮衝熱トノ他更ニ其徴ヲ得ルヿ能ハサル者アリ」或《ハ》其焮熱外ヨリ触テ之レヲ知ルヘキ者アリ肝臓ノ如ク外表ニ近ク位置スル者ニ於テ然ルナリ排泄物ヲ以テ之レヲ弁スヘキ者アリ肺焮衝ハ呼気ノ熱ヲ以テ之レヲ弁シ膀胱焮衝ハ小便ノ熱ヲ以テ之レヲ察ス可キカ如シ其腫脹モ深ク内部ニ在ラス且《ツ》骨下ニ潜《ク》レサル者ハ按シテ之ヲ知ルヘク其疼痛モ胸肋焮衝。胃焮衝ノ如キハ劇烈ニメ甚タ察シ易キナリ」然レ氏亦焮衝極メテ甚フシテ死ニ至ルマテ毫モ疼痛ヲ覚エサル者アリ大概《子》膜及《ヒ》内臓外面ノ焮衝ハ痛《ミ》強ク裏面ノ焮衝ハ痛《ミ》徴ナシトス」蓋シ神経節ヨリ出《ツ》ル神経ハ平常弁識知覚ヲ主トラスト雖氏焮衝ニ由テハ平常ノ分ヲ越《エ》テ其部ノ疼痛ヲ脳神ニ達スルヿアリ或《ハ》全ク然ルヿヲ得サルヿアリ(病)故ニ腹内諸臓ノ焮衝ニ於テハ医熟ク之ヲ按シテ審ニ模索センヿヲ要ス患者自《ラ》痛ヲ知ラサリシ部モ是レニ由テ初《メ》テ痛《ミ》ヲ覚エ或《ハ》患者痛《ミ》アリトセシ処モ之レヲ按シテ痛《ミ》ナク病患却テ他部ニアルヿ屢《ヒ》之レアレハナリ

内部ノ焮衝痛ハ神経痛。痙攣痛ト混同シテ弁シ難キヿ甚《タ》多シ胸痛。胃痛。腹痛等極劇ノ焮衝痛ヨリモ甚《フ》シテ単《タヽ》痙攣証ナル者少《ナ》カラス凡《ソ》焮衝痛ハ刺絡ヲ欲シ痙攣痛ハ阿芙蓉ヲ要ス若《シ》誤テ焮衝痛ニ阿芙蓉ヲ投セハ之レヲ死《ロ》サンヿ必セリ宜《ク》戒慎メ審ニ弁別セサルヘカラス〔第一〕熱ノ有無ニ注意スヘシ其痛《ミ》熱ヲ兼サル者ハ痙攣ナリ悪寒。発熱。脈数ニメ渇アル者ハ焮衝ナリ〔第二〕脈ニ

注意スヘシ脈牢実ニメ強キハ焮衝ノ候トス然レ𪜈腹内諸臓ノ焮衝。肺焮衝ノ極度ニ於テハ否ラサルヿアリ〔第三〕小便ニ注意スヘシ其色赤キハ焮衝ノ徴ニメ[5]澹白水ノ如キハ痙攣ナリ是《レ》両証ヲ監別スル首候トス〔第四〕疼痛ノ去留ニ注意スヘシ其持続メ間断無キハ焮衝トシ否ラサル者ハ痙攣トス〔第五〕按メ之ヲ察スヘシ患者能《ク》之ニ堪ヘ若クハ是ニ由テ其痛《ミ》減スル者ハ焮衝ニ非ス」若《シ》夫《ノ》証候錯雑シテ疑似決シ難キ者ニ遇ハバ試ニ瀉血シテ之ヲ断スルニ若カス但此瀉血ハ患部ニ施スヲ良トス」其弁別右ノ如シト雖𪜈痙攣痛モ久ク連綿持続スレハ終ニ焮衝ニ転スルヿアルガ故ニ初候ニ委《タ》子テ忽ニ看過スルヿ勿レ

凡《ソ》急性焮衝ハ大抵第七日若《ク》ハ第十四日ヲ以テ終期トス」而《メ》其終期。発汗。利尿。出血等ノ[6]分利証アリテ十全ノ消散ヲ得ル者アリ遷延焮衝ニ移ル者アリ硬腫。[7]化骨。結核。膿潰。壊疽等ニ陥ル者アリ或《ハ》又焮衝ノ後[8]沕乙《ウエイ》滲出メ近傍ノ空隙ニ潴留スルヿアリ即《チ》肺焮衝後ノ[9]胸水。脳焮衝後ノ頭水ノ如シ或《ハ》一部ノ衰弱麻痺ヲ残スヿアリ即《チ》脳焮衝後ノ健忘。肺焮衝後ノ[10]粘液労。眼焮衝後ノ黒内障ノ如シ或《ハ》患部近傍ノ諸器ト癒着スルヿアリ或《ハ》一部ノ感動過敏ヲ残スヿアリ

内部焮衝ノ分消ハ熱ノ解散スルト分利証アルトヲ以テ徴スヘシ然レ𪜈脈動仍《ホ》鎮静セサル者ハ仮《タト》ヒ其部ノ患苦咸ク去《レ》リ𪜈未《タ》十全ノ分消トスヘカラス」而《メ》寒戦俄カニ発シ疼痛去《レ》ルカ如クニメ患苦全ク止《マ》ス熱仍《ホ》稽留スル者ハ結膿ノ徴トシ疼痛及《ヒ》其部ノ患苦頓ニ過ミ脈沈細ニメ結代シ四肢厥冷スル者ハ壊疽ニ陥ルノ徴トス

原由　近因ハ身体一部血脈ノ動機。神経ノ覚機血質ノ資生力共ニ亢盛メ其運営増進セルナリ」然レ𪜈動静二脈ノ動機其増進ヲ等フセサルヲ以テ血液自《ラ》末梢ニ充積鬱滞シ[8]沕乙《ウエイ》。血液。[11]蜂窩質ニ滲漏ス是《レ》患部ニ腫脹ヲ現スル所以ナリ而《メ》血液

ノ鬱積ト運動ノ増進トヨリ焮熱赤色ヲ起シ覚機ノ亢盛ヨリ疼痛ヲ発ス」是故ニ焮衝ノ本性ハ凝体生力ノ過盛ト血質生力ノ過盛ト二者ノ合併ニ成レル者トス」而メ此両力一ノ者偏勝ヲ為スニ随テ焮衝ニ両種ノ区別ヲ生ス其一ヲ燥性焮衝ト謂フ凝体繊維ノ緊張攣縮甚フシテ感動過越セル者是レナリ其二ヲ湿性焮衝ト謂フ血質ノ生力大ヒニ増進メ沕乙《ウエイ》[12]凝泣ニ傾キ滲漏最モ甚シキ者是レナリ」是故ニ諸ゝ焮衝必ス血液鬱積ヲ具フト雖圧血液鬱積悉ク皆焮衝ト謂フヘカラス血液鬱積スレ圧焮衝ニ非ル者アリ唯ゝ生力抗抵過盛メ初メテ焮衝タルヿヲ得ルノミ」然レ圧抗抵過盛モ亦必ス諸ゝ焮衝ニ具ハルト雖圧抗抵過盛悉ク皆焮衝トスルヿ勿レ 単純神経性ノ抗抵過盛毫モ血管ニ事ナキ者アリ 仮令ヒ血管ノ抗抵過盛スル圧亦未タ焮衝タルヿヲ得サル者アリ唯血液其部ニ鬱積シ資生力旺盛メ初メテ焮衝ノ名ヲ得ルノミ

右ノ病機或ハ七日或ハ十四日或ハ廿一日ノ間ニ進期。極期。退期ヲ経過メ自ラ種ゝノ転変ヲ為スナリ」乃チ十全ノ分利ヲ得テ生力ノ過盛血液ノ鬱積共ニ退散スルヿアリ或ハ焮衝去ルト雖圧血液ノ鬱積資性力ノ過盛仍ホ残留メ終ニ硬腫ト成ルヿアリ 是レ殊ニ瀉血過度。防焮法ノ誤用。衰弱等ニ由ル 或ハ動機ノ亢進減スレ圧覚機ノ過盛仍ホ退カスメ疼痛ヲ残スヿアリ 感覚鋭敏ノ患者若クハ過度ノ瀉血後多ク然ルヿヲ致ス 或ハ焮衝増進メ極度ニ至リ生力運営益ゝ過盛メ資性ノ機一転シ以テ結膿スルヿアリ 是レ多クハ防焮法ヲ怠リ若クハ刺衝薬ヲ誤用メ益ゝ其焮衝ヲ鞭進スルニ由ル 或ハ焮衝極劇ニメ其部ノ生力之レカ為メニ頽敗シ以テ壊疽ニ陥ルヿアリ」 是レ全身若クハ一部既ニ虚脱シ且ツ溶崩ニ傾ク者或ハ防焮法ノ[13]過用進運薬ノ誤用等ニ由ル 或ハ水様液ノ溢出。[14]織質ノ変常。器体ノ癒着等ヲ残スヿアリ

一部感応力ノ過盛。稟賦焮衝性ノ体質。少壮ノ年齢。熱性ノ食養。総身ノ焮衝熱。一部ノ多血。一部ノ衰弱等此病ノ素因トナリ」創傷。打撲。毒薬。病毒。黴毒痛風ノ類 天気ノ寒暖変革。過度ノ労思力作。一部ノ痙攣。血液ノ鬱積。器体ノ変常結核ノ類等総テ刺衝ヲ起ス者

皆其誘因トナル或ハ交感機【病】喩ヘハ腸胃汚物ニ由テ頸肺脳皮膚等ニ焮衝ヲ発シ或ハ脳ノ躁擾ヨリ肝焮衝ヲ起スカ如シ対称機【病】喩ヘハ蒸気閉塞メ内臓焮衝ヲ起スカ如シモ亦之レカ誘因トナルナリ

焮衝ノ種別甚タ多シ或ハ軽重ヲ以テ之レヲ分チ或ハ患器ヲ以テ之レヲ分チ或ハ標本ヲ以テ之ヲ分チ病因直チニ患部ニ在ル者ハ之レヲ本焮衝ト云ヒ病因他部ニ在テ交感若クハ対称ノ為メニ発スル者ハ之レヲ標焮衝ト云或ハ燥湿ヲ以テ之ヲ分チ燥性焮衝湿性焮衝或ハ病性ニ随フテ之ヲ分ツ等ナリ」其病性ニ随フテ之ヲ分ツ者ハ喩ヘハ特トニ血質ヲ侵ス者ヲ純焮衝ト云ヒ神経ヲ侵メ感覚過敏トナル者ヲ神経性焮衝ト云ヒ渮乙《ウエイ》管ヲ侵ス者ヲ僂麻質《レウマチ》性焮衝。[15]聖京偘《シンキング》性焮衝ト云ヒ浅ク外表ニアル者ヲ[16]羅斯《ロース》性焮衝ト云ヒ腸胃毒ニ起因セル者多シ其部ノ脱衰壊疽ヲ兼ル者ヲ腐敗性焮衝ト云ヒ黴毒瘰癧痛風等一種定類ノ病毒ニ起因セル者ヲ定類焮衝ト云フカ如シ」然レ𪜈其生力ニ準フテ虚実両種ニ頒ツハ最モ治事ニ益アリトス実性焮衝純焮衝ハ患部総身共ニ其運営ノ旺盛セル者是ナリ」虚性焮衝ハ総身若クハ患部ノ運営虚衰セル者是レナリ」然メ虚性焮衝ハ更ニ分テ五種ト為ス〔其一〕神経性焮衝。虚実両性ノ中間ニ在テ血管仍ホ力ラアル者ナリ〔其二〕弱性焮衝。打撲。[17]閃挫。[18]衝撞等ノ為メニ患部ノ生力衰弱シテ発セル者ナリ〔其三〕腐敗性焮衝。総身生力脱衰メ血液溶崩ヲ兼ル者ナリ是レ総身生力ノ虚弱ト腐敗ノ素因アルヨリ発シ若クハ腐敗伝染毒。[19]密爾多扶児《ミルトヒユール》ノ如キ生力ヲ抑損スヘキ病毒ヨリ起ル而メ初メヨリ腐敗性ヲ資ル者アリ日ヲ経テ肇メテ腐敗ニ傾ク者アリ〔其四〕遷延焮衝。血脈ノ運動真ニ増盛セスメ累月積年荏苒瀰久スル者ナリ是レ実性焮衝ノ全ク分消スルヿヲ得サルニ坐シ或ハ久ク一部ニ淹留セル刺衝物ニ因リ或ハ一部ノ虚衰ニ係ル〔其五〕間歇性焮衝。諸証一定ノ時刻ニ発歇シ其間歇時ハ全ク解散シテ毫モ患害ナキ者ヲ云フ蓋シ此証ハ真ノ焮衝ニ非ス唯ヒ神経変調ノ所為ニ出ツルノミ

近世焮衝ノ論説氾濫ニメ防焮法及ヒ瀉血等ヲ妄

投[20]謾施スルヿ殊ニ甚シ凡ソ一部ノ所患疼痛ヲ発シテ或ハ感覚過敏ヲ兼ル者或ハ死後其屍ヲ解剖スレハ赤色ヲ見ハセル者沕乙《ウエイ》ヲ滲漏セル者織質変常セル者ハ則チ皆之ヲ焮衝也トス然レ𪜈其所患焮衝ニ非スメ唯ゝ一部ノ神経証ナル者多シ其赤色モ亦唯ゝ血液鬱積ノ残痕ノミナル者多ク或ハ死ニ臨テ偶ゝ血脈抹梢ノ破綻セルニ因ル者少ナカラス沕乙ノ滲漏。織質変常モ亦必シモ焮衝ノ余弊ナラス資生力ノ運営不及ヨリ生セシ者往ゝ之アリ尚ホ且ツ真ノ焮衝モ遷延瀰久メ衰弱スルニ至レハ強壮治法ヲ処セサルヿヲ得ス学者其之ヲ思ヘ

治法　第一捷手《テハヤク》焮衝ノ起因毒物竹木刺腸胃汚物等ヲ除クニアリ第二焮衝ノ性ニ応メ各ゝ適当ノ治法ヲ施スニアリ第三其分[21]消ヲメ全タカラシムルニアリ」分消全キヿヲ得レハ現発ノ諸証解散スルノミナラス続発ノ余証モ亦以テ禦クニ足ルカ故ニ十全ノ分消ヲ得セシムルハ焮衝治法ノ最大主旨也トス」然レ𪜈分消ハ毎常《イツモ》良能ノ妙機ニ出ル者ニメ人術ノ得テ擬スル所ニ非ス医能ク之ヲ領会メ唯其良能ヲ扶ケ之カ妙機ヲ妨クルヿ勿カルヘシ患部生力ノ運営減退スルノミナラス血脈末梢ノ積血滞液尽トク吸収疎散セラル、ニ非レハ十全ノ分消ト謂フヘカラス故ニ固トヨリ減損治法即防焮法ヲ主用スヘシト雖𪜈尚ホ積血ノ疎解。滞液ノ吸収ヲ営ムヘキ生力機能ヲ逞フセシメンヿヲ要ス故ニ其度ヲ過コシテ神経証麻痺証等ノ虚性病ニ転セシメ或ハ其部ノ血液鬱積。沕乙滲漏等ノ諸患ヲ残コスニ至ラシムルヿ勿レ」是故ニ瀉血殊ニ刺絡ハ此病ニ欠クヘカラサル法ニメ能ク其時ニ適メ多量ノ血ヲ泄ラシ且ツ其迸射ヲシテ急疾ナラシムル時ハ瀉法ハ焮衝熱ノ条ニ出ツ瞬時ニ病根ヲ滅却メ十全ノ回復ヲ得セシムト雖𪜈若シ誤テ其度ヲ過コセハ十全ノ分消ヲ為スヿ能ハス却テ焮衝ヲメ硬腫壊疽ニ転セシメ或ハ神経熱腐敗熱等ヲ招クニ足ルヘシ

刺絡ハ総身焮衝ノ候アル者ニ行フニ宜シ而メ其

候除カサル間ハ屢《ミ》之《レ》ヲ施《コ》シテ可ナリ但初回ノ刺絡ハ速ニ施シテ多ク之ヲ泄シ脈ノ[22]牢実ナル者之《レ》カ為《メ》ニ軟小トナリ沈細ナル者之《レ》カ為《メ》ニ浮大トナリテ焮衝ノ諸証全ク去リ若《ク》ハ著《シ》ク減スルニ至ルヘシ」凡《ソ》此病ハ脈牢実ヲ以テ常トスレ𪜈肺焮衝腹内諸臓ノ焮衝ニ於テハ脈細小ナル者ヲ却テ刺絡適当ノ候トス」但《シ》焮衝病ノ刺絡ハ卒倒スルニ至ルヿ勿レ其血已ニ自《ラ》凝固セントセル者之《レ》ニ由テ運行躊躇スレハ益《ミ》凝泣〆壅塞ヲ起スノ恐レ有レハナリ」局処《ノ》瀉血ハ血液ヲ呼《ン》テ益《ミ》患部ニ堆積セシムルヿアルカ故ニ唯刺絡ニ由テ総身ノ焮衝退キ血量既ニ減セル者或《ハ》神経証衰弱等アリテ刺絡ヲ忌ム者ニ行フヘキノミ

瀉血ニ兼テ直《チ》ニ他ノ防焮法ヲ行フ可シ是亦其度ニ適スレハ大《ヒ》ニ瀉血ノ量ヲ助クルニ足ル即《チ》[23]消石。[24]植酸ノ内服。冷水冷気ノ外用等是《レ》ナリ焮衝熱篇ヲ参考スヘシ

次ニ反対刺衝法ヲ用《ヒ》テ病患ヲ他部ニ導クヘシ殊ニ腸胃ノ運動ヲ振起シ皮膚ノ分泌ヲ催進スルヲ宜シトス下剤[25]芥子泥[26]芫菁膏然レ𪜈焮衝ノ劇勢既ニ瀉血ニ由テ[27]減祛セル者ニ非レハ之《レ》ヲ施《コ》スヿ勿レ凡《ソ》運動ヲ増進スル者ハ必《ス》皆焮衝ヲ増進スレハナリ」但《シ》焮衝ノ余燼ヲ消滅スルニハ反対刺衝法ニ若ク者ナシ或《ハ》患部ノ近傍ニ[28]乾角法ヲ施スモ亦甚《タ》宜シ此法ハ血ヲ瀉スルヿ無キカ故ニ衰弱ヲ起サス〆患部ノ積血ヲ疎解スレハナリ

積血ヲ疎解シ滞液ヲ吸収セシムルノ術モ亦怠ルヘカラサル所ナリ大抵前ノ諸法此《ノ》功用ヲ遂クルニ足レリト雖𪜈若《シ》焮衝去テ鬱積仍《ホ》残留セル者ハ[29]吐酒石。[30]甘汞。[31]剥篤亜斯ノ主トル所トス若《シ》其焮衝沕乙ノ滲漏ヲ兼ル者所謂湿性焮衝ハ初《メ》ヨリ用ヒサルヘカラス

右ノ諸法ニ由テ焮衝ノ本性血管一系生力過盛《ノ》既ニ除クト雖𪜈仍《ホ》触覚過敏。痙攣等ノ神経証ヲ残シ患部ノ諸証恰モ真焮衝ニ類似シテ瀉血スヘキノ候

ナク脈動諸証共ニ衰弱ヲ徴スル者アリ是《レ》所謂《ル》
神経性焮衝ニ移レルナリ」此証ハ鎮痙麻酔ノ諸
薬[32]菲阿斯。[33]老利児結爾斯水。[34]阿芙蓉反対刺衝法芫菁膏ヲ以テ全
功ヲ収ムルヿヲ得ヘシ但《シ》芫菁膏ハ頗ル大ニメ[35]大抵方二寸許
且《ッ》大泡ヲ発センヿヲ欲ス是《レ》其部ニ於テ
津液漏洩ヲ起《コ》スヿ緊要ナレハナリ」若《シ》夫《ノ》焮衝転
メ壊疽ニ陥リ若《ク》ハ初《メ》ヨリ之ニ傾ケル者ハ腐敗性咽
喉焮衝[19]密爾多扶児ノ類鉱酸。幾那。[36]摂爾扁答里亜《セルペンタリア》。[37]亜児尼加《アルニカ》。葡
萄酒。[38]羯布羅等ノ如キ強壮防腐薬ノ主トル所ナ
リ宜ク撰用スヘシ

尚且《ッ》病因病性ノ異ナルニ随テ各《ゝ》対証ノ治法ヲ
処セスンハアラス

純焮衝ハ専《ハ》ラ前段ノ防焮法ヲ用フヘシ

神経性焮衝ハ初起ト雖𪜈刺絡ヲ慎ミ已ムヿ無
ンハ[39]蜞鍼[40]吸角ヲ貼シ誘導法殊ニ反対刺衝ヲ施シ緩性
ノ鎮痙薬菲阿斯。老利児結爾斯水等ヲ清涼薬ニ配シ用ヒ衰
弱甚シキ者ハ[41]纈艸。亜児尼加《アルニカ》ヲ与フヘシ

腐敗性焮衝ハ総テ瀉血ヲ禁シ初《メ》ヨリ峻功ノ強
壮防腐薬ヲ用フベシ

腸胃性焮衝胆液性ヲ殊ニ多シトスハ吐下薬ヲ主トメ防焮
法ヲ兼用スヘシ或《ハ》唯吐下薬ノミヲ以テ全治ヲ
得ヘキ者アリ

湿性焮衝ハ先《ッ》瀉血シテ直《チ》ニ甘汞。[42]実芰答里斯等
ノ疎解吸収ヲ催起スル諸薬ヲ与フヘシ

僂麻質《レウマチ》性。[15]聖京偪《シンキング》性焮衝ハ真ノ焮衝ニ非ルカ故
ニ固《ト》ヨリ瀉血ヲ要セス瀉血スレハ却テ其病ヲ遷延瀰久セシムルヿア
リ唯清涼発汗ノ諸薬ヲ用ヒテ皮膚刺衝法芫菁膏ノ類
ヲ行フヘシ然《レ》𪜈其焮衝増進メ真焮衝トナル
者ハ瀉血セサルヘカラス但一部瀉血ヲ以テ足《レ》リトス

[16]羅斯性焮衝モ亦瀉血ノ適当スル所ニ非ス妄リニ之ヲ施セハ病ヲメ遷延瀰久セシメ或《ハ》消散セシメテ他部ニ転セシム宜ク主トメ吐
下薬ヲ行フヘシ吐下薬ノ功アルヿ猶《ホ》真焮衝ニ
刺絡ノ功アルカ如シ唯其焮衝増進メ真焮衝ニ
転セントスル者ノミ瀉血ヲ行フニ宜シ

定類焮衝ハ防焮治法ノ外《カ》各自病毒ノ性ニ応メ
或《ハ》其毒ヲ駆除スル諸薬ヲ用ヒ黴毒ニ水銀疥癬毒ニ硫黄ヲ用ル

カ如シ或ハ之ヲ導洩スル諸法芫菁膏芥子泥等ヲ行フヘシ」
弱性焮衝ハ主トメ亜児尼加ヲ用ヒ冷[43]溻法ヲ行フ等ナリ
間歇性焮衝ハ幾那ヲ間歇時ニ与フヘシ
各証治法右ニ説クカ如シト雖𪜈諸ヽ焮衝経過急速ニメ熱ヲ兼ル者ハ必ス皆ナ発汗利尿等ノ総身分利アルニ非レハ十全ノ復治ヲ得サル者トス
遷延焮衝ハ本性虚衰ナルカ故ニ治法モ亦強壮ヲ要スト雖𪜈血脈感動ノ鋭鈍ニ応シテ其薬ヲ斟酌セスンハアラス或ハ清涼ノ強壮薬殊ニ冷気冷水ヲ用フ可キアリ或ハ熱性ノ強壮薬幾那鉄剤ヲ与フ可キアリ而メ尚且ツ焮衝ヲ連綿持続セシムル各種ノ病毒。器体ノ変常。血液ノ鬱積等ニ注目セサルヘカラサルナリ」但此証ノ血液鬱積ハ原ト是レ其部ノ虚衰ニ起因セルカ故ニ瀉血ヲ要スルヿアリ𪜈宜ク戒慎メ局処ニ之ヲ行フヘシ
〔血液鬱積〕「[44]コンゲスチオ子ス サンギユイ子アー」羅ハ百病ノ原ト為ルヿ少ナカラスメ治法亦之レニ根拠スヘキ者甚タ多シ

故ニ今マ別ニ之ヲ掲示スルヿ左ノ如シ
徴候　体内一器一系ニ血液鬱滞充積シテ其部ノ官能多少常ヲ違ヘ其動機覚機或ハ亢揚シ或ハ減虚セル者是ナリ」而メ其鬱積甚シカラサレハ運営之レカ為メニ却テ増進シ較ヤヽ甚シケレハ運営為メニ減却シ益ヽ甚シケレハ遂ニ麻痺ヲ起スニ至ル喩ヘハ脳ノ鬱積中等ナレハ思慮活撥ナルヿヲ得較ヤヽ強ケレハ感覚ヲ失ヒ尚ホ甚シケレハ卒中脳ノ麻痺ヲ発スルカ如シ」其他患部ニ圧重ヲ覚エ温熱常度ヲ越エ肢体ノ運転。熱性ノ飲食ニ由テ諸証ノ増劇スル等此病ノ徴候ナリ而メ運営妨碍ノ諸証皆此病ノ外候トナラサル者ナシ即チ胃ニ在テハ胃痙及ヒ飲食不化。腸ニ在テハ疝痛。下利。肝ニ在テハ胆液分泌ノ変常。肺ニ在テハ喘息。欬嗽。若クハ労[45]欬。脳ニ在テハ頭痛。譫妄。精神錯乱。分泌器ニ在テハ分泌増益若クハ閉止等ノ如キ諸種ノ神経証ヲ起シ諸種ノ局処病ヲ発ス」而メ其刺戟衝動劇シケレハ焮衝ヲ招キ麻痺ヲ起シ拡充排張甚シケレ

ハ血管縦弛メ脈腫。血瘤等ヲ生シ或ハ時ニ破綻シテ血液ヲ漏洩スルヿアリ乃《チ》其病状ノ最モ明《カ》ナル者ハ痔疾ナリ是《レ》唯門脈ノ血液鬱積ナルノミ痔疾条ヲ参考スヘシ

原由　此病ハ血液ノ強ク一部ニ鬱滞充積セル者ナレ𪜈血質ノ生力亢盛セサルヲ以テ焮衝ト自ラ別アリ然レ𪜈諸《ヽ》焮衝血液鬱積ヲ兼子サル者ナク血液鬱積動輒《ヤヽモスレハ》転シテ焮衝トナルナリ」然メ血液鬱積ノ因三《ツ》アリトス

〔第一〕　局処虚衰　此病《ヒ》此因ヨリ起ル者最モ居多シ」而《メ》亦《タ》二般アリ一ハ局処ノ生力衰弱シテ繊維縦弛シ繫固維持ノ力《ラ》ヲ失フテ血液ノ攙入ヲ抗拒スルヿ能ハスサル者ナリ喩ヘハ打撲太甚《フ》シテ其部縦弛スレハ血液其地ニ輻湊シ灌腸度ニ過テ直腸弛緩スレハ終ニ痔疾ヲ発スルカ如シ」一ハ一部ノ脈管殊ニ静脉虚弱ニメ運動怠慢シ血液ヲ健運順達スルヿ能ハスシテ潴留鬱滞ヲ致ス者ナリ喩ヘハ其人ノ禀賦肺ノ血液虚弱ナレハ肺ノ血液鬱積ヲ招キ肺労素質ノ門脈虚弱ナレハ門脈鬱積ヲ媒起スルカ如シ痔疾素質[46]伝屍ノ肺病痔疾等ハ多ク此素質ニ係ルナリ

〔第二〕　局処刺衝　凡《ソ》一部ニ刺衝アレハ其部ノ動脈運営之《レ》カ為《メ》ニ増進メ血液多ク其地ニ灌漑ス是《ノ》時静脈運営均シク増進スルニ非レハ之ヲ収摂シ去ルヿ能ハスメ其血必《ス》其部ニ鬱積セサルヿヲ得ス即《チ》毒虫皮膚ヲ螫セハ皮膚ノ鬱積ヲ起シ沙塵眼ニ入レハ眼ノ鬱積ヲ生シ思慮脳ヲ犯セハ脳ノ鬱積ヲ誘フカ如シ」然メ病患刺衝モ亦之ト異ナラス肺臓ニ結核アレハ恰モ外物ノ嵌入セルカ如クニメ間断ナク其部ヲ刺衝スルカ故ニ血液居恒《ツ子》ニ鬱積メ吐血肺労ノ因トナリ子宮ニ硬腫アルモ亦其刺衝ニ由テ血液鬱積ヲ致シ終ニ崩漏ヲ発スル等ノ類一《ヽ》枚挙ニ遑アラス殊ニ諸病毒内臓ニ転移メ綿《ヽ》刺衝スレハ荏苒瀰久メ血液鬱積ヲ起スヿ常ニ多シ」凡《ツ》刺衝ニ二般アリ此病ニ於テハ之ヲ弁別スルヿ殊ニ緊

要《也》トス直《チ》ニ患部ニ在テ刺衝スルヿナリ交感機又ハ対称機[病]ニ頼テ他《ノ》部ヨリ刺衝スルヿナリ喩ヘハ刺衝物腹部ニ在テ脳肺ノ鬱積ヲ起スカ如キハ交感刺衝ナリ皮膚ノ運営抑遏メ内部ノ鬱積ヲ生シ月経痔血閉止メ肺胃脳等ノ鬱積ヲ発スルカ如キハ対称刺衝ナリ

〔第三〕血行阻遏　脈管一部圧閉スル所アレハ血液運行之《レ》カ為ニ妨碍セラレテ必《ス》鬱積セサルヿヲ得ス故ニ或ハ一部ヲ緊縛シ或ハ腫瘍。硬腫。内臓腫脹等ニ由テ脈管ヲ圧窄スルヿアレハ血液必《ス》其近傍ニ鬱積ス喩ヘハ頸ノ腫瘍ニ由テ脳ニ鬱積ヲ生シ肝臓硬腫ヨリ門脈鬱積痔疾ヲ招クカ如シ緊衣久坐ノ痔疾ヲ発スル類モ亦此ニ属ス血液自己ノ重力モ亦此病ノ所因トナル即《チ》頭ヲ倒ニメ脳ノ鬱積ヲ起シ足ヲ垂レテ脚ノ鬱積ヲ発スルカ如シ

治法　先《ツ》全軀血液ノ多少ヲ撿索スルニアリ脈牢[22]実ニメ四肢倦重シ動《モ》スレハ呼吸不利シテ動悸亢揚スル者ハ多血ノ徴ナリ此証ハ刺絡若クハ局処ノ瀉血ヲ施シ清涼導洩ノ諸薬清涼下剤ノ類ヲ用ヒ食ヲ減シ眠ヲ少フシ動作ヲ強フシ以テ諸液ノ消耗ヲ進ム飲液ヲ多服シ冷気ニ浴スル等ヲ専務トスヘシ」次ニ局処刺衝。交感刺衝。定類病毒ノ有無ヲ揸点メ之ヲ軀除スヘシ百方シテ寸効ナキ者此一挙ニメ全治ヲ得ルヿ屢《ヽ》之《レ》アリ局処刺衝ニ起《コ》レル者ハ常習刺衝特《ト》ニ多シ喩ヘハ脳ノ鬱積。学問刻苦ニ生シ肺ノ鬱積。号泣高歌ヨリ発スルガ如シ」而《メ》交感刺衝ハ腸胃汚物。蛔虫等ナリ定類病毒ハ黴毒。疥癬。痛風。僂麻質《レウマチ》等ナリ各《ヽ》其治法ヲ処スヘシ」若夫《ノ》局処ノ虚衰或《ハ》痙攣ニ起レル者ハ固《ト》ヨリ強壮鎮痙ノ治法ヲ要スト雖𪜈血管生力ノ鋭鈍ニ注意メ謾ニ起熱ノ諸薬ヲ与フルヿ勿レ」右ノ諸法ニ兼テ其鬱積ヲ分消セシムルノ外治法亦怠ルヘカラス即《チ》局処ノ瀉血ヲ施シ発泡膏ヲ貼シ或《ハ》又収斂駆散ノ諸法ヲ行フ等ナリ患部ヲ冷《ヤ》スヲ殊ニ佳トス

脳焮衝「[47]ヱンセパリチス」羅「[48]ヘルセンオントステーキング」蘭

徴候　譫妄。昏睡。間断ナクシテ総身発熱シ眼赤。頭熱。顔面盈脹。頸脈筑搏[49]等血液頭脳ニ鬱積セル諸徴ヲ具ヘ患者頻リニ頭上ニ手ヲ挙クル者是ナリ」然レ𪜈譫妄。昏睡。身熱ヲ兼ル者モ皆此病《也》ト思フヿ勿レ焮衝熱。神経熱ノ劇証共ニ此証アレ𪜈必《シモ》脳焮衝ニ非ス頭部血液鬱積ノ諸徴具ハリテ譫妄昏睡ノ稽留スルニ非レハ決メ此病タルヿヲ証シ難シトス」而《メ》之ニ頭痛ヲ兼ルト否《ラ》サルトアリ是《レ》其焮衝ノ所在ニ関係ス即《チ》其脳膜ニ在ル者ハ痛甚シク脳質ニ在ル者ハ痛少《ナ》ク唯圧重ヲ覚エテ麻痺ヲ兼ヌルナリ猶《ホ》肋膜焮衝ト肺焮衝トノ区別アルカ如シ詳于後」此病ノ帰終或《ハ》十全ノ分消ヲ得テ余患ナク全治スル者アリ或《ハ》脳髄運営ノ衰弱ヲ残ス者アリ痴呆。健忘。五官機能ノ乏弱等或《ハ》転メ頭水。硬腫。膿潰。壊疽等ニ変スル者アリ然レ𪜈通例其腐壊ヲ待タスメ死ヲ致スカ故ニ壊疽ニ転スルハ甚タ稀ナリトス而《メ》其死スル者多クハ脳髄麻痺卒中ヲ致スニ由ル

原由　此病ノ近因固《ト》ヨリ脳ノ焮衝ナリト雖𪜈他因モ亦同一ノ譫妄昏睡ヲ起スヿアルカ故ニ其諸証具ハリテ脳焮衝ノ名ヲ得ル者其実ハ真焮衝ニ非ル者アリ之《レ》ヲ弁スルヿ治術ニ於テ甚《タ》緊要ナリ即《チ》真ノ多血焮衝ニ出《ツ》ル者アリ全ク神経性ニメ血脈ニ係ルヿナキ者アリ腹部殊ニ胃ノ交感ニ出《ツ》ル者アリ

凡《ソ》脳ヲ衝動スルヿ劇クシテ其運営ヲ奨起シ或ハ変常セシムル者皆此病ノ遠因トナル即《チ》厳寒。酷暑。労思。刻苦。情意ノ感動。[50]慓忓ノ飲液。頭部ノ打撲。脊椎ノ挫傷。血液鬱積。病毒転徙。劇性ノ諸熱病。伝染毒。就中神経熱。猩紅熱ノ如ク殊ニ脳髄ヲ侵スヿ甚キ伝染毒乳汁ノ刺衝。胆液蛔虫ノ交感。若クハ依卜昆埿児《[51]ヒポコンデル》。歇以私的里《[52]ヘイステリ》。遷延神経熱。過房等ニ由テ脳髄衰弱スルヿ甚シキ者衰弱甚シケレハ其部ノ覚動過敏トナル等是ナリ」此病各自其本性焮衝性。神経性。腸胃性ヲ異ニスル所以《ン》ハ遠因ノ差異ト患者ノ体質トニ係《レ》ルヿ猶《ホ》他病ニ於《ケ》ルカ如シ

ト雖𪜈同一ノ所因モ其侵襲ノ緩急ニ随ヒ病性ヲ〆全ク相反セシムルヿアリ喩ヘハ慓忓ノ飲液ニ慣《レ》サル者急ニ多量ヲ飲メハ真ノ焮衝証ヲ発スレ𪜈微ゝ之ヲ飲テ漸ク多量ニ至レハ神経性ノ脳焮衝ヲ患フルカ如シ

治法　脳ノ騒擾ヲ除クヲ以テ主トス然レ𪜈其原因ト病性ノ異ナルトニ随テ治法全ク相反セサルヿヲ得サル者アリ故ニ善《ク》審カニ診〆明《カ》ニ鑑別セサルヘカラス

〔第一〕真脳焮衝　譫語間断ナク〆若クハ狂躁シ若クハ昏睡シ眼内面部発赤活盈シ頭顱頸額焮灼発熱シ頭頸ノ動脈筑搏シテ静脈怒張シ脈強実ニ〆数或《ハ》圧迫セラレテ沈伏スル者アリ小便濃赤ナル者是《レ》ナリ」此証ハ先《ツ》刺絡ヲ行ヒ次ニ項窩[53]顳顬ニ[39]蜞鍼若クハ[40]角法ヲ施シ止ムヿヲ得サレハ顳顬動脈ヲ刺開ス以テ適宜ノ血ヲ瀉セル後《チ》[26]芫菁膏ヲ項窩ニ貼シ全頭ヲ剃テ[43]冷湯法ヲ行ヒ或《ハ》毎一[54]時冷水ヲ頭上ニ灌注シ芥子泥ヲ[55]腓腸ニ[56]外敷シ消石及《ヒ》清涼下剤[57]瀉利塩。[25]吐酒石甘汞毎一時一二氏等ヲ内服セシメ側ハラ遠因ニ注意〆痛風毒等ニ起因セサルヤ否ヲ審ニ弁断センヿヲ要ス」右ノ如クニ〆焮熱赤色。頸動脈ノ[49]筑搏等悉ク退キ焮衝証解散スル𪜈譫語。昏睡仍《ホ》陸続セル者ハ既ニ神経証ニ転セルノ徴ナリ茲ニ至テハ其病患多血焮衝ノ所為ニ出テス〆衰弱ノ為《メ》ニ起ル所ノ神経擾乱ニ係リ恐《ラ》クハ亦液ノ滲漏脳水腫応《サ》ニ其始ヲ資ルナルヘシ故ニ其治法ヲ転〆阿芙蓉ニ甘汞ヲ加ヘ用ヒ殊ニ芫菁膏ヲ項窩ニ貼スルヲ緊要トス自余麝香。[38]羯布羅《カンフラ》。[37]亜児尼加《アルニカ》[名][42]実芰荅里斯《ヂギタリス》[補]等ヲ内服セシメ昏睡仍《ホ》止マサル者ハ宜ク全頭ヲ剃テ大ナル[26]芫菁膏ヲ貼シ或《ハ》[58]艾灸法[附]ヲ行フヘシ

〔第二〕神経性脳焮衝　患者狂妄スレ𪜈狂証極〆劇キ者アリ血液頭脳ニ鬱積スルノ徴候ナク脈熱状ヲ帯フレ𪜈小ニ〆力《ラ》ナク多クハ四肢顫振等諸種ノ痙攣証ヲ兼発シ大抵発病前衰弱ヲ起スノ諸因アルヲ以テ之ヲ証スヘシ」此証ハ脳神経ノ躁擾

ヲ鎮靖スルヲ以テ先務トス故ニ阿芙蓉ヲ本剤トシ反対刺衝法微温浴ノ如キ誘導法ヲ兼用スルニ宜シ尚《ホ》頑固ノ証ハ麝香。羯布羅《カンフラ》。葛私多僂謨《[59]カストレウム》[名][60]鹿琥精[補]ヲ用ヒ衰弱大ナル者ハ幾那《キナ》。亜児尼加《アルニカ》[名]葡萄酒[名]ヲ与フヘシ吐剤モ亦反対刺衝ヲ為スヿ強キヲ以テ脳ノ擾乱ヲ鎮靖スル卓功アリトス」然レ𪜈多血ノ患者ハ偶ゝ亦焮衝ヲ合併スル者アリ宜ク其脈ト血液鬱積ノ徴トヲ以テ之ヲ弁スヘシ若《シ》然ルヿ有ル時ハ先《ツ》瀉血ヲ施シ防焮法ヲ用ヒテ之ヲ退ケ而《メ》後直チニ鎮痙強壮ノ治法ニ移ルヲ佳トス

〔第三〕腸胃性脳焮衝　此証ハ脳ノ病患ニ腸胃汚物。胆液。蛔虫等ノ諸徴ヲ兼ヌ治法ノ要ハ吐下薬駆虫薬ヲ用ヒテ腸胃ヲ疎滌スルニ在リ」但《シ》此証モ亦神経性ト焮衝性ノ二般アリ焮衝性ノ者ハ先《ツ》瀉血ヲ施メ防焮薬ニ疎滌薬ヲ配用センヿヲ要ス

右ノ諸証皆其誘因ニ注意シテ痛風疥癬ノ内攻痔血。経血ノ閉止等アルヿヲ見ハ各ゝ其治法ヲ処セサルヘカラス殊ニ脳ノ打撲創傷ニ起ル者ハ外科術ヲ要スルノ外専《ハ》ラ防焮法ヲ用フヘシ」又産婦ノ脳焮衝ノ如キハ病性ニ随テ或ハ防焮法ヲ施スヘキアリ或ハ鎮痙薬殊ニ羯布羅。阿芙蓉。[61]莨菪ヲ投スヘキアリ然レ𪜈其証間ゝ亦乳汁ノ脳ニ転移スルヨリ発スルヿアルカ故ニ善《ク》之ニ注意メ乳房ノ分泌ヲ催進セサルヘカラサルヿアリ

此病既ニ焮衝ノ時期ヲ踰《エ》テ精神病若クハ麻痺病ニ転セシ者ハ各ゝ其本条ニ就テ対証ノ治法ヲ撰用スヘシ

小児ノ湿性脳焮衝即《チ》脳水腫ハ後ノ小児門ニ詳説ス宜ク参考スヘシ

脊髄焮衝「[62]メイエリチス」羅「[63]リュツゲメルグオントステーキング」蘭

徴候　脊髄ノ一処疼痛アリテ或《ハ》荏苒稽留シ或《ハ》発歇往来シ早晩《イツカ》下肢ノ麻痺ヲ兼子或《ハ》上肢モ共ニ麻痺ス其麻痺大抵神経ノ末梢ヨリ始ム」或《ハ》其痛甚タ微ニシテ知リ

難ク或《ハ》全ク痛ミナキ者アリ此ノ如キハ手ヲ以テ脊骨ノ上端ヨリ毎椎[64]序ヲ逐テ按シ下レハ患者必《ス》焮衝ノ部ニ至テ疼痛ヲ知覚スル者ナリ或《ハ》[65]水綿ヲ温湯ニ浸《タ》シ之ヲ以テ右ノ如ク[66]摩揩シ下タレハ其痛ヲ覚ユルヿ殊ニ著ルシ以テ焮衝ノ所在ヲ認メ知ルヘシ

焮衝急性ニメ熱ヲ兼ルモアレ𪜈多クハ慢性ニメ診弁スルヿ甚タ難シ」而《メ》其麻痺唯外表ノミナラス脊髄上辺ノ焮衝ニ由テハ頭胸ノ神経麻痺シテ[67]嗝噎。[68]喑唖。[69]吶吃。心悸等ヲ発シ下辺ノ焮衝ニ由テハ飲食不化等ノ諸証ヲ起スヿアリ故ニ此病ハ誤リ認メテ他病ト為シ其治法ヲ過マル者居恒《ツ子》ニ少ナカラス」若《シ》其焮衝分消セサレハ遂ニ液ノ滲漏ヲ生メ或ハ脊椎水腫トナリ或ハ脊椎ノ癒著。乾燥。硬腫。消耗。膿潰。骨疽等ニ終《ハ》ル

原由　焮衝常因ノ他。血液鬱積。殊ニ痔血鬱積僂麻質毒。病毒転徙。外傷等ヨリ之ヲ発ス

治法　防焮法ヲ行ヒ蜞鍼ヲ患部ニ貼シ水銀軟膏ヲ塗リ甘汞及ヒ下剤ヲ与ヘ次ニ芫菁膏ヲ貼メ久ク癒スヿ勿ルヘシ」病毒転徙ヨリ起レル者ハ各《ヒ》其病毒ニ随テ治法ヲ処スヘシ

咽喉焮衝 「[70]アンギナ」羅「[71]ケールオントステーキング」蘭

徴候　嚥下困難ニメ疼痛シ或《ハ》全ク嚥下スルヿ能ハス或《ハ》嚥下呼吸共ニ妨ケアル等焮衝ノ所在ニ随テ各《ヒ》其証候ヲ異ニス」其焮衝特《ト》ニ咽頭食道ヲ侵スアリ特《ト》ニ喉頭気管ヲ侵スアリ或《ハ》扁桃核懸壅ノ両側ニ在ルアリ或《ハ》[72]懸壅ニ在ルアリ或《ハ》舌ニ在ルアリ」総テ津唾過溢シテ口外ニ流泄シ嚥下困難ナルヲ以テナリ粘液滲漏メ患部ノ表面ニ纏布シ腫脹ノ圧迫ニ由テ頸静脈ノ血行ヲ遮《キ》リ呼吸利セサルヲ以テ肺ノ血管流通セス病《ヒ》劇《シ》ケレハ遂ニ之カ為《メ》ニ肺焮衝若クハ昏睡卒中ヲ起スニ至ル」此病《ヒ》軽キハ恐ル、ニ足ラスト雖𪜈亦極メテ危険ニメ急ニ斃ル、者アリ是《レ》一ハ腫脹ノ甚キニ由テ一ハ焮衝ノ部位ニ係ル其気管ニ在ルカ如キハ危険最

モ甚シトス

此病《ヒ》十全ノ分消ヲ得サレハ硬腫結膿若クハ遷延焮衝ニ転ス而《ソ》其死スル者ハ大抵窒塞ト卒中トヲ以テス是其腫脹甚フメ気管若クハ頸静脈ヲ圧窄スルニ由リ或ハ焮衝ノ為《メ》ニ脳肺ニ痙性ノ緊縮ヲ起スニ由ルナリ

原由　焮衝常因ノ外《カ》咽喉内外ノ感冒或ハ力作メ身体灼熱スル時冷水ヲ飲ミ或ハ口ヲ開《ヒ》テ寒冷ノ東北風ニ遇フ等其誘因ト為ル」又特《ト》ニ咽喉ヲ侵ス伝染毒アリ即《チ》猩[73]紅斑。黴毒等ノ如シ

治法　病ノ軽重ヲ斟酌メ防焮法ヲ用フヘシ」軽証ハ唯ゝ清涼薬ヲ内服シ分消薬ヲ外用メ足レリ分消薬ハ第三十九方ノ含剤第四十方ノ舐剤或ハ蓬[74]砂半銭[75]ヲ桑椹舎利別[76]二匁[77]ニ和シ若クハ之ニ明礬ヲ加ヘテ注射薬トシ或ハ其蒸気ヲ吸フ等ナリ」其他「フラ子ル」布名ヲ以テ厚ク頸囲ヲ纏包シ硇砂[78]揮発膏[名]ヲ塗擦シ芥子ヲ以テ蒸溻シ刺絡及《ヒ》局処ノ瀉血ヲ行フ等証ニ随テ撰用スヘシ但《シ》蜞[39]鍼吸[40]角ヲ頸ニ施セハ其功大ニ刺絡ニ優サルㇾ屢ゝ之アリ」然リト雖圧重証ハ必《ス》刺絡ヲ以テ先務トセンㇾヲ要ス胸内窘迫。脈軟小。嗜眠等ヲ以テ其的候トスルㇾ猶《ホ》肺焮衝ニ於《ケ》ルカ如シ」若《シ》防焮諸法ヲ用ヒテ後《チ》嚥下困難呼吸不利依然トメ退カサル者ハ是痙攣ノ然ラシムルナリ宜ク阿芙蓉ニ甘汞ヲ加ヘテ内服セシメ芫菁膏ヲ頸ニ貼シ麻酔薬ノ琶[80]布ヲ外敷スヘシ」又此証ハ吐剤ヲ与フルモ佳トス嚥下困難ナリト雖圧之ヲ憚カルㇾ勿レ湧吐スルハ嚥下スルヨリ易ケレハナリ」焮衝ノ所在ニ随テ治法各ゝ小異アリ咽焮衝ハ舐剤含剤ヲ主トスヘシ喉[81]焮衝ハ湯蒸気ヲ吸入セシムヘシ扁桃核焮衝。腫脹甚フメ将ニ窒息セントスル者ハ喉痺鍼ヲ用《ヒ》テ之ヲ刺破スルニ宜シ速《カ》ニ危急ヲ免ルㇾヲ得ヘシ舌焮衝モ亦腫脹甚《シ》フメ口内ヲ塡塞スル者ハ其両側ヲ竪ニ截開スルヲ妙トス

此病ニ於テ殊ニ注意ス可キ者ハ病性ノ区別ナ

リ因テ左ニ之ヲ列序ス

〔腸胃性咽喉焮衝〕　咽喉焮衝ノ諸証有テ腸胃汚物ノ徴（舌上汚苔等）ヲ兼ル者是ナリ宜ク先《ッ》吐剤ヲ用ヒ（或ハ唯吐剤ノミヲ以テ全治ヲ遂クル者アリ）次ニ下剤ヲ与フヘシ但《シ》真《ノ》焮衝ヲ帯《フ》ル者ハ瀉血及《ヒ》他ノ防焮法ヲ行ハサルヘカラス

15 〔聖京偏性咽喉焮衝〕　疼痛微ナレ𪜈腫脹甚シク患部ノ表面白色ニメ粘液ヲ塗布シ其患《ヒ》多クハ扁桃核。懸壅ヲ侵シ亦《タ》喉裏ニ及フ而《メ》或ハ身熱少《ナ》ク或《ハ》全ク熱ヲ夾ムヿナシ」此病唯《ヒ》其部ノ粘液膜感冒ノミニメ余患ナキ者ハ恐ルヽニ足ラスト雖𪜈腫脹甚フメ咽喉ヲ窒塞スルニ至テハ亦危険ヲ惹クヿアリ」治法先《ッ》腸胃毒ノ有無ニ注意センヿヲ要ス之ヨリ起ル者最《モ》多ケレハナリ此証ハ先《ッ》吐剤ヲ用ヒ継《ヒ》テ下剤ヲ与フレハ速効アリ然レ𪜈腸胃清浄ナル者ニハ清涼発汗薬（就中硇砂）ヲ主用シ兼テ硇砂揮発膏ヲ塗リ[82]綿絮ヲ頸囲ニ纏ヒ或ハ[83]蒸餅母。芥子泥ヲ外敷シ刺衝性ノ[84]収濇薬殊ニ[85]地楡（鏡第四十一方。四十二方。四十三方）明礬。硇砂（名）等ヲ含嗽剤トシ且《ッ》此類ノ薬液ヲ患部ニ塗布シ或ハ水銃ヲ以テ其薬液ヲ注射シ以テ粘液ヲ滌除スルヲ宜シトス」若《シ》諸法験ナク却テ熱勢ヲ増シ焮衝進ム者ハ蜞鍼ヲ貼シ或《ハ》刺絡ヲ施シ且《ッ》甘汞ヲ用ヒサルヘカラス」又《タ》扁桃核懸壅ノ腫脹増大メ将《サ》ニ窒息セントスル者ハ宜ク截破メ其死ヲ拯フヘシ（懸壅ハ竪ニ截ルヲ佳トス）

[86]〔僕《ボ》府《フ》〕（所謂[87]蝦蟇瘟）　是《レ》耳腺及《ヒ》下顎腺ノ腫脹セルナリ甚キハ其腫内部ニ及ヒ遂ニ呼吸ヲ窒塞セシムルヿアリ」此病ハ単純ノ聖京偏ニメ通常感冒ノ流行スル時ニ流行ス」治法大抵善ク温覆メ発汗薬。清涼下剤ヲ与フレハ輒《チ》治ス然レ𪜈重キ者ハ甘汞ヲ用ヒ蜞鍼ヲ貼シ或《ハ》吐剤ヲ処セサルヘカラス」然メ此病ハ交感ニ由テ睾丸腫脹ヲ起シ易ク且《ッ》他部ニ転移シ易シ故ニ厳シク寒冷ヲ避ケシメ鉛剤。羯布羅。其他収歛駆散ノ諸薬ヲ外用スルヿヲ禁スヘシ

〔腐敗性咽喉焮衝〕　咽喉ノ内面焮腫シ或ハ頸外モ共ニ腫脹シ始《メ》ヨリ直《チ》ニ青紫色ノ斑点ヲ見ハシテ腐敗臭ヲ放チ呼吸困難ニメ発熱譫語共ニ甚シク第二三日ニ至レハ患部ニ黒色ナル寒壊疽状ノ痂[88]ヲ結ンテ酷厲悪臭ノ稀液ヲ流シ口内諸部上顎鼻孔ニ侵淫[89]シ喘鳴。昏睡。窒息等日ゝニ漸ク進ミ大抵第四日ヨリ第六日ニ至ルノ間ニ死ス」此病ハ欧羅巴地方甚《タ》希《レ》ナリ唯ゝ隠伏猩紅斑ニ兼発スルヿ間ゝ之《レ》アルノミ」治法先《ツ》吐剤ヲ与ヘ次ニ幾那。摂爾扁答里亜《セルベンタリア》[36][名]葡萄酒。鉱酸等ノ防腐強壮薬ヲ内服セシメ且《ツ》此諸薬及《ヒ》蘓魯林加爾幾《ソロリンカルキ》[90]ヲ注射シ或《ハ》筆ヲ用テ之ヲ塗リ或《ハ》醋ニ没薬ヲ加ヘ煮テ其蒸気ヲ吸引セシムヘシ」又氷水ヲ多飲セシメ或《ハ》氷片ヲ布袋ニ裹ミ口内ニ含マシメテ以テ偉功ヲ得ルヿアリ

〔常習咽喉焮衝〕　僅ゝノ所因ニモ毎常発作スル所ノ咽喉焮衝是ナリ」劇性焮衝ノ後。咽喉一部ノ衰弱連綿トメ久ク復故セス由テ屢ゝ再発スル者ニメ難治ノ証甚《タ》多シ毎日朝暮。明礬水明礬二[75]銭ヲ水一[91]比ニ溶シ美味ノ[92]舎利別ヲ加フヲ以テ含漱シ冷水ヲ以テ外部ヨリ頸ヲ洗ヒ「フラ子ル」布名若クハ絹布ノ風領《エリマキ》ヲ頸囲ニ纏フヲ最良トス」若《シ》之ニ由テ治スルヿヲ得サル者ハ病毒転[93]徙ノ所為ニ非ルヤ否ヲ撿索スヘシ

〔遷延咽喉焮衝〕　焮衝荏苒トメ持続シ経日癒ユルヿ無キ者ヲ謂フ」咽喉一部ノ衰弱ニ起レル者ハ前段ノ治法ニ宜シト雖𪜈此証ハ病毒転徙ニ由レル者特ニ多シ就中僂麻質毒。痛風毒。瘰癧毒ヲ多シトス宜《ク》各ゝ其治法ヲ処シ焮衝甚キ者ハ時ゝ蜞鍼法ヲ行フヘシ」又痔血欝閉。腹内壅積後ニ出ツヨリ来ル者少《ナ》カラス意ヲ注ヒテ詳ニ之ヲ察スヘシ此証ハ痔血ヲ喚起シ解凝疎通ノ諸薬ヲ用フヘシ殊ニ「カル、スバット」[94]鉱泉ノ名ヲ用ヒテ偉効ヲ奏スルヿ屢ゝアリ」又硬腫潰瘍等ノ如キ形器病ア[95]リテ此証荏苒瀰久スルヿアリ宜ク注意メ詳ニ査点スヘシ

〔義膜咽喉焮衝〕[96]《コロウプ》[97]ト名クル者アリ後ノ小児門
ニ詳説ス

口内壊疽焮衝「[98]ストマカセ」羅「[99]コウドヒユーリゲオントステーキングファンモンド」蘭

徴候　口内諸部焮衝シテ腐臭ヲ放チ汚穢ノ粘物
舌上歯齦ニ纏布ス」此病ハ多ク小児ノ病ム者ニ
メ亦間〻一般流行スルヿアリ

原由　其因聖京偪若クハ腸胃汚物ナリ大人ニ於
テハ間〻[100]失荀児陪苦《シクウルボイク》ノ一証ナル者アリ

治法　速ニ吐剤ヲ用ヒ唯吐剤ノミニシテ全治ヲ得ル者多シ随テ下
剤ヲ与ヘ酸類ヲ服セシメ[90]蘸魯林加爾基《ソロリンカルキ》(舎)ヲ水
ニ溶シテ嗽剤トシ或ハ筆ヲ用テ之ヲ塗布ス若シ
夫ノ失荀児陪苦ヨリ起レル者ハ其本条ニ就テ治法
ヲ索ムヘシ

舌焮衝「[101]ゴロスシチス」羅「[102]オントステーキングファントング」蘭

徴候　舌ノ全体紅腫焮熱シテ嚥下ヲ妨ケ甚シケ
レバ全ク嚥下スルヿ能ハスメ気息モ亦窒塞セ
ントスルヿアリ而メ其腫大ナル者ハ全ク口内ニ
充填シテ僅少ノ罅隙[103]モ遺スヿナシ」此病ヒ分消セ
サレハ終ニ硬腫膿潰ニ移リ若クハ壊疽ニ陥ル
ナリ

原由　焮衝常因ノ外。局処ノ外傷。酷厲ノ刺衝物。歯
牙尖挺[104]。僂麻質。感冒。病毒転徙等ヨリ之ヲ発ス

治法　防焮諸法ヲ用ヒ刺絡及ヒ局処ノ瀉血ヲ施シ
腫脹甚キ者ハ竪ニ之ヲ截開スヘシ腫脹ヲ減シ
危篤ヲ免ル、ノ捷法ナリ頑固ノ証ハ水銀軟膏
ヲ擦スルモ亦タ偉効アリ

扶氏経験遺訓巻之四終

巻之四註

1 *inflammationes topicae*　炎症。
2 ontsteking。

3 炎症熱。
4 炎症。
5 淡白。
6 症状が散り治ること。
7 骨化。
8 wei　血清。
9 *hydrops thoracis*　胸水症。
10 *blenorrhoea*　粘液漏。
11 ホウカシツ。celweefsel　細胞組織。
12 ギョウキュウ。stolbaarheid　凝固。
13 overprikkeling　過刺激。
14 voortbrengsel　生産物、所産。
15 zinking　カタル。
16 roos　丹毒。
17 kneuzing　打撲傷。
18 schudding ontstaan　振動発生。
19 miltvuur　炭疽。
20 みだりに施す。
21 verdesling　分割、分裂。
22 harde　頑固、硬質。
23 硝石。硝酸カリウム。
24 植物酸。
25 mostaard pappen.。
26 spaansche vliegpleister　カンタリス膏。セイヨウミドリゲンセイの虫体。
27 ゲンキョ。wegnehmen　除去する、払拭する。
28 drooge koppen　droogeは、koppenは吸い取る。吸角法。
29 酒石酸水素カリウムと三酸化アンチモンとの化合物。
30 塩化水銀（Ｉ）。
31 *potassa*　炭酸カリウム。
32 ヒヨス。*hyoscyamus*　ナス科植物。鎮痙剤。
33 ラウリルケルススイ。*aq. lauroceraso*　月桂樹水。
34 *opium*　阿片。
35 2 vierknte duimen　vierkanteは四角。duimはインチ、約二・五センチメートル。
36 *serpentaria*　セルペンタリア根。チフスなどの熱性病に使用。
37 *arnica*　アルニカ。乾燥花が神経病薬、血管系薬となる。
38 kampher　樟脳。
39 キシン。蛭。
40 吸い玉。悪血などを吸い取る器具。
41 キッソウ。カノコソウ。根茎が鎮静剤。
42 ジギタリス。葉が強心剤と鳴る。
43 冷湿布法。
44 congistione［一八三八年オランダ版にはこの原語の記載がない］。
45 ロウガイ。肺結核。
46 aangeborene　遺伝的、先天的。

47 *encephalitis*　脳炎。
48 hersen ontsteking。
49 kloppen　鼓動。
50 overmaat van geestrijke dranken　アルコール度の高い飲料の過度。
51 hypochindrie　心気症。
52 hystrie　ヒステリー。
53 ショウジュ。こめかみ。
54 二時間。
55 ヒチョウ。kuiten　ふくらはぎ。
56 pappen　湿布。
57 硫酸マグネシウム。
58 ガイキュウ。branden middelen　艾はモグサ。
59 *castoreum*　ひまし油。
60 *liq. c.c.succin.*。
61 ロウトウ。ベラドンナ。鎮痛、鎮痙の生薬。
62 *myelitis*　脊髄炎症。
63 ruggemerg onsteking。
64 脊椎の順序。
65 spons　海綿、スポンジ。
66 マカイ。摩は擦る、揩はこする。
67 カクエツ。嗝は鳥の鳴き声、噎はむせぶ。蘭原書にはこれに相当する語は見当たらず。
68 インア。おし。原語は *dysphagia*　嚥下障害。
69 トッキツ。どもり。原語は *dyspnoea*　音声障害。
70 *angina*　咽頭炎。
71 keelonsteking。
72 huig　口蓋垂、のどひこ。
73 roodvonk　猩紅熱。
74 硼酸ナトリウム。
75 drachm。ダラム。一ダラムは約三・九グラム。
76 ソウジンセーロップ。*syrup. mororum*　桑椹は桑の実、舎利別はシロップ。
77 ons。オンス。薬量一オンスは約三一・一グラム。
78 ドウサ。塩化アンモニウム。
79 ジョウトウ。湿布。
80 パップ。pap　湿布剤。
81 *pharyngotome*　pharyngo は咽頭。
82 メンジョ。わた。
83 ジョウヘイボ。zuurdeeg　パン種。
84 収斂薬。
85 *rad. pimpinellae*　ワレモコウの根。
86 bof, ooklieronsteking, *Mumps*　流行性耳下腺炎、お多福風邪。
87 蝦蟇はガマ。瘟は熱病。
88 かさぶた。
89 シンイン。次第にしみこむこと。滛は淫。
90 塩化カルシウム。

91 pond　ポンド。薬量一ポンドは約三七三グラム。
92 セイロープ。シロップ。
93 テンシ。転移。
94 Karlsbaden。
95 organische gebreken　器官病。
96 exsudative　滲出性炎症の際に生じる滲出物。
97 croup。
98 *stomacace*　口内壊疽炎症。
99 koudvurige ontsteking van mond。
100 scheurbuik　壊血病。
101 *glossitis*　舌炎症。
102 ontsteking van tong。
103 カゲキ。欠けたすきま。
104 puntige uitseeksels　先の尖った突起。

（表紙）

扶氏経験遺訓　五

扶氏経験遺訓巻之五

足守　緒方章公裁　同訳
義弟郁　子文
西肥　大庭悳　景徳　参校

胸焮衝「[1]プ子ウモニチス」羅「[2]ボルストオントステーキング」蘭

此病ハ証状ノ差異ニ随テ種ゝノ名称アリ其呼吸スル毎ニ胸内刺痛スル者ヲ肋焮衝「[3]プレウリチス」ト名ケ」胸内窘迫圧重シテ煩悶スル者ヲ肺焮衝「[4]ペリプ子ウモニア」ト名ケ」刺痛圧迫両《ッ》ナカラ相兼ル者ヲ肺肋合併焮衝「[5]プレウロペリプ子ウモニア」ト名ケ」胸内刺衝ヲ覚エテ痒[6]笑状ノ欬ヲ発シ声音嘶嗄スル者ヲ肺管焮衝「[7]ブロンキチス」ト名ク」然《レ》𪜈其焮衝ノ部位必《シモ》井然トメ区域ヲ限ラス治法モ亦各証通メ一ナルカ故ニ此区別ハ必竟治事ニ益アルニアラス但真ノ肺焮衝ハ疼痛ナク脈弱小ナルヲ以テ誤認シ易キカ故ニ殊ニ注意セサル可カラストス

徴候　胸内一部刺スカ如キ疼痛有テ吸気ニ増劇シ呼吸不利シテ脈牢[8]実ナル者肋焮衝或《ハ》疼痛ナク胸内圧重窘迫ヲ覚エテ煩悶シ脈軟小若《ク》ハ不斉結[9]促スル者肺焮衝是《レ》ナリ而《メ》両証共ニ深息スレハ必《ス》欬シ甚シキ者ハ言語。動作ニ之ヲ発ス」欬嗽ハ此病必有ノ証ナリ欬ナキ者ハ証候悉ク具《ハ》ルト雖𪜈未《タ》此病タルヿヲ確徴スヘカラス」欬ニ痰ヲ吐スルト否《サ》ルトアリ痰ナキハ肋焮衝或《ハ》肺焮衝極度ノ徴トス而《メ》其痰ハ沕[10]乙状ノ者粘膠ノ者血ヲ交フル者アリテ甚キハ純血ヲ吐ク者アリ」然《メ》発熱。煩渇。赤尿等。焮衝熱ノ諸証ヲ具フト雖𪜈脈ハ一様ナラス或ハ焮衝極メテ甚フシテ却テ軟小ナル者アリ未熟ノ徒ハ之ヲ認テ虚候トシ治ヲ誤ル者少ナカラス殊ニ細慎シテ審ニ察スヘシ其脈ノ虚候ヲ現ハス所以ン二ッアリ一ハ吸気ニ疼痛アルヲ以テ肋焮衝十分ノ呼吸ヲ営マサルカ故ニ血液自在ニ肺中ヲ循環スルヿヲ得スメ心臓動脈ニ輸達スルヿノ僅少ナルニ由リ一ハ血液肺中ニ凝滞セルヲ以テ肺焮衝循環輸達自在ナラサルニ由ル」然メ其虚証ニ非ルヿヲ弁晰スル一法アリ試ニ患者ヲシテ欬嗽セシメ若クハ深ク吸息セシムヘシ之ニ由テ脈輒チ牢実ニ移ル者ハ真ノ焮衝タルヿ疑フヘカラス

近世聴管「[11]ステトスコープ」ヲ用ヒ聴取メ胸病ヲ察スル法ヲ称誉ス然レ圧是レニ由テ得ル所ノ徴候亦定証ト比考セスメ特リ確拠スルヿヲ得ス且ッ之レニ由テ稍ヽ焮衝ノ所在ヲ知ルヿアリ圧部位ニ由テ治術異同アルヿ無ケレハ固ヨリ用ヒスメ可ナル者ナリ然レ圧焮衝分消セスメ硬腫。膿潰等ニ移レル者ニ於テハ間ヽ亦用ヒサル可カラサルヿアリ

此病ノ軽重ハ大ヒニ其級ヲ異ニス極メテ重キハ譫語発熱劇甚ナルカ為ナリヲ発シ昏睡ヲ兼ヌルナリ血液肺ニ鬱積シテ脳ヨリ還流スル所ノ血ヲ碍ルニヨル而メ其焮衝ト総身ノ熱ト同時ニ発スル者ハ之ヲ本証ト謂ヒ総身ノ熱先ッ発シテ後チニ焮衝証ヲ来ス者ハ之ヲ属証ト謂フ」

其経過ハ整斉ニメ七日十四日若クハ二十一日ニ分利ス而メ其[12]分利ハ発汗。利尿。吐痰若クハ[13]衂血ヲ以テスルナリ」凡ソ十全ノ分消ヲ得ルニハ必ス吐痰ヲ要ス良善分利ノ痰ハ帯黄白色ニメ濃厚ノ乳汁ノ如シ其始メ大抵曇赤ノ血線ヲ交ヘ是レ原ト肺中ニ滲漏セル者今排泄セラル、ナリ且ッ咯出シ易キナリ

此病ノ帰転。諸般アリ其一ハ十全ノ分消ナリ是レ全身ノ分利発汗利尿ヲ得テ吐痰シ欬嗽歇テ熱証解散ス」其二ハ醸膿ナリ是レ潰破スルト膿嚢ヲ結フトアリ然メ疼痛去レ圧圧迫仍ホ退カス殊ニ大息スルカ或ハ側臥スル時之ヲ覚ユ呼吸仍ホ利セス欬嗽仍ホ止マス脈動仍ホ静マラス大息。言語若クハ行歩ニ必ス欬嗽スルアリ此証ア

ル者ハ外貌快復セルカ如ク食欲故ニ復スト雖𪜈三四週ヲ経テ終ニ日晡潮熱[14]ヲ発シ食後手掌煩熱シテ両頬紅灼シ欬シテ膿ヲ咯《ク》ニ至ル」若《シ》膿嚢ヲ成セル者ハ欬嗽増劇シテ胸部ニ患苦多ク且《ツ》膿労ノ諸証ヲ呈ス膿労条ト比考スヘシ」其三《ハ》硬腫。結核ナリ是《レ》熱去レ𪜈呼吸全《ク》利スルヿヲ得ス乾欬頻数ニメ大息スレハ必《ス》増劇シ或《ハ》時ニ卒然トメ胸内刺痛ヲ発ス而《メ》其外貌ハ健康ニ復セル者ノ如シ結核労条ト比考スヘシ」其四《ハ》粘液過泄ナリ是《レ》熱去レ𪜈吐痰甚《タ》多ク総身漸《ク》羸痩シ終ニ粘液労ノ諸証ヲ現ス」其五《ハ》死亡ナリ是《レ》血液ノ壅滞甚フシテ呼吸窒塞スルニ由リ或壊疽ニ陥ルニヨル然《レ》𪜈大抵壊疽ト為ルヲ俟《タ》ス窒息シテ斃ル、ヲ常トス」或《ハ》又病中更ニ胸水病ヲ傍発スル者アリ

原由　焮衝常因ノ外此病ノ遠因トナル者殊ニ左ノ数件トス」其一肺臓賦性ナリ」蓋《シ》体内ノ諸器中血液ノ輻湊スルヿ此臓ヨリ多キハナク亦《タ》直《チ》ニ外気ニ抵触スルヿモ此臓ヨリ親《シ》キハナシ且《ツ》此臓ハ全身煦温[15]ノ淵源ニメ活気ノ資始ナルヲ以テ天性ニ焮衝ヲ発シ易キ素質ヲ有ス」其二諸《ヽ》熱病ナリ」総身血液ハ一滴モ肺中ニ会合セサル者ナシ故ニ熱ノ為《メ》ニ血行増進スレハ其鬱滞充積スルヿ必《ス》他臓ヨリ甚《タ》シ故ニ若《シ》其鬱積過甚ナルカ或《ハ》肺中ニ病患アル者ハ必《ス》為《メ》ニ焮衝ヲ発セサルヿヲ得ス是故ニ諸《ヽ》熱病日ヲ経ルノ間。頓ニ肺焮衝ヲ傍発スルヿ少《ナ》カラス所謂属証」其三験気管。高ク升リ東風或《ハ》東北風吹テ乾燥セル沍寒[16]ノ気候ナリ」是《レ》厳冬。春初ニ此病最《モ》多クシテ時《ヽ》一般流行スルヿ有ルヲ以テ徴スヘシ」其四肉食ノ貪飧。飲酒ノ過度等ナリ」然《メ》誘因ハ感冒。僂麻質。麻疹。或《ハ》常習失血ノ閉止。胸背諸部ノ打撲等ナリ

治法　刺絡ト吐酒石[17]ト芫菁膏[18]トノ三《ノ》者ハ此病ヲ治スルノ最要ナル者ナリ」宜《ク》先《ツ》速《カ》ニ患部ノ方ノ肘ニ於テ刺絡スヘシ而《メ》其刺口ハ必《ス》大ニメ血ヲ弧形ニ迸射セシメ以テ牢実ノ脈ハ軟小トナリ軟小ノ脈胸内窘迫ノ者刺痛極劇ノ者ハ実シテ浮大トナナリ刺

痛窘迫全ク退クニ至ルヘシ」但《シ》之ヲ行フノ間。始終脈候ニ注意シテ決シテ卒倒スルニ至ルヿ勿レ卒倒スレハ血液輒《チ》心臓。脈管ニ[19]凝泣滞著スルヿアレハナリ故ニ仰臥セシメテ之《レ》ヲ刺シ脈不斉若《ク》ハ結代スルヲ見ハ速《カ》ニ之《レ》ヲ舎クヘシ一次ノ刺絡ニテ全功ヲ収《メ》サル者ハ更ニ又再施スルニ宜シ凡《ソ》此病ハ多量ノ血ヲ泄《ラ》サンヿヲ要ス患者モ亦能《ク》之《レ》ニ堪フル者ナリ且《ツ》之ヲ施スヿ愈《ミ》早ケレハ奏功愈《ミ》的実ニメ再施スルノ労少《ナ》シ若《シ》患者原《モト》肺病有テ[20]労瘵ノ素質ヲ胎スル者ハ殊ニ刺絡セサルヘカラス仮令《ヒ》軽証ナリ𪜈一次ノ瀉血ハ欠《ク》ヘカラス重証ハ両肘同時ニ之ヲ行フヲ佳トス」吐酒石ハ此病ノ特効薬ナリ刺絡後直《チ》ニ消[21]石ト合シテ第四十四方之ヲ与フヘシ然《ソ》後《チ》胸部ノ諸患仍《ホ》未《タ》退カサル者ハ[18]芫菁硬膏ヲ患部ニ貼スヘシ之ニ由テ全治ヲ得サル者ハ殆《ン》ト少《シ》ナリ然《レ》𪜈刺痛煩悶早晩《イツカ》更ニ再発シ或《ハ》既ニ減却セル諸証漸ク増進シ脈復《タ》牢実煩悶証ハ軟小トナル者ハ再《タヒ》刺絡セサル可《カ》ラス宜《ク》前法ニ照シテ之ヲ行フヘシ仮令《ヒ》三四週ヲ経シ者ト雖𪜈焮衝証アル者ハ刺絡必要ナリ初メ瀉血ヲ怠レル者或《ハ》之ヲ行ヘルモ其量足《ラ》サリシ者或《ハ》結核証ニ移レル者ハ殊ニ然リトス」或《ハ》又《タ》疼痛増劇スレ𪜈脈。牢実トナラサル者アリ蜞鍼十個若《ク》ハ十二個ヲ貼スヘシ〔按ニ[22]模斯篤《モスト》云蜞鍼後出血止サル者ハ或《ハ》鍼ヲ用テ其創口ヲ縫合スヘシト又云一蜞吸フ所ノ血其大ナル者ハ術後ノ出血ト合メ二[23]ヲ許ナリト彼邦ノ蜞ノ大ナルヿ知ルヘシ我邦ノ蜞ヲ撿スルニ其吸フ所ノ血通常一銭ニ足ラス其最大ナル者モ術後ノ出血ト合メ四銭ニ足ルヘキ者ハ甚《タ》少《シ》ナリ然《レ》ハ彼邦一個ト云フ者ハ常ニ我邦ノ四五個乃至六七個ト看做シテ可ナルヘシ〕而《メ》患苦仍《ホ》退カサル者ハ甘汞。阿芙蓉第四十五方ヲ与ヘ或《ハ》遠志[24]。硇砂[25]第四十六方ヲ用ヒテ吐痰ヲ催進スヘシ左方亦此証ニ偉効アリ凡《ヘ》テ局処《ノ》焮衝ニ偉効アリ

孕鹼酒石[26]【名】[27]二銭

精製消石[28]一銭

老利児結爾斯水《ラウリールケルス》[29]【補】二銭

安質没扭酒[30]【補】一銭

水七ヲ

[31]甘艸膏 三銭
[32]遏爾託亜《アルター》舎利別[名] 一匁半
右調匀。毎一[33]時。一[34]食匙ヲ与フ

此薬ニ兼テ大麦煮汁ニ蜜若《ク》ハ葱蜜 [35]海ヲ加フル者[36]接骨木花稀泡剤。[37]和胸泡剤按ニ第二十二方等ノ如キ解凝粘味ノ飲液ヲ多服セシムルヲ宜シトス」若《シ》瀉血後痙攣ノ為《メ》ニ劇痛シ呼吸不利等退カサル者ハ[38]磠砂揮発膏[名]ニ阿芙蓉ヲ加ヘテ塗擦シ麻酔ノ薬草ヲ用《ヒ》テ[39]蒸湯スヘシ」凡《ソ》吐痰ハ此病ニ欠《ク》ヘカラサル最要ノ分利ナリ故ニ勉《メ》テ之ヲ扶ケンヿヲ要ス即《チ》解凝粘味ノ薬液大麦。燕麦。[32]遏爾託亜。[40]黜《チュ》失《シ》刺《ラ》護《ゴ》等ノ煎汁ニ蜜ヲ加ル者ヲ微温ニメ多服セシメ[36]接骨木花煎ノ温蒸気ヲ吸引セシメ其痰粘膠ニメ咯キ難キ者ハ[41]甘艸舎利別ニ[42]金硫黄。[35]海葱蜜[名][24]遠志舎利別ヲ合シテ舐剤トシ与ヘ[36]接骨木花ニ水ト醋ヲ加ヘ煮テ其蒸気ヲ吸引セシムヘシ若《シ》其痰稀凉酷厲ニメ頻《リ》ニ欬ヲ起ス者ハ[43]亜刺比亜漿。[44]沙列布漿[名]ヲ与ヘ或《ハ》[45]扁桃油[名]一[27]銭ニ[46]亜刺比亜漿。適宜ヲ和シ水ト[45]扁桃舎利別[名]各一[23]匁[47]菲阿斯越幾斯[補]四[48]氏ヲ加《ヘ》テ之ヲ用ヒ且《ツ》芫菁硬膏[名]ヲ胸ニ貼スヘシ」焮衝劇クシテ咯血スル者ハ固《ヨリ》瀉血ヲ要スト雖𪜈其血若《シ》黒色ニメ溶解シ且《ツ》虚候ヲ見《ハ》ス者ハ緩和ノ煎汁ニ硫酸ヲ滴加シテ用フルヲ良トス

然《レ》𪜈焮衝軽易ナル者ハ唯第四十四方ノ飲剤ヲ用フルノミニメ足レル者アリ先《ツ》之ヲ試テ功ナキ時乃《チ》刺絡ヲ行フヘシ

治法通例右件ノ如シト雖𪜈諸胸焮衝咸《テ》之ニ由テ必《シモ》治スヘキニアラス或《ハ》刺絡功ナクメ却テ害ヲ為ス者アリ審《カ》ニ診シテ明《カ》ニ病性ヲ察セスンハアルヘカラス今《マ》其治法ヲ異ニスル者一二ヲ掲ケテ左ニ之ヲ列ス

其一　腸胃性胸焮衝　本病ノ諸候悉ク具《ハ》ルト雖𪜈真《ノ》焮衝ニ非ス交感ニ由テ胸内ニ血液鬱積若《ク》ハ[49]羅斯様ノ病患ヲ得ル者ニメ殊ニ胃中或《ハ》胆管ニ胆液ノ鬱滞スルヨリ起ル者ヲ謂フ故ニ純一ノ防焮法殊ニ刺絡功ナキノミナラス却テ大害ヲ誘

起ス」患者劇痛或ハ窘迫ヲ覚ユレ𪜈脈。細数。軟弱ニメ牢実ナラス腸胃鬱滞ノ諸証ヲ兼ルナリ」治法ハ肺臓。血脈ニ係ルヿナク専ラ腸胃ヲ攻ルニアリ」之ニ二証アリ一ハ舌胎厚フシテ糊ノ如ク口ニ苦味汚味ヲ覚エ悪心。嘔吐。顔面[17]殊ニ口囲発黄等。腸胃汚物ノ諸証ヲ具フ。此証ハ直チニ吐酒石ヲ与ヘテ十分ノ吐ヲ得ンヿヲ要ス多量ノ胆液ヲ吐スレハ極劇ノ胸痛及ヒ他ノ焮衝証頓ニ去ルヘシ吐後ハ唯清涼下剤ヲ用フルニ宜シ」一ハ腸胃汚物ノ諸証有テ脈牢実。顔面盈赤等多血壮実ノ候ヲ兼ルナリ此証ハ先ツ刺絡シテ吐酒石ヲ与ヘ吐ヲ得テ後チ清涼下剤ヲ用フヘシ而メ後吐スヘキノ証復タ発セハ又吐剤ヲ与ヘ焮衝証再ヒ発セハ再ヒ刺絡蜞鍼ヲ行フヘシ

其二僂麻質《レウマチ》性胸焮衝　感冒若クハ僂麻質ヲ患フル後胸内一部劇キ疼痛ヲ発シ外ヨリ之ヲ按シテ其痛ノ増スヿヲ覚ユル者是ナリ」此証ハ欬嗽アリテ呼吸不利ヲ兼ヌレ𪜈欬嗽ハ交感ニ係リ呼吸不利ハ疼痛ノ為メニ胸腔ヲ張ルヿ能ハサルニ由ル胸筋。肋間筋。若クハ肋膜ノ僂麻質病ヨリ他ナラストス」宜ク患部ニ芫菁硬膏ヲ貼シ「フラ子ル」布名ヲ以テ温被シ吐酒石毎一時半氏ヲ内服セシメ緩和発表ノ摂養ヲ命シ少壮多血ノ徒ハ蜞鍼ヲ行フヘシ」此証モ亦病勢ノ増進スルニ由ルカ若クハ呼吸不利ノ為メニ血液鬱積スレハ真ノ肺焮衝ニ移ルヿアリ若シ然ル者ハ必ス刺絡センヿヲ要ス

其三腐敗性胸焮衝　病初ヨリ虚脱極メテ甚シク腐敗熱ノ諸証ヲ兼子脈沈細。気息悪臭ヲ放チ溶崩セル悪色ノ血痰ヲ吐スル者是レナリ」此証ハ欧《ヱウ》羅巴《ロツパ》地方。通常少レナリト雖𪜈間ヽ亦流行スルヿアリ治法ハ腐敗熱ノ如クニメ鉱酸。幾那。明礬。ヲ用ヒ没薬[50]ニ醋ヲ加ヘ煮テ其蒸気ヲ吸引セシメ冷[51]湯法ヲ胸部ニ行フ等ナリ但此証ハ刺絡ヲ禁ス誤テ之レヲ施セハ必ス斃ル

其四虚性胸焮衝　是レ老人ノ病ヒナリ呼吸ノ不利ト脈ノ弱小トヲ以テ之ヲ徴スヘシ而メ此証ハ動《ヤヽモ》

輒《スレハ》[52]肺痿《息窒》ニ移リ易シ[53]亜児尼加《アルニカ》[名][24]遠志。[42]金硫黄。[54]結《ケ》爾蔑斯《ルメス》[名][55]鹿琥精[補][18]芫菁硬膏。[56]芥子泥等此病ノ主薬ニメ刺絡ハ適当スル者少《レ》ナリ間《ヽ》亦之ヲ行ハサル可《カ》ラサル者アレ𪜈戒慎シテ妄《リ》ニ施スヿ勿レ

其五遷延胸㽸衝　胸部ノ疼痛荏苒トメ久《シ》ク連緜シ或《ハ》時ニ発歇シ呼吸不利。欬嗽等持続スル者是《レ》「ナリ」是《レ》殊ニ注意セサル可《カ》ラサル一証ニメ種々其類ヲ異ニス宜ク細慎シテ審《カ》ニ弁別セスンハアラス」而《メ》此証ハ僂麻質ヨリ来《タ》ル者甚《タ》多シ患部ニ久《シ》ク[57]発泡膏ヲ貼シ「フラ子ル」布名ヲ以テ其部ヲ温被シ僂麻質ヲ治スルノ諸薬ヲ用フヘシ」或《ハ》痔血閉止ヨリ来ル者アリ蜞鍼ヲ胸ト肛囲ニ施シ清涼下剤及《ヒ》硫黄ヲ内服セシメ多血ノ患者ハ刺絡センヿヲ要ス婦人ニ於テハ経閉ヨリ来ル者少ナカラス」或《ハ》病因直《チ》ニ肺中ニ在ル者アリ前《ノ》二証ハ危篤ニ至ルヿ稀《也》ト雖𪜈此証ハ日ヲ経テ漸ク肺労ニ移ルカ故ニ殊ニ意ヲ用《ヒ》テ之ヲ預防センヿヲ要ス」亦此《レ》ニ二般アリ一《ハ》肺中結核ヲ造成セルナリ其核時々㽸衝シテ疼痛発熱乾欬多《ク》ハ血少許ヲ咯出ス呼吸不利等ノ諸証ヲ発スレ𪜈久《シ》ク連緜セス二三日ニメ自《ラ》解散シ早晩《イツカ》又同一ノ発作ヲナシ不日ニメ復《タ》止ミ復《タ》発ス而《メ》其㽸衝スル毎ニ結核増大シテ漸ク結膿ニ進ムカ故ニ毎発作必《ス》刺絡シテ血少許ヲ瀉シ且《ツ》患部ニ蜞鍼ヲ施シ防㽸薬ヲ内服シ[18]芫菁硬膏ヲ外貼シテ久《シ》ク癒《ヤ》スヿ無ルヘシ結核労条ト比考スヘシ」一《ハ》肺中膿嚢ヲ造成セルナリ其嚢時々㽸衝シテ疼痛ヲ発スルカ故ニ此証モ亦防㽸治法ヲ要ス膿労条ト比考スヘシ

其六危険証　病《ヒ》重ケレ𪜈医ヲ招クヿ晩フシテ第七日ヲ過キ或《ハ》医治怠ラスト雖𪜈病《ヒ》重《フ》シテ其期已ニ危険ニ陥ル者是ナリ此証モ亦尚《ホ》適当ノ治ヲ施セハ幸《ヒ》ニ其命ヲ拯フヘシ」亦三証アリ其一《ハ》胸内煩悶極メテ劇シク少気短息。[58]哮喘。甚《シク》シテ気息熱シ咳嗽連発シテ唯血《ノミ》ヲ咯出シ頭重。譫語。嗜眠。昏睡。顔面紅活。小便赤色。脈細小ニメ弱或《ハ》短

数ニメ実スルナリナル者ナリ是《レ》病初刺絡ヲ怠リ或《ハ》之《レ》ヲ行ヘルモ瀉量足ラスメ焮衝ノ極度ニ進ミ血液肺中ニ凝滞壅塞スルヿ甚《タ》シキニ至レルナリ」此《コヽ》ニ至テモ尚《ホ》能ク其命ヲ拯フ可キ者ハ独リ刺絡ノミトス第十日若《ク》ハ第十二日ニ及ベル者モ之《レ》ニ由テハ間《ミ》回生スルヿヲ得ヘシ然レ𪜈肺臓ノ壅塞既ニ甚シケレハ血ヲ心臓全身ニ輸《タ》スヿ僅少ナルカ故ニ刺絡スト雖𪜈其焮衝セル血ヲ除クヿ能ハス唯余血ノ仍《ホ》循環流利セル者ヲ泄ラスノミニメ施術中若《ク》ハ施術後。患者直《チ》ニ斃ル、ヿアリ然リト雖𪜈是時ニ当テ其命ヲ拯フヘキ者ハ之ヲ舎テ他ニ求ムヘキ者ナシ故ニ預《メ》其当否ヲ決スルヿ難シト雖𪜈徒《ラ》ニ名聞毀誉ニ拘《ツ》テ己《レ》カ所務ヲ忽ニスルヿ勿ルヘシ」施術後ハ大ナル[18]芫菁硬膏ヲ胸ニ貼シテ甘汞ト阿芙蓉ヲ内服セシメ[36]接骨木花ニ水ト醋ヲ加ヘ煮テ其蒸気ヲ吸引セシムルヲ良トス

其二《ハ》煩悶前証ニ同シケレ𪜈衰弱甚《ク》シテ神経証ヲ現シ小便淡白ニメ四肢厥冷ス多《ク》ハ是《レ》刺絡シテ既ニ過量ノ血ヲ泄セル者ニメ全ク前証ト相反シ肺臓ノ運営虚衰シテ将ニ麻痺セントスル者ナリ」唯強劇ナル衝動解凝ノ治法ヲ行フテ尚能《ク》其命ヲ拯フヿヲ得ヘシ即《チ》大ナル芫菁硬膏ヲ胸ニ貼シ[56]芥子泥ヲ[59]腓腸ニ貼シ[36]接骨木花。[53]亜児尼《アルニ》加《カ》[名]ニ水ト醋ヲ加ヘ煮テ断《ヘ》ス其蒸気ヲ吸引セシメ麝香ニ甘汞阿芙蓉ヲ伍シ[54]結爾蔑斯《ケルメス》[60]密涅刺《ミ子ラー》列《レ》[名]磠砂ヲ[53]亜児尼加浸剤ニ和シ与フヘシ証ニ随テハ吐剤モ亦用ヒサル可《カ》ラサルヿアリ

其三《ハ》呼吸不利煩悶窘迫極《メ》テ劇シク脱力太甚《フ》シテ時ニ昏冒シ小便黄濁シテ大便瀉下シ脈数ナレ𪜈焮衝状ナラス諸証時ニ劇易ヲナシ舌胎黄色。褐色若《ク》ハ黒色不潔ニメ糊ヲ抹スルカ如《ク》口味悪ク悪心甚シク或《ハ》嘔吐シ或《ハ》[61]噫気シ且《ツ》口囲ニ黄色ヲ見ハス者ナリ是《レ》純一ノ腸胃病ニメ其窘迫。煩悶ハ皆胃中汚物ノ交感ナリ病初ニ吐下薬ヲ怠リ若《ク》ハ病中更ニ汚物ノ[62]傍加セルヨリ来ル」

之ヲ拯フヘキハ唯《ヽ》吐剤ノミナリ宜ク先《ッ》吐根十五氏ヲ頓服セシメ次テ毎八分時五氏宛与ヘテ吐ヲ得ルニ至ルヘシ

病後治法　肺㿃衝後殊ニ注意ス可《キ》ノ須要ハ血液ノ鬱積ヲ疎散シテ結核ノ造成ヲ防クト衰弱ヲ復治シテ粘液労ヲ未萌ニ治スルトニ在リ」故ニ自《ラ》「二般ノ別アリ」乾欬久《シ》ク連緜シテ痰ヲ吐セス或《ハ》之ヲ吐スルモ些少ニメ喘鳴スル者ハ結核造成ノ徴ナリ菲阿斯《ヒオス》[47]。実芰答里斯《ヂキタリス》[63]。乳清[64]名[65]セルチエル水《鉱泉》ニ乳汁ヲ加ル者等ヲ与ヘテ上膊ニ打膿[172]法ヲ行フヘシ」欬嗽シテ痰ヲ吐スルコト多ク之《レ》ニ由テ軽快ヲ覚ユルカ如クナレトモ其欬減退セスシテ漸ク増益シ患者次第ニ疲労スル者ハ粘液労初起ノ徴ナリ依蘭苔[66]ヲ的当ノ特効薬トス日ニ一二ヲヲ傑列乙《ゲレイ》[67]トシ与フヘシ若《シ》其薬力強《ク》シテ衝動ヲ覚ユル者ハ之《レ》蜀羊泉[68]ト甘艸[41]ヲ伍スヘシ

心臓㿃衝「[69]カルヂチス」羅「[70]オントステーキングファンハルト」蘭

徴候　煩悶極《メ》テ大ニメ呼吸ニ係ルノ欬嗽ナク胸骨ノ左側。心臓ノ部位ニ圧痛ヲ覚エ発熱劇甚。失気昏冒。四肢厥冷等。諸証大《ヒ》ニ肺㿃衝ノ極度ニ類似ス是《レ》心ト肺ト其臓ヲ異ニスレトモ血行ニ関係スルハ共ニ一ナレハナリ然《レ》トモ昏冒スルト欬嗽ナキト短息セスメ却テ屢《ヽ》大息スルト仰臥スルコトヲ得ルト是《レ》肺㿃衝ニ異ナルノ徴ナリ」然リト雖トモ㿃衝進テ極度ニ至レハ終ニ亦両病合併セサルコト能ハス

治法　全ク肺㿃衝ト異ナルコトナシ但刺絡シテ多量ノ血ヲ瀉スヘク且《ッ》之ヲ行フコト数次ナルヘシ脈細小ニメ結代スルコト多キ者四肢厥冷スルコト甚シキ者ハ愈《ヽ》刺絡ヲ必要《也》トス

腹臓㿃衝「[71]オントステーキングファンボイクスインゲワンド」蘭

凡《ッ》腹内諸臓ノ㿃衝ニ於テハ脈細小沈伏シテ糸ノ如キ者却テ病勢極劇ノ徴ニメ或《ハ》病劇キニモ

全《ク》疼痛ナク或《ハ》強ク按シテ始《メ》テ痛ヲ知ル等患部ノ感覚大《ヒ》ニ[72]錯乖スル者多シ故ニ所謂隠伏焮衝ナル者多キニ居ル宜《ク》審診シテ誤認スルヿ勿ルヘシ

胃焮衝「[73]ガストリチス」羅「[74]マーグオントステーキング」蘭

徴候　胃部劇痛刺スカ如ク灼《ク》カ如クニメ間断アルヿナク其痛《ミ》吸気飲食ニ増劇シ外ヨリ按《オ》セハ患者之《レ》ニ堪《ヘ》ス[75]心下[76]痞脹緊満。灼熱シテ或《ハ》[77]筑動ヲ覚エ或《ハ》稀水ヲ吐シ或《ハ》嚥下スル者ヲ悉《ク》吐逆シ脈細小ニメ糸ノ如ク脱力極メテ甚《シ》ク四肢厥冷。[78]呃逆。煩悶。昏睡。[79]搐掣。[80]角弓反張等劇シキ神経証及《ヒ》交感ノ痙攣ヲ発シ或《ハ》恐水証ヲ兼ルヿアリ其経過甚《タ》急速ニメ疾《ヒ》甚《タ》危険ナリ凡《ソ》焮衝病ノ神経ニ感動スルヿ此病ノ如ク甚《シ》キ者ナク独《リ》此感動ノ為《メ》ニ死スル者少《ナ》カラス而《メ》其死スル者ハ大抵壊疽ト 疼痛頓ニ止ミ脈細小ニメ指ニ応シ難ク且《ッ》結代シテ四肢厥冷スルヲ徴トス 神経麻痺ト 発痙シテ斃レ或ハ昏冒。失気等衰弱極度ノ証ヲ発シテ死ス ヲ以テス幸ニ死ヲ免ル、モ多《ク》ハ遷延焮衝ニ移リ或《ハ》胃痙。硬腫。結膿等ニ終ルヲ常トス」凡《ソ》此病《ヒ》脈漸《ク》小ニ進ムハ危険ノ徴ニメ漸ク大ニ進ムハ復治ノ徴ナリ

其痛ノ止《ム》ヲ以テ復治ノ徴トスルヿ勿レ復治スル者ハ疼痛徐ク退テ脈漸ク浮大トナルナリ

原由　焮衝常因ノ他。泄瀉卒然トメ閉止セル者或《ハ》熱薬ヲ用《ヒ》テ泄瀉ヲ止《ム》ル者苛烈ノ毒薬。劇烈ノ嘔吐。痢疾。[81]霍乱。吐血等ヨリ起リ或《ハ》痛風毒ノ転徙。月経痔血ノ鬱閉。胃部ノ外傷等ヨリ来ル

治法　固《ヨリ》防焮治法ヲ要スト雖尼他ノ焮衝ニ異ナル所以ノ者三《ツ》「アリ」其一脈愈《ヒ》小ナレハ愈《ヒ》多量ノ血ヲ瀉スヘシ」其二防焮治法唯総身局処ノ瀉血ト外用薬トヲ要シテ凡《ヘ》テ内服ノ清涼薬ヲ禁ス 塩類ハ殊ニ然リ 是《レ》直《チ》ニ患部ヲ刺衝シテ焮衝ヲ増スノ恐《レ》アレハナリ是故ニ極メテ緩和粘味ノ諸薬。油製ノ乳剤 第四十七方 ヲ用ヒ乳汁ニ水ヲ加フル者或《ハ》[82]酪余[名]ヲ与フヘキノミ」其三適宜ノ血ヲ瀉シタル後《チ》ハ直《チ》ニ鎮痙麻酔ノ薬ヲ内服外用セシムヘ

シ此病ハ神経ノ感動最モ甚フシテ之レカ為メニ死ヲ致ス者多ケレハナリ殊ニ水銀軟膏ニ阿芙蓉ヲ加ヘテ胃部ニ擦シ芫菁[18]硬膏ヲ外貼シ阿芙蓉ヲ加ヘタル灌腸法ヲ施シ微温浴ヲ行フヲ宜シトス」若シ夫ノ苛烈侵蝕ノ毒薬[83]砒石。[84]升汞及ヒ他ノ金属塩ニ起因セル者ハ乳汁ヲ多服セシメ油ト[85]剥篤亜斯《ホットアス》名金属塩ヲ分析スル功アリヲ与ヘ或ハ石鹼ヲ用ヒ痛風毒転徙ヨリ来タレル者ハ大ナル芫菁硬膏ヲ胃部ニ貼スヘシ其功諸薬ニ卓絶ス

世間遷延胃焮衝ト称スル病ヒ多シ実ハ焮衝ニ非スシテ血液鬱積ナルノミ故ニ予ハ之ヲ胃痛胃痙ニ属セシム後ニ本条アリ

腸焮衝「[86]エンテリチス」羅「[87]ダルムオントステーキング」蘭

徴候　腹内一部劇痛稽留シテ灼クカ如ク刺スカ如ク緊満灼熱シテ知覚敏捷。甚キ者ハ毫モ手ヲ触レシメス大便頑然トメ秘閉シ頻リニ粘液。胆液ヲ嘔吐シテ其終リ糞屎ヲ吐シ呃[78]逆。煩悶。大渇。引[88]飲。脈小縮ニメ自余焮衝ノ諸証ヲ具フ但頭部ハ大抵患苦ナシ

此病経過甚タ急速ナリ其帰転十全ノ分消ヲ得サレハ壊疽ニ変シテ死ニ陥ルアリ其徴疼痛卒然トメ頓止シ脈沈伏結代シテ指ニ応シ難ク腐臭ノ大便ヲ瀉スル等ナリ其痛ノ去ルヲ以テ誤テ回復ノ徴トスルｺ勿レ硬腫ト為テ頑固難治ノ便秘ヲ残スアリ結膿潰乱シテ所謂腸労トナルアリ」然レ𪜈此病ハ其既ニ壊疽ニ変セル者モ幸ヒニ自然ノ良能ニ由テ死肉剥離シ生肉癒合シ以テ其命ヲ全フスル者亦間ミ之レナキニ非ス」此病モ亦脈漸ク小ニ進ムハ焮衝益ミ進テ危険愈ミ迫ルノ徴トス

原由　焮衝常因ノ他。足脚腹肚ノ冒寒。月経。痔血ノ閉止。分娩。蛔虫。峻烈ノ下薬。病毒ノ転徙等此病ノ因トナル」便秘吐糞ハ必シモ皆焮衝ノ為メニ腸管ノ狭窄スルニ由ルニ非ス多クハ其蠕動機ノ逆戻ニ由ルナリ故ニ焮衝去テ後モ神経ノ擾乱止マサル間ハ此証荏苒トメ退カス

治法　大抵胃焮衝ニ異ナラス総身局処ノ瀉血ヲ

以テ主トスヘシ此病亦《モ》脉愈《ヒ》小ナル者ハ愈《ヒ》刺絡セサル可《カ》ラス且《ツ》其脉ノ実大ト為ルニ至ルマテ血ヲ瀉センヿヲ要ス」而《メ》内服ニハ油製乳剤ニ菲阿斯ヲ加《ヘ》テ之ヲ与ヘ或《ハ》新鮮ノ亜麻仁油一匙ツヽ服セシメ[82]酪余ヲ用ヒ緩和麻酔ノ薬ヲ以テ腹部ヲ蒸溻シ鎮痙軟膏。水銀軟膏ヲ外敷シ或《ハ》[89]吸角ヲ施シ或《ハ》[18]芫菁硬膏ヲ貼シ毎三時油製粘味ノ薬ヲ以テ灌腸法ヲ行フヘシ」焮衝劇《シ》キ間ハ決シテ下剤ヲ用ルヿ勿レ殊ニ塩類ノ下剤ヲ禁ス功ナクメ却テ焮衝ヲ増セハナリ」大抵適宜ノ血ヲ瀉シテ微温浴ヲ行ヘハ大便自《ラ》快利ヲ得ル者ナリ浴法ハ殊ニ能《ク》痙攣ヲ降鎮シテ患者ノ命ヲ困厄ノ中ニ拯フヿ多シ」焮衝既ニ解散シテ痙攣仍《ホ》残留シ之レカ為《メ》ニ便秘。嘔吐。疼痛等。自若トメ退《カ》サル者アリ此証ハ先《ツ》阿芙蓉ヲ用フヘシ即《チ》油製乳剤ニ阿芙蓉ヲ加ヘ或《ハ》甘汞ニ阿芙蓉ヲ伍シ且《ツ》阿芙蓉ヲ灌腸薬トス之ニ由テ諸証鎮静スルヿヲ得テ而《メ》後始メテ下剤ヲ用フヘシ下剤ハ[90]蓖麻油[名]ヲ良トス毎一時一食匙ヲ服セシメ亦之レヲ灌腸薬トシ（蓖麻油ノ欠ルニ値《ハ》ハ[91]罌粟油二匁ニ[92]巴豆油一滴ヲ和シテ之レヲ代用ス）爾後仍《ホ》便秘持続セル者ハ冷水ニ醋ヲ加ヘテ灌腸シ且《ツ》冷溻法ヲ腹部ニ施スヘシ（便秘条ト参看スヘシ）此病ハ[93]貌僂屈《ブレウク》。蛔虫ヨリ発スル者少《ナ》カラス故ニ此患者ニ値《ハ》バ必《ズ》先《ツ》腹肚ノ諸部ヲ撿索シ貌僂屈アルヿヲ見ハ宜《ク》先《ツ》之レヲ収入シ蛔虫ニ起因セルヿヲ察セハ先《ツ》駆虫《ノ》方ヲ処スル等各証ト病因ニ注意シテ其治ヲ処セスンハアラズ」病後ハ腹部ヲ温被シ「フラ子ル」布名ノ襯衣ヲ着シ総テ摂養ヲ厳ニシ風気ヲ生シ易キ者消化シ難キ者ヲ禁シ且《ツ》起熱ノ諸品ヲ避クヘシ

肝焮衝「[94]ヘパチチス」羅「[95]レーフルオントステーキング」蘭

徴候　此病ハ焮衝ノ所在ニ随テ証候二般アリ其

一。肝臓《ノ》上面《面凸》ニ焮衝ノアル者ハ上腹右辺疼痛刺《ス》カ如ク灼《ク》カ如ク或《ハ》劇烈ナルヿ肋膜焮衝ノ如ク其痛《ミ》胸骨ニ連《ナ》リ或《ハ》右《ノ》肩胛ニ及ヒ或《ハ》右《ノ》足脚ニ

達シ吸気ニ劇シキ欬嗽ヲ起シ或ハ甚シキ嘔吐ヲ発シ総テ右側ニ臥スヿヲ得ス」其二。下面凹面若クハ質中ニ焮衝ノアル者ハ疼痛右ノ如ク劇シカラスシテ唯圧スカ如ク胆液分泌阻碍セラレテ面部。眼内発黄シ或ハ真ノ黄疸証ヲ現シ口チ苦味ヲ覚エ小便濃黄トナリ嘔吐ヲ起シ呃逆[78]ヲ兼子左側ニ臥スヿヲ得ス右側ヲ下ニスレハ却テ軽快ヲ覚ユ」右両証共ニ上腹右辺堆起シテ灼熱シ之ヲ按セハ必ス疼痛シ全身焮衝熱ノ諸証ヲ具フ但其第一種ハ甚タ肋膜焮衝ニ類似セルヲ以テ弁別シ難キヿアリト雖氏之ヲ誤ルモ治術ニ於テハ大害アルヿナシ

此病ハ緩性ニメ慢病ニ転シ易ク亦動モスレハ肺ニ交感シテ肺焮衝ト合併ス而メ其帰転ハ総身分利発汗。利尿若クハ局処分利或ハ[13]衄血。痔血ニ由リ或ハ[49]羅斯ヲ発スルニ由リ或ハ泄瀉スルニ由ルニ由テ十全ノ分消ヲ得ルアリ或ハ遷延焮衝ニ移ルアリ或ハ癒着。硬腫等ノ織質変常ヲ為スアリ或ハ結膿シテ所謂肝労トナルアリ或ハ潰瘍ト為テ肝臓ノ全体崩壊スルアリ或ハ膿口ヲ皮表ニ開テ所謂肝瘻トナルアリ或ハ肺臓ヲ穿蝕シテ膿ヲ気道ヨリ咯出スルアリ或ハ腸ヲ穿蝕シテ膿下利ヲ起スアリ幸ニ此レニ由テ全治ヲ得ル者アリ或ハ壊疽ニ変シテ斃ルヽ者アル等ナリ

原由　焮衝常因ノ他鬱怒忿懣過酒ノ後殊ニ然リ胆石ノ刺衝。吐薬ノ過用。肝部ノ外傷。頭脳ノ打撲。泄瀉。痢疾ノ閉止月経。痔血ノ鬱塞等皆此病ノ因トナル而メ炎暑及ヒ熱国気候之レカ素因トナルヿ殊ニ多シ

治法　大率子肋膜焮衝ニ異ナラス総身局処ノ瀉血ヲ施シ殊ニ蜞鍼ヲ肛囲ニ貼シテ門脈血ヲ導洩スルヲ良トス」内服ニハ清涼ノ塩類ヲ与ヘ殊ニ純精酒石名乳清ニ加ヘ用ユ[96]答麻林度《タマリンド》名ノ如キ胆液駆泄ノ功アル酸味ノ下薬ヲ用ヒ灌腸法ヲ行フニ宜シ灌腸法ハ兼テ内部蒸湯薬ト為ルヲ以テ此病ニ殊功アリトス」爾後仍ホ自若タル者ハ内外ヨリ汞剤ヲ用ヒンヿヲ要ス此病ハ多ク慢性ナルヲ以テ水銀殊ニ偉効アルナリ

遷延肝焮衝ハ世間甚タ多キ病ナリ或ハ急性焮衝ニ続発シ或ハ局処ノ[97]形器病ヨリ来タル其証肝部堆起シテ疼痛連緜シ或ハ発歇シ時々発熱シテ渇ト胃痛トヲ兼子小便赤ク皮膚黄色ヲ呈ス」治法ハ甘汞ヲ内服セシメ水銀軟膏ヲ外貼シ[98]鹻蓬塩。[85]剥篤《ポット》亜斯《アス》。[64]乳清。共ニ［名］或ハ[99]蘆根。[100]蒲公英根。[101]白屈菜等ノ越幾斯共ニ［鏡］若クハ其新鮮絞汁。或ハ[102]失鳩荅《シキウタ》。[63]実芰荅里斯《ヂギタリス》等ヲ用ヒ微温ノ石鹼浴或ハ[103]羅倔《ローグ》塩浴ヲ行ヒ始終[104]石鹼硬膏若クハ[105]瓦爾抜奴謨膏《カルバヌム》［名］ヲ外敷シ其痛ノ増劇スル毎ニ[106]蜞鍼ヲ貼スル等ナリ

脾焮衝「[107]スプレニチス」羅「[108]ミルトオントステーキング」蘭

徴候　脾部堆起シテ疼痛圧スカ如ク刺スカ如ク之レヲ按セハ必ス其痛ノ増スヲ覚ユ若シ其焮衝甚シケレハ胃ニ交感証ヲ発シ殊ニ能ク吐血ヲ起ス者ナリ

原由治法共ニ肝焮衝ニ同シ

横隔膜焮衝「[109]パラプレニス」羅「[110]ミッテルリフスオントステーキング」蘭

徴候　肋骨ノ下縁[111]季肋内辺ニ当テ疼痛シ指ヲ以テ肋下ヲ按セハ其痛増劇シ吸気欠伸ニモ亦増劇ス故ニ患者唯前ニ屈シテ軽快ヲ覚ユルノミ」患部広ケレハ其痛[112]脊膂ニ連リテ恐ルヘキ劇証ヲ兼発シ尚ホ且ツ欬嗽呃逆ヲ兼子脈短数。細小ニメ結代スル等諸証大ヒニ肋膜焮衝ニ類似シ劇証ハ[113]搐搦状ノ高笑ヲ発スル者アリ

原由治法共ニ胸焮衝ニ異ナラス刺酪。蜞鍼ヲ主トシ屢々灌腸法ヲ行フヘシ呃逆スル者ハ麻酔薬ノ[114]琶布。皮膚刺衝ノ擦薬。或ハ[89]吸角ヲ施シ[47]菲阿斯《ヒオス》。[29]老利《ラウリー》児結爾斯《ルケルス》水［補］共ニ等ヲ服用セシメ功ナキ者ハ麝香ヲ与フヘシ殊ニ偉効アリ

腸間膜焮衝「[115]メセンテリチス」羅「[116]ダルムシケイルオントステーキング」蘭

徴候　鈍痛深ク腹底ニ在テ圧スカ如ク摸索スレハ腫脹ノ在ルヲ覚エ強ク之ヲ按セハ其痛増劇ス

而《メ》通常便秘ヲ兼子亦能《ク》尿閉ヲ兼ヌ其他諸証ハ他ノ内臓焮衝ノ如シ」此病ハ急性証少《ナ》クシテ大人ヨリハ小児ニ多シ殊ニ[117]腺病。腸間膜硬腫ヲ患ル者多ク此病ニ罹ル

治法　腹膜焮衝ニ同シ

膵焮衝「[118]ハンセレアチス」羅「[119]アルフレースキリールオントステーキング」蘭

徴候　諸証腸間膜焮衝ニ同シ唯其部位臍ト[120]鳩尾ノ中間ニ当ルト嘔吐ヲ兼ルトヲ此病ノ徴トス

治法　腹膜焮衝ニ同シ

腹膜焮衝「[121]ペリトニチス」羅「[122]ボイクフリースオントステーキング」蘭

徴候　腹肚腫脹緊満シテ感触鋭《ト》ク甚キ者ハ些《シ》モ手ノ触ル、ヲ許サス諸証腸焮衝ノ如クニメ便秘。尿閉ヲ兼子嘔吐ヲ発ス」此病分消セサレハ或《ハ》硬腫トナリ或《ハ》膿化シテ外部ノ膿瘍トナル

原由　焮衝常因ノ他。妊娠。産後。病毒転徙。腹部ノ外傷。冒寒ヨリ来《タ》ル

治法　防焮治法ヲ施スヿ通常ノ如ク殊ニ蜞鍼ヲ貼シ水銀軟膏ヲ塗擦シ蒸湯法。微温浴ヲ行フヲ宜シトス

網膜焮衝「[123]オメンチチス」羅「[124]オントステーキングファン子ット」蘭

徴候　諸証腹膜焮衝ノ如クニメ上腹ニ位シ嘔吐ヲ兼ヌ。此病《モ》亦急性証少《ナ》ク慢性証多シ

治法　腹膜焮衝ニ同シ

腎焮衝「[125]子プリチス」羅「[126]ニールオントステーキング」蘭

徴候　腎部劇痛灼クカ如ク刺スカ如ク或《ハ》圧スカ如ク其痛輸尿管ニ沿《フ》テ膀胱ニ連及シ小便熱赤渋滞シテ淋瀝シ両腎共ニ病《ム》者ハ全《ク》尿閉ス両腎共ニ病《ム》ハ甚《タ》稀ナリ然メ或《ハ》睾丸牽引シ上《ッ》テ腫痛シ或《ハ》足脚攣[127]急シテ全《ク》麻痺シ嘔吐。[128]疝痛。[129]裏急窘迫等ヲ兼子患部ヲ下ニシ若《ク》ハ仰臥スレハ其痛《ミ》増劇シ立歩ニモ亦増劇ス」此病分消セサレハ或《ハ》硬腫トナリ種々

ノ織質変常ヲ生ス或ハ結膿ス其結膿セル者ハ或ハ膿ヲ小便ニ泄ス者アリ之レニ由テ全治ヲ得ル者アリ或ハ口ヲ外表ニ開ク者アリ或ハ路ヲ腸内ニ取ル者アリ

原由　腎臓結石。劇キ動作ノ後或ハ過酒ノ後ニ発スル者多クハ此因アルニ由ル　痔血ノ鬱閉。利尿薬ノ誤用。墜下。打撲。其他乗馬御車度ヲ過シ仰臥久キヲ忍ヒ挙重力ラヲ極ムル類皆此病ノ因トナル

治法　防焮治法大率子前ノ諸病ニ同シト雖𪜈此病ハ芫菁膏ト消石トヲ禁ス唯油製ノ諸薬。粘味ノ[130]飲漿ヲ服セシメ緩和ノ下薬[131]満那。[96]答麻林度ヲ用ヒ屢ヾ灌腸法ヲ施シ[114]琶布ヲ貼シ適宜ノ血ヲ瀉シテ後チ微温浴ヲ行フテ甚タ利アリ而シテ後諸証退カサル者ハ甘汞ニ阿芙蓉ヲ伍シテ之ヲ与フヘシ」若シ夫ノ遷延焮衝若クハ硬腫ニ移レル者ハ緩和解凝ノ諸薬解凝性越幾斯ニ[132]酒石葉或ハ[98]鹻蓬塩ヲ加フヲ連用シ微温浴ヲ行ヒ時々蜞鍼ヲ貼スヘシ若シ結膿ノ徴アル者ハ「[65]セルチェル」水或ハ「[133]スパート」水共ニ鉱泉ノ名ニ乳汁ヲ加ヘ用ヒテ良験アリ

膀胱焮衝「[134]セイスチチス」羅「[135]ブラースオントステーキング」蘭

徴候　小腹疼痛灼クカ如ク外ニ隆起シテ緊満シ小便熱赤淋瀝シ大便窘迫秘閉シ甚シキハ交感ニ由テ嘔吐呃逆ヲ兼発ス」此病分消濁尿ヲ漏泄スセスシテ結膿スル者ハ幸ヒニ膿ヲ小便ニ泄ラシテ治スルアリ或ハ膿腫。潰瘍ト為テ会陰。陰嚢。直腸等ニ口ヲ開クアリ尿瘻其硬腫トナル者ハ膜質漸ク増厚シテ寸余ニモ及ヒ以テ不治ノ患ヒヲ残スナリ

原由　焮衝常因ノ他。痔血鬱塞。月経閉止。僂麻質。痛風。黴毒。膀胱結石。外傷等之レカ因トナリ又分娩ノ際。分娩ノ後多ク之ヲ発ス

治法　大率子腎焮衝ニ異ナラス小便不利スル𪜈病初謾リニ[136]測胞子《カテーテル》ヲ用フルヿ勿レ先ツ瀉血ヲ行ヒ甘汞ニ阿芙蓉ヲ伍シ与ヘ微温浴。灌腸法。[137]擦剤。[114]琶布等ニ由テ焮衝ト痙攣トヲ退ケテ而シテ後チ小便仍ホ利セサル時始メテ[138]柔輭撓ムヘキノ測胞子ヲ用フヘシ

子宮焮衝「[139]メトリチス」羅「[140]バールムーデルオントステーキング」蘭

徴候　子宮ノ部疼痛シテ緊満腫脹シ膣内熱シテ宮口ヲ探クルニ痛ヲ覚エ小便淋瀝渋閉シ大便窘迫秘結スル等種ゝノ交感証ヲ発スル亅膀胱焮衝ノ如シ」此病多クハ失血ニ由テ分消ヲ得レ𪜈或ハ結膿シテ膿ヲ膣中ヨリ泄シ或ハ硬腫ニ変シ或ハ壊疽ニ陥ル者アリ

原由　「[141]ムーデルリング」産科器械ノ名ノ誤用。[142]胞衣ノ残留[143]悪露。月経。急卒ノ閉止。難産等ヨリ起リ或ハ冷水ヲ用ヒテ暴ニ子宮脱血ヲ遏止シ或ハ熱性刺衝薬ヲ以テ堕胎セシムル等ヨリ之ヲ発ス

治法　膀胱焮衝ニ同シ但緩和薬ヲ膣中ニ注射スルヲ殊ニ良トス

卵巣焮衝「[144]インフラムマチオオファリー」羅「[145]エイエル子ストオントステーキング」蘭

徴候　鼠蹊ノ一方疼痛シテ重証ハ其腫外表ニ隆起シ近傍ニ交感ノ諸証ヲ現ハシ総身発熱ス」但軽証若クハ其初起及ヒ遷延性ノ者ハ之ヲ弁スル亅甚タ難シ然レ𪜈此病ハ焮衝持続スルニ随ヒ漸ク形質ノ変卵巣硬腫。卵巣水腫ノ類ヲ生シテ終ニ不治ノ沈痾[146]トナルカ故ニ詳カニ撿索シテ之レヲ其初メニ弁セスンハアラス其確徴トスヘキハ唯鼠蹊ノ疼痛ノミニメ静臥ニハ固ヨリ疼マス立行ニモ亦妨ケナク之ヲ按テ初メテ纔カニ之ヲ覚ユルノミ或ハ腫起スル亅ナクシテ膣内沸熱シ小便熱痛シ患部ノ股ニ疼痛ヲ覚ユル者アリ

原由　此病ハ妊娠ニ傍テ発シ殊ニ其初期ニ多シ或ハ産後ニ起リ或ハ不孕ノ婦人之ヲ患ル亅多シ是レ多クハ手淫ニ由リ若クハ交媾スルモ快美ヲ逞フセス慾火鬱沸スルカ為メニ血液卵巣ニ鬱積スルヨリ起因ス

治法　諸ゝ防焮治法ヲ施シ殊ニ蜞鍼ヲ貼シ証ニ随テ刺絡ヲ行ヒ清涼下薬及ヒ甘汞ヲ用ヒ硇砂揮発膏[名]ニ水銀軟膏ヲ和シテ塗擦スル等ヲ良トス

腰筋焮衝「[147]プソイチス」羅

徴候　腎部ヨリ脊ニ沿ヒ髀ニ及ヒ股ニ至ルマテ疼痛メ股骨ヲ屈伸スルヿ能ハス或《ハ》其痛《ミ》腹部ニ連リ臥シテ身ヲ転スルニモ起テ端座スルニモ必《ス》増劇シ唯跛シテ纔《カ》ニ[148]僂歩スルヿヲ得ヘキノミ諸証腎焮衝ニ同フシテ唯小便淋瀝ト大便秘閉トノ二証ナキヲ異トス」此病多《ク》ハ慢性ニメ急証少ナク且《ツ》之《レ》ニ死スル者稀《也》ト雖𪜈続発ノ余証ハ甚《タ》恐ルヘキ者アリ即《チ》荏苒トメ漸《ク》結膿シ卒然トメ急ニ腹内ニ破開シ以テ死ニ陥ルアリ或《ハ》其膿下部ニ流注シテ腰臀。鼠蹊。肛門。会陰。股。膝等ニ潰瘍。[149]瘻瘡ヲ発シ或《ハ》又椎骨。髀関節等ニ[150]浸淫シテ其部ノ潰瘍トナル者アリ

原由　焮衝常因ノ他。挙重負担ノ努力過度。打撲。墜下。痔毒。僂麻質等ヨリ来《タ》ル

治法　腎焮衝ニ同シ殊ニ蜞鍼。微温浴ヲ施シ芫菁硬膏ヲ貼シ内外ヨリ水銀剤ヲ用ルヲ良トス

眼焮衝「[151]オプタルミア」羅「[152]オーグオントステーキング」蘭

徴候　眼目焮赤腫痛シテ或。[153]乾燥シ(燥性眼焮衝)或《ハ》涙液流利ス(湿性眼焮衝)而《メ》重証ハ必《ス》頭痛身熱ヲ兼ヌ

原由　内外ヲ論セス総テ劇《シ》ク眼ヲ刺衝スル者皆其因トナル殊ニ血液鬱積。感冒。僂麻質等。其他各種ノ病毒ヨリ来《タ》リ或《ハ》腸胃ノ交感ヨリ起ル

治法　原因ト証候トノ異ニ準《フ》テ各《ヒ》同シカラスト雖𪜈急劇ノ重証ハ総テ力所及《ナルタケ》速《カ》ニ分消セシメテ結膿失明等ノ後患ヲ防《カ》ンヿヲ要ス其最《モ》偉効アル者ハ刺絡蜞鍼多量ノ甘汞(毎二時三氏至六氏)稀釈ナル[154]羅独窊篤児《ロードワートル》(名)ノ[51]冷湯法等ナリ

遷延眼焮衝ハ其因ト証トニ随テ治法ヲ異ニセサル可《カ》ラサルカ故ニ通シテ論ス可《カ》ラスト雖𪜈総身治法(多血ニ起ル者ハ刺絡ヲ行ヒ黴毒ヨリ来ル者ハ汞剤ヲ服スル類ヲ云フ)ヲ主トメ局処ノ血法ヲ兼用スヘシ但燥性焮衝ハ点眼水薬ヲ用ヒ湿性焮衝ハ点眼軟膏ヲ用フルヿ局処治法ノ常則ナリ然メ点眼軟膏ハ[155]赤降汞ヲ用テ製セル者殊ニ偉効アリ」自余各証治法ハ

宜ク眼科専門ノ書ニ就テ之ヲ撿スヘシ

耳焮衝「[156]オチチス」羅「[157]オールオントステーキング」蘭

徴候　耳中疼痛劇シク堪《ヘ》忍フ可ラサル者アリ灼熱甚シク感触敏鋭ニメ総身発熱シ或《ハ》其痛全頭ニ波及シテ甚《シ》ケレハ譫言。妄語シ或《ハ》為《メ》ニ脳焮衝ヲ起ス者アリ」而《メ》分消全カラサレハ結膿シ或《ハ》耳湿トナル

原由　其因多《ク》ハ皆僂麻質ナリ然《レ》氏必《シモ》僂麻質《ノミ》ナラサル者アリ凡《ヘ》テ耳痛甚《シ》ケレハ皆焮衝トナラサルヿヲ得ス

治法　宜《ク》峻功ノ防焮治法ヲ施スヘシ先《ツ》蜞鍼ヲ耳辺ニ貼シ多血家ハ刺絡シ防焮ノ諸薬ヲ与ヘ清涼ノ下剤ヲ用フル等ナリ

[49]羅斯《ロース》蘭「[158]エレイシペラス」羅

徴候　皮膚《ノ》一部発赤シテ光沢ヲ帯ヒ指ヲ以テ之ヲ按《セ》ハ其色散シ指ヲ放テハ復《タ》聚リ病性揮発ニシテ彼此ニ遊走流移シ易キ者是ナリ」其表面水泡ヲ発スル者ヲ水泡羅斯ト謂フ」而《メ》其病大抵皮表ニ位《ヒ》スレ氏重《キ》者ハ深ク皮中ニ浸淫ス」尋常発病ニ先《ツ》テ総身ニ軽キ熱ヲ発シ或《ハ》病ト共ニ之ヲ発ス患者必《ス》眠《リ》ヲ嗜ムナリ而《メ》病発スレハ熱去ルヲ常トスレ氏病発シテ熱仍《ホ》稽留持続セル者アリ是《レ》必《ス》重証ニメ七日若《ク》ハ九日ヲ過サレハ分利スルヿヲ得ス且《ツ》此病ハ大抵腸胃証殊ニ胆液証ヲ兼ルヲ常トス

此病分消スルヿヲ得サレハ或《ハ》硬結シテ胼[159]胝状ニ変シ久ク消除セサル者アリ或《ハ》結膿シテ深ク皮中ニ浸[150]淫シ瘻[160]状ノ潰瘍ヲ残ス者アリ或《ハ》壊疽ニ移ル者アリ」凡《ソ》此病ハ軽易ニメ危篤ノ者少《ナ》シト雖氏顔面ニ発セル者脳ニ感動シ易シ腐敗性ノ者内臓ニ転徙セル者ハ危篤恐ルヘシトス

羅斯ニ真仮アリ蛔虫外傷等ニ傍発スル者ハ即《チ》仮羅斯ナリ然《レ》氏真羅斯モ亦外傷ノ刺衝ヨリ発スル者無《キ》ニアラス宜《シ》ク之ヲ弁スヘシ

原由　忿怒。驚駭等胆液ノ性ヲ変スヘキ情意感動。

冒寒。創傷等ヨリ多《ク》之ヲ起シ或《ハ》[161]蟹蝦。[162]介虫類ヲ喫スレハ必《ス》「之ヲ発スル稟賦アリ」然《レ》𪜈皆必《ス》其素因無キニアラス即《チ》婦人ノ如キ[163]嫩白ノ皮膚。肥満セル体質。或《ハ》胆液質ニメ肝臓ノ感動過敏ナル者等此素質ヲ胎スルナリ且《ツ》此病ハ容易《ク》常習ト為テ其因ヲ択ハス動モスレハ之ヲ発スル者アリ或《ハ》亦《タ》月経初テ収ル時。対称機ノ所為ニ由テ之ヲ発スル者アリ

治法　病ノ軽重ト熱ノ多少トニ随テ治法ヲ異ニスト雖𪜈共ニ皆腸胃疎滌ヲ以テ主トス故ニ証ニ随テ吐剤或《ハ》下剤ヲ与《フ》ルニ宜シ[96]答末林度《タマリンド》。純精[164]酒石ハ胆液ヲ制伏スルヲ以テ殊ニ良《シ》トス軽証ハ之《レ》ニ兼ルニ緩和発表ノ剤ヲ与ヘ清涼ノ摂養ヲ命シ冒寒ヲ防禦スレハ足ルナリ」而《メ》患部ハ唯軽ク温被シテ甚《タ》熱セシメス豆粉若《ク》ハ[165]亜麻仁末ニ[36]接骨木花末ヲ和シテ之ヲ摻スヘシ凡《ソ》鉛類[166]羯布羅及《ヒ》[51]冷湯法ノ類ハ総テ之ヲ禁ス或ハ能《ク》分消セシムルヿアレ𪜈内攻ノ恐《レ》アレハナリ唯創傷潰瘍等ニ傍発セル[49]仮羅斯ノミ[154]羅独窊篤児《ロートワートル》㊔ヲ外用スル𪜈可ナリ[39]蒸湯剤モ亦宜シトセス内攻セシメ或《ハ》膿潰セシムルヿアレハナリ

病《ヒ》重《フ》シテ熱ト焮衝ト劇《シ》ク少壮多血ナル者ハ瀉血セサル可《カ》ラスト雖𪜈瀉血《モ》亦内攻セシメ易キカ故ニ厳ニ謹慎ヲ加ヘ已ムヿヲ得サレハ宜《ク》蜞鍼ヲ行フヘシ刺絡ハ唯多血ノ徴明白ニメ眼目頭脳等貴要《ノ》部ノ焮衝ヲ合併セル者ノミ之ヲ施スヲ良《シ》トス」凡此病ハ疎滌導泄ノ薬ヲ以テ焮衝ヲ制頓スルヿ大《ヒ》ニ瀉血ニ勝《レ》リ然メ殊ニ注意セサル可《カ》ラサル者ハ顔面《ノ》羅斯ナリ此証ハ昏睡。狂躁等ノ劇キ頭脳証ヲ兼発スルヿ多シト雖𪜈瀉血ヨリハ腸胃疎滌ヲ主トメ吐剤ヲ用フヘシ諸証ヲ減却スルヿ峻速ニメ且《ツ》能《ク》分利ヲ催進ス水泡羅斯モ治法右ニ異ナルヿナシ只其泡ハ大《ヒ》ニ截破スルヿナク僅《カ》ニ刺シテ液ヲ滲漏セシメ決シテ表被ヲ剥離スルヿ勿レ之ヲ剥離スレハ劇痛ヲ起シテ大ニ膿潰スルヿアリ若《シ》剥離シテ

疼ム者ハ酥[167]ヲ以テ之ヲ被フヘシ能《ク》甘和シテ之ヲ癒スヿ駿速ナリ或《ハ》亦石灰軟膏石灰水ニ新鮮罌粟油或《ハ》亜麻仁油。等分ヲ和スヲ外貼スルモ宜シ決シテ鉛類ノ薬ヲ外敷スルヿ勿レ動《モ》スレハ危篤ナル病毒転徙ヲ起スナリ

壊疽ニ陥ラントスル者ハ青赤色トナリ或《ハ》黯色ノ斑ヲ発シ神経熱腐敗熱ノ諸証ヲ現ス宜《ク》腐敗熱ノ治法ヲ施スヘシ即《チ》強烈《ノ》強壮止腐薬ヲ内服セシメ幾那。硇砂[25]。蘊格爾需謨《スコルヂュム》[168]。亜児尼加《アルニカ》[53]。葡萄酒。酸類等ヲ外用スルニ宜シ

鉛剤ノ誤用ニ由テ外証卒《カ》ニ消散シ内部ニ劇キ焮衝ヲ起スヿアリ此証ハ速ニ再発セシメ或《ハ》他部ニ之ヲ誘フヿ肝要ナリ軽証ハ原《モト》ノ患部ニ芥子泥ヲ貼シ民埕列里《シンデレリ》精[169]補ニ消石。羯布羅[166]ヲ和シ与ヘテ足レリト雖𪜈其焮衝甚キ者ハ刺絡ヲ行ヒ原《モト》ノ患部ニ芫菁[18]硬膏ヲ貼シ現今ノ患部ニ芥子泥ヲ外敷シ内服ニハ消石。羯布羅ヲ与フヘシ」

凡《ソ》此病ハ諸治法ヲ施セル後モ尚《ホ》能《ク》意ヲ用《ヒ》テ斡旋セサル可《カ》ラス動《モ》スレハ患部ニ腫瘍ヲ生シ或《ハ》硬腫ヲ結ヒ或《ハ》常習ト為テ屢《ヽ》再発スヘキ患《ヒ》ヲ遺スヿアレハナリ宜《ク》蒸気ヲ奨進スヘキ摂養ヲ命シ患部ヲ温被シ分消ノ功アル無害ノ草枕子[170]ヲ造テ之ヲ罨ヒ以テ全《ク》分消スルニ至ルヘシ

羅斯ノ常習トナル所以《ン》ノ者一《ハ》皮膚《ノ》衰弱。分泌《ノ》変常ニ由リ一《ハ》肝胆《ノ》変常。月経《ノ》不調若《ク》ハ諸種ノ悪液病痛風。疥癬。黴毒等等其遠因ト為ルニ係ル」其皮膚衰弱ニ由《レ》ル者ハ冷浴法ヲ行ヒ或《ハ》冷水ヲ以テ患部ヲ摩擦スル等ニテ皮膚ヲ強固スヘシ」其遠因ニ係ル者ハ或《ハ》解凝強壮ノ薬ヲ用ヒ或《ハ》通経ノ法ヲ施シ或《ハ》各種病毒ノ治法ヲ処スヘシ」但毎四週一二日間「セドリチェルビットル」[171]水附ヲ内服セシメ毎八週吸角ヲ貼シ或《ハ》打膿法[172]ヲ行フハ通シテ宜《シ》トス

帯状羅斯「ソスデル」[173]羅「ゴルデルロース」[174]蘭

徴候　赤斑分界ヲ画シテ半身ヲ囲ミ或《ハ》帯ノ如ク全身ヲ繞リ小疹ヲ発シテ熱痒[175]堪ヘ難キ者是ナ

リ」其病《ヒ》急性ナルモ有《レ》𪜈多《ク》ハ慢性ニメ熱ヲ兼ル
ヿナク或《ハ》頑然トメ久《シ》ク癒《エ》サル者アリ
原由　此病ハ羅斯[49]ト頑癬[176]トノ中間ニ位スル者ニ
メ或《ハ》羅斯ニ偏シ或《ハ》頑癬ニ類ス而《メ》其因ハ羅斯ニ
同《シ》ケレ𪜈多《ク》ハ深《ク》体内ニ潜伏セル悪液病ニ起因
ス
治法　急性《ノ》者ハ羅斯ニ同フシ慢性《ノ》者ハ頑癬[176]ニ同
フスヘシ」殊ニ毎日[177]越扶屋布斯密涅刺列《エチオプスミ子ラーレ》〔名〕半[178]万至一万
ニ[179]朴屈福烏篤脂《ボックホウト》ヲ加《ヘ》用ヒ升汞水[180]ヲ外敷スルヲ
良トス頑固証ハ[181]刺必斯印歇児那栗私《ラーピスインヘルナリス》〔名〕ノ稀溶
水ヲ外用シテ偉功アリ

扶氏経験遺訓巻之五終

巻之五註

1　*pneumonitis*　胸部炎症。
2　borstontsteking　胸部炎症。
3　pleuris　胸膜炎。肋膜炎。
4　*peripneumonia*　肋膜肺炎。
5　*pleuroperi pneumonia*　胸腹肺周囲炎。
6　ヨウショウジョウ。kittelende　くすぐるようにかゆい。
7　*bronchitis*　気管支炎。
8　harden, vollen　十分に硬い。
9　tusschenpoozenden　途中滞る。
10　ウエイ。wei　血清。
11　stethoscop　聴診器。
12　crisis　症状が散り治まること。
13　ジクケツ。鼻血。
14　ジッポチョウネツ。het opkomen hectische avondkoorts　日暮れに潮が満ち来るように出る発熱。
15　クオン。暖かいこと。
16　ゴカン。凍って寒さ厳しいこと。
17　酒石酸水素カリウムと三酸化アンチモンの化合物。
18　spaanschevliegen　カンタリス膏。
19　凝固。
20　ロウサイ。肺結核。
21　硝石。硝酸カリウム。
22　Georg Friedrich Most（一七九〇－一八三二）。ドイツ人医師。その代表著作は"Encyklopädie des gesammten medizinischen und chirurgischen Praxis"（一八三六－三七）で、その蘭訳は『医事韻府』と呼ばれていた。

23 ons　薬量一オンスは約三一・一グラム。
24 *senega*　セネガ。
25 ドウサ。塩化アンモニウム。
26 ヨウケンシュセキ。tart.tartarisat　酒石酸カリウム。
27 drachme　一銭、すなわち一ダラムは約三・九グラム。
28 nitri depurat　精製硝酸カリウム。
29 aqu. Lauroceras　月桂樹水。
30 vin. anntimon　安質没扭はアンチモン塩。
31 succ. liquir.　甘草エキス。甘草膏。
32 syrup althaeae　アルテアシロップ。
33 2 uren　二時間。
34 原文は2 eetepels　二食匙。
35 *oxymel simpl.*　海葱は地中海原産のユリ科多年草。
36 slappe vlierthee　ニワトコ花泡剤。
37 *spec. pectoral*。
38 *limimentum volatile*。
39 温湿布。
40 *hb. tussilag*　アルファラの葉。フキタンポポ。
41 *syrup. liquirit.*。
42 *sulph. aur. antimony.*。五硫化アンチモン。
43 *mucilaginosa*。粘漿薬。
44 oplossing（溶液）van salep　サレップ液。
45 *lincutus van ol.amygd.*。
46 *mucilag. gumm. arab. q. s. ad. subact.*　アラビアゴム液。

47 *extr. hyoscyam*　ヒヨスエキス。
48 grein　一グレインは約〇・〇六四八グラム。
49 roos　丹毒。
50 モツヤク。没薬。ミルラ。mirrh。
51 冷湿布法。
52 long verlamming　肺麻痺。
53 *arnica*　アルニカ。
54 *kermes*　ケルメス。
55 *liq. c. c. succini.*　キナ皮。
56 mostaard pappen　芥子湿布。
57 *vesicator. perpetuum*。
58 コウゼン。kugchende of rogchelend　咳をして咽喉をぜいぜいいわせる。
59 ふくらはぎ。
60 *mineral*　ミネラル。
61 アイキ。あくび。
62 ophoopingen　蓄積。
63 *digitalis*　ジギタリス。
64 wei van melk　牛乳の乳漿。
65 Seltzer water。
66 *Lichen island*　イスランド苔。
67 *gelatina*　ゲル。
68 *dulcamara*　ヅルカマラ。
69 *carditis*　心臓炎。

70 ontsteking van het hart。
71 ontstekingen van de buiks ingewanden　腹部内臓炎症。
72 サクカイ。bedriegelijk　欺瞞。
73 *gastritis*　胃炎。
74 maag onsteking。
75 maagstreek　みぞおち。
76 ヒチョウ。opzetting　硬く張ること。
77 klopping　鼓動。
78 hik　しゃっくり。
79 stuiptrekkingen　ひきつり、痙攣。
80 *tetanus*　強直痙攣。
81 カクラン。*cholera*　コレラ、日射病、吐瀉病。
82 karnemelk　脱脂乳。
83 砒素を含む鉱石。
84 ショウコウ。塩化水銀（Ⅱ）。
85 potasch　炭酸カリウム。
86 *enteritis*　腸炎。
87 darm ontsteking。
88 het hoofd gewoonlijk vrij tot aan het ende　通常の自由頭脳の終末。失神か。
89 koppen　吸い玉。
90 *oleum ricini*。蓖麻はトウゴマ。ヒマシ油。
91 ケシユ。*oleum papaveris*　ケシの実油。
92 ハズ。*oleum crotonis*。
93 breuk　*hernia incarcerate*　閉塞。
94 *hepatitis*　肝炎。
95 leverontsteking。
96 tamarinden。
97 organische gebreken　器官病。
98 ケンホウエン。*soda*　炭酸ナトリウム。
99 *extr. gramini*　グラミニ根。*Agrominis repens* の根。
100 *taraxaci*　タンポポ根。
101 *chelidonii*　クサノオウ。
102 *cicuta*　ドクゼリ。
103 loog　灰汁、あく。
104 *empl. saponal.*
105 *empl. galvan.*
106 bloedzuiger　蛭。
107 *splenitis*　脾臓炎。
108 miltonsteking。
109 *paraphrenitis*　横隔膜炎。
110 middelrif onsteking。
111 korte ribben　短い肋骨。
112 セキリョ。背骨。
113 *risus sardonicus*　笑筋痙攣。
114 パップ。湿布剤。
115 *mesenteritis*　腸間膜炎。
116 darmscheilonsteking。

117 klierziekte　瘰癧。klier は腺。

118 *pancreatisis*　ハンセレアチチスとあるが、パンクレアチチスの誤りであろう。膵炎。

119 alvleeschlier ontsteking。

120 みぞおち。

121 *peritonitis*　腹膜炎。

122 buikvliesontsteking。

123 *omentitis*　大網炎。

124 ontsteking van net。

125 *nephritis*　腎炎。

126 nierontsteking。

127 krampachtig　痙攣性。

128 激しい間欠性腹痛。

129 stolgang　大便。

130 dranken　飲み物。

131 マンナ。manna　マンノースを主成分とする多糖類。

132 *terra foliate tartari*。

133 Spawater。

134 *cystitis*　膀胱炎。

135 blaasontsteking。

136 catheter。

137 inwrijvingen　皮膚に塗擦する外用薬。

138 ジュウナン。柔軟。

139 *metritis*。

140 baarmoederontsteking　子宮炎。

141 moeder ring　moeder は母。

142 nageboorte　後産。胎児を包んだ膜と胎盤。

143 産後のおりもの。

144 *inflammatio ovarii*　卵巣炎。

145 eijernest ontstekin。

146 長く治らない病気。

147 *psoitis*　腰筋炎。

148 hinkend en met voorvergebogen ligchaam　前かがみの姿勢で跛行。僂はかがむ、曲げる。

149 gezwal　こぶ、腫瘍。

150 シンイン。aangestast　浸食して次第に滲みこむこと。段々に進むこと。濅は淫。

151 *ophthalmia*　眼炎。

152 oogonsteking。

153 原文は「或。」であるが、「或ハ」の誤植であろう。

154 loodwater　『遠西医方名物考』巻二、丁十二によると、羅獨窊篤児は鉛醋と焼酒と蒸留水より作った液とある。すなわち酢酸鉛溶液である。

155 セキゴウコウ。lood praecipitaat　酸化水銀（Ⅱ）。

156 *otitis*　耳炎。

157 oorontsteking。

158 *erysipelas*。

159 eeltachtig　たこ状。

160 瘰癧状。
161 kreeft　ロブスター、ざりがに。
162 schelpdieren　貝類。
163 teedere blonde　原文は柔かい金髪の意。
164 ぶどう酒醗酵中に生汁沈殿物。酒石酸水素カリウム。
165 アマニ。亜麻の種子。
166 カンフラ。kamfer　樟脳。
167 ソ。room　クリーム、乳脂。
168 *scordium*　シソ科ニガクサ属植物。
169 *spirit. Mindereri*　ミンデレリ精。
170 kruiden kussens　芳香植物。カミツレ、胡椒、ニワトコ花。
171 神経性リュウマチの治療に用う。
Sedlitzer bitter water。
172 fontenellen　人為的化膿法。
173 *zoster*　帯状疱疹。
174 gordel roos。
175 brandende en jeukende　焼けつくようにかゆいできもの。
176 *herpes*　ヘルペス。
177 *aethiops mi.*　aethiopsch はエチオピアの意。
178 スクルペル。scrupel　薬用一スクルペルは約一・三グラム。
179 pokhout　原文は *res. guajaci*　グアヤクの脂。癒瘡木脂。
180 昇汞。塩化水銀（Ⅱ）。
181 *lap. Infern*『遠西医方名物考』巻十、丁一に、これは銀を消石精に溶解して作るとある。すなわち硝酸銀である。

（表紙）

扶氏経験遺訓　六七

扶氏経験遺訓巻之六

足守　緒方　章　公裁
義弟　郁　子文　同訳
西肥　大庭　愨　景徳　参校

第四編

僂麻質病「[1]レウマトセスマチセシーキテン」羅「[2]レウ」蘭

総論

僂麻質病ハ皮膚ノ運営変動シテ其分泌蒸発気抑遏セラレ汐乙[3]《ウエイ》酷厲ヲ致セルヨリ発スル諸患ノ総称ナリ」而《メ》僂麻質《レウマチ》ト聖京偭《シンキング》[4]ト二病アリ僂麻質トハ筋。靭帯。腱膜ヲ襲フ者ヲ謂ヒ聖京偭トハ粘液膜[5]鼻竅気管肺管等ノ裏面ヲ侵ス者ヲ謂フ」両病共ニ其因其性同一ニシテ動《モ》スレハ彼此互ニ相転徙[6]ス唯其侵ス所ノ器《ノ》質ヲ異ニスルヲ以テ証候互《ヒ》ニ差フノミ

原由　近因ハ皮膚ノ対称機(病)ト酷厲液ノ刺衝[7]トニ由テ発セル局処ノ病機抗抵[8](病)ナリ」故ニ此病ハ生力変動無形ノミナラス常ニ必《ス》液質変性ヲ兼ル者トス」乃《チ》其病蒸発気ノ壅閉ヨリ来リ汐乙ヲ排泄スレハ則《チ》寛解シ僅ニ風寒ヲ冒セハ忽《チ》増劇シ動モスレハ蜂窠[9]質ニ汐乙滲漏シテ必《ス》腫起ヲ発ス是レ液質変性ヲ兼ル所以ノ証ナリ

治法　通シテ之レヲ一般ニ帰ス一《ハ》皮膚ノ運営ヲ復良シテ其分利ヲ起サシムルナリ全躯若《ク》ハ局処ノ発汗ヲ促《カ》シ発泡膏ヲ貼シテ汐乙ヲ排泄スル等一《ハ》生力ノ変動ニ注意シテ之ヲ宜キニ適ハシムルナリ僂麻質ノ為《メ》ニ起ル変動ハ必《シモ》皆焮衝性ナラス全《ク》焮衝ニ相反セル者多シ

僂麻質（「[10]レウマチスミュス」羅「[11]フルーイング」蘭）

徴候　其初《メ》風寒ニ冒触セルヿ有テ筋。靭帯。腱。或《ハ》腱膜疼痛シ近傍ノ蜂窠質腫起シ微《ヤヽ》焮熱発赤スル者是ナリ」本証斯ノ如シト雖𪜈必《シモ》同一ナラス或《ハ》患部焮熱セス疼痛ナク始《メ》ヨリ麻痺ノ感覚運営ヲ失フ者アリ（僂麻質盲。僂麻質聾。僂麻質[12]痱等ナリ）　或《ハ》其患《ヒ》外表ニアラスメ深《ク》内部ニ位セル者アリ」内部ノ僂麻質ハ大抵外証ノ波及シ若《ク》ハ外表ヨリ転徙セル者ナリト雖𪜈或《ハ》時ニ初頭ヨリ内部ヲ侵襲メ種ゝ（急性慢性）ノ劇証（胸脇痛。腸痛。胃痙。神経病等）ヲ発スル者亦少《ナ》カラス」凡《ソ》僂麻質及《ヒ》僂麻質ノ変形病ヲ監察スルニハ天気ト[13]験気管ト患者ノ感覚トヲ稽徴スヘシ乃《チ》僂麻質ノ患者ハ其体恰モ精工ノ験気管ノ如ク天気微妙ノ変更ニモ乍《チ》感シテ諸証必《ス》増劇スルヿ[14]桴鼓時ヲ同スルカ如キナリ

此病《ヒ》終始一処ニ止マル者アリ彼此遊走スル者アリ熱ヲ帯ル者アリ熱無キ者アリ其熱ヲ帯ル者ハ経過定限アレ𪜈熱ナキ者ハ定レル経過ナク或《ハ》極メテ緩慢ニメ生涯一掃セサル者アリ

僂麻質ト[15]伊偏篤《イーグト》〔先輩之ヲ痛風ト訳ス然《レ》𪜈漢人ノ所謂《ル》痛風ハ僂麻質ト伊偏篤ト差別アルニ非ス故ニ今原名ヲ存ス後ニ本条アリ〕トハ其外候大《ヒ》ニ擬似メ混同シ易シト雖𪜈其本性ハ両病甚《タ》異ナリトス」即《チ》甲ハ筋及《ヒ》膜ヲ犯シ乙ハ骨節ヲ侵ス」甲ハ腸胃ノ病ニ関スルヿナク却テ食欲健良ナルヿ多ケレ𪜈乙ハ必《ス》消食機ノ患《ヒ》有テ而後初テ発ス」乙ハ小便及《ヒ》他ノ排泄物ニ一種悪液質ノ徴ヲ見《ハ》セ𪜈（石灰様ノ[16]尿滓。或《ハ》石灰様ノ関節腫等）甲ハ否ラス」甲ハ風寒ノ冒触ニ起因メ表ヨリ裏ニ入ルノ病ナレ𪜈乙ハ飲食消化。乳糜製造ノ変常ニ起因メ裏ヨリ表ニ達スルノ病ナリ而《メ》其疼痛ハ即《チ》病毒分利ヲ外表ニ致ス者トス」然《レ》𪜈僂麻質《レウマチ》能《ク》伊偏篤《イーグト》ノ態ヲ取リ伊偏篤亦能《ク》僂麻質ノ状ヲ擬シテ両病弁別シ難キヿ少《ナ》カラス」其他僂麻質ノ証状ヲ現メ混同シ易キ病《ヒ》亦《タ》多シ黴毒。[17]失荀児陪苦。疥癬。癌毒等ノ悪液病是ナリ故ニ僂麻質ヲ正証（必《ス》常ニ風寒ヲ冒スヿ有テ而後ニ発ス）ト擬証トニ区別ス施治ノ際宜《ク》注意セサルヘカ

ラス

此病ノ継病[18][病]ハ患部蜂[9]窠質中ノ沕乙[3]滲漏。硬腫。膿腫。麻痺。発疹。粘液漏泄等ナリ若《シ》病毒転徙スレハ百般ノ疾病殆《ト》皆此病ノ継病トナラサル者ナク就中神経病[19]依ト昆埊児ヲ多《シ》トス且《ツ》本病久ク淹滞スレハ必《ス》液質調和ノ変ヲ将来ス」而《メ》其分利ハ発汗。利尿。発疹若《ク》ハ吐涎ニ由ルナリ

原由　近因ハ皮膚抑遏ヨリ起レル対[20]称機作用ニメ無形ノ変官能変常ト有形ノ毒鬱閉セル酷厲ノ沕乙トヲ兼摂ス」所謂皮膚抑遏ハ汗ノ抑遏ニ非ス那《ノ》人目見ルヘカラサル瓦《ガ》斯《ス》状ノ蒸発気抑遏セルノ謂《ヒ》ナリ此《ノ》蒸発気タル遍身処トメ出《テ》サル所ナク全軀ノ廃液三分之二ハ之ヨリ謝シ去テ以テ体内常ニ清潔ヲ致スナリ故ニ一旦抑遏スルヿ有レハ乃《チ》[21]已甚ノ患害ヲ起シ久《シ》ク解セサレハ遂ニ液質ヲ汚シテ其調和ヲ傷ナハシム」而《メ》此病ハ固《ヨリ》生力《ノ》抗抵ニ出テ焮[22]衝ニ近邇スレ圧真焮衝ニアラス事《ト》亦《タ》血管内ニ在《ラ》スメ沕乙管ニ在レハナリ」然《メ》夫《ノ》皮膚抑遏ナル者ハ其義甚《タ》浩シ唯卒然ノ抑遏急性僂麻質多《ク》之《レ》ヨリ起ルノミナラス遅ヽ漫ヽ識ラス知ラスメ漸《ク》減却セル者頑固経久《ノ》僂麻質多ク之ヨリ発ス亦之《レ》ニ属ス」多湿ノ居室。寒[23]喧不定ノ時令。春秋《ノ》如シ燥湿寒喧屢《ヽ》変革スル地方。独乙。英吉利ノ如シ衣服ノ軽薄。婦人《ノ》僂麻質其因顕然ナラサル者多ク此《レ》ニアリ皮膚ノ不潔等皆識ラスメ抑遏スルノ常因ナリ」而《メ》素因ハ温被過度。皮膚感動之《レ》カ為ニ過敏トナル密室ノ生業。閉蟄シテ外気ニ触レス逸居シテ肢体ヲ動《カ》サス或《ハ》全軀若クハ一部ノ衰弱。寒[24]粘液質ノ稟賦等ナリ」然《レ》圧此病ハ素因ナキモ能《ク》発スル所ノ者ニメ卒爾ニ感受スルヿ此病ノ如ク確然タル者アルヿナシ乃《チ》無病健全ノ人流汗淋漓セル軀体ヲ以テ賊[25]風ニ露抵スレハ乍《チ》之ヲ発スルカ如シ」蓋《シ》此病ハ亦《タ》能ク諸病ノ原トナルナリ凡《ソ》急性病。慢性病ヲ択ハス此病ヨリ起因セサル者殆ト少《レ》ナリ

治法　凡《ソ》此病ハ其因皮膚ニ在テ其毒ハ抑遏セル蒸発気ナリ故ニ其治法殊ニ斯《コヽ》ニ注意シテ皮膚

ノ機能ヲ復故スルト酷厲ノ沕乙抑遏セルヲ排除スル或ハ自然ニ随テ皮膚ヨリ排泄セシメ或ハ術ニ由テ発泡膏[26]打膿等ヨリ[27]分利セシムトノ二道ニ帰シ其急慢ヲ分テ之レヲ行ハンヿヲ要ス急性治法ハ僂麻質熱条ニ論説セリ」蓋シ此二道ノ功用ヲ兼摂セル最有力ノ薬ハ[28]民垤列里精《ミンデレリ》。[29]朴屈福烏篤《ポックホウト》。第二十七方第二十八方第二十九甲方[30]双鸞菊。[31]蜀羊泉。龍脳。[32]消石。焮衝ヲ夾ム者ニハ殊効アリ一二時間ニ半[33]ʒヲ用フヘシ[34]安質没扭。及ヒ安質没製剤。硫黄。微温浴石鹸浴。[35]海塩浴等ナリ」而メ外治法モ亦二般アリ一ハ局処ノ抗抵ヲ挑起シテ十全ノ分利ヲ為サシムルナリ本治法即チ[36]蠟布。毛布。獣皮殊ニ野猫皮等ヲ以テ患部ヲ温覆シ磠砂揮発膏[名]ヲ塗擦シ[37]羯布羅ヲ加フルヿ勿レ動モスレハ病毒ヲ内陥セシム疼痛劇キ者ハ[38]菲阿斯《ヒオス》加阿芙蓉膏ヲ貼シ仍ホ峻酷ナル者ハ麻薬ノ琶布ヲ施シ半時ヲ過ス可ラス久シク貼スレハ稀液滲漏。醸膿等ノ患ヲ致シ易シ且[39]芫菁硬膏ヲ患部或ハ近傍ニ貼シテ泡ヲ発スルニ至ルヘシ」芫菁硬膏ハ速ニ疼痛ヲ消シ沕乙ヲ洩シテ十全ノ分利ヲ致スカ故ニ殊ニ佳シトス若シ一回ニメ功ナケレハ次日更ニ其近傍ニ貼スヘシ一ハ患部ヲ冷シ鉛[40]硬膏ヲ貼スル等ノ如ク其抗抵ヲ抑制シテ直ニ疼痛刺衝ヲ除クナリ標治法但シ此法ハ奏功速ナリト雖𪜈動モスレハ病毒ヲ他部ニ転セシメ或ハ不全分利ヲ致シ或ハ再発ノ患ヒヲ遺シ或ハ病毒ヲ患部ニ残留セシメテ強拘。腫脹。麻痺等ヲ起シ易キカ故ニ謾ニ行ヒ難シトス局処瀉血モ亦然リ能ク自然良能ノ機運ヲ滅シテ速ニ疼痛ヲ去ル未熟ノ徒之ヲ見テ本病ヲ治スト認メ為スヿアリト雖𪜈真ニ病毒ヲ除クヿ能ハス病毒ヲ除クハ唯沕乙ノ排泄ニアリ却テ病毒ノ[6]転徙局処ノ慢病等ヲ起シ或ハ本病ヲメ益ヽ頑滞セシムルヿアリ但急性僂麻質ハ此例ニ非ス真焮衝ヲ合併スレハナリ患部ノ焮熱赤色著キヲ以テ証スヘシ此証ニ於テハ[41]蜞鍼[42]角法良験アリト雖𪜈亦是レ唯一半ノ焮衝病ヲ寛解スルノミニメ一半ノ僂麻質病ハ決メ是レニ由テ根治スルニ非ルナリ

尚且ツ患者ノ体質ト合併病トニ注目センヿヲ要ス殊ニ意ヲ用フヘキ者三証アリ焮衝証。神経証。腸胃証是ナリ」焮衝証ハ殊ニ多血少壮ノ徒ニ多

クシテ焮衝ノ諸徴ヲ具フルナリ治法将息[43]専《ラ》防[44]焮法ヲ行フニ宜シ則《チ》消石ヲ用ヒ発汗薬ニ防焮薬ヲ伍シ且《ツ》「総身局処ノ瀉血ヲ行フヘシ」神経証ハ感覚敏鋭ノ人ニ多シ宜ク鎮痙剤ヲ兼用シ或《ハ》阿芙蓉ヲ用フヘシ」腸胃証ハ胆液証殊ニ多シトス此証ハ動《モ》スレハ本病ヲメ暴劇ナラシメ或《ハ》頑滞セシムルヿアリ宜ク先《ツ》吐剤。下剤ヲ与フヘシ僂麻質薬ヲ用フルヨリモ迥《カ》ニ優リテ捷効ヲ得ルヿ間《ヽ》アリ

〔頑滞僂麻質〕右件ノ治法ヲ行フト雖𪜈病《ヒ》頑然トメ治セス或《ハヤヽ》微軽快ヲ覚ユルモ更ニ又発メ愈《ヽ》劇発スル者是ナリ」是《レ》諸病中ノ最大頑固ナル者ニメ治法亦医術中ノ最大艱難ナル者ナリ故ニ先《ツ》深ク機質ノ内実ヲ撿揸シ明《カ》ニ頑固淹滞セシムル原由ヲ看破シテ其治法ヲ営マンヿヲ要ス」而《メ》其治セサル所以ヲ考フルニ多クハ唯《ヽ》投薬法ナキニ坐シ或《ハ》用薬ノ時間短フシテ奏功全キヿヲ得サルニ由ル宜ク前ニ挙《ク》ル僂麻質薬ノ服量ヲ増加シテ長ク連用セシメ或《ハ》其薬ヲ以テ強烈ノ剤ヲ製シ若《ク》ハ他ノ有力ノ経験薬ヲ用《ヒ》テ之ヲ試ムヘシ」余カ実験ニ拠ルニ[45]朴窟福烏篤《ボックホウト》揮発丁幾。[附]「[46]タッヒア」火酒ノ名ニ溶セル[29]朴窟福烏篤《ボックホウト》脂。[47]亜爾尼加《アルニカ》。[48]也故里斯亜設利《エコリスアセリ》油。未詳一二[33]ゟ宛日ニ二三次石炭油。[49]安質没《アンチモ》亜古里斯《アクリス》丁幾。[附]三十滴宛日ニ二三次[50]硫硇。[附]二三滴宛日ニ二三次[51]安質《アンチ》没《モ》硫加爾基《カルキ》[附]或《ハ》之ヲ以テ製セル硫黄水第二十九乙方水銀剤等皆偉効アル者ナリ而《メ》就中升汞ヲ最良トス或《ハ》朴窟福烏篤煎ニ伍シ第三十方或《ハ》丸薬ニ造リ第三十一方或《ハ》[52]升汞亜的児第百四方ナリトメ之ヲ用フヘシ或《ハ》又二日毎ニ吐剤ヲ与フルモ大《ヒ》ニ奇効ヲ奏スルヿアリ然《レ》𪜈此法ハ甚《タ》峻酷ニメ徐《ク》胃腸ヲ損害スルカ故ニ諸薬験ナク已ムヲ得サル時ノ策トスヘキノミ」外用ニハ水銀軟膏。強烈揮発油[53]加那普的油。[54]石脳油ノ類ヲ塗擦シ疼《ミ》甚シケレハ菲阿斯加阿芙蓉膏ヲ貼シ或《ハ》[55]烟艸煎烟艸葉一ゟ水十六ゟ煮テ八ゟヲ取ルヲ微温ニメ断エス蒸湯シ或《ハ》[56]瓦爾抜奴謨《ガルバヌム》膏[名]一ゟニ羯布羅。石脳油。[57]鹿角塩。阿芙蓉。各半[58]銭ヲ煉和メ外敷ス

ル等ヲ宜シトス或《ハ》「又乱刺法。[59]越列幾的児《エレキテル》。[60]瓦爾華尼《ガルハニ》等モ良験アル亅アリ」且《ツ》右《ノ》諸法ニ兼テ海水浴。[61]羅偪《ローグ》浴。硫黄浴。升汞浴。殊効アリ一浴ニ升汞半匁或一匁ヲ加フ蒸気浴。温泉浴峻効アリ等ヲ行ヒ滴浴。注射浴。ヲ患部ニ施シ衰弱甚キ者ハ冷水ニ浴スル等モ亦偉効アリ」而《メ》頑固証ニ於テハ打膿法。皮膚刺衝法モ間《ヒ》「欠クベカラサルノ一術タル亅アリ就中吐酒石膏。瑞[62]香皮打膿。[附]艾灸法。[63]烙鉄[64]ヲ佳トス」或《ハ》「又病《ヒ》「頑滞スル所以《ン》患者ノ摂生。所業。住地ノ卑湿。居室ノ賊風。衣服ノ軽粗等ニアルヲ知ラスメ徒ニ其因ヲ他ニ索ムル亅アリ精密ニ撿揸セスンハアラス」自余患者ノ体質ニ因スル者モ亦《タ》少カラストス全病ノ根拠唯是《レ》ニ在テ之ヲ治《メ》サレハ其病癒エス単《タヽ》之ヲ除テ乃《チ》全治ヲ得ル者アリ即《チ》其一〔総身各部《ノ》衰弱〕是《レ》多《ク》ハ本病ノ為《メ》ニ生シテ復《タ》頑滞ノ因トナルナリ此証ニ於テハ強壮薬即《チ》僂麻質ノ良薬トナル就裡[65]括失亜《クハシア》[補]ヲ用ヒ冷水ニ浴シ海水ニ浴スル等ノ強壮法ヲ行フニ宜シ其二〔神経質〕是専《ラ》神経病ノ治法ヲ用フヘシ其三〔多液弛緩質〕此証ハ分泌催進薬。血管刺衝薬。温煖薬。峻下薬本病既ニ皮膚ノ運営ニ管スル所少キヲ以テナリ等奇効ヲ奏ス故ニ[66]悉篤満《シットマン》煎第二百四方水銀擦法。断食法[附]等亦大《ヒ》ニ適当スル亅アリ其四〔多血質〕血液鬱積ニ傾ケル者痔血ノ患アル者ハ痔疾ノ僂麻質ヲ頑滞セシムル者常ニ多シ蜞鍼[41]肛辺ニ貼ス解凝薬ヲ用フルニ宜シ其五〔腸胃病質〕殊ニ黒胆液質ノ人ハ解凝薬。吐下薬大《ヒ》ニ其治ヲ扶クヘシ」或《ハ》「又潜伏黴毒。疥癬毒等ノ合併病有テ之《レ》カ為《メ》ニ液質調和ヲ傷リ以テ本病ヲ頑滞セシムル者少《ナ》カラス宜《ク》撿揸セサル可《カ》ラス」或《ハ》亦《タ》其証ノ進退ニ意ヲ注テ之ヲ診スヘシ若《シ》時刻ヲ定《メ》テ発歇往来スル者ハ幾那[67]。[68]規尼《クヰニー》。鉄殊ニ[69]格碌屈斯末児扶斯等ノ主《ト》ル所ナリ」〔僂麻質質〕軽微ノ誘因ニ遇フモ必《ス》常ニ僂麻質ヲ発シ易キ性質ト為レル者アリ之《レ》ヲ僂麻質質ト謂フ其因皮膚ノ感動過敏ト其衰弱トニアリ故ニ其治法唯皮膚ヲ強壮ニメ其質ヲ収固セシメン亅ヲ要ス乃《チ》毎日冷水浴ヲ行ヒ「[70]スク子イデル」人名ノ浴器ヲ用フヘシ兼テ総身ヲ摩擦シ一週毎ニ一次若《ク》ハ二次微温浴ヲ施シ勉メテ皮膚ヲ清潔ニシ屢《ヽ》[71]襯衣ヲ更換シ清気中ニ肢体ヲ運転スルヲ宜シトス」若《シ》其感動過敏ニメ此病ニ傾クヿ已甚ナル者ハ常ニ「フラ子ル」布名ノ衣ヲ著シ二週毎ニ蒸気浴ヲ行《フ》ヘシ」而《メ》又三週或《ハ》四週毎ニ一二三日間朴窟福烏篤脂ニ硫黄ヲ伍シ用ヒ第三十二方一二三回ノ下[72]ヲ得ルモ亦此病ヲ預防シ且《ツ》其毒ヲ駆逐スルニ甚《タ》妙ナリトス

局発劇痛ノ僂麻質ニ係ルヿ多キ者ニ一病アリ胯痛ト腰痛トナリ左ニ之ヲ論説ス

胯痛「[73]イスキアス」又「[74]コッサグラ」羅「[75]ヘウプウェイ」蘭

徴候　疼痛胯骨ノ関節ニ位《ヒ》シテ徐ク膝膕[76]ニ及ヒ或《ハ》足跗ニ達シ其疼《ミ》多クハ胯骨神経ノ循行ニ沿フ者是《レ》ナリ」劇証ハ足脚ノ運転ヲ妨ケ或《ハ》其拘強屈縮ヲ起シ久《シ》ク稽留スレハ長ク夜眠ヲ破ルニ由テ遂ニ総身羸痩シ虚脱ノ諸証ヲ将来ス」一種骨撒偪蠟《コッサグラ》[77]ト称スル者アリ即《チ》焮衝性ノ胯痛ニメ直立或《ハ》運転スルニ劇痛ヲ覚エ静居スル時ハ痛ナキ者是ナリ此証ハ其痛ミ膝ノ前面ニ沿フテ進ミ前証ハ外側ニ沿フ遂ニ脚ノ強直延長ヲ起スカ故ニ前証ハ屈縮ヲ起ス前証ト自《ラ》別アリ

原由　此病《ヒ》多《ク》ハ皆僂麻質毒ナリ而《メ》或《ハ》唯胯骨神経ノミヲ侵シテ其患《ヒ》神経ノ循行ニ沿ヒ《シタカ》其屍ヲ解観スルニ神経ノ莢膜内津液滲漏セル者アリ或《ハ》其関節ヲ侵シテ其地ニ焮衝ヲ起ス者骨撒偪蠟ナリ」而所謂骨撒偪蠟《コッサグラ》[77]ハ発病八日ノ間ニ関節内津液ヲ滲漏シ胯骨頭ヲメ骨盂[78]ヨリ擯出セシメ脚ヲメ延長ナラシムルヿアリ」然《レ》𪜈此病《ヒ》又疥癬毒瘰癧毒其他ノ病毒ヨリ起テ僂麻質ニ由ラサル者モ亦少《ナ》カラス此類殊ニ小児ニ多シ小児跛病ト称スル者多《ク》皆是ナリ

治法　病初及《ヒ》軽証ハ朴窟福烏篤脂日ニ半銭至ニ一銭ヲ双鸞菊ニ配シ用ヒ毛布ヲ以テ関節ヲ纏包シ硇砂揮発膏ヲ擦シ芫菁硬膏ヲ貼シ以テ関節ノ滲漏ヲ防ク以テ二一三日発汗セシムレハ乃《チ》癒ユ」然《レ》𪜈痛仍《ホ》退カス其

人多血或ハ痔血鬱閉等ノ患アル者ハ蜞鍼ヲ行フヘク」神経性ノ者ハ初日芫菁硬膏ヲ胯関節ノ外側ニ貼シ次日神経ノ循行ニ沿フテ膝骨上辺ノ外側ニ貼シ第三日又外踝骨上辺ニ貼スヘシ」而メ仍ホ頑滞セル者ハ水銀剤殊ニ升汞ヲ佳トスヲ傴麻質薬ニ伍シテ内服セシメ時々峻下薬ヲ兼用シ[79]也故里私《ヱコリス》亜設利《アセリ》油未詳ヲ与ヘ自余全ク傴麻質ノ治則ニ準フヘシ」又[49]安質没亜古利斯《アンチモアクリス》丁幾〔附〕[45]朴窟福烏篤揮発丁幾〔附〕二味ヲ合シテ三十滴至四十滴[80]舎電発謨阿芙蓉液二三滴ヲ加ヘ日ニ二三次用フルモ大ニ奇効アリトス」外用ニハ石鹸浴。海塩浴。硫黄浴。升汞浴。温泉浴。蒸気浴。滴浴。芫菁硬膏。久ク貼スルニ宜シ[81]打膿法。艾灸法。烙鉄等皆良験アリ

腰痛「[82]リュムバゴ」羅「[83]レンデンペイン」蘭

徴候　腰及ヒ薦骨ノ辺。劇痛ヲ発シテ其痛ミ或ハ発歇往来シ或ハ稽留メ寧時ナキ者是ナリ」此病ノ一種腰筋ノ努力或ハ脊骨ノ屈伸ニ由テ俄然トメ脊骨中矢ヲ射ルカ如ク急ニ劇痛ヲ起シ復タヒ伸フルヿ能ハスメ肢体ノ微動ニ堪ヘス間ヽ若干時日居然トメ其態ヲ革ムルヿ能ハサル者アリ之ヲ[84]私必篤《スピット》〔脊骨打串ノ義〕ト謂フ

原由　此病モ亦傴麻質毒ヨリ来ルヲ多シトス然レ𪜈又痔血閉塞。血液鬱滞脊骨焮衝ヲ起シ易シ等ニ起因セルモ少カラス

治法　始メ先ツ蜞鍼ヲ貼シ多血家及熱性証ハ刺絡ヲ要ス清涼薬及ヒ下剤ヲ用ヒ硫黄。朴窟福烏篤ヲ内服セシメ微温浴。局処蒸気浴ヲ行ヒ芫菁硬膏ヲ外貼スル等総テ傴麻質及ヒ胯痛ノ治則ニ準フヘシ」慢性腰痛ノ屢ヽ再発スル者或ハ病毒転徙瘰癧毒疥癬毒黴毒ニ起因セル者ハ動モスレハ慢性焮衝ヲ起シテ知ラス識ラス椎骨ヲ侵蝕シ早晩《イツカ》遂ニ膿瘍トナリ其膿。巤蹊股腿等ノ離隔セル部ニ流注メ潰破スルヿアリ

[4]聖京偏《シンキング》蘭「[85]カタルリユス」蘭

徴候　傴麻質毒ノ粘液膜ヲ襲ヘル者ナリ」此病ハ

就裡鼻ノ粘液膜ヲ侵スヲ以テ常トス其証累リニ嚔ヲ発メ酷厲ノ粘液稀涼液ヲ漏洩シ或ハ鼻燥テ壅カリ或ハ鼻膜腫脹シテ微痛シ劇キ者ハ涙ヲ流シテ眼中刺衝ヲ覚エ或ハ前頭眼上圧痛ス而メ熱ヲ兼ル者ト[4]聖京偪熱否ラサル者トアリ」其口内咽喉ヲ侵ス者ハ上顎。[86]懸壅。或ハ扁桃核等ノ諸部紅色ヲ呈シテ粘沫ヲ塗布シ且ツ嚥下ニ疼痛ヲ覚エ聖京偪性咽喉焮衝条ヲ参考スヘシ其気管及ヒ肺管ヲ侵ス者ハ初起乾欬シ或ハ酷厲ノ粘液。稀涼液ヲ咯出シテ声音嘶嗄シ劇キ者ハ気管。肺中ニ微痛ヲ発ス」自余体内各部ヲ侵スニ準フテ耳聖京偪。耳漏眼聖京偪。湿性眼焮衝腸聖京偪。下利或痢疾子宮聖京偪。[87]白帯下膀胱聖京偪。尿道聖京偪淋疾等アリ皆粘液ヲ漏洩スルノ病ナリ

諸ヽ聖京偪ニ二期アリ其一ヲ未熟期ト謂フ粘液膜ノ刺衝殊ニ盛ニメ酷厲稀薄ノ液ヲ分泌ス其二ヲ醸熟期ト謂フ刺衝歇ミ病毒熟シテ其液緩性トナリ稍ヽ濃厚ヲ致ス」此二期ノ経過一様ナラス或ハ短フシテ意トスルニ足ラサル者アリ或ハ久ク連緜シテ漸ク他病ニ移ル者アリ」故ニ此病ハ軽ヽタル一微患ナリト雖𪜈動モスレハ肺焮衝肺労等危険恐ルヘキノ大患ニ転スルナリ慎マサル可ラス世間ノ肺労之ヨリ来ル者実ニ十之八九ニ居ルト云フ

原由　僂麻質ニ異ナラス過温室中ノ起臥殊ニ此病ノ素因トナル

治法　大概僂麻質ト一般ナリ唯熱ノ有無ヲ鑑別シテ之ヲ療センヿヲ要ス熱性聖京偪治法ハ既ニ聖京偪熱条ニ之ヲ論説セリ其熱性ナラサル者ハ通常自然良能ノ力ラ能ク病毒ヲ醸熟セシメテ其分利ヲ各部ノ排泄物ヨリシ（痰。鼻涕。尿ノ類）或ハ総身ノ皮膚ヨリスルナリ唯ヽ大麦水。[88]接骨木花泡剤。[89]和胸泡剤。[90]甘艸舎利別等ヲ多服シテ以テ之ヲ扶クヘキノミ」病差ヽ重クシテ特リ良能ノ力ラ之ヲ除クヿ能ハサル者ハ硫黄。第三十三方[31]蜀羊泉。[91]硇砂。民垤列里精。安質没扭。[92]硇砂加渇泥子精。附[93]遠志。[94]土木香越幾斯等ヲ用フヘシ」而メ[95]痒欬アル者ニハ[96]地楡丁幾奇薬ナリヲ

与ヘテ膊或《ハ》胸部ニ芫菁硬膏ヲ貼シ一腸胃病ヲ兼ル者ニハ吐法ヲ行ヒ一欬嗽頑固ナル者ハ「フラ子ル」布名ノ襯衣ヲ著セシメ之ヲ以テ殊ニ胸部ヲ被覆スヘシ甚《タ》功アリ」然《レ》氏聖京倔ノ病タル原来粘液膜ニ焮衝様ノ刺衝ヲ帯ルヲ以テ更ニ風寒ニ冒触シ或《ハ》起熱ノ飲食殊ニ酒類ヲ誤用スレハ乍《チ》真焮衝ヲ招キ或《ハ》之《レ》カ為《メ》ニ荏苒瀰久シテ遂ニ肺質ヲ侵シ漸《ク》肺臓ノ結核虚憊弛弱等ヲ起スヿアリ其病ノ軽キニ憑依シテ忽ニ看過スルヿ勿レ」若《シ》夫《ノ》[97]労瘵質ノ人既ニ肺臓結核ヲ生セル者或《ハ》肺臓弛弱ニ罹レル者ハ殊ニ摧心セサル可ラス斯ノ如キ人若《シ》胸内一部地処ヲ定メテ疼痛ヲ覚ユルヿ有ラハ速ニ芫菁硬膏ヲ患部ニ貼シ発熱欬嗽ヲ兼ルヿ有ラハ必《ス》防焮薬ヲ内服セシメ娸鍼若《ク》ハ適宜ノ刺絡ヲ行ハンヿヲ要ス」然《ソ》諸《ミ》肺労此病ヨリ来ラサル者殆ト少《レ》ナルカ故ニ其病後欬嗽日ヲ延ク者ハ必《ス》毎ニ注意セサル可ラス諸証軽快ヲ得ルヲ以テ欬嗽連緜スレ氏患者亦《タ》自《ラ》是《レ》軽ヽタル感冒ノ余証也トメ意トセス六週乃至八週ヲ経ルノ間《タ》之ヲ識ラス早晩《イツカ》肺労ノ初期ニ陥ル者常ニ多シ而《メ》其刺衝経久セル者ハ結核労トナリ其弛弱虚衰セル者ハ粘液労トナル故ニ其欬ノ乾湿ヲ鑑別シテ各自適当ノ治法ヲ処センヿヲ要ス一乃《チ》乾欬ハ其病毒未《タ》十分ノ分利ヲ得スメ刺衝連緜スルナリ蜀羊泉煎第三十四方ヲ主薬トシ遠[98]志。安質没扭《アンチモニ》製剤。[99]葛爾儒別涅窒《カルヂュベ子チ》殊ニ捷効アル者ハ第七十二乙方ナリ[100]麻爾羅歇《マルローヘ》第三十五方第三十六方等ヲ用ヒ芫菁硬膏ヲ上膊或《ハ》胸部疼痛ヲ覚ユル部ニ貼シテ累週打膿セシメ「フラ子ル」布名ノ襯衣ヲ著シ「セルチェル」[101]水鉱泉ニ乳汁ヲ加ヘ服セシムルヲ佳トス余カ実験ニ拠ルニ「エ[102]ゲルセソウトブロン子ン」鉱泉モ亦良効アリ」湿欬トハ肺蔵弛弱シテ夥ク粘痰ヲ咯出スルヲ云フ[103]依蘭苔ヲ主薬トス初《メ》蜀羊泉ヲ加ヘ用ヒ第三十七方次ニ其[104]傑列乙《ゲレイ》附ノミヲ日ニ一匁宛連用スヘシ」或《ハ》其欬嗽唯神経性ナル者アリ乾欬痙攣性ナルト他ノ神経証アルヲ以テ徴スヘシ[38]菲阿斯越幾斯《ヒオス》。日ニ四氏至六氏磠砂加過泥子精。[28]民垤列里《ミンデレリ》精。鹿琥液[105]。[106]老里児結爾斯《ラウリールケルス》水等ヲ撰用スルニ宜シ頑固証ニ於テハ阿芙蓉ヲ佳トス乃チ[107]抱歇爾斯《ドーヘルス》散[名]一刄[108]ヲ薄暮ニ与フヘシ

聖京偏常習ト為テ動モスレハ之ニ罹リ易キ者アリ治法毎日冷水ヲ以テ胸部ヲ洗漑シ春時秋日三四週間依蘭苔ヲ服用シ毎日開豁気中ニ逍遥シ且ツ勉メテ肢体ヲ運転スヘシ而メ皮膚感動過敏ナル者ハ湿潤ノ地方ヲ利アリトシ肺疾ノ恐レアル者ハ「フラ子ル」ヲ以テ胸部ヲ被覆スルヲ宜シトス

扶氏経験遺訓巻之六終

巻之六註

1 *rheumatoses*　リュウマチ。
2 rheumatische ziekten。
3 wei　血清。
4 zinking　原文は catarrhus　カタル。
5 ビキョウ。鼻の穴。
6 テンシ。転移。
7 刺激。
8 抵抗。
9 celweefsel　細胞組織。
10 *rheumatismus*　リュウマチ。
11 vloeijing。
12 paralysis　麻痺、中風。
13 気圧計。
14 フコ。ばちと鼓。転じて相応じること。
15 jicht　原文は arthritis　関節炎。
16 ニョウギン。涯はおり。
17 シケウルボイク。scheurbuik　壊血病。
18 ある病気に続いて起こる属病。原文は uitwerksel en gevolgen 影響と結果。
19 ヒポコンデル。hypochondrie　心気症。
20 antagonitische prikkeling　対立的刺激。
21 イジン。はなはだしい。
22 ontsteking　炎症。
23 koud, slijmachtig。
24 寒さと暖かさ。気候。
25 隙間風。
26 ettering　化膿。
27 crisis　危機。病気の峠。症状が散り治ること。

28 *spiritus minderi* 酢酸アンモニウム。
29 *guayacum* 癒瘡木樹脂。
30 *aconitum* トリカブト。
31 *dulcamara* ヅルカマラ。
32 *nitrum* 硝石。硝酸カリウム。
33 オンス。ons 薬用一オンスは約三一・一グラム。
34 アンチモニ。*antimonium*。
35 海塩は海水から得た塩。食塩。
36 gewaste taf 油布。
37 kampher 樟脳。
38 *hyoscyamo* met opium 阿片ベラドンナアルカロイド。
39 spaansche vliegpleister カンタリジン膏。発泡膏。
40 loodpleister 鉛硬膏。
41 bloedzuigers 蛭。
42 koppen 吸い玉。悪血などを吸い取る法。
43 養生。将は養、息は生。
44 炎症を防ぐ。
45 *tinct. guajac. volat.* グアヤクム精油浸。
46 *taffia*。
47 *arnica* アルニカ。
48 *oleum jecoris aselli* 肝油。
49 *tinct. antim. acris*。
50 リュウドウ。*sulphuret. ammoniae hydrogenatt.* 硫酸水素アンモニウム。
51 *calx antimmonii sulphurat* 硫酸アンチモンカルシウム。
52 *aether mercurial* 塩化水銀（II）エーテル。
53 カヤフーテユ。*ol. cajaput.* カヤプテ油。
54 *petroleum* 石油。
55 *hb. nicotoanae* 煙草葉。
56 *empl. de galban.*。
57 *sal. vol. c.c.*。
58 drachma ダラクマ。一ダラクマは約三・八九グラム。
59 electriciteit 電気、電流。
60 galvanismus 直流電気。
61 loog 灰汁。あく。
62 ジンチョウゲ。
63 ガイキュウ。moxa もぐさ。
64 焼き鉄。
65 *quassia* セイヨウニガキ。
66 *decot. zittmann* チットマン煎。複方サルパリルラ根のサポニンより成る梅毒薬。チットマン Johann Friedrich Zittmann（一六七一－一七五七）はボヘミア生まれの軍医。
67 kina キナ。
68 chinine キニーネ。
69 コルクスマルフス。原文は *carbonas ferri* 炭酸鉄。
70 Schneider。
71 シンイ。下着。
72 下痢。

73 *ischias* 坐骨神経痛。

74 *coxagra*。

75 heupwee。

76 シッコク。膕は脚。

77 coxagra 股痛。

78 heupkom 腰の鉢。盂ははち。

79 エコリスアセリユ。*ecoris aselli* 原文は levertraan 肝油。

80 *laudanum liquidum* 阿片。

81 fontenellen 人為的化膿法。

82 *lumbago*。

83 lendenpijn。

84 spit 焼き串。腰痛。

85 *catarrhus* カタル。

86 ケンヨウ。口蓋垂。のどひこ。

87 ハクタイゲ。*fluor albus* 婦人病のこしけ。

88 vlierthee 接骨木花剤。

89 borstkruidenthee borst は胸、kruiden は薬草。

90 *liquiritia* en stroop 甘草シロップ。

91 *sal ammon.* 塩化アンモニウム。

92 *ammonia anisat.*。

93 *rad. senega* セネガ。

94 *extr. helenii* オオグルマエキス。土木香エキス。

95 ヨウガイ。kittelenden hoest くすぐるような咳。

96 *tinct. pimpinellae* ワレモコウエキス。

97 ロウサイシツ。肺病性。

98 spiesglansbereiding。

99 *elexir. carduus benedict* ベネディクト草。ユリキシル剤。

100 *marrubium*。

101 Seltzerwater。

102 Egersche zoutbronnen。

103 *lichen islandicum* イスランド苔。

104 *gelatina* ゼラチン様物。

105 *liquor*. c. c. succin.。

106 *aqua laurocerasi* 月桂樹葉水。

107 *pulv. doveri* ドーフル散。阿片と吐根の混合粉末。

108 scrupel 一スクルペルは約一・三グラム。

扶氏経験遺訓巻之七

足守　緒方章　公裁
義弟郁　子文　同訳
西肥　大庭悫　景徳　参校

第五編

腸胃病「[1]ガストロセス」羅「[2]ガストリセシーキテン」蘭

総論

腸胃病ハ[3]一家ノ本相アツテ一家ノ療法ヲ要スル所ノ一種族ノ疾病ナリ而《メ》其治療唯[4]疎滌ノ一法ニアルヿ猶《ホ》焮衝ノ瀉血ニ由テノミ解シ僂麻質ノ[5]腠理ヲ開キ沕乙ヲ排泄スルノミニメ癒《ユ》ルト一般ナリ」而《メ》此病タル決メ軽易ノ者ニ非ス特ニ深ク注思センヿヲ要ス其然ル所以ノ者三《ツ》アリ

第一其器甚《タ》貴重ナリ」蓋シ消食ノ器ハ体外異類ノ物質ヲ転化シテ以テ有機本然ノ活質トナス所ノ機能ヲ主ル者ニメ即《チ》生成化育ノ泉源ナリ是ヲ以テ此器ハ猶《ホ》[6]脳ヲ覚機ノ府トシ心ヲ[7]動機ノ府トスルカ如ク之ヲ[8]養機ノ府ト謂フ是故ニ腸胃ハ普ク全軀ニ渉レル三大系〔覚系。動系。養系〕ノ一ナリトス鎖ゝタル一区部ト看做スルヿ勿レ

第二其交感甚《タ》浩繁ナリ」凡《ソ》腸胃ノ患害総身ノ栄養ヲ妨ケ液質ノ調和ヲ傷フハ固《ヨリ》然ル所以ニメ而《メ》亦《タ》此部ノ神経ハ総身諸部ノ神経ト甚《タ》浩ク[9]系鏈ス〔病学通論交感条ト参考スヘシ〕是ヲ以テ百般ノ疾病腸胃ノ変常ニ原《ツ》カサル者殆《ト》少《ナ》ク殊ニ経久ノ諸病唯腸胃ヲ[10]攻治シテ康平ニ復スル者甚《タ》居多シ是故ニ腸胃疎滌法ハ古昔ヨリ普《ク》諸病ニ通セル療法ノ属〔按ニ清涼法強壮法ノ類皆諸病ニ通スル療法ナリ制酸殺虫等ノ如《キ》ハ之ニ属セス〕ニ算入シテ時移リ学流易ルト雖𪜈変革シタルヿナシ

第三其排泄甚《タ》必要ナリ」肝臓ノ血液ヲ清刷スル〔血中ノ炭素水素ヲ取テ胆液ヲ製造ス〕其機能全ク斯器ニ憑テ成ル〔胆液ヲ排泄スルヲ云フ〕ノミナラス腸胃ハ[11]皮膝ニ代テ諸ゝ病毒ヲ排泄駆除スルヿ常ニ見テ多《ク》知ル所ナリ故ニ云《フ》腸胃ハ険痾ヲ伐チ篤疾ヲ[12]芟ルノ戦場ナリ

ト其言中《タ》レリト謂フヘシ

徴候　舌上汚穢。食欲欠乏。口味変常。是《レ》ヲ此病ノ通証トス」然《レ》圧汚物ノ所在ニ随テ徴候一様ナラス其汚物胃中ニ在ル者ハ舌胎白。黄。或《ハ》茶褐。口味変シ食欲欠ケ心下[13]緊満メ圧重疼痛シ煩悶メ悪心嘔吐シ殊ニ頭痛等ノ交感証アリ」其腸内ニ在ル者ハ腹肚緊満メ圧重ヲ覚エ雷鳴メ疝痛ヲ兼子腰脊疼ミ放屁臭ク或《ハ》時ニ泄瀉シ兼テ交感ノ諸証ヲ発ス」而《メ》其交感証能《ク》本病ト響応シ彼《レ》増《セ》ハ此《レ》必《ス》増シ彼《レ》減スレハ此《レ》亦必《ス》減ス」凡《ソ》此患者ハ必《ス》非常ノ脱力ヲ覚ユル者ニメ其脱力自余《ノ》諸証ト契合セス

此病《ヒ》熱ヲ兼発スル者ハ之ヲ腸胃熱ト謂ヒ〔前ニ本条アリ〕否《ラ》サル者ハ之ヲ慢性腸胃病ト謂フ」而《メ》所謂汚物ナル者五種アリ停食[14]。胆液。粘液。酸液。壅積汚物是ナリ

原由　腸胃内汚物滞積スル所以ノ近因二般アリ

一《ハ》食物ノ消化大便ノ排泄怠慢スルニ在ルナリ

一《ハ》裏面ノ分泌膜（胃液腸液粘液ヲ分泌ス）若《ク》ハ近傍ノ分泌器（肝胆膵）常ヲ違テ其液或《ハ》過多トナリ或《ハ》変性スルニ在ルナリ」凡《ソ》腸胃ノ神経ハ其系鏈甚《タ》浩キカ故ニ総身各部ニ刺衝[15]アレハ（情意感動。蒸気閉塞。発熱。疼痛等）交感若《ク》ハ対称機[16]ニ由テ運営ノ怠慢。分泌ノ変常ヲ起サシメ或《ハ》亦《タ》熱病[17]分利シテ其毒ヲ茲ニ移シ以テ熱病等ト腸胃病トノ合併ヲ致スヿ常ニ多シ」其素因ハ腸胃衰弱。便秘常習。摂生不良。吐下薬誤用。或《ハ》交感ノ過敏ナル等ニアリ然《メ》屢《ヽ》変更スル天気湿濡ノ大気モ亦此病ノ原トナル」蓋《シ》又腸胃汚物ハ全軀ニ感動シテ許多ノ病原トナルカ故ニ頭痛。譫妄。皮疹。羅斯[18]。局発ノ焮衝。汎発ノ熱証等唯腸胃ヲ攻治（吐法若《ク》ハ下剤）シテ一掃スル者多シ医能《ク》注目セサルヘカラス

治法　治療ノ要ハ預《メ》先《ツ》病毒（汚物）ヲ調理シテ之ヲ排除セシムル（吐或下）ト傍発ノ患害ヲ攻ムルト汚物ノ再生ヲ防クトニアリ而《メ》吐下薬施用ノ須知ハ腸胃熱条既ニ詳ニ之ヲ論載セリ但其上ニ排除

セントスルノ機アル者ハ吐剤ヲ与ヘ連繇トメ悪性ノ大便ヲ利スル者大便ニ注意メ能ク撿査スヘシハ下剤ヲ処シ慢性ノ腸胃病ハ両剤共ニ数ゝ用ヒンヿヲ要ス

各証治方

〔停食〕[14]不化ノ食物胃中ニ停滞セル者ハ其汚物ノ向フ所ニ随テ吐剤若クハ下剤ヲ与ヘ而メ後[19]忽《ホツ》氏越栗《エリツ》失爾必設刺児《シルヒツセラル》[附]ヲ服セシムレハ足レリ貪飡家ノ屢ゝ飽食スル徒ニハ常ニ催化散[20]第四十八方ヲ備ヘ急ニ臨テ之ヲ用ルヲ良トス

〔胆液鬱滞〕憤怒等ノ劇キ情意感動ヨリ起リ或ハ夏日炎熱ノ後ニ発シ或ハ胆液性ノ[21]越必垤密《エピテミ》[病]ヨリ来ルヲ常トス」而メ肝臓感動過敏ナル者天資胆液質ノ人ハ最モ此病ニ罹リ易シ蓋シ其人タル僅カニ意識ヲ労シ軀体ヲ動カセハ胆液乍チ胃中ニ溢出スレハナリ」徴候ハ前駆セル情意ノ感動。越必垤密ノ性。患者ノ資禀等ヲ以テ察スヘク且ツ舌胎黄色若クハ褐色。口内苦味。心下懊悩或ハ頭痛シテ胆液ヲ吐シ或ハ腹痛シテ胆液状ノ者ヲ下タス等皆其徴トスヘシ」或ハ胆液甚タ酷烈ニメ上ミ咽喉ヲ侵シ痙攣若クハ[22]焮衝状ノ劇証ヲ起シ恰モ毒物ニ中レルカ如キ者アリ」治法ハ此病モ亦上下排泄ノ景況ニ応シテ吐剤下剤ヲ用フヘキナリ」然レ𪜈吐剤ハ殊ニ慎重メ徐ゝニ少許宛服セシムヘシ已ニ自ラ胆液ヲ吐スル者ハ殊ニ然リトス胃既ニ汚物ノ為メニ刺衝セラレテ感動過敏ト為ルカ故ニ暴吐或ハ焮衝ヲ誘起スルノ恐レアレハナリ」下剤ハ清涼酸味ノ品中ニ就テ胆液ヲ復良スル功アル者ヲ撰用スヘシ即チ中和塩[23]答麻林度《タマリンド》。[24]吉里斯多児《キリスタル》水第三方ヲ最佳トス」而メ胃腸疼痛ヲ兼ル者ハ粘滑ノ飲剤ヲ兼用シ灌腸法ヲ行ヒ蒸湯法ヲ施シ多血家ハ吐剤ニ先ツテ適宜ノ刺絡ヲ行フヘシ

〔粘液鬱滞〕徴候饑セス渇セス上腹困重痞[25]実シテ食後殊ニ然リ風気膨張シ舌タ白胎ヲ被ヒ口チ粘味ヲ覚エ早朝悪心シテ或ハ吐セント欲シ大便粘物ヲ交ヘテ或ハ秘閉シ全軀温煖乏シク殊ニ胃部冷ユルヲ

覚エ面色灰白。四肢怠惰。感覚遅鈍。脈動遅慢。吐下薬応シ難ク多《ク》ハ蛔虫ヲ兼ルナリ」原由ハ幼稚ノ年齢。天資ノ粘液質。日常坐メ業ヲ操リ。油膩及《ヒ》難化ノ食物ヲ過飧スル等ニ在リ」治法先《ツ》峻烈ノ解凝薬ヲ投シテ粘膠牢著セル粘液ヲ離解シテ而《メ》後吐下剤ヲ用《フ》ルニ宜シ」其感動遅鈍ナルヲ以テ衝動強キ諸薬ニ非レハ必《ス》其功ヲ奏シ難シ乃《チ》[26]硇砂。[27]孕礬酒石。曹達。石鹼。[28]金硫黄。[29]結爾蔑斯密涅刺列《ケルメスミ子ラーレ》。[30]地楡。[31]半夏。[32]遠志。[33]海葱。[34]護謨安没尼亜幾。[35]阿魏等ヲ撰用シ汚物ノ適宜ニ融解スルヲ俟テ而《メ》吐剤ニハ[36]吐酒石ヲ用ヒ下剤ニハ中和塩ニ[37]旃那。[38]葯刺巴。[39]盧会ヲ伍シテ与ヘ尚《ホ》粘液ノ更ニ生スルヲ防クニハ諸《ヒ》造粘ノ食品ヲ禁シテ強壮健胃ノ剤ヲ用ヒ且《ツ》勉《メ》テ動作セシムルヲ宜シトス胃弱条ヲ参考スヘシ

〔酸液鬱滞〕徴候善《ク》饑《ヘ》テ渇ナク噯気酸臭ヲ放チ気息放屁亦然リ屢《ヒ》[40]嘈囃シテ或《ハ》疼痛シ舌白《ク》シテ面色惨淡。歯汚レテ[41]牙洼布《ハジホ》著シ乳汁植物等造酸ノ食品ヲ喫スレハ苦悶増加シ肉類ヲ食シテハ患ヲ見サル者是ナリ」原由ハ年紀《ノ》幼稚。最《モ》酸液ヲ生シ易シ胆液不良。[42]依卜昆埡児。[43]歇以私的里。多血。殊ニ胃ノ多血及《ヒ》痔血序ナキ等ナリ」治法ハ姑息ト根治ト二般アリ姑息法ハ[44]麻倔涅失亜。[45]蝲蛄石。[46]牡蠣殻。[47]石灰水等ノ土質薬ヲ用《ヒ》テ只其酸液ヲ制剋シ其刺衝ヲ消滅スルナリ就《レ》中[48]礬土「[49]ボリュスアルバ」（未詳赤石脂ノ属ニメ白キ者）ハ殊ニ有力ノ品ナレ氏脈管ノ閉塞ヲ起スヿ有ルヲ以テ過度ニ用ヒ難ク亦《タ》久服ニ宜シカラス」其他[50]硫黄乳。石鹼。[51]鹻蓬塩。[52]剥篤亜斯《ホットアス》。硇砂加石灰精等ノ亜《ア》爾加利《ルカリ》剤ヲ与ヘ牛胆。[53]括失亜《クハシア》。[54]亜爾鮮《アルセム》。[39]盧薈等ノ苦味薬ヲ服シテ殊効アリ」根治法ハ勉《メ》テ肢体ヲ運転セシメ命メ肉類ヲ食養トセシメ苦味強壮薬及《ヒ》鉄剤ヲ用ヒテ消化機ヲ強健ニシ以テ酸液ノ再生ヲ防クニアリ

〔[55]印華爾屈篤《インハルクト》〕〔「[56]オンドルボイクスオップストッピング」腹内壅積ノ義。漢人所謂[57]癥瘕癖積疝塊ノ類是ナリ其病タル胆液粘液或ハ門脈血鬱滞変敗シテ腸胃肝胆脾腸間膜等ニ壅積セルナリ此条ハ其鬱敗ノ汚物腸内ニ鬱積スルノ一証ヲ挙ルノミ腹内壅積ト訳セル者皆是ナリ」〕徴候腹肚膨張シテ風気雷鳴シ裡面《ウチ》ニ結塊有テ之

ヲ按スレハ移動シ大便硬固ニメ石ノ如ク或ハ時ニ泄瀉シテ大便中粘物（[58]傑列乙ノ如ク硝子ノ如シ）ヲ交ヘ或ハ膜ノ如キ物或ハ胆液様ノ物或ハ黒胆液様ノ物ヲ夾雑ス而ソ面色灰白帯黄。脈遅ニメ或ハ強実或ハ時ニ寒[59]戦ヲ起シ或ハ時ニ痔血ヲ漏泄スル等ナリ」原由ハ唯大便秘閉メ漸ク大腸ニ堆積セルニ由ル者アリ（常ニ坐メ業ヲ操ル者常ニ便秘スル者直腸狭窄セル者殊ニ之レニ罹ル）肝臓ノ黒胆液茲ニ来テ鬱滞セルニ由ル者アリ粘液膜分泌ノ機ヲ誤テ腸内新ニ異物ヲ形成セルニ由ル者アリ（猶ホ子宮裏面新ニ異物ヲ形成メ壅塞スル㆑アルカ如シ」）而メ此病ハ常ニ他ノ内蔵病ト合併シ亦タ頑固ナル他病ノ因トナル乃チ頑固ノ疝痛。胃痙。痔疾。飲食不化等ノ局処病。[42]依卜昆垤児。[43]歇以私的里。癲癇。鬱憂病。麻痺病等ノ神経病或ハ其他粘液漏泄。出血等此病ヨリ起ル者甚タ多シ故ニ是等ノ諸患唯其壅積ヲ除クノミニメ治スル者屢ヽ之アリ」治法ハ灌腸法ヲ主トス殊ニ[60]羯普《カムプ》（人名）カ称誉セル。[61]必設刺爾羅歇面篤《ヒツセラルラヘメント》（第四十九方）ヲ行フ㆑日ニ一二次ナルヘシ而ソ薬液ノ久ク腸内ニ留滞セン㆑ヲ要ス故ニ其液少許（六[62]匁）ヲ用ヒ患者ヲメ四分時間右側ニ臥サシムルヲ佳トス」病ヒ頑固ナル者或ハ粘液牢膠ナル者ハ一等強力ノ解凝薬ヲ用フヘシ乃チ新鮮牛胆一食匙ヲ石灰水ニ溶カシテ之ヲ行フカ如シ

扶氏経験遺訓巻之七終

（奥付）
安政四年丁巳初秋

京二条通柳馬場　若山屋　茂　助
江戸日本橋通壱町目　須原屋　茂兵衛
同二町目　山城屋　佐兵衛
同芝神明前　岡田屋　嘉　七
同浅草茅町二丁目　須原屋　伊　八
大坂心斎橋通北久宝寺町　秋田屋　治　助
同安堂寺町北ェ入　秋田屋　善　助
同安堂寺町南ェ入　秋田屋　太右衛門

三都書賈

巻之七註

1 *gastroses*　胃腸病。
2 gastrische ziekten。
3 eigenaardige teekenen　特有の徴候。
4 ontlastingen　除去。
5 肌、皮膚。
6 zenuwlaven　神経系。
7 leven des bloed　血液系。
8 representant der reproductie　栄養の器。
9 つらなる。鏈はくさり。
10 genezing　治療。
11 皮膚。
12 カル。刈る。取り除く。
13 みぞおちｗの圧迫。
14 onverteerbaar voedsel　食物不消化。
15 刺激。
16 antagonistische overdraging　対立移行。
17 crisis　病気の転機。
18 ロース。roos　原文は *erysipelas*　丹毒。
19 *elixir visc. Hoffmanni*　忽氏はホフマン氏。橙皮を成分とするホフマン氏内臓エリキシル。ホフマンについては巻之一註88参照。
20 digestiefpoeder　消化粉。
21 epidemisch　流行性。

22 炎症。
23 tamarinden　中央アフリカ原産のマメ科高木。実が清涼飲料、緩下剤となる。
24 crystalwater　本書薬方篇、巻一、第三方参照。酒石、砂糖、レモンを混ぜた水溶液。
25 ヒジツ。volheid　いっぱい、十分。痞はつかえる。
26 ドウサ。*sal ammoniac.*　塩化アンモニウム。
27 *tart. vitriol.*　礬（硫酸塩）を含んだ酒石（酒石酸水素カリウム）。
28 *aur.* antim.　硫化アンチモン。
29 *kermes mineral.*
30 *rad.* Pimpinellae　ワレモコウ。
31 *ari*　ハンゲ。カラスビシャクの塊根。
32 *senega*　オンジ。セネガ。イトヒメハギの根。去痰薬。
33 *squilla*　地中海沿岸原産のユリ科多年草。利尿剤。
34 *gummi ammoniac.*
35 *as. foetida*　アギ。アサフェチーダ。セリ科多年草。駆虫、去痰、通経剤。
36 *tart. emetic.*　酒石酸水素カリウムと三酸化アンチモンとの化合物。催吐剤、去痰剤。
37 *fol. sennae*　センナ葉。
38 *rad. salap.*　ヤラッパ根。
39 *aloë*　アロエ。
40 ソウソウ。branden in der maag　胃がやける。
41 ガギン。wijnsteen　歯石。
42 イポコンデル。hypochondrie　心気症。
43 ヘイステリ。hysterie　ヒステリー。
44 マグネシア *carb. magnesia*　炭酸マグネシウム。
45 ラッコセキ。*lap. cancror.*　オクリカンキリ。ザリガニの胃石。
46 *conch. praepar.*　カキガラ。
47 *aq. cal. vivae.*　生石灰水。
48 aluinaarde　アルミナ。
49 *bolus. alba*　白粘土。
50 *lac. sulphuris.*
51 *carob.n. sodae.*　炭酸ナトリウム。
52 *potassae.*　炭酸カリウム。
53 *quassia*　クァッシア。セイヨウニガキ。
54 *absynthum.*　アブサン。ニガヨモギ。
55 *infarctus*　梗塞。
56 onderbuiks opstopping。
57 チョウカ。腹の中のしこり。
58 ゲレイ。gelei　ゲル。ジャム。
59 身震い。
60 Kämpe。Johann Kempf（一七二六－一七八七）ドイツの医家。内臓灌腸を推奨したことで知られる。
61 visceraallavementen　内臓灌腸。
62 オンス。ons　薬量一オンスは約三一・一グラム。
63 ロウコウ。taaije　強粘性。強靭。

（表紙）

扶氏経験遺訓　八

（扉）

安政四年丁巳初秋新雕

緒方洪菴訳本

扶氏経験遺訓

適適斎蔵

扶氏経験遺訓第三帙目次

巻之八
第六編
神経病　総論
其一精神病
精神錯乱
依卜昆埑児
巻之九
其二痙性病
癲癇
舞踏病
秦漢虞《シンハング》
夢中行歩
魘不寤
不寐
刺発尼亜《ラハニア》

顫震
身体強直
破傷風
喘息
心悸動
欬嗽
疫欬

卷之十

慢性嘔吐
吃逆
神経痛
痒病
頭痛
面痛
歯痛
耳痛

胃痛
嘈雜
疝痛
恐水病
渴病
善饑
錯聽
錯視
花風

卷之十一

其三麻痱病

卒中
肺痱
昏冒
卒死
眩暈

昏睡
局処麻痺
膈噎
不語及失声
胃弱
異嗜
陽精無力
黒障眼
耳聾
失齅及失味
皮膚不仁
不食
不姙

扶氏経験遺訓巻之八

足守　緒方　章　公裁　同訳
義弟　郁　子文
西肥　大庭　悫　景徳　参校

第六編

神経病「[1]子ウロセス」羅「[2]セーニユーシーキテン」蘭

総論

徴候　凡《ソ》[3]覚機。[4]動機。或ハ精神ノ運営。常ヲ変スルノ疾病ハ総テ之ヲ神経病ト謂フ」其変常他病ノ余証ニ非スメ実ニ神経系〔脳。脊髄。神経ノ総称〕ニ根拠セル者ハ固《ヨリ》論ヲ俟タス仮令《ヒ》他病ニ原《ツ》ク𪜈純《ハ》ラ神経系ノ変ヲ徴スル者ハ亦之ニ算入ス」然《メ》其病タル五官眼。耳。鼻。舌。身精神。諸筋ニ係ル運営ノ亢盛感動過敏ト減却感動遅鈍。麻痺ト常態ヲ変セルトニアリトス

其経過。頓漸緩急一定セス或ハ速《カ》ニ治スルヿアリ或ハ早ク死ニ帰スルヿアリ或ハ生涯連綿スルヿアリ或ハ多時ヲ隔テ断続スルヿアリ或ハ病状彼此交換スルヿアリ然《レ》𪜈多《ク》ハ年齢ト其壮衰ヲ共ニスルナリ〔其病壮年ニ盛ニメ老年ニ衰ルヲ云フ〕而《メ》其病ノ治スルハ病因ノ除クニ由ルカ年紀ノ加《ハ》ルニ由ルカ或ハ[5]転徙変形共ニ病ヲ致スニ由ル」且《ツ》此病ハ危険必死ノ者ニ非スト雖𪜈脳。心。肺ノ如キ生命ニ係《カ》ル貴器ヲ襲テ其部ノ麻痺ヲ致セハ忽然トメ斃ル、者少《ナ》カラス或ハ補給機ヲ侵シテ羸瘦。労瘵。水腫等ヲ発スレハ徐《ロ》ニ黄泉ニ逝ク者モ亦多キニ居ル

原由　近因ハ神経力内情ヲ違ヘテ其運営常度ヲ紛《タ》リ新奇異常ノ交感ヲ作《オコ》シ或ハ其変ヲ補給ノ機ニ及《ホ》ス等ナリ而《メ》遠因ハ四般ニ帰ス

第一素質　先天ノ稟賦。繊維ノ弛弱。幼穉ノ年紀。婦人ノ素性。養育ノ過愛。衣食ノ飽煖。歯牙始《メ》テ生シ言語将ニ発スルノ期。月経初《メ》テ見ハレ慾火方《サ》ニ動クノ時。及《ヒ》市井ノ住居。室内ノ操業。地方ノ卑湿。気候ノ冷濡等之《レ》ニ属ス

第二衰弱　或ハ飲食不給。或《ハ》損敗大気変敗。温煖減却。気候冷湿。失血。殊ニ月経過多房労。手婬。遺精。下利。帯下。[6]

吐涎。脱汗。淋疾。及《ヒ》娩産過数。授乳過久等ノ如ク栄養必需ノ物質ヲ失ヒ生命緊要ノ刺衝ヲ奪フ因ヨリ来ルアリ」或ハ精神刻苦。筋力過動。急慢諸病。及《ヒ》非常ノ温熱ヲ受ケ慓悍[7]ノ飲液茶。骨喜ノ類ヲ過用スル等ノ如キ過度ノ刺衝ニテ諸力ノ費労スル因ヨリ来ルアリ」或ハ動作ヲ怠リ筋力ヲ役セサルヨリ来ルアリ間暇逸居スレハ神経病ヲ醸シ易キ所以ナリ」或ハ憂愁。悲哀。恋著。猜忌。悒悶。麻酔薬誤用等ノ如ク直《チ》ニ神経ヲ衰弱セシムル因ヨリ来ルアリ

第三対称違失[8]《ツリアイハツレ》　多血満溢。筋力圧止。腹内諸機殊ニ生植機ノ滞廃。皮膚分泌ノ抑遏。痔血月経ノ鬱閉等ハ皆神経力ニ対称違失ヲ起スナリ

第四局処刺衝　其刺衝。蛔虫。汚物。大便壅滞等ノ如ク胃腸ニ在ルアリ」脳髄。腹臓。痔脈等ノ血液鬱積ニ在ルアリ」伊倔篤[9]《イヽクト》。僂麻質《レウマチ》。疥癬。黴瘡等ノ病毒転徙ニ在ルアリ」或ハ竹木刺[10]。硬腫。結石。蓄水。骨瘍。神経節腫等ノ如キ形器性刺衝[11]ニ由ルアリ」過慮多想等ノ如キ精神ノ刺衝ニ由ルアリ

或ハ又本病ヨリ醸シ来テ本因ノ存亡ニ拘《ハ》ラス更ニ病ヲ〆持久セシムル因ト為ル者アリ常習ト衰弱ト是ナリ」時期《ノ》常習ハ殊ニ不良ナリ月経痞寐等ノ如キ時刻ヲ定ムル生機ト共ニ発歇スル者ハ尚且《ツ》悪性ニ〆頑固ナリトス癲癇。精神病等此常習ニ由テ頑固難治トナル者常ニ多シ

此病ハ右ノ諸因ニ従フテ純性神経病。虚性神経病。転徙毒神経病。多血性神経病。腸胃性神経病。形器性神経病等ノ名ニ分ツヲ治術ニ益アリトス

治法　根治法ト姑息法トアリ本病ヲ攻ムルヲ根治法トシ外証ヲ鎮ムルヲ姑息法トス

根治法ヲ行フニハ其病《ヒ》無形ノ単純証ナルカ将《タ》有形ノ他病ニ原キ来ルカ先《ツ》之ヲ検センヿヲ要ス而《ソ》其単純証ハ直《チ》ニ神経上ニ係ルノ治法ヲ行フヘシ是ヲ直治法ト謂フ其他病ニ原《ツ》ケル者ハ之ヲ探テ駆除スレハ本病亦随テ退クナリ是ヲ隔治法ト謂フ斯《シカク》〆本病仍《ホ》除クヿ能ハサレハ則《チ》直治法ヲ施スニ宜シ

蓋シ治法ノ本旨ハ固トヨリ神経運営ノ変常（過敏。遅鈍。変態。）ヲ復故スルニ在ルノミト雖氏其遠因ノ異ナルニ随テ治術亦差ハサルヿヲ得ス」即チ衰弱ノ之レカ因ト為レル者ハ強壮滋養ノ法ヲ施スヘシ唯是ニ由テノミ全治スル者少ナカラス」全身若クハ一部ノ多血其因ヲ為セル者ハ筋ヲ労動メ諸液ノ費耗ヲ促カシ総身局処ノ瀉血ヲ行フテ之ヲ導泄スヘシ子宮或ハ痔脈ニ隠伏セル血液鬱積有テ然ル者屢々之レアリ殊ニ意ヲ用ヒテ探索センヿヲ要ス」[12]停食。蛔虫。腹内壅積等ノ其因ヲ為セル者ハ吐下薬。駆虫薬。解凝薬ヲ用フヘシ」亦タ病毒内部ニ転徙シテ其因ヲ為セル者殊ニ多シ乃チ病ヒノ本体悉ク僂麻質《レウマチ》ニメ神経証ハ咸ナ[13]腠理抑遏ノ[14]対称機ナル者アリ是証ハ唯「フラ子ル」（布名）ヲ以テ軀体ヲ温被シ皮膚刺衝法。浴法ヲ行ヒ僂麻質《レウマチ》薬ヲ内服シテ奇験ヲ奏ス」或ハ亦伊倔篤《イ、グト》。疥癬。黴毒。汞毒等ヨリ来レル者少ナカラス各自応当ノ治法ヲ処スヘシ」或ハ隠ニ苦心シ密ニ恋著スル等其因ト為レル者アリ（婦人ニ多シ）之ヲ発覚セシメテ本病頓ニ除クヿ亦少キ所ニアラス（以上隔治法）

若シ其遠因識ル可ラサルカ若クハ之ヲ除クモ本病依然トメ退カサル者ハ則チ直治法ヲ行ハンヿヲ要ス」然リト雖氏若シ遠因ノ除クヘキ者有テ未タ之ヲ駆ラス謾ニ此治法ヲ行フ時ハ毫モ其功ヲ奏セス或ハ[15]苟且一掃セルカ如キモ次テ復タ再発シ病ヒ愈ヽ増進ス慎マサルヘカラス

直治法数般アリ

〔第一〕神経特効ノ諸法ヲ行フヘシ」即チ動物植物ノ揮発油〔[16]実百児油《ヂッペル》。[16]加那《カヤ》普的《プーテ》油ノ類〕麻酔薬〔[16]菲阿斯《ヒオス》。[16]阿芙蓉。[16]莨菪。[16]曼陀羅華《マンダラケ》ノ類〕抜爾撒謨《バルサム》類。[17]亜的児《アーテル》類。[18]猛劇ノ金石土塩〔[16]亜鉛華。[16]硇銅礬。[16]砒石。[19]羅偪塩。重土ノ類〕[20]越列幾的児《エレキテル》。[21]瓦爾華尼《ガルハニ》等ノ如キ是ナリ」凡ヘテ恰当ノ神経薬ヲ択フニハ平常ノ時ニ於テ患部ニ異常ノ奇効ヲ致セシ者〔按ニ胃ニ於ル[22]吐酒石尿道ニ於ル[23]芫菁ノ類カ〕或ハ平常ノ時ニ於テ今マ発セル所ノ患ヒト類似スル証ヲ起スヘキ者〔按ニ[24]痱病ニ[25]双鸞菊ヲ用ヒ狂病ニ曼陀羅華ヲ与ル類カ〕ヲ照査センヿヲ要ス」而メ右ニ挙ルカ如キ有力ノ品。麻酔ノ薬ヲ用《フ》ルニハ須ク左ノ法則ニ準ハサルベカラス即《チ》初《メ》少量ヲ取テ謹慎メ之ヲ与《ヘ》徐《ヤ》ク其量ヲ増加スベシ是《レ》感応力ノ鋭鈍預《メ》知《ル》ヘカラサレハナリ而《メ》麻酔薬ハ微《ヤヽ》麻酔証嗜眠。頭眩。眼花閃発[26]等ヲ発スルニ至リ金属製剤ハ少《ヤヽ》悪心ヲ起スニ至ルヲ限トシ是ヨリ復《タ》徐ク其量ヲ減メ終ニ全ク之ヲ止メ暫ク其動静ヲ窺テ病《ヒ》仍《ホ》退カサレハ又其法ヲ挙テ行フヿ前ノ如クシ頑固証ニ於テハ数《ヽ》斯ノ如ク緩急メ数月間持久スヘシ総テ有力竄透[27]ノ神経薬ヲ用《フ》ルニハ之ヲ増シ之ヲ減シ時ニ且《シハラ》ク休止スルヲ最《モ》切実ニメ鴻益ヲ得ヘキノ妙法《也》トス是《レ》法ニ拠レハ器質ハ断ヘス其感応力ヲ恢復シ薬剤モ亦刻々其能力ヲ新ニスルヿヲ得テ而《メ》甚《シ》ク器質ヲ損害スルノ恐《レ》ナケレハナリ故ニ若《シ》是法ヲ知ラスメ大毒ノ薬品ヲ謾ニ連用スル𪜊ハ必《ス》其害ヲ被ラザルヿヲ得ス」亦《タ》経久ノ神経病ニ於テハ数《ヽ》其薬品ヲ更換スルモ緊要ナリトス是ニ由テ毎時斬新ノ刺衝ヲ起サシムレハナリ」若《シ》単方ノ薬品功ヲ収メ難キ時ハ数品ヲ合セル複方ヲ投スルニ宜シ」若《シ》又薬性劇烈ナラスメ能《ク》揮発強壮ノ力ヲ有シ特長メ其功ヲ為スヘキ薬ハ久《シ》ク連用スルヲ可《也》トス或ハ数年間連用セサル可ラサル者アリ

〔第二〕反対刺衝法[28]ヲ行《フ》テ病ヲ他部ニ誘導スヘシ」即《チ》浴法。打膿法[29]。皮膚刺衝法。腸胃刺衝法意識神経ノ病ニ殊効アリ等是ナリ

〔第三〕対称違失ヲ復スヘシ」動機ト覚機ト対称ヲ違フテ此病ヲ起ス者殊ニ多シ諸筋ヲ運転シ微温浴ヲ行フ等大ニ功アリ

〔第四〕強壮法ヲ行フヘシ」諸《ヽ》神経病ハ仮令《ヒ》其原《ト》衰弱ニ係ラサル者ト雖𪜈畢竟神経ノ衰弱ヲ招キ之《レ》カ為《メ》ニ其病《ヒ》稽滞スル者少《ナ》カラス故ニ強壮法苦味薬。苦味収斂薬。鉱酸。鉄剤。寒冷。冷浴等是ナリ 滋養法滋補ノ飲食。田舎ノ住居。散歩。逍遥。旅行等是ナリ共ニ良験アリトス

〔第五〕摂生ヲ変シ居処ヲ転シ或ハ囲擁セル諸件〔帷帳。屏風。臥具。食器ノ類ヲ総称ス〕ヲ換フヘシ」唯卑湿ノ地ヨリ高

燥ノ地ニ遷レルノミニメ全治ヲ得タル者屢ヽ之アリ

〔第六〕[30]刺衝物ハ一切之ヲ禁スヘシ」是脆弱過敏ノ患者若クハ久シク強劇ノ刺衝薬ヲ多服セシ者ニ於テ然リトス」是患者ハ凡ツ医薬ニ属スルノ品類殊ニ神経ヲ衝動スル品悉ク皆之ヲ避ケ茶。骨喜《コーヒー》。香竄辛味ノ物ヲ禁シ居ヲ田舎ニ移シテ養ヲ乳汁ノミニ資リ微温浴ヲ行フヲ宜シトス或ハ[31]蒲謨阿把扶《ホムオバチー》〔一派ノ学流ノ名ナリ諸病ヲ療スルニ薬ヲ至微少量ニ用フルヲ以テ主トス此条凡テ医薬ノ衝動ヲ避クル意ヲ以テ之ヲ称用セルナルヘシ〕ノ分量ニ従フテ諸薬ヲ用フルモ亦可ナリ」甚タ頑固ノ証ニ於テハ人為ノ分利ヲ作サシメテ病ヒヲ他系ニ誘フヘシ〔瘡疹ヲ種テ皮病ニ転セシメ下薬ヲ用ヒテ腸病ニ変セシムル類ナルヘシ〕」脳髄及ヒ神経ノ衰弱セル者ハ毎日冷水ヲ頭上ニ灌漑スヘシ」若シ夫ノ神経証痙攣。疼痛麻痺等時刻ヲ定メテ発歇スル者ハ其間歇時ニ幾那ヲ用フヘシ最モ的実ノ功ヲ奏ス

姑息法ハ唯発現ノ外証ヲ鎮靖スルヲ旨トスト雖氏此病ニ於テハ其功甚タ少ナカラス是一ハ之ニ由テ患苦ヲ免カレ二ニハ外証却テ危険ナル者多ク三ニハ発作毎ニ病性愈ヽ深ク神経ニ侵入スル者癲癇ノ如キハ殊ニ然リアレハナリ是ノ如キ証ニ於テハ姑息法亦根治法ニ属ス而メ此法ニ属スル者ハ反対刺衝法ト鎮痙薬トノミ

其一　精神病「[32]シールスシーキテン」蘭

精神錯乱「[33]インサニア」羅「[34]ワーンシン」蘭

徴候　精神ノ運営常調ヲ錯越セル者ハ総テ之ヲ精神錯乱ト謂フ」而メ其心常ニ惕ヽトメ人ヲ嫌ヒ鬱ヽトメ物ヲ憂ヒ自ラ精力乏弱ヲ覚ユル物ヲ鬱憂病「[35]メランコリー」ト謂ヒ其心勇猛ニメ錯乱シ意気揚揚トメ喜ンテ人ヲ拒ハム者ヲ顛狂「[36]マニア」ト謂ヒ其心茫ヽ然トメ智慧ヲ失ヒ或ハ拘ヽ乎トメ一念動カス或ハ恍ヽトメ物ヲ弁識スルヿ能ハス若クハ事ヲ思慮スルヿ能ハサル者ヲ健忘「[37]アメンチア」ト謂ヒ其弁識思慮共ニ乏弱セルカ若クハ全ク之ヲ脱セル者ヲ痴呆「[38]ファチュイタス」ト謂フ」又其神識睡中モ仍ホ

休止セス起テ事ヲ為ス者アリ之ヲ[39]蘊謨南貌律《ソムナムボリユ》斯謬私《スミユス》〔夢中行歩ノ義後ニ本条アリ〕ト謂フ
此病《ヒ》鑒定スルヿ甚タ難キ者アリ其軽証ニ於テ殊ニ然リトス或ハ患者一事ニノミ錯乱メ自余毫末モ変証ナキ者アリ或ハ時ニ発歇メ休歇セル間ハ平常ニ異ナルヿナキ者アリ」若《シ》夫《ノ》他病ニ傍発シテ之ト共ニ進退スル者ノ如《キ》ハ決メ此病ニ属セス熱病。[40]歇以私的里《ヘイステリ》。情意劇動等凡《ヘ》テ非常ノ感ヲ為ス者ハ皆能ク一時ノ精神錯乱ヲ起スト雖𪜈其因止《メ》ハ其証輒《チ》去レハナリ」而《メ》譫語ト精神錯乱ト混ス可ラス[40]歇以私的里《ヘイステリ》。[41]依ト昆埵児《ヒホコンデル》ノ患者荏苒タル譫語ヲ兼発スレ𪜈唯傍証《ノミ》ニメ此病ニ非ル者アリ」急性慢性ヲ論セス熱病ニ兼発セル譫語ノ如キ其熱解スレハ随テ退ク者亦然リ決メ精神錯乱ト称ス可ラス」殊ニ少年《ノ》医輩ハ深ク謹慎ヲ加《ヘ》テ之《ヲ》察シ妄《リ》ニ精神錯乱ノ名ヲ下スヿ勿レ人ヲ斥シテ狂ト称スルハ猶《ホ》之ヲ斥テ禽獣ト謂フト一般ナレハナリ

此病《ヒ》稽留証アリ間歇証アリ共ニ其経過長《ク》シテ治シ難ク其快復期シ難クシテ再発シ易シ而《メ》[42]秦《シン》漢虞《ハング》。癲癇。麻痺等ノ如キ無形病ニ転スルアリ伊《イ》、倔篤《クト》。[43]皮疹病。痔疾。肺労等ノ如キ有形病ニ変スルアリ若《シ》夫《ノ》卒中。[44]水腫。[45]消削病ニ移ルカ如キハ必ス死スル者ナリト知ル可シ

原由　精神ハ固《ヨリ》無形ナリ何《ソ》疾病ニ罹ルヿヲ得ン唯其人倫ヲ紊ルノ一事ノミ精神ノ病ト云フヘシ且《ツ》精神ノ本然ハ形質有ルヿ無ク亦《タ》形質ヨリ生シタル者ニモ非ス実ニ是下界ヲ離レタル不朽ノ者《也》ト雖𪜈唯其作用ヲ営《マ》ンカ為《メ》ニ人体ト結合メ神経系就裡脳髄ニ舎セルノミ然𪜈其之ニ舎セルヲ以テ人体諸器ト同ク生活運営ノ則ニ準《フ》テ其動静ニ罹ラサルヿヲ得ス亦互ニ其変ニ交感セサルヿヲ得ス故ニ亦《タ》其運為妨碍セラレテ常調ヲ変スルヿアレハ精神病ト称セサルヿヲ得ス然《メ》其実ハ神経病ノ一種ニ属スルナリ

是ヲ楽人ノ箏ヲ弾スルニ譬フ若シ良器無キ

𪜈ハ名工ト雖𪜈妙曲ヲ奏スルヿ能ハス且《ツ》其器律ニ適ヘハ清音聴クヘシト雖𪜈律ヲ傷《ツ》レハ楽人同一ニメ輒チ濁音ヲ奏セサルヿヲ得ス

是故ニ此病ノ近因ハ無形ノ精神ニ在ルニ非スメ有形ノ脳髄ニ在ルナリ過敏。遅鈍。或ハ変調スルニアリ故ニ酩酊。熱病。麻酔薬ノ如キ有形物ノ刺衝能《ク》精神ヲ変セシメ労瘵。癲癇。水腫等ノ有形病能ク精神病ヲ鎮ムルヿアリ以テ之ヲ証スルニ足ル

脳髄右ノ如ク変常メ精神錯乱ヲ起ス所以ノ遠因ニ般アリ

〔其一〕無形之因」驚愕。喜怒。悲哀。憂思。憤慍。猜忌。嫉妬。失望。恋慕遂ルヿヲ得ス所願成ルヿ能ハサル類過度ノ思慮。密室ニ閉居メ其智ノ能ハサルヿヲ考究シ或ハ[46]蒲桃酒。[47]骨喜類ノ力《ラ》ヲ借テ頻《リ》ニ神気ヲ費労スル者等過度ノ想像。稗乗ニ耽リ搬劇ニ溺レテ深《ク》之ニ心ヲ傾クル類或ハ一念動カス一情移ラス是《レ》既ニ一時ノ精神病ナリ久ク治ラサレハ終ニ真証トナル或ハ徹宵不寐日ヲ重ル等之ニ属ス

〔其二〕有形ノ因 [7]慓悍飲液焼酒ノ類ノ過用当今民間ノ精神錯乱此ヨリ来ル者最《モ》多シ麻酔薬[48]阿芙蓉[49]莨若類ノ過服等ノ如ク直《チ》ニ脳ヲ侵シテ其変動ヲ起スヘキ者。或ハ門脈鬱血。内臓壅塞。便秘。蛔虫等ノ如ク交感対称ニ由テ甚《シ》ク脳ヲ侵スヘキ腹内ノ刺衝。腹内ノ神経ト脳ノ神経トハ交感対称最密ナリ常ニ注意セサルヘカラス或ハ脳髄ノ焮衝若《ク》ハ血液鬱積痔血経血[50]衂血ノ閉止ヨリ来ル者殊ニ多シ或ハ脳髄ノ衰弱。全軀《ノ》虚脱ヨリ来ル者アリ房事手婬ノ過度ヨリ来ル者アリ陰器ハ脳ト交感親密ナルヲ以テ過房ニ係ル者最《モ》多シ或ハ[9]伊偃篤。疥癬等ノ病毒[5]転徙或ハ墜下打撲等ノ頭脳損傷劇ク脳ヲ振蕩スルニ由リ或ハ血液汐乙ノ溢出スルニ由リ或ハ頭蓋骨ノ陥没スルニ由リ或ハ骨片ノ脳質ニ衝入スルニ由テ此病ノ因トナル或ハ脳髄ノ硬腫。結核。腫瘍。蓄水。化骨等ノ如キ頭中ニ形器病等之ニ属ス」若シ其諸因ニ三相合メ之カ因トナル時ハ病愈《ヒ》険難ナリ喩ヘハ思慮過度ナルニ兼テ蟄居憂悶シ且《ツ》消化シ難キ硬固ノ食ヲ喫セルカ如シ

素因亦数般アリ知《ラ》サル可ラス〔第一〕遺伝 父母之ヲ児ニ譲リ児亦孫ニ伝《ヘ》テ一血属ノ固有病トナレル者常ニ多ク実験スル所ナリ〔第二〕稟賦

胆液質。黒胆液質ノ人殊ニ此素因ヲ胎《メ》リ〔第三〕七情動キ易キ性　総テ情意《ノ》劇動ハ已ニ一時ノ精神錯乱ニメ皆其慧明ヲ失フ者ナリ習ヒ性ト為レハ遂ニ真証ト為《ラ》サルヿヲ得ス〔第四〕生業　布ヲ織リ履ヲ造ル者ノ如ク業ヲ寂寞ノ地ニ操テ心ヲ一事ニ労スル者ハ此病ヲ生シ易シ〔第五〕邪教ヲ信仰メ心ヲ傾ケ思ヲ凝ス類是ナリ

是故ニ此病ハ一時ニ多クシテ他時ニ少《ナ》ク甲郷ニ夥クメ乙地ニ稀ナル等其地宜ト時勢トニ随テ大ニ栄枯盛衰アルナリ例スルニ大古ハ稀ニメ村人野客。都児格《トルコ》国人ノ如キハ当今モ之ヲ患ル者少ク閭閻坊間ノ智巧ニ耽ル者殊ニ英吉利《エンゲリ》人佛郎斯《フランス》人ノ如キハ此病ニ罹ル者最《モ》多シ

此病モ亦《タ》神経性錯乱。多血性錯乱。虚性錯乱。転徙毒錯乱。腸胃性錯乱。形器性錯乱等ニ分ツテ治術ニ益アリトス

治法　精神運営ノ守《リ》ヲ失ヘルヲ復スルニ二法アリ一《ハ》遠因駆逐法ナリ一《ハ》直治法直ニ精神ヲ攻ルノ法ナリ」

〔遠因駆逐法〕此《ノ》病《ヒ》多血焮衝或ハ脳ノ血液鬱積ヨリ起《レ》ル者ハ総身局処ノ瀉血ヲ行ヒ狂乱甚キ者ハ[51]顳顬動脈ヲ刺シ[52]防焮薬。下剤ヲ用ヒ吐酒石。甘汞ヲ与ヘ頭部ニ[53]冷瀉法。冷滴法ヲ行フ等ニ宜シ」脳髄神経ノ衰弱ヨリ来《レ》ル者ハ[54]纈艸。[55]亜児尼加《アルニカ》。[56]摂《セ》爾扁答里亜《ルペンタリア》。[17]亜的児《アーテル》名以上葡萄酒。阿芙蓉等ノ神経薬。[57]引赤法。微温浴。頭部冷瀉法等ノ如キ衝動法ヲ行フヘシ」此証原《ト》脳髄過度ノ刺衝ヨリ来テ神経証ハ焮衝ノ第二期ナル者アリ亦原《ト》神経衰弱ニメ脳ノ血液鬱積ヲ誘ヒ起シ以テ瀉血ヲ要スル者アリ能ク鑒別セサル可ラス」腸胃汚物。腹内壅積。蛔虫等ノ如キ腹内ノ因ヨリ来レル者ハ解凝薬ヲ用ヒ且《ツ》其刺衝物ヲ排泄スルニ宜シ」其他病毒転徙ヨリ生セル者《ハ》各《ゝ》其毒ノ治法ヲ行ヒ好愛スル所有テ嗜欲遂《ケ》サルヨリ起レル物ハ其需《メ》ニ応メ之ヲ許ス等亦皆遠因ヲ駆ルノ治法ニ属ス

〔直治法〕近因ヲ治スルノ法ニメ直《チ》ニ精神脳髄ノ運営ヲ復故スルナリ而《メ》亦之《レ》ニ有形無形ノ二法

アリ就レ中有形治法ヲ緊要トス凡百ノ精神病唯之レニ由テノミ治癒スル者実ニ三分ノ二ニ居ルナリ然レ𪜈両法相兼子行テ功験最モ的切也トス有形治法亦二般ニ分ル其一ハ反対刺衝法ヲ行テ脳ノ変常ヲ他部ニ誘導シ以テ精神ノ運営ヲ和平スルニアリ一而メ脳ト交感最モ親密ナル者ハ腹部ノ神経ナルカ故ニ腹内諸器ヲ衝動メ其運営ヲ挑起スルヲ第一ノ先務トスヘシ神経ノ運営ヲ復治メ偉効ヲ奏スルヿ比類ナシトス一即チ吐剤[22]ヲ用ヒ孕[58]鹼酒石。孕[59]蓬酒石。少量ノ吐酒石ニ解凝越幾斯剤ヲ伍メ連服セシメ病重キ者ハ黒烈僕里《ヘツレボリ》[60]根。或ハ越幾斯[61]藜蘆根。瓦刺徴阿刺《ガラチヲラ》[62]葉。格魯董篤丁《コロキントチンキ》[63]幾。甘汞等ヲ与フルニ宜シ或ハ亦悪心ヲ起サシメ饑渇ヲ忍ハシムルモ神経衝動ノ偉功アリトス一而メ芫[23]菁硬膏。吐酒石膏ヲ外貼シ打膿法[29]殊ニ頂窩ノ串線法[64]種疹[65]法疥癬伝染メ精神病自ラ癒ル者アリ艾灸法[66]附ヲ行ヒ若クハ烙鉄ヲ頂窩頭上ニ施ス偶ヽ火傷シテ本病自ラ癒ル者アリ等ノ如キ皮膚ノ刺衝モ亦大ニ宜キ所ナリ総テ躯体ニ疼痛苦楚ヲ起ス者ハ皆此病ニ良験アリトス

其二ハ特効薬ヲ用ヒテ脳ノ運営ヲ転スルニアリ即チ実芰答里斯《ヂキタリス》[67]。毎日三十氏[68]至四十氏浸剤トシ用フ菲阿斯《ヒオス》。莨菪。葉根老利児結爾斯《ラウリールケルス》[69]水。曼陀羅華《マンタラゲ》[70]。羯布羅[71]等其最モ奇功ヲ奏スル者ナリ殊ニ第五十方老利児結爾斯水ニ莨菪ヲ配スル者ハ余屢ヽ用ヒテ其偉効ヲ実験セリ若シ血脈運営ノ亢盛ヲ兼ル者ハ実芰答里斯ニ消石ヲ伍シ第五十一方用ヒ少量ノ吐酒石ヲ交ヘ与ヘ或ハ冷水ヲ外用シ若クハ之ヲ多量ニ内服一日十六至二十比[72]比スルヲ佳トス一然メ凡ソ麻酔薬ヲ用フルニハ最モ謹慎ヲ加ヘサル可ラス其服量度ヲ過コスカ或ハ連用過久ナレハ遂ニ精神病ヲメ麻痱病ニ転セシムルナリ就レ中阿芙蓉ハ謾ニ用ヒ難シ壅塞ヲ致シ血液ヲ頭脳ニ上輸スルノ恐レアレハナリ唯患者已甚シク衰弱メ血脈ノ運営已ニ脱却セル者或ハ過酒年ヲ積ミ脳髄衰弊シテ起レル者ノ如キニハ大ヒニ宜キノミ

無形治法モ亦通法ト各法ト二般アリ一通法トハ諸ヽ

精神錯乱ニ普ク通用スヘキノ法ナリ即《チ》其第一ハ患者ノ智慧ヲ明《カ》ナラシメテ以テ自《ラ》其頑愚ヲ剋スルニ至ラシムルニ在リ故ニ大ニ教育法ニ関係スルナリ凡《ソ》無教ノ頑童ハ大率《子》狂者ニ異ナラス其暴恣姦悪魯鈍等ノ頑愚。主ト為テ自《ラ》智慧ヲ蔽フナリ故ニ之ヲ教育スルノ要ハ務《メ》テ其智ヲ研テ以テ自《ラ》其愚ヲ制セシムルニアルノミ狂者《モ》亦之ヲ教《ヘ》テ其智ヲ明ニスレハ其愚自《ラ》退クニ至ルナリ蓋《シ》教育法ハ柔順ヲ以テ本トス故ニ此患者モ亦柔順ヲ以テ之ヲ教ルノ本トスヘシ夫ノ柔順ハ自己ノ私意ヲ抑《ヘ》テ他人ニ従合スルヿノ常習ト為ル者ヲ云ノミ故ニ既ニ柔順ト為レハ私意自《ラ》退テ公道ニ従フナリ是《ニ》於テ諸事諸件巨細トナク専《ラ》之《レ》ニ習ハシムルヿ猶《ホ》頑童ヲ教《フ》ルガ如クシ亦且《ツ》時ゝ其欲スル所ニ悖テ強テ他事ヲ命スルヲ宜シトス」第二ハ思慮ヲ動《カ》サシメ軀体ヲ役セシムルニ在リ殊ニ開豁気内ニ運転セシムルヲ佳トス内部ノ妄想自《ラ》破レテ神気宣発シ更ニ外物ト交渉スルヿヲ得ルナリ間暇逸居ハ此病ヲ培養スルノ最タル者ナリ強テ作業ヲ操《トラ》シムヘシ但其所業ハ患者ノ才智ト病性トニ準《フ》テ宜キ者ヲ択ムヲ良トス」第三ハ日課ヲ定メ厳ニ時期ヲ刻メ断《ヘ》ス外ヨリ使令ヲ加ヘ怠リ有《ル》ヿ無ラシムヘシ」第四《ハ》遊劇奏楽等愉快ノ事ヲ以テ慰撫スルニ宜シ殊ニ楽器ハ精神ノ変ヲ調フルノ奇験意外ニ出《ツ》ルヿアリ」第五《ハ》之ヲ褒シ之ヲ貶シ驕恣頑強甚キ者ハ呵責叱懲等総テ小児ニ於《ケ》ルト一般ニ之ヲ待スヘシ」第六《ハ》患者ヲメ医或《ハ》看待ノ一人ハ我《カ》腹心股肱《也》ト謂《オモハ》シメ其言行皆我《カ》為《メ》ニスルノ忠実《也》ト信任セシメンヿヲ要ス」第七《ハ》「[73]ゴットヂーンスチゲベギンセル」ヲ発起セシメテ固《ク》之ヲ守《ラ》シムベシ今此法ヲ末段ニ列スレ𪜈実ハ無形治法ノ冠首タル者ナリ何者是《レ》実ニ人ヲメ人タラシムルノ本原ニメ造次顛沛ニモ其心之《レ》ニ係著メ動《カ》サル者ナレハナリ故ニ常ニ寺院[74]ニ詣ラシムルヲ佳トス〔此段ハ彼教法ニ係《レ》ル語多シテ解ス可ラス唯其大概ヲ訳ス〕

其他住地ヲ転シ居処ヲ変スルモ亦《タ》大ニ裨益アリ若《シ》其狂躁強劇甚ナル者ハ勉《メ》テ五官ノ刺衝ヲ避ケ強《ヒ》テ自在ノ運転ヲ抑ヘ或ハ結縛纏包メ力ヲ出サシメス或ハ暗室ニ籠《メ》テ蟄居セシムルヲ宜シトス」各法トハ患者ノ性質ニ応シ病証ノ差異ニ準テ各《ミ》之ニ応答スル無形治法ヲ行フヲ謂フ即《チ》傲謾ナル者ハ謙遜セシメ怯心沈黙ナル者ハ鼓舞メ発揚セシメ一念不動妄慮偽想等ノ者ハ各《ミ》其性ニ応メ其邪念ヲ絶《タ》シメ以テ本心ニ還ラシムル類是ナリ

無形治法固《ト》ヨリ実ニ大功アリト雖𪜈一《ハラ》此法ヲ行フベキハ罕ナリトス大抵有形治法ト並ヒ行ハスンハアラス

凡《ソ》此病ハ甚《タ》治シ難シ之ヲ算スルニ其治セル者大抵四五分ノ一ニ居レリ

依卜昆垤児[41]《ヒポコンデル》 男子ニ依卜昆垤児ト謂ヒ婦人ニ[42]歇以私的里《ヘイステリ》ト謂フ

徴候　百般ノ痙攣証。神経証。交《ミ》起リ諸証彼此契合セスメ屢《ミ》変革シ非常ノ交感ヲ発シ奇異ノ嗜嫌ヲ為シ風気痞脹。酸液鬱滞。大便秘結等ノ腸胃証ヲ兼子喜《ン》テ悲涙ヲ流シ嗜テ幽閑ニ居リ常ニ身事ト其病トヲ以テ憂《ヒ》トシ独《リ》之《レ》カ為《メ》ニ神思ヲ労スルヿ甚《シク》シテ顛沛[75]ニモ之ヲ忘レ難ク奇異ノ想像ヲ起シ自《ラ》大患ヲ抱クトメ薬治怠ルヿ能ハス小心翼《ミ》トメ神思楽マス悲哀鬱悶シテ動《モ》スレハ哭泣シ痙攣将《サ》ニ発セントスル時ハ必《ス》小便淡白ニメ甚《タ》頻数ナル者是ナリ

凡《ソ》此病ハ軽証ト雖𪜈諸証錯雑メ千態万状ナリ重キ者ニ於テハ癲癇[76]。卒厥。恐水。秦漢虞[42]《シンハング》。夢中行歩等ノ険証ヲ起シ或ハ精神錯乱ノ劇証ニ類スル者ヲ発スルヿアリ然《レ》𪜈其狂証真《ノ》精神病ニ非ス其癲癇亦真《ノ》癲癇ニ非ス能《ク》弁別セスンハアラス」

此病ヲ依卜昆垤児《ヒポコンデル》ト歇以私的里《ヘイステリ》トニ分ツハ唯男女ニ就テ其称ヲ異ニスルノミ決メ二病タルニ非ス但之ヲ焮衝性依卜昆垤児ト神経性依卜昆垤児トニ区別スルハ治術ニ益アリトス

其経過甚《タ》不定ナリ或ハ数年連緜スルアリ或ハ生涯退《カ》サルアリ或ハ時ニ間歇〆久ク休息スルヿアリ而《〆》懼ルヘキノ病ニ非スト雖圧病者ノ為《メ》ニモ他人ノ為《メ》ニモ甚《タ》煩ヲ為ス者ナリ故ニ此病ニ於テハ二個ノ要訣アリ其一《ハ》怖レサルノ勇ナリ窒息。癲癇。昏冒。卒厥等ノ至険証アリ圧依卜昆垤児性ナレハ決〆危篤ノ者ニ非ス其二《ハ》惑ハサルノ忍ナリ患者甚[77]懨ノ妄想ヲ為ス圧忍《タヘ》テ之ニ惑ハサル、ヿ勿ルヘシ

原由　近因ハ腸胃ニ循《レ》ル神経変常〆感覚過敏トナリ以テ非常ノ抗抵ヲ起シ奇異ノ交感ヲ発スルナリ」遠因ニ二《ツ》アリ

其一神経衰弱　凡《ソ》男女ヲ問ハス過房。手婬。過慮。労思。痔血月経ノ過泄。刺絡吐下薬ノ過用。遷延下利。淋疾。帯下。或ハ久《シ》ク疼痛ヲ忍ヒ或ハ暴ニ体力ヲ労スル類皆是《ノ》衰弱ヲ起スナリ

其二内部《ノ》刺衝　腹内壅積。痔血欝閉。月経不順。潜伏[9]伊偪篤《イ、グト》。蚘虫等ヨリ此病ヲ発スル者多シ或ハ病ノ全体唯伊偪篤《イ、グト》毒ノ神経ヲ侵襲スルノミニ在テ一朝脚痛ヲ発スレハ諸患乃《チ》一掃シテ痙攣蝉脱スル者アリ或ハ色情鬱沸スレ圧其慾ヲ遂ケス由テ歇以私的里《ヘイステリ》ヲ生スル者少《ナ》カラス故ニ[78]常ニ稗乗ニ耽リ春画ヲ弄シテ慾火ヲ煽動スル人及《ヒ》年少ノ[79]嫠婦ニ於テ殊ニ然《リ》トス或ハ僂麻質《レウマチ》毒。疥癬毒等ノ病毒転徙。或ハ黴毒ノ潜伏等ニ起因セル者《モ》亦多シ医能ク意ヲ用テ撿索セスンハアラス多クハ右ノ諸因彼此相合スル者ナリ

治法　治術ノ要ハ或ハ其遠因ノ刺衝ヲ芟リ或ハ其衰弱ノ原由ヲ除キ或ハ直《チ》ニ神経運営《ノ》調ヲ転セシメテ以テ神経覚機殊ニ腹部神経ノ過敏ヲ降鎮シ其運営ノ変調ヲ復故スルニ在リ」故ニ治法左ノ三則ニ帰ス

〔第一〕先《ツ》其病《ヒ》有形ノ因ヨリ来レルカ将《タ》無形ニ生セルカヲ撿スヘシ腹内壅積。門脈血鬱滞等ノ有形ノ因ヨリ起レル者最《モ》多シ故ニ之ヲ除クヲ以テ第一トスヘシ」其徴ハ坐〆業ヲ操リ黙〆慮リ

ヲ労シ腹部ヲ圧スル衣服ヲ著シ消化シ難キ食餌ヲ喫スル等ノ病因有テ面色[80]黲淡。眼鼻口唇ノ縁ニ黄色ヲ呈シ腹肚痞脹硬満ス而メ細カニ之ヲ按スレハ内臓彼此硬固ト為リ或ハ増大セルヲ覚ヱ食欲乏シクメ定度ナク食後胃中煩満シテ心気鬱重シ[81]上厠罕レニメ硬屎ヲ下シ或ハ数日秘閉シ若クハ不虞ニ泄瀉シ或ハ痔血ヲ泄シ若クハ痔痛ヲ患フル等其他病ヒノ経日彌久ナルト強壮薬害ヲナシテ解凝薬効ヲ奏スル類是レナリ〔腸胃病編華爾屈篤《ハルクト》ノ[82]印《イン》条及ヒ後ニ挙ル痔疾条ヲ併考スヘシ〕其治法ハ解凝法ヲ以テ主トスヘシ即チ[83]蒲公英根。[84]麻爾羅歇《マルローヘ》。[85]蘆根。[86]紫菫。[87]著艸。[88]珊篤里《サントリ》。[89]白屈菜等ノ新鮮絞汁。或ハ越幾斯[90]乳清。[91]酒石葉。[58]孕鹼酒石。[92]安質没《アンチモ》剤。亜児加利《アルカリ》剤。就中曹達石鹼石灰水。硫黄。[93]阿魏。[94]護謨安没尼亜幾《ゴムアムモニアキ》。[95]朴屈福烏篤《ポックホウト》等ヲ撰用シ或ハ冷水ヲ多服シ或ハ「[96]セルチェル」水「[97]ハッシンゲル」水「[98]セドリチェル」水等ノ解凝ノ功アル鉱泉ヲ飲マシメ仍ホ頑固ナル者ハ水銀ヲ内服外用セシメ塩酸重土。[99]失鳩苔《シキウタ》。[49]莨菪。[100]盧会。[63]格魯菫篤《コロキント》丁幾。「[101]プリュムメリ」散〔附〕[102]抜爾撒謨《バルサム》丸。〔附〕[103]越栗失爾剥礴布利篤《エリツシルポロプリート》。[104]末児扶斯《マルチス》鎮痛液。〔名〕「[105]カル、スバット」「[106]マリエンバット」鉱泉ヲ用ヒ解凝灌腸法〔所謂[107]必設刺《ヒッセラ》児羅歇面篤《ルラヘメント》〕微温浴殊ニ石鹼浴。海水浴等ヲ行フヘシ」唯之ニ由テノミ本病ノ全治ヲ得ル者アリ是レ腹部ノ運営復故スレハ神経ノ運営亦自ラ其平均ヲ復スルヿヲ得レハナリ」但シ左件ニ注意センヿヲ要ス即チ多血家。黒胆液家。感動過敏ノ人。痔血ノ患ヒアル者ニハ清涼解凝ノ功アル草根ノ新鮮絞汁。及ヒ越幾斯。塩類等[108]第二十二方ノ如キヲ与ヘ塩気ヲ含ム鉱泉ヲ用ヒ繊維弛緩セル寒粘液質ノ人ニハ第五十三方第五十四方ノ如キ稍ゝ熱性ナル解凝薬ヲ服セシメ血液腹内ニ鬱積セル者ニハ硫黄剤ヲ用ヒ時ゝ蜞鍼ヲ肛囲ニ貼スヘシ」瀉下薬ハ解凝セスメ却テ其功ヲ妨碍スルヿアリ故ニ下利ヲ要スル者モ唯解凝薬ノ服量ヲ増シテ日ニ一二回ノ通利ヲ得セシムヘシ然レ𪜈汚物鬱滞ノ徴有テ食欲欠損。腹部痞満。疝痛等ノ証アル者ハ下剤或ハ吐剤ヲ投セサル可ラス若シ夫ノ壅積頑固ナル者ハ解凝灌腸法前ニ出ツヲ主トスヘク痙攣甚キ者ハ解凝薬ニ鎮痙薬ヲ配用シ衰弱甚キ者ハ苦味強壮薬。鉄剤及鉄気ヲ含《メ》ル鉱泉ヲ兼用スヘシ病ノ季期ニ在テハ其壅積多《ク》ハ唯衰弱ニ係ルヲ以テ殊ニ之ヲ宜シトス」而《メ》騎馬等《ノ》肢体運転モ亦欠《ク》可ラサルノ一良法ナリ唯《ヽ》之ニ由テノミ其壅積間《ヽ》自《ラ》疏解スルヿアリ且《ツ》早旦空心ニ腹部ヲ摩擦スルモ亦大《ヒ》ニ佳シ

自余[9]伊偊篤《イーグト》。僂麻質《レウマチ》。瘰癧。疥癬。黴毒。蛔虫等ノ有形ノ因ヨリ来レル者亦少《ナ》カラス能ク之ヲ撿揸メ各《ヽ》応証ノ治法ヲ行フヘシ

〔第二〕他因ナクシテ唯衰弱ノミニ起因セル者ハ之ヲ単純神経性[41]依卜昆垤児《ヒポコンデル》ト謂フ」帯下。淋疾。下利。遺精。失血。崩漏。下剤解凝薬ノ過用等ノ如キ衰弱ヲ起スノ原由有テ弱脈。疲労。体温寡少等ノ衰弱ノ諸証具《ハ》リ且《ツ》有形ノ病因更ニ之《レ》ナキ者是ナリ此証ハ唯其衰弱ノ起因ヲ除クヲ以テ専務トスルノ外《カ》他策アル者ニアラス故ニ下利。淋疾。帯下。遺精等ノ治法ヲ行ハサルヘカラス」就中遺精ハ此証ノ因ト為《レ》ルヿ多シト雖氏陰部ノ衰弱多《ク》ハ其感動過敏ヲ兼ルカ故ニ尋常ノ強壮滋補薬ハ益《ヽ》刺衝ヲ起シテ液ノ輻湊ヲ進メ以テ愈《ヽ》遺泄ヲ促スノ恐《レ》アリ宜《ク》清涼ヲ兼ル強壮収濇滋養ノ剤ヲ撰用スヘシ即《チ》[109]収斂亜的児。第五十五方明礬。[110]百薬煎第五十六方等ヲ与ヘ諸《ヽ》刺衝起熱ノ食料ヲ禁シ筋ノ運転ヲ避ケ以テ漸ク過敏ノ感覚鎮靖スルヲ俟テ幾那。[111]括失亜《クハッシア》。[112]格綸僕《コロンボ》。鉄。[113]依蘭苔傑列乙等ヲ用ヒ総身局処ノ冷浴法ヲ行ヒ陰部。会陰。薦骨上ニ冷滴浴ヲ施シ脊椎下辺ニ強壮薬ヲ塗擦シ海水「[114]ピロモント」「[115]ドリビュルグ」共ニ鉱泉等ニ浴セシムルヲ佳トス

〔第三〕神経運営ノ調ヲ転シ且《ツ》之ヲ強壮ニスルノ法アリ」単純神経性依卜昆垤児《ヒポコンデル》無形ニハ固《ト》ヨリ終始此法ヲ行テ全功ヲ遂クヘク有形依卜昆垤児モ亦有形治法ニ兼テ之ヲ行ハンヿヲ要ス」所謂転調治法「[116]オムステムメンデ ゲ子ースウェイセ」ハ神経ノ変調ヲ復

シテ総身殊ニ消食器ノ感覚過敏ヲ鎮靖スルニ在リ其感覚過敏ト之レニ兼ル所ノ衝動トヲ鎮靖スレハ自《ラ》「強壮ノ功用ヲ為スナリ故ニ感動過敏ノ患者ニ於テハ此法乃《チ》無比ノ強壮治法トナル而《メ》其治法ハ唯鎮痙薬ヲ用《フ》ルニ在ルノミ即《チ》纈艸。[117]橙葉。橙皮。[118]水楊梅。[119]葛私多僂謨《カストレウム》。[120]瓦爾抜奴謨《カルバヌム》。[109]収斂亜的児。[121]忽弗満《ホフマン》鎮痛液。[93]阿魏。燐酸等ヲ与ヘ単微温浴或ハ神経強壮薬ヲ加《ヘ》タル浴法ヲ命スル等ナリ」蓋シ此病ハ唯此類ノ緩性薬ヲ久ク数月連用メ非常ノ大効アル者ナリ唯生橙葉二枚ヲ浸剤トシ日〻朝暮ニ冷服シテ奇験ヲ得タル者多シ予ハ実験ニ拠テ橙葉。纈草。[122]黙栗薩《メリッサ》。水楊梅ノ泡剤第五十七方ヲ製シ唯之レノミヲ久服セシメテ全功ヲ収メシ者少ナシトセス」総テ[41]依卜昆埿児《ヒポコンデル》。[40]歇以私的里《ヘイステリ》ノ治法ニ於テ最《モ》欠ク可ラサル者ハ神経運営ノ平均ヲ復スヘキナリ[123]覚系ト[124]動系ト平均ヲ失フ者殊ニ多ニ居ル故ニ諸筋ヲ運転シ微温浴ヲ行ヒ郊外ニ散歩シ山野ニ旅行シテ開豁気中ノ生気ヲ引キ以テ神経ヲ活潑舒暢センヿヲ要ス凡《ソ》「外気ニ浴スルヿハ神経虚衰家ニ無比ノ強壮薬トナル者ニメ[125]什麼ノ患者タリ𪜈更ニ忌ム可キ者アルヿナシトス」真ノ強壮治法ハ始《メ》ヨリ転調治法ト兼《子》行フヘキ者素《ヨリ》之レアリ仮令《ヒ》否ラサル者モ必《ス》之ヲ本治法ノ結局トナス可シ是レ此病ハ荏苒日ヲ延《ヒ》テ自《ラ》「衰弱ヲ致スカ故ニ其終リ必《ス》「強壮法ヲ以テ其全治ヲ固定シ再発ヲ預防セサルヘカラサレハナリ然レ𪜈強壮法ヲ行フニハ患者感動ノ鋭鈍ト腸胃汚物ノ有無ニ注目センヿヲ要ス若《シ》夫《ノ》感動過敏ノ患者ニ誤テ初《メ》ヨリ保固収濇ノ強壮薬ヲ投スル時ハ薬液消化セス胃中ニ停滞シ困重煩悶痙攣等ヲ起シテ食欲ヲ減シ強壮ノ功ヲナサスメ却テ衰弱ヲ来《タ》スナリ故ニ其感動ト薬力ノ強弱ト斟酌シテ撰用セスンハアラス血脈過敏ノ者及《ヒ》血液鬱滞ニ傾ク者ニ於テハ殊ニ然《リ》トス是等ノ患者ニハ先《ツ》[109]収斂亜的児ヲ連用スルヲ宜シトス若《シ》此薬モ仍《ホ》其刺衝ノ過ルヿヲ察セハ燐酸ニ[54]纈艸。[117]橙葉。

蓍艸ヲ伍シ用ヒ微温薬艸浴ヲ行ヒ而メ後徐ク少ヤ、強キ苦味収濇薬ニ移ルヘシ」腸胃汚物未タ全ク脱セサル者此患者皆衰弱ヲ兼ルカ故ニ全ク腸胃ヲ清刷スル丁能ハスハ先ツ蒲公英。蓍艸。[87]珊篤里《サントリ》。[88]睡菜。[126]麻爾羅歇《マルローヘ》[84]ノ浸剤及ヒ越幾斯等ノ如キ純苦味薬ニメ少ヤ、解凝ノ功アル品ヲ撰用シ次ニ亜爾鮮《アルセム》[127]。格綸僕《コロンボ》[112]。括失亜《クハッシア》[111]冷浸ヲ殊ニ佳トスヲ与ヘ或ハ之レニ大黄。[128]孕鹼酒石ヲ配用シ而メ後徐ク幾那。[58]橙皮。鉄。葛斯加栗刺《カスカリツラ》[129]。鉄気ヲ含メル鉱泉等ニ転スヘシ」但シ此諸薬モ仍ホ始メハ揮発製法ノ者ヲ用フヘシ即幾那ノ如キハ初メ[130]洳乙篤幾那丁幾《ウエート》[131]ヲ良トシ鉄ノ如キハ先ツ末児扶斯鎮痛液《マルチス》[132]。第五十八方硇鉄華。[133]鉱泉等ヲ用ヒ浴法モ始メハ強壮薬草浴。次ニ鉄浴。一浴ニ[134]撒児末児扶斯三[135]銭ヲ溶化ス又次ニ川水冷浴。海水冷浴等ニ移ルヘシ浴法ノ此病ニ於ル其効大ニ内服薬ニ優ル丁アリ」若夫ノ神経感覚甚タ過敏ニメ極メテ緩弱ノ薬モ非常ノ刺衝ヲ起ス者ハ神思ヲ安静シ支体ヲ労動セス諸ヽ刺衝ノ品ヲ避ケ神経ヲ感攪スル者ハ悉ク之ヲ禁絶シ居ヲ田舎ニ移シテ養フ乳汁ニ資ルヨリ強壮ノ功ヲ為ス者ナシ是ヲ涅子[136]瓦扶歇《ガチヘ》強壮法ト謂フ〔涅瓦扶歇ハ虚無ノ義又奪却ノ義ナリ〕凡ソ強壮法ヲ行フニ当テハ殊ニ厳ニ食規ヲ守ラシムル丁喫緊ノ要務トス即チ茶。骨喜《コーヒー》等ノ熱服ヲ禁シ植物類就中葱。蕪。莢豆ノ類ノ消化シ難クシテ風気[137]ヲ生シ易キ食物ヲ避ケ総テ食量ノ度ヲ節セシムヘシ是レ此病ハ胃中停滞ヲ致シ易ク停滞スレハ吐下薬ヲ用ヒサルヘカラスメ之ヲ用フレハ必ス強壮治法ノ功用ヲ退却セシムレハナリ

姑息治法ハ依ト昆埡児ニモ歇以私的里ニモ共ニ欠ク可ラストス此病ヒ素トヨリ神経ヲ鎮靖スルヲ以テ治法ノ本旨トスルカ故ニ啻ニ其急苦ヲ軽快セシムルノミナラス亦大ニ其本治ヲ扶クレハナリ」而メ此患者ノ毎ツ子ニ常苦ム所ノ最ナル者ハ痙攣。便秘。酸液鬱滞。風気痞脹ナリ故ニ鎮痙薬。制酸薬。[138]駆風薬。[139]疎滌薬ヲ必需ノ姑息薬トス所謂依ト昆埡児散[140]麻偏涅失亜。[141]孕礬酒石。[128]大黄。纈艸。[142]茴香ヲ研和スノ製蓋シ茲ニ原クナリ其他灌腸法[93]阿魏一二銭亜刺比亜護謨ヲ研和メ之ヲ行フ一屁転去シ

テ諸患乍チ一掃スルヿアリ脚浴法ヲ行ヒ[121]忽弗満《ホフマン》鎮痛液。[119]葛私《カス》多僂謨《トレウム》。[54]纈艸丁幾。[143]鹿琥液。[93]阿魏等ノ鎮痙薬ヲ用ヒ鎮痙軟膏ヲ胃部脊椎ニ塗擦シ昏冒スル者ハ香竄水ヲ以テ前額顳顬ヲ洗ヒ或ハ鼻前ニ羽毛ヲ焚キ葱根ヲ割テ之ヲ嗅シムル等皆偉効アリ」此病ハ患者ノ覚機種〻変易セル者相集テ一異性ノ証ヲ為スヲ以テ鎮痙薬ヲ合用スルニハ殊ニ之ニ注目センヿヲ要ス麝香ノ如キ佳香ノ品モ歇以私的里家ハ多《ク》之ヲ嫌フ者アリ」阿芙蓉ハ便秘ヲ起スノ害有テ患者之《レ》ニ慣レ易ク且《ツ》連用スレハ遂ニ之ヲ欠クヿ能ハサルニ至ル故ニ已ムヿヲ得サルノ時ニ非レハ妄《リ》ニ与フヘカラストス」唯普ク用《ヒ》テ無危ノ品ハ菲阿斯《ヒオス》ナリ便秘ノ患《ヒ》ナク起熱ノ恐《レ》ナク殊ニ情意ヲ鎮靖スルヿ大ニ阿芙蓉ニ優レリ」諸《ヽ》神経証等《シ》ク皆神経衰弱ニ出ツト雖𪜈多血或ハ血脈ノ感動過敏ヲ兼ル者アリ鑑別セサル可ラス是ノ如キ者ハ諸《ヽ》熱性ノ鎮痙薬。刺衝薬ヲ禁シテ[144]亜鉛華。菲阿斯《ヒオス》。[69]老利児結爾《ラウリールケル》

斯《ス》水。[145]甘消石精等ノ如キ清涼鎮痙薬ヲ与ヘ[146]芥子泥等ノ反対刺衝法ヲ施シ脚浴灌腸法ヲ行フニ宜シ」瀉血殊ニ刺絡ハ単純神経性ノ者殊ニ歇以私的里家ニ甚《タ》害アリ誤テ之ヲ行ヘハ諸証ヲ劇発シテ危険ニ陥《オトシイ》ルヿアリ慎《マ》サル可ラス」凡《ソ》依卜昆垤児。歇以私的里ノ劇証ハ少年ノ徒。未熟ノ輩ヲ〆大ニ疑惑ヲ生セシメテ困厄セシムルヿ少《ナ》カラス乃《チ》或ハ眩暈乍《チ》[147]卒厥ニ転シテ数時数日依然ト〆省覚セス或ハ咽喉絞窄証ヲ発シテ数時間呼吸窒絶シ或ハ搐掣シテ全《ク》癲癇ニ類スルノ証ヲ起シ或ハ胸内腹中ノ一処ニ劇痛ヲ発シテ動モスレハ輒《チ》局処ノ焮衝ト誤認スルヿアル等ナリ精細ニ診察シテ純一ノ痙攣証タルヿヲ鑑定シ以テ他病ト区別センヿヲ要ス其徴小便灰白ナルト尿意頻数ナルト咽中弾丸ヲ挿ムカ如キヲ覚ユルト〔所謂梅核気〕喜テ涕泣スルト従来[40]歇以私的里《ヘイステリ》証アルト諸証ニ較著ノ因ナキト熱ヲ帯ルヿナキト是ナリ若《シ》能ク他病ニ非ルヿヲ認《メ》得レハ乃《チ》危険ノ

恐レナシ前ニ掲クル諸法ヨク之ヲ治ルヿヲ得ヘシ」然レ𪜈患者壮年ニ〆多血ナルカ或ハ出血抑遏セル者ノ如キハ諸証留連スルニ随テ貴要ノ部ニ危険ノ血液鬱積卒中ノ類ヲ致スヿアリ独リ此証ハ刺絡シテ其危害ヲ免レシムルヿ緊要ナリ

扶氏経験遺訓巻之八終

巻之八註

1 *neuroses*。
2 zenuwziekten。
3 gevoeligheid　感覚。感受性。
4 werkzaamheid　動作。運動。
5 overdraging　転移。
6 白帯下。こしけ。
7 ヒョウカン。geestrijke　アルコール度の強い。
8 opgeheven evenwigt（*antagonismus*）　失われた平衡（対立）。
9 jichtige　関節炎。痛風。
10 splinters　竹や木のとげ。
11 werktuigelijke pirrikels　機械的、自動的刺激。
12 ophooping van onverteerde spijzen　不消化食物の蓄積。
13 肌のきめ。
14 antagonistische overplaatsing　対立的移動。
15 コウショ。かりそめ、一時的。
16 これらの薬名は蘭原書にない洪庵の挿入語。實百児油のジッペルはドイツ人医師 Johann Conrad Dippel（一六七三－一七三四）の名で、ジッペル油は動物の骨、角などを蒸留して得た油。加那普的油は cajeput　カエプテ樹から採った油。
17 aether　エーテル。
18 *acria metallica*　激性の金属。
19 ローグエン。loogzouten　灰汁塩。ニガリ塩。
20 eletriciteit　電気。電流。
21 galvanismus　直流電気。
22 酒石酸アンチモンカリウム。
23 ゲンセイ。カンタリス。
24 中風。卒中。
25 ソウランギク。トリカブトの類。
26 flikkeren vor de oogen　眼の閃光。
27 ザントウ。doordringende　浸透性の鋭い。
28 tegenprikkeling　対抗刺激法。
29 kunstmatige zweren　人為的化膿法。
30 刺激物。
31 homoeöpathische kuur　ホメオパシー。同種療法。

32 zielsziekten　狂気。
33 *insania*。
34 waanzin　狂気、錯乱。
35 melancholie。
36 manie。
37 *amentia*　急性錯乱症。
38 *fatuitas*。
39 *somnambulismus*　夢遊病。
40 hysterische　ヒステリー。
41 hypochondrische　心気症。
42 原文は catalepsis　秦漢虞《シンハング》は zinvang　感覚固定。
43 huiduitslagen　発疹。皮疹。
44 waterzucht　水症。
45 uittering　衰弱。
46 wijn　ブドウ酒。
47 koffij　コーヒー。
48 *opium*　阿片。
49 *belladonna*　ベラドンナ。ハシリドコロ。
50 ジクケツ。鼻血。
51 ショウジュ。こめかみ。
52 炎症防止薬。
53 冷湿布。
54 *valeriana*　セイヨウカノコソウ。ワレリアナ根。
55 *arnica*　アルニカ。
56 *Aristolochia serpentaria*　ウマノスズクサ科。
57 *rubefacientia*　チフスなどの熱性病で皮膚を刺激して充血を起こさせる法。
58 *tartar. tartarisalus*　硫酸塩を含んだ酒石。
59 *tartar. solub.*　硼酸塩を含んだ酒石。
60 *hellebori nigri*　クリスマスローズ。
61 *rad. vratri alb.*　バイケイソウ。
62 *herb. gratiloe　Gratiol officinalis*　極度に苦いが、それだけではなくその毒性のために今日ではあまり使用されることはない。
63 *tinct. colocynth*　コロキントチンキ。
64 seton　排膿法。
65 opwekking van uitslagziekten　発疹による回生。人為的発疹刺激。
66 moxa　灸。
67 *herb. digitalis*　ジギタリス。
68 grein　一グレインは約六五ミリグラム。
69 *aqua laurocerasi*　月桂樹水。
70 *stramonium*　ヨウシュチョウセンアサガオ。
71 カンフラ。kampher　樟脳。
72 ポンド。薬量一ポンドは約三七三グラム。
73 godsdienstig beginsel　宗教の本原。洪庵は当時のわが国の外来宗教に対する状況を考慮して、この語を音訳に止めたと思われる。

74 kerk　教会。これに続く洪庵の註参照。
75 テンパイ。つまづき倒れることから咄嗟の意。
76 asphyxie　脈拍消失。呼吸停止。
77 イカン。どんな。
78 ヒジョウ。romanlezen　稗は小説。
79 ブフ。weduden　寡婦。
80 サンタン。うすぐろい。
81 ジョウシ。便所へ上がること。
82 梗塞。
83 *extr. taraxac*　タンポポ根。
84 *marurub.* malrove　マルバハッカ。ニガハッカ。
85 *gramin.*　ヨシの根。
86 *fumar.*　カラクサケマン。
87 *millefol.*　セイヨウノコギリソウ。
88 *centaur .min.*　センタウリウムソウ。
89 *chelidon.*　クサノオウ。
90 *serum lactis*　ラクト。血清。
91 *terra foliat. tartar.*。
92 *antimonialia*。
93 *asa foetida*　アギ。アサフェチダ。*Ferula asafoetida* から得る樹脂。
94 *g. ammoniac.*　*Dorema ammoniacum* から採るカルバヌムと同類の樹脂。
95 *guajac.*　癒瘡木。
96 Seltzer water。
97 Fachinger water。
98 Sedlitzer water。
99 *cicuta*　ドクゼリ。
100 *aloë*　アロエ。
101 *pulv. plummeri*。
102 *pil. balsam.*　バルサム剤。
103 原文は *elixir. ph. p.*。
104 原文にこれに相当する語はない。
105 Karlsbad　カールス泉。硫酸ナトリウム、硫酸カリウム、塩化ナトリウム、重炭酸ナトリウムを含む。
106 Mariënbad。
107 viseraal lavementen　内臓灌腸。
108 蘭原書は第五十二方となっている。
109 *elix. acid. hal*。
110 *terra catechu*　ガムビール。阿仙薬。
111 *quassia*　セイヨウニガキ。
112 *colombo*　コロンボ。
113 *gelatina lichen. Island.*　イスランド苔粘液。
114 Pyromont。
115 Driburg。
116 omstemmende geneeswijze。
117 *fol.et cort. aurant.*。
118 *rad. caryophyllat.*　セイヨウダイコンソウ。

119 *castreum* 海狸香。

120 *galbanum Ferula galbanum* より採れるゴム状樹脂。ゴムアンモニアキと同類。

121 *liq. anod. hoffm.*。

122 *hb. meliss.* 芳香油。

123 stelsel der gevoeligheid 感覚系。

124 stelsel der prikkelbaarheid 刺激系。

125 ジュウマ。いかなる。

126 *trifol. fibrin.* ミツガシワ。苦味健胃剤。

127 *absynth.* ニガヨモギ。

128 rhabarber ダイオウ。

129 *cascarill.* カスカリラ。苦味液。苦味健胃薬。

130 vlugtige vormen 揮発性のもの。

131 *tinct. cortices. pereu. Whyttii* ウイト氏ボリビアキナノキ皮チンキ。

132 *flor. salis ammon. martial.*。

133 *tinct. ferri aetherea*。

134 *vitriol. martis* 硫酸マルチス。

135 drachmen ドラクマ。薬量一ドラクマは約三・九グラム。

136 negative 否定的。

137 屁。

138 carminativa。

139 buik opening 腹部洗浄薬。

140 *carbon. magnes.* 炭酸マグネシウム。

141 *tartar. vitriolat.* 硫化酒石酸。

142 *sem.* foeniculi ウイキョウ。

143 *liq. c. c. succin.*。

144 *flor. zinci* 酸化亜鉛。

145 *spirit. nitri dulcis*。

146 *mostaardpappen* カラシ湿布。

147 flaaawten 失神。気絶。

（表紙）

扶氏経験遺訓　九

扶氏経験遺訓巻之九

足守　緒方章　公裁　同訳

義弟郁　子文

西肥　大庭悉　景徳　参校

其二痙性病「[1]カラムプアグチゲシーキテン」

総論

動機覚機ヲ問ハス凡ソ神経ノ運営亢盛セル者常調ヲ変セル者総テ之ヲ痙性病ト謂フ」其侵ス所ノ器各異ナルニ随テ現ハル、所ノ証百般ナリト雖氏素ト是レ一轍ノ神経病ナルカ故ニ治法亦少差アルノミニメ皆一轍ニ帰ス

癲癇「[2]エピレピシア」羅「[3]ファルレンデシーキテ」蘭

徴候　[4]搐搦シテ人事ヲ省セス叫号シテ顛仆シ口ニ泡沫ヲ吐キ緊シク拇指ヲ掌中ニ盤屈ス余指仍ホ掣引動揺シテ拇指ノ筋独リ彊直緊張ヲ致ス而メ其搐搦微ナリト雖氏人事ヲ失フ者ハ皆之ヲ癲癇トシ諸証暴劇ナリ氏仍ホ能ク人事ヲ省スル者ハ之ニ算入セス

其病タル必ス時有テ発作ス而メ其発作ニ二期アリ搐搦期ト昏睡期ト是レナリ其搐搦期短キハ一二密《ミ》[5]扭篤《ニュート》ニメ止メ氏長キハ一二時ニ至ル而メ其発スルニ毫モ前徴ナク忽焉トメ叫号シ倒ル、[6]恰モ雷火ニ中レルカ如キ者アリ或ハ煩悶頭痛悪心等ノ前徴有テ而メ後ニ発スル者アリ」其奇異ナル者ハ所謂覚風癲「[7]アウラエピレプチカ」ナリ其始メ凛然タル微風ノ感ヲ手指頭若クハ足指端ニ覚エ其感覚漸ク上攻シ来テ脳内ニ達スレハ輒チ卒然トメ顛

倒ス或ハ又此証五官ノ一ヨリ始《マ》ル者アリ即《チ》先《ツ》異臭。異味。異色。複視等ノ感覚有テ而《メ》後乍チ本証ヲ頻発ス

其発作正《シ》ク時日ヲ刻スル者或ハ毎夜一発スルアリアレ圧多《ク》ハ定《レ》ル時刻ナクシテ毎週毎月或ハ毎年一発シ或ハ二発ス

其終始甚《タ》不定ナリ生涯連緜スル者少《ナ》カラス且《ツ》其病タル甚《タ》治シ難シト雖圧死病ニ非ス唯顛仆メ毀傷スルヿ有ルカ為メニ危険也トスルノミ而《メ》介者ノ為《メ》ニハ甚《タ》困難ニメ人ノ嫌忌ヲ起シ易ク且《ツ》伝染ノ恐《レ》ナキニ非ストス

其治癒スル者二十人ニメ一人ニ過キス死スル者ハ甚《タ》罕《レ》ナリ其終《リ》精神衰弱。痴呆。発狂。水腫。消削病等ニ転スルヲ常トス

原由　近因ハ神経系運営ノ常調ヲ差フヿ最モ甚《シ》キ者ニメ皆必《ス》脳中ニ在リ蓋《シ》其動機ヲ司ル部ニ即延髄ニアリトス自余《ノ》搐搦病其近因脊髄中ニアリト異ナル所以唯茲ニ在ルノミ」且《ツ》此病ヲ患ヒテ死セル者ヲ解観スルニ必《シモ》器質ノ変アルヲ見ズ故ニ器質ノ変ハ適《ヽ》此病ノ遠因ヲ為セルヿアリ圧決メ近因ト為ル者ニ非ス」而メ神経病常因総論ニ出ツノ他。遺伝《ノ》素質。神経《ノ》衰弱。房事過度。驚駭劇甚。或ハ他人ノ癲癇証ヲ視テ深ク之ヲ感セシ等。或ハ蛔虫。条虫。腸胃汚物。腹内壅積。内臓閉塞等。或ハ病毒ノ転[8]徙。殊ニ疥瘡頑癬ノ類形器性ノ刺衝物。骨片或《ハ》腐骨ノ嵌入出血ノ[9]閉止殊ニ衄血等皆此病ノ遠因ト為ル」尚且《ツ》本病久《シ》ク留滞スレハ神経ニ此《ノ》異常ノ運営ヲ起スヘキ常習ヲ得ルモ亦遠因ノ一ニ属ス

治法　根治法左ノ四件ニアリトス

〔第一〕遠因ヲ蹤跡メ之ヲ除祛スヘシ唯之ヲ除クノミニメ全功ヲ収《ム》ル者甚《タ》少《ナ》カラス」其一。腹内刺衝虫病。腹内壅積。内臓閉塞。ナリ此証ハ解凝薬ヲ久服セシメテ八日毎ニ吐法ヲ行ヒ頑証ニ於テハ尚《ホ》[10]盧会。[11]甘汞。[12]蘇甘没扭譔《スカムモニユム》。[13]格碌董篤丁幾《コロキントチンキ》等ノ峻下薬ヲ少量ニ与ヘ解凝灌腸法ヲ施スヘシ一年間此灌腸法ヲ連施シテ全治セル者予自《ラ》実験セリ」其二。多房手婬ニ由レル衰弱ナリ此

証ハ神経労。脊髄労ノ治法ヲ行フヘシ殊ニ幾那ヲ末服セシメ鉄剤ヲ用フルヲ良トス」其三。疥癬毒転徙神経ヲ襲フ者ナリ此証ハ硫黄。水銀。安質没扭《アンチモニー》。[14]朴《ポッ》屈福烏篤《クホウト》脂。[15]薩爾沙《サルサ》。[16]蜀羊泉等ヲ内服セシメ硫黄浴ヲ行ヒ久ク[17]打膿法ヲ施スニ宜シ

〔第二〕体内ニ他患有テ此病ヲ媒起シ且《ツ》留連セシムルヿアリ詳ニ撿メ之ヲ芟[18]ルヘシ」就中血脈ト神経ト対称ヲ違テ然ル者ヲ多シトス少年多血家及《ヒ》痔血月経閉止ノ者ニ於テ屢ヽアル所ナリ此証ハ栄養ヲ減シ睡眠ヲ省キ肢体ヲ運転シ淡薄ノ植物ヲ食料トシ六週或ハ八週毎ニ刺絡ヲ行ヒ二週毎ニ下剤或ハ「ビットルワートル」[19]鉱泉一鐘ヲ与ヘ打膿法ヲ施シ痔血ヲ呼導シ月経ヲ催起スヘシ」若《シ》之ニ反メ諸液脱泄ヨリ起レル者ハ素《ト》ヨリ滋養強壮ノ治法ヲ行フヘシ

〔第三〕前二段ノ治法効験ナク或ハ其遠因ノ徴スヘキ者ナキハ直治法ヲ行フヨリ他策ナシ即《チ》直《チ》ニ神経上ニ掙[20]扎メ其調ヲ転シ其変ヲ復ス可キノ治法ナリ所謂治癲薬ナル者甚《タ》多シト雖𪜈予自《ラ》用《ヒ》テ偉効ヲ得シ者六種アリ亜鉛ト銅ト纈草ト橙葉ト幾那ト頭上ノ灌水或海水浴ト是ナリ」而《メ》就レ裡亜鉛ヲ最《モ》偉効アリトス宜ク多量ニ服メ久ク連用スヘシ則《チ》丸薬ニ造テ第五十九方始《メ》朝夕一[21]氏宛用ヒ隔日毎ニ半氏ヲ増加メ悪心ヲ起スニ至リ是ニ於テ其量ヲ減ス斯ノ如クスル𪜈ハ十氏乃至二十氏ニ至ル𪜈害アル者ニ非ス頑証ハ半歳若《ク》ハ周歳之ヲ連用シ軽証モ毎月二週間連服スルヲ佳シトス或ハ第六十方ノ如ク他ノ諸薬ヲ合スレハ殊効アリトス」纈草ハ第六十一方ノ如ク纈[22]草油ヲ加ヘ用フヘシ大ニ其功力ヲ増スナリ」橙[23]葉ハ其末四[24]銭[25]橙葉泡剤ヲ以テ送下スルヿ日ニ二三次ナルヘシ殊ニ過房手婬等ニ起因セル者ニ奇効アリ」又艾[26]根末至一[27]銭温《メ》タル麦酒ヲ以テ毎晩頓服シ次テ発汗スルモ亦良験アリ」[28]「ラゴロセ」散未詳モ亦然リ」頑証ハ謹慎ヲ加ヘテ銀[29]礬第六十二方ヲ用フルモ亦良シ唯服後患者ノ皮膚黒色ト為ルヲ悪ムヘキノミ」其他莨[30]

菪。菲阿斯《ヒオス》[31]。双鸞菊[32]。実芰答里斯《ヂギタリス》[33]。蔓陀羅華《マンダラゲ》[34]等ノ麻酔薬独《リ》阿芙蓉ハ血液ヲ脳ニ上輸セシメテ卒中ヲ起スノ恐《レ》アリ用フヘカラスモ亦用フヘシ但《シ》此諸薬ハ服量強カル可カラス連用久シカル可ラス本病ヲメ痴呆ニ変セシムレハナリ」

自余 実百児油《ヂッペル》[35]。加耶普的油《カヤフーテ》[36]。燐。水銀。佛甲草[37]。「ホミトリア」[38]「ガレウムリユテウム」[39]「プラテンシス」[40]「セタキユムニユカー」[41]四品未詳 越列幾的児《エレキテル》[42]。艾灸法[43]或ハ烙鉄ヲ頭蓋骨上ニ施ス等ヲ称用ス」凡《ソ》右ノ諸薬〔按ニ麻酔薬ヲ除クノ他〕ハ久ク連用セン丁ヲ要ス唯其発作ノ歇ムノミナラス神経ノ常習ヲ脱却シテ其素因ヲ消滅スルニ至ラスンハアラス故ニ数月連用メ其発作全ク治ス𪜈仍《ホ》一二年《ノ》間其効験アリシ所ノ前薬ニ幾那ヲ加ヘテ毎月二週間之ヲ用フルヲ佳トス世間ノ癲癇一旦治スル丁有ルモ久《シ》ク保続スル丁能ハサル所以ン皆此則ヲ守ラサルニ在ルナリ

〔第四〕右件ノ治法皆功ナキ者ハ皮疾種法[44]疥癬ヲ佳トス或ハ痔血呼法ヲ行《フ》テ以テ人為ノ分利[45]ヲ起ス丁ヲ試ムヘシ

姑息法ハ唯其発作ヲ預防スルニ在ルノミ故ニ前徴アル証ニノミ之ヲ行フ丁ヲ得ヘシ其最《モ》効アルモノハ吐薬。鹿琥液[46]。実百児油[35]ナリ又艾根末一銭温《メ》タル麦酒ヲ以テ送下シ直《チ》ニ蓐ニ就クヲ佳トス」夫《ノ》[7]覚風癲ノ如キハ手足ノ関節ヲ緊縛シテ神経ヲ遮止シ以テ其感覚ノ脳ニ輸《タ》ルヲ防クヘシ故ニ此患者ハ常ニ螺旋ヲ具ヘタル革帯[47]即「トウルニクエット」ヲ其部ニ備ヘ其感覚ノ発スルニ方テ急ニ螺旋[48]ヲ捩転シ以テ緊縛スルヲ良トス」其既ニ発作スルニ及テハ唯静《カ》ニ軟蓐ニ臥サシメテ其痙攣ヲ安《ラ》カナラシメ以テ毀傷ノ患ナカラシムルノ外《カ》他技無シトス何者此時ニ方テハ口《チ》物ヲ嚥下スル丁能ハス灌腸薬モ内ニ入ル丁能ハス或ハ之ヲ注入スル丁ヲ得ルモ直《チ》ニ流出スル者ナレハナリ

舞踏病「[49]コレア」羅「[50]ストフィチュスダンス」羅

徴候　一部或ハ総身ニ不随意ノ運動ヲ発シテ其運転患者平素慣ル、所ノ動作ヲ擬シ且《ツ》動モスレハ彼此其部位ヲ転換シ而《メ》能ク人事ヲ省ス是《レ》癲癇ニ異ナル所以《ン》ナリ」此病軽重甚《タ》差異アリ或ハ唯肘顔舌ノ一部ニノミ発スルアリ 発歔スル口吃ノ類之ニ属ス 或ハ半身ニ発スルアリ或ハ時ヲ定《メ》テ発歔スルアリ或ハ常ニ留連メ睡中ノミ休止スルアリ或ハ暴劇ナル奇異ノ運転ヲ起スアリ即《チ》数時間跳躍シ疲労ヲ極《メ》テ而《メ》倒仆シ或ハ偏足ニ抛テ劇ク全軀ヲ旋転シ或ハ高ク上《ミ》ニ飛揚シ或ハ遠ク前《ヘ》ニ跳進ス其最《モ》甚キ者ハ所謂奔痙「[51]ロープカラムプ」是《レ》ナリ患者ノ足脚能ク其意識ニ逆《フ》テ其体ヲ担ヒ去リ馳駆スルヿ数時自《ラ》佇立スルヿ能ハス其終リ転倒メ始《メ》テ自《ラ》止ムノミ」此病ハ身体方《サ》ニ長成スルノ時 七歳ヨリ十六歳ニ至ルノ年齢 ニ最《モ》多ク発ス而《メ》男子ヨリハ女子ニ多ク高爽ノ地ヨリハ卑湿ノ地ニ夥シ」或ハ又一般流行スルヿアリ或ハ又他人ニ伝染スルヿアリ衆人輻湊ノ地ニ於テハ殊ニ然リトス」凡《ソ》此病ハ生命ニ係ルノ危惧ナクメ亦能ク治スヘシ唯其一局処ニ発スル者 [52]日眼瞤斜ノ如 シハ生涯ノ宿患ト為ル者多シ

原由　近因ハ素《ト》ヨリ神経運営ノ常調ヲ変セル者ニメ其患《ヒ》脳髄ニ在ラス恐クハ脊髄内ニ在リトス」而《メ》神経病常因ノ他。諸《ゝ》神経病。体軀発生ノ機。蛔虫《ノ》刺衝。地方《ノ》卑湿等其遠因トナル

治法　其治則癲癇ニ同シ唯彼《レ》ニ比スレハ大《ヒ》ニ治シ易キヲ異《也》トスルノミ而《メ》其最《モ》的中メ偉功ヲ奏スル者ハ亜鉛ナリ次ニ纈草。銅。[128]阿魏。浴法 始《メ》微温浴ヲ用ヒ次ニ冷水浴ヲ行ヒ殊ニ流水ニ浴スルヲ佳トス 皆利アリ」尚《ホ》且《ツ》蛔虫等ノ遠因ヲ蹤跡メ之ヲ除祛センヿヲ要ス

[53]秦漢虞《シンハング》蘭「[54]カタレプシス」羅

徴候　精神ト体軀ト頓ニ交通ヲ失《フ》テ相感応セス五官触覚ナク諸筋運動セス諸部痙攣セスメ却テ[55]癱瘓シ一《タヒ》之ヲ撓屈スレハ復《タ》其状ヲ更《フ》ルヿ能

ハサル者是ナリ」体軀精神共ニ其発作ノ時ノ態ヲ保《ッ》テ省覚ノ時ニ至ルマテ渝変セス四肢位置ヲ易ヘス精神思フ所ヲ改メス内識潜蟄メ明《カ》ニ人事ヲ省セス恍惚トメ夢中ノ如シ但栄養ノ諸機ハ依然トメ妨《ケ》アルヿナシ」而《メ》其発作数密扭篤《ミニユート》ニメ止ム者アリ或ハ数時数日留連スル者アリ其解スル時ハ恰モ熟眠ノ醒覚セルカ如シ其発作中或ハ奇異ノ交感。驚怪ノ触覚ヲ起スヿアリ例スルニ[56]心窩或ハ足心ヲ以テ事物ノ声音ヲ聴取スルヿアルカ如シ」蓋《シ》古来愚民ノ鬼魅附憑等ノ説ニ惑乱セル基源ハ皆此病及《ヒ》癲癇。舞踏病。顛狂等ニアリシノミ」之ヲ観テモ医術ノ世ニ鴻益アリシヿ鮮《ナ》カラサルヲ知ルヘシ乃《チ》彼《ノ》悪魔ノ所為ナリトセシ者ヲ以テ神経病ノ作用《也》トシ其薬方ヲ処シテ之ヲ平康ニ復セシメ以テ其惑《ヒ》氷釈スルヿヲ得シニアラスヤ

原由　近因ハ精神ト神経ト睡眠ニ等キ一種ノ変調ヲ得テ体軀ト精神ト其交通ヲ遏ムル者ナリ故ニ次条ノ夢中行歩ト大《ヒ》ニ異ナラス蓋《シ》此病ハ[57]運化神経系ノ変ニ関《カ》ルナルヘシ」遠因ハ癲癇。舞踏病ニ異ナラスメ就中[58]歇以私的里《ヘイステリ》及《ヒ》婦人ノ過慮。労思。手婬。色慾意ヲ遂サル類。或ハ病毒転徙。[8]蛔虫等ナリ

治法　総テ神経病ノ治則ニ準ヒ其遠因ヲ蹤跡メ之ヲ除祛スヘシ」直治法ハ亜鉛。纈草。幾那。橙葉。散トシ或ハ浸剤トス冷浴法。開豁気。及《ヒ》強キ力作運転等最《モ》功アルヿ余カ自《ラ》実験スル所ナリ」[59]麻偏涅扶斯繆私《マグ子チスミュス》〔磁石力ヲ用ルノ療法〕モ亦此病ニ偉効アルヿアリ

夢中行歩「[60]ソムナムビュリスミュス」羅「[61]スラープワンデレン」蘭

徴候　睡中聴言行歩等ヲ為スヿ恰《モ》醒覚セル時ノ如クニメ弁識ナク醒覚セル時ノ弁識ニ非ルヲ云フ其睡中ニ為《セ》ル所ノ諸件寤《メ》テ後《チ》一モ想記スルヿナシ」此病《ヒ》軽重甚《タ》差等アリ其軽キ者ヲ云《ヘ》ハ尋常ノ夢ナリ其次ハ囈語ナリ其次ハ能《ク》聴テ能《ク》応答スルナリ其次ハ立テ徘徊シ或ハ物ヲ操作スルナリ其最《モ》甚

キハ眼視明亮ニメ内外神識非常ニ過敏ナルナリ而《メ》諸証[53]秦漢虞《シンハング》ト能《ク》相肖似シ且《ツ》互ニ相転換シ易シ」凡《ソ》此病ハ小児幼年ニ固有ノ者トス或ハ生涯之ヲ患ル者アレ𪜈多《ク》ハ年齢ノ長スルニ随テ自《ラ》癒ルナリ然《メ》其発作月ノ盈虚ニ準フ者多シ故ニ或ハ其患者ヲ称メ「マーンシーケン」[62]〔随月患者ノ義〕ト云フ凡《ソ》此病ハ唯煩ハシキノミニメ危険ニ陥ル者アルヿナシ然《レ》𪜈其夜中奔走ノ際危難ヲ受《ク》ルノ恐レナシトセス

原由　近因ハ想像力ト外識ト睡中ニ発動スルナリ蓋《シ》此病ハ腹部ノ神経系〔運化神経系〕区域ニ在ル者ニメ其系ノ運営過越シ脳神経ノ弁識思慮ヲ致スノ運営ニ勝テ其権ヲ擅《マ》ニスルナリ而《メ》生殖器ノ運営モ亦大ニ之《レ》ニ関係ス〔何ノ為《メ》ニ此説アルカ訳者其理ヲ詳ニスルヿヲ得ス〕故ニ此病ハ男子ヨリ婦人ニ多シ」遠因ハ舞踊病ニ異ナラスメ少年ノ発生期。脳ノ血液鬱積。及《ヒ》蛔虫等殊ニ其因トナル」近年[63]麻偪涅扶斯《マグ子チス》法〔磁石力ヲ用ル一種ノ法ニメ未《タ》之ヲ詳ニセス〕ヲ施シテ此病ヲ起サシムルヿヲ発明セリ故ニ方今之ヲ自然証ト人為証トニ区別ス

治法　舞踊病。秦漢虞《シンハング》ノ治則ニ準ヒ総テ神経病ノ通法ヲ用フヘシ」預防法ハ其将《サ》ニ発セントスルニ先《ツ》テ患者ヲ束縛シ或ハ冷水ヲ器ニ盛テ其牀頭ニ置キ起立スルニ方テ之ヲ踏テ忽チ醒覚ス可ラシムヘシ

魘不寤「[64]エピアルテス」又「[65]インキュヒュス」羅「[66]ナグトメルリー」蘭

徴候　睡中上腹ニ甚《シ》キ圧重ヲ覚エテ呼吸ヲ妨ケ苦悶ヲ起シ犬。熊。妖怪。盗賊。刺客等ノ来テ侵襲スルカ如キヲ見。之《レ》カ為《メ》ニ頻《リ》ニ動カントシ急ニ立《タ》ントシ早ク救《ヒ》ヲ呼《ハ》ントスレ𪜈能ハス困極ノ至リ大抵叫声ヲ発シテ始《メ》テ醒覚シ以テ其苦楚ヲ免ル、ナリ」此証ハ通例睡著後。半時許ニ起ルヲ常トス而《メ》健全ノ人ニ於テハ罕《レ》ニ有ル所ナレ𪜈或ハ殆《ト》毎夜之ヲ発スル者アリ此ノ如キハ其睡眠ヲ妨クルニ由テ其害全軀ニ及ハサルヿヲ得

ス
原由　近因ハ上腹神経ニ一種痙攣様ノ感動有テ脳ニ交感ノ作用ヲナスナリ」其遠因三種アリ第一ハ晩飧過量。風気[67]鬱蓄等ノ如ク胃ヲ膨張充実セシメテ形器様ノ圧迫ヲ為スニアリ第二ハ総身若クハ一部腹部ノ多血ニアリ第三ハ仰臥ニ由テ血液或ハ風気ノ上腹ニ鬱積スルニアリ

治法　其誘因ヲ除クヘシ即チ総身局処ノ多血ヲ退ケ風気ヲ駆散シ大便ヲ通利シ晩飧ヲ減シ仰臥ヲ避ル等是ナリ

不寐「[68]アグリプニア」羅「[69]スラーペロースヘイド」蘭

徴候　体中別ニ疾病ナク又タ内外安眠ヲ妨クヘキノ事故ナクシテ寐子難キ者是ナリ」（他病ノ傍証ニ非ルヲ云）此病ハ甚シク患者ヲ苦メテ累月或ハ数年留連シ以テ終ニ衰弱虚脱ヲ致シ体内ノ諸機ヲ支ヘ精神ノ運営ヲ害スルニ至ル」而メ其証或ハ時ヲ定メテ発歇スル者アリ例スルニ隔夜之ヲ発スル類ナリ

原由　或ハ神経ノ感動過敏ヨリ来リ故ニ神経熱神経病ノ病後之ヲ患ル者多シ或ハ精神ノ潜伏刺衝労思苦心七情抑遏等ヨリ来リ或ハ腹内神経系ノ刺衝ヨリ来ル

治法　其原因ニ注目メ之ヲ除クヘシ血液鬱積。大便秘閉。印華爾屈篤《インハルクト》[70]等ノ腹内刺衝ヨリ来ル者ヲ殊ニ多シトス」其他臨臥ニ微温脚浴若クハ全身浴ヲ行ヒ或ハ一二氏ノ菲阿斯葉《ヒオス》或越幾斯ヲ臨臥ニ服セシメ阿芙蓉ヲ用ルヨリ優レリ或ハ菲阿斯膏或越幾斯ヲ顱顬ニ貼メ良験アリ若シ其人多血ナラスメ虚弱ナル者年老ナル者ハ経久ノ「マラガウェイン」[71]酒名一盞ヲ用ヒテ甚タ佳ナリ

刺発尼亜《ラハニア》[72]羅「[73]キリーベルシーキテ」蘭

徴候　搐搦痙攣劇烈ニメ奇痒[74]ヲ覚エ或ハ劇痛ヲ兼ル者是ナリ」此病ヒ死スル者罕レナリト雖𪜈多クハ慢性神経病。精神錯乱。消削病等ニ転移ス

原由　多量ニ麦奴[75]ヲ混シタル蒸餅[76]ヲ久シク連用セルヨリ発ス是故ニ此病ハ雨湿多クシテ麦穀変性

ヲ為セル年ニ多ク或ハ一地ヲ限テ流行シ或ハ
諸州一般ニ流行ス
治法　先《ツ》吐剤ヲ与ヘテ次ニ下剤ヲ用ヒ且《ツ》阿芙蓉
半氏ヲ[77]孕礬酒石ト伍シテ一時半毎ニ服セシム
レハ其治速《カ》ニメ其功亦必スヘシ而《メ》四肢ノ痙攣
劇痛ハ之ヲ逆圧シ或ハ緊《シ》ク束縛シテ静止スル
ヿヲ得ヘシ

顫震「[78]ドレモル」羅「[79]ベーフェン」蘭

徴候　一部或《ハ》全身ニ発スルノ顫震其強弱微甚。一
様ナラス甚《シ》キニ至テハ真ニ[80]搐掣シテ四肢ニ劇
キ不随意ノ運転ヲ起ス者アリ即《チ》手ヲ以テ己《レ》ヲ
打擲シ足ヲ以テ物ヲ[81]踢倒シ或ハ掉頭跳躍等舞
踏病ニ類似スルヿアリ唯其運転痙性ヲ帯フル
ト[82]飾態《ミブリ》ヲ致サヽルトヲ以テ舞踊病ト区別スヘ
キノミ」此病他病ノ傍証ナラスメ神経ノ衰弱ヨ
リ起ル者(本病)ハ治シ難シトス
原由　衰弱。多血。[83]慓悍飲液([86]焼酒。骨喜類)ノ過用。病毒ノ転
徙(殊ニ偏《ク》篤《ト》)[84]伊《イ》等此病ノ常因ナリ或ハ又卒中。神経熱。
水銀毒。砒石毒。鉛毒等ノ傍証若クハ続証トシ発
メ終ニ本病ニ転シ以テ久《シ》ク留連スル者アリ
治法　他ノ痙性病ニ同シ」若《シ》夫《ノ》金石毒。病毒転[8]徙等
ニ起レル者ハ各《ヽ》其治法ヲ処スヘシ」純粋神経性
ノ者(本病)ハ其病《ヒ》脊髄ニアル者多シ亜鉛。[85]番木鼈。[34]蔓
陀羅華等ノ如ク脊髄ニ功ヲ為スノ品ヲ撰用シ
[87]鉄浴冷浴ヲ行ヒ[42]越列幾《エレキ》。[43]艾灸法(附)ヲ脊髄ニ施シ
血液鬱積ノ候アル者ハ[88]蜞鍼ヲ貼スヘシ

身体強直「[89]テタニュス」羅「[90]レグトステーヒグヘイド」蘭

附 牙関緊急「[91]チリスミュス」羅「[92]モンドケレム」蘭

徴候　一筋若《ク》ハ諸筋一斉ニ痙攣シテ持続スル者
是ナリ其一筋痙攣セル者ハ舌硬。[93]布里亜毘私繆《プリアピスミュ》
斯《ス》(陰茎勃起《メ》疼痛スル者)等ノ如シ諸筋一斉ニ痙攣セル者
ハ其証状一ナラス或ハ身体直伸メ強硬シ動カ
サルアリ或ハ前ニ屈スルアリ或ハ後《ヘ》ニ反スル
アリ而《メ》其病《ヒ》稽留スル者アリ発歇スル者アリ急

性ナル者アリ慢性ナル者アリ其経過種々ニ〆一様ナラス急性ノ者ハ大抵三日ヨリ七日ニ至ルノ間ニ其痙攣終ニ心肺ヲ侵シ窒息卒中等ヲ発シテ斃ル、ナリ然《レ》𪜈病末ニ至ルマテ脳ヲ侵スヿハ甚《タ》罕《レ》ナリトス慢性ノ者ハ経過甚《タ》久《シ》ク時ヲ定テ往来スル者ノ如キハ殊ニ然リ此病《ヒ》数年留連シ毎日同時刻ニ発作〆而《メ》其持続スルヿ必《ス》[94]四時間ナル者ヲ見シヿアリ[95]牙関緊急モ亦僂麻質《レウマチ》ヨリ来リ或ハ[96]形器性ノ因ニ係レル者ハ数月留連スルヿアリ

此病《ヒ》単純ノ神経病ニ〆本原証ナル者ハ甚《タ》危険ナリ殆《ト》皆治スヘカラス他病ノ傍証ナル者ハ少《ヤ、》軽ク慢性ノ神経衰弱及ヒ[58]歇以私的里《ヘイステリ》ノ余証ナル者ハ最《モ》軽シトス

原由　近因ハ脊髄及《ヒ》交感神経肋間神経ノ一種ノ変常ナリ其患脳中ニアラス故ニ癲癇ノ如ク人事不省トナラス遠因ハ胆液鬱滞等ノ腸胃刺衝。牙関緊急殊ニ多ク之ヨリ来ル痘瘡。[97]猩紅疹等ノ[98]天行熱病。皮病内陥。淋疾閉塞等ノ病毒転徙。或ハ金刃創。腱及腱膜ノ創傷刺創。手掌足心ノ[99]竹木刺。或ハ[100]依卜昆埡兒《ヒポコンデル》。[58]歇以私的里《ヘイステリ》等ヨリ来ル

治法　本証ト傍証ト鑒別〆治ヲ処センヿヲ要ス傍証ナル者ハ主ト〆其本病ヲ治スヘシ即《チ》腸胃病ニ傍発セル者ハ吐剤。下剤牙関緊急ハ殊ニ之ニ由テ治スル者多シ[101]焮衝熱ニ傍発セル者ハ瀉血。[102]防焮薬。虚性神経熱ニ傍発セル者ハ強壮鎮痙薬。阿芙蓉。微温浴。腐敗熱ニ傍発セル者ハ[103]麝香。[104]羯布羅。此証ハ阿芙蓉ヲ禁ス其溶崩腐敗ヲ進ムレハナリ僂麻質ニ傍発セル者ハ[104]羯布羅。鹿琥液。[105]吐酒石。阿芙蓉。微温浴依卜昆埡兒。歇以私的里ヨリ来《レ》ル者ハ神経強壮薬等ノ対証治法病毒転徙ヨリ来《レ》ル者ハ反対刺衝法ヲ施ス等ノ如シ而《メ》直《チ》ニ神経ヲ侵ス所ノ刺衝物或ハ異常《ノ》物体有テ発セル本証ノ如キハ其因ヲ蹤跡〆速《カ》ニ之ヲ除去シ而《メ》後ニ阿芙蓉ヲ用ヒ微温浴ヲ行フヘシ此病ノ劇烈ナル者ニ二証アリ破傷風ト小児ノ牙関緊急後ノ小児編ニ詳説スト是ナリ

破傷風「[106]チリスミュス、ヱト、テタニュス、タラウマチキュス」羅

徴候　創傷後神経ノ患苦疼痛劇烈ナルヨリ発スル所ノ身体強直及《ヒ》[95]牙関緊急是ナリ」此証或ハ創後直《チ》ニ暴発スル者アリ戦場ニ於テ軍卒ノ死屍肢体強直セル者ヲ見ルヿ屢〻アリ或ハ創後一日焮衝方《サ》ニ発スル時之ヲ発スル者アリ或ハ八日若《ク》ハ十四日ヲ経テ創口良膿ヲ醸シ将《サ》ニ癒ントスル時疼痛焮衝ナクメ之ヲ発スル者アリ

原由　此病ニ於テハ創傷即《チ》素因ニメ神経ノ感覚之《レ》カ為《メ》ニ過敏トナレルナリ」誘因ハ情意《ノ》感動。風寒ノ冒触。変敗ノ大気。異常物体ノ挿入等ナリ或ハ亦創肉ノ繊維醸膿ノ為《メ》ニ緊張牽引メ之ヲ発スルヿアリ」而《メ》其危険最《モ》恐ルヘキハ腱及《ヒ》手掌足心等ノ如キ腱膜多キ部ノ刺傷ナリトス」或ハ又顕著ノ創傷ナク硝子或ハ[99]竹木刺久《シ》ク体中ニ潜伏シテ此病ヲ発スルヿアリ」凡《ソ》此病ハ脈状平常ニ異ナラスメ熱ナク頭モ亦患苦ナク唯煩悶甚《タ》シク呼吸困難ナルノミ而《メ》其経過スルヿ一二三日或ハ四日窒息若《ク》ハ卒中ヲ以テ死ニ帰スルヲ常トス而《メ》其治スル者ハ二十ニメ一ナルノミ

治法　先《ツ》創中ノ異物ヲ除去シテ阿芙蓉軟膏或ハ[31]菲阿斯《ヒオス》[107]琶布《ハップ》ニ阿芙蓉ヲ加《ヘ》テ之ヲ外貼シ内服ニハ阿芙蓉ヲ主薬トシ用ヒ又《タ》之ヲ灌腸薬トシ或ハ之ヲ脊髄ト[56]心窩ニ塗擦スヘシ」阿芙蓉ハ先《ツ》毎四分時半[21]氏宛《ツヽ》用ヒ三時ヲ経テ効無《ケ》レハ一氏宛《ツヽ》用ヒ仍《ホ》効ナケレハ又一氏半宛《ツヽ》用ヒ次第是ノ如ク増量シテ其功ヲ収ムルニ至ルヘシ尚《ホ》且《ツ》之《レ》ニ兼テ[108]剥篤亜斯《ポットアス》半[109]刀宛服セシメ[31]菲阿斯ト[110]曹達《ソータ》ヲ加ヘタル微温浴ヲ行フヲ宜シトス」若《シ》多血焮衝ノ候有ル者ハ先《ツ》刺絡メ[88]蜞針ヲ脊柱ニ貼シ甘汞ヲ用ヒ水銀膏ヲ擦シ以テ吐涎スルニ至ラシメ冷水滴浴ヲ行フヘシ」而《メ》痙攣静止スルヿヲ見ハ阿芙蓉ノ後服ヲ止ムヘシ」若《シ》又右ノ諸薬効ナキ者ハ[30]莨菪ヲ用ヒ[43]艾灸法ヲ脊柱上ニ行フモ佳トス」創部ノ関節ヲ切断スルハ痙攣ヲ鎮止スルノ速功ナシト雖氏大《ヒ》ニ阿芙蓉ノ功ヲ扶クルヿア

リ

喘息「[111]アストマ」羅「[112]アームボルスチグヘイド」又「[113]コルトアーデミグヘイド」蘭

徴候　熱ナクメ呼吸困難スル者是ナリ」其軽キ者ハ肢体ノ運転ニノミ発スレ圧重キ者ハ間断ナク持続シテ必《ス》欬嗽ヲ兼発ス而《メ》只其熱ナキカ故ニ熱病殊ニ焮衝熱肺労等ノ少気短息ト自《ラ》別アリ」此病ノ一種呼吸短促欬嗽吐痰等ノ諸証。肺労ト恰モ能ク相肖似セル者アリ是《レ》亦其遷延熱ナキトキ羸痩セサルトヲ以テ鑒別スルヿヲ得ヘシ而《メ》其兼発スル所ノ欬嗽ハ乾欬ナル者アリ湿欬ナル者アリ不断持続スル者アリ発作ノ時ノミ発スル者アリ

此病留連スレハ肺中ノ血液循行。障碍セラル、カ故ニ肺ノ血液鬱積。粘液鬱滞。焮衝。結核。欬血。窒息等ノ局発病ヲ誘起シ或ハ之《レ》カ為《メ》ニ血液製造宜キヲ失テ[114]蒼身病。水腫等ノ悪液病ヲ起シ或ハ吸収機衰敗シテ水液四肢ニ腫満シ胸腔腹膣等ニ瀦留スル等ノ変ヲ将来ス

原由　近因ハ素《ト》ヨリ呼吸ノ機関障碍ヲ受ルナリ而《メ》其遠因直《チ》ニ肺中ニ在ル者アリ交感ニ由ル者アリ」故ニ其区別甚《タ》多端ナリト雖圧之ヲ約スレハ其治術ニ益アル者左ノ数件ニ帰ス

第一神経性喘息」是《レ》純粋ノ痙攣証ニメ大抵時ヲ定《メ》テ発歇シ多《ク》ハ依卜昆垤児。歇以私的里ニ傍発スルナリ此証ハ患者ヲメ或ハ数時間窒息セシメ恐ル可キニ似タルヿアレ圧危害ナク復《タ》自《ラ》鎮静シテ復故スルヿヲ得ルナリ

第二多血性喘息」是《レ》総身多血若《ク》ハ肺臓一部ノ血液鬱積ニ起《レ》ル者ニメ殊ニ痔血衄血若《ク》ハ月経ノ閉止ヨリ来ル

第三転徙毒喘息」是《レ》黴毒。[84]伊偏篤《イ、グド》。瘰癧毒甲状軟骨ノ腺腫起メ此病ヲ起スヿアリ等ノ呼吸器ニ転徙シ或ハ皮疾潰瘍ノ内陥。汮乙分泌ノ遏閉等ニ起因セル者ナリ而《メ》汮[115]乙分泌ノ遏閉ヨリ来《レ》ル者ニ二般アリ一《ハ》蒸気抑遏ニメ即《チ》僂麻質喘息ナリ一《ハ》小便分泌ノ減却ナリ

老人ノ喘息間《ミ》之ヨリ来ル者アリ

第四腹疾喘息」是其病《ヒ》腹内ニ在テ横隔膜ノ運動ヲ支障スルニ起因セル者ナリ即《チ》酸液鬱滞。風気[67]痞脹。食物不化。或ハ肝臓及《ヒ》其他内臓ノ壅塞腫脹等ヨリ来ル者是ナリ

第五弛弱性喘息」是呼吸器ノ衰弱弛緩ニ起ル者ナリ而《メ》失苟児陪苦《シケウルボイク》[116]。萎黄病[117]。脱血後等ノ如キ総身ノ衰弱ニ係ル者アリ又肺臓一部ノ衰弱ニ係ル者アリ

第六本病喘息」是肺臓ニ形器性[118]。舎密《セーミ》[119]性或ハ器質[96]ノ変有テ起ル者ナリ即《チ》鉛。汞。砒石等ノ鉱毒固著。土砂塵埃等ノ竄入石工織工等ニ於ル者多《ク》是ナリ肺質及《ヒ》胸腔ノ水液蓄積或ハ大気鑽入。胸肋軟骨ノ化骨。脊骨ノ屈曲。心臓動脈器質ノ変等之ニ属ス

治法　通法ト各法トアリ」通法ハ原因ニ拘《ハ》ラス唯本病ヲ治スルノ法ニシテ此病ニ於テハ無比ノ偉効アルヿアリ故ニ其遠因知ル可ラサル者或ハ之ヲ知レルモ之ヲ除クヿ能ハサル者ニ用フヘシ即《チ》蘆根[120]及《ヒ》蒲公英[121]越幾斯。護謨安没尼亜幾《ゴムアンモニアキ》[122]。孕鹼[123]酒石。酒石葉[124]。吐酒石[105]。少量金硫黄[125]等ノ解凝薬ヲ用ヒテ胸中及《ヒ》腹内ノ鬱滞ヲ疎解シ或ハ安質没扭《アンチモニー》[126]。実《ヂ》[33]芰苔里斯《キタリス》。硫黄。海葱[127]等ヲ用ヒ「フラ子ル」布名ヲ以テ胸部ヲ温被シ以テ諸《ミ》分泌ヲ進メ小便ヲ利シテ胸部ノ刺衝ヲ導泄シ且《ツ》胸水ヲ預防スルニアリ経久喘息ハ大抵皆胸水ニ終ルナリ尚《ホ》且《ツ》芥子ヲ加《ヘ》タル脚浴ヲ行ヒ上膊ニ打膿法[17]ヲ施シ足ニ蠟布韈《ラウビキモメンタビ》ヲ著スル等ノ反対刺衝法ヲ行《フ》ニ宜シトス

各法ハ病因ト病性ニ準《フ》テ之ヲ治スルナリ即《チ》神経性喘息ハ亜鉛。銅。菲阿斯《ヒオス》[31]等ヲ内服シ蔓陀羅《マンダラ》[34]華《ゲ》葉ヲ薫スル等ノ鎮痙法ヲ用ヒ兼テ反対刺衝法ヲ行フニ宜シ但《シ》隠伏病毒ノ有無ニ注意センヿヲ要ス」而《メ》間歇性ノ者ハ新製ノ骨喜《コーヒー》八銭ヲ一椀トシ頓服セシムヘシ其発作ヲ鎮静スルノ速効アリ頑固証ハ屢《ミ》用《ヒ》テ可ナリ且《ツ》有形ノ病因ナキ者ハ其間歇時ニ幾那ヲ用フヘシ若夫《ノ》歇以私的里性ノ者ハ阿魏[128]ヲ内服外用灌腸法シテ偉効アリトス

多血性喘息ハ総身多血ノ候或《ハ》常習失血ノ閉止等ヲ以テ之ヲ知ルヘシ刺絡ヲ施シ飲食ヲ節シ肢体ヲ運転シ或ハ閉止セル出血ヲ促カス等ニアリ

転徙毒喘息ハ各《ゝ》其毒ノ治法ヲ処スヘシ而《メ》上膊及《ヒ》足脚ニ潰瘍ヲ造テ久《シ》ク醸膿セシムルハ殊ニ宜シトス

腹疾喘息ハ吐下薬ヲ用《ヒ》テ不化ノ汚物ヲ排泄シ格墨因《コメイン》[129]。薄荷第六十三方等ノ駆風薬及《ヒ》灌腸法ヲ以テ風気ヲ駆散シ内臓壅塞ヨリ来《レ》ル者ハ解凝薬ヲ与ヘ「カル、バット」[130]「ヱムス」[131]水。「ゲイルナウエル」[132]水。「ハッシンゲル」[133]水。「セルチュル」[134]水以上皆鉱泉名等ヲ服セシムヘシ

弛弱性喘息ハ有力ノ強壮治法ヲ行ヒ失荀児陪《シケウルボイ》[116]苦《ク》ニ起因セル者ハ失荀児陪苦ノ治法ヲ用フヘシ

本病喘息《モ》亦其因ニ準《フ》テ治法種《ゝ》アリ」其鉱毒ニ由《レ》ル者ハ中毒治法ヲ用ヒ就中硫黄。石灰水。安質没扭。阿芙蓉ヲ与ヘ硫黄浴ヲ行フヘシ」其塵埃砂石ノ竄入ニ由《レ》ル者ハ温蒸気ヲ吸入シ海葱蜜[127]ヲ内服シ兼テ時《ゝ》吐剤ヲ用フヘシ而《メ》此証ハ間《ゝ》焮衝ヲ起スヿアリ故ニ胸中疼痛煩悶等ヲ発スルヿ有ラハ速ニ刺絡蜞鍼ヲ行フヘシ」其結核腫ニ由《レ》ル者ハ瘰癧ノ治法ヲ用フヘシ毎日炭酸曹達《ソーダ》半銭ヲ水ニ溶《カ》シ用《ヒ》テ殊効アリ又乳養法ヲ行ヒ騎馬ヲナス等結核労ノ治法ニ準フヘシ」其脊骨屈曲ニ由《レ》ル者ハ佝僂ノ人此病ヲ患サル者殆少シ其因ヲ除《ク》ヿ能ハス唯其患苦ヲ寛解シ吐血肺労等ノ悪証ヲ預防スルヨリ他ナシ血行ノ障碍ニ注意シテ時《ゝ》瀉血ヲ行ヒ打膿法ヲ施《ス》ヘシ患苦ヲ寛解シ病勢ヲ頓挫スルノ最良法ナリ」其心臓及《ヒ》血脈大幹ノ器質ノ変心室拡張。弁膜化[135]骨。脈裏瘜肉等ニ由《レ》ル者ハ其徴。肢体ヲ運転スレハ乍《チ》胸中劇《シ》ク煩懣《メ》疼痛ヲ兼子或ハ否ラス心悸頭眩ヲ発シ甚《シ》キ者ハ失気昏冒シ脈動不整ニ《メ》一臂牽引シ或ハ麻痺シ平臥スレハ軽快ヲ覚エテ諸証乃《チ》静止ス肺質ニ病アル者ハ起坐シテ前ニ屈スルヰ軽快ヲ覚ユ而《メ》病《ヒ》甚《シ》キ者ハ心臓ノ部位腫脹スルヿア

リ然《レ》氏之ヲ鑒別スル〡甚《タ》難シ乃《チ》曽テ暴劇ノ努力ヲ為《セ》ルカ心臓ノ焮衝ヲ患《ヒ》シカ或ハ形器性ノ毀傷ヲ受《ケ》シ等ノ従前ノ事故ヲ探索シ或ハ聴管ヲ用《ヒ》テ之ヲ聴取シ以テ臆察スル〡ヲ得ルノミ或ハ又偃篤《イークド》毒心臓ヲ犯シテ此証ヲ起ス〡屢《ヽ》アリ亦知ラサル可ラス」此病ハ根治スル〡甚《タ》難シト雖氏数《シハ〳〵》時刺絡シテ少量ノ血ヲ瀉シ心部ニ蜞鍼ヲ貼シ毎日屢《ヽ》[136]冷熨法ヲ施シ消石。実芰荅里斯。[137]老利児結爾斯《ラウリールケルス》水ヲ内服シ肢体ノ運転ヲ禁シ清涼ノ食養ヲ命シ上膊或ハ左胸ニ打膿法ヲ行ヒ以テ心臓ノ運営ヲ減損シ血液ノ輻湊ヲ退却スル〡ヲ営ムヘシ然《ラ》サレハ血液拡張スルノ極。心臓破裂〆頓ニ死ヲ致スナリ予曽テ此証ニ右ノ諸法ヲ合用シ持久セル〡半歳ニ〆病《ヒ》徐ク減退シ終ニ根治ヲ得シ〡アリ」其肺ノ粘液過溢ニ由《レ》ル者ハ粘液労ノ治法ヲ参考スヘシ此証又《タ》伊偃篤ノ転徙及ヒ腹内ノ壅塞ニ起因セル者甚《タ》多シ若《シ》然ル者ハ「[138]メルラゴ」未詳蘆根越幾斯ノ如キ緩性ノ解凝薬ヲ久《シ》ク連用シテ

偉効ヲ奏スル〡アリ若《シ》其粘液膠固ニ〆吐痰シ難キ者ハ[125]金硫黄。[122]護謨《ゴム》安没尼亜幾《アムモニアキ》第六十四方[139]結爾蔑斯《ケルメス》。[127]海葱蜜。[140]磠砂加曷泥子《ア子ース》精。硫黄等ヲ用《ヒ》テ其肺ヲ寛解シ其漏泄過多ナル者ハ[141]麻爾羅歇《マルローヘ》。[142]土木香。[143]亜児尼加《アルニカ》。[144]遠志第六十五方第六十六方第六十七方第六十八方及《ヒ》第六十九方ノ[145]越栗失爾《エリッシル》等ヲ与ヘテ其肺ヲ強壮ニスヘシ然《レ》氏幾那。[146]依蘭苔等ノ強壮収斂薬ハ謾用スル〡勿レ卒《カ》ニ吐痰ヲ遏止〆窒息ヲ起スノ恐レアレハナリ但《タヽ》[147]括失亜《クハッシア》。[148]葛斯加栗剌《カスカリッラ》ノ如キ純苦味薬ハ祛痰薬ト配用シテ可ナリトス」其年齢ノ老衰ニ由《レ》ル者ハ前ニ挙クル弛弱性喘息及《ヒ》粘液過溢証ノ治法ヲ用フヘシ」其胸肋軟骨ノ化骨ニ由《レ》ル者ハ不治ナリ唯姑息法ヲ行フヘキノミ」其大気竄入ニ由《レ》ル者ハ二種アリ一ハ強《ヒ》テ重担ヲ揚ケ或ハ劇ク楽器ヲ吹キ或ハ外傷墜下ノ激動等ニ由テ肺中ノ気胞破綻シ呼吸スル毎ニ大気之ヨリ肺ノ[149]蜂巣質ニ竄入スルナリ一ハ肋骨ノ破砕膿液ノ侵蝕等ニ由テ肺ノ外面破裂シ大気之ヨリ

胸腔ニ竄入スルナリ両《ッ》ナカラ之ヲ鑒定スルヿ甚タ難シ唯鎖骨ノ上辺ニ気腫ヲ見ハスノ一証ヲ以テ察スヘキノミ」甲証ハ先《ッ》刺絡シテ厳ニ肢体ノ運転ヲ止メ勉メテ吸気ヲ浅クセシムレハ創痕自ラ癒テ竄入セル大気ハ自《ラ》吸収セラル、ヿヲ得ヘシ且《ッ》兼テ寒冷ノ気ヲ吸ハシムルヲ佳トス」乙証ハ胸膿ノ治法ヲ用フヘシ

心悸動「[150]パルヒタチオ」羅「[151]ハルトコロッピング」蘭

徴候　心臓若《ク》ハ大血管常規ヲ離レテ過動ヲ為ス者是ナリ」甚キ者ハ其動視ルヘク其音聴クヘク最《モ》甚キニ至テハ血行支障セラレテ昏冒ヲ発スル者アリ」或ハ又他部殊ニ腹部ノ動脈モ血瘤状ノ腫脹ヲ致シ或ハ一部ノ痙攣ニ由テ同種ノ過動ヲ起スヿアリ乃《チ》依卜昆垤児。歇以私的里ニ於テ常ニ多ク之ヲ見ルカ如シ

原由　大抵皆他病ノ傍証及《ヒ》交感証ナリ故ニ依卜《[100]ヒポ》昆垤児《コンデル》。歇以私的里《[58]ヘイステリ》。風気。蛔虫。大便秘結。痔血鬱滞。内臓ノ壅塞腫脹等ニ傍発シ或ハ総身ノ多血。伊《[84]イ、》偃篤《グト》。疥癬ノ侵襲等ヨリ起ルヲ常トス」然《レ》氏間亦心臓ノ本患ナル者アリ真ニ然ル者甚《タ》罕ナリ唯六中ノ一ノミト云是《レ》亦其器質ノ変ニ係《レ》ル者ハ少ナクメ多《ク》ハ其筋繊維痙攣状ノ変ヲ為スニアリトス然リト雖氏其患《ヒ》過劇ニメ持久スレハ遂ニ器質ノ変ヲ将来セサルヿヲ得ス」其器質ノ変ハ即《チ》心臓若クハ大血脈ノ一部血瘤状ノ腫脹ヲ致シ或ハ非常ニ拡張メ巨大トナリ或ハ弁膜化骨シ若《ク》ハ硬腫トナリ潰瘍トナル類是ナリ聴管能ク之ヲ徴知スルヿヲ得ヘシ

治法　先《ッ》之ヲ他病ノ傍証トメ其本病ヲ探索センヿヲ要ス強テ之ヲ心臓ノ本患ニ帰センヨリハ却テ万全ノ大功ヲ得ルヿ多シ」宜ク証ニ随テ依卜昆垤児。歇以私的里[58]。風気[67]。蛔虫[8]。痔血鬱滞屢、肛門ニ蜞鍼ヲ貼シ硫黄ヲ内服セシムヘシ多血。転徙毒等ノ治法ヲ処スヘシ」若《シ》夫《ノ》心臓本患ナルモ之ヲ無形之変痙攣ニ帰メ治センヿヲ要ス実芰答里斯《[33]ヂギタリス》第七十方冷湯法[136]之ヲ行フヿ日

二四回或《ハ》氷片ヲ心部ニ貼スルヿ八分時ナルヘシ騎馬大ニ奇験アリ」而《メ》其病《ヒ》実ニ器質ノ変ニ在ル者ハ鑒定治法共ニ甚《タ》難シ喘息篇心臓器質ノ変ヲ論セル条ト参考スヘシ

欬嗽「[152]チュッシス」羅「[153]フースト」蘭

徴候　呼気激動シテ声ヲ成スノ病ニメ熱無キ者是ナリ熱病。肺労。肺焮衝等ノ傍証ニアラサルヲ云而《メ》吐痰スル者ト否《ラサ》ル者トアリ

此病《ヒ》留連一様ナラス或ハ不日ニメ治スル者アリ或ハ数週累年持続スル者アリ或ハ生涯連緜スル者アリ而《メ》此病ハ単《リ》危険ニ至ルヿナシト雖𪜈其継証甚《タ》懼ルヘシ乃《チ》肺焮衝。欬血。[154]肺労等ヲ将来スルニ至テハ実ニ篤疾ノ一タルヿヲ免レス

凡《ソ》肺労ハ其始《メ》欬嗽ヲ軽蔑セルヨリ来レル者大抵三分之二ニ居ルナリ而《メ》其最《モ》恐ルヘキハ稟賦[155]労瘵ノ素質ヲ具スル者ニ在リトス

原由　近因ハ肺臓及《ヒ》他ノ呼吸ニ係ル器ノ痙性引縮ヲ為ス者ニメ其遠因ニ二般アリ一ハ肺臓ノ感動過敏トナレルナリ一ハ異常ノ刺衝ナリ」其感動過敏ハ血液焮衝状ノ鬱積ヲ致スニ由リ或ハ神経ノ[156]覚機亢揚スルニ由ル而《メ》其異常ノ刺衝ハ直《チ》ニ肺中ニ在ル者アリ他部ニ在テ交感ヲ致ス者アリ即《チ》[157]聖京倔《シンキング》。僂麻質《レウマチ》。腸胃汚物。内臓壅塞或ハ[84]伊倔篤《イクト》。疥癬。瘰癧。黴毒等ノ転徙或ハ結核。潰瘍。粘液過溢等ノ肺臓器質病是ナリ

治法　其本性ヲ撿シテ其種類ヲ分チ以テ各自ノ法ヲ処スヘシ

其一〔僂麻質欬〕是《レ》感冒ヨリ来レル者ニメ急証ト慢証トアリ其病タル皮膚ノ運営抑遏スルカ為《メ》ニ肺臓之ニ代《ツ》テ不全分利ヲ致ス者ニメ其全体[158]対称機作用ナリ故ニ其治法皮膚ノ機力ヲ進メテ肺ノ運営ヲ誘キ彼此相平均メ常度ニ復セシムルニアリ乃《チ》病《ヒ》仍《ホ》日ヲ延《カ》サル者ハ[126]安質没扭《アンチモニ》。[123]孕鹼酒石。硫黄。[159]硇砂。[160]甘草。[142]土木香。[145]和胸越栗失爾《ヱリッシル》（按ニ第六十九方）[162]葛爾儒別涅実越幾斯《カルヂユベチヂ》等第三十三方第三十四方第二十一方第

七十一方第七十二方ヲ用フヘシ其最モ偉効アル者ハ第七十二乙方ナリ但シ終始腸胃汚物ノ有無ニ注意センヿヲ要ス」其頑固ナル者既ニ久キヲ瀰レル者ハ蜀羊泉ヲ服シテ「フラ子ル」布名ノ[161]襯衣ヲ穿チ[163]芫菁膏ヲ上膊ニ貼シ或ハ[164]瑞香皮打膿ヲ一膊ニ行ヒ重証ハ両膊ニ行フ以テ久シク癒エシメズ若シ単味ノ[16]蜀羊泉効ナキ者ハ[146]依蘭苔ヲ伍シ第七十三方「[134]セルチェル」水鉱泉ヲ用フヘシ而メ諸薬寸験ナク病毒刺衝ニ由テ遂ニ肺中結核ヲ生シ或ハ粘液過溢ヲ致ス者ハ乃チ肺労ノ治法ニ移ルヘシ

其二〔[165]瓦斯多利《ガストリ》欬〕胃欬。肝欬。虫欬。皆之ニ属ス 此証ハ肺ノ欬嗽ト全ク異ニメ其治大ニ差フカ故ニ能ク鑒別センヿヲ要ス其徴呼吸自在ニメ能ク行キ能ク走リ能ク談笑シ能ク深息シ其欬総テ肺ノ動擾ニ拘ラス特リ胃ニ事アレハ乃チ増劇ス故ニ食後最モ甚シクメ常ニ消食機ノ不調ヲ兼ルナリ」治法其初期ニ在ル者ハ一二三日[159]硇砂或ハ[123]孕鹼酒石ヲ用ヒテ而メ後チ証ニ随テ吐剤或ハ下剤ヲ与フヘシ下剤ハ[166]満《マン》那《ナ》。[167]旃那《センナ》ヲ佳トス」然レ𪜈病ヒ既ニ久キヲ経テ印華爾《インハル》屈篤《クト》前ニ出ツノ徴ヲ見ハシ且ツ液質変性セントスル者ハ有力ノ解凝薬ヲ連用シ兼テ時ゝ吐剤下剤ヲ与フヘシ」此病数月留連シテ吐痰甚シク宛カモ[154]肺労ニ肖似セル者単ニ吐剤ヲ用ヒテ頓治セシヿ予屢ゝ実験セリ」或ハ又[168]著草泡剤ヲ持久シテ旦夕冷服セシメ或ハ[141]麻爾羅歇《マルローヘ》。[147]括失亜《クハッシア》ヲ用ルモ亦奇効アリトス」若夫ノ蛔虫刺衝ニ起因セル者ハ駆虫ノ法ヲ処スヘシ

其三〔神経欬〕即痙攣欬 他ノ諸因ナクメ単リ神経性ノ諸証ヲ呈シ馳走。談笑。運転。及ヒ起熱ノ諸件。皆其欬ヲ増サスメ却テ軽快ヲ覚エシメ独リ情意感動等ノ神経ノ騒擾能ク之ヲ劇発セシムル者是レナリ」此証ハ素トヨリ神経衰弱ノ治法ヲ処ス可シト雖𪜈其感動ノ遅敏ニ応メ斟酌ナクンハアラス即チ感動過敏ノ者ハ驢乳。[22]纈草。[169]槲寄生。菲阿斯。阿芙蓉。「ヱムス」水鉱泉。微温浴。清豁気。騎馬等ヲ佳トシ感動遅鈍ノ者ハ幾那。[147]括失亜。[46]鹿琥液等ヲ的当トス此

証ノ一種毎朝発作シテ悪心嘔吐ヲ起ス者アリ是レ通常飲酒ニ耽リ焼酒ヲ嗜ム者ノ患《フ》ル所ナリ宜ク慓悍[83]ノ飲液ヲ禁シ括失亜及《ヒ》健胃剤ヲ用ヒ老利児結爾斯《ラウリールケルス》[137]水ニ莨菪[30]ヲ伍メ之ヲ与フヘシ

其四〔多血欬〕即焮衝性欬此証総身ノ多血ニ因レル者ト一部ノ多血ニ起レル者トアリ而《メ》総身ノ多血ニ因レル者ハ少年ノ徒ニ最モ多《ク》シテ脈強実等ノ多血ノ諸徴ヲ具ヘ運転スレハ其欬則《チ》増劇シ呼吸不利胸内刺痛等ヲ兼《子》動《モ》スレハ吐血。肺焮衝ヲ発スル者是レナリ刺絡。防焮薬。減食。肢体運転等血液ヲ減耗シ運営ヲ退却スルノ治法ヲ処スヘシ其一部多血ニ起レル者ハ痔血経血等《ノ》常習ノ失血閉止セルカ若《ク》ハ初《メ》テ発セントメ抑遏セラル、ヨリ来レルヲ多シトス胸内刺痛ヲ兼タル欬嗽久キヲ経テ宛《カ》モ肺労初起ノ如《ク》ナレ𪜈唯痔血ノ鬱閉ナリシ者屢《ヽ》之ヲ目撃セリ而《メ》亦月経天然ノ終止ヨリモ之ヲ来《タ》スヿアリ其痔血ノ抑遏ハ腹部血液鬱積ノ徴及ヒ痔疾ノ素因アル等ヲ以テ察スヘク月経ノ抑遏ハ月経初出ノ徴及《ヒ》年齢等ヲ商量シテ之ヲ決スヘシ治法痔血ニ原《ツ》ケル者ハ解凝性ノ越幾斯。中和塩。硫黄ヲ用ヒ蜞鍼ヲ肛囲ニ貼スル等ノ痔疾治法ヲ処シ経閉ニ原《ツ》ケル者ハ経閉ノ治轍ヲ踏テ之ヲ漏泄シ其天然ノ終止ヨリ来レル者ハ其機復《タ》起ス可ラサルヲ以テ瀉血ヲ行フヘシ」又此多血欬。肺ノ慢性焮衝ナル者アリ其徴脈緊数ニメ屢《ヽ》発熱シ呼吸不利シテ胸内刺痛シ欬嗽メ痰ヲ吐セス是レ結核労若《ク》ハ焮衝性肺労ノ已ニ其初《メ》ヲ為ントスル者ナリ肺労篇ヲ参考シテ治法ヲ処スヘシ」凡《ヘ》テ焮衝性欬嗽ハ皆単味ノ乳清若《ク》ハ之ニ酒石ヲ伍メ用ヒ或ハ「セルチュル」水乳汁少許ヲ加フ「エゲルセ」[170]水「ヱムセル」[171]水皆鉱泉ヲ服シテ偉効アリトス

其五〔転[8]徙毒欬〕是レ伊偪篤《イ、クト》[84]。僂麻質《レウマチ》。疥癬。瘰癧。黴毒等ノ呼吸器ヲ侵襲スルニ起レル者ナリ各《ヽ》本病ノ治法ヲ処シ打[17]膿法「フラ子ル」布名ノ襯衣等皮膚刺衝ノ術ヲ行ヒ旁《ハ》ラ其病《ヒ》ノ焮衝性。神経性。虚弱性

等ニ注目シテ諸薬ヲ酌量センヿヲ要ス

其六〔本患肺欬〕是レ肺臓本原ノ病患ニメ即チ所謂労欬ナリ而メ其粘液漏泄ヨリ来レル者ハ粘液労ナリ結核ヨリ来レル者ハ結核労ナリ慢性焮衝ヨリ来レル者ハ焮衝労ナリ膿瘍ヨリ来レル者ハ吐膿労ナリ宜ク肺労ノ本条ニ照シテ各ヾ其治法ヲ行フヘシ」又タ懸壅延垂シ或ハ腫脹シテ喉頭ヲ刺衝シ頑固ノ欬嗽ヲ起シテ恰モ肺労ニ類似スルヿアリ此証ハ其懸壅ヲ截断スルニ宜シ是レ全ク無危ノ術ニメ施シ易キノミナラス其効一挙ニメ必スヘシ

疫欬「[172]チュッシスコンヒュルシハ」羅「[173]キンキフースト」又「[174]スチッキフースト」蘭

徴候　欬嗽発作スル時ハ呼気頻数ニメ間断ナク時ニ鶏声ヲ擬メ一吸気ヲ為スヿアルノミ是ノ如キ者短キハ一二密扭《ミニュート》篤長キハ八分時大抵吐ヲ発メ止ムヲ常トス」病ヒ劇キ者ハ顔面灰白ニメ青色ヲ帯ヒ口鼻血ヲ流出シ肺ノ痙攣甚クシテ少焉《シバラク》ハ呼吸全ク窒絶スルヿアリ」其発作大抵毎一時若クハ毎二時ニ在テ重キ者ハ尚ホ頻発シ夜間ハ殊ニ暴劇ニメ笑談哭泣等僅ニ意識ヲ動カスニモ乍チ之ヲ起シ易シ」而メ通例隔日毎ニ劇発スル者ニメ衰弱ヲ除クノ他。患者微苦ヲ見ルヿナシ」此病ハ唯小児ノ患フル所ニメ且ツ一タヒ之ヲ病メハ復タ患ヘサルヿ痘疱麻疹ニ於ケルト一般ナリ

此病ハ終始三期ニ分カル其初期ハ尋常感冒欬ノ如クニメ熱ヲ兼子或ハ肺焮衝ヲ併シ徐ヤク此病ノ本性ニ移ル時間ナリ」第二期ハ熱去テ欬嗽単純ノ痙性ヲ見ハセル時間ニメ数週稽留ス」季期ハ其発作間歇性ヲ得テ衰弱益ゝ加ハルノ時ニメ三四週持続ス」経過是ノ如クニメ其終始五週八週十二週或ハ其余ニ至リ皮疾或ハ鵞[175]口瘡ヲ発メ分[45]利スルヲ常トス」然レ𪜈其病ヒ劇フシテ且ツ久キヲ経レハ欬嗽ノ為メニ精力費耗シ嘔吐ノ為メニ栄養虧損シ以テ一身ノ虚脱痩削ヲ致シ或ハ肺臓衰弱シテ粘液労ニ移リ或ハ脊骨屈曲シテ佝僂ト

為ル等種〻ノ継病ヲ来ス〡アリ」凡《ッ》此病其発作ノミハ懼ル丶ニ足ラスト雖𪜈継発ノ余証総身虚脱肺焮衝肺労等ニ由テ終ニ死亡ニ帰スルナリ

原由　近因ハ一種ノ伝染毒有テ横隔膜神経。胃神経。肺神経等ヲ刺衝スルニアリ」其毒元来大気中ニ含スト雖𪜈亦人〻互ニ伝ヘテ相感染スル〡ハ此患児ヲ看待スル年高ノ徒モ其病ヲ感受スル〡有ルヲ以テ証スヘシ」而《ソ》其神経ノ刺衝。癲癇状ノ[176]痙搐性運動ト胃肺ノ粘液分泌増盛トヲ起スヲ以テ胆液分泌モ亦為《メ》ニ常度ヲ踰ルナリ而《メ》素質ヲ有セル患者ハ肺ノ焮衝ヲ来タス〡アルカ故ニ原来神経性ノ病ナリト雖𪜈亦焮衝性ヲ兼ル〡アリ」凡《ッ》伝染病ハ痘瘡麻疹等ノ如ク必《ス》定期ヲ待テ自ラ其毒ヲ駆泄スル者ナリ故ニ此病モ亦然リトス

治法　胃腸ヲ清刷シ痙攣ヲ鎮制シ傍《ハ》ラ合併病ニ著目セン〡ヲ要ス但其時期ニ随テ亦斟酌ナクンハアラス」即《チ》其初期ハ腸胃性ノ感冒ニメ多クハ焮衝性ヲ帯ブ故ニ吐剤ヲ用ヒ第七十四方ノ舐剤ヲ与ル等清涼[177]解凝疎滌ノ法ヲ処スヘシ而《メ》熱勢愈ヽ加《ハ》リ呼吸困難。胸内疼痛。刺衝性《ノ》欬嗽等ヲ起スヲ見ハ速《カ》ニ[88]蜞鍼ヲ胸部ニ貼メ少量ノ甘汞ヲ用ヒン〡ヲ要ス」第二期ハ専《ハ》ラ痙攣ヲ鎮制スルニアリ乃《チ》[31]菲阿斯。[128]阿魏。舐剤トシ或ハ灌腸剤トス莨菪第七十五方等ノ鎮痙麻酔薬ヲ用ヒ欬嗽劇キ者ハ阿芙蓉ヲ与《フ》ヘシ第七十六方但《シ》阿芙蓉ハ連用ス可ラス其大便秘閉及《ヒ》血液鬱積ヲ起スノ恐《レ》アレハナリ其他[178]萵苣越幾斯。[16]蜀羊泉。[179]失鳩答。麝香。[180]「レヂュムパリュストレ」（迷迭香ノ一種麻酔ノ功アル者）等其[181]越必垤密《エピデミ》ノ性ニ随テ撰用シ或ハ[163]芫菁軟膏或ハ丁幾[105]吐酒石膏第七十七方等ヲ心[182]窩季肋ニ塗擦メ皮膚ヲ刺衝シ或ハ[127]海葱。[33]実芰答里斯。[163]芫菁丁幾等ヲ内服メ腎ヲ刺衝シ或ハ灌腸法ヲ行フ等ノ反対刺衝ヲ施スヘシ大抵是ニ由テ全治ヲ得ルナリ」右ノ諸法功ナクメ季期ニ移リ欬仍《ホ》数週留連シテ熱証全クナキ者ハ是《レ》衰弱ノ為《メ》ニ痙攣退カサルナリ幾那ニ鎮痙薬ヲ伍シ

用フヘシ幾那塩半氏至一氏一日二用フ諸証時ヲ定メテ隔日ニ増劇スル者ノ如キハ殊ニ之レヲ適当トス」而メ其效断エス痰沫ヲ喀ク者ハ[146]依蘭苔[183]傑列乙ヲ用フヘシ兼テ粘液労ヲ預防スルニ良シ」差後ノ衰弱ハ微温強壮浴。麦芽浴幾那。[184]槲実ノ骨喜《コーヒー》。依蘭苔傑列乙ヲ用ヒテ内托スルヲ宜シトス

扶氏経験遺訓巻之九終

巻之九註

1 krampachtige ziekten　痙攣病。
2 *epilepsia*。
3 vallende ziekte。
4 stuipatige bewegingen　痙攣性動作。
5 minuten　分。
6 二、三時間。
7 *aura epileptica*　aura は前駆症状、epileptica は癲癇。
8 転移。
9 ジクケツ。鼻血。
10 *aloë*　アロエ。
11 塩化水銀（I）。
12 *scammonium*　スカンモニア根。
13 *tinct. colocynth.*　コロシントの実のチンキ。
14 *guajac.*　癒瘡木。
15 *sarsaparilla*　サルサパリーラ。
16 *dulcamara*　ヅルカマラ。
17 kunstmatige zweren　人為的化膿法。
18 カル。刈り取る。
19 bitterwater　流苦水。
20 onmiddellijke inwerking　直接作用。搾は刺す。
21 グレイン。grein　一グレインは約六五ミリグラム。
22 *valeriana*　キッソウ根。セイヨウカノコソウ。
23 *folia aurantiorum*。
24 原文は een lood　一ロードは一〇グラムで、一銭は古くは約三・八グラムであるので、四銭は三銭の誤りであろうか。
25 thee van oranjebladen。
26 *rad. artemis. vulg.*　ヨモギ根末。
27 この場合の銭は drachme　一ドラクマは約三・八グラム。
28 ragolosche poeder。
29 *nitras argenti*　硝酸銀。
30 *belladonna*　ベラドンナ。
31 *hyoscyamus*　ヒヨス。
32 *aconitumu*　キバナトリカブト。

33 *digitalis*　ジギタリス。
34 *stramonium*　ヨウシュチョウセンアサガオ。
35 *oleum animale dippel*。Dippel は人名。骨や角を蒸留して製した油。
36 *cajeput*　カンプテ油。*Melaleuca cayaputi* の葉の水蒸気蒸留で得る油。
37 *sedum acre*　ベンケイソウ属。
38 *vomitoria*　吐剤。
39 *Galeum luteum*　ヤエムグラ属植物。
40 *cardamine pratensis　Galium verum*　セイヨウタネツケバナ。
41 *setaceum nuchae*　串線法。打膿法。
42 electriciteit　電気法。
43 *moxa*　モグサによる灸法。
44 huidziekten inënting　皮膚病予防接種。
45 crisis　危機。峠。
46 *liq. c. c. succin.*
47 tourniquet　止血帯。
48 knevel　手錠。留め木。
49 *chorea*。
50 st.vitus dans。
51 loop kramp　歩行痙攣。
52 vertrekkingen der gelaatsspieren　顔筋肉のゆがみ。
53 zinvang　感覚固定。
54 *catalepsis*　感覚固定。
55 タンカン。筋がしびれる病気。中風。
56 みぞおち。
57 zenuwknoopstelsel　神経節系。
58 ヒステリー。
59 magnetismus　磁力療法。
60 *somnambulismus*　夢遊病。
61 slaapwandelen。
62 maan ziekten　狂人。発狂者。
63 manipulatie van het magnetisieren　磁気による操作。magnetismus。
64 *ephialtes*　悪夢。
65 *incubus*。
66 nachtmerrie　悪夢。
67 屁。
68 *agrypnia*　不眠。
69 slapeloosheid。
70 *infarctus*　梗塞。
71 maragawijn　マラガ酒。マラガはスペイン地中海側の地名。
72 *raphania*　麦角中毒。
73 kriebelziekte　かゆみ症。
74 kreibel　かゆみ。
75 moederkoorn　麦角。
76 パン。

77 礬（硫酸塩）を含んだ酒石（酒石酸水素ナトリウム）。

78 tremor　原字はドレモルとあるがトレモルが正しい。

79 beven。

80 チクセイ。trekkingen　痙攣。

81 テキトウ。蹴り倒す。

82 gesticulatie　身振り。

83 荒々しい。アルコール度の高い。

84 jichtige　関節炎。痛風。

85 *nux* vomica　馬銭子。

86 蒸留酒。ウイスキー。

87 鉄塩を含んだ溶液浴。

88 bloedzuiger　蛭。

89 tetanus　破傷風。

90 regtstijvigheid。

91 *trismus*。

92 mondklem。

93 *priapismus*　陰茎強直症。

94 原文は8 uren。江戸時代の一時《ヒトトキ》は現在の二時間。したがって四時は現在の八時間。

95 ガカン。咀嚼筋。

96 organischen　器官性。器官の。

97 roodvonk　猩紅熱。

98 miasmatische　悪気。毒気。

99 ingedrogen splinters　突き刺さったとげ。

100 心気症。

101 炎症熱。

102 防炎症薬。

103 *mochus*。

104 カンフラ。*camphora*　樟脳。

105 tartar. emet.　酒石酸水素カリウムと三酸化アンチモンとの化合物。

106 *trismus et tetanus traumaticus*。

107 pappen　湿布。

108 *carbonas potassae*　炭酸カリウム。

109 scrupel　スクルプル。一スクルプルは約一・三グラム。

110 soda　炭酸ナトリウム。

111 asthma。

112 aamborstigheid。

113 kortademigheid。

114 blaawzuchtige　萎黄病。

115 ウエイ。血清。

116 scheurbuik　壊血病。

117 bleekzucht。

118 plaatselijk werkende werktuigelijke　局所機能性。

119 scheikundige　化学性。

120 *extr.* graminis　グラミニス根エキス。

121 *extr. tarax.*。

122 *gummi ammoniac*。

123 *tart. tastarisatus*。

124 *terra foliate tart.*。

125 *sulphur aurat. Antimon.*　五硫化アンチモン。

126 *antimonialia*。

127 *squilla*　カイソウ。ユリ科多年草。

128 *asa foetida*　アギ。セリ科多年草。

129 komijn　クミン。

130 Karsbad　原文には「ス」が欠如。

131 Ems。

132 Geilnauer。

133 Fachinger。

134 Seltzer。

135 verbeening　骨化。

136 kood omslagen　冷湿布。

137 *aqua laurocerasi*　月桂樹水。

138 *mellago*　薬用蜜。

139 *kermes*　臙脂虫。*Coccus ilicis* のメスの乾物。

140 *liq. ammon. anisat.*。

141 *hb. marrubii.*　マルビウム。ニガハッカ。

142 *rad. helenii*　ヘレニウム根。

143 *arnicae*　アルニカ。

144 *senegae*　セネガ。

145 *elix.pectorale*　elixir は霊薬。

146 *lich. Island.*　イスランド苔。

147 *quassia*　セイヨウニガキ。

148 *extr .cascarillae.*　カスカリラエキス。

149 celweefsel　細胞組織。

150 *palpitatio*　動悸。

151 hartklopping。

152 *tussis.*　咳。

153 hoest。

154 肺結核。

155 teringachtigen　肺病質。

156 voeligheid　感覚。

157 zinking　原文は catarrhale prikkeling　カタル性刺激。

158 antagonistische, reflex　対立作用。

159 *sal ammon.*　塩化アンモニウム塩。

160 *liquiritia*。

161 下着。

162 *extr. card. benedict.*　ベネディクト草エキス。

163 *vesicatorium perpet.*　カンタリス膏。

164 *mezereum*　ジンチョウゲ科 *Daphne mezereum*　Eaglewood Mezerei 皮。

165 gastrische　胃。

166 *manna*　マンナ。

167 *fol. sennae.*。

168 thee van *hb. millefolii*。

169 *viscum quernum*　セイヨウヤドリギ。

170 Egersche zoutbronnen　エゲル塩泉。
171 Emser ketelbronnen　エムセル沸泉。
172 *tussis convulsiva*　百日咳。
173 kinkhoest。
174 stikhoest。
175 spruw　乳児の口内炎の一種。
176 stuipachtige　痙攣性。
177 afvoerend　排出除去。
178 *extr. lactuae viros.*　ラッカリウム。催眠薬。
179 *cicut.*　ドクゼリ。
180 *ledem palustr.*　イソツツジ属。ワイルドローズマリー。
181 epidemieën　流行。
182 一番下の肋骨。
183 gelei　ゲル。ゾル。
184 eikelkoffij　どんぐり（かしの実）のコーヒー。

（表紙）

扶氏経験遺訓　十

扶氏經驗遺訓巻之十

足守　緒方　章　公裁
義弟郁　子文　同訳
西肥　大庭　悫　景徳　参校

慢性嘔吐「[1]ホミチュス」羅「[2]コロニセブラーキング」蘭

徴候　熱ナクメ吐逆久キヲ瀰ル者是《レ》ナリ或ハ連緜持続スルアリ或ハ発歇往来スルアリ或ハ食前空心ニ発スルアリ或ハ食後ニ其飲食セル者ヲ吐スルアリ」凡《ソ》嘔吐劇《シ》クメ日ヲ延ク者ハ総《ヘ》テ危候ナリトス生力之《レ》カ為《メ》ニ脱亡シ或ハ胃ノ焮衝ヲ招《ヒ》テ竟《ヒ》ニ死ヲ致ス者アレハナリ」而《メ》又《タ》其荏苒瀰久スル所以ン多クハ皆他ノ大患ノ外徴ナリ殊ニ注意セサルヘカラス今《マ》其一二ヲ挙レハ即《チ》毎食後必《ス》吐メ其飲食セル者ヲ出スハ胃ノ器質変常セルナリ」心下腹肚痙攣疼痛メ吐後発黄スル者ハ胆石ナリ其痛腎部ニアル者ハ腎石ナリ」小児ニ在テ嗜眠斜視等ノ頭脳証及《ヒ》便秘ヲ兼ル者ハ脳水ナリ」早旦空心善ク饑テ善ク吐スル者ハ蛔虫ナリ」泄瀉。煩渇。上腹緊満。顔貌違常。四肢寒冷。体軀羸瘦等ノ諸証有テ脚ヲ腹上ニ挐キ揚《ク》ル者ハ胃腑脱弛〔「[3]マーグフルウューキング」小児ノ病ナリ〕ノ徴ナリ

原由　近因ハ胃及《ヒ》近隣諸筋ノ痙搐性引縮ナル[4]ヿ猶《ホ》欬嗽ノ近因ノ如シ」而《メ》之ヲ起ス所以ノ因ハ胃ノ感動過敏ナルカ或ハ異常ノ刺衝物ニアリトス」其感動過敏ノ甚キ者ハ日常馴ル、所ノ無害ノ飲食淡水モ容ル、ヿ能ハスメ此《ノ》痙搐ヲ起スニ至ル是《レ》胃ノ多血。[5]焮衝。若クハ其神経覚機ノ[6]亢

盛セルナリ」其異常刺衝物ハ[7]停食。胆液。粘液。酸液。蛔虫等ノ如ク胃中ニアル者アリ硬腫。結核。潰瘍。贅肉。癌瘡等ノ如ク胃ノ器質ニアル者アリ或ハ疥癬。[8]伊偪篤《イ、グト》。儴麻質《レウマチ》等ノ病毒侵襲ニ由レル者アリ或ハ肝。脾。膵。腎ノ腫脹。硬結。腎石。胆石。胎児。或ハ脳髄打撲。神思感動等ノ如ク他部ニ在テ茲ニ交感スル者アリ

治法　宜ク先《ツ》遠因ヲ探索メ之ヲ除去スヘシ隔治法而《メ》嘔吐仍《ホ》止《マ》サル者ハ直治法ヲ行フテ其近因ノ痙搐性引縮ヲ鎮静スヘシ乃《チ》

其一腸胃汚物ヨリ来レル者ハ胆液。粘液。酸液等ノ汚物ヲ吐スルヲ以テ徴スヘシ」此証ハ吐下薬ヲ用フルノ外ナシ然《レ》氏其病《ヒ》消化機ノ一時ノ障碍ニアラスメ粘液酸液等ノ久《シ》ク鬱滞セルヨリ来レル者ハ専《ハ》ラ其本治ヲ施シテ時ゝ吐下薬ヲ投シ終《リ》ニ強壮健胃ノ薬ヲ以テ其全功ヲ収メンヿヲ要ス

其二儴麻質《レウマチ》。[8]伊偪篤《イ、グト》。疥癬等ノ病毒[9]転徙ヨリ来レル者ハ既往ノ慢性感冒。居室ノ冷湿。儴麻質ノ消散。胃部ノ疼痛等ヲ以テ徴シ或ハ従前ノ跨脚痛。赤尿等ノ伊偪篤《イ、グト》証アルヲ以テ知リ或ハ疥癬潰瘍等ノ内陥セルヲ以テ察スヘシ」此証ハ其所縁ヲ論セス諸証ヲ撿メ胃ニ焮衝アルヿヲ察セハ速《カ》ニ先《ツ》之ヲ退治メ而《メ》後ニ胃部ニ[10]芫菁膏ヲ貼シ脚痛ヨリ転セル者ハ脚ニ芥子泥ヲ敷キ皮疾内陥ニ本ツケル者ハ従前ノ患部ニ吐酒石膏或ハ[11]瑞香皮ヲ貼シ尚《ホ》且《ツ》伊偪篤《イ、グト》ニハ[12]朴屈福烏篤《ボックホウト》。双鸞菊ヲ与ヘ疥癬ニハ硫黄ヲ服セシムル等各自病毒ノ治法ヲ処スヘシ

其三局処多血或ハ慢性焮衝ノ其因トナレル者ハ全身多血若《ク》ハ一部鬱血ノ候ヲ具ヘ或ハ月経不調。痔血遏閉等ノヿ有テ且《ツ》胃痛証ヲ兼ルナリ」

治法多血性胃痛ニ同シ宜ク本条ヲ参考スヘシ

其四単純神経性ノ者ハ他因ノ徴スヘキ者ナシ唯 [14]歇以私的里《ヘイステリ》証及《ヒ》痙攣証ヲ夾《サ》ムヲ以テ之ヲ断スヘシ其発作大抵早朝空心ノ時ヲ以テシ或ハ

情意感動ノ後ニ於テシ或ハ歇以私的里《ヘイステリ》性ノ偏頭痛ニ傍発ス」宜ク歇以私的里《ヘイステリ》及ヒ神経衰弱ノ治法ヲ施シテ発作間ハ直治法ヲ行フヘシ神経性胃痛ト参考スヘシ一種頭痛ヲ兼ル嘔吐ノ歇以私的里《ヘイステリ》家ニ在テ発歇往来スル者アリ其休歇ノ間ニ第七十九方ヲ用フヘシ偉功アリ

其五胃ノ硬腫。結核。癌瘡。脱弛[15]等ノ如キ器質ノ変或ハ肝脾膵ノ壅塞。硬腫等之レカ因トナレル者ハ宜ク解凝治法ヲ用ヒテ其壅結ヲ疎解シ直治法ヲ行テ其痙攣嘔吐ヲ鎮静スヘシ

若シ夫ノ有形ノ遠因ナキ者或ハ之レ有リシモ既ニ除去シテ其吐仍ホ退カサル者ハ直治法ヲ行ハンヿヲ要ス其薬ハ第一方ノ[16]里歇利《リヘリ》飲ヲ無比ノ良品トス頑固証ハ之レニ鎮痙薬ヲ加フヘシ第八十方ノ如シ」

此病ニ於テハ外用方大ヒニ内服薬ニ優ルヿアリ即チ[17]末篤栗加利斯《マトリカリス》[18]精ニ阿芙蓉丁幾ヲ加ヘテ蒸溻シ第八十一方薄荷ヲ小嚢ニ盛リ酒ニ煮テ外敷シ蒸[19]餅母ヲ貼シ乾[20]角法ヲ行ヒ頑固ノ嘔吐唯之ヲ以テ治セル者余屢ゝ経験セリ灌腸法ヲ施ス等是ナリ」其他麝香阿芙蓉モ亦功アリ或ハ氷冷ノ食物ヲ用ヒ氷片ヲ喫メ奇験ヲ得シヿアリ」小児ニ在テ屢ゝ往来スル慢性嘔吐ハ蛔虫。脳水。胃腑脱弛ヨリ来レル者多シ殊ニ注思セスンハアラス小児門ヲ参考スヘシ

各種嘔吐ノ治法左ニ之ヲ列ス

第一慢性食後嘔吐（所謂反胃癖嚢即是ナリ）毎常食後一時半。一時或ハ半時ヲ経テ其用ヒシ所ノ飲食ヲ吐出シ断ヘス饑ヘテ大便秘閉ス而メ胃部疼痛スル者アリ之ヲ圧シテ痛ヲ覚ユル者アリ絶テ痛ナキ者アリ又之レヲ按シテ塊物ノアルヲ知ルヿアリ否ラサルヿアリ硬腫ノ所在ト大小トニ随テ然ルナリ病ヒ漸ク増進スレハ羸痩。虚脱。愈ゝ加ッテ其終リ曇緑帯黒ノ物ヲ吐出シ以テ遂ニ死ニ就ク者是ナリ」是レ胃ノ硬腫。結核若クハ癌瘡ニ因セル者ニメ治スル者少ナシ唯其病仍ホ沈痼ナラス其腫止タヽ硬腫ノミニメ未タ結核ニ移ラサル者ハ猶ホ其恢復ヲ期スヘキヿアリ而メ其治不治ヲ定ムルハ疼痛ノ有無ニアリトス疼痛已

ニ加《ハ》ル者ハ結核若《ク》ハ癌瘡トナレル徴ニメ救療スヘカラサレハナリ」予カ実験ニ由レハ左ノ諸薬間《ヒ》功ヲ奏セシヿアリ即《チ》莨若青酸飲[21]〔第五十方〕ヲ内服シ水銀軟膏ヲ塗擦シ或ハ失鳩答越幾斯《シキウタエキス》[22]。金盞[23]花越幾斯。「カル、スバット」[24]〔鉱泉〕炭酸曹達[25]ヲ用ヒ或ハ失鳩答葉[22] 琶布《パップ》[26]ヲ心下ニ施シ或ハ艾灸法[27]ヲ胃上ニ行ヒ〔嘔吐劇クメ疼痛ヲ兼子諸薬験ナク経日瀰久ナリシ者之ヲ行フ全治ヲ得シ〕ヿアリ或ハ蜞鍼[28]ヲ患部ニ貼シ〔疼痛アル者ニハ殊ニ妙ナリ〕或ハ必設刺児《ヒツセラル》[29]灌腸法〔第四十九方〕ヲ用フル等ナリ乳汁ハ内服シ且《ツ》灌腸薬トシ用《ヒ》テ患者ノ命ヲ延ルノミナラス亦能《ク》本病ヲ治スルヿアリ

膵ノ硬腫。結核等ヨリ来レル慢性嘔吐ハ前証トヨク相類似スト雖𪜈其吐必《シ》モ食後ニアラス多クハ少時ヲ移シテ発シ其吐スル所ノ物モ用ヒシ所ノ食品ニアラスメ酸液及《ヒ》唾液状ナリ且《ツ》其疼《ミ》臍部ノ腹底ニ在テ深ク腰脊ニ徹シ或ハ其腹ヲ按メ深ク其底ニ硬塊ヲ探リ得ル等以テ前証ト弁別スヘシ」治法大率《子》前証ニ等シ此証モ亦治シ難シト雖𪜈初起ニ於テハ救フヘキ者アリ且《ツ》其胃ヨク薬力ニ堪フルヲ以テ少《ヤヽ》強キ解凝薬ヲ用フヘク就中「カル、スバット」〔鉱泉〕水ヲ服スルヿヲ得ルナリ」此証モ亦疼痛アル者ハ蜞鍼ヲ怠ルヘカラス

牛齝〔「ヘルカーウィング」[30]復ヒ嚼ムノ義」字書云食レ之已《ニ》久《ソ》復《タ》出《テ》嚼レ之牛《ニ》曰レ齝ト今仮《リ》ニ其字ヲ充テ以テ後考ヲ俟ツ〕ハ肖テ非ナル者ナリ嘔吐ト混スヘカラス等《シ》ク食物ヲ吐出スレ𪜈嘔吐ノ如ク努力セス且《ツ》其物《モ》亦未《タ》消食機ノ化ヲ受ケス其因唯胃管ノ一部闊開メ食物暫ラク茲ニ懸留滞止セルニ由レルノミ

第二朝発嘔吐　是レ毎朝困難ノ欬嗽ヲ発メ悪心ヲ起シ以テ多少ノ膠粘液ヲ吐スル者ニメ老酒客ノ患フル所ナリ」治法ハ飲酒ヲ禁シ消化シ易キ食物ヲ命シ麻偪捏失亜[31]。大黄[32]〔第八十三方〕ヲ服セシメ毎旦冷水一盞ヲ飲《マ》シメ胃部ニ薄荷ノ小枕子[33]ヲ貼シ或ハ阿魏[34]。牛胆ノ丸薬。格綸僕[35]。括失亜[36]等ヲ用ルヲ佳トス

第三注[37]船嘔吐　悪心煩困ニメ嘔吐シ或ハ下利ヲ兼子渾身病《メ》ルカ如ク潰《ユ》ルカ如クニメ頭旋。昏冒シ諸証二日四日若《ク》ハ其余モ留連メ退カス陸ニ上レハ乃《チ》脱然トメ乍チ清快ス」是《レ》唯海上ニ在テ洪濤暴風ノ舟ヲ盪揺スルヨリ起レル者ナリ故ニ港内川上ニ在テハ之ヲ患ル者少ナシ且《ツ》屢ゝ慣習スレハ後《チ》遂ニ之ヲ発セス故ニ初テ海ニ浮フ者ノ常ニ病ム所トス而《メ》人皆必《シ》モ之ヲ患ルニ非ス仮令同《ヒシ》ク之《レ》ニ罹ルモ其劇易毎人一様ナラス必竟騎馬。輿車ニ注《フ》テ悪心。眩暈ヲ発スルモ同一ノ因ニ出ルナリ」左ノ法全《ク》之ヲ治ムルヿ能ハス氏稍ゝ其苦楚ヲ寛解シ或ハ預防ノ功アルナリ即チ臥シテ其身ヲ平坦ニシ常ニ甲板上ノ檣辺ニ居リ消化シ易キ食物ヲ喫シ第八十四方ノ硬膏ヲ掌大ノ革上ニ攤テ胃部ニ貼スル等是ナリ

第四結石嘔吐　是《レ》胆石或ハ腎石ニ傍発セル者ニメ急性ト慢性トアリ急性ノ者ハ即《チ》結石疝（疝痛）条ニ出ツノ一証ナリ徴候鑑別結石編ヲ参看スヘシ」治法モ亦結石ノ治法ヲ用フヘシ故ニ慢性ノ者ハ「カル、スバット」（鉱泉）及《ヒ》此類ノ[38]羅偏塩剤ヲ主用スルニ宜シ

第五姙婦嘔吐　後ノ婦人門ニ詳説ス

凡《ヘ》テ慢性嘔吐ハ乳汁ヲ無比ノ良薬トス内臓ノ硬結。腸ノ狭窄等ヨリ来レル者モ毎一時一椀宛与フレハ且《ツ》栄養シ且《ツ》其治ヲ扶クルヿアリ」又此病経久頑滞セル者モ必《ス》皆器質ノ変ニ本ツクトメ不治ニ委ヌルヿ勿レ単《タヽ》結腸ノ硬屎其因ヲナセル者往ゝ之《レ》アリ然ルカ如キハ[29]必設刺児《ヒッセラル》灌腸法〔第四十九方〕及《ヒ》峻下剤ヲ用ヒテ癒ユルヿヲ得ヘシ

吃逆「[39]シンギュルチュス」羅「[40]ヒッキ」蘭

徴候　是《レ》胃ト横隔膜ニ短発セル痙搐性引縮ナリ」通常ハ胃ノ飽満。酸液。感冒（殊ニ孩児ニ之アリ）等ノ如キ軽微ノ因ヨリ来ル者ニメ恐ル、ニ足ラス独《リ》自ラ治スヘシト雖氏真ノ痙攣ヨリ来レル者ハ数時若《ク》ハ数日延滞メ危害恐ルべク又熱病ニ傍発セ

ル者ハ険悪ノ候ニ〆多ク内臓焮衝ノ兼証ナリトス

治法　通常ノ吃逆ハ其治甚タ容易ナリ即《チ》飲液ヲ含テ徐〻ニ嚥下スヘシ或ハ沙糖一片ヲ口内ニ入レ融解スルヲ俟《ッ》テ徐〻ニ胃ニ下タセハ殊ニ速効アリ」若《シ》夫《ノ》痙攣ヨリ来レル者及《ヒ》神経熱ニ傍発セル者ハ菲阿斯。麝香ヲ用ヒ胃部ニ阿芙蓉ヲ塗擦シ鎮痙琶[26]布ヲ貼シ乾角法[20]ヲ行フヘシ殊ニ微温浴ヲ佳トス」而《メ》焮衝ヨリ起レル者ハ防焮治法ヲ用フヘシ

神経痛「[41]子ウラルギア」羅「[42]セーニューペイン」蘭

徴候　凡《ソ》軀体地処ヲ択ハス神経若《ク》ハ神経叢ノ疼痛スル者総テ之ヲ神経痛ト謂フ」其痛《ミ》殊ニ膜及《ヒ》腱膜アル部ニ多ク発スル者ニ〆稽留持続スルアリ発歇往来スルアリ而《メ》其頭ニ在ル者ハ頭痛。或ハ偏頭痛。其面ニアル者ハ面痛。其坐骨ニアル者ハ坐骨痛。其脊ニアル者ハ脊痛。其腰ニアル者ハ腰痛。其胯ニアル者ハ胯痛。其胃ニアル者ハ胃痛。其腸ニアル者ハ疝痛等各《ミ》部位ニ随テ各《ミ》名称ヲ異ニス

原由治法共ニ他ノ神経病ニ同シト雖圧其患部ノ異ナルニ随テ小差ナキヿ能ハス故ニ各《ミ》別ニ部門ヲ分テ下条ニ之ヲ論列ス」総テ此病ハ莨菪[43]。[44]老《ラウ》利児結爾斯《リールケルス》水。[45]蔓陀羅華《マンダラゲ》越幾斯ハ八分[46]氏之一ヨリ二分氏之一ニ至ル丁幾ハ十滴ヲ用フ等ノ麻酔薬ヲ用ヒ滴浴。冷浴。[27]艾灸法等ヲ行《フ》テ殊《ニ》効アリ」而《メ》其時刻ヲ定《メ》テ発歇スル者ハ幾那[47]。鉄ヲ佳トシ就中[48]格碌屈斯末児扶斯《コロクスマルチス》〔名〕半刀[49]宛日ニ二回用フルヲ妙トス」外部神経痛ハ神経結腫。硬腫。骨刺[50]。贅肉[51]等ノ形器病ニ起因セル者多シ能ク査点センヿヲ要ス

痒病「[52]プリュリチス」羅「[53]イエウケン」蘭

徴候　是《レ》一種固有ノ感覚ニ〆通常ハ唯皮疹ノ一傍証ナルノミ故ニ其本患ニ準《フ》テ之ヲ治スヘシ」然《レ》圧亦単発セル自家ノ神経病ナル者アリ其峻

劇頑固ナル者ハ昼夜寧時ナク渾身ニ蔓延スルニ至テハ終ニ危篤ニ陥ルヿアリ」余曽テ一老夫ヲ診セシニ別ニ皮疾無クメ全軀瘙痒ヲ発シ昼夜休止セサルヿ期年余。苦楚ニ堪ヘスメ自《ラ》堅硬ノ什器。[54]馬梳ノ類ヲ以テ之ヲ掻破シ血出テ纔ニ快ヲ取ルノミ後《チ》漸ク削痩メ終ニ死ニ就キタリ

原由　神経病常因ノ外《カ》蒸気抑遏日ヲ延ク者及《ヒ》疥癬。黒胆液等ノ酷厲毒殊ニ之《レ》カ因トナル

治法　各〻其原因ニ準《フ》テ之ヲ治スヘシ外用ニハ温浴。蒸気浴。[20]角法。[55]打膿法等ヲ佳トス蓬[56]砂二一銭[57]ヲ薔[58]薇水六匁[59]ニ溶ス者モ亦殊効アリ」陰部瘙痒ハ甚《タ》煩困ノ病ナリ殊ニ年長ノ処[60]女嫠婦ニ多シ大《ヒ》ニ患者ヲ窘シムル者ニメ又甚タ治シ難シ其因痔血鬱滞。月経不調等ニアリ宜ク痔血ヲ泄シ月経ヲ通スルノ治法ヲ行ヒ蟯虫（肛ノミナラス〆子宮口ニ及フ者アリ）悪液病等ノ夾証アル者ハ之ヲ駆逐シ兼テ頻〻蜞[28]鍼ヲ施スヘシ」余カ実験ニ拠ルニ外用薬中最《モ》効アル者ハ椰子油製石鹼ノ溶水ト薔薇水ニ稀ク升汞ヲ溶カス者トナリ

頭痛「[61]セパラルギア」羅「[62]ホーフドペイン」蘭

徴候　世間常有ノ一病ニメ多《ク》ハ熱病等他患ノ傍証ニ属スト雖𪜈亦自家ノ単発証有テ稽留スル者アリ発歇スル者アリ全頭ニ在《ル》アリ偏頭ニ在ルアリ一小部ヲ局メ鍼ヲ刺スカ如キアリ」而《ソ》其劇易一様ナラス或ハ灼クカ如ク或ハ裂クカ如ク或ハ刺スカ如ク或ハ錐スルカ如ク甚キ者ハ悪心嘔吐等ノ交感証ヲ兼子或ハ極メテ頑固ニメ痛苦耐フヘカラサルニ至ル者アリ

原由治法他ノ神経病ニ同シ唯其神経性ト多血性ト腸胃性ト病毒転徙ト形器変常トヲ区別センヿヲ要ス就《レ》中常ニ多キハ歇[14]以私的里《ヘイステリ》家。依[63]卜昆《ヒポコン》垤児《デル》家ノ頭痛ナリ〔神経性〕菲[66]阿斯《ヒオス》。老[44]利児結爾斯《ラウリールケルス》水。勿[64]弗満《ホフマン》鎮痛液等ヲ与ヘ嘔吐ヲ夾《サ》ム者ハ沸騰散[65]第二方　里[16]歇利《リヘリ》飲第一方ニ菲阿斯ヲ加ヘ用ヒ芥子泥。脚浴（芥子ヲ加フ）ヲ行フ等ノ姑息法ヲ処シ根治法ニ

ハ幾那。鉄。第八十五方 [48]格碌屈斯末児扶斯《コロクスマルチス》。[36]括失亜《クワツシア》冷侵等ヲ内服シ海水浴。鉄浴ヲ行フテ偉効アリ」然レ氏傍《ハ》ラ血液鬱積ノ有無ニ注意セサル可ラス若《シ》然ルヿ有ル者ハ蜞鍼ヲ貼スヘシ」病毒転徙ニ於《ケ》ル者ハ[8]伊偪篤《イ、グト》ト僂麻質《レウマチ》ト特ニ夥クメ且《ツ》頑固ナリ[55]打膿法ヲ行ヒ[11]瑞香皮ヲ貼シ項窩ニ屢《〻》[20]角法ヲ施シ伊偪篤証ハ[12]朴屈福烏篤《ポックホウト》脂。[13]双鸞菊ヲ主トシ僂麻質証ハ甘汞。峻下薬。「[67]ビットルワーテル」鉱泉ノ名ヲ用ヒ脚浴ニ芥子ヲ加ヘ行滕《キャハン》ニ芥子末ヲ掺シ蠟布ヲ履底ニ敷キ[68]蔫煙ノ灌腸ヲ行フ等皆功アルナリ」余曽テ有力ノ諸薬ヲ用ヒ尽クシ魯西亜《ロシア》浴モ寸効ヲ得サリシ者ニ第八十六方ヲ十四日間連用メ全功ヲ収メシヿアリ 伊偪篤編僂麻質編ヲ参考スヘシ」極メテ頑強ナル頭痛ニ於テハ前頭内ニ小虫等ノ異物ヲ生セル者間《〻》亦之《レ》アリ温蒸気及《ヒ》蔫煙ヲ嗅入シ且《ツ》時《〻》第八十七方ノ嚏剤ヲ用ヒ噴嚏ニ由テ異物自《ラ》擯出セラレ以テ全治ヲ得ルヿアリ

面痛「[69]プロソパルギア」羅「[70]アーンゲシグトペイン」蘭

徴候 顔面ニ発スル至敏ノ疼痛ニメ特ニ顴骨隆起ノ部ノ神経叢ヲ犯シ之《レ》ヨリ全面ニ蔓延シ劇キ者ハ其勢《ヒ》恰モ[75]越列幾《エレキ》ノ激衝ノ如ク且《ツ》面部ニ痙攣[71]搐掣ヲ発ス而《メ》其痛《ミ》進退メ時ニ甚シク時ニ微ナル者アリ或ハ期ヲ定メテ発歇往来スル者アリ実ニ頑固ノ難病ニ属ス

原由治法 頭痛ニ同シ」先《ツ》血液鬱積。腹内壅積等ノ遠因ヲ蹤跡メ之ヲ除クヘシ」其最《モ》多キハ体質神経過敏ナルニ僂麻質《レウマチ》或ハ伊偪篤《イ、グト》ノ侵襲セルナリ 殊ニ婦人ニ多シ 頭痛《ノ》条ニ挙ル所ノ[13]双鸞菊。[12]朴屈福烏篤《ホックホウト》剤〔第八十六方〕及《ヒ》[72]薩爾沙《サルサ》根。[12]朴屈福烏篤《ホックホウト》二味ノ煎汁ニ升汞。菲阿斯《ヒオス》越幾何斯ヲ加フル者其他[73]也故里斯亜《イエコリスア》設児利《セルリ》油[附]等奇験アリ」而《メ》其単発セル純性ノ者《ハ》[44]老利児結爾斯《ラウリールケルス》水第百七十六方ヲ以テ患部ヲ洗滌[74]蒸湯シ阿芙蓉膏。鉛硬膏ヲ外貼シ項窩ニ屢《〻》[20]角法ヲ施シ[55]打膿法。[27]艾灸法等ヲ行フヲ甚タ佳トス」其発作ノ時ニ方テハ小唧筒ヲ用《ヒ》テ断エス冷水ヲ患部

ニ注クヘシ大《ヒ》ニ疼痛ヲ鎮静ス」[75]越列幾的児《エレキテル》。[76]麻偏涅扶斯《マグ子チス》モ亦時ニ功ヲ奏スルコトアリ」若《シ》夫朽歯ニ起因セル者ハ之ヲ抜キ去ルヘシ」或ハ此病ニ神経截断ヲ称誉セル者アレ𪜈其功未《タ》的実ナラス

歯痛「[77]オドンタルギア」羅「[78]タンドペイン」蘭

徴候　歯痛ハ世間ニ最《モ》多キ病ニメ苦楚耐《フ》ヘカラサル神経痛ノ一証ナリ甚《シ》キ者ハ面痛ニ近似シ亦善ク面痛ニ転ス

原由　朽歯ノ刺衝若《ク》ハ僂麻質《レウマチ》ノ刺衝ニ起因ス僂麻質ニ因セル者殊ニ多クメ朽歯ト合併セル者ハ屢《ヒ》発歇往来ス而《シ》メ血液鬱積証少壮多血ノ徒及ヒ妊婦ニ殊ニ多シト神経証トアリ」然《レ》𪜈其頑固ニメ久《シ》ク去来スル者ハ深ク根帯セル伊偏篤《8イ、グト》。疥癬。黴毒等ノ悪液病ニ因セル者アリ

治法　其因ニ随《フ》テ或ハ朽歯ヲ抜去リ或ハ僂麻質ノ治法ヲ行ヒ或ハ鬱血ヲ疎散シ或ハ神経証ヲ鎮止スルニアリ」姑息法ハ蜞鍼ヲ歯齦ニ貼メ鬱血大抵之ヲ兼サルハナシヲ散シ芥子泥或《ハ》[79]海葱ヲ上膊若《ク》ハ項窩ニ敷テ疼痛ヲ呼導シ[80]加耶普的油《カヤフーテ》或ハ羯布羅[81]精ニ阿芙蓉ヲ加ヘテ患部ノ頬上ニ塗擦シ或ハ[82]亜麻仁。菲阿斯葉ノ琶布[26]ヲ温用シ或ハ菲阿斯丸若《ク》ハ阿芙蓉丸ヲ齲歯ニ挿ミ或ハ接骨木花[83]。菲阿斯葉ノ煎汁ヲ以テ含嗽シ或ハ沙蘿蔔根[84]若《ク》ハ「[85]ベルトラム」根一片ヲ歯齦ニ貼シ或ハ芫菁丁幾[86]二滴ヲ歯根ニ点スル等ナリ而《シ》メ「パ[87]ラチンキチュール」未詳ヲ痛歯ニ塗布スルハ最《モ》良験アリトス

耳痛「[88]オタルギア」羅「[89]オールペイン」蘭

此病モ亦単純ノ神経痛ナル者アリ治法歯痛ニ同シ接骨木花。菲阿斯葉ヲ乳汁ニテ煮テ製セル緩和鎮痛ノ琶布《パップ》殊ニ妙効アリ」此病大抵皆僂麻質性ナレ𪜈劇烈ナル者ハ焮衝ヲ慮ルヘシ然ル者ハ防焮法ヲ処シ局処ノ瀉血ヲ行フヘシ耳焮衝ノ条ヲ参考スヘシ

胃痛　又胃痙「[90]カルヂアルギア」又「[91]ガストロデイニア」羅「[92]マーグペイン」又「[93]マーグカラムプ」蘭

徴候　胃部ノ痙攣性疼痛ナリ発歇スル者アリ稽留スル者アリテ其劇易一定セス或ハ軽微ナルアリ或ハ已甚ナルアリ或ハ耐ヘ忍フヘカラサルアリ劇シキ者ハ其痛ミ胸。背。諸部ニ波及シ悪心嘔吐ヲ起シ煩悶厥冷ヲ致シ或ハ昏冒卒倒ス而メ甚タ頑滞シ易ク動モスレハ経久ノ沈痾トナルヿアリ」凡ソ此病ハ男子ヨリモ婦人ニ多シ若シ夫ノ月経閉止ノ後之レニ罹リ兼ルニ昏冒ヲ以テスル者ハ吐血ニ転シ易シトス

原由　神経病常因ノ外カ[14]歇以私的里《ヘイステリ》ヲ最モ多シトス」其次ハ僂麻質ナリ故ニ軽衣ヲ被ル者湿屋ニ居ル者浣衣[94]ヲ業トスル者常ニ之ヲ患フ」其次ハ月経不調ナリ壮年ノ婦及ヒ月経閉止ノ後之レニ罹ル者多キ所以ンナリ

治法　神経病通治法ノ外カ殊ニ注思スヘキハ胃ノ血液鬱積ト遷延焮衝トナリ多血性胃痛局処或ハ総身ノ瀉血ヲ行フヘシ」腸胃汚物ヲ抱ク者ハ吐下剤ヲ用フヘシ速効アリ」僂麻質。伊偏篤等ノ病毒侵襲ニ起因セル者ハ胃部ニ芥子泥。芫菁膏ヲ貼スヘシ」而メ単純神経性ノ者ニ於テハ消酸毘斯繆《ビスミュツ》[95]ヲ特効薬トス二氏宛日ニ三回沙糖ヲ研和シ与フ其他麻偏涅失亜《マクチシア》[96]ニ菲阿斯越幾斯ト[97]応的《ウインテ》篤ト［舎］刺皮ラ［補］ヲ加フル者沸騰散[65]〔第二方〕加耶普的油《カヤフーテ》[80]等皆功アリ最モ頑滞セル者モ第八十八方ヲ用ヒテ奇効ヲ得シヿ少ナカラス

此病ハ殊ニ勝レテ外用薬ノ功ヲ奏スル者ナリ即チ第八十九方ノ鎮痙軟膏ヲ塗擦シ菲阿斯。加密[98]列ノ琶布ヲ温用シ或ハ単ニ温メタル物体若クハ乾ケル香竄薬艸[99]ヲ胃部ニ置キ或ハ芥子泥。乾角[20]法ヲ心下ニ施ス等皆功アリ」屢ミ発スル経久ノ胃痙ハ冷水滴法ヲ行フテ奇験ヲ得シヿ多シ鉱泉ヲ用ルヲ殊ニ佳トス而メ諸薬皆寸効ナク飲食ヲ吐スル者ハ胃ノ器質病ナリト知ルべシ

[100]嘈囃「[101]ソダー」又「[102]ピロシス」羅「[103]ブランデンハンヘットシュール」蘭

徴候　胃中懊憹灼クカ如キ感覚有テ上湧スル者是《レ》ナリ大抵食後ニ之ヲ発シ油膩ヲ喫セル後ハ殊ニ甚《タ》シ而《メ》少年ノ徒ノ多ク患《フ》ル所ナリ

原由　消食機変シテ酸液ヲ醸スニアリ」此病《ヒ》油膩ノ最《モ》害ヲ為スヲ以テ之ヲ観レハ大《ヒ》ニ脂酸〔脂肪ニ含メル一種ノ酸ナリ〕ニ関《カ》ルナルヘシ

治法　酸液ノ治法ヲ処シ腸胃病編ヲ参考スヘシ油膩ノ飲食ヲ禁スヘシ而《メ》一時ノ快ヲ取ルニハ麻偪涅失亜或[104]蝲蛄石末一茶匙ヲ服シ或ハ[105]硇砂華(名)三氏ヲ[106]黙栗《ノリツ》薩《サ》水(名)一ヲニ溶シ用フヘシ木炭末モ亦佳ナリ

疝痛「[107]コリカ」羅「[108]コレイキ」蘭

徴候　疝ハ腸ノ劇痛ナリ絞窄スルカ如ク[109]扭捏スルカ如ク裂クカ如ク灼クカ如ク劇キ者ハ煩悶メ冷汗流漓シ大便秘閉ヲ兼ル者ト否ラサル者トアリ」而《メ》其痛《ミ》全腹ニ在ルアリ一処ニ在ルアリ発歇スルアリ稽留スルアリ凡《ソ》此病ハ慢性ナリ或ハ生涯連緜ス然《レ》𪜈其痛劇烈ナル者ハ焮衝ノ恐《レ》アリ若《シ》夫《ノ》一処ニ定住メ灼クカ如キ者或ハ便秘嘔吐ヲ兼ル者ハ殊ニ然リトス

原由　其因甚タ多端ナリ然《レ》𪜈之《レ》ヲ統《フ》レハ汚物。痙攣。血液鬱積。病毒転徙。交感。対称。若クハ形器病ニ帰ス

治法　凡《ソ》疝痛ハ其種類ヲ論セス先《ツ》緩下薬ヲ用《ヒ》テ腸ヲ疎滌スヘシ腸内ノ汚物其因トナリ或ハ病患ノ為《メ》ニ更ニ生スルヿアレハナリ故ニ之ヲ駆除スレハ必《ス》軽快ヲ得或ハ之ヲ以テ全治ヲ得ルヿアリ其他大麦粘汁。亜麻仁煎。扁桃油。或ハ罌粟油或ハ亜麻仁油毎服一匙[110]斯百爾麻摂的《スペルマセッテ》毎服半59ヲ温湯一椀ニ溶ス等ノ粘滑油質ノ薬能ク其痛ヲ寛解ス故ニ第九十方ノ如ク両薬ヲ伍メ用《フ》ルヲ最モ佳トス但《シ》阿芙蓉ハ宜シカラス便秘ヲ起スノ恐《レ》アレハナリ而メ鎮痙ノ軟膏及ヒ琶布ヲ外用シ油製ノ灌腸法ヲ行フ等普通ノ治法ナリ又此病ハ皆焮衝ニ移ルノ恐レア

リ故ニ其痛劇クメ灼クカ如ク一処ニ住著シ之ニ触ルレハ増劇シ且《ツ》腹脹発熱ヲ兼ル者ハ必《ス》刺絡ヲ行フヘシ患者少壮ナル者多血ナル者其痛劇クメ持長スル者ハ皆之ヲ行フテ焮衝ヲ預防スヘシ」又此病ニ於テハ必《ス》常ニ注視メ貌僂屈《ブレウク》[111]ノ有無ヲ撿センヿヲ要ス而《メ》差後ハ概子皆下剤ヲ用フルヲ法トス」又慢性疝痛ニ於テハ総テ皆「フラ子ル」布名ヲ以テ腹肚背脊ヲ襯被スルヲ最要事トス間ゝ之ノミヲ以テモ全治ヲ得ル者アリ各種ノ治法ハ其原因ニ準《フ》テ同シカラス其類百般ナリト雖氏之ヲ約スレハ左ノ数件ニ帰ス

多血疝　総身或ハ局処腹部ノ多血証及《ヒ》焮衝証アル者是ナリ経[112]血疝。痔血疝亦之ニ属ス両証経血痔血共ニ将発ニ因セル者アリ抑遏ニ起レル者アリ」総身局処ノ瀉血ヲ行ヒ清涼下剤ヲ用ヒ痔血疝ニハ硫黄ヲ与フヘシ

神経疝　痙攣疝。歇以私的里《ヘイステリ》疝皆之ニ属ス痙攣証。歇以私的里証ヲ具《フ》ル者是ナリ」油製乳剤ニ菲阿斯ヲ加ヘ用ヒ鎮痙擦剤及《ヒ》琶布ヲ外用シ頑証ハ阿芙蓉液ヲ乳剤ニ和メ与ヘ微温浴及《ヒ》阿魏灌腸法阿魏一銭ヲ用フヲ行フ等自余《ソノホカ》依卜昆埵児。歇以私[14]的里ノ治法ヲ参用スヘシ

汚物疝　胆液疝ハ殊ニ盛夏ニ流行ス口内苦味。舌上黄苔等ノ胆液証アル者是ナリ」先《ツ》乳剤。里歇利飲《リヘリ》[16]。第一方橙汁一食匙等ヲ与ヘ灌腸法ヲ行ヒ而《メ》後ニ答麻林《タマリン》[113]度《ド》。満那《マンナ》[114]。孕鹼酒石[115]等ノ緩下薬ヲ用フヘシ」停食疝ハ下剤ヲ主トス然《レ》氏証ニ随テ吐法《モ》亦《タ》用ヒサル可ラサル者アリ胆液疝モ亦然リ」或《ハ》慢性ノ疝痛経久セル粘膠物。黒胆液等ノ真ノ印華爾屈篤《インハルクト》[116]前ニ出ツヨリ起レル者アリ若《シ》然ル時ハ必設刺児《ヒツセラル》[29]灌腸法ヲ行フテ時ゝ下剤ヲ兼用スル等ノ解凝法ヲ連施セサルヘカラス

蛔虫疝　蛔虫ノ諸徴ヲ現スル者是ナリ」油製乳剤。甘汞。亜鉛華等ヲ与ヘテ而《メ》後ニ摂緜施那《セメンシーナ》[117]ヲ用ヒ総テ蛔虫ノ治法ヲ行フヘシ

風気疝[118]　風気痞滞ニ起レル者是ナリ風気痞滞[118]

編ヲ参考スヘシ

転徙毒疝　既往ノ病患ヲ以テ之ヲ察スヘシ其病患消散シテ此証ヲ継発セル者是ナリ」就中伊《イ、》[8]佝篤《クト》疝。僂麻質《レウマチ》疝ヲ多シトス此証ハ即《チ》内臓僂麻質若《ク》ハ内臓伊佝篤ナル者ナリ硫黄第九十一方 朴窟《ホック》[12]福烏篤《ホウト》[13]双鸞菊。安質没扭《アンチモニー》剤。水銀剤等ヲ用ヒ伊佝篤ニハ曹達ニ苦味薬ヲ加ヘ与ヘ微温浴。芫菁膏[10]。腹部ニ貼ス打膿法[55]ヲ施シ毛布ノ衣ヲ著スル等ヲ主トス」黴毒疝亦《モ》少《ナ》カラス水銀剤ヲ用フヘシ内服ニ堪ヘサル者ハ擦剤トシテ外敷スヘシ」疥癬毒疝モ亦硫黄。安質没扭。芫菁膏。微温浴硫黄浴鉱泉浴ヲ殊ニ佳トスヲ宜シトス

虚弱疝　衰弱諸証及《ヒ》過房過食等ノ如キ衰弱ヲ起ス諸因ノ先駆セルヲ以テ察スヘシ此証又他ノ疝痛後ニ継発セル者アリ殊ニ下剤過用ノ後ニ起レルヲ多シトス」幾那。鉄等ノ強壮薬。苦味薬ヲ内服外用シ「ピロモント[119]」水鉱泉冷浴。冷洗。冷滴法。腹部ニ行フ等ヲ行フヘシ

結石疝　胆石。腎石ノ交感ニ起レル者是ナリ其証忽然トメ発見シ兼ルニ暴吐ヲ以テス而《メ》胆石疝ハ其痛《ミ》肝部。胃部ニ甚フシテ皮膚ニ黄色ヲ発シ腎石疝ハ其痛《ミ》全腹ニ在テ殊ニ輸尿管ニ沿ヒ結石アル方ノ腰部若《ク》ハ足脚攣痛シ又其方ノ睾丸ヲ腹内ニ挈ク」[120]治法ハ油脂及《ヒ》乳剤ヲ多服シ非阿斯ヲ用ヒ鎮痙ノ擦薬[26]琶布ヲ外敷シ油品ノ灌腸法ヲ行フ等ニメ温浴ハ殊ニ宜シトス単《ト》リ之ヲ用ヒテ速《カ》ニ功ヲ収ムルヿアリ」腎石ニハ阿芙蓉モ亦佳ナルヿアレ𪜈胆石ニハ宜シカラス其欲スル所ノ大便通利ヲ妨クレハナリ」総テ結石疝ハ焮衝ヲ夾ミ易シ故ニ茲ニ注意メ患者強壮多血ナル者発熱ヲ兼ル者ハ必《ス》刺絡センヿヲ要ス

形器病疝[51]　肝。脾。膵等ノ内臓ノ壅塞。腫脹。硬結腫ノ如キ形器病ニ因セル者是ナリ内臓壅塞ノ諸徴ヲ以テ之ヲ察シ解凝剤中有力ノ品ヲ択テ用フヘシ[63]依卜昆埑児条ヲ参考スヘシ即《チ》護謨安没尼亜幾《ゴムアムモニアキ》。曹達《ソウタ》。石

瀲。水銀。蒲公英。解凝丸第九十二方等ヲ佳トス就中殊効アル者ハ「カル、スバット」鉱泉ナリ

鉱毒疝　砒石。水銀。鉛等ノ鉱毒ヨリ起レル者是ナリ先《キ》ニ其毒ノ内部若《ク》ハ外部ヨリ浸入セシヿ有《リ》シヲ以テ之ヲ徴知スヘシ」鉱毒ノ治法ヲ用ヒ殊ニ硫黄ヲ内服外用浴法スルヲ良トス」就中鉛疝ハ最《モ》多キ所ナリ其徴大便頑滞メ秘閉シ腹肚堅硬ニメ引縮シ四肢麻木シテ全軀枯痩ス」治法ハ宜ク先《ツ》大便ヲ下サンヿヲ計ルヘシ故ニ蓖麻油[121]。大黄[122]。盧会[32]。硫黄ヲ用ヒ硫黄浴ヲ行ヒ而《メ》後阿芙蓉[123]明礬ヲ与フヘシ」伊倔篤疝モ亦同証ヲ発スル者アリ

恐水病「[124]ヒドロポビア」羅「[125]ワーテルフレース」蘭

徴候　総テ流動物ヲ嫌忌シ且《ツ》之ヲ嚥下スルヿ能ハズメ硬固ノ品ハ毫モ障礙ナキ者是ナリ」是《レ》単純痙性ノ神経病ニメ其狂犬毒ヨリ来レル者ハ最《モ》危険ナリ犬毒狂水病条ヲ参考スヘシ其歇以私的里《ヘイステリ》[14]等ノ神経病ヨリ来レル者狂犬ニ咬傷セラル、ノ妄想ヨリ来レル者アリ或ハ咽喉焮衝ニ傍発シ若《ク》ハ其差後ニ起リ或ハ腸胃汚物ニ因セル者ノ如キハ単純ノ痙攣病ニメ恐レナシトス」芥子泥。芫菁膏ヲ頸囲ニ貼シ麻酔薬ノ蒸湯法[126]。阿魏[34]ノ灌腸法ヲ行ヒ阿芙蓉。老利児結爾斯水《ラウリールケルス》[44]。莨菪[21]青酸飲第五十方ヲ用フル等之ヲ治スルニ足ル

渇病「[127]ポレイヂフシア」羅「[128]オンフルサーデレイケドルスト」蘭

徴候　引飲飽クヿナキ者是ナリ然《レ》𪜈飲ヲ呼フノ緩急ハ毎人性質ニ準《フ》テ一様ナラス又平常ノ慣習ニ関ルカ故ニ甲ニ於テハ病ト称スヘキモ乙ニ在テハ否《ラ》サルヿアリ

原由　焮衝熱等ノ諸熱病。下利。脱汗。尿崩等ノ水液脱泄。口内蒸発管ノ痙性抑遏[14]歇以私的里。[63]依卜昆垤児等ノ神経病ニ多《シ》或ハ肝臓ノ壅塞ニ起因ス

治法　各自其病因ニ準《フ》テ其治ヲ処スヘシ」殊ニ注目スヘキハ隠伏セル尿崩ナリ尿ヲ撿メ之ヲ知

ルヘシ」又肝病ノ外証タルヿモ少《ナ》カラス患者日ニ三十比余ノ水ヲ飲ミシ者[129]「カル、スバット」鉱泉ヲ用《ヒ》テ全治セルアリ又第九十三方ノ丸薬ヲ服メ全治セルアリ〔両薬共ニ肝臓壅塞ノ薬ナリ〕神経性ノ者ニ於テハ海水浴治験アリ

[130]標悍飲液殊ニ焼酒ヲ欲シテ飽クヿ能ハサル一種ノ渇病アリ[131]矜レムヘキノ一証ナリ是レ平素ノ悪習ヨリ起テ漸ク水腫「デ[132]リリウム、テレメンス」酒毒ヨリ起ル脳病胃ノ硬結。全軀ノ痩削等ニ陥リ竟《ヒ》ニ救フヘカラサルニ至ル」治法ハ徐〻ニ飲器ノ容ヲ小ニメ其悪習ヲ退ケ或ハ其飲ニ代フルニ亜爾鮮《アルセム》[133]丁幾ノ如ク害少《ナ》クメ功アル者ヲ以テシ或ハ其飲ニ[134]吐酒石ノ如キ催嘔ノ薬ヲ加ヘテ自《ラ》嫌忌ノ心ヲ起サシムル等ヲ佳トス而《メ》[135]収斂亜的児十滴至二十滴日ニ三回括失亜《クワッシア》[36]括失亜。亜爾鮮。[136]加斯葛栗刺。三味ノ越幾斯各等分丸トスモ亦良効ヲ奏セシヿアリ

善饑「[137]ポレイパギア」羅「[138]フラートシュグト」蘭

徴候　饑テ飽クヿ能ハサル者是レナリ二種アリ一ハ食スル所ノ物皆吐シテ又欲スルナリ一ハ内ニ蓄ヘテ善ク饑ルナリ胃弱ニ属ス本条ヲ参考スヘシ

錯聴「[139]プセウダキュシス」羅「[140]ファルスホーレン」蘭

徴候　声ナキニ之ヲ聴キ或ハ声アレ氏其聴ヲ錯マル者是レナリ」或ハ物ノ耳辺ニ響クカ如ク騒クカ如ク或ハ異常ノ響音アルカ如キヲ覚ユル者皆之ニ属ス」而《メ》最《モ》煩困ナル者ハ耳鳴ナリ其劇クシテ間断ナキ者ハ意識ノ安静ヲ奪却シ神思ヲシテ茫然タラシムルニ至ル

治法　神経病通治法ノ外《カ》毎日耳後ニ瑞[11]香皮軟膏ヲ塗擦シ屢〻項窩ニ角法ヲ施シ脚浴芥子ヲ加フヲ行ヒ下剤ヲ用ル等ヲ佳トス

錯視「[141]プセウドピア」羅「[142]ファルスシーン」蘭

徴候　物ナキニ之ヲ視或ハ物アレ氏之ヲ視テ其

真象ヲ錯リ認ル者是ナリ」雲霧火焔等ノ眼前ニ
掛レルカ如キヲ覚エ或ハ物毎《コト》ニ唯半体ノミヲ
視〔半視眼〕或ハ物毎ニ必ス両体アルヲ視ル〔複視眼〕等皆
之ニ属ス」其甚シキ者ハ空ニ物相ヲ像見シテ之ヲ
真ナリトスルヿ猶ホ錯聴ノ患者物響アルヿ無キ
ニ之ヲ聴テ信任スルト一般ナルカ如キ者アリ

原由　錯視。錯聴。及ヒ嗅。味。触覚ノ錯乱セル者ハ共ニ皆其神経局処刺衝若クハ交感刺衝ニ由テ常調ヲ変シ以テ内外一致ノ機関ヲ違ヘルナリ」而メ其変腹部ノ交感ニ原ケル者最モ多シ錯視ニ於テハ殊ニ然リトス故ニ此病ハ依卜昆垤児家ニ多キナリ」一患者単《タヽ》ニ[118]風気ノ鬱滞ヨリ忽然トメ半視眼ヲ発シ諸物ヲ視ルニ唯其半体ノミヲ見ル乃チ駆風薬ヲ用ヒ風気ヲ漏洩シテ萬形乍チ全象ニ復ヘルヿヲ得タリ」其他局処ノ多血。病毒ノ転徙或ハ単純ノ神経病。之レカ因トナルヿアリ各ヽ其因ニ準テ治法ヲ議スヘシ

花風「[143]オナニスミュス」羅「[144]オンフルサーデレイキゲスラグトヂリグト」蘭

徴候　婬欲過度ニ亢盛メ飽クヿ能ハサル者是レナリ」男子ニ在テハ「[145]サテイリアシス」〔陰茎勃起メ萎セサル者〕「[146]プリアピスミュス」〔陰茎膨張シテ疼ム者〕等ノ名アリ婦人ニ在テハ「[147]子イムポマニア」〔子宮狂〕「[148]ヒュロルウテリニュス」〔男狂〕或ハ其頻リニ手婬ヲ行フヲ以テ「[143]オナニスミュス」〔手婬病〕等ノ名アリ」其甚シキ者ハ七情皆此ノ一欲ニ化セラレテ他事ヲ省ミルヿ能ハス遂ニ進テ真ノ精神錯乱ニ転ス〔婦人ニ於テ殊ニ甚シ〕

原由　無形ノ因ニ起レル者アリ有形ノ因ヨリ来レル者アリ」多クハ婬事ノ想念ヲ煽動スルヿ甚キニヨリ〔按ニ劇場ニ耽リ春画ヲ弄スル類〕或ハ交媾ノ過度常習ト為レルニヨリ或ハ陰器刺衝ヲ被レ𪜈〔按ニ或ハ人ニ玩弄セラレ或ハ手婬ヲ行フ類〕其実地ヲ踏ムヿヲ得サルニ由リ或ハ一人ヲ恋慕シテ他ヲ省ミルヿ能ハサルニヨレル等ナリ〔以上皆無形ノ因〕故ニ未婚ノ女子及ヒ[149]嫠婦之ヲ患ルヿ多シ」右ノ諸因ナク唯交媾ヲ欠ケルノミニメ発スル者ハ之レアルヿ稀レナリ故ニ此病

ハ特リ交媾ヲ許シテ痊ユ可キ者ニアラス而《ﾒ》其素因ハ逸居安楽ニメ心ヲ労セス体ヲ動カサヽルニ在リ故ニ田舎ノ人。傭工ノ類ニ於テハ之ヲ見ルヿ甚タ少《ナ》シ」然レ𪜈又此病《ヒ》肛門《ノ》蟯虫。少腹《ノ》硬腫。門脈《ノ》鬱血等ノ如キ有形ノ刺衝物有テ陰器ノ神経ヲ侵スヨリ来レル者亦之アリ余曽テ一老媼年紀七旬平素端正廉潔ナリシ者ノ此病ニ罹レルヲ目撃セリ死後其屍ヲ解観セシニ卵巣中堅硬石ノ如キ塊物ヲ見タリ此物実ニ其病因タリシヿ疑《ヒ》ヲ容レス

婦人ニ在テハ挺孔尿道焚クカ如ク刺スカ如ク劇痛メ瘙痒ヲ帯ヒ膀胱痙攣メ小便淋瀝シ或ハ秘閉シ或ハ粘液ヲ漏洩シ数《ミ》昏冒シテ歇以私的里性ノ痙攣ヲ発スル等此病ノ主徴ナリ以テ其深ク羞秘セル者《モ》観察スルヿヲ得ヘシ

昔時ニ比スルニ輓近ニ至テハ婬欲ノ発動スルヿ甚タ早シ実ニ歎スヘシトス是《レ》他ナシ飲饌奢美（殊ニ肉ヲ喫シ酒ヲ飲ミ骨喜ヲ用ヒ辛味ヲ食スル等）ト逸居安楽ト晨《ト》ニ想像力ヲ挑起セシムルトノ余弊ナリ

治法　凡《ソ》此病魔ヲ駆ルニハ禁食ト労力トヲ以テ主薬トス」逸居安楽。摂養富饒。想像過度等此病ノ起因ト為ルカ故ニ飲食ヲ減少シ（殊ニ肉食ヲ省キ蔬菜ヲ主トス）軀体ヲ労動シ（身神共ニ疲憊スルニ至ルヘシ）端正ノ事件ニ精神ヲ使役セシメ冷浴法ヲ行ヒ清涼下剤ヲ用ヒ[81]羯布羅《カムプラ》ヲ内服外用スル等皆其預防法トナル」羯布羅ハ制慾ノ奇薬ナリ余曽テ内外之ヲ用《ヒ》テ睾丸ノ脱萎セルヲ見タリ」外用ニハ小嚢ニ盛リ或ハ洗剤トシテ陰部ニ施スヲ佳トス」鉛モ亦外用メ奇効アリ

婦人ニ於テ百方寸効ナク其極度ニ進メル者ハ[150]刺必斯印歇爾那栗斯《ラーピスインヘルナリス》[151]ヲ用テ挺孔陰唇ヲ腐蝕シ去リ或ハ挺孔ヲ截除メ良験アリ

男子陰茎勃脹メ疼痛スル者唯局処ノ痙攣ニメ依ト昆垤児ノ一傍証タルヿ多シ亀頭ヲ冷水ニ浴シ或ハ油質麻酔ノ薬ヲ以テ温蒸シテ速効アリトス

扶氏経験遺訓巻之十終

巻之十註

1 *homitus*。
2 chronische braking。
3 maagverweeking　胃軟化。
4 痙攣性。
5 炎症。
6 gevoeligheid　感覚。
7 onverteerbare stoffen　不消化物。
8 jichtige　関節炎。
9 転移。
10 ゲンセイコウ。spaanachevliegpleister　カンタリス膏。
11 *mezereum Mezerei*　皮。Eaglewood の樹皮。
12 *guajac.*　癒瘡木。
13 *aconit.*　アコニット根。
14 *hystericus*　ヒステリー。
15 verweeking　軟化。
16 *potio riveri*　リベリ Lazare Riveri（一五八五－一六五五）はフランスの医家。リベリ氏水。炭酸カリウム、クエン酸、覆盆子シロップより製する飲薬。
17 *spirit. matricalis.*　カミツレ。
18 *tinc. opii*　阿片チンキ。
19 パン種。
20 droоge koppen　乾かしてコップで吸い取る法。
21 *liquor belladonnae cyanicus*。
22 *extr. cicut*　ドクゼリエキス。
23 *extr. calendul*　トウキンセンカエキス。
24 Karlsbaden water1.。
25 蘭書原文は *bicarbonas sodae*　炭酸水素ナトリウム。
26 pappen　湿布。
27 *moxa*　もぐさ。
28 loedzuigers　蛭。
29 visceraal は内臓の意。
30 *ruminatio humana*　ヘルカーウィング verkauwing は反芻。
31 この原文は *magnesia*　酸化マグネシウムとのみあるがおそらく炭酸マグネシウムであろう。
32 rhabarber　大黄。
33 kruidenkussens　薬草の座布団。芳香植物。リュウマチの治療にカミツレ、胡椒、ニワトコなどを混ぜて用いる。
34 *asa foetid.*　アサ。フェチーダ。
35 *columbo*　コロンボ。
36 *quassia*　セイヨウニガキ。
37 *vomitus marinus*（zeeziekte）。船酔いによる嘔吐。
38 loogzoutige middelen　アルカリ塩剤。ニガリ塩酸。

39 *singultus*。
40 hik　しゃっくり。
41 *neuralgia*。
42 zenuwpijnen。
43 *liquor belladonnae cynicus*　ベラドンナ液。
44 *aqua laurocerasi*　月桂樹水。
45 *straonium*　チョウセンアサガオの種子。
46 grein　グレイン。一グレインは約六五ミリグラム。
47 kina　キナ。
48 蘭原文は *carbonas* ferri　炭酸鉄。格碌屈斯は kooloxy。
49 scrupel　スクルプル。一スクルプルは約一・三グラム。
50 beensplinter　骨のとげ。
51 臓器病。
52 pruritus。
53 jeuken　かゆみ。
54 roskammer　馬ぐし。
55 kunnstmatige zweren　人為的化膿法。
56 borax　硼酸ナトリウム。
57 drachmen　一ダラクマは約三・九グラム。
58 rose water。
59 ons　一オンスは約三一・一グラム。
60 ショジョブフ。vrouwelijk geslacht　女性。
61 cephalaea。
62 hoofdpijn。
63 *hypochondriaca*　心気症。
64 *liquor anodynus H. H.* は人名 Hofman。
65 *pulc. aërophor*　マグネシア、酒石酸、砂糖の水溶液を沸騰して製す飲薬。
66 *hyescyamus*　ヒオス。
67 bitterwater　硫酸マグネシウム水。硫苦。
68 エンエン tabakrooken　タバコの煙。但し、蘭原書には「灌腸」に当る語は見出せない。
69 *prosopalgia*。
70 aangezigtspijn。
71 ひきつり。
72 *sarsaparill.*　サルサパリラ。
73 *oleum jecoris aselli*　肝油。
74 ジョウトウ。stovingen　温蒸。
75 electriciteit　電気。
76 magnetismus　磁性。
77 *odontalgia*。
78 tandpijn。
79 zeeajuin *Urginea maritina*。
80 *ol. cajeput*　カユプテ油。
81 *spir. camph.*　樟脳精。カンファー。
82 *sem. lini*　アマニ。
83 *dec. flor. amb.*　ニワトコ花。
84 *rad. pyretyhri Anacyclus pyrethrum* の根。

85 *armorac.* ベルトラム根。

86 *tinct. canthar.* カンタリスチンキ。

87 paratinctuur Spiranthis comp. オランダセンニチソウのチンキ。花頭に食欲増進作用がある。

88 *otalgia*。

89 oorpijn。

90 *cardialgia*。

91 *gastrodynia*。

92 maagpijn。

93 maagkramp。

94 衣を洗うこと。

95 *magistrium bismuthe* 硝酸ビスマス。

96 *carb. Magnesiae* 炭酸マグネシウム。

97 *cort. winter* Winter 氏樹皮。*Drymus Winteri* の樹皮。

98 kamille カミツレ。

99 aromatisch 芳香の。

100 ソウザツ。むねやけ。

101 *soda*。

102 *pyrosis* 胸やけ。

103 branden van zuur。

104 *lap. cancr.* オクリカンキリ。

105 *carb. ammonias.* 炭酸アンモニウム。

106 *aqua meliss.* 原文は黙栗薩《ノリッサ》水とあるが黙栗薩《メリッサ》水の誤植であろう。

107 *colica*。

108 kolijk。

109 ジュウネツ。扭はねじる。捏はこねる。

110 *sperma ceti* 鯨脳。鯨蝋。

111 breuk 脱腸。ヘルニア。

112 menstruaal 月経。

113 tamarinden タマリンド。

114 *manna* マンナ。

115 *tartar. tartaris*。

116 infarctus 梗塞。

117 *santonicum* セメンシーナ。シナ花。

118 屁。

119 Pyromonter。

120 ヒク。引っぱる。

121 verlamming 麻痺。不随。

122 *ol. ricini* ひまし油。

123 *aloë* アロエ。

124 *hydrophobia*。

125 watervrees。

126 温湿布。

127 *polydipsia*。

128 onverzadelijke dorst。

129 pond 薬量一ポンドは約三七三グラム。

130 アルコール度の高い。

131 アワレム。

132 *delirium temens.* 震顫譫妄。

133 *tinct. absinth.* ニガヨモギチンキ。アブサンチンキ。

134 braakwijnstein 酒石酸アンチモンカリウム。

135 *elixir acid. haller.* Haller 氏酸性エリキシル。収斂薬。Albericht von Haller（一七〇八－一七七七）はスイスのベルン生まれの医学者にして植物学者。組織の刺激興奮説を唱え、病気は神経系の緊張の変化によるという緊張病理学説に影響を与えた。

136 *cascarill. Croton eleuterica* の抽出物。

137 *polyphagia*。

138 vraatzucht 大食。

139 *pseud acusis*。

140 valsch hooren。

141 *pseudopia*。

142 valsch zien。

143 *onanismus* 自慰。手淫。

144 onverzadelijk geslachtdrift。

145 *satyriasis*。

146 *priapismus*。

147 nymphomania 貪欲な性慾。男性荒淫症。原文の補註は誤り。慕男狂。

148 *furor uterinus*。

149 ブフ。Weduwen 未亡人。寡婦。

150 *lapis infernalis* 地獄石。硝酸銀棒。

151 clitoris 陰核。

（表紙）

扶氏経験遺訓　十一

扶氏経験遺訓巻之十一

足守　緒方章　公裁　同訳
義弟　郁　子文
西肥　大庭悫　景徳　参校

其三麻痺病「1フルラムミンゲン」蘭

総論

凡《ツ》神経ノ覚[2]動両機触覚運動若《ク》ハ其一機全ク遏止シ或ハ大《ヒ》ニ乏弱セル者之ヲ麻痺病ト謂フ」其近因ハ即《チ》神経ノ運営。障碍ヲ被《ム》レル者ナリ其障碍或ハ真ノ衰弱ナル者アリ或ハ血管充脹。血液溢出。外物嵌入。腫瘍。脱臼。束縛等ノ如ク外ヨリセル圧迫ナル者ナリ或ハ病毒侵襲。異性[3]刺衝。交感刺衝腸胃病。虫病ヲ殊ニ多シトス等ヨリ起レル痙性ノ病患ナル者アリ故ニ此病痙攣ト交換シ或ハ疼痛痙攣ヲ兼発スル者多シ而《メ》其病《ヒ》神経ノ末梢ヨリ始ル者アリ根本ヨリ起ル者アリ

卒中「4アポプレキシア」羅「5ベルールテ」蘭

徴候　五官触覚。諸筋運動ノ如キ神識運営。皆卒然トメ遽《カ》ニ遏止シ脈動呼吸等ノ性命ニ係ル運営ハ依然トメ常ヲ違ヘス或ハ却テ増盛スル者是《レ》ナリ」此病ト証状肖似セル他患多シ能ク鑑別セズンハアラス即《チ》癲癇ノ如キハ痙攣ヲ兼ルヲ以テ知ルベク失気ノ如キハ脈動呼吸ノ絶止或ハ仍《ホ》存スレ圧極メテ細小ナリスルヲ以テ弁スベク沈酔ノ如キハ既往ノ所由ト現今ノ酒臭ト挙動ノ全ク絶エサルトヲ以テ察スヘキ等ナリ

凡《ツ》此病《ヒ》発作一定ナラス或ハ恰モ電火ニ中《レ》ルカ

如ク卒然トメ瞬間ニ死絶スル者アリ」或ハ宛《カ》モ熟睡セル人ノ如ク鼾息シテ脈動緩徐若クハ強実トナリ五官触覚ナク四肢挙動セス或ハ時ニ痙状ノ運動ヲ致ス而《メ》眼胞垂レテ瞳孔散大シ泡沫口《チ》ニ充チテ下顎収ラス飲液下ラス大小便失禁スル等ヲ兼ル者アリ之ヲ全発卒中ト謂フ」或ハ患者仍《ホ》弁識ヲ存シテ彼此ノ部麻痹スル者アリ之ヲ不全卒中ト謂フ〔世ニ所謂中風是ナリ〕亦数般アリ或ハ頭ヲ除クノ他。総身尽ク麻痹シ或ハ半身不遂シ或ハ単《タヽ》ニ触覚ノミヲ失シ或ハ単《タヽ》ニ挙動ノミヲ亡《シ》ナフ等是《レ》ナリ」其最《モ》軽易ナル者ニ至テハ或ハ眼胞垂《レ》テ偏眼細小トナリ或ハ口吻掣引[6]メ喎斜[7]スル等ノ如ク単《タヽ》ニ各部ノ一筋麻痹スル者アリ

全発卒中ノ経過種〻アリ或ハ患者省覚スルヿヲ得スメ終ニ死スル者アリ或ハ再ヒ弁識ヲ得テ次テ発熱シ其熱大抵時ヲ定メテ毎日発作シ之《レ》カ為《メ》ニ分利[8]ヲ得テ第七日若クハ第十四日ニ全治スル者アリ或ハ然ルヿヲ得スメ第三日若クハ第七日其熱ノ発作中更ニ復《タ》本証大発シテ斃ル丶者アリ或ハ又《タ》本来間歇熱ニメ卒中ハ其第一発証ナル者アリ此証ハ省覚シテ患者爽快ヲ覚ユレ圧次日又再発メ大抵之《レ》カ為《メ》ニ死ス第二発幸《ヒ》ニ免ル丶ヿヲ得ルモ第三発ニハ必《ス》斃ル悪性間歇熱条ヲ参考スヘシ」凡《ソ》卒中一《タヒ》発作セル者ハ大抵健忘。言語蹇渋等ノ如キ局処ノ麻痹ヲ内部若クハ外部ニ残スナリ其最《モ》危険ナル者ハ食道麻痹メ嚥下ヲ妨クル者是レナリ通例五週若クハ六週ニメ乃《チ》斃ル丶ヲ常トス

全発卒中ノ全治ヲ得ル者ハ甚タ稀《レ》ナリ多《ク》ハ皆死亡ニ帰ス唯不全卒中ノミ全治スルヿアレ圧多少ノ時日ヲ経テ又必《ス》再発ヲ致ス而《メ》其再発スル毎ニ諸証多《ク》ハ増進スルナリ

卒中ノ発スルニ先《ツ》テ預メ之ヲ徴スヘキノ証候アリ即《チ》嗜眠。眩暈。嘔気ヲ兼ヌ頭中騒鳴。記臆乏弱。眼胞低垂。下顎弛開。顔面喎斜。口吻掣引。睡中涎唾ヲ流溢シ口内物ナキニ咀嚼スル等是《レ》ナリ

原由　近因ハ脳髄ノ運営忽然トメ抑遏セラル、ナリ」実性ニ出《ッ》ル者アリ虚性ニ出《ッ》ル者アリ其他百般ナリト雖𪜈之ヲ統《フ》ルニ左件ニ帰ス

脳髄血液鬱積　此病《ヒ》此因ヨリ来レルヲ最《モ》多シトス」全軀多血ハ固《ト》ヨリ論ヲ俟《タ》ス血液ノ帰流ヲ支フル者血液ノ上輸ヲ進ムル者皆之《レ》ヲ将来ス即《チ》風領《エリマキ》ノ狭窄。頸囲ノ腫瘍。心ノ病患。胃ノ飽満。盛饌後ニ発スル卒中甚多シ頭ノ下低。咽喉焮衝。肺焮衝等以上皆頸静脈血ノ帰流ヲ支フ或ハ力作過動。七情劇発。頭部温覆。日光暴露。寒気冒触。血液ヲ内部ニ駆逐ス過酒酩酊。病毒侵襲。頭部外傷。[9]脳焮衝等皆血液ノ上輸ヲ進ムル者ノ如キ是《レ》ナリ

脳髄痙攣　平素神経性ニメ多血ナラサル人ニ於テハ七情感激。痙攣[10]搐掣ノ諸病。病毒侵襲。交感刺衝等総テ脳ニ感動スルヿ劇シキ諸件皆之ヲ誘発ス

脳髄虚脱　高老ノ年齢。過度ノ脱血。神経熱。過房等。脳ノ生力ヲ奪亡スル諸件皆之ヲ起スナリ

凡《ソ》脳ノ病患刺衝卒中ヲ起ス者ノ中ニ就テ最モ意ヲ注ク可キハ病毒転徙[11]ト交感刺衝[3]トナリ病毒転徙ハ[12]伊偭篤《イ、グト》ト猩紅疹ノ内攻ヲ殊ニ多シトシ交感刺衝ハ胃中ノ汚物ヲ多シトス殊ニ胆液性卒中ハ間《ゝ》一般ニ流行スルヿアリ」古人此病ヲ多血卒中ト沕乙[13]卒中〔按ニ所謂粘液卒中相同シ〕トニ分テル者故ナキニ非ス固《ト》ヨリ沕乙鬱積ニ由レル者ハ之《レ》ナシト雖𪜈血液鬱積ニ由ラサルノ卒中亦少《ナ》カラス即《チ》痙性及《ヒ》虚性ノ者是《レ》ナリ〔按ニ古人ノ区別当ラスト雖𪜈今人ノ等ク之ヲ血液鬱積ニ帰セルニハ優レリト云ヘルナルヘシ〕蓋《シ》此病ハ大《ヒ》ニ素因ニ係ルナリ乃《チ》同一ノ誘因甲ニハ乍チ此病ヲ発セシムレ𪜈乙ニハ絶《エ》テ些害ナキ者多シ而《メ》其素因ハ殊ニ体格ニアリ即《チ》頸短《フ》シテ大《フト》ク頭深ク両肩ノ間ニ飲《マ》ルカ如クニメ軀幹矮小肥実セル者是《レ》ナリ其他高老ノ年齢。昼夜等分ノ時令。冬ヨリ春ニ移リ秋ヨリ冬ニ向フノ候。〔我二月三月十月十一月〕又験気管ノ度卑ク或ハ升降定度ナキ時等此病ノ素因ニ属ス而《メ》此病《ヒ》一発セル者ハ必《ス》皆再発ノ素因ヲ遺スナリ

治法　唯脳髄ノ運営ヲ恢復スルニ在リト雖𪜈茲ニ両個ノ要訣アリ其一。毎証必《ス》脳ノ虚脱ナリト思フ〻勿レ却テ強実ニ〆其運営唯圧迫ノ為《メ》ニ抑遏セラル、者多シ其二。毎証必《ス》血液鬱積ニ因セル者ナリト思フ〻勿レ之《レ》ニ縁ラサル者亦少《ナ》カラス

是故ニ此病ノ本治法ハ先《ツ》其運営支障ノ因ヲ除クニ在リ其因ヲ除テ其運営復セサル時乃《チ》之ヲ揚発スルノ治法ニ移ルヘシ必《ス》初ヨリ之ヲ運営ノ脱却ナリトセス毎常《イツモ》之ヲ支障ナリトセン〻ヲ要ス

第一多血性卒中　此証ニ於テハ其血行ノ圧迫ヲ除クヲ以テ第一務トス恰モ縊死セル者ニ其索ヲ解クカ如ク此一挙ニ全治ヲ得ル者少《ナ》カラス」脈強実。顔面紅盈。眼内赤脹。体温過越。及《ヒ》常習失血ノ滞止。既往慓悍[14]飲液ノ過用等以テ之ヲ徴スヘシ」此証ハ必《ス》刺絡〆多量ノ血ヲ瀉シ頗ル刺口ヲ大ニシ迸射急疾ナラン〻ヲ要ス若《シ》夫《ノ》失血閉止ニ原ケル者ニ於テハ足ニ之ヲ行フヘシ而《ソ》鼾声ノ歇ムカ或ハ人事ヲ省シテ言語故ニ復シ脈ノ強実減退スルニ至ルマデ之ヲ止ムル〻勿レ若《シ》諸証未《タ》退カス〆其出血自《ラ》止ム〻有《ラ》ハ更ニ復《タ》他ノ絡ヲ刺スヘシ」若《シ》又脈動之《レ》カ為《メ》ニ細小トナレ𪜈諸証寛解スル〻無キ者ハ其刺口ヲ閉《チ》テ頸及《ヒ》項ニ吸角十二個ヲ施シ頭上ニ蜞[16]鍼二十個ヲ貼スヘシ然《ソ》仍《ホ》功ナク血液上輸依然トシテ退カス危篤相迫《マ》ル者ハ頸静脈若クハ顳顬動脈ヲ刺開セサル可カラス」若《シ》夫《ノ》痔血月経ノ滞止ニ因セル者ハ蜞鍼ヲ肛囲ニ貼スルヲ佳トス」然クシテ而《ソ》後仍《ホ》未《タ》恢復スル〻ヲ得ス脈復《タ》強実トナル者ハ三四時ヲ経テ更ニ又刺絡ヲ行フヘシ」但《シ》半身不遂ノ者ノ刺絡ハ健全ノ方ヲ撰テ之ヲ行フヲ法トス」瀉血ニ兼テ又《タ》血液ヲ他部ニ導洩スルノ諸法皆挙《ケ》テ行ハスンハアラス就《レ》中醋[17]三四[illegible]食塩。白芥子適宜[18]吐酒石[19]四氏ヲ灌腸薬トシ蒸[20]餅母ヲ腓腸。足跗。手臂等ニ貼シ芥子ヲ加ヘタル温湯ニ浴セシメ頭上ニ冷[21]瀉法ヲ行フヲ最

佳トス」患者若《シ》能ク嚥下スルヿヲ得ハ芒消ニ[22]旃《セン》那《ナ》。[18]吐酒石ヲ加《ヘ》タル清涼下剤第九十四方ヲ与ヘ頭ヲ高フセシメ狭窄ノ衣服ヲ脱セシメ総テ温煖ノ事物ヲ遠ケ其嚥下スルヿ能ハサル者ハ柔靭撓ムヘキノ管ヲ胃中ニ[23]抐下シ以テ薬液ヲ注入スヘシ」凡《ソ》此病《ヒ》血液鬱積ノ諸証退カサル間ハ決メ刺衝薬ヲ用《フ》ルヿ勿レ吐薬モ血液上輸ヲ進メ易キカ故ニ之ヲ禁スヘシ外用ニモ芳香ノ洗剤揮発ノ嗅薬皆之ヲ忌ムヘシ」右件ノ諸法ヲ尽シテ毫モ寛解セサル者ハ其治[24]希窬スヘカラス大抵第三日更ニ大発メ斃ル、ヲ常トス」若《シ》之ニ由テ善候ヲ見ハスヿアラハ其治轍ヲ更《アラタ》メス仍《ホ》清涼ノ下薬及《ヒ》灌腸法ヲ連用センヿヲ要ス」而《メ》又依然トメ一層ノ佳兆ニ移ラサル時始《メ》テ吐薬ヲ与フヘシ此《コヽ》ニ至テハ卓偉ノ一薬トナルヿアリ胃中痞満セル者ニ於テハ殊ニ然リ此時ニ方テハ[25]芫菁硬膏ヲ大ニメ項ニ貼スルモ亦的当スヘク適宜ノ神経薬刺衝薬モ亦用ヒテ佳ナルヘシ然レ𪜈仍《ホ》慎テ血液上輸ヲ起ス可キ諸品ヲ避ケ清涼下泄ノ薬ヲ配用セスンハアラス即《チ》[26]纈草。[27]亜児尼《アルニ》加《カ》。第九十五方「[28]ベルトラム。」艸名未詳[29]龍涎香丁幾。[30]鹿琥精等ヲ可トス而《メ》又甘汞。[31]実芰答里斯ヲ兼用シテ傍《ハ》ラ泐乙ノ滲漏ヲ預防センヿヲ要ス」若夫《ノ》血液鬱積証尽ク去レ𪜈其病全ク退《カ》サル者ハ神経性卒中ノ治法ニ移ルヘシ

第二神経性卒中痙性卒中虚性卒中　血液鬱積及《ヒ》精力旺盛ノ諸徴ナク顔面灰白ニメ体温寡少。脈細小ニメ之ヲ按スルニ力《ラ》無ク之《レ》ニ兼ルニ失血脱液。過房。過慮。神経病。年齢傾老等ノ衰弱諸因前駆セルヲ以テ徴知スヘシ」此証ハ揮発衝動ノ神経法ヲ行フヲ以テ主トス即《チ》[26]纈艸。[27]亜児尼加《アルニカ》。[30]鹿琥精。[32]葛私多僂謨《カストレウム》。[29]龍涎香。[33]加耶普的油《カヤフーテ》等ヲ内服セシメ醋。芥子。「[34]ベルトラム」等ノ刺衝薬ヲ以テ灌腸シ且《ツ》芫菁硬膏ヲ項窩ニ貼シ[35]芥子泥ヲ四肢ニ施シ毎六時換貼ス[36]香竄薬ヲ洗剤或ハ擦剤トスル等ノ皮膚刺衝法ヲ行フヲ佳トス」諸薬功ナキ者ハ[37]阿芙蓉ヲ

他ノ神経薬ニ配用スルモ亦殊験アリ若《シ》其諸法ヲ竭《ク》シテ寸効ナキ者ハ艾灸法[38]ヲ頭上ニ行フヘシ大《ヒ》ニ良験ヲ収メシヿアリ」此証ニ於テモ亦隠伏セル血液鬱積或ハ失血滞止。潜《カ》ニ害ヲ為ス者有テ刺絡ハ要セス𪜈蜞鍼ハ必《ス》行ハサル可ラサルヿアリ学者忘却スルヿ勿レ

第三腸胃性卒中及《ヒ》胆液性卒中　既往ノ飽飧。若クハ憤怒。胆液性ノ越必垤密[39]《エピデミ》。舌上汚苔。心下痞硬。噯気。悪心。其他面部ノ皺襞ト眼内ノ白膜ニ黄色ヲ呈シ患者自《ラ》手ヲ以テ屢《ヽ》胃部ヲ按スル等此証ノ定徴ナリ」治法ハ吐薬ヲ主トスヘシ然レ𪜈血液鬱積及《ヒ》多血証ノ有無ヲ撿メ若シ然ルヿ有ラハ先《ツ》刺絡ヲ行ハンヿヲ要ス吐薬ハ吐酒石ヲ最良トス吐後ハ刺衝薬ノ灌腸法及《ヒ》下剤ヲ行フヘシ以テ全治ヲ得ルニ足ルヿアリ」若《シ》是ニ由テ病《ヒ》仍《ホ》退カス或ハ更ニ増進スルヿアラハ其当否ヲ慮テ更ニ又吐薬ヲ用フヘシ若《シ》既ニ吐証ナク又汚物ノ徴ナクメ而《メ》血液鬱積ノ徴アラハ多血性卒中ノ療法ヲ用フヘク神経性ノ証アラハ痙性卒中ノ治轍ニ移ルヘシ

第四転徙毒卒中　伊偏篤《イーゲト》。脚痛ノ転徙ヲ殊ニ多シトス既往ノ病患ヲ探索シテ之ヲ徴知スヘシ」治法先《ツ》生力ノ虚実ヲ慮テ従事センヿヲ要ス伊偏篤ニ因セル者ハ多ク皆焮衝性ナリ故ニ先《ツ》刺絡ヲ行フヿ多血性卒中ノ如クシ次ニ反対刺衝[40]法ヲ施シテ病毒ヲ誘導スヘシ即《チ》脚痛内攻ヨリ来レル者ハ脚ニ芥子泥ヲ貼シ芥子ヲ加ヘタル脚浴ヲ行ヒ食塩ヲ加ヘタル乾糠浴〔按ニ灰浴砂浴ト云フ者皆灰中若クハ砂中ニ患者ヲ埋ムルナリ糠浴モ亦同種ノ法ナルヘシ〕ヲ処スル等ナリ而《メ》朴屈福烏篤[41]《ホックホウト》。双鸞菊[42]等ノ各毒相当ノ薬ヲ用ヒ以テ全功ヲ収ムヘシ」若《シ》其生力虚脱シテ神経性ナル者ハ先《ツ》神経性卒中ノ治轍ヲ蹈テ兼ルニ誘導法及《ヒ》各毒相当ノ治法ヲ以テスヘシ

間歇熱卒中ハ一発後全ク蝉脱シテ余証ナキヲ以テ徴スヘシ治法ハ最大有力ノ駆熱薬〔幾那。阿芙蓉〕ヲ用ヒテ次日ノ発作ヲ禦クニアリ〔間歇熱条ヲ参考スヘシ〕」

頭蓋骨外傷或ハ頭腔。頸等ニ器質ノ変有テ其圧迫ノ為《メ》ニ起レル卒中ハ其因ヲ除クヿ能ハス唯瀉血。誘導法ヲ行テ血液鬱積等ノ標証ヲ治ムヘキノミ其根治ヲ得ルヿ甚タ難シトス

差後ニ遺レル局処麻痺ハ其本条ニ就テ治法ヲ索ムヘシ後ニ出ツ

凡《ソ》一回卒中ヲ患ヘシ者ハ切ニ再発ヲ禦カンヿヲ要ス預防ノ法ハ臥床枕《ラ》ヲ高フシ居恒《ツネニ》脚ヲ温《カ》ニシ飽食セス強飲セス晩餐ヲ用ヒス慓悍ノ飲液ヲ禁シ情意ノ感動ヲ避ケ時〻下剤ヲ用ヒテ大便ヲ通シ春時我三四月冬前我九十月適宜ノ瀉血ヲ行フ等是《レ》ナリ

肺痱「[43]アポプレキシアピュルモニュス」羅「[44]ロングフルラムミング」蘭

徴候　窒息頓ニ発メ短気。喘鳴。苦汗淋漓シ煩悶極メテ甚シクメ多クハ人事ヲ省セス其経過最モ急速ニメ斃ル、モ穌スルモ十二時若クハ二十四時ノ間ニ於テス

原由　其近因卒中ニ異ナラス唯其麻痺脳髄ニ在ルト胸神経ニ在ルトノ別アルノミ而《メ》其誘因モ亦卒中ニ同シ但此病ニ於テハ其壅滞気管ノ枝[45]椏ニ在ルナリ即《チ》喘息ノ粘液過多ニメ茲ニ鬱塞シ或ハ膿嚢驟カニ破綻メ血液膿汁茲ニ壅滞スル等皆此病ノ因トナル

治法　力所及《ナルタケ》速《カ》ニ肺中ノ壅塞ヲ排除メ其運営ヲ挽回スルニアリ」即チ直《チ》ニ刺絡ヲ尺沢ニ行ヒ次テ早ク吐薬ヲ用ヒ芥子泥ヲ胸ト上膊ニ貼シ両臂ヲ温湯ニ浴シ遠志[46]。亜児尼加《アルニカ》[27]ノ煎汁ニ吐酒石[18]ヲ加ヘ用ヒ忽弗満《ホフマン》[47]鎮痛液。鹿琥精[30]。麝香[48]等ヲ与ヘ芫菁硬膏ヲ外貼シ尚《ホ》遠因ニ注意メ之ヲ駆除スル等卒中ニ於テスルカ如クスヘシ

昏冒「[49]リポテイミア」又「[50]セインコーペ」羅「[51]フラーウテ」蘭

徴候　触覚運動共ニ廃絶シテ人事ヲ省セス脈動呼吸或ハ僅ニ存シ或ハ全ク絶スル者是《レ》ナリ」然レ圧其軽重一様ナラス其軽キ者ハ脈動呼吸少《ヤヽ》

微弱トナレルノミ是ヲ昏冒「[49]リポテイミア」ト謂フ其重キ者ハ脈ト呼吸ト僅ニ存スレ𪜈顕然ナラス是ヲ失気「[50]セインコーペ」ト謂フ其最《モ》重キ者ハ脈動呼吸共ニ全ク闕如ス是ヲ卒死「[60]アスピキシア」ト謂フ〔漢人所謂昏冒失気其軽重アルヿ詳ニセス仮《リ》ニ其字ヲ塡ムルノミ〕而《メ》耳中騒鳴ト眼花閃[52]発ト[53]視胆昏瞶ト此病ノ前兆ナリ

其経過モ亦一様ナラス短キハ一二[54]密扭篤《ミニュート》ニメ醒覚スル者アレ𪜈久キハ数時ニ至リ数日ニ及フ者アリ而《メ》其醒覚スル時ハ必《ス》大息ヲ以テスルヲ常トス」預後モ亦其因ニ準《フ》テ一定シ難シ[55]歇以《ヘイ》私的里《ステリ》ヨリ来レルカ如キハ仮令《ヒ》久ク留連スル𪜈恐ルヽニ足ラス多血ヨリ起リ或ハ心室ノ血行妨ケ有ルヨリ来レル者脱力已甚ナルニ因セル者ハ大ニ危篤ナリ熱病ノ初起或ハ其中間ニ発セル者ハ亦危篤ナリトス総テ此病久《シ》ク時ヲ移ス時ハ血行遅滞スルカ為《メ》ニ血液一部ニ瀦留ノ凝[56]泣スルノ恐レアリ焮衝性ノ病患アル者ニ於テハ殊ニ然リトス

原由　近因ハ心肺ノ運営遏止シ若クハ脱衰セル者ニメ神経運営。為《メ》ニ其障碍ヲ被ムレルナリ」昏冒ト卒中トノ区別実ニ茲ニ存セリ即《チ》昏冒ハ血行ノ障碍ニメ其因心ニ在リ卒中ハ神経ノ障碍ニメ其因脳ニ在リ故ニ甲ニ在テハ脈動全ク絶シ或ハ大ニ微弱トナレ𪜈乙ニ在テハ依然トメ常ヲ違ヘス或ハ却テ其力ヲ加《フ》ルヿアリ故ニ又乙ニ在テハ差後大抵麻痹ヲ遺スヿ有レ𪜈甲ニ在テハ決メ然ルヿナシ

遠因ハ驚愕。歓喜等ノ七情感激。神経熱。歇以私的《ヘイステ》里《リ》病。昏冒此病ヨリ起ル者甚多シ腐敗気。麻酔臭。草花ノ佳香。歇以私的里家ニ昏冒ヲ起スヿ多シ麻酔毒。蛔虫。或ハ交感刺衝等ノ如ク神経ニ劇キ感動ヲ為ス者」或ハ全軀多血。年齢少壮。力作過劇。失血抑遏。若クハ失血将ニ起ラントスル時衣服緊縛。心臓疾患等ノ如ク心臓ニ血液ヲ充積セシムルヿ甚フシテ其縮張ノ機関ヲ妨クル者」或ハ脱液。亡[57]血。下利。霍[58]乱。腹水施術後等ノ如ク甚キ虚脱ヲ起ス者是ナリ

治法　心臓ノ運営ヲ活起スルニ在リト雖氏其因ノ異ニ随テ大《ヒ》ニ差別アリ斟酌ナクンハアラス其普ク通メ害無キ者ハ冷水灌漑ナリ」而《メ》歇以私《ヘイス》的里《テリ》家ニハ鼻下ニ羽毛ヲ焚キ葱茎ヲ割截シ或ハ醋ヲ嗅カシメ香竄ノ酒精ヲ洗剤トメ四肢ヲ摩擦シ灌腸法ヲ行ヒ新鮮ノ大気ヲ引ク等ヲ佳トス」虚脱家ハ其体ヲ平臥セシメテ血ヲ心臓ニ還流シ易カラシメ硇[59]砂精ヲ加ヘタル揮発薬ヲ嗅カシメ香竄ノ酒精ヲ以テ顔面心窩。脊骨ヲ摩擦シ嚥下ヲ得ル者ニハ烈酒ヲ与ヘテ生気ヲ発揮スヘシ」多血家ハ足脚ヲ垂《レ》テ頭胸ヲ高フシ脚浴及《ヒ》臂浴ヲ施シ諸《ヒ》圧迫ヲ為ス者ヲ去リ衣服ノ緊縛ヲ解キ面部ニ冷水ヲ注キ仍《ホ》蘇セサル者ハ刺絡ヲ行フヘシ但《シ》香竄揮発ノ嗅薬洗剤等ハ決メ用フルヿ勿レ

右ノ諸法ヲ竭《ク》シテ寸効ナキ者ハ卒死ノ治法ヲ行フヘシ

卒死「[60]アスピキシア」羅「[61]シケインドード」蘭

徴候　脈動呼吸全ク遏《ン》テ触覚運動悉ク絶シ死態ノ本相ヲ具《フ》ル者是《レ》ナリ故ニ真死ト混シ易シト雖氏真死ハ体内腐壊始《マ》ルヲ以テ証トス眼ノ角膜ヲ按シテ之《レ》ヲ試ムヘシ柔軟ニメ其痕ヲ遺ス者是《レ》真死ノ確徴ナリ」此病ニ於テハ死相悉ク具ハレ氏神識仍《ホ》内ニ存メ能ク体外ノ事ヲ聞知スル者間《ヒ》之アリ

原由　或ハ心肺ノ運営頓ニ形[62]器性ノ支障ヲ受《ク》ルニ由ルアリ縊死。溺死。或ハ箝口セラレ或ハ毒気（炭酸気ノ類）ニ遇テ倒ル、カ如キ是ナリ或ハ温[63]素。酸素ノ如キ生命必需ノ物ヲ奪却スルニ由ルアリ凍死ノ如キ是《レ》ナリ」或ハ直《チ》ニ生力ヲ脱却セシムル感動ニ由ルアリ雷死。愕死。麻酔毒ニ中リ疫毒ノ為《メ》ニ倒ル、カ如キ是《レ》ナリ」而《メ》又昏冒久《シ》ク醒覚セサレハ亦能ク此病ニ転ス」或ハ又此病《ヒ》産婦。歇《ヘ》[55]以私《イス》的里《テリ》家ニ傍証トメ発スルヿアリ其歇以私的里ニ於ケル者ハ一時ノ神経証ニメ若干時刻

ヲ経レハ独リ自ラ甦蘇スルヿヲ得ルナリ

治法　先ツ潜蟄セル生力ヲ喚起シテ心肺ノ運営ヲ振発セシメ而メ後ニ運営妨碍ノ所因ヲ除カンヿヲ要ス」其先ツ潜生力ヲ喚起スル所以ンハ夫ノ感応力ノ現セサレハ刺衝ヲ感受スル者無キカ故ニ百方皆無益ニ属スレハナリ而メ生力ヲ喚起スルニ必需ノ者二ツアリ温煖ト新鮮気ト是レナリ故ニ先ツ患者ヲ新鮮気内ニ移シ温メタル羽蓐ヲ被ヒ或ハ煖灰。温沙ヲ以テ其体ヲ埋ミ或ハ温メタル物品ヲ心窩。胛間。足蹠ニ外貼メ屢ヽ之ヲ交換シ（活体ノ温ヲ用ルヲ殊ニ佳トス）又タ塩。灰。若クハ精気強キ薬品ヲ加ヘタル温湯ニ浴セシムヘシ斯クノ如ク蒸ヽ温保スルノミニメ独リ自ラ穐復スル者少ナカラス初生児ノ卒死ノ如キハ殊ニ然リトス是レ実ニ諸ヽ他ノ治法ノ根基ナリ決メ他伎ヲ間《マジユ》ルヿアルヿ勿レ」且ツ之レニ兼テ気ヲ口内ニ吹キ入ルヘシ（其鼻ヲ塞テ之ヲ行フ）活人ノ肺中ヨリ出ル気ヲ殊ニ佳トス其活温ト活気ト大ヒニ心肺ノ運営ヲ挑撥スヘケレハナリ清浄気（酸素瓦斯ヲ含マシムル者ハ殊ニ佳ナリ）モ亦良シ「ゴロキイス」[64]（人名）ノ[65]槖籥器ヲ以テ之ヲ行フヘシ但シ慎テ過度ニ肺ヲ充張セシムルヿ勿レ而メ布片ヲ胸上ニ置キ之ヲ控キ之ヲ放チテ一弛一張呼吸ノ機ヲ作《オコ》スヲ最佳トス

其次ハ強力ノ刺衝法ヲ以テ心肺ノ運営ヲ挽回スヘシ之ニ直達ト介達ト二法アリ」直達法ハ肺ヲ吹テ之ヲ拡張シ術ヲ須ヒテ呼吸ノ機ヲ作シ越《エ》[66]列幾的児《レキテル》。[67]瓦爾華尼《ガルハニ》ヲ施シ（其導子ヲ心窩ト相対スル脊椎上ニ接ス）生血注入法〔活体ノ血ヲ患者ノ静脈ニ注クナリ数法アリ〕ヲ行フ等是レナリ」介達法ハ神経及ヒ交感機ヲ媒トメ其功ヲ心肺ニ達スル者ニメ即チ手掌足蹠ヲ摩揩シ冷水葡萄酒ヲ心窩ニ滴注シ硇砂精ヲ鼻下ニ接シ或ハ之ヲ舌上ニ滴シ鳥羽ヲ以テ咽ヲ探リ刺衝薬ノ灌腸法ヲ行ヒ心下ニ角法ヲ施シ劇音ヲ以テ聴神経ヲ刺衝スル類是ナリ

運営妨碍ノ所因ヲ除クハ縊死ニ索ヲ解キ窒息ニ毒気ヲ去リ溺死ニ肺中ノ水ヲ吐カシムル等

ナルヿ固《ト》ヨリ論ヲ俟タス刺絡メ心肺ノ鬱血ヲ疎散スルモ亦肝要ナルヿアリ窒息メ倒ル丶者ニ於テハ殊ニ之ヲ怠ルヘカラス

実験ニ由テ之ヲ徴スルニ凡《ソ》活機ノ復故スル必《ス》多少ノ時刻アリ知ラサル可ラス卒死セル者日ヲ経テ独《リ》自ラ蘇甦スルヿ間《ヽ》アル所ナリ故ニ此患者ハ初《メ》ニ諸《ヽ》衝動法ヲ挙ケ行フテ而《メ》効無《ケ》レハ之ヲ安静ニ処メ適宜ニ温保シ少時ヲ経テ復《タ》行ヒ又《タ》休シ一行一休持久スルヿ十二時ニメ爾後ハ夫《ノ》腐壊ノ兆ノ見ハル丶マデ温煖ニ保護メ静息セシメンヿヲ要ス

各種《ノ》卒死其治法ヲ異ニスル者アリ即《チ》凍死ノ如キハ等《シ》ク温煖ヲ以テ緊要無比ノ者トスレ𪜈其温度最《モ》微ニメ殆《ト》氷点ニ等キ者ヲ用ヒンヿヲ要ス稍《ヽ》其度ヲ踰ユレハ直《チ》ニ生力ノ余燼ヲ滅息シテ溶崩腐敗ヲ作スナリ故ニ之ヲ雪中ニ埋メ或ハ氷水中ニ置クヘシ生力仍《ホ》内《チ》ニ存セバ之《レ》カ為《メ》ニ揚発スルヿヲ得ルナリ諸《ヽ》温煖ノ処置皆之《レ》ヲ禁ス温用ノ灌腸法モ亦猶《ホ》害アリトス」雷死ハ冷水ヲ灌漑シ新《タ》ニ土砂ヲ穿チ取テ其頸ニ至ルマテ之ヲ埋没シ且《ツ》刺絡ヲ行ヒ阿芙蓉ヲ用《フ》ルヲ佳トス」[68]炭蒸気及《ヒ》其他ノ毒気ニ中テ窒息セル者ハ新鮮気ヲ引キ冷水ヲ灌キ刺絡ヲ施シ醋ヲ用《ヒ》テ[69]蒸溻シ又《タ》醋ヲ以テ灌腸スヘシ

眩暈「[70]フュルチゴ」羅「[71]ドイセリング」蘭

徴候　体外諸物皆旋転スルカ如ク或ハ其身モ共ニ運旋スルカ如キヲ覚エ甚《シ》キ者ハ之《レ》カ為《メ》ニ暈倒シ尚《ホ》甚《シ》キ者ハ[53]視胆昏瞶シ人事ヲ省セサルニ至ル」此病《ヒ》少年ニ発スルハ怖ル丶ニ足ラスト雖𪜈老人ニ於テハ卒中ノ前兆ナリトス

原由　諸《ヽ》神経病ニ同シ就《レ》中胃中飽満。蛔虫。[72]印華爾《インハル》屈篤《クト》等ノ腸胃病交感ニ出ルヲ多シトス或ハ又多血。衰弱。脳ノ血液鬱積。脳ノ[73]形器病ニ因セル者アリ

治法　原由ニ準《フ》テ或ハ腸胃[74]疎滌法ヲ行ヒ或ハ瀉

血法ヲ施シ或ハ神経強壮法ヲ用フヘシ」冷水ヲ以テ頭上ニ灌漑シ或ハ之ヲ以テ頭ヲ洗滌シ芥子ヲ加ヘタル脚浴ヲ行ヒ角法ヲ項窩ニ施シ焼[75]酒。抜爾撒謨《バルサム》ヲ前頭顳顬耳後項窩ニ擦シ「ビットルワートル」鉱泉ノ名ヲ数日連服セシメ纈艸[26]。芥子[35]。収歛[77]亜的児ヲ内用セシメ或ハ上膊項窩ニ打膿法[78]。串線法[79]ヲ行ヒ足脚ニ毛製ノ行縢《キヤハン》[80]。蠟布ノ足袋ヲ著スル等ヲ宜シトス而メ[41]朴屈福烏篤《ボックホウト》[81]ニ純精酒石ヲ配スル者第九十六方ハ実ニ此病ノ奇薬ナリトス

昏睡「[82]レタルギュス」羅「[83]スラープシュグト」蘭

徴候　睡眠常規ヲ踰エテ修《ナガ》ク瘖ムルヿ能ハサル者是レナリ其修短一様ナラス時トメハ数週数月ニ及ヒ或ハ数年ヲ亘ル者アリ余曽テ一患者四年昏睡セル者ヲ見タリ余カ[84]医事日記ニ詳載ス就テ見ルヘシ而メ心ノ鼓動。血ノ運行。肺ノ呼吸ノ如キ生命ニ係ルノ機関ハ依然トメ妨ケアルヿナク分泌排泄著シカラス唯流質ノ食餌ヲ口チニ注入シテ以テ其命ヲ繋クノミ」且ツ此患者多クハ時〻少間ノ醒覚ヲ得テ乍チ復タ睡リニ著クヲ常トス

凡ツ此病ヒ危険ノ脳病ヨリ来レル者ニ非レハ死ヲ致スヿ罕ナリトス慢性ノ神経病及ヒ精神病ニ於テハ却テ是レ分利[8]ノ徴ニメ之カ為メニ其病快復スル者アリ

此病ノ軽証唯累リニ睡ニ就ント欲スル者ハ之ヲ嗜眠「[85]スラーペリグヘイト」ト謂フ

原由　緩慢ノ昏睡ハ婦人ニ多シトス月経ノ滞止。婚スヘキ年齢ニ多シ情意ノ感動。神経病。精神病等其因トナルナリ或ハ又病毒転徙メ脳ヲ侵シ麻疹毒ヲ多トス脳腔ノ沕乙滲漏。脳髄ノ形器病等ヨリ起レル者多シ」小児ニ在テ嗜眠昏睡時〻発スルハ脳水腫ノ前候ナリト知ルヘク老人ニ在テハ卒中ノ先鋒ナリト知ルヘシ

治法　各〻其因ニ応シテ相当ノ治ヲ下サンヿヲ要ス殊ニ注思シテ其体ノ滋養ヲ保続センヿヲ計ルヘシ」而メ皮膚刺衝法ヲ施シ刺衝薬ヲ用ヒテ灌腸

シ[86]英垤児末扶《エンデルマチ》法。艾灸法。浴法等ヲ行フヲ佳トス
[67]瓦爾華尼《ガルハニ》モ亦用ヒテ其導子ヲ心窩ト耳中ニ接ス奇効ヲ得シヿアリ」病毒転徙ヨリ来レル者ハ内外水銀ヲ用ヒテ其功ヲ収ムヘシ

局処麻痺「[87]パラレイシスロカリス」羅「[88]プラーチエレイケフルラムミング」蘭

徴候　体内一部。覚動[2]両機若クハ其一機虚耗シ或ハ全ク廃失セル者是レナリ其重キハ血液循環ノ機及ヒ栄養補充ノ機モ其弊ヲ被ムル者アリ故ニ此病ヒ軽重一ナラス其軽キ者ハ唯感覚若クハ運動ノ一機減虚セルノミナルアリ或ハ其一機全ク廃失セルアリ或ハ其両機共ニ減虚セルアリ廃失セルアリ或ハ脈モ亦衰ヘテ患部ノ温煖減耗セルアリ或ハ之ニ加フルニ其部羸痩虚脱セルアリ或ハ其機質頽敗メ[89]寒壊疽トナレルアリ或ハ全軀憔悴シテ恰モ木乃伊《ミイラ》ノ如キニ至レルアリ

凡ソ身体各部内外ヲ論セス此患ヒニ罹ラサル所ナシ其患部ノ異ニ随テ証状同シカラス名称モ亦等シカラス即チ五官麻痺。腸管麻痺。呼吸器麻痺等アリ一々枚挙ニ遑アラス

此病ヒ卒中ノ余患ナル者アリ局処ノ因ニ原ツキ起レル者アリ急発ノ者アリ徐来ノ者アリ痙攣ヲ兼ル者アリ痙攣ト交換スル者アリ

之ヲ統フルニ畢竟難治ノ一病ナリ而メ其治不治ハ専ラ病ノ新旧ト部位ト原因ト軽重トニ係ル乃チ日ヲ経ルヿ愈ヽ久シキ者ハ愈ヽ治シ難ク。五官ヲ侵セル者ハ甚タ癒エ難ク。病毒転徙ヨリ来レル者ハ少《ヤヽ》治シ易ク。真ノ虚脱ヨリ生セル者ハ治シ難ク。除ク可ラサル形器[90]病有テ其圧迫ノ為メニ起レル者ノ如キハ治ス可ラス。感覚ノミヲ失セル者或ハ運動ノミヲ廃セル者ハ少《ヤヽ》治シ易ク。両機共ニ廃失セル者ハ治シ難ク。其部ニ痙攣疼痛ヲ覚ユル者ハ仍ホ治スベク。其部ノ栄養衰敗セル者ハ甚タ治シ難シ

原由　近因ハ神経ノ所患ニメ多少其運営ノ機関

ヲ失フ者ナリ」而〆其運営ヲ妨クルノ因直《チ》ニ患部ニ在ルアリ神経ノ根本脳脊髄ニ在ルアリ其中途神経節ニ在ルアリ之ヲ注思スルヿ治術ニ於テ緊要ナリトス乃《チ》卒中及《ヒ》脊髄病ヨリ来レル者ニ於テハ其根本ヨリ起リシヿ顕著ナリト雖𪜈毎証必《ス》シモ然ラス実ニ神経ノ抹梢ヨリ生シテ根本ニ及フ者アリ

世人此病ニ於ケル神経ノ所患ヲ以テ皆其運営ノ虚脱ニ帰スル者多シ甚タ歎スヘシトス固《ト》ヨリ然ル者アリト雖𪜈毫モ虚脱セル所ナク唯神経力ノ進輸ヲ支フルノ因《ノミ》有テ其運営抑遏セラルヽニ起レル者多《キ》ニ居ルナリ故ニ此病ヲ両種ニ分テ虚脱麻痺ト抑遏麻痺トニ区別ス

抑遏麻痺ノ因種〻アリ或ハ血液全軀若《ク》ハ一部ニ鬱積充張〆神経ヲ圧迫スルニ由リ或ハ病毒転徙〆神経ヲ襲ヒ以テ其運営ヲ害スルニ由リ或ハ交感神経〔肋間対神経〕ノ作用ニ由テ腸胃ノ刺衝遠隔セル部ニ痙性ノ妨碍ヲ起スニ由リ或ハ緊縛。腫脹。硬腫。溢血。脱臼。骨傷等ノ[90]形器性圧迫ヲ受クルニ由ル等ナリ」痙性麻痺モ亦之ニ属ス是《レ》其神経真ニ虚スルニ非ス〆強実ナレ𪜈痙攣ノ為《メ》ニ其運営ヲ現スルヿ能ハサルノミ故ニ此証ハ痙攣痛ト交代スルヿ多シ

虚脱麻痺ハ一部ノ神経力ヲ奪却シ若《ク》ハ衰耗セシムルノ諸因ヨリ来ル之《レ》ニ頓ト漸トアリ其頓ニ奪却スル者ハ卒中。電火。驚愕等ノ如キ是《レ》ナリ其漸ニ衰耗セシムル者ハ過劇ノ刺衝。非常ノ労力。房事過度。熱病。殊ニ神経熱及《ヒ》其他衰弱ヲ起スノ諸病是《レ》ナリ」或ハ久《シ》ク一部ノ運動ヲ廃セルヨリ起ルノ麻痺モ亦之ニ属ス

治法　先《ツ》其病ノ虚脱証ト抑遏証トヲ弁センヿヲ要ス両証大《ヒ》ニ其治ヲ殊ニスルノミナラス其取ルト与《フ》ルト霄壌全ク相反スルカ故ニ之ヲ謬《マ》レハ大害ヲ致スヿアレハナリ」此病ニ遇フ毎ニ皆之ヲ虚衰ニ起レル者ト〆刺衝法。強壮法ヲ行フ徒アリ臆測已甚《タ》シト謂フヘシ古来是《レ》ニ由テ大

過ヲ為セル者少《ナ》カラストス
是故ニ抑遏麻痺ニ於テハ必《ス》先《ツ》其抑遏ノ因ヲ除クヲ以テ始メトスヘシ或ハ唯是ノミニメ全功ヲ収ムルㇳアリ即《チ》血液鬱積或ハ焮衝状ノ患ヒヨリ起レル者ハ瀉血ヲ行ヒ防焮法ヲ処シ」病毒転徙ヨリ来レル者ハ[25]芫菁膏ヲ貼シ[78]打膿法ヲ施シ各毒相当ノ諸薬ヲ用ヒ」腸胃ノ交感刺衝ニ出ル者ハ解凝法ヲ行ヒ峻下薬ヲ与ヘ奇験アルㇳ多シ形器性ノ圧迫ニ由レル者ハ外科術ヲ用《ヒ》テ之ヲ除去スル等是ナリ」此諸法ヲ竭《ク》シテ痺証仍《ホ》依然タル時始メテ神経力興奮ノ治法ニ移ルヘシ〔次条ニ出ツ〕
虚脱麻痺ニ於テハ始《メ》ヨリ直《チ》ニ有力ノ強壮内托薬ヲ用ヒ兼テ神経力興奮ノ治法ヲ処スヘシ
凡《ソ》麻痺病ノ治法ニ於テ知ラサル可ラサルノ要訣二《ツ》アリ其一ハ用薬ノ分量一次ハ之ヲ増シ一次ハ之ヲ減シ或ハ少焉《シハラク》休止シテ以テ自然《ノ》良能ニ其感応力ヲ採拾スルノ余暇ヲ与ヘ尚《ホ》且《ツ》其薬品ヲ時々交換メ刺衝ヲ新《タ》ニスルナリ」其二ハ忍テ時日ヲ俟ツナリ」是《レ》此病ニ於テハ医ノ欠ク可ラサル所トス自然《ノ》良能モ患部ノ生気ヲ徐々ニ蘓復セシムルニハ必《ス》若干時日ヲ費サヽル可ラス故ニ之ヲ俟ツㇳヲ知ラサル医ハ此病ヲ療スルㇳ能ハス独《リ》数週ノミナラス数月数年ヲ其治ニ費サンㇳヲ要ス然クスル時ハ早晩《イツカ》内外ニ良候ヲ現ハスㇳ有ルヘシ今歳治スルㇳ能ハサリシモ翌歳ニ至テ成功ヲ遂クルㇳアリ
〔神経力興奮治法〕神経内ハ蓋《シ》一種ノ[91]元素有テ存舎シ以テ其力ヲ起シ其運営ヲ致ス者ナリト想見センㇳヲ要ス[67]瓦爾華尼《カルハニ》ノ作用ヲ以テ之ヲ証スヘシ其感動唯ニ抵触ノ刺衝ニ非スメ神経自家ノ運用ヲ致ス者アルㇳ昭々タリ」而《メ》其元素タル誘《キ》去ルヘク持《チ》来スヘク堆積スヘク障碍スヘク又遏止スヘシトス
神経力衰敗メ半《ハ》死廃セルヲ興奮発揮スルニ二法アリ其一ハ局処刺衝ナリ是《レ》其運動ヲ増発シ

且《ッ》血行ヲ催進スルカ故ニ大《ヒ》ニ神経力ヲ発揮ス其法直《チ》ニ之ヲ患部ニ施スト他部ニ行テ交感セシムルトアリ而《メ》乙法ハ甲法ニ優ルヿ屡《ヒ》多シ就中腸胃ノ刺衝ヲ殊ニ佳トス交感神経ノ循ルヿ最《モ》多ケレハナリ」其二ハ内ヨリスルノ興奮ナリ精神ノ鼓舞脳ヨリスルナリト血行ノ催進心ヨリスルナリトヲ其最ナル者トス

此法ニ用フ可キノ医薬ハ則《チ》吐薬。催嘔薬。第九十七方少量ノ峻下薬。[92]格碌菫篤《コロキント》丁幾十滴至十五滴日ニ三次服スルヲ殊ニ佳トス 硇砂精。[30]鹿琥精。[93]鹿角塩。[27]亜児尼加《アルニカ》。[26]纈草等ノ揮発神経薬。及《ヒ》抜爾撒謨《バルサム》性薬。[25]芫菁。[94]鼈婦。蟻。[95]「フェスパ。」虫ノ名未詳蜂ノ類等ノ小虫類。[33]加耶普的《カヤフーテ》油。纈草油。第九十八方第九十九方 [96]実百《ヂッペ》児《ル》油等ノ揮発油。[97]羯布羅《カムプラ》。[98]亜的児《アーテル》。[99]升汞亜的児。第百四方黴毒ヨリ来レル者ニ殊ニ良シ其他病毒転徙ニ因セル者皆用《ヒ》テ奇功アリ 燐或ハ[100]莨菪。[31]実芰答里斯《ヂキタリス》。汾乙滲漏ノ恐レアル者ニ殊ニ用フヘシ [101]蕃椒。阿芙蓉。[102]番木鼈第百方偉効アリトス 等是《レ》ナリ」此諸薬又《タ》洗薬。蒸薬。軟膏等トメ外用スベシ第百一方第百二方第百三方」其他摩擦。[103]乱刺。鞭撻。[104]蕁麻ヲ以テス 芥子泥。芥子浴。芥子[105]蒸湯。芫菁硬膏。艾灸法等ノ皮膚刺衝」或ハ騎馬。御車等ノ形[62]器性振盪或ハ眼ニ於ケル光輝。耳ニ於ケル劇声。舌ニ於ケル辛温味等ノ如キ各部相当ノ刺衝」或ハ諸地ノ温泉。冷泉。海塩浴。[106]羅偈《ローグ》浴。硫黄浴。鉄浴。麦芽浴。麦酒酵浴。[107]焼酒糟浴。[108]滴浴。[109]射注浴等ノ諸《ヒ》浴法ヲ行フ類皆撰用スヘシ

医薬ノ外此ニ用《ヒ》テ最《モ》偉功アル者ハ温煖ト[66]越列《エレ》幾的児《キテル》トナリ」温煖ヲ用フルハ即《チ》毛布。羊皮。猫皮等ヲ以テ温覆シ温湯ニ浴シ重キ者ハ発汗蒸気浴ヲ総身若クハ患部ニ行ヒ頑証ハ直《チ》ニ燃火ニ接スル等ニメ殊ニ活体ノ温煖ヲ奇験アリトス故ニ活物ニ膚接シ或ハ新《タ》ニ活獣ヲ割截メ患部ヲ挿ミ入ルヲ佳トス亦《タ》地中ノ自然温モ功アリ温泉ノ熱処ニ浴スルカ如キ是ナリ」而《メ》寒冷モ亦神経ニ一時ノ刺衝ヲ為スカ故ニ又能ク興奮ノ功ヲ致スヿアリ冷水滴浴。[109]射注浴。[110]灌漑法等ノ良効アル所以ナリ」[66]越列幾的児《エレキテル》ハ神経ト交力親昵ナルヲ以テ此病ニ殊ニ妙効アリ之ヲ行フニハ

最弱ノ度ヨリ漸ク進テ最強ニ至ルヘシ即チ或ハ越列幾浴《エレキ》法未詳トメ之ヲ行ヒ或ハ身体ニ一入一出セシメ或ハ越列幾火ヲ発セシメ或ハ振動ヲ起サシムル等ナリ」[67]瓦爾華尼《ガルハニ》モ亦同功ナリ但軟脆ノ部ニハ之ヲ施シ難シトス其[111]織質ノ変ヲ作コシ易ケレハナリ」[112]麻偏涅扶《マグ子チ》磁石力モ亦タ諸法験ナキ者ニハ試ムヘシ奇功ヲ奏スルヿアリ

[86]英垤児末扶《エンデルマチ》法モ亦用フヘシ其法豆大ノ芫菁硬膏ヲ一部ニ貼メ表被ヲ剥離シ[102]番木鼈越幾斯。[113]摸《モ》爾比涅《ルピ子》。[100]莨菪等ヲ敷クナリ〔箕作氏著ス所ノ[114]名医彙講詳ニ之ヲ論載ス〕但シ之ヲ行フニハ大ニ其分量ヲ謹ムヘシ其薬力間ヒ内服スルヨリ強キヿ有レハナリ而メ之ヲ施スノ部ハ患部ニ循ル神経ノ根本ニ近キ処ヲ撰ムヘシ

神識ニ関カルノ感動亦大ヒニ功有ルヿアリ即チ或ハ志願ヲ固守シ或ハ一部ヲ動カサントスルノ努力ヲナシ或ハ想像力ヲ揚発シ或ハ神仏人為ヲ択ハス強ク物ヲ信仰スル等ナリ就中信仰ハ不測ノ奇効ヲ奏スルヿアリ

余カ実験ニ拠ルニ毎常良功ヲ得シ者ハ吐薬。[115]催嘔丸。〔第九十七方〕[99]升汞亜的児《アーテル》。[27]亜児尼加《アルニカ》。[102]番木鼈。[92]格碌董《コロキン》篤《ト》丁幾。[66]越列幾的児《エレキテル》「[116]テプリッツ」「[117]アーケン」「[118]ウィースバッテン」「[119]ガスティン」以上皆地名等ノ温泉浴。麦芽浴。麦芽六比至十二[120]比[121]忽布《ホップ》二比[122]焼酒酵六比至十二比ヲ和ス麦酒酵浴。焼酒酵浴。魯西亜浴。泥涅浴〔「[123]スレイキバット」泥涅ヲ湯ニ混和スル者カ未詳〕等是レナリ

又脊髄麻痺ナル者アリ尋常之レヲ下肢麻痺ト名ク其麻痺一脚若クハ両脚ヨリ始マリ或ハ一手ヨリ起リ漸ク諸部ニ瀰蔓ス」其始メ行歩動揺メ定ラス脊椎ニ圧重疼痛或ハ[124]酸痛ヲ覚ユ」其脊髄ヨリ起レルヿヲ徴シ且ツ病ノ所在ヲ撿スルニ一試法アリ[125]烘リタル海綿ヲ取テ脊骨上ヲ按撫シ下タレハ患部ニ当テ必ス疼痛ヲ知覚スルナリ」此病ヒ数年或ハ生涯連緜メ他部ニ蔓延セス唯外部ニノミ止マルナリ或ハ又進テ十全ノ不遂ヲ起シ終ニ内臓ニ及ンテ直腸膀胱麻痺シ大小便秘閉或ハ失禁等ノ証ヲ来タシ或ハ呼吸不利。視力乏弱。思慮虚

衰。肺痱。脳痱卒中等ニ陥ル者アリ」其原因必《ス》常ニ脊髄中ニ在リテ脊骨屈曲等ノ形器性圧迫ニ起レル者アリト雖𪜈又房労手婬ノ為《メ》ニ脊髄虚脱セルヨリ来《タ》リ或ハ僂麻質《レウマチ》。[12]伊偪篤《イ、クト》。瘰癧等ノ病毒転徙ニ因シ或ハ血液鬱積。遷延焮衝等ヨリ生セルヲ多シトス」其治法又専ラ脊髄ニ行ヒ前段ニ挙クル麻痱治法皆之ヲ用フヘシ就中血液鬱積証アル者ハ[16]蜞鍼ヲ脊骨上ノ患部ニ貼シ[21]冷潟法ヲ行フヲ殊ニ佳トス而《メ》[38]艾灸法ヲ屢《ヒ》脊骨上ニ施シテ久《シ》ク[78]打膿セシムルヲ此病ノ主法トシ興奮剤ニハ[126]的列並油ヲ主薬トシ三十滴宛日ニ四回用《ヒ》テ殊効アリ」若《シ》夫《ノ》黴毒ニ起因セル者等ハ脊髄労ノ条ニ挙クル所ノ治法ヲ行フヘシ本条ト参考スヘシ

嗝噎「[127]ディスパギア」羅「[128]フルヒンデルデスリッケン」蘭

徴候　疼痛焮衝等ノ諸証ナクメ飲食ノ嚥下ヲ妨クル者是《レ》ナリ」病増進スレハ全ク嚥下スルヿ能ハスメ乃《チ》饑餓ヲ極ムルニ至ル

原由　此病モ亦左ノ因ニ随テ種別ヲ致スナリ

其一痙攣　[55]歇以私的里《ヘイステリ》ノ傍証トメ発セル者常ニ多シ〔所謂[129]梅核気ノ類〕此証発歇スルヲ常トスレ𪜈亦稽留スル者アリ

其二麻痱　卒中及《ヒ》半身不遂後ニ発セル者多シ

其三病毒転徙[11]　黴毒。[12]伊偪篤《イ、グト》。瘰癧ヨリ来レルヲ多《シ》トス

其四形器性妨碍[90]　食道若《ク》ハ気管頭ニ位《ヒ》セル腺ノ腫脹硬結ニ由リ或ハ食道ノ一部開闊メ副嚢ヲ為スニ由レル等ナリ此病夫《ノ》[130]牛齢証ヲ兼ル者多キハ此《ノ》副嚢アルニ由ル

蓋《シ》此病ノ素因ハ住地卑湿。喫茶過多。或ハ好テ熱飲ヲ服シ或ハ常ニ冷飲ヲ多《ク》シ或ハ焼酒ヲ過飲セル等ニアリ是《レ》此病ノ殊ニ和蘭地方ニ多キ所以ナリ

治法　各《ミ》其原因ニ準《フ》テ之《レ》ヲ処スヘシ即《チ》痙攣性ノ者ハ先《ツ》其痙攣ノ因ヲ除《カ》ンヿヲ要ス故ニ内臓壅塞ヲ疎解スル等。[131]依卜昆垤児《ヒポコンデル》。[55]歇以私的里《ヘイステリ》ノ治法

ヲ行ヒ外用ニハ[132]的里亜加《テリアカ》。[33]菲阿斯《ヒオス》。[134]失鳩答《シキウタ》ノ蒸湯[105]法ヲ施シ[135]瓦爾抜奴謨《ガルバヌム》膏ニ[136]雑腹蘭《サフラン》[93]。鹿角塩。阿芙蓉ヲ和メ外貼シ芥子泥。芫菁硬膏ヲ施シ内服ニハ[133]菲阿斯越幾斯《ヒオス》。[137]老利児結爾斯《ラウリールケルス》水。阿芙蓉。莨菪ヲ用フヘシ[33]加耶普的《カヤフーテ》油モ亦総テ咽喉及ヒ胃ノ痙攣ニ偉効アリトス沙糖ニ研和シ与ヘテ良シ」麻痹性ノ者ハ流動物ヨリモ[138]麤硬ノ品ヲ嚥下スルヿ易キナリ芫菁硬膏ヲ外貼シ加耶普的油。薄荷油沙糖ヲ研和ス芥子極末。芫菁丁幾ヲ内服スル等ノ揮発衝動法ヲ行ヒ越列幾的児《エレキテル》等ノ強劇刺衝ヲ施スヲ佳トス」病毒転徙証ハ其病毒ヲ誘導シ去ルト痙攣病毒刺衝ノ為メニ必ス之ヲ兼発スヲ鎮靖スルトヲ以テ主トスヘシ故ニ前ニ挙クル諸ゝ鎮痙薬皆之ヲ用ヒ項窩ニ芫菁膏ヲ貼シ遠隔ノ部従前病毒ノ位セシ部ヲ殊ニ良トスニ発泡打膿法ヲ施シ芥子脚浴ヲ行ヒ[139]蠟布襪ヲ著シ硫黄浴ヲ用ルニ宜シ且ツ之レニ兼テ各毒相当ノ治法ヲ処スヘシ此証ニハ水銀ヲ用ヒテ吐涎セシムルモ亦奇効アルヿアリ流涎遏閉ヨリ来レル者ニハ愈ゝ然リトス」形器性妨碍ハ腺腫ヲ最モ多シトス此証ハ[134]失鳩答。海綿焼灰。[140]伊阿冑母《イオヂュム》ヲ内服外用シ塩酸重土。第百五方水銀剤等ヲ用ヒ水銀軟膏ヲ擦シ断エス[134]失鳩答《シキュウタ》硬膏ヲ外貼シ[141]瑞香皮打膿ヲ上膊ニ施スヘシ或ハ海棉焼灰ニ失鳩答越幾斯ト亜児尼加《アルニカ》越幾斯ヲ和メ錠ト為シ舌上ニ置テ徐ゝニ融解セシムルモ亦偉効アリ此病不治ノ証ハ総テ乳汁ヲ用ヒテ其命ヲ保続スルヲ無比ノ良策トス又タ之ヲ以テ灌腸シ或ハ浴湯ニ加フルモ可ナリ

不語及失声「[142]アポニア」羅「[143]スプラーケロースヘイド」蘭「[144]ティスポニア」羅「[145]ステムメロースヘイド」蘭

不語ト失声ト自ラ別アリ不語ハ言語スルヿ能ハサルナリ失声ハ音声ヲ発スルヿ能ハサルナリ」不語ニ全然ノ証ト不全ノ証トアリ其常住持続スル者ハ天稟ニ由リ或ハ麻痹ニ由レルナリ時有テ発歇スル者ハ痙攣ナリ」天稟不語[146]瘖唖ハ皆耳

聾ヲ兼ル者ニメ其本因通例耳中諸器ノ変質ニ在リ故ニ其治唯聴ク可キノ言語ニ代フルニ視ルヘク触知スヘキノ事業ヲ肆《ナラ》ハシ文字ヲ教ヘテ以テ言語ヲ通セシムルニ在リトス然レ氐亦此種ノ患児ニ麻痺ヲ治スルノ薬ヲ用《ヒ》テ少《ヤヽ》其聴識ヲ得セシムヘキモ無キニ非ス余曽テ一児ニ莨菪ヲ与《ヘ》テ奇験ヲ得タルヿアリ」又曾テ一児能ク聴テ言《モノイ》フヿ能ハサル者ヲ見シヿアリ是《レ》唯言語ヲ主《ト》ル器ノ病《ヒ》ナリトス」麻痺性不語ハ専ラ麻痺ノ治法ヲ行フヘシ就中芥子「キュベバ」[147]胡椒ノ類ヲ嚼ミ加耶普的油《カヤフーテ》ヲ舌ニ塗リ越列幾的児《エレキテル》。瓦爾華尼《ガルハニ》ヲ施ス等ヲ良トス」発歇性不語ハ皆痙攣ナリ小児ニ於テハ蛔虫ノ所為トシ大人ニ在テハ歇以私的里。[148]秦漢臚《シンハング》。精神錯乱ノ傍証也トス各《ヽ》其因ニ随テ治法ヲ処スヘシ」不全証ハ言語艱渋ナル者ニシテ種ゝ其類ヲ異ニス或ハ言《ハ》ント欲スルノ語ヲ出《タ》スヿ能ハサルアリ或ハ言《ハ》ント欲スルノ語ヲ錯マルアリ両証共ニ其罪精神ニ在テ想像力ノ病《ヒ》ニ属ス」或ハ又分明ニ言フヿ能ハサル者アリ吃吶其罪亦精神ニ在テ言語ヲ構成スルヿノ宜シカラサルニ坐ス是《レ》多クハ其意前《スヽ》ンテ其語後《オク》ルルニ在ルナリ故ニ謳歌スル時ハ蹉跌セス蓋《シ》是《レ》其精神歌節ヲ踏テ其言語ヲ構成スレハナリ」然レ氐又舌下[149]鑾度《バンド》短縮等ノ形器病ニ因セル者アリ或ハ其舌ノ言語ニ熟セサルヨリ来レル者アリ治法其形器病ヲ除クハ固《ヨリ》論ヲ俟タス屢《ヽ》揚声読書シテ舌ヲメ徐々ニ言語ニ馴レシメンヿヲ要ス頑固証ハ近来発明セル「レース」[150]人名カ未詳ノ療法ヲ施スヘシ其法舌ヲ上方ニ向ハシメ断エス之《レ》ニ慣《ラ》ハシムルニアリ

失声モ又全然証ト嘶嗄スル者トアリ其因。声音器〔喉頭五軟骨〕ヲ被ヘル粘液膜ノ変常ニ在ルヲ多シトスレ氐亦此器ニ循ル神経ノ病患ニ係レル者少《ナ》カラス」粘液膜変常ハ感冒ヨリ来ルヲ常トス然ル者ハ感冒ノ治法ヲ処シ殊ニ硫黄。[151]安質没扭ヲ用フヘシ」若《シ》夫《ノ》頸ノ瘰癧腫或ハ病毒転徙徽毒ヲ殊

ニ多《シ》トスヨリ起レル者ハ各毒相当ノ薬ヲ用ヒ誘導法ヲ施シ咽喉労ノ初起タルヿヲ察セハ本条ニ照シテ其治法ヲ行フヘシ」其神経ノ病患ニ因セル者ハ総身衰弱ノ一傍証ナルアリ痙攣証ナルアリ或ハ心肺ニ循レル神経ノ攣急ナルアリ宜《シ》ク強壮法鎮痙法ヲ行フヘシ

胃弱「[152]アペプシア」羅「[153]ズワックテハンマーグ」蘭

徴候　食欲減少シ若クハ欠損シ若クハ節度ナク食後胃部痞満シテ食セシ所ノ者ト同味ノ噯気ヲ発泄シ風気膨張シ神思鬱重シテ睡眠ヲ嗜ミ早ク酸液ヲ醸シ常ニ粘液ヲ生スル等総テ消食宜シカラサルノ諸徴ヲ呈スル者是《レ》ナリ

原由　摂養宜シカラスメ節度ナク常ニ美食ヲ貪リ頻リニ温飲殊ニ茶ヲ喫シ肢体ヲ運転セス精神ヲ労苦シ悲憂ヲ極メ房事ニ耽《ケ》ル等皆此病ノ因トナル

治法　先《ツ》其証ノ真仮ヲ弁センヿヲ要ス仮証ハ胃神経ヲ妨クル所ノ有形ノ因有テ之《レ》カ為《メ》ニ仮《リ》ニ弱証ヲ現ハスナリ若《シ》誤テ之ニ強壮ノ剤ヲ処スレハ啻ニ功ナキノミナラス却テ病《ヒ》ヲ進悪セシメ其病毒ヲメ固著セシムルニ至ル

胃及《ヒ》消食機ヲ衰弱セシムル有形ノ因ハ即《チ》粘液。胆液。酸液等ノ胃中汚物或ハ僂麻質《レウマチ》。伊偏篤《[12]イーグト》。疥癬等ノ病毒転徙若クハ局処多血ナリ」各自其因ニ準《フ》テ或ハ之ヲ[154]疎滌シ或ハ之ヲ他部ニ誘導スル等相当ノ治法ヲ行ハスンハアラス間《ゝ》他技ヲ費スヿヲ要セスメ全功ヲ収ムルヿアリ」唯[16]蜞鍼ヲ貼シ痔疾ノ療法ヲ処スルノミニメ胃ヲ強健ニシ消食機ヲ恢復スルノ良験ヲ得シ者少ナカラス

若《シ》夫《ノ》真証胃弱ナルカ或ハ有形ノ因ヲ除ケ𪜈仍《ホ》依然タル者ハ真ノ健胃薬ヲ用ヒンヿヲ要ス其最《モ》功アル者ハ格綸僕《[155]コリュンボ》。健質亜那《[156]ゲンチアナ》。括失亜《[157]クハッシア》。苦麦酒。忽《ホッ》布《ブ》。[158]盧会等ノ苦味薬ナリ但《シ》盧会ハ分量ニ意ヲ用《フ》ヘシ其他[159]白椒。毎朝空心六個乃至九個ヲ呑ム連用スレハ甚タ奇効アルヿ余カ実験スル所ナリ橙皮。[160]姜。

肉豆蔻。[161]葛縷子。[162]鋭烈多精ノ古酒等ノ芳香辛味薬ヲ用ヒ虚弱甚シキ者ハ橙皮丁幾。[163]汾氏幾那丁幾等ヲ収歛亜的児ニ合和シ或ハ「[164]ヱリッシルヒトリオルメインシグト」[附]等ノ如キ鉱酸ト辛芳薬ノ合剤ヲ与ヘ或ハ[165]剛鉄ヲ苦味辛芳ノ薬ニ伍シ用ヒ第百六方或ハ「ピルモンテル」地方等ノ鉄泉ヲ内服外用スルヲ佳トス第百七方第百八方第百九方撰用スヘシ」外用ニハ強壮軟膏方未詳健胃硬膏[附]等ノ揮発抜爾撒謨《バルサム》性ノ剤ヲ胃部ニ貼シ其功大ニ内服薬ニ優ルヿアリ或ハ[166]末篤栗《マトリ》加利《カリ》精[附][167]捲埵児《クエンデル》。[168]抜爾撒謨非答《バルサムヒター》[附]ヲ洗剤トシ或ハ小嚢ニ芳香辛味ノ薬ヲ盛リ屢《ゝ》焼酒ヲ注《ヒ》テ之ヲ沾《メ》シ以テ心下ヲ熨シ或ハ強壮浴法ヲ行フ等皆宜シ」而《メ》寒冷モ亦用《ヒ》テ屢《ゝ》頑固ノ胃病ヲ治セルヿアリ即《チ》先《ツ》冷食及《ヒ》氷片ヲ喫セシメ次テ冷水ヲ以テ胃部ヲ洗ヒ或ハ冷滴法ヲ行フ等是《レ》ナリ此病モ亦感動ノ遅敏ニ注意メ右ノ治法ヲ処センヿヲ要ス其鋭敏ノ者ニハ固性ノ強壮薬皆害アリ宜ク唯揮発ニメ消化シ易キ品ヲ撰用スヘシ」此病単《ヒタヽ》胃神経ノ衰弱ノミニメ其運営ノ変調ナル者アリ此証ハ多ク発歇ヲ致スナリ故ニ纈草。橙皮。[169]越栗失《ヱリッシ》爾赫篤里沃利《ルヒトリヨリ》。[170]亜的児等ノ神経薬。鎮痙薬ヲ用テ健胃ノ良功ヲ奏スルヿ多シ

其他患者ノ摂生最《モ》厳ナランヿヲ要ス摂生宜シカラサレハ健胃ノ諸法ヲ尽ス𪜈唯労シテ功ナキノミ即《チ》諸《ゝ》温熱ノ飲料。就中[171]泡茶。酸性ニメ[172]風気ヲ醸シ易キ植性ノ食物。油脂。乾酪。焙炙ノ品。乳汁ノ過用。焼酒ノ過飲。及《ヒ》飽食等ヲ厳ニ禁スヘシ但《シ》炙肉ハ用《ヒ》テ益アリトス又《タ》身体ノ運転ハ殊ニ欠ク可ラサルノ要事ナリ胃ヲ強健ニスルノ最良薬トナルヿ多シ

異嗜「[173]マラシア」羅「[174]テレッキトットオンゲヲー子ヂンゲン」蘭

此病ノ他病ニ傍発スル者時トメハ自然良能ノ指揮ニ出ルヿアリ即《チ》腐敗病ノ酸味ヲ好ミ酸液家ノ土質ヲ嗜ムカ如キ是《レ》ナリ」然レ𪜈亦病《ヒ》トメ来ル者モ少《ナ》カラス即《チ》[175]萎黄病ノ石灰土ヲ貪ルカ

如シ其他歇以私的里。鬱憂病。虫病等種々ノ異嗜ヲ兼発スルヿアリ各〻其本病ノ治法ヲ用フヘシ

陽精無力「[176]イムポテンチア」羅「[177]マン子レイケオンフルモーゲン」蘭

徴候　娠孕セシムヘキノ交媾ヲ為スヿ能ハサル者是レナリ」其種類多端ニメ軽重大ニ差等アリ百方ニスレ氏絶テ娠セシムルヿ能ハサル者ハ之ヲ真証無力ト謂ヒ唯時。日。配匹等ニ由テ然ルヿ能ハサル者ハ之ヲ仮証無力ト謂フ仮証無力ハ其配匹充分ニ受胎ノ質ヲ具フル者ニ遇ヘバ仍ホ能ク孕セシムルヿヲ得ヘシ」此病ヒ陰茎全ク勃起セサルアリ陰萎交媾ノ際。精液射出早キニ過クルアリ全ク精液射出ノ機ヲ欠ケルアリ

原由　凡ソ交媾ヨク其娠孕ノ機ヲ遂クルニハ三個ノ要鍵アリ第一。精液其限定ノ地位ニ達セスンハアラス第二。精液能ク生活ヲ起ス可キノ力ラヲ含蓄セスンハアラス第三。男之ヲ授クルニ能ク新活物ヲ造為スヘキ度ニ適スルノ生力興奮有テ女亦之ヲ受クルニ能ク其度ニ適スルノ生力興奮ナクンバアラズ」此故ニ之ヲ妨クルノ所因頗ル多シ或ハ亀頭ノ包皮狭窄。尿道ノ瘜肉[178]腫脹若クハ尿瘻ノ為メニ路ヲ外ニ取レル等ノ如キ形器性ノ妨碍アルアリ或ハ精液ノ質稀淡ニメ刺衝力ナク若クハ其製造宜シカラスメ不足シ若クハ之ヲ費スヿ多キニ過クルアリ或ハ神経力。筋力劣弱ニメ陰具感動セス勃張スルヿ能ハサルアリ故ニ高老ノ年齢。重病ノ後。労力過度。苦心労思。悲愁哀傷。房事ヲ過シ手婬ニ耽ル当今最多シトス等其因ト為ル」或ハ又慾火熾盛ナルカ為メニ陰具ノ彊直甚シクメ精液ノ通路ヲ鬩チ[179]其射出ヲ遮キル者モ間〻之レナキニ非ス

其因又対匹ノ好嫌。気稟ノ同シカラサル等或ハ当時《ソノトキ》ノ模様ニ管スルヿアリ故ニ這ノ婦ニ遇テハ無力ナルモ那ノ女ニ交テハ能ク孕セシメ或ハ一時身心ヲ疲労スルヿ甚シキカ若クハ他事ニ思慮ヲ傾クル際ハ姙セシムルヿ能ハサルモ一時ニ

在テハ能ク然ルヿヲ得ル者アリ

治法　総身及《ヒ》局処〔陰具〕ヲ強壮活起セシムルニアリ即《チ》幾那。[157]括失亜《クハッシア》。[155]格綸僕《コリユンボ》。鉄。[180]格碌屈斯末児扶斯《コロクスマルチス》等ノ強壮薬第百十方第百十一方第百十二方有力ノ古酒。香竄薬。[181]華尼《ハニー》利《リ》殊効アリ等ヲ用ヒ鉄泉浴。海水浴。冷滴法脊骨ノ下部及《ヒ》会陰ニ行フヲ佳トスツ等ヲ行ヒ芥子煎汁。[47]忽弗満鎮痛液。[182]忽爾密《ホルミ》加《カ》精附等ヲ以テ陰部ヲ洗ヒ第百十三方越列幾的児ヲ施ス等是レナリ」虚憊甚クメ感動遅鈍ナル者ニハ謹慎シテ[25]芫菁丁幾三四滴宛服セシメ或ハ燐四分氏[19]之一宛ヲ収歛亜的児ニ溶和メ用ヒシムルモ亦良シトス」而《メ》兼ルニ卵。肉羹汁。肉食。牡蠣。蝸牛。[183]叔格刺度《ショコラート》。[184]沙列布《サレップ》。[185]鹿角膠等ノ滋養物ヲ与フヘシ」夫《ノ》手婬過房ノ後ニ来レル者ノ如キハ最モ治シ難シトス然レ𪜈此証必シモ其望ヲ絶ツ可キニ非ス余曽テ此患者ニ精神ノ刺衝皆之レヲ避ケ開豁ノ清気ヲ引カシメ早起ト肢体ノ運転トヲ命シ「ピロモント」泉泉鉱ヲ内服外用セシメテ遂ニ復《タ》数健児ノ父ト為リシヲ実験セルヿアリ

其他此病ノ施療ニ於テ患者ノ精神意識ニモ注目センヿヲ要ス懇慕甚《シ》クメ自《ラ》慰ムルヿ無キ等此病ノ因ト為ルヿアリ「[186]ヒュンテル」氏ノ話説ニ云《フ》一男子娶迎ノ日ヲ期《マチ》テ空ク時ヲ移スヿ久《シ》ク其情ニ堪ヘサルニ及テ女乃《チ》至レリ此ヨリ連宵枕席ヲ共ニスレ𪜈婬事ヲ行フヿヲ得ス是ニ於テ之レニ諭《ト》スニ新婦ノ蓐ニ入ル𪜈断メ彼レト膚接セサルノ意ヲ起サンヿヲ以テス爾後二三夜ニメ果シテ快美ヲ遂クルヿヲ得タリト是レ其例ト為スニ足レリ

或ハ又男子甚タ虚弱ニメ無力ナレ𪜈其婦少壮ニメ感動甚タ鋭敏ナレハ能ク其欠ヲ補テ懐胎スルヿアリ亦知ラサル可ラサルナリ

女子ノ不孕病ハ後ノ婦人門ニ詳説ス

黒障眼「[187]アマウロシス」羅「[188]ズワルテスタール」蘭

徴候　眼液濁ラス眼膜曇ラスメ物ヲ視ルヿ能ハス瞳子散大シテ収縮シ難ク或ハ全ク収縮ノ機

ヲ失フ者是ナリ」所謂視力乏弱病ハ即《チ》此病ノ軽証《也》トス」而《メ》眼火閃発。空中ニ異光ヲ見眼内ニ電火ヲ覚《ユ》ル等ヲ此病ノ傍証トシ亦之ヲ前兆トス」或ハ又此病瞳子散大セス却テ縮小セル者モ罕《レ》ニ之アリ

原由　麻痺病ノ諸因皆此病ヲ将来ス就中視力ヲ非常ニ労スル等ノ刺衝過度ト病毒転徙トヲ殊ニ多シトス

治法　難治ノ一病ニメ全治スル者甚夕鮮ナシ」宜ク先《ッ》麻痺病ノ通治法ヲ行フヘシ但《シ》其部位ノ脆弱ナルニ意ヲ注カンヿヲ要ス」其血液鬱積ニ起レル者ハ其血ヲ誘導シ病毒転徙ヨリ来レル者ハ其毒ヲ駆除シ腸胃ニ因セル者ハ吐下薬ヲ用ヒ[18]吐酒石及《ヒ》第九十七方ノ催嘔丸偉功アルヿアリ而《メ》後内外ヨリ神経治法ヲ行フヘシ」其部位感動鋭敏ニメ脆弱ナルカ故ニ外用法ハ殊ニ大《ヒ》ニ謹慎ヲ加ヘサル可ラス少《ヤ、》刺衝ヲ過《コ》セハ益ナクメ却テ大害ヲ致シ易ケレハナリ」而《メ》其偉効アル者ハ纈[26]草。亜[27]児尼加。白[189]頭翁。莨菪。越列幾的児《エレキテル》、麻偪涅扶斯《マクチチス》等ナリ

耳聾「[190]コポシス」羅「[191]ドーフヘイド」蘭

原由　病毒転徙ヨリ来レル者最《モ》多シ就中聖[192]京偪。僂麻質ニ因スルヲ常トス其他血液鬱積。腹内壅塞。神経衰弱。過強ノ物響。機質ノ変常等ヨリ起レル者亦少《ナ》カラス

治法　必《ス》先《ッ》水銃ヲ以テ耳中ヲ洗滌スヘシ経久ノ耳聾モ唯耵[193]聹ノ凝積ニ由レル者多ク之《レ》ヲ除クノミニメ全治ヲ得ルヿ屢《ヽ》之《レ》有レハナリ」而《メ》血液鬱積ニ由レル者ハ局処項窩ノ角法殊ニ良シ或ハ総身ノ瀉血ヲ行ヒ聖京偪。僂麻質ニ由レル者ハ打[78]膿法耳後乳頭状挺ノ部ニ芫菁軟膏ヲ貼スルヲ殊ニ佳トスヲ施シ峻劇ノ誘導薬ヲ用フヘシ総テ腹部ト聴器トハ交感親密ナルヲ以テ下剤ヲ服用スレハ其因ヲ択ハス一二三日ノ快ヲ覚ユルヿアリ故ニ聖京偪。僂麻質ヨリ来レル者ハ朴[41]屈福烏篤ニ甘汞。金[194]硫黄ヲ伍シ与ヘテ神験アリトス第百十四方且《ッ》之ニ兼テ嚏剤第八十七

方ヲ用ヒ以テ鼻涕膜ヲ刺衝センヿヲ要ス是レ啻ニ其分泌ヲ催進メ其毒ヲ誘導スルノミナラス又能ク聴神経。[195]欧私太幾《エウスタキ》管〔耳中ヨリ口内ニ達スル管〕ニ交感ノ刺衝ヲ起シテ大ヒニ其治ヲ扶クレハナリ」而メ其他黴毒等ノ各毒転徙ニ原ツケル者ハ又各毒相当ノ薬ヲ行フヘシ」外治法ハ[196]揮発油ヲ挿ミ注射法ヲ行ヒ或ハ薬蒸気ヲ耳中ニ入ル等ナリ然レ𪜈其刺衝過強ナレハ外耳ノミナラス内部ノ聴器ニモ焮衝ヲ起シ易キカ故ニ之ヲ行フニハ最モ謹慎ヲ加ヘサル可ラス」且ツ其患者晴天ニ善ク聴クト雨日ニ善ク聴クトヲ区別センヿヲ要ス其晴天ニ善ク聴ク者ハ内膜ノ弛緩セルナリ能ク刺衝薬ニ堪フヘシ雨日ニ善ク聴ク者ハ乾燥緊張セルナリ弛緩薬ヲ的当トス余ハ此証ニ扁桃油[197]ヲ木綿ニ醮シ或ハ少許ノ牛胆ヲ之レニ和シテ挿マシメ偉効ヲ得タルヿ多シ或ハ又タ之ニ少量ノ[33]加耶普的《カヤフーテ》油。[97]羯布羅《カムフラ》。[198]石脳油ヲ和セル者ヲ称誉ス第百十五方ハ余カ屢ヒ用ヒテ実験ヲ歴シ者ナリ」若シ夫ノ口ヲ開ヒテモ善ク聴クヿヲ得サル者ハ[195]欧私太《エウスタ》幾管ノ壅塞セルナリ宜ク其管ノ注射法附ヲ行フヘシ」而メ越列幾的児モ亦タ此病ニ殊効アルヿアリ試ミテ可ナリ」右ノ諸法皆功ナキ者ニ称用スル所ノ技術二法アリ[199]乳頭状挺鑚法ト[200]鼓膜鑚法ト是レナリ〔両法共ニ附ニ記載ス〕然レ𪜈甲法ハ其焮衝脳ニ波及シテ危篤ヲ致スノ恐レアルカ故ニ行ハサルヲ可トス乙法ハ能ク功ヲ奏メ危害ナシト雖𪜈唯一時ノ快ヲ取ルノミニメ久シク持続スルヿヲ得ス」故ニ凡ソ一時ノ軽快ヲ得ルニハ聴管附ヲ用ルヲ佳トス

失嗅及失味「[201]アノスミア」羅「[202]ゲブレキアーンレウク」蘭「[203]アギュスチマ」羅「[204]ゲブレキアーンスマーカ」蘭

嗅味両ツナガラ同時ニ失フヲ常トスレ𪜈亦其一官ノミ職ヲ廃スルヿアリ聖京偏ヨリ来ルヲ最モ多シトス而メ[192]聖京偏ノ傍証ナル者ハ本病ト共ニ退散ス」或ハ又痙攣病。麻痺病ノ兼証ナル者アリ

或ハ時刻ヲ定メテ往来スル者アリ

皮膚不仁「[205]アナーステシア」羅「[206]ゲフールロースヘイド」蘭

皮膚触覚ヲ失ヘル者其患《ヒ》唯一部ニ在ル者アリ全軀ニ在ル者アリ此病ハ内部ノ麻痺病ニ継発スルヲ常トスト雖モ亦只皮膚神経ノ痙攣ヨリ来テ一小部ヲ局スル者アリ是《レ》多クハ潜伏伊偪[12]篤ノ外徴ナリトス」脊髄麻痺〔局処麻痺条ニ出ツ〕ノ患者ニ於テハ間《ヾ》全軀ノ皮膚皆不仁スル者アリ

不食「[207]アノレキシア」羅「[208]ゲブレキアーンヱートリュスト」蘭

饑ルト食ヲ欲スルト自ラ別ナリ故ニ善ク饑テ食欲ナキ者アリ」凡《ツ》此病ハ胃中ノ汚物ヨリ来レルヲ最多シトス然ル者ハ吐下薬ヲ用ヒテ之ヲ駆除スヘシ」若夫諸熱病ニ兼発セルカ如キハ強テ患フルニ足ラスト雖𪜈亦胃神経自家ノ変調若クハ麻痺ニ出テ数月数年持久スル者アリ軽カラストトス多《ク》ハ是《レ》依卜昆埡児。歇以私的里。鬱憂病等ニ傍発シ或ハ神経力他事ニ傾注スルヿ甚《シ》キヨリ来ル」或ハ又此病《ヒ》貪飧飲酒ノ度ヲ過スヿ久キヨリ胃腑感動遅鈍ノ大衰弱ヲ致セルニ因スル者少《ナ》カラス

治法　若《シ》本病ノ攻ムヘキ者アラハ之ヲ攻ムヘシ否サル者ハ直《チ》ニ胃ヲ刺衝メ其覚機ヲ挑起スル治法ヲ行フヘシ即《チ》苦味薬。香竄薬。塩類。殊ニ食塩鉄剤等ヲ用ヒ兼テ肢体ヲ運転シ精神ヲ鼓舞センヿヲ要ス

不婬「[209]アナプロヂシア」羅「[210]ゲブレキアーンゲスラグトヂリグト」蘭

婬欲欠ケタル者是ナリ病態全ク不食病ト其致ヲ同フシ病因亦之《レ》ト其類ヲ等フス」而《メ》精液匱乏。其刺衝力欠損。陰器ノ疾患。神経ノ変調等ヨリ起リ或ハ憂愁悲哀ノ事ニ遇ヒ或ハ精神ヲ他事ニ労役スル等之《レ》カ因トナル」此病陽精無力ヨリ来ル者モ有レ𪜈亦他因ヨリ起レル者多クメ却テ陽精無力ノ因ト為ルヿ少《ナ》カラス」故ニ婬欲欠テ

其感動ナク且ッ之ヲ嫌悪スル者モ交媾シテ能ク子ヲ生スルヿアリ是レ殊ニ婦人ニ多シ

治法　陽精無力ノ治法ヲ行フヘシト雖𪜈若シ其因此《コヽ》ニアラサル者ハ内外刺衝薬ヲ用ヒ就中芫菁ヲ良トス想像力ヲ婬事ニ傾注セシムル等ヲ以テ其情欲ヲ挑起センヿヲ要ムヘシ

扶氏経験遺訓巻之十一終

（奥付）

安政四年丁巳初秋

京二条通柳馬場　若山屋　茂助
江戸日本橋通壱町目　須原屋　茂兵衛
同二町目　山城屋　佐兵衛
同芝神明前　岡田屋　嘉七
同浅草茅町二丁目　須原屋　伊八
大坂心斎橋通北久宝寺町　秋田屋　治助
同安堂寺町北エ入　秋田屋　善助
同安堂寺町南エ入　秋田屋　太右衛門

三都書賈

巻之十一註

1 verlammingen。
2 gevoel en beweging　感覚と運動。
3 刺激。
4 *apoplexia*。
5 beroerte。
6 trekken　ひきつる。
7 カシャ。斜めにゆがむ。
8 crisis　病気の峠。病気が散り治ること。
9 炎症。
10 ひきつり。
11 転移。
12 jicht　関節炎。痛風。
13 wei　血清。
14 荒々しい。アルコール度の高い。
15 吸い玉で悪血などを吸い取る。
16 蛭。
17 ons　一オンスは約三一・一グラム。
18 *tartar. emet.*　酒石酸水素カリウムと三酸化アンチモンとの化合物。
19 grein　一グレインは約六五ミリグラム。
20 zuur deeg　パン種。
21 冷湿布法。
22 *senna*。
23 spuiten　吹き付け、吹きかける。
24 キユ。期待。
25 spaanschevliegpleister　カンタリス膏。
26 *valeriana*　吉草根。
27 *arnica*　キク科 *Arnica mantana* の根の成分。
28 *pyrethrum*　ムシヨケギク。
29 *tinct.ambrae*　マッコウクジラから採取した香料。
30 *liquor c. c. succin.*　succinum は琥珀。
31 *digitalis*　ジギタリス。
32 *cstorium*　海狸香。
33 *lo. cajeput*　カユプテ油。
34 原文は *pyrethrum*　ペルトラム（ピレトラム）の誤植と思われる。
35 mostaard。
36 aromatische　芳香薬。
37 opium　阿片。
38 *moxa*　もぐさ灸。
39 epidemie　流行。
40 反対刺激。
41 *guajac*　癒瘡木。
42 *aconitum*　トリカブト類。
43 *apoplexia pulmonum*　肺麻痺。
44 longenverlamming。
45 木の枝や股。

46 *senegae* セネガ。
47 *liquor anodym. hofm.*。
48 *moscus*。
49 *lipothymia* 失神。気絶。
50 *syncope*。
51 flaauwete。
52 ガンカ。火の出るように眼がぎらぎらすること。
53 シタンコンガイ。見たり聞いたりすることが弱くなること。聵は聾。
54 minuten 分。
55 hysterische ヒステリー。
56 stremming 凝固。凝結。
57 失血。
58 cholera コレラ。
59 塩化アンモニウム。
60 *asphyxia* 失神。
61 schijndood。
62 werkzaamheid 機動性。はたらき。
63 warmte 熱。温かさ。当時は元素の一種と考えられていた。
64 Gorcijs。
65 blaasbalg タクヤクキ。ふいご。送風器。
66 electrieken 電気。
67 galvanischen 直流電気。
68 kolendamp 一酸化炭素を指すか。
69 stovingen 暖める。
70 *vertigo* めまい。
71 duizeling。
72 *infarctus* 梗塞。
73 organischen gebreken 臓器病。
74 ontlastmiddelen 排便法。
75 *spirituosa* 蒸留酒。
76 bitterwater 苦味泉。
77 *elixir. acid. hall* Elixir acidum Halleri ハルレル氏収斂性酸性エリキシル剤。Haller はスイスの医者。Albracht von Haller（一七〇八－一七七七）。
78 kunstmatige zweren 人為化膿法。
79 カンセンホウ。fontenellen 排膿法。
80 kousen ストッキング。
81 *cremor tartari* 重酒石酸カリウム乳剤。
82 *lethargus* 嗜眠。睡眠病。
83 slaapzucht。
84 蘭原書には次のように記されている。「余（フーヘランド）の報告 *"Journal der praktischen Heilkunde" Bd.59, St.3,* S.127を見よ」。
85 slaperigheid。
86 endermatische geneeswijze 皮膚治療法。
87 *paralysis lokalis* 局所麻痺。局所不随。
88 plaatselijke verlamming。

89 koud vuur　壊疽、脱疽。
90 werktuigelijke drukking　機械的圧迫。
91 stof　ここでは物質の意。
92 *tinct. colocynth*　コロシントチンキ。
93 *sal c. c.*。
94 *millepedes*　ワラジムシ。
95 *vespa aurata*　スズメバチ。
96 *animale dipp.*　Dippel は人名。獣骨の蒸留油。
97 樟脳。
98 *aether*　エーテル。
99 *aether mercuralis*　エーテル水銀剤。
100 *belladonna*　ベラドンナ。
101 *capsicum*　トウガラシ。
102 *nux vomica*　ホミカ。馬銭子。
103 geselen　鞭打ち。
104 イラクサ。
105 湿布。
106 loog baden　灰汁浴。
107 brandwijnsdraf　火酒かす。
108 dropbaden。
109 spuitbaden　spuit は注射器、洗浄器。
110 doopbaden　doop は浸し浴びること。
111 zintuigen　感覚器官。
112 magnetismus　磁気。
113 *morphium*　モルヒネ。
114 箕作阮甫編。天保七年（一八三六）より刊行された漢文八冊よりなる西洋諸医の治験、論説を集めた医学専門雑誌。緒方洪庵の記事も載っている。
115 schmuckersche pillen　シュムッケル氏丸薬。シュムッケルはドイツの天然物科学者 Martin Schmucker（Schmuck）（一六世紀後半－一六四〇）であろうかと思われる。
116 Teplitz　ボヘミアの鉱泉。
117 Aken　アーヘン。オランダ国境に近いドイツ西端の都市。
118 Wiesbaden　ドイツフランクフルト西方の都市。
119 Gastein。
120 pond　ポンド。薬量一ポンドは約三七三グラム。
121 hop　ホップ。
122 brandewijngist　ブランデー酵母。
123 slijkbaden　泥浴。
124 kriebelen　うずき痛むこと。くちくちする。
125 テリタル。heete　烘るは火であぶること。
126 テレビン油。*ol.terebinth.*。
127 *dysphagia*　嚥下障害。
128 verhinderde slikken　嚥下障害。
129 バイキョウキ。梜は木目。
130 ギュウチショウ。齝は反芻。
131 hypochondrie　心気症。
132 *theriac.*　解毒膏薬。

133 *hyoscyamus* ヒヨス。
134 *cicuta* ドクゼリ。
135 *empl. de galban.* 阿魏アギと同類。
136 *crocat c sal vol c.c.*。
137 *aqua laurocerasi* 月桂樹水。
138 ソコウ。vast 固体の。
139 gewast linen sokken wassen は「蝋を引く」の他に「洗う」の意もある。
140 ヨード。
141 *mezereum Daphne mezerum*, Eagle wood の樹皮。
142 *aphonia* 失声。
143 sprakeloosheid 口が利けないこと。
144 *dysphonia* 音声障害。原文の「ティスポニア」は「ディスポニア」の誤植。
145 stemmeloosheid。
146 インア。おし。
147 kubeben クベベ。*Fructus cubebae*。
148 zinnvang 感覚固定。強硬症。原文にはこの語見当たらず。
149 bandje 靭帯。
150 Leesche geneeswijze レース氏の療法。「レース」とあるは「リー」か。Lee に該当する人名については不明。
151 アンチモン。
152 *apepsia* 消化不良。
153 zwakte van maag。
154 zuivering（z.gastrosis）。浄化（胃洗浄）。
155 *columbo* ツヅラフジ科コロンボ根。
156 *gentiana* リンドウエキス。健胃剤。
157 *quassia* セイヨウニガキ。
158 *aloë* アロエ。
159 白コショウ粉。
160 *rad. zingib.* ショウガ。
161 *nux. moschata* ニクズク。ナツメグ。
162 sem. *Carui.* カルム実。
163 沕氏は Robert Whytt 氏（一七一四－一七六六）英国医。
164 *elix. vitriol. mynsicht.* vitriol は硫酸。
165 原文は staalwijn 鉄分を含んだワイン。
166 *spirit. matrical.* カミツレ精。
167 *serpyll.* セルピルム草。*Thymus serpyllum.*。
168 *balsam. Vit.* Vit. は vitae 精製バルサム。
169 この原文は *elix. acid. aromat.*。
170 aether soorten エーテル類。
171 thee 茶。
172 屁。
173 *malacia* 異食症。
174 trek tot ongewone dingen 異常嗜好。
175 bleekzucht 貧血のため皮膚が黄色を帯びる病気。
176 *impotentia* 生殖不能症。
177 mannelijk onvermogen。

178 ソクニク。uitwas　いぼ。突起。
179 閉じる。
180 原文は *martial*　鉄剤。
181 vanille　バニラ。
182 *spirit. formic.*　蟻酸精。
183 chocolade　ココア。チョコレート。
184 salep　*Tubera salep*　蘭科植物の球根粗粉。
185 gelei van hertshoorn　鹿角の膠。
186 Hunter。
187 *amaurosis*　黒内障。
188 zwart staar　Staar はそこひ、白内障。
189 *palsatilla*　セイヨウオキナグサの根。
190 *cophosis.*　耳が聞こえないこと。
191 doofheid。
192 シンキング。zinking　カタル。原文は catarrhaal。
193 テイネイ。みみあか。
194 *suph. aur. antimon.*　五硫化アンチモン。去痰剤。
195 Eustachius buis　Eustachi　エウスタキー氏管。上咽頭と鼓室を連絡する円錐形管。Bartolomeo Eustachi（一五二四－一五七四）はイタリアの解剖学者。
196 aetherische oliën　精油。
197 amandeloie。
198 *petroluеum*　石油。
199 *processus mastoideus*　乳頭嘴突起。挺は突き出たもの。
200 doorboring　穴をあけること。
201 *anosmia*　無嗅覚。
202 gebrek aan reuk.。
203 *agustia*。
204 gebrek aan smaak。
205 *anaesthesia*　知覚消失。
206 gevoelloosheid。
207 *anorexia*。
208 gebrek aan eetlust。
209 *anaphrodisia*　性欲消失。冷感症。
210 gebrek aan geslachtsdrift。

（表紙）

扶氏経験遺訓　十二

（扉）

安政四年丁巳初秋新雕

緒方洪菴訳本

扶氏経験遺訓

適適斎蔵

扶氏経験遺訓第四帙目次

巻之十二
第七編
消削病　総論
肺労
吐膿肺労
蓄膿肺労
紅顴肺労
咽喉労
肝腎膀胱子宮腸間膜等諸器膿労
巻之十三
虚労
粘液肺労
神経労
脊髄労
老衰病

枯労
結核肺労
歇屈扶加《ヘクチカ》
巻之十四
第八編
気水集積病
其一 水腫病 総論
腹水
胸水
心嚢水腫
頭水
皮膚水腫
其二気脹病
風気痞滞
鼓脹
窠質気腫

子宮気脹
巻之十五
第九編
過泄病　総論
其一失血病　総論
衄血
咯血
嘔血
痔疾
黒物吐下病
尿血
班病
巻之十六
其二脱液病　総論
吐涎
脱汗

遺尿
尿崩
膀胱粘液漏泄
淋疾
遺精
耳湿
完穀利
乳糜利
肝崩
下利
痢疾
霍乱
巻之十七
第十編
閉塞病　総論
便秘

吐糞病
尿閉
蒸気閉塞

扶氏経験遺訓巻之十二

足守　緒方　章　公裁
義弟郁　子文　同訳
西肥　大庭　悳　景徳　参校

第七編

消削病「[1]エマキアチオ子ス」羅「[2]オイトテーリング」蘭

総論

徴候　栄養妨碍ヲ被《ッ》テ形体消削セル諸病ノ総称ナリ〔又之ヲ労ト訳ス〕然レ𪜈其消削実ニ病ノ本然ニメ他病ノ傍証ナラス其治療ノ標的トナルヘキ者ニ非レハ之ニ属セス

原由　近因ハ体内ノ消耗機其補給機ニ踰越セルナリ其因四般ニ帰ス第一。栄養ノ道断《チユ》ルニアリ之ヲ鴉多魯比亜《[3]アトロピア》ト謂フ〔枯労ト訳ス〕第二。体液及ヒ諸力ノ虚耗スルニアリ之ヲ太別斯《[4]ターベス》ト謂フ〔虚労ト訳ス〕第三。刺衝[5]連繇スルニアリ之ヲ歇屈扶加《[6]ヘクチカ》ト謂フ第四。膿ヲ醸成スルニアリ之ヲ布扶失斯《[7]プチシス》ト謂フ〔膿労ト訳ス〕

此病ノ軽重安危ハ其原由ト体質ト外物ノ関渉〔按ニ摂生行状等〕トニ随テ甚タ差別アリ就中醸膿ヨリ来レル者ヲ危険《也》トス而《メ》其患《ヒ》生命必要ノ器ニ在ル者ハ愈《ヒ》然リ其第一因第三因ヨリ来レル者ハ差《ヤヽ》軽クメ間《マヽ》能ク数年ノ久シキヲ瀰《タ》ルヿアリ」之《レ》カ危険ヲ徴スルノ主証ハ遷延熱〔所謂骨蒸熱ナリ又労熱ト訳ス〕ナリ証ニ随テ或ハ早ク之《レ》ニ傍ヒ或ハ晩ク之《レ》ニ加《ッ》テ以テ大《ヒ》ニ其消耗羸痩ヲ進ム殊ニ醸膿ニ因セル者ハ必ス始《メ》ヨリ之ヲ兼発ス故ニ此熱ハ内部醸膿ノ主徴《也》ト知《ル》ヘシ」而メ其死スル所以ハ諸液諸力ヲ費耗シ竭《ク》シテ全軀溶[8]崩スルニ由リ或ハ生命必要ノ一器毀壊ヲ被《ム》ルニ在リトス

此《ノ》病ハ又水腫ト同シク他病ノ季期ニ来テ将《サ》ニ死ニ就ントスルノ前駆ト為ルヿ甚タ多シ

治法　第一。其原因〔総身局処ヲ論セス其病ノ原トナル者〕ヲ除クヘシ第二。其消耗ヲ遮《キ》ルヘシ〔遷延熱ヲ減却スルニアリ〕第三。有力ノ滋養物〔食物ノミナラス清浄気ヲ引クヲ緊要トス〕及《ヒ》有力ノ強壮薬ヲ用《ヒ》テ体液ヲ補充シ生力ヲ恢復スヘシ」但《シ》食薬

共ニ患者感動ノ遅敏ニ準《フ》「テ酙酌ナクンハアラス其刺衝過強ナレハ内托補益ノ功ナクメ却テ費損減耗ヲ増スノ害アレハナリ

肺労「[9]プチシスピュルモナリス」羅「[10]ロングテーリング」蘭

徴候　欬嗽。喘気。羸痩。遷延熱ノ四証此病ノ本徴ナリ以テ他病ト弁別スルヿヲ得ヘシ殊ニ遷延熱ハ之ヲ喘息ト分ツノ主徴ナリトス欬嗽。喘気。吐痰等ハ喘息ト肺労ト全ク均シケレ𪜈唯此熱ナキヲ以テ異《也》「トスレハナリ」其他患者己《レ》「カ疾患ヲ軽視シ具《サ》「ニ其患証ヲ演説セス依ト昆垤児家ト相反ス動《モ》「スレハ其患《ヒ》「ヲ胸部ニ覚エスメ腹内ニ在リト意シ諸証愈《ミ》「危険ニ進メハ愈《ミ》「其軽快ヲ期スル等亦肺労固有ノ徴候ナリトス」耳ヲ患者ノ胸ニ附ケ或ハ聴管ヲ中テ以テ之《レ》「カ徴ヲ取ルハ膿嚢ノ地位ヲ探クル等ニ用フヘシト雖モ其胸中ニ鳴ル者果シテ真膿ナルカ将《タ》「粘液ナルカ之ヲ弁スルヿ能ハス故ニ此病ノ吉凶ヲトスヘキ者ニ非ス

欬嗽ニ吐痰ヲ兼《ヌ》「ルト兼《子》「サルトアリ吐痰ナキハ結核労ナリ此証ハ死ニ至ルマテ咯《カ》「サル者アリ吐痰スル者ハ粘液労吐膿労ナリ胸内疼痛ハ多ク之ヲ兼ヌト雖𪜈必シモ毎ニ然ルニアラス故ニ定徴ニ属セス

凡《ソ》「慢性ノ難病世間ニ多シト雖𪜈此病ノ如ク危険ニメ且《ツ》「夥キハナシ地上ノ霊生之《レ》「カ為《メ》「ニ其命ヲ隕ス者十中ノ六ニ居ルト云フ天下一般否ラストモ大都ニ於テハ必《ス》「然リトス」此病留連一様ナラス或ハ僅《カ》「ニ一二月ナルアリ或ハ数年ヲ累ヌルアリ或ハ生涯連緜スルアリテ其治甚《タ》「難シ而《メ》「其難易殊ニ患者ノ体質ニ由ルナリ乃《チ》「軀体ノ構成父母ノ遺伝等ニ係レル者ノ如キハ決メ全治スルヿナシトス是《レ》「其病ノ種子深ク器質ノ中ニ舎メ萌起セントスルノ機。生涯苟且《シバラク》モ休ムヿナク微聊ノ他患モ之《レ》「ニ加《ハ》「レハ忽《チ》「之ヲ誘発スレハナリ」婦人ノ如キハ其素因ヲ具フト雖𪜈月経順調スル際ハ永ク之ヲ発セス一旦月経滞止スルヿ有レハ乃《チ》「鬼録ニ上

ルヿヲ免レス
此病ヒ経過三期アリ
第一期　之ヲ将発肺労ト謂フ甚タ緊要ノ時期ナリ能ク之ヲ察セサル可ラス此時ニ方テハ仍ホ肺労ノ発成ヲ遮隔シテ能ク之ヲ防禦スルヿヲ得可ケレハナリ」凡ソ肺労ノ将ニ来ラントスル其道甚タ多端ナリ左ニ之ヲ列ス即チ皆此期ノ徴候ニ属ス
〔肺臓弛弱〕肺質衰弱メ弛緩スレハ粘液ノ分泌大ヒニ増益シ徐ク醸膿ニ変シテ終ニ其質ヲ損敗ス」其徴屢ゝ感冒メ吐痰甚タ多ク且ツ其感冒証毎常《イツモ》久シク淹滞スル者是レナリ
〔焮衝性肺患〕血液慢ゝ此ニ鬱積メ漸ク遷延[11]焮衝状ヲ致スナリ其鬱積肺ノ全質ニ在ルアリ或ハ唯気管ノ粘液膜ニ位ヒセルアリ而メ徐ク硬腫ヲ結ヒ若クハ醸膿ニ変シ以テ真ノ肺労ニ転ス」其徴乾欬頻数ニメ胸内時ゝ刺痛煩熱シ脈常ニ緊数ニメ微動ニモ必ス進ム而メ肢体ノ労動。起熱ノ諸件。七情ノ感激。[12]慓悍ノ飲液。笑語劇談等。皆欬嗽。刺痛。煩懣ヲ増シ動モスレハ咯血スル者是ナリ
〔肺臓結核〕其結核徐ク焮衝シ漸ク膿潰スレハ乃チ肺労ニ移ルナリ」徴候全ク前証ニ同シ唯坐臥ノ模様ニ由テ患証ノ増劇スルト此病固有ノ痰沫〔後ニ出ツ〕ヲ吐スルトヲ異也トス後ノ結核労条ト参考スヘシ
〔神経性肺患〕神経虚衰若クハ其運営支障ノ余弊一身及ヒ肺ノ補給機ヲ害シ以テ遂ニ肺臓ノ栄養ヲ妨ケ其器質ノ損敗ヲ将来ス」其徴神経性ノ諸証ヲ呈シ故ナクメ非常ニ羸痩シ乾欬累リニ発メ[13]痙搐性ヲ帯ヒ胸内微痛メ屢ゝ痙性ノ咯血ヲ起シ諸証焮衝性ヲ帯ルヿナク亦発熱スルヿ無キ者是ナリ」或ハ此証初メ神経労ニメ後チ漸ク肺労ニ陥ル者アリ
〔腹疾交感〕消食機変常。胃中粘液。肝臓壅塞。胆液鬱滞。痔血ノ壅止。腺ノ閉塞。[14]印華爾屈篤《インハルクト》等ノ腹部慢性病。曽テ肺臓ニ素質ヲ有セル者ニハ断エス交感ノ刺衝ヲ起シテ茲ニ血液鬱積ヲ致シ以テ初

メニ仮証ノ肺労ヲ現シ徐ク転メ真ノ肺労トナル」其徴腹疾ノ諸証ニ兼ルニ欬嗽連綿。呼吸不利。羸痩。発熱。盗汗等ヲ以テス殊ニ之ヲ確徴ス可キハ胸病ト腹疾ト其増減相響応シ且《ツ》強劇ノ運動。起熱ノ事件。高笑劇談等ノ直チニ肺ヲ害スヘキ者皆強ヒテ祟《リ》ヲ為サルナリ

〔病毒転徙〕[15]痔血月経ノ抑遏。頑癬。黴毒。瘰癧。伊《イ、》倔《ク》篤《ト》[16]。[17]失《シ》苟《ケウ》児《ル》陪《ボイ》苦《ク》等ノ内攻。打膿法[18]。白帯下[19]。経久潰瘍等ノ如キ常習ト為レル排泄ノ閉塞。熱病殊ニ発疹熱ノ不全分利等其毒ヲ肺ニ輸《タ》セハ運営変常シ感動過敏ト為リ其部衰弱シテ補給機常ヲ紊《タ》リ以テ器質ノ変ヲ将来メ肺労ノ素因ヲ醸成ス」其徴他ノ一病退散メ后チ欬嗽胸痛呼吸不利等ノ諸証ヲ起ス者是レナリ

第二期　之ヲ既発肺労ト謂フ胸部ノ諸患ニ兼テ遷延熱即チ労熱ノ加《ハ》ルヲ此期ニ移レルノ徴トス」其熱間歇熱状ニメ往来シ初起ニ於テハ殊ニ然リ早朝熱ノ休歇セル時モ脈仍《ホ》数ヲ減セス日晡[20]憎[21]寒起熱シ晨ニ向テ発汗シ病《ヒ》増進スレハ日午モ亦発熱ス」其他手掌煩熱メ両顴紅色ヲ画シ食後殊ニ然リ肢体羸痩メ諸筋力《ラ》ヲ失シ食欲恙ナクメ羸痩加《ハ》ルニ随テ却テ進ミ消食健全ニメ精神爽快シ摂生ノ諸件ヲ軽忽ニメ自ラ危険ヲ慮《カ》ラス自ラ肺労タルヲ信セス而《メ》其吐スル所ノ痰沫漸ク膿質ト為ルナリ但《シ》蓄膿証〔後ニ出ツ〕ニ於テハ仍《ホ》乾欬ス

第三期　溶崩証ヲ発スルヲ以テ此期ノ徴トス即チ早旦脱汗シ大便泄瀉シ小便溷濁ニメ上面ニ脂状ノ膜ヲ結ヒ其熱重複メ午時ト日晡ニ発作シ気力虚憊極メテ甚シク形体消削速カニ加《ハ》リ吐痰益《ヽ》増多シテ臭気ヲ帯ヒ気急煩悶亦愈《ヽ》増進ス」然レ圧食欲ハ依然トメ変セス或《ハ》却テ増進シ患者自ラ快復ヲ希望スルノ心モ亦愈《ヽ》増ス」女子ニ在テハ月経必《ス》此時ニ閉止ス」而《メ》後《チ》足跗漸ク浮腫シ声嗄レ咽痛ミ口内鵞口瘡[22]ヲ生シ吐痰遏《ン》テ喘鳴シ気急煩悶益《ヽ》加ハリ溶崩下利愈《ヽ》増スハ乃《チ》死路ニ向フノ候ナリ或ハ卒《カ》ニ絶気シ或ハ

徐《ヤ》ク窒息シ或ハ吐血シテ乃《チ》斃ル

原由　近因ハ肺臓ノ生力。若クハ器質変常メ其官能血液製造及《ヒ》血液活起ヲ致スヿ能ハサルナリ」蓋シ肺病。世ニ饒多ニメ且《ッ》危険ナル所以ノ因三《ッ》アリ即チ其官能。全軀ノ血液ヲ悉ク此ニ受容スルニ在ル力故ニ血液ニ富メルヿ最《モ》多キヲ以テ動モスレハ血液鬱積及《ヒ》焮衝ニ罹リ易キ一ナリ」其賦性。脆弱軟弛ニメ血絡多ク分泌吸収ノ機関ヲ具ヘ動揺間断ナクメ縮張亦定度ナシ故ニ血液溜滞シ易ク溢出シ易ク織質[23]破綻シ易ク変常シ易ク一旦傷ヲ被ムルヿ有レハ復《タ》癒ユルヿ難キ二ナリ」其位置。膚体ノ表面ニ在ルニ等キヲ以テ常ニ外気ニ暴露シ其変ニ感メ其害ヲ被ムリ易キ三ナリ」

蓋シ肺労ノ病タル四般ニ帰ス焮衝遷延性ト弛弱ト結核ト化膿ト是レナリ」而《メ》其素因ハ左ノ数件ニ属ス

第一素質　此質ヲ具セサル者ハ肺創ノ如キ極劇ノ誘因ヲ得テモ此病ヲ発スルヿナシト雖𪜈其質アル者ハ百事皆肺労ヲ起シ易ク動モスレハ之ヲ発セントスルノ病萌生涯免ル、時ナク軽々タル感冒ニ遇フモ忽チ此大患ヲ得ルナリ其質ヲ斥シテ労瘵質ト謂フ」其徴。胸廓平坦ニメ左右後部狭隘。胛骨羽翼ノ如ク外側ニ張リ頸抽テ軀幹長ク歯牙雪白。両顴桃紅食後殊ニ著シナリ而《メ》食後手心煩熱シ動モスレハ欬嗽屢《ヽ》発シ上逆メ顔面発赤スル等肺及《ヒ》一身血絡ノ感動過敏ナルヿヲ徴シ且ツ稟賦多血質ニメ才智慧《ト》ク自己ノ病態ヲ意トセス肺ノ患苦ヲ以テ患《ヒ》トセス或ハ否《ラ》サルモ之ヲ其口ニ演ヘス多《ク》ハ其病ヲ腹内等ノ他部ニ在リト思フ者是レナリ故ニ其景況総テ依[24]ト昆埊児家ト正《シ》ク相反対スルナリ

第二伝屍[25]　媾精ノ時ニ当テ病種ヲ児孫ニ伝ルヿ此病ヨリ著キハナシ児子ノ生前其父母ノ曽テ之レヲ患ヒシヿ有リシヲ以テ徴スヘシ或ハ一族皆此素因ヲ抱ケル者アリ

第三年紀[26]　十六歳ヨリ二十五歳或ハ三十歳ニ至ルノ際ハ血絡ノ生力最モ旺盛ス故ニ七情ノ感動等毎《ツネ》ニ血ヲ心肺ニ駆逐スルヿ甚シ是レ世間ノ労瘵此年紀ニ於ケル者特ニ夥キ所以ナリ此年紀ヲ越ユレハ同一ノ誘因ニ遇フト雖圧肺労ヲ発セスメ多クハ喘息ヲ起ス者トス

第四成長過急　軀体急ニ成長スレハ必ス肺労ノ素質ヲ致スナリ是レ胸廓ノ均シク増大拡張スルヿヲ得サルニ由ル故ニ此時ニ当テハ殊ニ意ヲ用ヒテ諸〻誘因ト為ル可キ者ヲ避ンヿヲ要ス総テ痩長ノ人ハ矮肥ノ人ニ比スルニ此病ニ罹リ易シトス

第五住地気候　凡《ツ》呼吸器ノ病《ヒ》ハ大気ノ性質ニ管スルヿ甚タ大ナリ」変敗汚湿ノ大気密閉セル居室殊ニ動物ノ気鬱蒸セル地ハ肺労ヲ誘起シ易シトス是《レ》此病ノ田舎ニ少《ナ》フメ大都ニ夥キ所以ナリ之ヲ比スルニ一ト十トノ如シト云フ」又湿性ナル北方ノ気ハ肺労ノ素因ヲ致シ易シトス即チ北邦ニハ肺病多クメ南邦ニハ肝病腹疾ノ多キヿ人ノ知ル所ナリ

第六摂生所業　密室ニ業ヲ操ル者ハ開豁気内ニ力作スル者ヨリ此病ヲ患ヒ易シ飽旨過房等ノ摂生不良モ亦此病ノ素因トナル

第七肺臓努力常習　日常強劇ノ舞踏ヲ事トシ高声ノ謳歌ヲ口ニシ婦人体機発成ノ年紀。及ヒ月経ノ時。肺ヲ努力スルハ殊ニ宜シカラストス或ハ起熱ノ飲料ヲ常用スル等之ニ属ス

第八娩産過数。授乳過久。房事過度　少年早《ツト》ニ房事ニ耽ケルハ殊ニ此病ノ因トナル

第九肺臓感冒常習　屢〻感冒シテ毎時久シク淹滞ス

第十肺臓局処衰弱　屢〻感冒シ易ク且《ツ》常ニ吸気ヲ久《シ》ク内ニ保ツヿ能ハス馳走升階登山等ニハ必ス少気短息ス

第十一瘰癧質　此《ノ》素質アル者ハ常ニ肺ノ結核ヲ生シ易シ

第十二脊骨癒着。屈曲。佝僂。　肺臓橐籥[27]ノ機ヲ妨ケテ呼吸之レカ為メニ不利ス

右件ノ素因増長スレハ皆能ク肺労ヲ致スト雖𪜈多《ク》ハ次条ニ掲ル所ノ誘因有テ之ヲ促スニ由ル但《シ》其誘因亦能ク此病ヲ起スト雖𪜈素因ナクメ単《ト》リ之ヲ発スルヿハ罕ナリトス

其誘因左ノ如シ

其一感冒　凡百ノ肺労。感冒ヲ怠慢セルヨリ来《レ》ルヲ最モ多シトス大抵肺労ノ初起ハ皆尋常ノ感冒欬ノミ其欬未タ止《マ》サルニ彼此ノ因屢〻之《レ》ニ加《ッ》テ数〻再発シ知ラス識ラス徐《ヤ》ク肺労ニ陥ルナリ」[28]窒卒篤《チツソツト》人名云ク世間感冒ノ為《メ》ニ命ヲ隕《ト》ス者疫病ニ斃ルヽヨリ多シト実験ニ拠テ之ヲ算スルニ肺労ノ患者ハ感冒ニ起因セル者三分之一ニ居ルナリ

其二咯血　凡《ソ》肺労ノ素質ヲ具フル者一《タヒ》咯血スルヿ有レハ乃《チ》本病ニ陥ツ故ニ咯血ハ本病ニ転スルノ一確徴トス

其三肺臓焮衝　遷延焮衝。粘液漏泄。結核。化膿。皆焮衝ノ継証ナリ故ニ諸種ノ肺労此部ノ焮衝ヲ以テ原トセサルハナシ

其四肺臓血液鬱積　謳歌。叫号。吹器ヲ弄スル等ニ由テ肺ヲ努張シ肢体ヲ労動シ起熱ノ飲料ヲ用《ヒ》テ身軀ヲ熱セシメ或ハ過度ニ煙艸ヲ喫スル等皆血液ヲ肺ニ鬱積セシメテ此病ヲ誘発ス

其五害物吸入　金属ノ蒸気塵埃及《ヒ》酷厲ノ刺衝物ヲ肺中ニ吸入スル等ナリ

其六胸部創傷及《ヒ》打撲

其七病毒転徙　伊偏篤[16]。僂麻質。黴毒。瘰癧。疥癬等ノ病毒転メ肺ヲ襲ヘハ乃《チ》肺労ヲ起スヿ固《ト》ヨリ論ヲ俟《タ》ス其他痔血経血等ノ常習失血閉止。或ハ経血初出ノ抑遏或ハ白帯下[19]痢疾泄瀉等ノ常習ト為レル粘液漏泄ノ壅閉。或ハ間歇熱及《ヒ》精神錯乱等ノ変形。転シテ此病トナル者勝《ケ》テ計フ可ラストス

其八麻疹　感冒ニ亜《ヒ》テ肺労ヲ誘起スルヿ多キ

者ハ麻疹ナリ此病ハ殊ニ能ク結核労ヲ起シ易シ

其九伝染　肺労危篤ノ極ニ至レハ肺中ヨリ一種感染ス可キノ毒気ヲ泄ラスト云フ其説疑フヘキニ非ス若《シ》肺労ノ素質アル者之《レ》ニ遇ヘハ乃《チ》感染ス或ハ患者ノ久《シ》ク着セシ衣服衾蓐等ニ其毒染テ以テ人ニ伝フルヿアリ但《シ》其伝染北邦ニ於《ケ》ルヨリハ南邦ニ多シ

原由ニ原《ヒ》テ肺労ヲ本然労ト偶発労ニ区別スルハ預後ノ為《メ》ニモ亦治術ノ為《メ》ニモ益アリトス所謂本然労ハ患者ノ体格。稟賦。遺伝等ニ因セル者ニ〆全軀ノ器質已ニ既ニ肺労ニ傾キ之ヲ発セントスルノ機居恒《ツ子ニ》止マス之ヲ挫クヘシト雖モ全ク之ヲ除ク可ラス一旦正証ヲ発スルニ及テハ全然治ス可ラサル者是ナリ」偶発労ハ全ク之《レ》ニ反セル者ニ〆体内他患ナケレハ猶《ホ》能ク治スヘキナリ斯ノ如キ人ハ肺ニ銃創ヲ被ムルモ肺労ニ移ルヿ無キ者アリ」而《メ》治術ノ為《メ》ニ最モ緊要ナル区別ハ之ヲ紅顴労即チ焮衝労ト吐膿労ト結核労ト粘液労トニ分ツニアリトス

治法　先《ツ》[29]将発肺労ト既発肺労ト区別センヿヲ要ス将発ノ時ニ於テハ猶《ホ》能ク其発成ヲ防クヘシト雖圧既ニ発成セルニ及テハ之ヲ治スルヿ難ケレハナリ

〔将発肺労〕　微動ニモ呼吸促迫シ階ニ升リ山ニ登レハ気息ノ絶スルヲ覚エ深息セントシ若クハ吸気ヲ内ニ保タントスレハ必ス欬シ馳走長談神志撼攪亦乍チ欬ヲ増シ食後ニ手掌頬面煩熱シ舌上非常ニ赤《フ》シテ両顴紅色ヲ画シ脈駛数ニ〆亢揚シ易ク患者自ラ病態ニ意ヲ注カス殊ニ胸患ヲ顧ミス兼ルニ労瘵質ヲ具ヘ伝屍等ノ素因アル者是ナリ

凡《ソ》肺労ノ本治ハ専《ハ》ラ此時期ニ在リトス此時ニ当テハ人術能ク之ヲ療シテ其本病ニ転スルヲ防クヿヲ得ヘシ余自《ラ》実験スル所其例少《ナ》カラス肺労ノ素質アル者ヲ〆生涯其病ヲ逞発セシメ

ス其厄運ヲ免レテ優ニ天寿ヲ終ヘシムルハ実ニ唯此期ニ力ヲ竭《ク》スニ在ルノミ年紀長スレハ其素質随テ消スルカ故ニ斯《シカ》クメ以テ恙ナク三十歳ヲ踰エシメンヿヲ要ス而《メ》其要トスル所ハ医ノ精意ヲ尽《ク》スト患者ノ厳ニ能ク之ヲ守ルトニアリ

其治法肺ニ血液ヲ鬱積セシムル諸因ヲ除キ肺ニ病害ヲ致スヘキ諸件ヲ禦キ兼テ肺ヲ適宜ニ強壮滋補スルヲ諸証ニ通メ宜シトス即《チ》過劇ノ運動〔馳走舞踏剣法[30]肆習等〕ヲ避ケ肺ノ努力〔高歌長談等〕ヲ慎ミ起熱ノ飲液ヲ禁シ田舎ニ生養シ清浄気ヲ引キ葡萄酒[31]〔恐ハ乳清ノ誤〕ヲ多服シ食料ハ植物品ヲ主トメ肉類ヲ少フシ毛布ノ襯衣ヲ着シテ毛製ノ行縢《キヤハン》[32]ヲ穿チ房室ヲ遠ケ神思ノ感動ヲ禁シ騎馬乗舟等適宜ノ運転ヲ致シ胸内焮衝ノ徴候ヲ見ル毎ニ必《ス》「少許ノ刺絡ヲ行ヒ上膊ニ打膿法[18]ヲ施シテ累歳癒《ヤ》スヿナキ等是《レ》ナリ」而《メ》此期ニ於《ケ》ル各証治法左ノ如シ

〔第一〕胸内時々刺痛シテ一処ニ灼クカ如キ感触ヲ覚エ乾欬寧時ナク脈居恒《ツ子ニ》ニ進促シ両顴紅色ヲ呈メ或ハ時ニ咯血スル者ハ将ニ紅顴労若クハ結核労ヲ発セントスルナリ」此証ハ必《ス》常ニ肺焮衝ノ微萌ヲ抱ケリ其焮衝ノ起ルヲ視ル毎ニ早ク之ヲ退ケテ其結核ニ進ミ化膿ニ転スルヲ防カンヿヲ要ス故ニ胸痛纔《カ》ニ発スルカ気急少《ヤ》、加ハルヿ有ラハ早ク尺沢ヲ刺シテ血少許〔四至八[33]匁〕ヲ瀉シ次テ二三日大ニ静息セシメ厳ニ淡薄ノ食養ヲ命シ消石[34]或ハ孕鹼酒石[35]ニ老利児結爾斯《ラウリールケルス》[36]水或ハ実芰答里斯《ヂギタリス》[37]ヲ加ヘ〔第百十六方〕与ヘ兼テ乳[38]清。乳汁。〔驢乳ヲ殊ニ佳トス〕胡瓜汁。黜失刺護《チユシラゴ》[39]。結爾歇児《ケルヘル》[40]「ボル[41]ラゴ」〔未詳〕等ノ新鮮絞汁及《ヒ》「セルチェル[42]」水〔鑛泉〕〔乳汁ヲ加ヘ用ユ〕「ヱゲルセ[43]」水〔鉱泉〕等ヲ服用セシムヘシ〔但《シ》甚《シ》ク焮衝ニ傾ケル者ハ[44]鉄気アル鉱泉ヲ禁ス〕」余曽テ此証ノ患者ニ毎四週若《ク》ハ毎六週刺絡ヲ行フヿ数回〔一患者十六歳ヨリ二十歳ニ至ルノ間刺絡ヲ行フヿ三十回ニ及ヘル者アリ〕兼テ右ニ挙ル治法ヲ施シ以テ其命ヲ救ヒシ者少《ナ》カラス」結核労ノ病萌アル者ニ

ハ「テヱムス」[45]鉱泉水ヲ服セシメテ乳清ヲ兼用スルヲ甚《タ》佳トス

〔第二〕患者肺臓弛弱ニメ粘液労ニ傾ケル者徴候条ヲ参考スヘシハ依[46]蘭苔ノ水製傑[47]列乙若《ク》ハ乳製傑列乙ヲ久シク連服スルヲ以テ主トシ温居温飲ヲ禁ス温室ニ寝ルハ殊ニ宜シカラス而メ騎馬ハ此証ニ奇効アリ声ヲ揚ケテ読書スルモ亦甚タ妙ナリ弛弱甚《タ》シキ者ハ冷水ヲ服用シ胸部ヲ冷洗シテ偉験アリトス

〔第三〕病毒転徙証ハ感冒[48]。僂麻質《レウマチ》ヨリ来レル者最モ多《キ》ニ居ルナリ蜀[49]羊泉ヲ特効薬トス焮衝性ノ者ニハ之ヲ単用シ第三十四方弛弱性ノ者ハ之《レ》ニ依蘭苔ヲ配用シ第三十七方胸部ニ芫菁[50]膏ヲ貼メ久《シ》ク癒《ヤ》スヿナク焮衝ヲ夾《サ》ム者ハ蜞[51]針或ハ刺絡ヲ行ヒ仍《ホ》功ナキ者ハ両膊ニ瑞[52]香皮打[18]膿法附ヲ施シテ二三月醸膿セシムヘシ病毒ヲ誘導スルノ峻効アル者トス」自余伊偊篤《イヽグド》。疥癬。瘰癧等ノ転徙モ亦其治法異ナルヿナシ但《シ》疥癬ニハ硫黄ヲ伍シ瘰癧ニハ塩酸重土ヲ配スル等各毒応当ノ薬ヲ兼用スヘク且《ツ》毎証必《ス》病性ノ虚実焮衝性弛弱性ニ注意メ諸薬ノ斟酌アランヿヲ要ス」若《シ》又月経痔血等ノ遏閉ニ因セル者ハ復《タ》ヒ之ヲ導泄シ或ハ瀉血ヲ行フヘシ

〔第四〕神経労ニ傾ケル者徴候条ヲ参考スヘシハ乳養法ヲ用ヒ驢乳ヲ佳トス居ヲ田舎ニ移シ馬ニ騎テ逍遥スルヲ宜シトス」而《メ》神経甚《シ》ク虚衰セル者ハ幾那冷浸剤ヲ与ヘ大《ヒ》ニ羸痩セル者ハ大麦。沙[53]列布《サレツフ》。亜[54]児魯《アルロー》附蛞[55]蝓。牡蠣ノ煮汁等。傑列乙《ゲレイ》質ノ滋養品ヲ用ヒシメ肺ノ感動過敏ニメ欬嗽頻数ナル者ハ菲[56]阿《ヒオ》斯。老[36]利児結爾斯《ラウリールケルス》水殊ニ良トスヲ服セシメ其欬ヲ鎮ムルノ姑息薬ニハ少量ノ阿芙蓉モ亦妨ケナシトス

〔第五〕腹疾交感証徴候前ニ出ツハ必[57]設刺児《ヒツセラル》灌腸法ヲ行ヒ蒲[58]公英。麻[59]爾羅歇《マルローヘ》[60]。蘆根等ノ越幾斯及《ヒ》其新鮮絞汁或ハ酒石葉等ノ緩性解凝薬ヲ用ヒ「マ[61]リヱンバーテルクレウスブロン子ン」「ヱ[43]ケル」水「セ[42]ルチェ

ル」水「[62]ヱム」水皆鉱泉等ヲ服セシムルニ宜シ[24]依ト昆垤児条

有形ノ因ニ係ルノ治法ヲ参考スヘシ

〔既発肺労〕 徴候既ニ前ニ説ケリ即チ第二期 就中遷延熱ノ加ハルト早旦自汗ヲ発スルトヲ首候トス」諸証ニ通メ此期ノ治法三則ニ帰ス即チ肺臓局処ノ病患結核化膿粘液漏泄等ヲ修治スル一ナリ熱勢ヲ減退スル二ナリ諸液ノ費耗ヲ補給スル三ナリ」凡ツ肺労既ニ発成セル者ハ之ヲ難治トスルヿ世間普通ノ論ナリト雖圧此《コヽ》ニ狐疑メ猶豫スルヿ勿レ医家ノ考按ヲ鈍ラシ刀圭ノ鋭鋒ヲ挫ク者之ヨリ大ナルハナシ肺労ノ膿ヲ吐ク者モ亦能ク治ス可キナリ死体ヲ解剖メ著シク肺ノ一部虧損セル痕ヲ視ルヿ往々之レアリ是レ皆以前肺労ニ罹テ其質化膿セル者復タ癒エテ累歳ヨク生命ヲ繫キシノ証ナリ故ニ之ヲ攻伐スルノ勇ト之ヲ復治スルノ望トヲ失ハス方伎ヲ竭クシテ以テ本旨ヲ達センヿヲ求ムヘシ

其主トスル所ハ先ツ肺臓ノ病態如何ンヲ観察シテ其病ヒ肺労ノ某種ニ属スルト云フヿヲ撿索センヿヲ要ス

吐膿肺労「[63]プチシスピュルモナリスピュルュレンタ」羅「[64]ヱッテルアグチゲロングテーリング」蘭

徴候 膿ヲ咯出スルヲ以テ主徴トス然レ圧膿ノ鑒定甚タ難シ病初及ヒ軽証ニ於テハ殊ニ然リトス或ハ[65]羅偪《ローグ》塩。酸類ヲ痰沫ニ和メ試ムルノ[66]舎密撿揸ヲ称誉スル者アレ圧亦確拠シ難シ是レ一ニハ其膿必ス粘液ト混メ純粋無雑ナルヿ能ハス一ニハ粘液モ焮衝セル部ヨリ分泌セシ者ハ舎密《セーミ》撿揸ヲ行フニ其現象膿ト同一ナレハナリ故ニ之ヲ味フテ鹹若クハ甜[67]。其臭気悪ムヘク水塩水ヲ殊ニ可トスニ投メ沈底シ粘液ハ上面ニ浮ブ且ツ粘縷ヲ引クヲ以テ膿ノ徴トスルノ確実ナルニ若カストス

治法 第一則 [47]傑列乙《ゲレイ》質ノ滋養品ヲ用ヒテ諸液ノ費耗ヲ補ヒ諸力ノ虚脱ヲ復スルニ在リ」但シ温血動物ノ傑列乙《ゲレイ》ハ血液ヲ焮灼[68]シテ熱気ヲ増進

スルノ害アリ宜ク冷血動物及《ヒ》植物ヨリ製スル者ヲ用フヘシ即《チ》乳汁。乳清[38]。驢乳人乳ヲ殊ニ佳トス沙[53]列布。大麦粉。朝暮一食匙ニ乳汁一二椀ヲ和シ手ヲ住《メ》ス攪拌シ煮テ供用ス燕麦飲。燕麦一握水一「[69]クハルト」ヲ加ヘ煮テ其汁ヲ傾瀉スルヿ三次更ニ復《タ》水ヲ加ヘ煮テ麦粒開クニ至リ傾ケテ其汁ヲ取リ乳汁二食匙蜂蜜一食匙ヲ加ヘ供用ス依蘭苔傑《ゲ》列《レ》乙《イ》。日ニ二三匁乳汁ヲ以テ之ヲ製シ沙糖ヲ加ヘテ甘味トス[70]加《カ》爾《ル》郎健《ラーゲン》苔傑《ゲ》列《レ》乙《イ》〔未詳近年始メテ之ヲ称用スト云〕蛞[55]蝓煮汁。牡蠣肉等ヲ良トス」此諸品ハ軀体ヲ滋補シテ醸膿ノ為《メ》ニ費耗セル養液ヲ償フノミナラス又《タ》肺ノ潰瘍ヲ完癒スヘキヿ外部ニ処メ功ヲ奏スルト一ナル者ナリ

第二則　専《ハ》ラ肺ノ潰瘍ヲ治スルニ在リ」前件ノ薬此功ヲ兼摂スト雖𪜈亦肺ニ特効ヲ致スノ諸薬アリ摂用スヘシ然レ𪜈其病《ヒ》ノ焮衝性ト弛弱性ト全ク相反スルカ故ニ殊ニ意ヲ用ヒテ斟酌セスンハアラス即《チ》焮衝性ノ者此種最多シニハ消焮ノ功有テ肺及《ヒ》血脈ヲ刺衝セサル者ヲ択ヒ虚性ノ者ニハ専《ハ》ラ辛温刺衝ノ品ヲ処センヿヲ要ス」

其甲種ニ属スル者ハ[71]百《ベ》爾《ル》蘭《ラン》独《ド》留《リュ》謨《ム》曽テ屢《ミ》其功ヲ親験セル奇薬ナリ多量ニ用《フ》ルヲ妙トス散剤ハ一日ニ一[72]刄ヨリ二[73]銭ニ至リ煎湯ハ四銭ニ至ル実《ヂ》芰《ギ》答《タ》里《リ》斯《ス》。「[42]セルチュル」水[鑛泉]乳汁或ハ乳清ヲ加フ「[74]ヱムセルケーテルブロン」「[43]ヱゲルセソウトブロン」「[75]シレシヱンスオベルサルスブリュン子ン」[皆鑛泉]乳清ヲ加フ[76]蘇《ソ》魯林《ロリン》加《カ》爾《ル》基《キ》。水ニ溶解シ老利児結爾斯水ヲ加フ第百十七方石灰水。乳汁ヲ加フ胡瓜汁。二三匁ヲ用フ日ニ四次及《ヒ》[39]黜失刺護《チュシラゴ》。[40]結児歇爾《ケルヘル》[49]。蜀羊泉等ノ新鮮絞汁。諸《ヽ》鉱酸。[77]鉛糖第百十八方等是《レ》ナリ」其乙種ニ属スル者ハ没[78]薬。第百十九方ノ[79]忽弗満氏没薬糖ハ数《ヽ》用《ヒ》テ其奇功ヲ質験セル所ナリ[80]抜爾撒謨格湃霍《バルサムコパイハ》。[81]抜爾撒謨黙加《バルサムメカ》。[82]抜爾撒謨孛露《ハルサムペーリュー》。「[83]アスパルチュム」脂名未詳其油一滴至三滴沙糖ニ和シ一日ニ用フ[84]結麗阿《ケレオ》曹多《ソト》[附]一日二三[85]氏[86]亜児尼加《アルニカ》。鉄等是《レ》ナリ但《シ》此諸薬ハ頗ル謹慎ヲ加ヘンヿヲ要ス若《シ》胸内刺痛シテ煩悶増シ熱証加ハルヿ有ラハ速ニ後服ヲ止ムヘシ唯功ナキノミナラス焮衝ヲ増シテ其死ヲ促役スレハナリ」内服薬ノ外又《タ》直《チ》ニ肺ノ裏面ニ達シテ其潰瘍ヲ癒ス可キ外用法アリ即《チ》[87]茉沃刺那《マヨラナ》。[88]肥《ヒ》束布《ソップ》。茴[89]香。没[78]薬ヲ水ニ煮テ其蒸気ヲ吸入シ或ハ

時々[90]爹児《テール》ヲ煮テ其蒸気ヲ病室ニ充タシメ或ハ炭酸瓦斯。[91]蘇魯林瓦斯。[92]獣圏気。海上気ヲ引ク航海ヲ殊ニ良シトス等之《レ》ニ属ス」又気候俄頃ノ転変ナキ煖国ヲ択テ移住スルモ甚《タ》佳トス但《シ》移住スルニハ病性ニ応メ其地ヲ択ブ丁緊要ナリ即《チ》吐膿労ニハ卑湿ノ地ヲ良トシ結核労。咽喉労。粘液労ニハ高燥ノ地ヲ佳トス

其他患者ノ軀体ヲメ膿液ヲ排泄スルニ便ナルノ保持ヲ致サシムル丁亦肝要ナリ即《チ》其坐臥ノ模様如何ナレハ能ク欬嗽メ吐痰スル丁多キカヲ視テ其保持ヲ定メ毎日数回其人ノ耐フ可キ間《タ》是ニ拠テ其膿ヲ咯出セシムルヲ妙トス或ハ騎馬舟旅等ニ由テ其身盪揺セラレ自然ニ吐痰ヲ促スモ亦裨益アリ」凡《ソ》膿ヲ咯出スル丁多キヲ佳トスル所以《ン》二《ツ》アリ一ハ之ニ由テ肺中清刷スルカ故ニ潰瘍自ラ治癒ニ向フヘク一ハ之《レ》カ為《メ》ニ労熱退テ溶崩証自ラ防クヘケレハナリ」是故ニ吐痰安ラカニメ善ク相次ク者ハ別ニ薬ヲ要セス唯大麦煮汁。蘆根煎汁。燕麦飲或ハ「セルチェル」水ニ乳汁ヲ加《フ》ル等ノ如キ解凝稀釈ノ飲液ヲ与ヘ感冒ヲ防キ起熱ノ事件ヲ避クルノミニメ足レル丁アリ」是故ニ吐痰妨ケ有ル者ハ各《ヽ》其因ヲ探テ之ヲ療セスンハアラス乃《チ》其痰甚タ粘膠ニメ咯出シ難キ者ハ微温緩和ノ薬蒸気ヲ吸入シ[93]海葱蜜。[94]結爾蔑斯密涅剌列《ケルメスミ子ラーレ》。[95]遏児詑亜《アルタア》舎利別。[96]硇砂加遏泥子精。[97]護謨安没尼亜《ゴムアムモニア》乳剤附等ヲ用ヒ且《ツ》飲液ヲ多服スヘシ」腸胃汚物有テ然ル者ハ満那。孕鹼酒石等ノ緩下薬ヲ用ヒ証ニ随テ吐薬ヲ与フヘシ」感冒僂麻質《レウマチ》ニ起因メ然ル者ハ感冒証ニ兼ルニ欬嗽頻数ニメ酷厲《ノ》稀涼液ヲ咯クヲ徴トス感冒ノ治法ヲ処シ燕麦飲。[98]甘艸。[49]蜀羊泉等ヲ与ヘ胸部ニ[99]発泡膏ヲ貼スヘシ」神経証攣痙ニ起因メ然ル者ハ焮衝ノ候ナクメ痙性ノ欬嗽頻発スル者是ナリ[56]菲阿斯《ヒオス》。阿芙蓉。[36]老利児結爾斯《ラウリールケルス》水ヲ用フヘシ」焮衝ニ起因メ然ル者ハ発熱煩悶気急胸痛増発スルヲ以テ之ヲ徴ス消焮薬ヲ用ヒ蜞針ヲ施シ或ハ刺絡メ少許ノ血ヲ瀉スヘシ」衰弱ノ為《メ》ニ然ル者ハ他因ナクメ脈及《ヒ》諸証衰弱ヲ

徴ス
護謨《ゴム》安没尼亜幾《アムモニアキ》[97]。亜児尼加《アルニカ》[86]。磠砂[96]加湯泥子精。安[100]息香華等ヲ用フヘシ

打膿法[18]ハ此証ニ非常ノ奇功ヲ奏スルヿアリ病初及《ヒ》病毒転徙証[15]僂麻質疥癬ノ類ニ於テハ殊ニ然リ能《ク》其膿ヲ外導メ内瘍ヲ癒スヘシ労瘵ノ患者偶《ヽ》火傷メ大《ヒ》ニ肌膚ヲ傷ヒ潰膿日ヲ経ルノ間ニ本病全治セル者其例少《ナ》カラス胸部疼痛ヲ覚ユルヿ最《モ》多キ部ニ広大ノ芫菁硬膏[50]ヲ貼シ或ハ串線法[101]ヲ行フヲ佳トス然レ圧患者ノ精力既ニ太甚《シ》ク虚衰シ打膿却テ其疲労ヲ促スノ恐レ有ル者ハ之ヲ禁ス

若夫《ノ》膿瘍外部ニ向《フ》テ肋間ニ起張シ或ハ波動ヲ見ハスヿアラハ之ヲ截開メ其膿ヲ外泄センヿヲ要ス蓄膿肺労条ヲ参考スヘシ

第三則　熱ヲ減シ焮衝ヲ退クルニ在リ」労熱ヲ発スル所以ノ因三アリ諸液ノ涸竭ト血中ニ混入セル膿液ノ刺衝ト肺中潰瘍ノ部ノ焮衝ト是《レ》ナリ故ニ本病治スレハ其因自ラ除キ其熱亦随テ退クヘシト雖圧熱勢盛《ン》ナレハ消削衰弊増進スルカ故ニ又其因ヲ探テ之ヲ治《サ》メ以テ熱勢ヲ抑制セスンハアラス」而《メ》其因トナルノ最《モ》多キハ血質ノ焮衝増盛セルナリ固《ト》ヨリ清涼剤ヲ用フヘシト雖圧衰弱ヲ起サル者ヲ択フヘシ即チ剥《ボッ》[102]篤亜斯《トアス》或ハ[103]蝲蛄石[104]枸櫞汁ノ飽和剤第百二十方及《ヒ》[35]孕鹼酒石等ヲ最佳トス」或ハ肺中潰瘍ノ焮衝ニ起因メ然ル者アリ其部ノ刺衝疼痛及《ヒ》呼吸不利等ヲ以テ之ヲ徴トス此証ハ蜞針ヲ貼シ或ハ刺絡メ少許ノ血ヲ瀉スヘシ総テ此病ハ毎四週刺絡メ一小椀許ノ血ヲ瀉スレハ労熱ヲ退ケテ生命ヲ延《フ》ルノミナラス或ハ本病ノ全治ヲ得ルヿアリ」若シ総身焮衝状ノ証アル者ハ鉱酸ヲ良トス殊ニ収斂亜的児[105]多量ノ水ヲ加ヘ或ハ粘漿ヲ和スヲ用《ヒ》テ効アリ然レ圧此薬ハ動モスレハ欬ヲ増シ下利ヲ起スノ恐レアルカ故ニ頗ル謹慎ヲ加ヘンヿヲ要ス」或ハ腸胃汚物有テ然ル者アリ労瘵家此合併ヲ致ス者常ニ多シ宜ク緩和下薬ヲ用ヒ証ニ随テ或ハ吐剤ヲ与フヘシ」

或ハ亦其熱ノ増発。衰弱及ヒ溶崩証ノ加ハルニ由
ル者アリ[105]収歛亜的児ト[47]傑列乙《ゲレイ》剤ヲ殊効アリト
ス
右普通ノ治則ニ兼テ亦各証固有ノ病性ニ注意
シ各ヽ相当ノ治法ヲ行ハンヿヲ要ス乃チ疥癬毒ニ
ハ硫黄及ヒ[18]打膿法ヲ兼子施シ黴毒ニハ水銀ヲ兼
用シ瘰癧毒ニハ[106]矢鳩答。[107]塩酸重土ヲ兼用スルカ
如キ是ナリ
凡ツ姑息法ヲ行フテ急迫ヲ緩メ危険ヲ避クルハ此
病ニ於テ甚タ緊要ノ事務トス唯之レヲ行フノ外カ他
策無キヿ屢ヽ之レ有レハナリ
其一欬嗽　是レ本病ニ離ル可ラサルノ常証ナリ
ト雖𪜈増劇スレハ唯患者ヲ困厄セシムルノミ
ナラス肺中更ニ焮衝ヲ起シ或ハ咯血ヲ誘起ス
故ニ其増劇セシムルノ因ヲ探テ之ヲ寛解セン
ヿヲ求ムヘシ前段吐痰ヲ論スル条ヲ比考スヘシ
其二朝汗　是レ亦本病ニ傍フノ常証ナレ𪜈過度
ニ漏泄スレハ医治ヲ要ス」常ニ衣衾ヲ軽クシ数ヽ
外気ヲ受ケシメ早旦速ク臥蓐ヲ離レシメ時々
緩下薬ヲ服セシメ或ハ鉱酸収歛亜的児[108]明礬。[109]撤爾比
亜泡剤。「[110]ボレチュスラリキス」未詳日ニ四氏至三十氏等ヲ用フル
ヲ宜シトス
其三泄瀉　是レ溶崩初起ノ一主徴ナリ非常ニ虚
脱ヲ起スカ故ニ速ク遏止センヿヲ要ス酸味ノ
諸品泡醸ノ諸物ヲ禁シ[111]西瑪爾抜《シマルパ》。[86]亜児尼加《アルニカ》根。[112]刺《ラ》
答尼《タニー》。石灰水。阿芙蓉等ヲ用フヘシ但シ阿芙蓉ハ内
服スレハ体ニ害アルヲ以テ之ヲ乳汁ニ和シ灌
腸薬トシ施スヲ佳トス」其泄瀉若シ感冒或ハ腸
胃不化ヨリ来レル者ハ各ヽ其因ニ随テ之ヲ治ス
ヘシ
其四咯血　是レ焮衝ヨリ来ルアリ腸胃汚物ノ刺
衝ヨリ来ルアリ血絡ノ膿壊侵蝕ヨリ来ルアリ
溶崩ヨリ来ルアリ各ヽ其因ニ随テ其策ヲ処スヘ
シ
其五[22]鵝口瘡　是レ甚タ煩困ノ一証ニメ病末ニ発
スルヲ常トス[113]蓬砂ヲ[114]桑椹舎利別ニ和シ用フルヲ

佳トス若シ効無キ者ハ皓[115]礬ヲ百[116]薬煎越幾斯。遏《ア》[95]爾託亜《ルタア》舎利別ニ和シテ瘡上ニ塗ルヘシ第百二十一方最後時期即第三期徴候前ニ詳ナリニ至テハ術力既ニ竭尽ス唯諸証ヲ寛解メ姑ラ「ク困苦ヲ静頓シ以テ安ラカニ黄泉ニ逝カシムルノ外ナシトス而メ「其最モ困苦トスル所ハ鵝口瘡ト吸気ノ乏シ「キトナリ」此時ニ当テ患者ヲメ自ラ痛苦ヲ忘レ快然トメ神ヲ清浄無累ノ域ニ馳セ晏然トメ魂魄ヲ大地ニ帰セシムル者ハ独リ「阿芙蓉ノ存スルアルノミ若シ此薬微《ナカ》リセハ斯ノ如キ患者ニ遇テ医其レ「何ヲカ為ルヿヲ得ン是故ニ阿芙蓉ノ此期ニ於ケ「ルヤ患者ノ為メ「ニモ医ノ為メ「ニモ欠ク可ラサルノ貴品ニメ実ニ造物主ノ一大賚ト謂ツヘキナリ

蓄膿肺労「[117]ホミカ」羅「[118]ベスローテ子フルズウエーリングデルロンゲン」蘭

肺中ノ膿瘍潰破セスメ多少強靭ナル膜囊ニ包蓄セラル、者是レ「ナリ是レ「既往ノ肺焮衝ヨリ来レルカ或ハ肺ノ結核変メ漸ク化膿セルニアリ但シ結核ヨリ成レ「ル者ハ大抵数個ノ膿囊ヲ結ヘリ」人或ハ此患ヲ抱ケ𪜈知ラス唯微々欬嗽気急ヲ覚ユルノミニメ生涯ヲ過ス者アリ然レ𪜈多ク「ハ其囊早晩《イツカ》頓ニ破綻メ不意ニ膿液ヲ吐出スルヲ常トス一而メ「其膿ヲ吐スルニ二様アリ一ハ多量ノ膿液一斉ニ溢出シテ気管ノ枝椏ニ硬塞シ以テ卒然ニ窒息肺痈条ヲ看ヨヲ発スルナリ宜ク急ニ刺絡ヲ行ヒ吐薬ヲ用ヒ温蒸気ヲ吸ハ「シメ恰当ノ坐臥ヲ命シテ其膿ヲ咯出セシメ以テ其危殆ヲ救フヘシ」一ハ吐膿急卒ナラスメ緩慢ナルナリ此証又タ数般アリ或ハ膿液悉ク吐シ尽ク「シテ其囊自ラ癒合シ唯瘢痕ヲ残シテ十全ノ治ヲ致スアリ」或ハ瘡口収マラスト雖モ囊質強硬ニメ自ラ一局処ノ壊域ヲ占シメ汎ク肺質ヲ侵サス亦タ「総身ヲ害セス膿ヲ排泄スルヿ猶ホ「打膿法ヲ行ヘル者ノ如ク全軀ニ事ナク毎日多量ノ膿或ハ臭穢甚キアリヲ咯出シテ十年二十年或ハ其余モ生命ヲ保続スル者アリ」或ハ其囊潰乱メ傍囲ヲ侵蝕シ断エス欬メ膿

ヲ咯出シ既発肺労ノ諸証ヲ逞発スル者アリ」或ハ膿嚢初起ヨリ肺ノ外面ニ位セルカ若《ク》ハ原《ト》内部ニ位セル者徐ク外部ニ出テ焮衝ノ為メニ肋膜ト癒着スル者アリ此証ハ其初《メ》甚タ鑑定シ難シ是レ患者胸内ニ患苦ヲ覚《ユ》ルヿ少《ナ》ク大《ヒ》ニ呼吸ヲ妨ケス欬嗽亦軽微ニメ或ハ全ク之《レ》無キ者アレハナリ唯微熱留連メ羸痩ヲ兼ルト赤尿ヲ泄スト患者一方ニ臥スヿヲ得サルト之ヲ徴スヘキノミ」[119]「ステトスコープ」聴管ヲ以テモ亦之ヲ察スルヿヲ得ベシ」其膿聚積スレハ胸部一処膨然トメ腫起シ其部焮熱メ終ニ肋間ニ脹出シ漸ク波動ヲ覚《ユ》ルニ至ル是ニ於テ自ラ破潰スルカ若《ク》ハ之ヲ截開シテ全癒ヲ得ルヿアリ」或ハ其膿嚢ノ全形ヲ吐出メ一旦軽快ヲ得レ𪜈不日ニメ復《タ》更ニ膿嚢ヲ醸シ一吐一醸陸続相次テ遂ニ悉ク肺質ヲ費耗スルニ至ル者アリ結核労ノ各核序ヲ逐テ結膿スル者ニ此類甚《タ》多シ」或ハ又其膿ヲ血中ニ吸収シテ他部ニ輸送シ尿屎等ヨリ之ヲ排泄メ全癒ヲ得ル者アリ然《レ》𪜈是《レ》甚《タ》希有ノヿトス」他部ノ内臓ニ於テモ亦同種ノ醸膿ヲ致シテ膜嚢ニ包蓄セラレ労瘵ヲ発スルヿナク能ク生涯ヲ終ル者アリ然レ𪜈一旦破綻スルヿ有《レ》ハ其膿内部ニ溢出シ外貌健全ノ人ヲメ卒《カ》ニ死斃セシムルナリ即《チ》腎肝ノ膿嚢腹腔ニ溢出シ脳ノ膿嚢頭腔ニ潰決スルカ如シ

紅顴肺労「[120]プチシスフロリダ」羅 即焮衝性肺労

徴候　初起ノ徴候既ニ前ニ論説セリ 将発肺労治法第二ニ挙ク増進スレハ特ニ両顴紅色ヲ画シ食後手掌両頬煩熱シ兼ルニ遷延熱ヲ以テス而《ノ》乾欬スルヲ常トスレ𪜈或ハ至僅ノ痰沫ヲ吐スルアリ且《ツ》多《ク》ハ皆咯血ヲ兼ルナリ

其本性肺ノ焮衝ナリ大抵初《メ》ヨリ結核ヲ夾ミ或ハ卒《ヒ》ニ結核ヲ生シ膿潰ニ帰ス咯血スル者ハ殊ニ然リトス

治法　将発肺労治法ノ第一条ニ掲示セル諸法ヲ

連施スヘシ就中時々刺絡メ少許ノ血ヲ瀉シ胸部ニ蜞針ヲ貼シ乳汁乳清ヲ服セシメ実芰答里《ヂギタリ》斯《ス》。老利児結爾斯《ラウリールケルス》水ヲ用ヒ打膿法ヲ行ヒ野外ノ気ヲ引クヲ以テ主トスヘシ而メ又大麦粉。沙列布。[54]亜児魯《アルロー》附燕麦飲。〔製法前ニ出ツ〕[70]加爾郎健苔《カルラーケン》傑列乙等ノ如キ熱性ナラサル緩和ノ傑列乙類ヲ兼用センヿヲ要ス」此証ハ結核ヲ兼ル者多キカ故ニ亦茲ニ注意セスンハアラス

結核肺労ト粘液肺労ハ後ニ本条アリ〔按ニ結核労ト粘液労ト共ニ肺労ニ属スルカ故ニ茲ニ論次スヘキニ似タレ𪜈之ヲ後ニ挙クル者ハ消削病区分ノ序ニ準フ者ナラン〕

咽喉労「[121]プチシスタラセアリスヱトラレインゲア」羅「[122]ケールテーリング」蘭

徴候　声音嘶嗄シテ乾欬シ〔後チ漸ク膿痰ヲ咯スレ𪜈其初起ニ於テハ吐痰微ナシ〕気管焮痛メ内面粗糙ヲ覚エ或ハ之ヲ圧シテノミ疼痛ヲ知リ高笑劇談等喉頭ニ努力スルヿ有レハ必ス欬嗽スレ𪜈飲食嚥下ハ自在ニメ疼痛ナク〔病ヒ増進スレハ疼痛スル者間ミ亦之レアリ〕胸痛気急等ノ肺ノ患証ヲ欠ケル者是レナリ其初起久シク熱ヲ発セス大抵醸膿スルニ至テ乃チ発熱ス」其経過甚タ緩慢ナリ綿々年ヲ経ル者少ナカラス」而メ気管全ク膿壊荒蕪シ或ハ醸膿肺中ニ連及メ乃チ斃ル、ヲ常トス

原由　近因ハ気管ノ慢性焮衝ニメ其終リ膿潰ニ陥ルナリ」其遠因甚タ多シ経久感冒ヲ最トス自余黴毒瘰癧等ノ病毒転徙。高歌笑談叫号等過度ノ喉頭努力之レカ因トナル」此病ヒ気管腺ニ位セル者屢ゝアリ灰白曇暗ノ塊痰ヲ咯スル者即チ是レナリ

治法　遠因ヲ蹤跡シ肺労ノ通則ニ準フテ之ヲ行フヘシ但其患部ノ異ナル〔肺ニアラスメ気管ニ在ルヲ云フ〕ニ酙酌ヲ加ヘ且ツ久シキニ堪ヘテ永ク一法ヲ連施センヿヲ要ス〔蓋シ其病ノ頑固ナルカ為メナリ〕其常ニ良験ヲ奏セル者ハ[52]瑞香皮[18]打膿法ヲ頸囲ト上膊トニ行フテ久シク癒サス厳ニ防焮ノ摂生ヲ命シ咽喉ノ努力ヲ避ケ疼痛ノ発スル毎ニ蜞針ヲ貼スル等ナリ」而メ感冒

ニ起因セル者ハ[123]硫加爾幾《カルキ》ニ[85]氏宛日ニ三回[124]甘艸膏ヲ加ヘ丸薬トス[125]普洛乙墨児散《プロイメル》附[37]実芰答里斯《ヂキタリス》。[49]蜀羊泉煎。[126]萵苣越幾斯。[40]結爾歇児《ケルヘル》。[39]黜失刺護《チュシラゴ》。[59]麻爾羅歇《マルローヘ》ノ新鮮絞汁。[76]蘊魯林加爾幾。第百二十五方[43]「ヱゲルセソウトブロン」殊効アリ「ヱムセルケーテルブロン」（両ッナカラ鉱泉）等ヲ用ヒ衰弱甚シキ者ハ没薬等第百二十六方ノ強壮薬ヲ兼用シ黴毒及ヒ瘰癧ニ起因セル者ハ甘汞ヲ与ヘテ吐涎スルニ至ルヘシ」初起ニ於テハ[127]「ハーリングメルキ」（「ハーリング」ハ魚名ナリ「メルキ」ハ乳ナリ製法未詳）モ亦早朝空心ニ与ヘテ良験アルヿアリ」其他[128]蜀葵。[129]接骨木花。[106]失鳩答《シキウタ》。菲阿斯《ヒオス》ヲ煮タル湿蒸気。或ハ没薬煎。[130]爺児《テール》煎等ノ抜爾撒《バルサ》謨《ム》性乾蒸気ヲ吸入スルモ亦甚タ功アリ（乾蒸気湿蒸気ノ差別未詳）但シ感動ノ遅敏ニ注意メ之レカ為メニ欬ヲ増劇セシムルヿ勿レ」余曾テ失鳩答硬膏ニ菲阿斯ヲ加ヘ久シク頸囲ニ貼シテ良効ヲ収メシヿ屢ヽ之レアリ

　　肝臓。腎臓。膀胱。子宮。腸間膜。等諸器膿労

徴候　各ヽ其部位ニ当テ固有ノ醸膿証ヲ見ハシ兼ルニ遷延熱ヲ以テスルヿ肺労ニ於ケルカ如キヲ以テ之ヲ徴ス」即チ肝労ニ於テハ肝部ニ圧重疼痛ヲ覚エテ其疼ミ右臂右股ニ連及シ左側ヲ下ニメ臥スヿ能ハス皮膚及ヒ痰沫黄色ヲ呈シ消食宜キヲ失フテ時ニ嘔吐シ大便秘閉シ或ハ瀉下シ小便赤濁スル等ヲ徴トシ」腎労ニ於テハ腎部圧痛ヲ覚エテ仰臥スレハ増劇シ患部ノ方ノ足脚搐[131]掣シ尿中膿ヲ交フル等ヲ徴トシ　腸労ニ於テハ腹肚緊満メ疼痛シ大便ニ膿血ヲ交フルヲ徴トシ　膀胱労ニ於テハ膀胱ヨリ膿ヲ下シ　子宮労ニ於テハ子宮ヨリ泄スヲ以テ徴スル等ナリ」然レ𪜈腸間膜労及ヒ腹内膿嚢労等ノ如ク其部位外表ニ通セス其膿ヲ外ニ排泄スルヿ能ハサル者ニ於テハ明カニ之ヲ弁スルヿ難シ唯其部ノ圧重疼痛及ヒ腫脹ト労熱トヲ以テ之ヲ徴スヘキノミ

外部ノ創傷。潰瘍。[132]付骨疽等モ潰膿スルヿ久フシ

テ脱液多キ者ハ終ニ労瘵ニ陥ルヿアリ腰筋膿腫（腰筋焮衝ハ前ニ本条アリ）ノ如キハ殊ニ然ルヿ多シ

原由　各部醸膿ノ因。或ハ其部ノ焮衝ヨリ来レルアリ或ハ病毒転徙ニ由レルアリ或ハ他部ノ膿液転輸ニ由レルアリ殊ニ腎労ハ他部ノ膿液転輸ニ由レル者多シ

治法　耗液ヲ補益シ脱力ヲ復治シ労熱ヲ制頓スル等統テ肺労ノ治轍ヲ蹈ムヘシ」而メ膀胱労子宮労ノ如キハ薬液ヲ注入シテ直チニ其潰瘍ヲ療スヘシ」又肝及ヒ腎ノ潰瘍ノ如キハ自ラ其膿ヲ外泄セントメ外ニ腫脹スルヿアリ常ニ茲ニ注意シテ其腫脹波動ヲ見ハスヿ有ラハ乃チ截開メ之ヲ泄スヘシ

扶氏経験遺訓巻之十二終

巻之十二註

1 *emaciationes*　痩せ病。
2 uitteringen　消耗。衰弱。
3 *atrophia*　痩削。
4 *tabes*　消耗症。
5 刺激。
6 *hectica*　消耗性。
7 *phthisis*　結核。労瘵。
8 ontbinding　変質。分解。
9 *phthisis pulmonalis*　肺結核。
10 longteering　肺結核。
11 炎症。
12 荒々しい。アルコール度の高い。
13 ひきつり。
14 *infarctus*　梗塞。
15 テンシ。転移。
16 jicht　痛風。
17 scheurbuik　壊血病。
18 fontenellen　表皮を刺激し化膿させる方法。
19 witte vloed　こしけ。
20 ジッポ。日暮れ。
21 kuide huiveringen　悪寒。
22 spruw　乳児の口内炎。したどき。
23 weefsel　組織。

24 hypochondrischen aanleg　心気症性。
25 erfelijkheid　遺伝。
26 年齢。
27 タクリン。ふいご。原文は uitzetting vrije werkzaamheid 拡張と自由な働き。
28 Tissot。Simon Ardrè Tissot（一七二七－一七九七）はローザンヌの著名な臨床家。
29 opkomende　新生の。
30 hevige inspanning der armen　腕の重労働。
31 蘭原文は wijn であるが、多服とあるのでミルクの誤りとしたのであろう。
32 wollen kousen　毛の靴下。
33 オンス。薬量一オンスは約三一・一グラム。
34 硝酸カリウム。
35 *tartarus tartarisat*　酒石酸カリウム。
36 *aq. laurocerasi*　月桂樹水。
37 *digitalis*。
38 wei kuur　水っぽい牛乳。
39 *hb.tussilag.*　フキタンポポ。
40 *chaerefol.*。
41 *borrag.*　ムラサキクサ科ルリジサ属。
42 Seltserwater。
43 Egersche zoutbron　エゲルセ塩泉。
44 鉄気。
45 原文は bronne te Ems　ヱムス泉。
46 *lichen. Islandicus*　イスランド苔。
47 *gelatiana*　ゲル。ゼリー。
48 catarrale　カタル。
49 *dulcamara*　ヅルカマラ。*Solanum Dulcamara*。
50 *vesicatorium*　カンタリス膏薬。
51 bloedzuiger　蛭。
52 *cort. mezerei*　*Daphne merzereum*, Eagle wood の皮。
53 *salep*　蘭科植物 *Tubera salep* の根。
54 *arrou root.*　クズウコン。
55 カタツムリ。
56 *hyoscyamus*　ヒオス。
57 visceraal　内臓の。
58 *extr. tarax.*　タンポポエキス。
59 *marrub*　シソ科 *Marrubium vulgare*。
60 *gramin*　ヨシの根。
61 Mariënbader Kreuzbrunnen。
62 原文は Ems　ヱムス。
63 *phthisis pulmonalis purulenta*　化膿性肺結核。
64 etterachtige longtering　化膿性肺結核。
65 loogzouten en zuren　アルカリ塩とその酸。
66 scheikundig onderzoek　化学試験。
67 zoete　甘。
68 verhitten　熱くする。加熱する。

69 kwart　四分の一。
70 *lichen carrageen*　カラーゲン。スギノリ属植物を乾燥した粘滑剤。
71 *semen phellandr. aquat.*　セリの一種。*Oenanthe*　エナンテ。
72 scrupel　一スクルプルは約一・三グラム。
73 drachmen　一ダラム（ダラクマ）は約三・九グラム。
74 Emser ketelbron　エムス沸泉。
75 Sileziëns obersalzbrunnen　シレジア Silesia はポーランド南西部からドイツ東部にかけての地方名。
76 塩化カルシウム。
77 酢酸鉛。
78 myrrhe　ミルラ。
79 Hofmann's myrrhesuiker。
80 *balsam copaiv*　南米産コパイババルサム。
81 *balsam de mecca*。
82 *balsam peruv*　*Myloxylon bslsamum* のバルサム。
83 *asphaltum*　アスファルト油脂。
84 kreosot　クレオソート。イヌブナの木の乾留で得られる液体。
85 grein　一グレインは約六三ミリグラム。
86 *arnica*　キク科植物。
87 *majoran*　*Drigamum majorana* マヨラナ草。
88 *hb. hyssopi*　唇形科ヒソップ草。
89 *sem. foenic.*　ウイキョウ実。
90 teer　タール。
91 塩素ガス。
92 lucht der koestallen　牛舎気。
93 *oxymel. squillit.*　海葱酢蜜。
94 *kermes mineral.*。
95 *c. syrup. alth.*　アルテアシロップ。
96 *liq. ammon. anis.*　アニスアンモニア液。
97 emulsio G. ammoniac.。
98 *liquiritia*。
99 *vesicator.*　発泡剤。
100 *fl. benzoës*。
101 カンセンホウ。seton　排膿法。
102 *kali carbon.*　炭酸カリウム。
103 *lap. cancror.*　オクリカンクリ。
104 *succus citri*　レモン汁。
105 *elix. acid hall.*　収斂性 Haller 氏酸性エリキジール。Haller はスイスの医者 Albert von Haller（一七〇八－一七七七）。病気は神経系の緊張によるという緊張病理学説に影響を与えた。
106 矢鳩答とあるが失鳩答の誤植であろう。*cicuta*　ドクゼリ。
107 *murias barytae*　塩化バリウム。
108 硫酸アルミニウムと他のアルカリ金属硫酸塩との複塩。
109 saliethee　サルビア茶。
110 *boletus laricis*　カラマツタケ。

111 *cort. simarub.* ニガキ類シマルバ樹皮。
112 *ratanh.* ラタニア球根。
113 硼砂。硼酸ナトリウム。
114 *syrup. mororum* 桑実シロップ。
115 *vitriol alb.* 硫酸亜鉛水和物。
116 *extr. catechu* 阿仙薬。
117 *vomica* 膿瘍。
118 beslotene verzwering der long 肺の閉鎖的潰瘍。
119 stetjhoscoop 聴診器。
120 *phthsis florida* 炎症性肺結核。
121 *phthisis trachealis et laryngea* 気管咽頭結核。
122 keeltering 咽喉結核。
123 *hepar sulphuris calc.* 硫酸カルシウム。
124 *succ. liquir*。
125 Pluimer's poeders ミレット。
126 *serum lactis* 乳漿血清。
127 haringmelk Haring はニシン。
128 *decoct. malv.* タチアオイ。
129 *sambuc.* ニワトコ花。
130 gekookte teer 沸騰タール。
131 trekking 痙攣。
132 *caries* カリエス。

（表紙）

扶氏経験遺訓　十三十四

扶氏経験遺訓巻之十三

足守　緒方章　公裁
義弟　郁　子文　同訳
大庭　悫　景徳　参校

虚労

虚労「[1]タベス」羅「[2]オイトテーリング・ドール・オイトピッチング・ファン・ホクテン・エン・カラグテン」蘭

体液脱泄及ヒ精力虚耗ヨリ生セル消削病皆之レニ属ス」其種類甚タ多シ年齢老境ニ至レハ生活作用ニ由テ諸液諸力自然ニ費耗シ以テ此ニ至ルヲ常トス老衰病」其他急性慢性ヲ論セス険痾篤疾ノ後ニ然ル者アリ」或ハ攻撃ノ療法瀰久ノ吐涎法断食法等ヲ行フテ然ル者アリ」或ハ労動過劇。苦心焦思。兼ルニ不寐。悲哀。悒悶等ノ事有テ然ル者アリ」或ハ下利遺精。脱汗。吐涎。経久失血。粘液過泄。授乳過久。娩産過数。手婬房事過度等ノ諸液脱泄ヨリ来レル者アリ之ニ因セル者殊ニ多シ」或ハ又タ[3]慓悍飲液。阿芙蓉。及ヒ[4]下薬ノ過用ヨリ来レル者アリ

治法　第一。衰弱ノ起因ヲ除クニアリ即チ失血ヲ遏止シ粘液及ヒ諸液ノ漏泄ヲ減却シ軀体ノ過動ヲ息シ精神ノ労苦ヲ休スル等是ナリ」第二。諸液ノ費耗ヲ補ヒ諸力ノ虚脱ヲ復スルニ在リ故ニ消化シ易キ有力ノ滋養品ヲ与ヘ強壮揮発ノ薬ヲ用ヒ体軀精神ヲ安静シテ開豁セル清浄気中ニ恰当ノ運動ヲ致サシムルヲ佳トス然レ𪜈食料薬剤共ニ注意シテ其刺衝[5]。患者ノ感応力ニ適センヿヲ要スヘシ若シ其刺衝過強ナレハ生力之レカ為メニ費耗シ却テ補充ノ功ヲ失ヘハナリ」凡ツ此病

ニ於テハ緩慢ノ排泄有テ虚脱ノ因ト為リ死斃ノ原ヲ致セ氏其著シカラサルヲ以テ医モ病者モ偕ニ斯ニ思顧セサルㇾ屢《ヒ》アリ能ク注意セズンバアラス即《チ》過度ノ月経痔血帯下[6]手婬等ノ如キ是ナリ殊ニ蜜尿[7][8]尿崩ノ一種ノ如キハ医ト病者ト共ニ其患アルㇾヲ識ラス隠ニ之カ為《メ》ニ死《ロ》サルヽ者少《ナ》カラス凡《ツ》是《ノ》尿崩ノ害ヲ致ス所以ハ其尿ノ多量ナルニ非ス唯其血中ノ養液ヲ奪却シ去ルㇾノ多キニアリ故ニ総テ虚労ノ病因分明ナラサル者ニ遇フ𪜈ハ必《ス》[9]舎密法ヲ以テ其尿ヲ査点センㇾヲ要ス

粘液肺労「[10]プチシスピトイトサ」羅「[11]スレイムテーリング」蘭

徴候　欬嗽メ過多ノ粘痰ヲ咯出シ其痰通例白色無味ナレ氏或ハ乳白甘味ニメ乳糜[12]ニ類スルアリ或ハ黄色緑色ヲ帯《ヒ》テ辛酷鹹味ナルアリ或ハ全ク膿状ナルアリ或ハ血ヲ雑《フ》ルアリテ兼ルニ羸痩ト労熱トヲ以テス」然レ氏其熱加《ツ》テ肺労ノ本徴ヲ具フルマデハ唯吐痰ノ一証ヲ以テ久キヲ経《タ》リ或ハ年ヲ累ルㇾアリ而《メ》其病末肺ニ膿ヲ醸シテ死ヲ致スヲ常トスト雖氏肺ノ醸膿潰爛ナク唯液ノ脱耗ニ因テノミ斃ルヽ者少《ナ》カラサルㇾ死体ヲ解剖メ数《ヒ》目撃セル所ナリ

原由　天資肺臓ノ薄弱。手婬房事ノ過度。醋敗セル動物稠居ノ大気。怠慢セル経日瀰久ノ感冒。[13]和胸薬及《ヒ》和胸温蒸気ノ過用。吐血及《ヒ》肺焮衝ノ病後。粘液性喘息。煙草過喫。年齢高老等ノ如キ肺臓衰弱ヨリ来リ或ハ肺中ニ刺衝有テ之カ為ニ粘液分泌ノ増進セルヨリ生ス」就中慢性皮膚抑遏。疥癬。瘰癧。[14]伊偪篤《イークト》等ノ病毒転[15]徙。淋疾。帯下。下利等ノ排泄閉止。腸胃汚物。内臓壅塞等皆此病ノ常因トナル」或ハ亦肺ノ結核ヨリ此病ヲ生シ或ハ此病ヨリ結核ヲ起シテ両病合併スルㇾ屢《ヒ》アリ

治法　肺ヲ強壮ニスルヲ以テ治法ノ主トス然氏兼テ病毒転徙ト肺中ノ刺衝トニ注意セズンハアラス故ニ固ヨリ強壮薬ヲ処スヘシト雖氏収

濇ニ過テ直《チ》ニ吐痰ヲ遏止セサランヿヲ要ス」乃《チ》其始《メ》先《ツ》[16]依蘭苔ニ[17]蜀羊泉[18]甘艸ヲ伍シ与ヘ第百二十二方功ナキ𪜈[19]没薬第百二十三方 [20]葛斯加栗刺《カスカリツラ》。[21]幾那《キナ》。[22]括失亜《クハシア》ヲ用フヘシ且《ツ》之《レ》ニ兼テ「フラ子ル」ノ襯衣ヲ着シ打膿法ヲ上膊ニ行フヲ佳トス」然ルニ吐痰仍《ホ》甚《シ》クメ止マス呼吸毫モ妨ケ無キ者ハ明[23]礬。[24]檞皮。[25]百薬煎。[26]刺答尼亜《ラタニア》。第百二十四方 [27]撒爾末児扶斯《サルマルチス》等ノ如キ強烈ノ[28]収濇薬ヲ用ヒ抜爾撒謨《バルサム》性ノ蒸気及《ヒ》酸素瓦斯《ガス》ヲ吸入セシメ強壮浴海水浴殊功アリヲ行ヒ肢体運転殊ニ騎馬ヲ致サシムヘシ」清爽気中ニ強ク運動メ発汗シ且《ツ》疲困ヲ極ムルニ至リテ此病ノ治セルヿ多シト云フ余《モ》軍役ニ於テ屢《ヽ》之ヲ目撃セリ然レ𪜈其病毒転徙ニ因セル者ハ従前ノ病患及《ヒ》痰ノ異色辛味等ヲ以テ之ヲ徴知ス各《ヽ》其毒ニ応メ駆黴薬。[14]伊倔篤《イーグト》剤等ヲ強壮薬ニ配用スヘシ

神経労「[29]タベス子ルホサ」羅「[30]セーニューテーリング」蘭

徴候　形体消削メ局処ノ疾患ナク又内臓変質〔醸膿結核等〕ノ徴ナク神経大《ヒ》ニ虚衰シ過敏ナル異常ノ感覚ヲ致シテ痙攣ノ諸証ヲ兼発ス」而《メ》遷延熱徐《ヤ》ク之《レ》ニ加《ツ》テ終ニ[31]労瘵ニ移リ或ハ全体虚脱ヲ極メテ栄養全ク[32]陵夷ス

此病ノ一種羸痩セス発熱セス唯左ノ諸証ヲ以テスル者アリ乃《チ》朝ニ在テハ脈細小ニメ疲労衰弱ヲ覚エ夕《ヘ》ニ向テハ脈盈実ニメ神気舒暢活潑シ居恒《ツ子ニ》清気及《ヒ》補益ノ物品ヲ好ミ食後ニハ胃中圧迫。眼気乏弱ヲ覚エ嗜眠。頭重。眩暈。寒戦等ヲ発シ皮膚寒熱頻リニ変シ顔面紅白屢《ヽ》更《ハ》リ[33]依卜昆垤児《ヒポコンデル》。[34]歇以私的里《ヘイステリ》ノ諸証ヲ現ス此証ハ遷延スルヿ最モ久シク其終リ栄養全ク絶エテ形体枯竭シ或ハ肺労ニ転メ乃《チ》斃ル

原由　近因ハ神経衰弱メ其栄養補充ニ関《カ》ルノ機力〔運化神経作用〕ヲ廃セルナリ」而メ遷延セル諸《ヽ》熱病殊ニ神経熱経久セル諸《ヽ》神経病。房事手婬ノ過度。体軀精神ノ過労。分娩過多。年少《フ》シテ児ヲ産スルヿ多キ者殊ニ然リ授乳過久。経久下利。帯[6]下。不寐。多慮等其遠因トナル」其他

希願スル所《ロ》其望ヲ失シ恋着スル所《ロ》其意ヲ遂クルヿ能ハス竊《カ》ニ悲哀涕泣スル類最モ能ク此病ヲ将来ス」余曽テ一児亡母ヲ懇慕スルヿ甚シクメ終ニ此証ニ罹リ斃レシ者ヲ見タリ

治法　神経ヲ強壮ニシ栄養ヲ補托スルニ在リト雖𪜈消食機常軌ヲ過テル者ハ固性強壮薬ヲ剋化スルヿ能ハス且《ツ》腸胃ニ汚物ヲ蓄ヘ易シ又《タ》感動過敏ノ者ハ有力ノ揮発強壮薬ニ耐ヘスメ却テ之《レ》カ為《メ》ニ痙攣ヲ起スヿアリ故ニ茲ニ注意メ其薬ヲ撰択センヿヲ要ス」乃《チ》三個ノ要訣アリ其一消化シ易キ緩弱ノ強壮薬ヨリ徐ク強烈ノ品ニ移ルヘシ其二腸胃ヲ疎滌[35]清刷スルヿヲ怠ルヿ勿レ其三皮膚ヲ以テ強壮薬ヲ施スノ地トセンヿヲ要スヘシ」故ニ其始《メ》先《ツ》[36]水楊梅。纈艸ヲ浸剤或ハ煎剤トシ用ヒ次ニ[22]括失亜《クハッシア》或ハ[37]格綸僕《コロンボ》ヲ与ヘ徐ク転メ幾那ニ移リ幾那ハ始《メ》冷浸トシ次ニ温浸トシ或ハ[38]沕氏幾那丁幾ニ造リ最後煎剤トシ用フヘシ終《リ》ニ揮発ニメ消化シ易キ鉄剤[39]鉄亜的児ノ類及《ヒ》鉄気ヲ含《メ》ル鉱泉ヲ服セシメ患者熱性ニメ遷延熱ニ傾ケル者ハ収[40]歛亜的児《アーテル》ヲ用フヘシ而《メ》兼ルニ時々苦味解凝ノ越幾斯。[41]大黄。[42]盧会等ヲ以テ腸胃ヲ疎滌シ但《シ》塩類ノ下薬及《ヒ》衰弱ヲ起ス可キ品ハ禁スヘシ浴法ヲ行フヘシ」浴法ハ能ク此証ノ労熱ヲ除ク功アリ余曽テ唯浴法《ノミ》ヲ用《ヒ》テ全功ヲ収メシヿアリ茲ニハ単《タヽ》微温浴ヲ行《フ》テ足《レ》リト雖𪜈麦芽浴差《ヤヽ》功多シ衰弱大ナル者ハ之ニ芳香薬ヲ加《ヘ》テ良シ」又《タ》[43]捲埕児《クエンデル》精。[44]迷迭香精等ノ芳香水ヲ以テ皮膚ヲ摩擦スルモ甚《タ》佳ナリトス

此病ニ於テハ殊ニ摂生ヲ大事トス宜ク消食機ノ強弱ヲ計《ツ》テ消化シ易キ有力ノ食品ヲ択ムヘシ即チ乳汁。驢乳ヲ殊ニ良トス[45]沙列布《サーレップ》。[46]亜児魯《アルロー》。附[16]依蘭苔傑[47]列乙。肉製傑[47]列乙。[48]蛞蝓羹汁。苦味麦酒ヲ用ヒ衰弱甚《シ》キ者ハ経年ノ上好葡萄酒ヲ服シ山野ノ清浄気ヲ引《カ》シメ毎日開豁セル地ニ出テ逍遥スルヲ佳トス然《レ》𪜈虚脱大ナル者ハ静居メ仰臥スルニ宜シ」而《メ》衰弱ヲ致スノ事件ハ厳ニ之ヲ禁スヘシ房事遺精ハ殊ニ神経ヲ罷弊スルノ甚キ者ナリ

最《モ》意ヲ注クヘシ
自余。帯下。崩漏。下利。遺精等ノ如キ衰弱ヲ起ス所以ノ遠因ヲ除クヘキ治法ヲ行ハンヿヲ要ス

脊髄労「[49]タベスドルサリス」羅「[50]リュッゲメルグステーリング」蘭

徴候　衰弱羸痩〆下肢麻痺シ或ハ上肢モ共ニ麻痺シ脊髄ノ下部ニ方テ寒熱痒痛等ノ異常感触ヲ覚エ或ハ劇《シ》キ疼痛ヲ発ス其初起通例行歩定マラス〆動モスレハ蹶キ易シ」病《ヒ》此度ニ止《ッ》テ滋蔓セズ十年二十年乃至其余モ同調ニ持久スル者アリ或ハ其麻痺漸ク蔓延〆膀胱。大腸。脳髄。心。肺等ヲ掠襲シ大小便秘閉。或ハ失禁眼盲。健忘。痴呆等ノ諸証ヲ起ス者アリ」而《メ》其死スルハ脳。心。肺等ノ麻痺ヲ以テシ或ハ総身ノ羸痩脱力ヲ以テス

原由　近因ハ脊髄下部ノ麻痺ニ〆其部終ニ枯燥変性セルナリ」房事手婬ノ過度ニ起ルヲ最《モ》多シトス又《タ》脊髄ノ血液鬱積。慢性焮衝。及《ヒ》僂麻質《レウマチ》。[14]伊偘篤《イーグト》等ノ病毒転徙ヨリモ来ルヿ有レ氏亦皆失精[51]ニ由テ疲労セル者ニ於テ然ルナリ故ニ此病ハ男子ニ多ク〆婦人ニ罕《レ》ナリトス

治法　血液鬱積ニ起レル者ハ其部ヲ探テ蜞針ヲ貼シ水銀軟膏ヲ擦シ病毒転徙ニ因セル者ハ其毒ヲ駆逐シ失精ヨリ来レル者ハ房事ヲ禁スル等各《ヽ》病因ヲ除クノ法ヲ行ヒ兼テ神経及《ヒ》脊髄ヲ強壮活起センヿヲ要ス然《レ》氏実験ニ由テ之ヲ観ルニ治セサル者多シ或ハ時ニ癒《ユ》ル者アルモ其治十全ナルヿ能ハス実ニ太息スヘキナリ」強壮滋補ノ食料薬物ヲ与ルノ外「テプリッツ」[52]及《ヒ》「ピロモント」[53]共ニ地名ノ鉱泉ニ浴セシメ時々腰椎ニ芥灸法ヲ行ヒ久《シ》ク膿潰セシメテ良効ヲ治メシヿアリ

老衰病「[54]マラスミュスセニリス」羅

凡《ソ》人命長久スレハ自然ニ一種ノ病態ヲ現ス其証タル虚労ト枯労〔次ニ出ツ〕ノ二徴ヲ合セル者ナリ之《レ》ヲ老衰ト名ク即《チ》生力漸《ク》脱耗〆分泌排泄其度ニ適セス消食健ナラス栄養給セス神気慧明ナ

ラス運転自在ナラス全軀消削メ体温減却ス」是レ自《ラ》死ニ趣クノ前路ニメ天寿ヲ終ル者ノ遁ル、ヿ能ハサル所ナリ故ニ固《ト》ヨリ治スヘキニ非ス唯《ヤ、》少諸証ヲ緩柔ニメ聊《カ》其進歩ヲ遅延ニシ以テ耐ヘ易カラシム可キノミ

然《レ》モ亦年少《フ》シテ是《ノ》病態ヲ発スル者アリ他ナシ非常ニ精力ヲ労役シ過度ニ体液ヲ費耗シ殊ニ房事過度自ラ衰弊ヲ催進メ命期ヲ促役シ以テ天賦ノ命数ヲ半《ハ》ニシ或ハ尚《ホ》之ヲ短縮スル者是レナリ一嗚呼輓今是《ノ》類ノ患者多キヲ如何セン年僅《カ》ニ三十ニメ髪白ク毛脱シ体軀枯痩メ強硬シ四肢其用ニ供セス五官其力ヲ失ヒ諸器ノ機能乏弱セル者屢《ヽ》見ル所ニアラスヤ」治法専《ハ》ラ脊髄労ノ規矩ニ準フヘシト雖氏不治ニ属ス唯其半死ノ命ヲ保持メ延長セシムヘキノミ更ニ富有ノ生活ヲ授ケテ万機ノ政ヲ旧官ニ復セシムルヿハ固《ト》ヨリ能ハサル所《也》トス

枯労「[55]アトロピア」羅「[56]フルドルリング」蘭

養液送輸ノ道ヲ絶チ或ハ養液製造ノ機ヲ妨クル原由有テ枯痩セル者是レナリ」故ニ其原由ハ経久ノ断食。嚥下ノ妨碍。[57]舌疽[58]噎嗝ノ類 嘔吐。食道弛開。胃中硬腫ノ類 泄瀉。[59]完穀下利ノ類 蛔虫養液ヲ奪掠ス 等ノ諸病。或ハ類化機[60]病 造血機ノ変常。腸間膜腺。肝。脾。肺等ノ如キ類化造血[60]ノ為《メ》ニ必要ナル諸臓ノ壅塞。硬腫。結核。或ハ腹内ニ異常ノ新体ヲ形成セル等甚タ多端ナリトス

乃《チ》結膿ノ徴ナクメ右ノ諸器其常ヲ変シ或ハ其部ニ膨腫硬塊ヲ覚ル等ヲ以テ之ヲ徴知ス」但此病ハ労熱ヲ発スルヿ甚《タ》遅ク太抵其硬腫慢性焮衝ヲ起シ若《ク》ハ醸膿スルニ至テ纔《メ》テ之ヲ発見ス其部ノ焮灼腫痛増劇スルヲ以テ之ヲ徴ス」而《メ》其死スル者ハ総身ノ精力尽ク脱耗スルカ若《ク》ハ生活ニ必要ナル内臓ノ全ク其用ヲ廃スルニ由ル

此病亦タ外部ニ在テ一局処ニ発スルヿアリ即《チ》手臂足脚等ノ枯痩ノ如シ小児ニ在テハ之レカ為《メ》ニ其部ノ成長妨ケラレテ終ニ木乃伊《ミイラ》ノ状ト為

ルヿアリ

治法　壅塞ヲ開達シ新体ノ形成硬腫結核結塊ノ類ヲ復治シ旁《ハ》ラ焮衝[61]ノ加《ハ》ランヿヲ慮《ツ》テ其微徴ヲ見ルモ屢《ヽ》蜞針ヲ貼シ且《ツ》強壮滋養ノ品ヲ与ヘテ内托補益センヿヲ要ス」其硬腫ハ或ハ膿潰ニ移リ或ハ癌腫ニ変スルヲ常トス而《メ》其転変ハ必《ス》常ニ焮衝ヲ夾ムヨリ来ルカ故ニ茲ニ注意メ適宜ノ防焮法ヲ処シ局処ノ瀉血ヲ行テ之ヲ預防シ既ニ結膿セル者ハ膿労ノ治法ヲ施スヘシ」又此種ノ腹疾ハ多ク水腫ヲ兼ヌ腹水条ヲ併考シ自余各証ハ各《ヽ》其本病《ノ》条下ニ就テ治法ヲ索ムヘシ即《チ》胃膵ニ係《レ》ル枯労ノ如キハ嘔吐条ヲ看ルヘク腸間膜腺。蛔虫ニ係《レ》ル者〔所謂疳労是《レ》ナリ〕ノ如キハ小児門ヲ考フヘキ等ナリ

外部局処ノ枯痩ハ多精ノ薬品及《ヒ》抜爾撒謨《バルサム》類ヲ塗リ殊ニ摩擦スルヲ佳トス唯摩擦ノミヲ以テ全効ヲ収メシヿ小児ニ於テ屢《ヽ》実験セリ

結核肺労「[62]アトロピアピュルモナリス」又「[63]プチシスチュベキュロサ」羅「[64]コノッペルロングテーリング」蘭

徴候　乾欬短促ニメ深息笑語及《ヒ》運転ニ増劇シ時ニ些少ノ粘痰ヲ咯出メ殊ニ朝ニ於テス痰中間《ヽ》悪臭アル酥[65]状ノ粒塊ヲ混ス而《メ》其結核ノ多少大小ニ随テ呼吸ハ自在ナルアリ障碍アルアリ或ハ肢体ノ動揺保持ノ摸様ニ由テ不利スルヿアリ胸内刺痛数《ヽ》去来シ処ヲ定《メ》テ焮灼ヲ覚エ顕著ノ因無クメ大《ヒ》ニ羸痩シ屢《ヽ》嘶嗄シ数《ヽ》感冒シ亦驟《ヽ》発熱シ其熱後《チ》遂ニ淹滞メ労熱ニ転ス

初起結核仍《ホ》小ニメ其数多カラサル間ハ之ヲ看定スルヿ甚《タ》難シ患者モ亦自《ラ》久《シ》ク其患《ヒ》アルヿヲ覚エス軽微ノ焮衝数《ヽ》発スルニ随テ其大徐ク増シ其数漸ク加《ハ》リ知ラス識ラスメ終ニ労瘵ニ転ス」其帰転ニ一般アリ一ハ結核質ヲ変セスメ漸ク肺ノ全体ニ及フナリ此証ハ始終吐痰スルヿナク肺質全ク固結乾枯メ生命ヲ保続スルノ用ニ適スルヿ能ハサルニ至テ斃ル」一ハ結核早晩《イツカ》醸

膿ノ原《モト》乾欬労ナリシ者今《マ》転ノ吐膿労ニ移ルナリ又《タ》之《レ》ニ急漸アリ其急ナル者ハ一旦膿嚢ヲ結ヒシ者其嚢忽焉トメ破潰スルナリ此証ハ一嚢破潰ノ後。創痕癒着メ吐膿歇ミ他ノ一核更ニ嚢ヲ結テ破潰スルマテ膿ノ排泄ヲ見ス次第斯ノ如ク復《タ》破レ復《タ》癒エテ年ヲ累ル者間《ヽ》之《レ》アリ

原由　腺病。麻疹。肺ノ焮衝。失血。虚衰。粘液漏泄。及《ヒ》諸《ヽ》病毒転徙ヨリ将来ス

治法　初起ニ於テハ全ク将発肺労ノ治轍ヲ蹈ムヘシ而《メ》其要ハ結核ノ増息ヲ遮ルト其醸膿ヲ防クトニアリ其増息醸膿ハ共ニ結核ノ焮衝ヨリ来ルカ故ニ防焮治法ヲ主トス僅《カ》ニ焮衝ノ微萌ヲ見ルモ胸内定処ノ疼痛ヲ以テ徴ス直《チ》ニ少許ノ刺絡ヲ行ヒ清涼下剤消石ヲ用ヒ蜞針ヲ施シ効ナキ者ハ芫菁硬膏ヲ貼シ打膿法ヲ患部ニ行フヘシ根治法ハ其結核ヲ融解疎散スルヲ以テ目的トス然《レ》圧大《ヒ》ニ慎重シ解凝薬ノ刺衝ニテ更ニ焮衝ヲ起《サ》サランヿヲ要スヘシ故ニ其解凝薬刺衝ヲ致ス者ハ皆之ヲ禁メ専《ハ》ラ清涼性ノ品ヲ撰ヒ而《メ》仍《ホ》胸内疼痛ヲ起スヲ見ハ速ニ之ヲ舎《カ》スンバアラス甘汞ノ如キモ其刺衝動《ヤヽ》モスレハ疼痛ヲ起スヿ有ルヲ以テ妄《リ》ニ投スルハ危シトス」余力実験ニ由《ル》ニ有功無危ノ品ハ[66]黜失刺護《チユシラゴ》。[67]結爾歇児《ケルヘル》。[68]蘆根等ノ新鮮絞汁。[69]萵苣。胡瓜汁。[70]酒石葉。[71]蘆根蜜加蒲公英。〔製法未詳〕[72]塩酸重土。[73]蘇魯林加爾基《ソロリンカルキ》。[74]老利児結爾斯《ラウリールケルス》水。[75]「セルチェル」水[76]「ヱゲルセソウトブロン」〔共ニ鉱泉〕[77]実芰《ヂキ》答里斯《タリス》。[78]失鳩荅《シキウタ》。[17]蜀羊泉。[79]菲阿斯《ヒオス》。[80]吐酒石。[81]遏児托亜煎ニ溶解ス新鮮蜂蜜等是《レ》ナリ其他騎馬等ノ運動ヲ致シ自ラ労セス他力ニ任《カ》スノ運動ヲ佳トス毛布ヲ以テ胸部ヲ被覆シ上膊ニ打膿法ヲ行フ等欠ク可ラス」総テ右ノ諸薬皆持長メ久《シ》ク連用センヿヲ要ス

[82]歇屈扶加《ヘクチカ》羅「[83]オイトテーリング、ドール、コロニセプリッケリング」蘭

体内貴要ノ器ニ刺衝有テ久《シ》ク連繇スレハ養液結晶〔養液凝テ凝体ヲ結成スル摸様ヲ形容ス〕ノ暇ナクメ栄養自ラ減却シ器質必《ス》損耗セサルヿヲ得ス是《レ》ニ由テ生

スル所ノ消削病之レヲ歇屈扶加《ヘクチカ》[82]ト謂フ」殊ニ黴毒疥癬毒。瘰癧毒。伊個篤《イーグト》[84]毒或ハ鉛毒。汞毒。砒毒或ハ急性熱病ノ分利[85]宜キヲ得サル者間歇熱ノ譫ニ早ク抑遏セラレシ者等其毒総身ノ液中ニ混在メ久シク連緜刺衝スレハ為メニ漸ク羸痩虚脱メ労熱ヲ発スル者是レナリ」或ハ亦一部ノ慢性焮衝。疥瘡。頑癬。癩疾等ノ慢性皮疾。経久ノ疼痛。意識ノ感動等モ其刺衝連緜スレハ終ニ此病ヲ誘起ス

治法　先ツ病因ヲ駆除スヘシ其次ニ滋養強壮法ヲ行フヘシ」凡ソ伊個篤[84]。黴毒。疥癬。汞毒。砒毒等ノ如キ有形ノ病因ヨリ来ル者ニ於テハ皆乳汁ヲ最良薬トス是レ一ニハ酷厲物ノ刺衝ヲ包摂メ之ヲ消除シ一ニハ良血液ヲ造成メ諸液諸力ヲ補充シ兼テ労熱ヲ制伏スルノ功アレハナリ而メ尚ホ微温浴ヲ兼子行ヒ衰弱甚シキ者ハ幾那及ヒ其他ノ保固強壮薬ヲ用フヘシ」且ツ黴毒ニ於ケル水銀疥癬ニ於ケル硫黄ノ如キ定類ノ薬ヲ要スル者ニ於テモ亦乳汁ヲ伍用スレハ薬害ヲ防禦メ其効ヲ助ケ成スニ甚タ妙ナリトス

扶氏経験遺訓巻之十三終

巻之十三註

1　*tabes*　消耗症。
2　uittering door uitputting van vochten en krachten　体液、精力の消耗による衰弱。
3　geestrijke　アルコール度の高い。
4　下剤。
5　刺激。
6　こしけ。
7　*diabetes mellitus*　糖尿。
8　糖尿病。
9　化学法。
10　*phthisis pituitosa*　粘液性結核。
11　slijmtering　粘液性結核。
12　chylus　乳白色リンパ液。
13　verslappende *expectorantia*　去痰剤。
14　arhtritische　関節炎。
15　転移。

16 *lich. Island* イスランド苔。*Cetraria islandica*。
17 *dulcamar* ヅルカマラ。*Solanum dulcamaria*。
18 *liquirit* Liquorice カンゾウ。
19 *myrrha* ミルラ。
20 *cascarill* クロトン属 *Croton eluteria* 樹皮。
21 *kina*。
22 *quassia* *Simarubaceae* 属。
23 硫酸アルミニウムとアルカリ金属硫酸塩との複塩。
24 *cort. quercus* ヨーロッパナラの樹皮。
25 *terra catechu* ガムビール阿仙薬。
26 *ratanh* *Krameria triandra* ラタニアの根。
27 *vitriol mart.* マルチス硫酸塩。
28 *adstringentia* 収斂強壮剤。
29 *tabes nervosa* 神経性結核。
30 zenuwtering 神経性結核。
31 zenuwtering 神経労。
32 verzwakking en opheffing 次第に衰える。
33 hypochondrische 心気症。
34 hysterische ヒステリー。
35 opening en zuivering 開放浄化する。
36 *rad. caryophyllat.* ダイコンソウ根。
37 *rad. columbo* コロンボ根。
38 *tinct. whytt.* 沕氏は Robert Whytt（一七一四－一七六六）英国医。

39 *aether mrtial* エーテル鉄剤。
40 *elix.acid. hall* Haller 氏酸性エリキジール。Haller 氏はスイスの医者 Arbracht Haller（一七〇八－一七七七）。
41 rhabarber。
42 aloë。アロエ。
43 *serpyll.* セルピルム草。
44 *ror.* marin.。
45 salep サレップ。*Tubera salep* の根。
46 *arrow - root.* クズウコン。
47 *gelat.* ゲル。ゼラチン。
48 カタツムリスープ。
49 *tabes dorsalis* 脊髄癆。
50 ruggemergstering 脊髄癆。
51 zaadverlies 精子損失。
52 Teplitz。
53 Pyromont。
54 *marasmus senilis* 老年性消耗。
55 *atrophia* 萎縮。
56 verdorring 枯れること。
57 kanker van de tong 舌癌。
58 カクイ。嗝はしゃっくり。噎はむせぶ。
59 食物通下。
60 assimilatie 同化。消化。
61 炎症。

62 *atrophia pulmonalis*　肺萎縮。
63 *phthisis tuberculosa*　結節性結核。
64 knobbellongtering　結節性肺結核。
65 kaasachtige　チーズ様の。
66 *hb. tussilag*　キク科 *Tussilago farfara* の葉。
67 *chaerefol.*。
68 *rad. graminis*　グラミニス根。
69 *serum lactis*　乳漿血清。
70 *terra foliata*　葉状土。
71 *mellag. gramisis et taraxac*　茅根。蒲公英、蜜丸。
72 *murias baryt.*　塩化バリウム。
73 chlorkalk　塩化カルシウム。
74 *aqua laurocerasi*　月桂樹水。
75 Seltzerwater。
76 Egersche zoutbron　ヱゲルセ塩泉。
77 *digitalis*。
78 *cicuta*　ドクゼリ。
79 *hyoscyamus*　ヒオス。
80 酒石酸水素カリウムと三酸化アンチモンの化合物。
81 *decoct. rad. alth.*　アルテア抽出物。
82 *hectica*　消耗症。
83 uittering door chronische prikkeling　慢性刺激による衰弱。
84 jichtige　関節炎。
85 crisis　病気が散り治ること。

扶氏経験遺訓巻之十四

足守　緒方　章　公裁　同訳
義弟郁　子文
西肥　大庭　悳　景徳　参校

第八編

気水集積病「[1]ワートル、エン、リュグトフルサーメリング」蘭

其一水腫病「[2]ワートルシュグト」蘭

総論

徴候　腫起脹満ノ其裡ニ水液ヲ含ムノ諸徴ヲ具フル者是ナリ」骨ヲ以テ囲擁セル硬固ノ処ニ於テハ裡面ニ圧重ヲ覚ユルト其部ノ官能ニ妨ケアルヲ以テ之ヲ徴シ兼ルニ小便及ヒ諸ヽ分泌ノ減却スルヲ以テ之ヲ証スヘシ

原由　近因ハ蒸発機〔皮表ノ蒸発機ヲ云フニ非ス体内裏面ノ水蒸気分泌ヲ斥テ云ヘルナリ〕ト噏収機ト其衡平ヲ失ヘルニ在リ」故ニ水液分泌過多トナレルカ噏収機支障ヲ被ムレル者トス」其遠因左件ニ帰ス

第一衰弱　凡ソ衰弱ハ噏収機能ク妨クル者ナリ故ニ慢性諸病。精力虚脱セル者ハ皆水腫ニ終ルヲ常トス急性病モ過多ノ失血。打撲。衝[3]撞等ノ如ク総身局処ノ衰弱ヲ起ス者ハ此病ヲ将来ス

第二刺衝　水様液ノ分泌ヲ増進シ或ハ体内腔間ノ蒸発気ヲ滴質流体ニ変セシムル刺衝アリ即チ湿性焮衝。脳水多ク是レヨリ来ル黴毒。疥癬毒。猩紅斑毒等ノ病毒刺衝。及ヒ酒。焼酒等ノ慓[4]悍多精品ノ刺衝之レニ属ス過酒家多ク水腫ニ終ル

第三分[5]泌器対称　外部ノ分泌閉塞スレハ対称機ニ由テ内部ニ病機分泌ヲ起シ以テ水腫ヲ来タス其最モ多キハ皮膚抑遏ナリ夫ノ僂麻質《レウマチ》ノ大抵皆一部ノ[6]渮乙《ウエイ》滲漏腫起ヲ起スト同ク其渮乙総身皮膚ノ蜂[7]窠質ニ滲漏スレハ総身水腫トナリ腔内ニ滲漏スレハ内部水腫トナル和蘭ノ如キ卑湿ノ地ニ在テ水腫ノ[8]英垤密《エンテミ》病タル所以ンノ之ニ因ル其他尿閉。経閉。或ハ痔疾。皮病ノ内陥。下利。帯[9]下ノ閉塞。間歇熱誤治等ノ諸ヽ病毒転徙皆此病ヲ将来ス

第四形[10]器性圧迫　凡ヘテ圧迫ハ静脈水脈ノ運行

ヲ支障メ血液鬱積沕乙滲漏ヲ起ス者ナルヿ試《ミ》ニ一部ヲ緊紮スレハ其理瞭然タリ故ニ腋下腺ノ硬腫。臂腫ヲ生シ妊婦ノ子宮。脚腫ヲ起シ腸間膜腺硬腫。肺臓結核。肝臓壅塞等各ゝ皆水腫ノ因トナル殊ニ肝臓ハ腹内ニ於テ血脈水脈ノ輻湊地ナルヲ以テ最《モ》此病ヲ起シ易シトス

第五水脈破綻　是《レ》唯局処ノ水腫ヲ起スノミ

第六血質変常　血液変性メ其質水様トナリ或ハ其成分離解シ易キ者ハ水腫ノ素因トナル脱血。紅色分ヲ失フ萎黄病。過酒家等ノ水腫其因蓋《シ》此ニ在リトス

治法　第一遠因ヲ除去スヘシ先《ッ》其病ノ多血焮衝性ナルカ虚性大抵皆虚性ナリナルカヲ注視シ次ニ閉塞圧迫等《ノ》有形因ノ有無ヲ鑒定シ次ニ病毒有テ来レル者ハ其毒ヲ査点シテ処置センヿヲ要ス」第二水液ヲ嗡収セシムヘシ之ヲ血中ニ嗡収シ取ルニ非レハ常道ニ導クヘキノ他路ナケレハナリ水脈ヲ刺衝メ其嗡収機能ヲ催進スル特効ノ薬ハ水銀。実芰答里斯《[11]ヂギタリス》及《ヒ》諸ゝ吐下薬。利尿薬。是《レ》ナリ大抵第一則ノミニメ足ルヿ有レ𪜈一二両則相合スルヲ宜シトス」第三水液ヲ外泄スヘシ水様液ノ分利排泄ヲ催進メ之ヲ常道ヨリ洩ラスヲ切実トスト雖𪜈然ルヿ能ハサル者ハ外術ヲ用《ヒ》テ之ヲ導決スヘシ

腹水「[12]ヒドロプスアスキテス」羅「[13]ボイクワートルシュグト」蘭

徴候　腹部腫脹緊満メ其腫患者ノ起臥ニ随テ移動シ一手ヲ腹ノ一側ニ抵《ア》テ一手ヲ以テ他ノ一側ヲ打テハ其汨[14]動歴々トメ見ルベキ者是ナリ初起ニ於テハ患者ヲ直立セシメ下腹ヲ探索メ之ヲ徴スルヿヲ得ヘシ」小便至少ニメ曇褐。麦酒ノ如ク大便亦秘閉シ皮膚口舌乾燥メ渇ヲ兼子横隔膜。上圧セラレテ或ハ胸水ヲ兼ルニ由リ呼吸不利シ腹脹愈ゝ増セハ四肢愈ゝ痩削ス」其病《ヒ》嚢水腫ニ属セル者ハ其腫脹初起ニ平坦ナラス日ヲ経テ漸ク円満トナリ小便爾《シカ》ク些少ナラス其色亦爾《シカ》ク濃厚ナラス

病《ヒ》漸ク増進スレハ足趾。陰嚢。陰唇。腫起シ兼ルニ乾欬ヲ以テシ終ニ慢性熱若《ク》ハ急性熱ヲ発ス是《レ》将ニ死ニ赴カントスルノ兆ナリ而《メ》其死スル或ハ窒息スルニ由リ或ハ熱証ノ腐敗性ヲ取ルニ由リ或ハ腹内局処ノ[15]焮衝壊疽等加《ハ》ルニ由ル姙婦ニ於テハ此病間《ゝ》鑒定シ難キヿアリ」嚢水腫ハ其始《メ》一処ヨリ起リ全腹均《シ》ク脹満セス尿色亦爾ク曇黯ナラサルヲ以テ之ヲ鑒別スヘシ
此病ノ経過其原由ト体質トニ準《フ》テ一様ナラス或ハ数年稽留スルヿアリ就中嚢水腫ハ其留連最《モ》久シ」但嚢水腫ハ労瘵後ニ発スルヿ多シ

原由　腹部内臓殊ニ肝臓ノ壅塞ヨリ来ルヲ最《モ》多シトス其他経久間歇熱。或ハ誤治セル者慢性[16]伊偏篤。遷延感冒。酒及《ヒ》焼酒類ノ過用。既往ノ急性熱病。就中猩紅熱打撲。外傷等此病ノ因ト為ル者尠《ナ》カラストス

治法　此病ハ大約難治ニ属スル者ニメ其治不治ハ病因ト体質トニ管係ス若夫不治ノ硬腫。[17]織質ノ変性ニ原ケル者ハ決メ治ス可ラス」其治法殊ニ能ク病因ヲ蹤跡シ病性ヲ査点メ之《レ》カ処置ヲ為サンヿヲ要ス喩ヘハ其脈実ニメ熱性ノ諸証ヲ兼子且《ツ》其因ヲ出血抑遏。局処焮衝等ニ取テ卒然ニ作《コ》ル者ノ如キハ脱血或ハ経久失血後等ノ大衰弱ニ起因セル者ト全ク其治ヲ殊ニスレハナリ乃《チ》甲ニ於テハ適宜ノ瀉血。消石。甘汞等ノ如キ防焮治法ヲ主トシ乙ニ於テハ幾那。[18]括失亜《クハッシア》或ハ鉄剤ノ如キ強壮治法ヲ処セスンハアラス」又各種悪液病ニ因セルカ如キハ各毒応当ノ薬黴毒ニ水銀疥癬ニ硫黄ヲ用ルカ如シヲ用ヒサル可ラス」内臓壅塞ニ起レル者ノ如キハ利尿薬ニ[19]蒲公英ヲ配スヘク」経久潰瘍ノ乾癒。出血。脚汗等ノ抑遏ヨリ来レル者ノ如クハ復《タ》ヒ之ヲ喚起セサル可ラス

右ノ治法ニ兼テ水液導泄ノ法直達治法ヲ行フヘシ乃《チ》先《ツ》屢《ゝ》吐剤ヲ用ヒ水銀。[20]重土。[11]実芰答里斯《ヂキタリス》。[21]朴屈福《ホックホ》烏篤《ウト》等ノ如キ水脈ヲ刺衝メ噏収機能ヲ振起スヘキ諸品ヲ与ヘ利尿ノ諸法ヲ処スヘシ而《メ》利尿薬ハ効力著《シ》クメ衰弱ヲ起スヿ少《ナ》キ者ヲ択フニ

宜シ其魁首タル者ハ海葱[22]ナリ然レ𪜈此薬ハ悪心嘔吐ヲ起シ易キヲ患《ヒ》トス宜《シ》ク丸薬ニ造リ第百五十二方或ハ芳香薬ヲ配シ或ハ海葱酒。チンキ、シキ[23]ルラ、カリン」[24]等ニ製〆用フベシ未詳胃ノ感動ヲ避ンカ為《メ》ニハ之ヲ皮腠[25]ヨリ用《フ》ルモ亦効アリ英埊[26]《エンデ》児麻《ルマ》扶《チ》法ヲ特ニ妙トス即《チ》腹ノ一部ニ小ナル芫[27]菁硬膏ヲ貼〆表被ヲ剥離シ海葱末或ハ越幾斯三氏[28]ヲ取テ其上ニ布クヿ日ニ二三次ナルヘシ」之ニ亜《ヒ》テ良験アル者ハ実芰答里斯[11]《ヂキタリス》。蒲里阿尼亜[29]《ブリオニア》。杜[30]松実。第百五十三方第百五十四方消石。酒石。曹達。煙艸[31]。芫菁[27]等ナリ又第百五十一方ノ利尿泡剤[32]ヲ多服シ兼テ冷水ニ列印設酒[33]《レインセ》少許ヲ加ヘ多服スルモ妙効アリ而《メ》第百五十五方ノ洗剤及《ヒ》水銀擦法ヲ腹上ニ行フモ大《ヒ》ニ宜シトス」瀉下ニ由テ水液ヲ駆泄スルノ法ハ謾ニ用ヒ難シ衰弱大ナル者ニ於テハ殊ニ然リ然レ𪜈病初生力仍《ホ》壮実ニ〆且《ツ》此路ヨリ分利セントスルノ兆アル者ニハ大効ヲ収ムヘキヿアリ其薬ハ藤黄[34]。盧会[35]。葯刺巴[36]《ヤラッパ》。格碌董篤[37]《コロキント》。蒲里[29]《ブリ》阿尼亜《オニア》。瓦刺扶阿刺[38]《ガラチオラ》。耶氏泄利丸[39]《ヤン》附 越刺的留謨[40]《エラテリュム》附 此薬ハ殊ニ謹慎ヲ加フヘシ等ナリ之ヲ利尿薬ニ配シ用ヒテ甚《タ》奇験アリ第百五十六方第百五十七方第百五十八方第百五十九方第百六十方第百六十一方是ナリ而《メ》右《ノ》諸薬ヲ佐ケテ大《ヒ》ニ其功力ヲ増サシムル者ハ水銀ナリ就中消酸汞[41]ヲ佳トス第百六十二方第百六十三方ヲ看ヨ

自然ノ良能将《サ》ニ路ヲ那《ノ》地ニ取テ分利ヲ営マントスルカ居恒《ツ子ニ》注視〆之ヲ扶ケンヿヲ要ス其向フ所《ロ》腸ニ在ル者ニハ単ニ芒消[42]ヲ連用〆乃《チ》治セシ者アリ亦《タ》唯吐逆ニ由テノミ水液ヲ除シ尽《ク》シテ全癒ヲ得シ者アリ」若《シ》利尿ノ諸薬皆効ヲ奏セサルトキハ之ヲ舍《ヒ》テ一二日間蒲公英[19]及ヒ白屈菜[43]ノ越幾斯。孕鹼酒石[44]等ノ解凝薬ノミヲ与ヘ而《メ》後更ニ復《タ》利尿薬ヲ試ムヘシ若《カ》ク〆仍《ホ》鹼ナキ者ハ是《レ》細絡ノ弛弱若クハ痙攣之《レ》カ因ト為《レ》ルナリ宜ク先《ツ》吐法ヲ行フテ次ニ強壮薬衝動薬或ハ鎮痙薬ヲ用フヘシ大ニ偉効ヲ得ルヿアリ余ハ此証ニ括失亜[18]《クハッシア》。葡萄酒。カンパグ子[45]酒殊ニ佳シ阿芙蓉[46]。莨菪[47]ヲ用《ヒ》テ

奇験ヲ得タリ」然ル後モ猶《ホ》仍《ホ》効験ナキ者ハ四肢腹部ヲ適宜ニ縛帯シ圧力ヲ以テ水液ノ噏収ト小便ノ分泌ヲ催進シ兼テ[48]瓦爾華尼《ガルハニ》ニ鏈接セル毫針ヲ腹部ニ行フヘシ功ヲ奏スルヿアリ」若《シ》是《ノ》諸法皆益ナケレハ[49]穿腹術ヲ行フヨリ他ナシ此術ニ由テハ水液ノ圧迫去テ噏収管及《ヒ》腎臓更ニ其機能ヲ揮フヿヲ得テ以テ全功ヲ収ムルヿ少カラス仮令ヒ全治セサルモ一時ノ快ヲ得ル無上ノ姑息法ト為リ能ク多年ノ命ヲ延ルヿアリ嚢水腫ニ於テハ殊ニ然ルヿ多シ余嘗テ二三月毎ニ此術ヲ復施スルヿ四五十回。患者ヲメ二三十年ノ齢ヲ延《ヘ》シメシ者少《ナ》シトセス」然レ𪜈病ノ季期水液既ニ腐壊シ或ハ熱発シ或ハ局処焮衝ヲ起スニ至テハ妄《リ》ニ之ヲ行フヿ勿レ却テ其命期ヲ促《カ》スヿアリ施術後ハ毎常利尿剤ニ強壮薬就中括失亜ヲ伍用スルヲ宜シトス

胸水「[50]ヒドロトラクス」羅「[51]ボルストワートルシュグト」蘭

徴候　鑑定甚《タ》難シ通例病《ヒ》険重ニ進テ始メテ確定スルヿヲ得ルナリ」其証呼吸不利シテ体ノ動揺ト仰臥トニ気息急迫シ欬嗽短促ニメ多《ク》ハ吐痰ナク大《ヒ》ニ痙性ヲ帯ヒ煩悶極メテ甚シ」而《メ》胛間ニ痙攣状ノ掣痛有テ或ハ耐ヘ忍ヒ難ク手臂顔面腫脹メ眼囲殊ニ堆起ス病《ヒ》増重スレハ身体ノ運転急ナルトキニ胸内波動ヲ覚エ或ハ水声ヲ聞クヿアリ手ヲ以テ胸ヲ打チ或ハ聴管ヲ以テ之ヲ候フモ亦然ルヿヲ得」其主徴トスヘキハ夜中俄然トメ大煩悶ヲ起シ将《サ》ニ窒息セントメ夢忽チ寤メ躍テ牖戸ニ臨ミ新気ヲ引《カ》サレハ堪《ヘ》忍フ可ラサルヿアル者是ナリ」其季期ニ至テハ平臥スルヿ能ハス危坐メ僅《カ》ニ日ヲ消《ク》リ其終リハ唯立テ呼吸寛快ヲ取ルノミ」小便ハ稀少ナレ𪜈其色腹水ノ如ク曇黯ナラス或ハ全ク異変ナキ者アリ腹ノ嚢水腫モ亦然リ」其死スル者ハ窒息或ハ卒中昏睡ヲ兼ヌヲ以テス而《メ》治癒スル者ハ甚《タ》少《レ》ナリトス

原由　総論ニ挙《ク》ル所《ロ》皆之《レ》カ因ト為ル就中既往ノ肺焮衝肺結核。伊偪篤《[16]イ、グト》ノ転徙。[52]肝臓壅塞。経久喘息等ヨリ来リ又《タ》腹水ニ継発ス

治法　総論ニ挙クル所ノ治轍ヲ蹈テ腹水ニ処スル所ノ諸薬ヲ用フヘシ実芰答里斯。[11]海葱。[22]蒲里阿尼[29]亜等ノ利尿薬ヲ殊ニ佳トス」消石一[53]刄ニ金硫黄[54]氏一ヲ和シ日ゝ二三次与《ヘ》テ甚《タ》効アル丅アリ煙草。莞菁。[27]及《ヒ》莨若[47]ノ丁幾モ亦用フヘシ」而《メ》打膿法[55]ヲ上膊及《ヒ》胸部ニ行ヒ芥子脚浴ヲ施シ或ハ腓腸ニ芥子泥ヲ貼メ水液ヲ下導スルモ亦緊要《也》トス」煩悶劇キ者ニ於テ肋間ニ著キ波動ヲ見ハ穿胸術ヲ行フヘシ是レ姑息ノ妙技ニメ或ハ全功ヲ収ムル丅アリ」又煩悶ヲ鎮止スルニハ老利児結爾斯《[56]ラウリールケルス》水ニ菲阿斯越幾斯[57]ト阿芙蓉ヲ伍シ用《フ》ルヲ佳トス

此病ノ治シ難キ所以《ン》ハ特ニ其鑒定ノ晩キニ坐ス故ニ経久ノ喘息重キ者ハ毎常《イツモ》之ヲ胸水ノ初起《也》ト認メ小便分泌ヲ催進スルヲ良トス必ス其病ヲ未萌ニ防ク丅ヲ得ルナリ

心嚢水腫「[58]ヒドロプスペリカルヂー」羅「[59]ワートルシュクト、ファン、ハルトサッキー」蘭

徴候　諸証胸水ニ異ナラス亦胸水ヲ兼ル者多シ」心悸動メ其動全胸ニ及ヒ脈結代シテ煩悶最《モ》劇シク時ニ眩暈スルヲ主徴トス」之ヲ心臓器質病ト鑒別スルニハ聴管ヲ以テ候フニ若クハナシ

原由　水腫通因ノ外《カ》心臓焮衝。心臓器質病。及《ヒ》病毒転徙ヨリ来ルヲ常トス

治法　胸水ニ同シ

頭水「[60]ヒドロセパリュス」羅「[61]ワートルホーフド」蘭

内外二証アリ外頭水ハ頭蓋骨外ノ水腫ナリ皮膚水腫ニ属ス内頭水ハ脳髄ト脳膜ノ間ニ位《ヒ》シ或ハ脳ノ空隙間ニ潴蓄セル者ニメ之ヲ脳水腫ト名ク」

脳水腫ハ先天病アリ後天病アリ共ニ小児ノ病ナリ故ニ小児門ニ論列スト雖𪜈間ゝ亦緩慢ニメ年齢ノ長スルニ及フ者アリ其頭漸ク拡張シ驚異スヘキ非常ノ大《サ》ヲ得テ必《ス》常ニ癡呆ヲ兼ヌ余

曽テ此患者ノ長メ十六歳ニ至レル者ヲ見タリ」

此病ノ偶ゝ大人ニ在ル者ハ既往ノ脳焮衝。劇甚ノ頭脳打撲。経久ノ精神錯乱。或ハ頭蓋骨内ノ諸ゝ形器病等ニ継発スル所ナリ」治法ハ他ノ水腫病ニ異ナラス」而《メ》先天証ト緩慢ニ発セシ者トヲ論セス毎日二三回冷水ヲ頭上ニ[62]灌漑メ妙効ヲ得ルヿ多シ是他ノ諸法ニ勝テ大益アリトス

皮膚水腫「[63]アナサルカ」羅「[64]ホイドワートルシュグト」蘭

徴候　水液蜂窠質内ニ潴蓄セル者是ナリ皮下ヲ以テ常トスレ圧肺ノ如キ内部ノ蜂窠質ニ位セル者モ亦之ニ属ス而メ総身水腫ト局処水腫トアリ指ヲ以テ之ヲ圧スニ陥没メ窪ヲ遺スヲ其徴トス

原由　其素因ハ繊維ノ弛緩ナリ故ニ弛緩質ノ人皆此病ニ罹リ易ク亦男子ヨリ婦人ニ多シ此等ノ人ハ久《シ》ク佇立セシ時。強ク行歩セル後《チ》或ハ夏日等ニ足跗膨腫スルヿアレ圧常有ノ事トメ敢テ之ヲ意トセサル者ナリ

治法　〔局処水腫〕　標本二証アリ標証ハ腹水ノ脚腫。陰嚢腫。胸水ノ臂腫ノ如キ是ナリ本証ハ局処焮衝僂麻質焮衝。疥癬毒焮衝等局処衰弱。感冒等ニ起因セル者是ナリ標証ハ本病治スレハ随テ退クナリ本証ハ芳香薬嚢[65]忽布《ホップ》。[66]亜爾鮮ヲ盛ルヲ殊ニ佳トスノ[67]乾熨。抜爾撒謨《バルサム》性薬ノ薫法。局処蒸気浴。縛帯等ヲ行フヘシ亦之ニ寒熱両種アリ皮膚緊張メ疼痛シ焮衝性ヲ帯《フ》ル者ハ[68]蜞針[69]吸角ヲ施スヘシ寒性ノ者モ緊張メ蓄水多キ者ハ謹慎ヲ加ヘテ乱刺スルヲ佳トス

〔総身水腫〕　急性ノ者ハ過劇ノ感冒後。蒸気閉塞。皮疹内陥等ヨリ来ル防焮治法ニ利尿発汗ノ剤ヲ兼用スヘシ[70]消石ニ[22]海葱。[11]実芰答里斯。[71]甘汞ヲ伍スル者殊ニ佳ナリ慢性ノ者ハ心臓大血脈ノ運行怠慢ヨリ来リ或ハ全軀ノ水腫[7]蜂窠質ノミニ限ラサルヲ云ニ及《ヒ》内部ノ蓄水等ニ兼発ス水腫普通ノ治法ノ外《カ》「フラ子ル」布名ヲ以テ摩揩シ且《ツ》之ヲ用テ温覆シ芳香薬薫法。発汗浴焼酎ヲ加フヲ行フヲ宜シトス

其二気脹病「[72]リュグトオップホーピング」蘭

総論

此病ノ生スル其因二般アリ一ハ体外ノ大気竄入スルニ由ルナリ一ハ体内ニ瓦斯《ガス》ヲ生スルニ由ルナリ」体内ニ生スル者亦二般アリ腐敗泡醸等ノ如ク舎密力ノ変ニ係レル者ト膣裏ニ分泌セル水様液。神経力ノ化[73]ヲ離レテ気状ニ変セル者ト是ナリ」治法ハ外術ヲ以テ之ヲ外洩スルカ薬力ヲ以テ体内ニ之ヲ噏収セシムルカ或ハ之ヲ滴質ノ故形ニ復セシムルニ在リトス

風気[76]痞滞「[74]フラチュレンチア」羅「[75]オプホーピング、ファン、ウィンデン」蘭

徴候　胃腸内過多ニ風気[76]ヲ蓄ヘテ之レカ為メニ胃部全腹常ニ痞脹緊満シ屢ミ噯気シ数ミ放屁メ稍ミ軽快ヲ覚ユル者是ナリ」此病ハ其局処ノ圧迫ト神経ノ交感トニ由テ媒起スル所ノ苦楚千種萬様ナリ乃チ懊悩。煩悶。少気。短息。多夢。魘不寤[77]。心思鬱重。依[78]ト昆垤児[79]。歇以私的里ノ諸証ヲ発シ或ハ動悸腹痛甚シク殊ニ左腹ノ劇痛宛カモ胸脇痛ニ類似シ或ハ遠隔セル部ニ痙攣疼痛ヲ起シ或ハ錯視錯聴等ノ五神ノ変常ヲ呈ス」其甚シキ者ニ噯気病。腹鳴病ト名クル者アリ甲ハ日常断エス噯気メ其響声甚タ大ナル者是ナリ乙ハ風気腸中ニ円転メ雷鳴シ其響声奇異ニメ或ハ鳥ノ噪クカ如ク或ハ獣ノ吼ルカ如キ者是レナリ往古之ヲ邪気ノ憑ル所トシ或ハ活物ノ内ニ存スル者トセリ」又タ其風気痙攣ノ為メニ彼此遊走スル者アリ之ヲ歇以《[80]ヘイ》私的里《ステリ》家ノ逍遥球ト謂フ

原由　本因ハ胃腸衰弱メ其繊維張力ヲ失ヘル者ニメ兼ルニ其神経依ト昆垤児《[78]ヒポコンデル》。歇以私的里《[79]ヘイステリ》ノ調ヲ得シニ在リトス是レ僅々タル神経ノ感。鎖々タル情意ノ動モ直チニ風気ヲ生スル所以ナリ」故ニ此病ハ依ト昆垤児。歇以私的里ノ一傍証ニ属ス

誘因ハ消化シ難キ食物。泡醸シ易キ飲液。神経及ヒ情意ノ感動。或ハ感冒等ナリ蓋シ感冒ニ由レル者ハ皮[25]膆ニ瓦斯《ガス》ヲ造クルノ機関。抑遏メ対[81]称機ノ為メ

ニ腸ノ裡面ニ転セル者トス

風気ヲ生スルノ所因ハ胃腸ノ虚弱。消食機ノ怠慢及《ヒ》[82]類化機ノ不及ニ係ルカ故ニ生力強壮ニメ消食。[82]類化。健全ナルトキハ食物夫《ノ》[83]無生舎密力ヲ逞《フ》スルノ暇ナクメ風気ヲ生スルヿヲ得ス是故ニ斯ノ如キ人ハ不良ノ食物ヲ喫スル𪜈絶《エ》テ此病ヲ発スルヿナシト雖𪜈若《シ》其素因ヲ具《フ》ル者ハ良性無害ノ品ヲ食スルモ忽《チ》此病ヲ生スルナリ

治法　姑息法ト根治法トアリ

姑息法ハ唯痞滞セル風気ヲ駆除スルヲ以テ主トス故ニ駆風薬及《ヒ》鎮痙薬ヲ与ルヲ佳トス即《チ》[84]茴香。[85]薄荷。[86]遏泥《ア子ー》子《ス》。[87]葛縷子。[88]揮発油類。[89]甘消石精[90]纈草丁幾。第百六十四方[91]葛私多僂謨《カストレウム》。[92]忽弗満《ホフマン》鎮痛液。[93]硇砂加遏泥子《ス》精等ヲ用ヒ劇証ハ阿芙蓉ヲ伍シ第百六十五方胃部及《ヒ》全腹ヲ摩擦シ温布温石ヲ外貼シ揮発鎮痙ノ軟膏ヲ擦シ或ハ[94]加密列蒸餾油四滴ヲ[95]収斂亜的児半銭ニ和メ之ヲ塗リ薄荷。加密列。葛縷子ヲ以テ灌腸法ヲ行フ等ナリ」総テ斯《ノ》患者ニハ毎朝空心蓐内ニ在テ[96]格墨因《コメイン》泡剤格墨因四銭水一椀煮テ浸出ス一椀ヲ飲《マ》シメ午前ト午後ニ[97]複方橙皮越栗失爾附六十滴ヲ服セシムルハ[98]格墨因利窮児《コメインリキウル》附ヲ用ルニ勝レリトス[98]格墨因利窮児《コメインリキウル》ハ間《ヽ》患者ヲメ焼酒ニ溺レシムルノ弊アレハナリ」宜ク諸《ヽ》蔬菜類ヲ喫セシメス食饌上ノ飲酒ヲ禁シ飲液羹汁皆温用スルヿヲ戒ムヘシ

根治法ハ胃腸ヲ強健ニメ其張力ヲ復セシムルニ在リ胃弱条ヲ参考スヘシ宜ク冷燥ノ食物及《ヒ》冷肉ヲ喫セシメ氷冷水。氷片。及《ヒ》酸味ナキ有力ノ葡萄酒ヲ用ヒシメ胃部全腹ニ冷洗法或ハ冷滴法ヲ行ヒ冷水灌腸法ヲ施シ屢《ヽ》勧メテ強ク肢体ヲ運転セシメ第百六十六方及《ヒ》第百六十七方ヲ内服セシムヘシ」其他依ト昆埵児。歇以私的里ノ治法皆襲用スヘシ」歇以私的里家累《キ》リニ噯気メ吼ルカ如キ声ヲ発シ之《レ》カ為《メ》ニ困苦セルヿ甚キ者[99]消酸昆《ビ》斯繆篤《スミユツト》ヲ用ヒ胃痙ノ治法ヲ行《フ》テ根治ヲ得シヿアリ

鼓脹「[100]テイムパニテス」羅「[101]トロムメルシュグト」蘭

徴候　腹肚大ニ緊満腫脹ノ之ヲ圧セハ張力強ク之ヲ打テハ鼓声ヲナシ漸ク増大ノ将ニ破裂セントスルノ勢ヒ有ル者是ナリ其腫。起臥ニ循テ移動セズ模索シテ汩[14]動ヲ見ズ以テ腹水ト鑑別スルヿヲ得ヘシ」通例其脹満スルヿ平坦ナラス之ニ触ル、ニ不同ノ処アルハ其風気腸内ニ在ルナリ之ヲ腸鼓脹ト謂フ其全腹一様ニ緊張ノ不同ノ処ナキ者ハ腹腔間ニ在ルナリ之ヲ腔鼓脹ト謂フ腹中雷鳴ノ噯気セス放屁セス呼吸不利ノ大ニ煩悶シ腹疼ミ四肢厥冷スルヲ此病ノ常証トス大便ハ秘閉ヲ以テ常トスレ𪜈或ハ亦泄瀉スル者アリ」腸鼓脹ハ焮衝ヲ兼発スルノ恐レアリ故ニ発熱スル𬼂ハ必ス忽セニスルヿ勿レ其終リ破裂スルヿアリ

原由　腸鼓脹ハ其因消化シ難ク泡醸シ易ク閉塞ヲ起スヘク風気ヲ醸スヘキ飲食ノ飽満。腐壊ニ傾ケル粘液胆汁ノ鬱滞。右ノ汚物ヲ兼テ患ル所ノ感冒。経久頑固ノ便秘。腸ノ麻痺。焮衝。壊疽。創傷。或ハ硬結腫。潰瘍。或ハ腐敗熱等ニ在リ」故ニ此病ハ特立セル本原証ナキニ非スト雖𪜈他患ノ継病トナリ或ハ他病ノ傍証タル者多キニ居ル」而メ風気痞滞病ノ常習此病ノ素因トナル」腔鼓脹ハ腸内ノ風気漏洩ヨリ来リ腸鼓脹ノ病末破綻スルニ由リ或ハ腸ノ潰瘍創傷等ニ由ル或ハ血液ノ溶解渙崩ヨリ生シ[102]腐敗熱ノ一傍証或ハ強ク軀体ヲ熱セル後ノ感冒ヨリ発ス窒質気腫ノ起ルト其機ヲ一ニス

治法　先ツ原因ヲ探索メ而メ痙攣証焮衝証[15]ノ有無ヲ査点スヘシ」若シ焮衝証アル者ハ先ツ瀉血ヲ行フヘク否ラサル者ハ始メヨリ駆風法[103]及ヒ鎮痙法ヲ専用スヘシ即チ阿魏[104]。大黄[105]。格綸僕[106]。加耶普的油ノ丸薬ヲ与ヘ薄荷油。加耶普的油《カヤフーテ》[107]ニ羯布羅油《カムフラ》[108]。阿芙蓉液ヲ加ヘタル擦法ヲ行ヒ乾角法ヲ施シ加密列《カミツレ》[94]格墨《コメ》[96]因煎汁ニ阿魏[104]ヲ加ヘテ灌腸シ兼テ舎密力[109]ニ注思シテ泡醸ヲ防クヘシ即チ泡醸シ易キ植物ヲ喫セシ𬼂ハ酸性泡醸ヲ起スカ故ニ麻偪涅失亜《マグ子シア》[110]。蝲[111]

蛄石。石灰水等ニ大黄ヲ配シ用ヒ腐敗性ノ泡醸アルヿヲ察セハ醋[112]。収斂亜的児[113]ヲ服セシメ内外冷水氷片ヲ用ヒ（寒冷ノ泡醸ヲ防止スルハ人ノ能ク知ル所ナリ）亜的児[114]ヲ腹上ニ点滴シ胃ノ飽満セル者ハ吐法ヲ行フ等ナリ

右件ノ諸法皆験ナキニ当テ間ト患者ノ余命ヲ済ヒシヿアル三個ノ外術アリ其一。灌腸ノ喞筒《スポイト》[115]ヲ以テ風気ヲ外導スルナリ其法一尺余ノ屈撓スヘキ管ヲ直腸ニ挿ミ入レ之ニ喞筒ヲ接メ之ヲ行フ若シ其管填塞スルヿアレハ温湯ヲ注射ス」其二。腹囲ニ縛帯ヲ行テ圧搾スルナリ漸次ニ緊紮メ患者ノ堪ヘ得ルヲ度トス其三。「トロイクハルト」[116]（管ヲ具ル鍼ノ名）ヲ取テ緊脹最モ甚キ部ヲ穿チ管ヲ其孔ニ止メテ風気全ク外洩シ尽ルニ至ルナリ」総テ術後ハ強壮剤ヲ用ヒンヿヲ要ス

小児動モスレハ胃部緊脹メ鼓脹状ヲ致スヿアリ此証ハ唯摩擦按撫シ或ハ遏爾託亜《アルタア》[117]軟膏[94]ニ加密列油薄荷油ヲ和メ塗擦シ小児散[118]（按ニ第二百五十六方）ヲ用ヒ灌腸法ヲ行フテ速ニ治ス

窠質気腫「エムペイセマ[119]」羅「オイトストルチング、ファン、リュクト、イン、セルウュル」[120]蘭「ーフセ」

徴候　腫脹張力有テ之ヲ圧セハ指下ニ果実ヲ捺《オ》スカ如キ響キヲ覚ュル者是レナリ

原由　或ハ外傷ニ由テ外気蜂窠質[7]ニ竄入スルノ路ヲ得ルヨリ起リ或ハ内部ノ溶崩腐敗[102]ヨリ瓦《ガ》斯《ス》ヲ生セルニ因ス神経熱腐敗熱ニ傍発セル全軀ノ気腫ノ如キ是レナリ」或ハ亦劇シク軀体ヲ熱セル後感冒メ一夜間ニ頻発スル者アリ（按ニ蒸発ノ機関転メ裡面ニ瓦斯ヲ造成スルナルヘシ）

治法　其気ヲ血中ニ吸収シ取テ更ニ之ヲ汗ニ蒸発セシムルニアリ即チ患部ヲ摩揩シ乾燥セル香竄薬草ノ枕子[121]ヲ外貼シ全軀気腫ハ発汗薬ヲ内服スルノ外カ毎一時半。香竄酒精ヲ以テ洗滌スルヲ佳トス

子宮気脹「[122]ペイソメトラ」羅「[123]ウィンドシュクト、ファン、バールムードル」蘭

子宮膨張ノ時ニ風[76]気ヲ膣中ニ泄ラス者是レナリ

歇以私的里《[79]ヘイステリ》或ハ子宮 印華爾屈篤《[124]インハルクト》ニ因ス宜ク本

病ニ準テ治法ヲ処スヘシ

扶氏経験遺訓巻之十四 終

巻之十四註

1 *water - en luchtverzamelingen* 気水集積病。

2 waterzucht 水腫症。

3 schudding 震動。

4 アルコール度が高く強い。

5 *antagonismus, metastasis* 拮抗、転移。

6 wei 血清。

7 celweelfsel 細胞組織。

8 endemisch 地方病。風土病。

9 こしけ。

10 werktuigelijke 機械的。

11 *digitalis*。

12 *hydrops asicites*。

13 buikwaterzycht 腹水腫。

14 イツドウ。脈動。

15 炎症。

16 イイグト。iicht 関節炎。

17 weefsel 組織。

18 *quassia Simarrubaceae* 属。

19 *taraxacum* タンポポ。

20 炭酸バリウム。

21 *guajacum* 瘉瘡木。

22 カイソウ。*rad. squilla* 地中海原産ハマユウに似る多年草。鱗茎を利尿薬に用いる。

23 *squill. Scilla martima* 。海葱。

24 *kalin*。

25 皮膚。

26 endermische methode 皮内法。

27 spaanschevliegpleister *canthrides* カンタリス膏。

28 grein 一グレインは約〇・〇六五グラム。

29 *bryonia* ブリオニア根。催吐峻下剤。

30 *juniperus* ネズの実。

31 タバコ。

32 thee 利尿薬の茶。

33 rijnwijn ラインワイン。

34 *pilul. hydragog. janin.* 駆水丸。pilula は丸薬。hydragogisch は駆水、利水。藤黄、ジギタリス、海葱、金硫黄、アニス、

アラビアゴムを混ぜて丸薬とする。

35 *aloe* アロエ。

36 *jalapp* ヒルガオ科ヤラッパ。塊根を下剤とする。

37 kolokwinten コロシントウリ。*Citrullus colocynthis* の実。

38 *rad. gratiol* ゴマノハグサ科グラチオール草。有毒で現在は使用されない。

39 verbinding van pisdrijvende met purgeermiddelen 利尿下剤。耶氏は耶骨布 Jacob 氏（薬方篇第百五十八方参照）。

40 *elaterium*。

41 硝酸水銀。

42 芒硝。硫酸ナトリウム。

43 *chelidon* クサノオウ。

44 *tart. tartaris* 酒石酸カリウム。

45 wijn champagne シャンパン酒。

46 阿片。

47 ロート。*rad. belladonnae* ベラドンナ。

48 ガルバニー電気。直流電気。

49 *paracentesis abdomisis* 腹部穿刺。

50 *hydrothorax* 胸水。

51 borstwaterzucht 水胸症。

52 転移。

53 scrupel 一スクルプルは約一・三グラム。

54 五硫化アンチモン。

55 人為的化膿法。

56 *aqua laurocerasi* 月桂樹水。

57 *extr. hyoscyam.* ヒヨスエキス。

58 *hydrops pericardii* 心嚢水腫。

59 waterzucht van het hartezakije 水膜水腫。

60 *hydrocephalus* 水頭症。

61 waterhoofd 脳水腫。

62 begieten 水をまく。

63 *anasarca* 全身収水腫。

64 huidwaterzucht 皮膚水腫。

65 ホップ。

66 *absinth* アルセン。ニガヨモギ。

67 乾いた膏薬。

68 蛭。

69 吸い玉。

70 硝石。硝酸カリウム。

71 塩化水銀（I）。

72 luchtophopingen 気蓄積。

73 invloed 影響。

74 *flatulentia* 放屁。颪気。

75 ophooping van winden ガス蓄積。

76 空気、屁。

77 うなされる。

78 hypoxchondrische ontstemming 心気症的不全。

79 ヘイステリ。hysterie ヒステリー。

80 wandelende *globus hystericus* 円形逍遥ヒステリー。
81 antagonistisch 拮抗的、対立的。
82 assimilatie 同化。
83 zuiver scherikundige ontleding 純粋の化学分解。
84 *sem. foenicul* ウイキョウ実。
85 *hb. menth. pip.* ミント。
86 *anis.* アニス。
87 *carui* カルム。ヒメウイキョウ。
88 *olea aetherea* エーテル油。
89 geaetheriseerde *acida*。
90 *valeriana* 吉草根。
91 *castoreum* 海狸香。
92 *liquor anodyne. hofm.*。
93 *liquor ammon. anis.* 塩化アンモニウムとアニスの混合物。
94 *ol. destill. chamomill* カミルレ蒸留油。
95 *aether. sulphur.* 硫黄油エーテル。
96 komijnthee クミン煎剤。
97 *elixir.aurant. comp pharm. boruss* 複方橙皮エリキシル。
98 komijnliqueur クミンリキュール。
99 *magisterium bismuthi* 次硝酸ビスマス。
100 *tympanites* 鼓腸。
101 trommelzucht。
102 ontbinding 分解。変質。
103 *carminativa* 腸管内ガスの排出法。
104 *foetida* アサフェチーダ。
105 rhabarber。
106 *columbo* コロンボ。
107 *ol. cajaput* カユプテ油。
108 kampherolie カンファー油。
109 化学反応。
110 *magnesia pura* 酸化マグネシウム。
111 *lapid .cancr.* オクリカンクリ。
112 原文は *acida* 酸類とのみある。
113 *elix. acid. hall.* Haller 氏酸性エリキジール。巻十二註105参照。
114 原文は *naphtha* とある。naphtha は石脳油。石油。
115 spuit スポイト。洗浄器。灌腸器。
116 troisquart 三、四の意。
117 *ungt.aethae* アルテア膏。
118 *pulv. pueror.* マグネシア、大黄、吉草、ウイキョウ油糖の散剤。
119 *emphysema* 気腫。
120 uitstoring van lucht in het celweefsel 細胞組織内の気体流出。
121 kussen クッション。香草入り枕。
122 *physometra* 子宮気腫。
123 windzucht van de baarmoeder。
124 *infactus* 梗塞。

（表紙）

扶氏経験遺訓　十五

扶氏経験遺訓巻之十五

足守　緒方章　公裁　同訳
義弟郁　子文
西肥　大庭忞　景徳　参校

第九編

過泄病「[1]オーフルマーチゲオントラスチング」蘭

総論

徴候　沕《ウエ》乙《イ》[2]。粘液。血液。或ハ自余ノ諸液常度ヲ越エ若クハ常調ヲ錯テ過度ニ排泄スルナリ

原由　之ヲ総《フ》ルニ血液一部ニ鬱滞充積シ或ハ一部ノ運営亢盛シ或ハ一部ノ刺衝[3]過度トナリ或ハ一部ノ衰弱弛緩スルニ在リ」而《メ》其刺衝ハ舎密《セーミ》[4]刺衝〔病〕黙加《メカ》[5]刺衝。〔病〕[6]器質変常。肺結核ノ如キ是ナリ病毒転[7]徙。交感刺衝等ナリ」其衰弱ニ由《レ》ル者ハ縦弛メ維持ノ力ナク液ノ充張ヲ拒ムヿ能ハス以テ其脱泄ヲ恣《マ》ナラシメ或ハ其管[8]囲ノ針[9]眼[10]哆開メ内液自ラ滲漏スルニアリトス

治法　先《ツ》其原因ヲ除クニアリ故ニ血液鬱積ニ因セル者ハ之ヲ駆散シ運営亢盛ニ原ケル者ハ之ヲ減退シ焮衝性ト感動過敏性ト区別セズンハアラス刺衝ヨリ起レル者ハ本部刺衝ト交感刺衝ト大ニ其治法ヲ殊ニス各ゝ之ヲ芟除シ衰弱ヨリ来レル者ハ之ヲ強壮ニスルヲ法トス」然レ氏危篤急ニ迫《マ》ル者ニ於テハ直チニ局処薬止血薬収濇薬ヲ用《ヒ》テ其漏泄ヲ遏止セスンハアラス

其一　失血病「[11]ハーモルラギアー」羅「[12]ブルードフルーイーンゲン」蘭

総論

徴候　血液管外ニ溢出メ体外。腔内。或ハ[13]蜂窠質内ニ漏泄スルナリ而《メ》脈管ノ縦弛ヨリ起ルト破綻ヨリ来ルトアリ

蓋《シ》血液ハ生力ヲ舍セル貴要ノ活液ナリ故ニ一分ノ血液ヲ失ヘルハ即《チ》一分ノ生力ヲ失ヘルニメ必《ス》衰弱ヲ将来スル𠂉論ヲ俟タス是ヲ以テ此病ノ安危ハ唯其血量ノ多少ニ係ル者トス若《シ》其脱泄過多ニメ急劇ナル者ハ忽然トメ死ヲ致シ少量ナルモ綿々トメ久《シ》ク止《マ》サレハ徐ク虚脱メ衰弱諸病ノ原トナル」然レ𪜈[14]焮衝病多血病ニ於テ之ヲ発スルハ自然ノ良能ニメ大利益トナリ能ク其病ノ分利ヲ営ム𠂉アリ以上総身ニ致スノ利害ヲ論ス

局処ノ患害モ亦忽ニス可ラス肺胃ノ如キ貴重ノ部ニ発メ脈管破綻セル者ハ殊ニ然リ毎常《イツモ》之ヲ創傷ノ如ク看做セン𠂉ヲ要ス而《メ》其継発スル所ハ焮衝。漏血。硬腫。膿潰ナリ

原由　近因ハ血液ノ充脹ト脈管ノ[15]抗拒ト其平衡ヲ失ヘルニ在リ」血行増進シテ充張過劇トナリ脈管ノ抗拒ニ克テ排開決破スル者アリ之ヲ実性失血トス血行ハ平常ニ異ナラサレ𪜈脈管虚衰メ之ヲ抗拒スル𠂉能ハス以テ恣《マヽ》ニ漏泄セシムル者アリ之ヲ虚性失血トス

実性失血ノ因総身ニ係レル者ニ一般アリ一ハ血脈運営ノ亢盛ナリ過酒。過動。忿怒。驚愕等内外起熱ノ諸件。失血ノ抑遏。諸熱病焮衝病等之《レ》カ因トナル一ハ神経運営ノ亢盛ナリ感動過敏証アリ痙攣証アリ」其局処ニ係レル者ハ一部ノ焮衝。痙攣。病毒転徙。器質変常。結核。[16]瘜肉等交感刺衝腸胃汚物。蛔虫。歯牙発生等ノ交感等ナリ

虚性失血ノ因。総身ニ係レル者ハ労瘵。腐敗熱。全躯衰弱。[17]失苟児陪苦《シケウルボイク》等ナリ」其局処ニ係レル者ハ一部ノ衰弱弛緩ナリ刺衝過度。或ハ温蒸過度。打撲。圧迫等ニ因ス」而《メ》一部衰弱ヨリ発セル失血証間ヽ全躯運営ノ亢盛ヲ兼併スル𠂉アリ肺及《ヒ》子宮ノ失血ニ此証多シ

又血液稀薄ニ過《キ》テ其質凝聚シ難キ者失血ノ因ト為ルヿアリ即《チ》[17]失荀児陪苦。[18]斑病。遺伝ノ失血等ニ於テ見ルカ如シ

治法　先《ツ》其虚実ヲ撿査シ実性ノ者ハ亦焮衝性〔多血性〕ナルカ将《タ》神経性ナルカヲ鑑定シ或ハ防焮諸法ヲ行ヒ或ハ[19]鎮痙降和ノ法ヲ処シテ而《ソ》腸胃汚物局処刺衝等ノ誘因ヲ除去センヿヲ要ス」若《シ》其諸法功ナキ者及《ヒ》危険急ニ迫ル者ハ止血薬。[20]収濇薬ヲ用ヒ或ハ[21]外術ヲ行テ遏止スヘシ」脈細微ニメ[22]糸ノ如ク或ハ不斉結代シ耳鳴リ眼昏ミ四肢厥冷シ頭旋眩暈スル者ハ是《レ》危険急ニ迫ルノ徴ナリ直《チ》ニ止血ノ法ヲ処スヘシ

殊ニ注意スヘキハ夫《ノ》患部衰弱ト全軀ノ運営亢盛ト合併セル者ナリ即《チ》全軀ノ為《メ》ニハ清涼[23]減袪ノ法ヲ処スヘク一部ノ為《メ》ニハ強壮薬ヲ用ヒンヿヲ要ス一部打撲ニ起レル失血ノ如キ是《レ》ナリ其一部衰弱メ全軀血脈ノ運営亢進スレハ両因合併メ血液愈《ゝ》患部ニ充脹ス故ニ刺絡メ血ヲ瀉スルト患部ニ寒冷。[24]亜児尼加及《ヒ》其他ノ強壮法ヲ処スルト相兼子サルヿヲ得ス

衄血[27]「[25]エピスタキシス」羅「[26]子ウスブルーヂング」蘭

衄血ハ平常ト病時トニ拘ラス世間ニ多キ失血ニメ多クハ脳ノ多血鬱積ヲ導決スヘキ妙機ニ出ツ」然レ𪜈其漏泄過度ナレハ終ニ危険ニ陥リ且《ツ》死ヲ致ス者少《ナ》カラス

原由　大抵多血ヨリ来ル故ニ少年ニ最《モ》多シ」然レ𪜈又血液溶渙[28]〔[17]失荀児陪苦。[18]斑病等〕月経痔血ノ不順。腹内ノ刺衝〔蛔虫ノ類〕等ニ起因セルモ亦之レアリ

治法　凡《ソ》衄血ハ其害顕著ナルニ非レハ決メ遏止ス可ラス止血早キニ過テ眼盲耳聾脳焮衝等ノ難証ヲ起セル者其例少《ナ》カラス」唯其漏泄過度ニメ顔色灰白。脈細[29]小結代。頭旋。眩暈等ヲ発スル者或ハ衰弱及《ヒ》血液溶渙ニ起因セル者ノミ之ヲ遏止スヘシ」其法冷水ヲ前額ニ注キ醋。[30]明礬水。[31]緑礬水ヲ嗅入シ或ハ之ヲ注射シ脚浴手浴ヲ行ヒ甚《シ》

キ者ハ明礬水ニ撒糸ヲ醮シテ鼻中ニ填塞スル等ナリ」「フルーイパヒール」[32]紙名一片ヲ口中ニ嚙ミ或ハ冷[33]湯法ヲ陰部ニ行《フ》テ即効アルヿアリ」内服ニハ清涼下泄ノ剤ヲ用フヘシ就中酒石[34]冷水多量ヲ和ス[35]収歛亜的児ヲ佳トス痙攣性ノ者ハ少量ノ吐根或ハ阿芙蓉ヲ酸類ニ伍シ与フヘシ

屢《ヒ》再発スル衄血ハ其因ヲ査点メ之ヲ根治スヘシ其因ハ多血。衰弱。腹内刺衝。失荀児陪苦《シケウルボイク》[17]。血液腐敗等ニ在ルヲ多シトス其血液腐敗ニ原ク者ハ幾那。硫酸最モ効アリ

咯血「[36]ハーモプテイシス」羅「[37]ブルードフーステン」蘭

徴候　欬メ血ヲ咯出ス故ニ其血肺中若《ク》ハ気管喉頭ヨリ漏泄スルヿヲ徴スヘシ其血唯口内ニ滲漏シ或ハ鼻ヨリ出テ口内ニ流ル丶者此病ニ疑似スルヿアリ能ク鑑別センヿヲ要ス

此病《ヒ》軽重安危甚タ一様ナラス今《マ》之ヲ三等ニ区別ス」其一〔軽証〕呼吸不利欬嗽疼痛等ノ胸患前駆セス兼発セス一発後復《タ》来ラス胸部ニ余患ヲ貽《ノコ》サ丶ル者是《レ》ナリ」其二〔重証〕既ニ早ク乾欬等ノ胸患有テ少前ニ戦慄メ脈進ミ咯出スルニ方テ煩悶。欬嗽。脈亢揚。面色惨澹等ノ諸証ヲ兼子少時ヲ経テ復《タ》咯出シ次テ気急乾欬持続スル者是《レ》ナリ」其三険証。未《タ》此患ヲ発セサルニ先《ツ》テ患者既ニ肺労ノ素質ヲ具ヘ一朝咯血スルニ当テハ煩悶窘迫極メテ甚シク一身発熱メ四肢厥冷シ冷汗出テ鮮血ヲ吐スルヿ数回次テ険篤ノ胸患並ヒ起ル者是《レ》ナリ

此病ノ安危ハ必シモ血ノ多少ニ拘《ハ》ラス唯原因ト体質トニ由ル者トス故ニ其患《ヒ》痔血ノ壅閉ヨリ来テ胸廓健良毫モ肺労ノ素質ヲ具セサル者ハ数椀ヲ咯ク𪜈害ヲ惹クヿナシ然レ𪜈其素質アル者ハ微々タル一咯モ甚タ危篤ニメ必《ス》肺労ニ転スルノ恐《レ》アリ

咯出スル所ノ血色曇黯ナル者ハ既ニ早ク漏泄セル者ヲ排擯スルナリ誤リ認テ病ノ仍《ホ》留連セ

ル者トスルヿ勿レ

此病ノ危険ハ出血ノ瞬時ニ在ラスメ多ク皆継発ノ肺焮衝ト肺労トニ在リ」真ノ咯血証窒息ヲ起シテ斃ル丶者ハ甚タ罕レナリトス

原由　凡ッ此病ハ其安危全ク素因ノ有無ニ管係ス故ニ之ヲ撿知スルヿ最要ナリ素因トハ何ソ所謂肺労素質ナリ（肺労条ヲ見ヨ）然レ氏肺労既ニ発メ咯血ハ其傍証ナルヿ亦屢ヒアリ」誘因ハ舞踊。馳走。飲酒。驚愕。溽暑[38]。熱蒸等ノ如ク内外軀体ヲ熱セシムル諸件。或ハ叫号ヲ劇クシ吹器ニ耽ケル等ノ肺臓努力或ハ打撲墜下等強ク胸内ニ徹スル外傷。腐敗気。酷烈気ノ吸入。痔血経血等ノ抑遏。皮疹内陥。蒸気閉塞。肺焮衝。肺結核。失苟児陪苦ノ血液溶渙[28]等ナリ」而メ其病ノ虚性ニ属スルト実性ニ属スルトヲ区別スルヿ殊ニ緊要ナリトス

治法　精神ヲ鎮メ軀体ヲ静カニシ言語笑談ヲ禁シ（肺ノ微動モ必ス害アリ）衣服ノ圧迫ヲ脱シ冷気ヲ引カシメ冷飲ヲ喫セシメ便秘スル者ハ灌腸法ヲ施シ証ニ随テ多少ノ瀉血ヲ肘ニ行フ（大衰弱ノ者血液[28]溶渙ニ傾ク者ハ之ヲ禁ス）之ヲ普通ノ第一治則トス」総テ咯血較ヤ多キ者ニ即効アル一法アリ食塩乾末一茶匙ヲ口内ニ含ミ徐々ニ水ヲ以テ送下スル是レナリ証ニ随テ八分時毎ニ之ヲ行フヘシ

各証治法

第一焮衝性咯血　体質少壮脈実シ口渇シ出血ノ抑遏。起熱ノ諸因及ヒ外傷等ヨリ起レル者是ナリ」多量ノ瀉血ヲ行ヒ（証ニ随テ数〻之ヲ行フ）清涼ノ摂生ヲ命シ消石ニ酒石。菲阿斯[39]《ヒオス》。実芰答里斯[40]《ヂキタリス》ヲ伍メ（第百四十五方）之ヲ与ヘ或ハ消石[41]ニ酒石[34]ヲ研和シ粘漿ヲ以テ送下セシメ（殊効アリ）脚浴ヲ行テ足ヲ垂下セシメ胸部ヲ冷溻シ灌腸法ヲ施シ出血抑遏ニ因セル者ハ従来《モト》ノ患部ニ蜞針[42]ヲ貼スヘシ

第二痙性咯血　前段ノ諸徴ナク体質虚弱ニメ感覚鋭敏。四肢冷エ脈細ナル者是ナリ」少量ノ吐根（第百四十六方）及ヒ酒石酸ニ菲阿斯ヲ伍メ（第百四十七方）与フヘシ而メ効ナク且ツ単純神経性ナル者ハ酸類ニ阿

芙蓉ヲ配メ第百四十八方用ルヲ宜シトス」此証間《ト》亦血液鬱積ヲ兼併スル者アリ然ルトキハ先《ッ》少量ノ瀉血ヲ行ヒ消石ニ菲阿斯ヲ加ヘ与ヘ兼テ収歛亜的児ヲ粘味乳剤ニ滴加シ或ハ[40]実芰答里斯《ヂキタリス》ヲ[43]蘊魯林ニ和メ第百四十九方用フヘシ」若《シ》胸部痙攣甚《シ》クメ欬嗽疼痛劇キ者ハ油質粘味ノ剤第百五十方ヲ服セシメ鎮痙[44]蒸湯法ヲ胸部ニ行ヒ[45]蒸餅母琵布ヲ上膊ニ貼スルヲ宜シトス

第三腸胃性咯血　腸胃汚物ノ諸徴ヲ兼子殊ニ胆液証ヲ見ハセル者是ナリ」芒消ニ[46]答麻林度《タマリンド》ヲ伍スル等ノ清涼下剤ヲ投シ灌腸法ヲ行フヘシ若《シ》自《ラ》已ニ胆液ヲ吐スル者ハ吐根ヲ与ヘテ其排泄ヲ扶クルヲ良トス

右件ノ三証右ノ如ク原因ヲ攻ルノ諸法ヲ行フト雖モ失血依然トメ退カス或ハ其咯出過多ナル者ハ直チニ第百四十八方ノ止血薬ヲ与ヘテ可ナリ

第四虚性咯血　肺臓[47]脱弛粘液労等失荷児陪苦性ノ血液溶渙或ハ膿労証ノ血絡破壊等ヨリ発シ運営亢盛ノ徴ナク亦痙攣ノ諸証ナキ者是ナリ」此証ハ始《メ》ヨリ止血法ヲ処センヿヲ要ス但《シ》脈候ニ嫌《ヒ》ナキ者ハ先《ッ》適宜ノ瀉血ヲ肘ニ行フヘシ而《メ》冷気ヲ引キ冷水ヲ服シ冷湯法ヲ施シ氷片ヲ胸ニ貼シ明礬ヲ用ヒ第百三十五方殊効アリ幾那。[48]撒爾末児扶斯《サルマルチス》。[49]百薬煎等ヲ与《フ》ルヲ宜シトス」食塩一茶匙ヲ頓服スルモ亦奇験アリ

差后治法　咯血ノ差后ハ再発ノ外《カ》恐ルヘキ者二《ッ》アリ創処ノ焮衝ト肺臓質中ノ溢血ト是ナリ此両患アレハ必ス吐膿ヲ致シ或ハ結核ヲ生ス故ニ差后仍《ホ》少時間厳ニ防焮ノ摂生ヲ命シ且《ッ》肺ヲ労スルノ諸件ヲ禁シ胸部ニ圧迫疼痛仍《ホ》残ルヿヲ見ハ適宜ノ瀉血ヲ肘ニ行ヒ或ハ蜞針ヲ施シ[50]芫菁硬膏ヲ患部ニ貼メ久《シ》ク癒《ヤ》サス消石及《ヒ》清涼下剤ヲ用フヘシ」而《メ》肺ヲ清刷スルニハ[51]甘乳清或ハ酸乳清ヲ与ヘ或ハ[52]蘆根蜜〔製法未詳〕ノ溶水ニ[53]酒石葉ヲ和メ服セシメ而後ニ「[54]セルチェル」水鉱泉ヲ用ルヲ佳

トス」差后既ニ三週ヲ経テ欬嗽全ク発セス胸内微患ヲ見ルヿナケレハ乃《チ》纔《ハジ》メテ肺労ノ恐レナキヿヲ保証スヘシ」然レ𪜈尚《ホ》遠因ヲ注視メ痔疾。腹疾。悪液病等仍《ホ》害ヲ為サンヿヲ慮ラハ各《ヽ》其治法ヲ処センヿヲ要ス」而《メ》居恒《ツ子ニ》過動飲酒等ノ起熱諸件ヲ避ケ高歌号叫等ノ肺ノ努力ヲ禁シ便秘セハ速ニ之ヲ利シ毫モ呼吸不利ヲ見ハ直《チ》ニ刺絡ヲ行フ等再発ヲ預防スルノ枢要ナリ

唾血　咯セス欬セス血ヲ吐クヿ唾ヲ吐クカ如ク或ハ唾液粘液ニ混メ出ル者是ナリ」是《レ》日常多ク見ル所ニメ固《ト》ヨリ危篤ノ病ニアラス其血ハ歯齦上顎或ハ鼻ヨリ出ル者ナリ其因モ亦多クハ一局処ノ事ニ係レ𪜈或ハ痔血ノ閉止ヨリ来リ（腸管両端ノ[55]対称機ニ由テ痔血ニ代リ発ス）或ハ失荀児陪苦ノ溶渙ニ原クモ亦之《レ》アリ而《メ》此失血ハ其発作大抵朝《タ》ニ在ルヲ以テ常トス」治法ハ撒爾非亜《サルヒア》[56]。醋。鉱酸。明礬等ノ含嗽剤ヲ外用シ痔疾。[17]失荀児陪苦ノ療法ヲ行フ等ナリ

嘔[57]血「[58]ハーマテメシス」羅「[59]ブルードブラーキング」蘭

徴候　嘔吐ニ由テ血液ヲ外泄ス其血他物ヲ雑ヘサルアリ食物或ハ胆液ヲ混スルアリ其色鮮紅ナルモ有レ𪜈多《ク》ハ曇黯ニメ静脈血ノ如シ其量僅少ナルアリ毎回一[60]比許ナルアリ日ニ二三回吐メ二三日留連スルアリ二三日ヲ間《ヘタ》テ、吐スルアリ日期ヲ刻メ吐スルアリ而《メ》大便ニ黒色ノ凝血ヲ下スヲ常トス

傍証ハ悪心。煩悶。心下痞満或ハ疼痛シ或ハ発熱シ脱力極《メ》テ甚シク顔面黲澹萎縮シ汗出テ眩暈スル等ナリ始メ頭脳ノ患証ナシト雖𪜈衰弱漸ク加ハルニ随テ譫語痙攣等ヲ発シ脈漸次《シダイ》ニ細小ト為テ結代シ屢《ヽ》昏冒メ終ニ死滅ニ帰ス

嘔血ハ危険ノ病ナリ発熱劇キ者ハ殊ニ危シ」一時半若《ク》ハ一時毎ニ連発スル者及《ヒ》硬結腫等ノ不治ノ因ヨリ来レル者モ亦然リ時期ヲ定メテ発作スル者ハ較《ヤヽ》安ク」痔血月経ノ抑遏ヨリ起レル者ハ最モ危カラストス」一男子痔血閉塞ヨリ嘔

血ヲ患ヒ毎時一椀許ヲ吐スレ圧吐後直チニ食ニ就キ更ニ余患ヲ見サリシ者アリ」但シ其危険トスル所ハ継発ノ胃焮衝ト虚脱トナリ

原由　近因ハ其血絡ノ弛開若クハ破綻ナルヿ他ノ失血ニ異ナラス而メ其血。胃ヨリ出ルアリ或ハ路ヲ短脈ニ仮テ脾ヨリ出ルアリ〔短脈ハ脾ヨリ胃ニ連ル血脈ナリ解剖書ニ就テ之ヲ撿スヘシ〕遠因ハ痔血月経壅閉メ血液胃ニ鬱積セル者ヲ最モ多シトス故ニ此病婦人ニ甚タ多シ其他腹内壅積。酷烈胆液。硝子砕片或ハ虫類ノ嚥下。毒薬。峻烈ノ吐下薬。胃ノ打撲外傷。血液ノ溶解渙崩等之レカ因ト為ル

治法　妄リニ収濇薬ヲ用ヒテ卒カニ其血ヲ抑遏スルヿ勿レ動モスレハ胃焮衝ヲ起シ硬結腫ヲ生シ或ハ鬱滞ノ汚血ヨリ腸胃熱腐敗熱ヲ誘発スルノ恐レ「アリ」故ニ其始メ皆ナ亜刺比亜《アラビア》[61]漿ニ酒石酸或ハ答末[46]林度酸ヲ和シタル酸味ノ粘漿及ヒ里歇利《リヘリ》[62]飲〔第一方〕ヲ与ヘ兼テ油製乳剤ヲ用ヒ醋ヲ以テ胃部ヲ蒸湯シ緩和灌腸法ヲ施シ脚浴ヲ行ヒ芥子[63]泥ヲ腓腸[64]ニ貼シ緩和麻酔ノ剤ヲ以テ少腹ヲ温蒸スルヲ宜シトス尚且ツ多血焮衝ノ徴アル者発熱スル者ハ足部ノ刺絡ヲ行ヒ痔血月経ノ抑遏セル者ハ蜞針ヲ肛囲陰唇ニ貼スヘク若シ右ノ徴ナクメ痙攣性ナル者ハ菲阿斯越幾斯。吐根[65]毎八分時八分[66]氏ヲ用フヲ用ヒ痙攣甚キ者ハ阿芙蓉。麝香ヲ与フヘシ

治法右ノ如クニメ吐血仍ホ止マス或ハ出血過多ニメ脈細小結代昏冒等ノ険証アル者ハ乳清[67]ニ明礬ヲ加ヘ与ヘ兼テ里歇利《リヘリ》[62]飲ニ阿芙蓉液ヲ和シ用ヒ氷冷水ヲ飲料トシ醋ヲ以テ胃部ヲ冷湯センヿヲ要ス」吐血後須知ノ二訣アリ諸証ニ通メ必ス之ヲ怠ルヿ勿レ其一ハ仍ホ二三日間乳清ニ答末林度ヲ加ヘ或ハ答末[46]林度煎ニ孕鹼[68]酒石ヲ加ル等ノ酸味緩下薬ヲ用ヒ且ツ灌腸法ヲ行フテ以テ腸内ノ溢血ヲ排泄スヘキナリ」其二ハ数日間一切硬固ノ食物ヲ禁スヘキナリ蒸餅[69]ノ小片ト雖圧胃中ノ創口ヲ破傷スル恐レアリ

痔疾「[70]ハーモルロイデス」羅「[71]アーンベイエンシーキテ」蘭

痔ト痔疾ト自ラ別アリ猶《ホ》伊偏篤痛《[72]イーグト》ト伊偏篤病《イーグト》ト差ヒ[73]腺腫ト腺病ト異ナルカ如ク両患各ゝ因ト証トノ差アリ即《チ》痔疾ハ体内ニ属スル病ニメ痔ノ内因トシ痔ハ体外ニ属スル局処ノ患ニメ痔疾ノ外証トス

此病《ヒ》大別メ四種トス未発痔。〔即痔疾〕既発痔。尋常ノ痔ナリ直腸ノ病ニメ盲痔血痔等ノ別アリ[74]壅閉痔。[75]変見痔。転徙証ト変形証トアリ是ナリ

凡《ソ》痔ハ単個局発ノ者罕ナリ大率《子》皆《ナ》内部病患痔疾ノ外証ニメ痔血ハ即《チ》其吉利済《[76]キーリシス》病ナリ而《メ》其出血月経ノ如ク期ヲ定メテ来ルアリ或ハ否ラサルアリ」然レ𪜈是未《タ》十全ノ吉利済ナラス故ニ之ヲ発スレ𪜈病根ヲ除クヿ能ハス唯軽快ヲ得セシムルノミ

此病ハ慢性病中ノ最モ緩慢ナル者ナリ生涯之ヲ患ル者少《ナ》カラス」而《メ》其根治スルハ唯其因ノ遺伝ナラス其病《ヒ》未《タ》日ヲ延カス其遠因除去シ易キ者ニ在ルノミ此病又単《ヒト》リ死ヲ致ス者ニ非スト雖𪜈内陥メ血液鬱積ヲ貴要ノ内臓ニ起シ或ハ出血過多ニメ大虚脱ヲ致セハ又タ善ク人命ヲ傷賊ス然レ𪜈亦急性病トナク慢性病トナク此出血彼カ吉利済ト為テ大ニ稗益アルヿ甚タ多シトス

此病ハ世間之ヲ患ル者ノ多キカ故ニ医能ク注視セスンハアラス殊ニ未発痔ノ如キハ医ノ見及ハサル所ニ於テ隠ニ慢性諸病ノ因ト為レルヿ屢ゝ之アレハナリ

徴候　腰脊屢ゝ疼テ時ニ腹痛シ少腹充実スルカ如ク緊満シ直腸絞窄スルカ如ク熱灼シ肛門。会陰。陰部ニ湿痒ヲ起シテ局処ノ汗ヲ発シ或ハ頑癬状ノ疹ヲ生シ大便秘結メ[77]木節ノ如ク小便[78]努責メ痛ヲ兼《子》或ハ淋瀝シ或ハ閉止シ直腸下辺時々腫脹シ或ハ硬結シ兼ルニ脳肺胃等ニ血液鬱積ノ諸証有テ時々焮熱スル等是未発痔即内部痔疾ノ徴候ナリ其他遺伝ノ素質。坐メ操作スル生業。

常用飲食ノ熱性ナル等ヲ参勘メ以テ之ヲ鑑定スヘシ」此期ノ鑑定ハ甚タ緊要ナリトス此期ニ在テハ其根治仍《ホ》営ムヘク継発ノ諸患預メ遮《キ》ル可《ケ》レハナリ

原由　近因ハ腹内ノ多血ニメ即《チ》門脈血鬱積ナリ而《メ》遠因ハ他《ノ》血液鬱積ノ因ニ異ナラス即《チ》

其一〔局処衰弱〕下剤過用。温液過服。殊ニ茶。[79]骨喜　房事過度。或ハ屢《ヒ》灌腸ヲ妄施シ或ハ非常ニ一部ヲ煦温[80]スル等ヨリ来ル

其二〔局処刺衝〕起熱ノ飲液。辛味ノ食料。[81]盧会及《ヒ》其他ノ峻下薬。黴毒。[72]伊佩篤等ノ病毒転徙伊佩篤ト痔ト交《ヒ》相発スル者アリ之ニ属ス

其三〔形器性圧迫〕[82]腹内ノ血行ヲ障碍スル圧迫皆之ニ属ス即《チ》腹帯緊縛。屈居久坐。勤学家及《ヒ》履匠ノ此病ヲ患フル者多キ所以ナリ大便秘結。硬屎蓄積。内臓壅塞。肝臓ハ門脈系ノ枢心ナルヲ以テ其壅塞腫脹殊ニ此病ヲ起シ易シ妊婦ノ子宮臨月ニ至テ痔ヲ患フル者多キ所以ナリ等是ナリ

所謂遺伝ノ素質モ他ナシ唯生得痔脈系ノ衰弱ナルノミ」茲ニ健全ノ一人アランニ唯坐メ業ヲ操リ骨喜《コーヒー》ヲ多服シ辛味起熱ノ飲食ヲ貪ルヿ年余ニ至ラハ乃《チ》善ク痔家ト為ルヿヲ得ヘシ

痔疾ハ腹内多血〔門脈血鬱積〕ナリ故ニ腹内多血ノ患害ヲ挙クレハ痔疾ノ患害自ラ瞭然タルヿヲ得ヘシ即《チ》其局処ニ在ル者ハ直腸ノ痔脈充張腫起メ焮衝失血粘液漏泄等ヲ起シ胃腸不和ニメ消食健ナラス食欲進マス酸液鬱滞シ胆液変常シ胃痙。疝痛ヲ発シ便秘。泄瀉ヲ致シ亦善ク膀胱ノ諸患ヲ起ス等是《レ》ナリ」其全軀ニ於ケル者ハ神経ノ交感ト血液鬱積ノ転徙トニ由テ諸般ノ病患ヲ誘起ス即《チ》痙攣。頭旋。昏冒。麻痹。卒中。[83]依ト昆垤児。或ハ心疾。喘息。咯血。肺労。咽喉労。[27]衄血。吐血。尿血。子宮脱血。[84]白帯下。諸種ノ皮疾。殊ニ頑癬状ノ疹ヲ陰部薦骨辺或ハ他ノ遠隔セル部ニ発ス慢性ノ潰瘍等是ナリ」而《メ》痔血ノ鬱閉ヨリ一種ノ[85]酷厲液〔所謂痔毒〕ヲ生スルヿモ亦之《レ》有ルニ似タリ

是故ニ右ノ如キ慢性病ニ於テハ常ニ此因痔疾ニ

注視センヿヲ要ス唯腹内ノ血行ヲ順利スルノミニメ全ク其病根ヲ脱除スルヿ少《ナ》カラス

治法　二般アリ甲ハ病根ヲ抜テ泉源ヲ塞キ以テ痔血ヲ未萌ニ治スルニ在リ根治法乙ハ痔血ヲ喚起メ局処ノ鬱血ヲ攘ヒ以テ現発ノ患害ヲ制スルニ在リ故ニ乙法ハ其病ヲ根治スルニ非ス唯一時ノ快ヲ取ル姑息法ナルノミ尚且《ツ》此法ハ痔血ノ端ヲ啟[86]《ヒ》テ患者ニ煩ヲ遺スノミナラス或ハ之《レ》カ為《メ》ニ悪性危険ノ証ヲ惹《キ》出タスヿアリ」是故ニ専《ハ》ラ甲法ヲ用ヒ乙法ハ唯根治法ノ処ス可ラサル者不治ノ病因ヨリ起リ或ハ遺伝ノ素質ヨリ生シ腹内血行ノ支障断《エ》テ除ク可ラサル者或ハ従来痔血ニ慣レシ者或ハ痔血ノ鬱閉。危久ノ険証ヲ起ス者ニ施スヘキノミ

根治法　不断挙動メ久坐セス起熱ノ飲食ヲ禁シ適宜ニ大便ノ通利ヲ進ムルハ痔疾ノ素因ヲ除クヘキ最要法ナリ之《レ》ヲ犯ス者ハ善ク痔疾ヲ患ヒ之《レ》ヲ守ル者ハ善ク痔疾ヲ免ル」患者久《シ》ク羇旅シ或ハ居ヲ田舎ニ移スヿ半歳許唯右ノ摂生法ヲ守テ全治セルヲ目撃セシ者少《ナ》カラス

痔疾ノ本因ハ腹内多血ナリ故ニ之ヲ除クヲ以テ治法ノ本旨トス〔第一〕諸ゝ起熱ノ飲食ヲ禁シ久坐ト腹部ノ屈迫ヲ避ケ厳ニ房事ヲ慎ミ勉メテ肢体ヲ運転シ又腹肚ヲ按撫スヘシ総テ痔家ハ坐メ業ヲ操ル可ラス唯高椅子ニ憑リ若《ク》ハ立テ其職ニ就カンヿヲ要ス〔第二〕腹内ノ血行ヲ順利シ内臓ノ壅塞ヲ開達センヿヲ要ムヘシ〔第三〕適宜ニ大便ノ排泄ヲ促スヘシ蘆[87]根蒲公英[88]ノ越幾斯。孕鹼酒石第百六十八方等ノ緩性解凝薬及ヒ硫黄ヲ内服スレハ能ク第二三則ノ目的ニ達スヘシ就中硫黄ハ痔疾ノ特効薬ニメ特ニ其功ヲ痔脈ニ揮ヒ其運営ヲ進起メ其壅滞ヲ開釈スル偉能アリ故ニ痔疾ヨリ起レル諸患肺労水腫ノ如キモ之ヲ用《ヒ》テ皆奇験アリ酒石ヲ伍シ用ルヲ最モ良トス第百六十九方神経性ノ患者ニハ沸騰散[89]ヲ和メ之ヲ与フヘシ第百七十方通例前ノ越幾斯剤〔第百六十八方〕ヲ連用スルヿ二三週ニメ足レリト雖𪜈功無《ケ》レハ

硫黄ヲ与フルヿ二三日。証ニ随テ復《タ》前薬越幾斯剤ヲ用フルニ宜シ」或ハ此ニ[81]盧会《コヽ》ヲ称用スル者アレ氏決メ宜シカラス此薬ハ唯腹内ノ多血ヲ増加メ動モスレハ焮衝ヲ起シ痔血ヲ誘フニ足レルノミ大便ヲ利スルニハ[90]蓖麻子油ヲ用フルモ亦妙ナリ〔第四〕内臓ノ頑硬腫ヨリ起レル者ハ有力ノ解凝薬ヲ用フヘシ就中「カル、スバット」鉱泉ヲ特効薬トス若《シ》欠クルニ値ハ、人工品附ヲ製メ之ヲ与フヘシ其他病毒転徙ヨリ来レル者ハ各《ヽ》定類ノ薬ヲ撰用センヿヲ要ス徽毒ニ水銀ヲ用フルカ如シ〔第五〕直腸及ヒ痔脈ノ局処衰弱ノミニ因セル者ハ冷水灌腸法ヲ行ヒ血液鬱積著シキ者ハ必《ス》硫黄ヲ兼用スヘシ

慢性痔疾ニ[91]蓍草穂浸剤一椀宛《ツヽ》毎朝夕連服メ奇効アルヿアリ之ヲ用ルヿ期年余ニメ全功ヲ収メシ者余屢《ヽ》目撃セリ

局処治法ハ痔核及《ヒ》直腸腫脹ニ冷水ヲ外用スルト痔核ヲ截断スルトナリ冷水ノ能ク局処諸患ヲ散スルノ駿速ナルヿハ人ノ知ル所ナレ氏妄《リ》ニ此病ニ之ヲ施スハ愚惑ニ属シ亦危険ニ属ス是《レ》唯表証ヲ治スルノミニメ病原ヲ断ツヿナシ故ニ之《レ》ニ由テ治セリトスルハ猶《ホ》腺腫ヲ截断シ或ハ消散セシメテ腺病ヲ治セリト想フカ如シ豈愚惑ト謂ハサルヘケンヤ血液既ニ久《シ》ク腹内ニ鬱滞セルニ其路ヲ塞《ヒ》テ之ヲ他ニ嚮ハシメハ必ス転メ胃膀胱及《ヒ》他ノ内臓ヲ犯シ以テ諸般ノ篤証ヲ起スヘシ亦危険ノ術ト謂ハサルヘケンヤ」故ニ此法ハ其病唯直腸局処ノ衰弱ニ因メ腹内多血ノ候ナク内臓壅塞ノ兆ナク且《ツ》遺伝ノ素質ヲ胎セサル者ニ行フヘキノミ」嘗テ痔血ヲ発セシヿ有ル者及《ヒ》既ニ内陥メ貴要ノ部ニ転セシヿ有ル者ハ殊ニ慎テ此法ヲ行フヿ勿レ

[92]喚痔法　是《レ》固《ト》ヨリ姑息法ニメ根治法ニアラス・故ニ唯前〔治法ノ初メ〕ニ論説セル諸証ニ行フヘキノミ」

二法アリ一ハ外ヨリ喚テ血液鬱積ヲ直腸ニ誘フナリ一ハ内ヨリ進メテ之ヲ茲ニ起サシムル

ナリ」甲方ハ脚浴。蒸気浴。蒸湯法ヲ行ヒ緩和ニメ微《ヤ、》刺衝スル灌腸法ヲ施シ蜞[42]針或ハ吸角[93]ヲ肛囲ニ貼スル等ニアリ乙法ハ沸騰散[89]〔第二方〕蓬砂[94]（以上清涼品以下起熱品）或ハ盧会[81]。没薬[95]。雑腹蘭[96]《サフラン》。黒列僕里[97]《ヘツレボリ》。鉄。抜爾撒[98]《バルサ》謨《ム》丸（第百七十一方）「ボウルポグ子[99]」酒「カムパグ子[100]」酒等ノ如ク特ニ直腸ヲ刺衝スルノ異効アル品ヲ内用スルニ在リ（経閉条ト比考スヘシ」）患者多血ニメ血液鬱積ニ傾ケル者ハ甲法ニ乙法中ノ清涼品ヲ兼子用フヘシ又起熱品ノミヲ用フヘキ者モ必ス甲法ヲ兼子行ハンヿヲ要ス否ラサレハ血液鬱積ヲ直腸ニ起サスメ他ノ貴重ノ部ニ致サンヿノ恐レアレハナリ

〔按ニ以上論スル所ハ未発痔ニメ此編所謂痔疾ナル者ナリ以下局発ノ痔ヲ論ス即是レ既発痔ナリ〕

〔盲痔〕痔脈充脹シ若クハ直腸ノ蜂窠[13]質ニ血液滲漏シテ腫起セル者是ナリ肛外ニ在ルアリ肛内ニ在ルアリ小ナルアリ大ナルアリ或ハ嚢状ヲ為スアリ（嚢痔ト名ク）疼ムアリ疼マサルアリ或ハ疼痛忍ヒ難キアリ或ハ亦変メ硬腫トナルアリ」治法ハ前ニ挙クル痔疾通治法ヲ行ヒ殊ニ清涼ノ摂生。肢体ノ運転ヲ命シ清涼下剤ヲ用ヒ硫黄ヲ与フヘシ唯局処ノ衰弱ニノミ起因メ毫モ内臓壅塞ノ徴ナク腹内多血ノ候ナキ者ノミ寒冷ヲ外用メ可ナリ疼痛スル者モ右ノ治法ニ宜シ但《タ、》静息平臥シテ鬱血ノ充張ヲ適宜ニ圧定スヘシ然レ𪜈劇痛忍ヒ難ク焮衝性ナル者ハ刺絡ヲ行ヒ蜞針ヲ核上ニ貼シ〔按ニ肛ノ内外ニ拘ハラス腫脹メ突起スル者ヲ核トス〕防焮諸法ヲ施シ冷水ヲ外用スベク若シ感触甚タ過敏ナル者ハ古来称用スル所ノ「リナリア[101]」軟膏（附 或ハ之レニ菲阿斯油ヲ加フ）ヲ外敷シ縛帯メ圧定スルヿ四分時許ナルヘシ已ムヿヲ得サル𪜈ハ羅独窊多児[102]《ロードワートル》（名）ヲ以テ冷湯シ或ハ「リナリア[101]」軟膏。菲阿斯油（各半）丐[103]《ヲ》ニ鉛糖（半銭[104]）ヲ和メ貼スヘシ但シ此法ハ連用ス可ラス葡萄酒ヲ以テ煮テ製シタル林檎粥ヲ貼スルモ亦験多シ」若シ夫ノ痔核挺出メ括約筋ニ窘迫セラル、者ハ外術ヲ以テ之ヲ収メンヿヲ要ス」或

ハ傍来ノ他因有テ疼痛ヲ起ス者アリ注意セサル可ラス即《チ》硬屎壅塞。腸胃汚物。湿濡《ノ》外気。定類《ノ》病毒徽毒等感冒ノ類是ナリ或ハ唯単純ノ痙攣ニ原《ツ》ク者アリ各其因ニ準《フ》テ之ヲ療スヘシ

嚢痔ハ通治法ノ外《カ》冷水ヲ外用スルヲ殊ニ佳トス」其著《シ》ク増大セル者ハ甚タ患者ヲ煩ハシ慢性痔血ノ因ト為リ血管縦弛〆毎日少許ノ血ヲ漏泄ス[105]虚憊セシメテ終ニ悪液病ヲ将来ス此証ハ截断スルヲ以テ無比ノ良策トスルナリ」硬結痔モ多クハ嚢痔ノ凝血ヲ含蔵セル者ヨリ他ナラス亦截開シ若《ク》ハ截断スルヲ宜シトス」然レ圧真ノ硬結腫トナリ或ハ膿潰セル者ハ痔瘻ニ転ス外科術ノ主トル所ナリ

〔汗痔〕（按ニ局処脱汗スル者）〔癬痔〕（按ニ肛囲頑癬状ノ疹ヲ発スル者）〔拆裂痔〕〔会陰痔〕会陰貌僂屈状ニ腫起ス〔前陰痔〕皆痔疾中ノ困難証ナリ痔疾ノ通治法ヲ施シ殊ニ硫黄酒石ヲ用ヒ専《ハ》ラ清潔ヲ旨トシ微温湯ヲ以テ屢《ヽ》洗浄スヘシ冷水ヲ外用スルヿ勿レ鉛類収濇薬ハ厳ニ禁スヘシ

〔血痔〕　毎常吉利済ト看做〆防止セサランヿヲ要ス総テ月経ノ如ク従事スルヲ佳トス」唯其血過多ニ〆危害ヲ惹クノ恐レアル者ノミ失血病ト〆之ヲ療スヘシ」二証アリ一ハ一頓ニ多量ヲ脱泄〆急ニ危険ヲ致スナリ一ハ慢々ニ少許宛漏出〆隠ニ神経病水腫病悪液病等ノ慢性諸病ヲ将来スルナリ共ニ収濇薬。止血薬ヲ用フヘシ殊ニ明礬ヲ佳トス子宮脱血条ヲ参考セヨ

〔壅閉痔〕　急卒ニ遏閉セル者アリ緩徐ニ休止セル者アリ急閉ノ者ハ焮衝性疝痛等ノ劇キ焮衝証ヲ起スヿアリ速《カ》ニ防焮諸法ヲ施シ蜞針ヲ肛囲ニ貼シ刺絡ヲ行フヘシ而《〆》両証共ニ経閉ノ如ク従事センヿヲ要ス

〔変見痔〕　転徙証ト変形証トアリ

転徙証ハ其鬱血直腸ヲ辞〆他部ニ徙リ其地ニ血脈腫脹。官能障碍。疼痛。焮衝。脱血。漏血等ヲ起スヿ宛《カ》モ直腸ニ於ケルト一般ナル者是ナリ所謂

胃痔吐血肺痔咯血ノ類皆之ニ属ス其因内部ノ痔疾未《タ》分利ヲ直腸ニ致スヿヲ得スメ路ヲ此ニ取ル者アリ或ハ既発ノ痔血壅閉メ転徙シ来ル者アリ乙因ハ鑒定シ易ケレ圧甲因ハ之ヲ知ルヿ甚タ難シ」治法ハ勉《メ》テ其分利ヲ本地直腸ニ導クニ在リ故ニ数《ヒ》蜞針ヲ貼スル等喚痔ノ法ヲ行フヘシ

〔膀胱痔〕ハ転徙証中極メテ煩困ニメ疼痛最モ劇キ者ナリ是亦盲痔血痔ノ二証アリ盲痔ハ小便淋瀝或ハ尿閉ヲ起シ膀胱痙攣シ或ハ焮衝シ終ニ転メ粘液漏泄。膿潰。硬腫等ヲ将来ス血痔ハ尿血ヲ発シ其血或ハ凝結メ尿道ヲ填塞シ終ニ結石ヲ生スルヿアリ両証共ニ其膀胱宛《カ》モ痔ヲ発セル直腸ト患状ヲ同フスル者ナリ」治法ハ蜞針ヲ貼シ或ハ其他ノ喚痔法ヲ行ヒ冷水ヲ外用メ膀胱ノ鬱血ヲ駆逐シ且《ッ》痔疾ノ通治法ヲ用フルニ在リ而《メ》毎四週或ハ直腸腫脹メ灼クカ如キヲ覚ル時蜞針四個ヲ肛囲ニ貼シ硫黄「セルチェル」[54]水「ウィルヂンケル」[106]水「カル、スバット」[107]皆鉱泉名等ヲ常用スヘシ」盲痔証ハ其鑒定殊ニ難シ動モスレハ膀胱ノ伊偪篤《イ、グト》[72]。尿石。黴毒等ト混同ス淋疾ヲ兼ル者ノ如キハ殊ニ然リ宜ク既往若《ク》ハ現今ノ痔疾証或《ハ》発作必ス定期アル等ヲ参勘メ之ヲ徴スヘシ」膀胱痔ニ発スル危険ノ一証ハ蓋《シ》小便閉ナリ盲痔ハ腫脹ノ為メニ之ヲ起シ血痔ハ凝血ノ為メニ之ヲ生ス共ニ測胞子《カテエテル》[108]ヲ用ヒテ導泄スヘシ但《シ》焮衝証全ク退クヲ俟テ行ハンヿヲ要ス若シ施シ難キヿアラハ先《ッ》紙捻子ヲ挿ミ入テ腫起セル血[109]絡ヲ圧縮シ或ハ凝血ヲ遺却シテ而《メ》後ニ測胞子ヲ入ルヲ良トス」総テ痔ノ転徙証ニハ蜞針ヲ直腸ニ行《フ》テ其利迥《カ》ニ刺絡ニ優ルト知ルヘシ固《ト》ヨリ自然良能ノ吉利済ヲ営ム地ニメ其二三匁ノ出血能ク諸証ヲ軽快セシムルヿ刺絡メ瀉スル所ノ数比[60]ノ血ヨリ大ナリ是直チニ門脈系ニ其功ヲ致スニ由ル者トス

変形証ハ即《チ》〔粘液痔〕是ナリ是紅血ニ代ルニ粘液ヲ以テスル者ニメ直腸ニ在ルアリ膀胱ニ在ルアリ膣内ニ在ルアリ直腸窘迫等痔疾ノ諸証ヲ

兼発スルト曽テ痔血ヲ患《ヒ》シ⼃アル等ヲ以テ之ヲ徴ス」而《シ》テ其直腸ニ在ル者ヲ直腸白帯下ト名ク諸《ミ》「悪液病ヲ誘起スル等亦帯下ニ異ナラス」原因ハ痔疾ノ血ヲ漏泄スル⼃能ハサルニ由リ或ハ局処《ノ》「衰弱。病毒転徙。及《ヒ》全軀悪液質等ニ在リトス」治法ハ痔血ヲ喚起シ痔疾通治法ヲ行ヒ或ハ苦味解凝薬強壮薬ヲ用ヒ蓍[91]草浸剤。「[110]ピルモンテル」水鉱泉及《ヒ》他ノ鉄気ヲ含メル鉱泉ヲ与ヘ兼テ各自病毒徽毒殊ニ多シノ有無ヲ慮《カ》リ之《レ》カ策ヲ為サン⼃ヲ要ス[111]乳糜利ノ条ヲ参考セヨ

黒物吐下病「[112]モルビュスニグル」羅「[113]ズワルテシーキテン」蘭

徴候　黒色ニメ[114]爹児《テール》ノ如キ者ヲ夥シク吐逆シ且《ツ》下泄シ或ハ又褐色若《シ》クハ灰色ノ者ヲ吐瀉スルアリ眩暈顫振シテ衰弱痙攣ノ諸証ヲ兼発ス

大抵発病前不食痞[115]脹等胃病ノ諸証有テ心窩少腹或ハ背脊ニ劇痛ヲ起シ或ハ其痛劇クメ昏冒スルニ至リ神志鬱憂等依ト昆垤児《[83]ヒポコンデル》ノ諸証ヲ兼子面色黲淡微黄ニメ睡眠安カラス上腹緊満メ大便秘閉シ脈不斉ニメ結代シ且《ツ》屢《ミ》変動スル等ノ前兆アリ」而《シ》テ其発スルヤ顛仆驚駭等ノ激動ニ由ルカ若《ク》ハ故無クメ頓ニ劇ク黒物ヲ吐逆シ随テ亦之《レ》ヲ下泄シ脈軟小不斉ニメ診ス可《カ》ラス腹肚疼痛メ痙攣劇シク兼ルニ煩悶。顫振。腹満。冷汗。眩暈。昏冒。大便努責。[78]四肢厥冷等ノ諸証ヲ以テス」或ハ頻《リ》ニ吐瀉メ一二三日留連スルアリ或ハ止ム⼃一二三日ニメ復《タ》発シ復《タ》止ミ以テ数週ニ及フアリ或ハ毎発三四週持続メ発歇シ以テ半歳許ニ至レルヲ見シ⼃アリ」此病ハ衰弱スル⼃極メテ大ナリ其泄ラス所ノ黒物多量ナル⼃実ニ驚異スベク或ハ一日ニ数比[60]ヲ泄ラス者アリ」此病《ヒ》吐血ニ肖似スト雖ɂ其吐スル所ノ者旧敗血ニメ[114]爹児ノ如ク鮮紅ナラサルト前駆セル悪液病証〔面色黲淡微黄神志鬱憂等ノ諸証〕ノ甚キト吐初直《チ》ニ黒物ヲ下《タ》ス⼃ノ早キ等ヲ以テ鑑別スヘシ

此病皆常ニ危篤ナリ発作中虚脱メ斃ル、アリ

腐敗ニ陥テ死スルアリ或ハ虚労。水腫。悪液病等ニ終ルアリ」而《メ》衰弱漸ク加ハリ昏冒頻《リ》ニ発シ四肢厥冷シ冷汗淋漓シ吐下物益《ヽ》増シ脉愈《ヽ》細小ニメ知ル可ラサルニ至ルヲ必死ノ徴トス

原由　近因ハ胃。腸。腸間膜ノ血脉壅塞メ血液其内ニ充滞潴留シ日ヲ積テ粘膠シ漸ク[114]爹児《テール》状ニ変シ損敗腐壊メ酷厲ノ者ト為レルナリ其血管ノ拡張頗ル大ナルヘキハ排泄セル所ノ血量ヲ以テ之ヲ計ルニ或ハ許大ノ膜嚢ナラサル可ラサル者アリ解屍メ之ヲ観ルニ其血管開闊メ間《ヽ》巨索ノ如キニ至リシ者アリ」而《メ》其鬱滞セル敗血漸ク其血管ヲ嫩薄ナラシメ以テ僅微ノ因ニモ乍チ破綻メ腸胃内ニ溢出スルヿヲ得ル者トス」遠因ハ久坐メ腹部ヲ盤屈シ履匠等坐メ業ヲ操ル者ニ多シ或ハ間断ナク苦辛労思シ或ハ消化シ難ク[115]壅塞ヲ起シ易キ食物ヲ喫シ或ハ厚味膏梁ノ品ニ飽キ或ハ起熱慓悍ノ飲液ヲ用ヒ或ハ痔血月経ノ壅閉セル等ニ在リ

治法　刺衝ヲ寛解シ穢物ヲ排泄シ而《メ》後《チ》傍《ハ》ラ内臓壅塞ノ有無ヲ斟酌メ徐々ニ強壮法ヲ処センヿヲ要ス而《メ》此病モ亦吐血ニ於ルカ如ク急ニ遏止セサルヲ法トス」[67]乳清。[46]答末林度ヲ加フ酒石酸。[62]里歇利《リヘリ》飲等ヲ用ヒ粘味ノ飲剤ヲ多服シ緩和ノ灌腸法ヲ行ヒ香竄麻酔ノ薬ニ醋ヲ加《ヘ》テ[116]蒸溻シ香竄ノ微温浴ヲ施スヘシ諸《ヽ》内服ノ品悉ク吐メ納ルヿ能ハサル者ニ独リ香竄浴ノミヲ行《フ》テ奇験ヲ得シヿアリ[117]一病《ヒ》淹滞メ衰弱甚シキ者ハ麦芽浴ヲ行ヒ羹汁ニ雞子白ヲ加ヘテ灌腸スヘシ」而《メ》強壮薬ニハ[91]蓍草浸剤。[118]珊篤里《サントリ》ヲ与ヘ次デ[119]格綸僕《コロンボ》幾那ヲ用ヒ一差后ハ蓍草ヲ連服シ[120]必設刺児《ヒッセラル》灌腸法ヲ行《フ》テ再発ヲ預防スルニ宜シ

尿血「[121]ハーマチュリア」羅「[122]ブルードワーテレン」蘭

徴候　血液尿ト混メ宛《カ》モ[123]曇麦酒ノ如キ者ハ腎血ナリ尿ト分レテ凝固シ器底ニ沈ム者ハ膀胱血ナリ腎血ハ苦楚疼痛ヲ腎部ニ覚エ膀胱血ハ之

ヲ膀胱部ニ発ス而《メ》尿道血ハ間《ヒ》単《ト》リ出テ尿ニ交ハラサルヿ有ルヲ以テ之ヲ徴知スヘシ

原由　膀胱血ハ其因ヲ痔疾ニ取レル者最《モ》多シトス痔疾条ヲ参考セヨ其他膀胱結石或ハ潰瘍及《ヒ》器質変常等ヨリ来ルヲ常トス

腎血ハ腎石ヨリ来リ或ハ腎ノ血絡弛緩ニ因ス

麦酒。茶等ノ利尿飲液多服。利尿薬ノ過用。騎馬休《ヤス》ムヿナク房事度ヲ過ス類。皆腎脈ノ衰弱弛緩ヲ起スナリ」其他常習失血ノ抑遏。腸胃汚物或ハ蛔虫等ノ交感刺衝。重担ヲ負フ等ノ腰筋努力。腎蔵焮衝。血液溶渙。老衰モ亦皆腎血ノ因トナル

尿道血ハ大抵痔疾転徙ノミニメ皆尿道血脈ノ弛緩ニ因ス

尿血ニ於テハ焮衝ノ害ヨリモ凝血ノ弊ヲ特ニ恐ルヘシトス尿道ニ梗塞メ尿閉ヲ起シ或ハ其凝塊終ニ結石ノ基始トナルヿアレハナリ

治法　失血通法ニ準ヒ病因ト病証ヲ査点シ以テ其治法ヲ処センヿヲ要ス略血条ヲ比考スヘシ」凡《ッ》尿血ハ虚性ノ者ヲ多シトス衰弱ヲ起スノ諸因有テ疼痛ナク血液鬱積ノ候ナク病《ヒ》屢《ヽ》発歇スルト年齢ノ老高ナル等ヲ推シテ之ヲ徴スヘシ此証ハ腎部ヲ冷洗シ或ハ[33]冷溻シ酒精薬ノ擦法ヲ行ヒ[124]龍牙草。[91]著草。[125]撒爾比亜《サルヒア》ノ浸剤ヲ用《フ》ルヲ良トス而《メ》衰弱甚シキ者ハ[126]礬乳清附「[127]カレイベアト。」未詳幾那。[128]刺《ラ》答尼亜《タニア》。[48]撒爾末児扶斯《サルマルチス》等ヲ撰用シ諸《ヽ》[129]泡醸品及《ヒ》鉱泉ノ服用ヲ禁シ過劇ノ運動ヲ避クヘシ」然レ圧血液鬱積。出血抑遏。及《ヒ》焮衝証アル者ハ瀉血ヲ行ヒ従前ノ出血ヲ復起シ清涼諸薬ヲ用ヒンヿヲ要ス膀胱痔ヲ参看セヨ」而《メ》痙攣性ノ者ハ少量ノ吐根。油製乳剤。阿芙蓉ヲ与ヘ打撲等ノ外傷ニ起レル者ハ冷溻法。刺絡ヲ行フテ[24]亜児尼加《アルニカ》ヲ用ヒ[50]芫菁ノ誤用ヨリ来レル者ハ油製乳剤。[130]羯布羅ヲ良トシ結石ニ原《ッ》ケル者ハ瀉血。防焮法。及《ヒ》結石治法ヲ処シ腸胃汚物ノ交感ニ因セル者ハ下剤ヲ与ヘ証ニ随テ吐剤ヲ用ルヲ妙トス」[131]扁桃油若《ク》ハ[132]罌粟油一食匙宛《ツヽ》朝夕服用スルハ尿血諸証ニ通メ甚タ奇

験アリ」若《シ》夫《ノ》凝血梗塞メ小便渋閉スル者ハ注射法ヲ行ヒ紙捻子ヲ挿ミ測胞子ヲ施スヘシ」差後ハ腎膀胱ノ凝血ヲ清刷セスンハアラス「セルチェル」水鉱泉ニ乳汁ヲ加ヘ用フヘシ「[133]ウィルヂュンゲル」水鉱泉ハ殊ニ宜《シ》トス

斑病「[134]ハーマトシス」羅「[135]フレッキシーキテン」蘭

徴候　身体諸部処ヲ局セス黯青色ナル大小ノ斑ヲ発シ其状血斑〔病名後ニ出ツ〕ノ如ク亦苔痕ノ如キアリ而《メ》衄血。齦血[136]。上顎血等ノ失血証ヲ兼発シ大《ヒ》ニ脱力メ毫モ熱証ヲ見ハスヿ無キ者是ナリ

此病ハ発斑熱及《ヒ》失荷児陪苦《シケウボルク》ニ甚タ肖似スレ𪜈其発熱ナキヲ以テ甲病ト別チ口臭ナク且《ツ》小児ノ多ク患《フ》ルヲ以テ乙病ト弁ス然リト雖𪜈此病モ亦畢竟失荷児陪苦《[17]シケウルボイク》性ノ病類ニ算入スヘキナリ」而《メ》其病タル緩慢ニメ久キヲ瀰リ終ニ総身ノ虚脱ヲ起シ或ハ閉止シ難キ失血屢《ヽ》発メ之カ為《メ》ニ斃ル、ヲ常トス

原由　血液溶[28]渙ト血管衰弱トナリ

治法　有力ノ強壮収[20]濇薬ヲ用フヘシ幾那。鉱酸。櫯[137]皮浴殊効アリ余此薬ヲ以テ全功ヲ収メシヿ少《ナ》カラス

一種先天斑病質ト名クル者アリ其稟賦諸種ノ失血病ニ傾ケル者ニメ或ハ一門悉ク此質ヲ具ルアリ之ヲ失血族「[138]ブルーデルフハミリイ」ト謂フ」此質アル者ハ唯姑息法ヲ以テ表証ヲ治ルノミ所詮根治ヲ得ヘカラス早晩失血ヲ以テ其命ヲ終ルヲ常トス

扶氏経験遺訓巻之十五終

巻之十五註

1　overmatige ontlasting　過度の排便。
2　ウエイ。wei　血清。
3　刺激。
4　化学刺激。

5 werktuigelijke　機械的。
6 organische　器官の。
7 転移。
8 wanden van de vaten　管壁。
9 poriën　細孔。
10 verslapping　ゆるめる。
11 *haemorrhagiae*　出血。
12 bloedvloeijing。
13 celweefsel　細胞組織。
14 炎症。
15 抵抗。
16 polypen　ポリープ。
17 scheurbuik　壊血病。
18 *morbus haemorrhagicus*　出血病。
19 和らげる。緩和する。
20 *styptica, adstringentia*　収斂止血剤。
21 werktuigelijke drukking　人工的または機械的圧力。
22 draadvormige　綿、糸のような。
23 弱める。衰弱させる。
24 *arnica*　アルニカ。キク科植物。
25 *epistaxis*　鼻出血。
26 neusbloeding　鼻血。
27 ジクケツ。鼻血。
28 ontbinding　変質。腐敗。
29 結滞。休止。
30 硫酸アルミニウムとアルカリ硫酸塩などの複塩。
31 硫酸鉄。
32 vloeipapier　吸い取り紙。
33 冷湿布法。
34 酒石酸水素カリウム。
35 *elix. acid. hall.* Haller 氏酸性エリキジール。巻十二註105参照。
36 *haemoptysis*　喀血。
37 bloedhoesten。
38 groote uitwendige hitte　外部からの大熱。
39 *hyoscyamus*。
40 *digitalis*。
41 硝石、硝酸カリウム。
42 蛭。
43 塩素。
44 湿布法。
45 パン種湿布。
46 tamarinden　マメ科植物。実が清涼飲料、緩下剤になる。
47 groote slapte　大きいゆるみ。
48 *sulphas ferri*　緑礬。硫酸鉄塩。
49 *terra catech.*　ガムビール阿仙薬。
50 spaanschevliegepleister　カンタリス膏。
51 *serum lactis dulce*　甘味乳血清。

52 *mellago gramin*　ヨシ根蜜。
53 *teraa foliat. tart.*　酒石葉状土。
54 Seltzer water。
55 antagonistische betrekking　対抗的関係。
56 azijn　酢。
57 吐血。
58 *haematemisis*　吐血。
59 bloedbraking。
60 pond　薬量一ポンドは三七三グラム。
61 *gummi arabicum*　アラビアゴム。
62 drankje van Riverius　リヘリ氏飲。本書薬方篇巻一、第一方参照。
63 カラシ湿布。
64 ふくらはぎ。
65 rad. ipecacuanh.　アカネ科多年草根。
66 grein　一グレインは約〇・〇六五グラム。
67 この原文は wei とあるが、乳汁であろう。ホエー。
68 *tartar. tartaris.*　酒石酸カリウム。
69 パン。
70 *haemorrhoïdes*　痔。
71 aanbeijenziekte。
72 jicht　痛風。
73 *scrophulae*　瘰癧。
74 terugtreden der aanbeijn（*haemorrhoides retrogressae*）。後退痔。
75 ontaarding van aanbeijn（*haemorroides anomalae*）。悪化あるいは異常。
76 crisis　病気の峠、危機。
77 knobbel　隆起。結節。
78 opstopping　渋滞。つまること。
79 コーヒー。
80 クオン。温める。
81 アロエ。
82 werktuigelijke　機械的。
83 hypochondrie　心気症。
84 こしけ。
85 激しい。きびしい。強烈な。
86 ヒラヒテ。開いて。
87 *extr. gramisis.*　グラミニス根。
88 *tarax.*　タンポポ。本書薬方篇巻一、第二方参照。
89 *pulv. aërophorus*。
90 ヒマシ油。
91 thee van *summit. millefolii.*　セイヨウノコギリソウ茶。
92 bevordering van den aanbeijnvloed　痔の流れの促進。
93 吸い玉。
94 硼砂。硼酸ナトリウム。
95 *myrrha*　ミルラ。
96 *crocus*。

97 *helleborus* ヘレボルス属。クリスマスローズ。

98 *pilul. balsam*。

99 *Bourgone wijn* ブルゴーニュワイン。

100 champagne wijn シャンパン。

101 *unguentum de linaria* ホソバウンラン軟膏。

102 loodwater 鉛水。

103 ons 薬量一オンスは約三一・一グラム。

104 drachme 一ダラムは約三・八九グラム。

105 衰弱させる。

106 Wildungen water。

107 Karlsbad チェコスロバキア西部カルルユバート。現カルロヴィ・ヴァリ。

108 catherter カテーテル。

109 opgezwollen vaten 脹れた血管。

110 Pyrmonter。

111 slijmvloeijngen 粘液出血。

112 *morbus niger* 黒吐病。

113 zwarte ziekte。

114 teer タール。

115 食物がつかえ、腹がふくれること。

116 omslagen 湿布。

117 eiwit 卵白。

118 *centaur. min.* センタウリウム草。

119 *rad. colombo* コロンボ根。

120 visceraal 内臓の。

121 *haematuria*。

122 bloedwateren 血尿。

123 donker bier 黒ビール。

124 *infusa* van *hb. agriman.* キンミヅヒキ浸剤。

125 *salv.* サルビア。

126 *serum lact. alum.* 牛乳に明礬と桂シラップを加えたもの。(第百三十五方)。

127 *chalybeat.* 含鉄分。

128 *ratanhia* ラタニア根。タンニンを含む収斂止瀉薬。

129 gistende dranken 発酵飲料。

130 カンフラ。*camphora.* 樟脳。

131 *ol. amagdal.* 扁桃から採った脂肪油。薬用、香油に用いる。

132 *ol. papaveris.* 芥子油。

133 Wildunger。

134 *haematosis* 血液生成。血液更新。

135 vlekziekte。

136 コンケツ。歯茎の出血。

137 eikenbast ヨーロッパナラ樹皮。

138 bloederfamilië。

（表紙）

扶氏経験遺訓　十六

扶氏経験遺訓巻之十六

足守　緒方　章　公裁　同訳
義弟郁　子文
西肥　大庭　悫　景徳　参校

其二脱液病「[1]ブレノルルーアー」羅「[2]ニート、ブルーヂゲ、ホクトオントラスチング」蘭

総論

徴候　粘液或ハ汐乙[3]《ウエー》ノ排泄常度ヲ越《エ》テ過多ナルナリ此病ハ諸《ヽ》分泌器ノ所患ニメ之ニ罹ル者甚《タ》多シ而《メ》其害一部ニ止《マ》ル者アリ全軀ニ及フ者アリ其一部ニ止マル者ハ局処衰弱。感動過敏。焮衝[5]性諸患。補給機[4]変常。組織変性等ナリ其全軀ニ及フ者ハ総身衰弱メ覚機[6]亢盛シ 白帯下ノ如キハ殊ニ然リ 諸《ヽ》神経病消削病ノ類ヲ継発ス若《シ》其脱液甚タ過多ナル者及《ヒ》肺臓ノ如キ貴要ノ器ニ在ル者ハ終ニ遷延熱〔骨蒸熱〕ヲ起シテ労瘵ニ陥ルヲ常トス

原由

其因通メ二般ニ帰ス

其一運営亢盛 刺衝過度 焮衝性ト神経性ト有テ亦本患[7]標患[8]ノ別アリ本患ニ属スル者ハ血液鬱積。病毒転徙。伝染病毒。外物竄入。組織変性。一部ノ感動過敏 平常ノ刺衝モ之カ為メニ過強ノ抗抵ヲ発ス 等ナリ標患[8]ハ交感ト対称トニ出ツ腸胃及《ヒ》内臓ノ交感或ハ皮膚ノ対称ニ其原ヲ資レル者是ナリ皮膚ノ運営抑遏シテ其機ヲ他《ノ》粘液分泌器ニ起シ以テ頑固《ノ》粘液漏泄ヲ発セル者少《ナ》カラス乃《チ》粘液労。白帯下等之ニ因セル者屢《ヽ》アリ

其二衰弱　総身ノ衰弱アリ局処ノ衰弱アリ而《メ》亦本患ト継患トアリ 既往ノ刺衝過度ニ継テ来ル者ヲ継患トス 或ハ

亦其衰弱感動過敏ヲ合併セルアリ

治法　治法モ亦通メ二則ニ帰ス一ハ遠因ヲ蹤跡メ之ヲ除クナリ唯是《レ》ノミニメ全功ヲ収ムルヿアリ血液ノ鬱積ヲ踈散シ総身ノ衰弱ヲ恢復シ病毒刺衝ニ由レル者ハ其標本ヲ分テ之《レ》カ治法ヲ処スル等是ナリ（皮膚ノ運営ヲ復メ白帯下粘液労自ラ全治セル者少カラ）ス」一ハ患部ノ病態ヲ察メ直《チ》ニ之ヲ攻ムルナリ即《チ》局処衰弱。感動過敏。分泌失常。組織変性等ヲ療スルニアリ

此ニ属スヘキノ諸患。他ノ病門ニ論説セル者アリ白帯下粘液労ノ如キ即《チ》是ナリ（各〻本条ニ就テ之ヲ看ルヘシ）

吐涎「[9]プテイアリスミュス」羅「[10]スペーキセルフルード」蘭

徴候　津唾ノ分泌排泄常度ヲ越《エ》テ過多ナルナリ」此病ハ大《ヒ》ニ健康ヲ傷リ久《シ》ク止《マ》サレハ生命ヲ害ス是《レ》啻《タ、》ニ栄養必窮ノ液ヲ費耗スルノミナラス消食必需ノ原ヲ失亡スレハナリ故ニ其終リ漸ク消削病（虚労）ニ帰スルヲ常トス

原由　水銀ノ内服外用多キニ過キ或ハ久《シ》キニ失セルヨリ来ルヲ多シトス其他失苟児陪苦《[11]シケウルボイク》。腹内壅塞（殊ニ膵ノ壅塞）ニ因シ或《ハ》又妄《リ》ニ吐唾シ謾ニ喫煙スルノ悪習ヨリ起レル者アリ

治法　水銀誤用ヨリ来《レ》ル者ハ屢《ヽ》下剤ヲ用《ヒ》テ硫黄。阿芙蓉微温浴等ノ汞毒治法ヲ行ヒ甚シキ者ハ伊阿胄謨《[12]イオヂュム》〔附〕ヲ与ヘ失苟児陪苦《シケウルボイク》。腹内壅塞等ニ起レル者ハ各《ヽ》本病ノ治法ヲ施スヘシ

脱汗「[13]エピドロシス」羅「[14]オーフルマーチゲ、ズウェーテン」蘭

徴候　発汗過多ニメ休《マ》サル者是《レ》ナリ」此病《ヒ》通例他病ノ傍証ニメ単発スルヿ甚タ罕《レ》ナリ乃《チ》諸《ヽ》消削病ノ溶崩時期。婦人月経初見ノ際。（婦人此時ニ脱汗スル者多シ或ハ一二年モ患ル者アリ）失苟児陪苦《[11]シケウルボイク》。衰弱諸病。粟疹熱[15]（初起ヨリ脱汗スルヲ以テ本徴トス）等ニ併発スルヲ常トス」一種脱汗熱ト称スル者アリ粟疹ヲ発セスメ脱汗スル熱病ナリ甚《タ》希有ト雖圧一般ニ流行メ人々相伝染スルヿアリ一千六百年間ニ流行セシ「[16]シュドル、ア

ングリキュス」〔英吉利脱汗ノ義〕即《チ》是ナリ唯発汗過多ヲ本証トメ一二日間ニ斃レシ者少《ナ》カラサリシト云《フ》是レ[17]哥烏埡百私篤《カウデベスト》ト反対ノ病ナリ彼レハ脱液証ヲ内部ニ起シ此レハ之ヲ外表ニ致ス」総テ脱汗諸病ハ生力ヲ衰弱セシムルヿ非常ニメ虚脱ヲ起スヿ甚《タ》急速ナリトス

原由　皮膚ノ衰弱。麻痱。諸液ノ溶崩腐敗。或ハ血液ノ膚表ニ進行スルヿ過強ナル等之レカ因トナル

治法　皮膚ヲ強壮ニシ血液ヲ収固スルニ在リ其両功ヲ兼摂セル者ハ礦酸ト明礬トナリ就中[18]蘓《ソ》魯林水《ロリン》一日二半[19]匁至二匁稀硫酸殊効アリ其次ハ[20]撒爾非《サルヒ》亜《ア》[21]泡剤トシ或ハ[22]酒浸トスト「[23]ポレチュスラリキス」未詳一日二五氏至三十[24]氏ヲ用フトヲ此病ノ特効薬ナリトス宜ク肺労。失荷児陪苦等ノ本病治法ト兼子行フヘシ」外用ニハ醋ヲ冷水ニ和シ或ハ礦酸ヲ稀メテ洗滌シ或ハ氷片ヲ外貼スルヲ宜シトス

足脚。陰部。手掌。腋下等ニ発スル一部ノ脱汗アリ是レ分泌器局処ノ溶崩性変常ヲ兼ルヲ以テ悪臭忍フ可ラサルナリ明礬。[25]羅独窊多児《ロードワートル》等ヲ以テ之ヲ洗ヘハ速ニ遏止スト雖氏盲。聾。喘息。肺労等及《ヒ》諸種ノ転移病ヲ発スルノ恐レアリ宜ク加密列《カミツレ》。撒爾非亜《サルヒア》ノ煎汁ヲ以テ之ヲ洗ヒ之ヲ浴シ以テ徐々ニ強固スヘシ無危ノ良法ナリ悪臭ヲ除クニハ蘓魯林《ソロリン》水ヲ以テ洗フヲ佳トス

遺溺「[26]ヱニュレシス」羅「[27]オンウィルレケウリゲ、ピスローシング」蘭

徴候　覚セス意セス其尿不断失禁スル者アリ只意セスメ遺泄スル者アリ両《ッ》ナカラ[28]痱性遺溺尿意急迫ニメ忍フヿ能ハス直《チ》ニ之ヲ泄ス者アリ[29]痙性遺溺唯睡中ノミ遺失スル者アリ[30]夢洩

原由　痙性遺溺ハ結石。尿砂。[31]苛尿老人ノ尿ノ如キ者ノ刺衝。痔血月経ノ壅閉。膀胱直腸摂護ノ硬腫。潰瘍。腸胃汚物。蛔虫。蟯虫。[32]印華爾屈篤《インハルクト》等ノ如キ膀胱及《ヒ》其近傍ノ連繇刺衝ニ因スルアリ或ハ妊婦季月ノ子宮。内臓腫脹ノ如キ形器性圧迫ヨリ起ルアリ或ハ小便頻数常習ト為テ膀胱狭窄セルヨリ来ルアリ」而《メ》痱性遺溺ハ難産。卒中。腰髄打撲。脊髄麻痱。

年齢老高。経久尿閉後。結石截断後。及ヒ膀胱ノ衰弱
麻痺等ニ起因スルヲ常トス
治法　痙性遺溺ハ宜ク其因ヲ探テ之ヲ除クヘシ
蛔虫及ヒ腸ノ印華爾屈篤《インハルクト》[32]ニ起レル者殊ニ多シ乃チ
解凝疎通ノ薬ヲ久シク連用メ意外ノ良験ヲ得シ
亅少ナカラス尿砂ノ膀胱ニ鬱滞セル者ハ曹達《ソータ》[33]沸
騰散第百七十二方奇功アリ之レニ菲阿斯[87]ヲ加ヘ且ツ鎮痙
擦剤ヲ兼用スルヲ殊ニ宜シトス
痱性遺溺ハ甚タ治シ難シ強壮薬[34]。衝動薬[35]。収濇薬[36]
ヲ内服外用シ冷滴浴ヲ行ヒ越列気的児《エレキテル》ヲ施シ
芫菁[37]ヲ用フルニ宜シ麻痺病及痱性尿閉ノ条ヲ参考スヘシ」其全不
治ノ者ニ至テハ常ニ溲器ヲ携ヘ裼衣《ムツキ》ヲ着ルノ
外別ニ伎倆ナシトス
小児ノ夢溲ハ大抵悪習ニ坐セルナリ臨臥ニ飲
液ヲ用フル亅ヲ禁シテ横臥セシメ夜間一二回喚
起メ溺セシメ或ハ朝タニ教戒メ厳ニ之ヲ懲《コラ》シ睡
中モ猶忘レサル可ラシメテ其悪習ヲ撓ハムル
ヲ宜シトス」若シ然クメ功ナキ者ハ刺衝物虫病ヲ多トス

ノ有無。局処ノ衰弱ヲ査点メ之ヲ療スヘシ」大人
ノ夢溲ハ局処衰弱ニ因レル者多シ強壮法ヲ行
フヘシ」已ム亅ヲ得サルニ至テハ撓屈自在ノ韇《トク》[38]
子《リ》ヲ造テ夜間ニ佩フルヨリ他策ナシトス

尿崩「[40]ヂアベテス」羅「[41]ピスフルード」蘭

徴候　小便分泌過度ニ増多シテ病患ヲ全軀ニ現
ハス者是レナリ尿質ハ変メ溶渙[42]性ヲ帯フルト否ラサ
ルトアリ」而メ或ハ単《タヽ》其排泄ノミ増多メ其質水ノ
如ク日ニ五十比[43]乃至百比ヲ溺スル者アリ或ハ
其質変メ乳ノ如ク酒ノ如ク且ツ飲用セル物品ノ
臭味ヲ現ハス者アリ」其世間ニ最モ多クメ殊ニ
注思スヘキ者ハ所謂蜜尿ナリ尿臭ナクメ味ヒ甘[44]
甜。尿質減少シテ糖質ヲ含ム一比ノ尿中一[19]ʒヲ含ム者アリ」其
全軀ノ病患ハ口燥ヒテ咽渇シ皮膚乾涸メ腰脊掣
痛シ胃中懊悩シ或ハ劇シク呑酸[45]嘈雑シ漸ク遷延
熱ヲ起シ羸痩麻痺水腫等ノ諸証ヲ発シ而メ終ニ
溶崩証若クハ卒中証ヲ以テ死亡ニ帰ス」是故ニ凡ソ

胸患等ノ顕著ナル局処病ナクメ形体消削セル患者ニ遇ヘハ必《ス》尿質ノ撿査ヲ怠《タ》ル可ラス是《レ》豎家喫緊ノ一則ナリ此種ノ尿崩ハ其分量著《シ》ク増多セサルヿ間《ヽ》之《レ》アルヲ以テ豎亦此《コヽ》ニ注思セス之カ為《メ》ニ甃ル、者常ニ少《ナ》カラストス

原由　近因ハ小便分泌。病機変常ヲ致セル者ニメ或ハ其質ヲ変シ或ハ其量ヲ変シ或ハ量質共ニ常態ヲ変セルナリ」而《メ》遠因ハ就中皮膚ノ分泌抑遏シテ其機腎臓ニ転セルヲ多シトス一婦人労動後発汗淋漓セル体ヲ以テ急ニ冷窖ニ入リ良《ヤヽ》久《シ》ク此ニ止テ感冒セルヨリ頑固ノ尿崩証ニ罹リ年余ヲ経テ辛《フ》シテ治セシ者アリ」其他腎臓脊髄ノ衰弱。過房過酒ヨリ起ル者多シ或ハ其部ノ血液鬱積。痔血月経ノ抑遏。腸胃汚物。蛔虫刺衝。病毒転徙。[46]腎臓局処刺衝。腎石ノ類及《ヒ》[47]歇以私的里《ヘイステリ》。[48]依卜昆埞児《ヒポコンデル》等之《レ》カ遠因トナル」蜜尿証ニ於テハ腎中ノ生機[49]舎密《セーミ》力。変常メ茲ニ送輸セル血液ヨリ尿ヲ製セスメ糖ヲ造醸シ出《タ》スナリ其作用ハ血中ニ混合メ未《タ》化熟セサル所ノ乳糜[50]ヲ分拆シ取ル者ニ似タリ此病ノ羸痩虚脱ヲ起スヿ太甚《シ》キ所以ン蓋シ之《レ》ニアリトス

治法　其治甚タ難シ各《ヽ》遠因ヲ蹤跡メ其法ヲ処セズンバアラス故ニ証ニ随テ治法全ク相反スルヿアリ」慢性蒸気抑遏ニ因セル者ハ発汗薬ヲ用フヘシ殊ニ羯布羅。[51]硫礦水素。附「[52]スピリチュスヒュマンス二二[24]氏宛日二二一三次用フヲ佳トス就中蜜尿証ニ奇験多シ兼テ熱浴。[53]魯西亜浴。摩擦法ヲ行ハンヿヲ要ス諸証ニ通メ誘導スルノ偉功アリ」而《メ》衰弱ニ起因セル者ハ強壮薬ヲ与ヘ出血抑遏及《ヒ》焮衝ヨリ来レル者ハ瀉血ヲ行ヒ蜜尿証。経閉ヨリ起リ唯月経通メ全治セルヲ見シヿアリ」腸胃汚物。蛔虫ニハ吐下薬。駆虫薬。内臓壅塞ニハ解凝剤。此病肝臓壅塞ヨリ起《レ》ル者「カルヽスバット」及ヒ曹達ニ苦味越幾斯ヲ伍シ用《ヒ》テ全治セルヿアリ神経衰弱。感動過敏。[47]歇以私的里《ヘイステリ》。[48]依卜昆埞児《ヒポコンデル》等ニハ神経薬。鎮痙薬[54]阿魏。[55]莨菪。[56]阿芙蓉。[57]礦銅礬等腎石ニハ石灰水。[58]麻倔涅失亜《マグ子シア》。亜刺加利《アルカリ》剤ヲ処スル等各《ヽ》其因ニ準《フ》テ之《レ》カ治法ヲ立ツヘシ」右ノ諸法皆験ナキ者ハ有力ノ神経薬麻酔薬或ハ強壮

薬（幾那。鉄等）ヲ用ヒ打膿法等ノ誘導法ヲ施シテ之ヲ試ムヘシ」阿芙蓉ヲ石灰水ニ和メ漸ク増量シ用ヒ温浴ヲ兼子行ヒ」或ハ[59]結麗阿曽多《ケレオソト》（附）十滴至二十滴ヲ毎日服用セシメテ奇功ヲ得」或ハ亦新鮮牛胆ヲ用ヒテ全功ヲ収メシヿアリ」凡ツ此種ノ病ニ於テハ舎密作用ニ注目メ従事センヿヲ要ス患者植物品ヲ食セスメ唯卵及ヒ肉ノミヲ喫スレハ尿中糖質ヲ生セサルヿ較著ナリ故ニ動物品ヲ食用トスルハ仮令ヒ根治ヲ得ス𪜈治癒ヲ進ムルヿ顕然ナリト知ルヘシ

膀胱粘液漏泄「[60]セイストルルーア」羅「[61]スレイムフルード、オイト、デ、ブラース」蘭

徴候　尿ト混メ粘液ヲ漏泄ス之ヲ泄ラスニ当テ劇痛ヲ兼ル者アリ否ラサル者アリ」此病ヒ尋常危篤ナラスト雖𪜈其粘液ノ漏泄過度ナルカ将タ[62]傑列乙《ゲレイ》質ノ養液ヲ漏泄スル者ハ大ヒニ健康ヲ害シ終ニ性命ヲ賊フニ至ル」此病ヒ宜ク膿ト粘液トヲ鑑別スヘシ且ツ粘液漏泄モ久キヲ経テ敗壊スレハ遂ニ膿ニ変メ膀胱労ニ転スルヿ猶ホ粘液労ノ膿労ニ移ルカ如シ

原由　大抵膀胱局処ノ刺衝或ハ其衰弱之レカ因トナル」其刺衝ハ即チ尿石。尿砂。慢性焮衝。及ヒ硬結腫。或ハ利尿薬ノ過用。測泡子《カテエテル》及ヒ[63]紙捻子ノ久施。或ハ[64]伊偭篤《イ、グト》。僂麻質《レウマチ》。疥癬。黴毒。痔疾（之ニ因スル者殊ニ多シ）等ノ病毒転徙等ナリ」其衰弱ハ既往ノ焮衝及ヒ刺衝過度或ハ久ク尿閉メ已甚ニ膀胱ヲ緊脹セルノ余害或ハ房労過度等ニ原トツケルナリ」而メ蛔虫。[32]印華爾屈篤《インハルクト》等ノ腸胃交感モ亦之レカ因ト為ルヿアリ

治法　先ツ尿石尿砂ノ有無ヲ撿メ之ニ因セル者ハ其治法ヲ処スヘシ（後ニ本条アリ）其他痔血閉止ヨリ来レル者ハ硫黄。[65]蒲公英越幾斯。[66]孕鹼酒石ヲ与ヘ[67]蜞鍼ヲ肛ニ貼シ（痔疾条ヲ参考セヨ）[64]伊偭篤《イ、クト》。僂麻質《レウマチ》。疥癬等ノ転徙ニ原ツケル者ハ各毒相当ノ治ヲ施シ殊ニ「フラ子ル」ノ衣ヲ着シ温浴。[68]打膿法ヲ行ヒ衰弱ニ起レル者ハ幾那。鉄等ノ強壮薬ヲ用フル等各ゝ其因

ニ準テ従事センヿヲ要ス」「ウィルチュンゲル」[69]水鉱泉ハ諸証ニ通メ偉功アリ其他烏白烏爾識《ウハウルシ》[70]。石灰水。燐酸等凡《ヘ》テ白帯下ヲ治スルノ諸薬皆此《コ、》ニ効アリト知ルヘシ」又其漏泄膿ヲ混スルカ将《タ》其粘液変メ膿ニ移レルカ之ヲ撿センヿヲ要ス若シ膿ヲ泄ス者ハ膀胱労ノ治法ヲ行フヘシ膿労条ヲ参考スヘシ

淋疾「[71]ゴノルルーア」羅「[72]ドロイペル」蘭

徴候　尿道ノ粘液漏泄ナリ稽留スルアリ発歇スルアリ痛ヲ兼ルアリ否ラサルアリ

原由　黴毒。白帯下等ヲ患ヒ或ハ子宮。膣等ノ局処病ヲ病メル不潔ノ婦人ト交媾メ発スルヲ最モ多シトス然レ𪜈亦此因ニ由ラスメ僂麻質《レウマチ》。伊偏《イ、グ》篤《ト》。疥癬等ノ病毒。尿道ノ粘液膜ニ転徙セルヨリ発シ或ハ痔血ノ鬱閉等ヨリ来レル者モ亦少ナカラス

此病《ヒ》交媾后ニ発セル者ハ皆之ヲ黴淋[73]トスルヲ宜シトス而《メ》其黴淋ニ非ルヿハ唯交媾ヨリ来ラスメ前駆セル僂麻質。伊偏篤。痔疾等ノ他患アリシカ若クハ此諸患ト交代シ発セルヲ以テ徴スルノ外《カ》他ノ鑒法ナシ然レ𪜈原《ト》淋タリシ者他因ノ為《メ》ニ久《シ》ク淹滞シ終ニ変メ他性ノ淋ト為レル者モ亦間《ヽ》之《レ》アルナリ

治法　黴淋治法ハ黴毒編ニ詳説ス就テ見ルヘシ」伊偏篤《イ、クト》。僂麻質《レウマチ》。痔疾等ヨリ来レル者モ各《ヽ》其因ニ準《フ》テ本病ノ治法ヲ処シ兼テ尿道ノ粘液膜ニ特効ヲ致《タ》スノ諸薬ヲ撰用スヘシ本薬功ナキ者ニ於テハ殊ニ然リ就中[74]拔爾撒謨《バルサム》骨湃波《コッバイハ》二十滴至三十滴沙糖ニ和メ日ニ二三次与フルヲ佳トス」尿道注射法ハ危険ノ病毒転徙ヲ起スノ恐レアリ謾ニ施用スルヿ勿レ

遺精「[75]ポルリュチオ」羅「[76]サードフルード」蘭

徴候　識ラスメ夥シク精液ヲ漏泄スルナリ夜間好夢中ニノミ遺失スル者ヲ夢精ト謂ヒ昼間モ騎馬。上圊[77]。大便窘迫スル時殊ニ然リ情欲発動。美ヲ見美ニ触

ル、等僅微ノ刺衝ニ値フテ乍チ漏泄スル者ヲ漏精「[78]ポルリュチオヂウルナ」ト謂フ

夢精ハ少年多血ノ徒ノ房事ヲ慎ム者ニ於テ偶発スルハ恐レナシトス然《レ》氏累《リ》ニ発メ二三日毎ニ来ル者ハ手婬（是《レ》多《ク》ハ其因トナル）ト其害ヲ等フス即《チ》依《ヒ》卜昆垤児《ボコンデル》。歇以私的里《ヘイステリ》。痙攣。健忘。視力乏弱。神識疲憊等。神経衰弱ノ諸証ヲ起シ殊ニ卓然タル男子ノ本然性ヲ失セシム抑《ヒ》精液ハ生気ヲ賦与セルノ要液ナリ故ニ欠耗スレハ自ラ生ヲ欲シ生ヲ楽ムノ心退《ヒ》テ却テ生ヲ憎ムノ念ヲ起シ終ニ自滅セント欲スルノ慮《リ》ヲ生ス是《レ》此病《ヒ》固有ノ一証ナリ」漏精ハ脱液諸病中残掠最モ甚《シ》ク衰弱ヲ起ス𠆢極《メ》テ多ク右ニ挙ル諸証ノ外《カ》毛髪脱落。局処麻痺。言語蹇渋等神経労。脊髄労ノ諸証ヲ発メ終ニ斃ル、ヲ常トス

手婬ハ素《モト》病《ヒ》ニ非スト雖氏常習トナレハ其終《リ》遂ニ欲火撲滅スヘカラス精液排擯セサル可ラサルノ一病ト為ルカ故ニ亦此病類ニ属ス

原由　近因ハ陰器（睾丸精嚢射精管等）ノ衰弱ニメ其覚動両機亢盛セルナリ（感動過敏ノ衰弱）甚《シ》キ者ハ精嚢。射精管大《ヒ》ニ虚衰メ僅微ノ圧迫モ輒《チ》其精ヲ泄ラスニ至ル」而《メ》誘因ハ蛔虫。汚物。便秘等ノ腸胃刺衝。腹内多血。久坐久《シ》キニ堪《フ》ル等ニ在リト雖氏其最モ多キハ手婬ナリ」手婬ハ小童青年ノ徒ニ於テ右ノ諸因ヨリシ或ハ美ヲ見。美ヲ想《フ》テ婬事ノ妄念煽動スルヨリ出ル所ニメ輟《マ》サレハ其害弊窮竟《ツヒニ》漏精証ニ陥ル𠆢ヲ免レス

治法　遺精ノ治法ハ即《チ》手婬ノ治法ナリ手婬輟《マ》サレハ遺精亦輟ム𠆢能ハス其法先《ツ》遠因ヲ除クニ在リ即《チ》蛔虫。汚物。便秘等ノ腸胃刺衝ヲ芟[79]リ腹内ノ多血ヲ疎散シ婬情ヲ起スヘキノ諸件ヲ避ケ神思ヲ方正ノ事ニ注カシメ強ク運転動作メ大《ヒ》ニ体力ヲ費耗シ日暮レ疲労ヲ極メテ蓐ニ就カシメ肉。卵。酒類。芳香ノ品等総テ刺衝ニ過《ク》ルノ食料ヲ禁シ植物ヲ以テ栄養シ菓実類ヲ喫セシメ晩餐ヲ減シ或ハ之ヲ用ヒシメス羽毛ノ[80]裀褥ヲ

遠ケ仰臥セシメス勉《メ》テ早起セシメ手婬ノ常習アル者ハ厳ニ之ヲ禁止スル等ナリ」而《メ》兼ルニ近因ノ治法ヲ以テスヘシ其法陰具ヲ強壮ニメ其覚動ノ病機過盛ヲ退却スルニアリ然《レ》圧之ヲ行フニハ頗ル謹慎ヲ加ヘンヿヲ要ス若《シ》之ヲ行フヿ甚《シ》クメ過急ナルカ或ハ起熱ノ品ヲ以テスルトキハ局処ノ刺衝ヲ起シテ却テ遺精ヲ増シ衰弱ヲ加ヘテ所望ノ反対ヲ作《コ》スヿ有レハナリ故ニ初《メ》ハ鉱酸殊ニ稀硫酸ノ如キ清涼ニメ[81]降鎮ノ功アル強壮薬ヲ用《フ》ルヲ佳トス余カ実験ニ拠レハ[82]収斂亜的児十滴至二十滴日ニ二三次。[83]依蘭苔[62]傑列乙《ゲレイ》或ハ其煎汁ニ和シ与ヘ其感動漸ク鎮静スルニ随テ[84]沕乙査《ウエーチー》幾那丁幾附ニ配用シ第百七十三方次テ漸ク[85]格綸僕ニ転シテ第百七十四方甚タ効アリ格綸僕ハ保固強壮薬中此病ニ最モ適当ノ品ニメ屢《ヒ》全功ヲ収メタリ第百七十五方ノ丸薬モ亦奇験アリトス」而《メ》又之ニ兼ルニ同種降鎮強壮ノ外用法ヲ行フヿ極《メ》テ緊要ナリ即《チ》冷水ヲ以テ屢《ヒ》陰部。会陰。腰部ヲ洗滌シ次ニ第百七十六方ノ洗剤ニ[86]羯布羅精名六分一ヲ加ヘテ之ヲ行ヒ毎日二三次冷水川水又ハ海水ヲ盤ニ盛リ其内ニ坐メ陰部。会陰。薦骨ヲ浴スル等ヲ佳トス」羯布羅ハ情欲ヲ制頓シ遺精ヲ退却スルノ偉効アリ内服ニハ一二氏宛《ツヽ》[87]菲阿斯。[88]消石ニ伍メ朝夕之ヲ与ヘ外用ニハ第百七十六方ニ和シ或ハ嚢ニ盛テ陰嚢ニ布貼スヘシ第百七十七方」

右ノ諸法功ナク或ハ病《ヒ》極メテ重キ者ハ[89]幾那。[90]括《クハッ》失《シ》亜《ア》。[91]百薬煎。[92]刺答尼亜《ラタニア》。[93]吉納護謨《キノゴム》。鉄剤就中[94]撒爾末児秩斯第百[95]六方ノ剛鉄酒等ノ強壮収濇薬ヲ用フヘシ「ピロモンテル」水鉱水ハ内服シ及《ヒ》浴法ニ行フテ偉効アルヿヲ実験セリ若《シ》欠ルニ遇ハ、人工品一浴ニ撒爾末児扶斯半ヲヲ加フヲ製メ浴セシムヘシ

耳湿「[96]オトルルーア」羅「[97]フルーイイングオイト、デ、オーレン」蘭

徴候　両耳或ハ偏耳ヨリ沕乙《ウエイ》状。粘液状。或ハ膿状ノ液ヲ漏泄ス其液臭気ナキ者アリ悪臭アル者アリ腐臭ヲ帯ル者アリ

此病ハ小児ニ多クメ殆《ン》ト皆瘰癧性ナリ即《チ》此毒ノ聴道粘液膜ニ著ケル者ニメ瘰癧性ノ眼湿「[98]オグブレノルレイ」ト全ク其致ヲ一ニシ亦能ク之《レ》ト交代シ発ス」此病《ヒ》或ハ僂麻質《レウマチ》。聖京偪《[99]シンキング》ノ侵襲ヨリ来テ所謂耳感冒ナル者アリ」或ハ黴毒疥癬等ノ転徙ヨリ来ル者アリ或ハ耳焮衝ノ傍証若クハ継証ナル者アリ疼痛ヲ夾ムヲ以テ之ヲ徴ス」或ハ亦耳底ノ膿腫腐骨ニ因セル者アリ其液ノ膿質ニメ腐臭アルヲ以テ之ヲ徴ス然《レ》圧腐臭必《ス》皆膿腫腐骨ノ徴ナリト謂《オモ》フ勿レ単聖京偪《シンキング》性ノ者ニ於テモ是《ノ》臭アル有《レ》ハナリ

此病《ヒ》他患ヲ夾マサル者及《ヒ》小児ニ於ケル者ハ恐ル、ニ足ラス唯久《シ》ク淹滞スレハ聴識乏弱シ或ハ器質ノ変ヲ将来ス

治法　原因ノ差異ニ準《フ》テ各自相当ノ諸薬ヲ用ヒ兼テ誘導ノ諸法ヲ処スヘシ即《チ》僂麻質《レウマチ》。瘰癧ニ因セル者ノ如キハ排毒散〔[100]ピュルヒス。アンチデイスコラシキュス」清血散ノ類ナルヘシ〕ヲ内服セシメテ時々下剤ヲ兼用シ耳後ニ芫菁[101]硬膏ヲ貼スルニ宜シ」外用ニハ唯微温湯若《ク》ハ緩弱ノ石鹼水ヲ以テ之ヲ洗フノミ決メ亜鉛。石胆[102]。水銀。鉛等ノ製剤ヲ用フル勿レ能ク其漏泄ヲ遏止スレ圧之《レ》カ為《メ》ニ耳聾ヲ起シ病毒転徙ヲ脳ニ致セシ例少《ナ》カラス唯其漏泄頑固ニメ内服ノ諸薬ヲ連用スレ圧止マス或ハ其液悪性ニメ膿様ナル者ニノミ謹慎ヲ加《ヘ》テ之ヲ用フヘシ

完穀利[140]「[103]リーンテリア」羅「[104]スペイスロープ」蘭

徴候　飲食セル物消化セスメ下泄スルナリ或ハ嘔吐ヲ兼ルアリ或ハ善饑[105]ヲ兼ルアリ皮膚滲澹灰白ニメ衰弱羸痩漸ク加《ハ》リ終ニ労熱ヲ夾ムヲ常トス」健良ノ胃ト雖圧消化スル能ハサル者アリ豌豆類ノ莢膜。蔬菜ノ筋理。菠薐菜[106]《ホウレンソウ》ノ緑色ノ如シ是等ヲ見テ此病ト混同スル勿レ

原由　近因ハ飲食セル所ノ物其消化ヲ俟タスメ過急ニ胃中ヲ通下スルナリ」遠因ハ消化力ノ欠乏及ヒ胃液ノ変性ニ在ルアリ胃ノ感動過敏ニ

在ルアリ汚物。蛔虫。病毒転徙等ノ胃中刺衝ニ在ルアリ胃ノ器質変常ニ在ルアリ」而《ソ》飲食ノ過殕殊ニ泡醸シ易キ未熟ノ植物或ハ酸敗セル葡萄酒ヲ貪リ食物ヲ過急ニ嚥下シ下剤ヲ過用スル等之《レ》カ誘因トナル

治法　腸胃汚物ノ徴アラハ吐下薬ヲ用ヒ先《ツ》之ヲ清刷シテ之ヲ強健ニシ兼テ其動機亢盛ヲ降鎮センヿヲ要ス乃《チ》苦味強壮薬ニ芳香薬ト少量ノ阿芙蓉ヲ伍シ与ルニ宜シ其薬ハ[85]格綸僕《コロンボ》。[90]括失亜《クハッシア》。[107]没薬。[108]盧会。[109]忽弗満抜爾撒謨《ホフマンバルサム》丸。[84]沕乙査《ウエーチー》幾那丁幾。[110]橙皮越幾斯。[111]忽弗《ホプ》越幾斯。[112]菖蒲根。[113]薑。[114]「ラク、カレイベアト」鉄ヲ溶和ス（未詳）等ナリ其他[115]鶏子黄。[116]沙列布。肉羹汁。米粥。強烈甘味《ノ》葡萄酒。収歛無酸ノ葡萄酒。[117]肉豆冠ヲ浸ス苦麦酒。[118]榠楂欆。[119]槲実骨喜《コーヒー》等ヲ与ヘ石灰水。鉄気ヲ孕メル鉱泉乳汁ヲ加フ等ヲ用ヒ胃部ニ[120]抜爾撒謨《バルサム》性酒精薬及《ヒ》[121]香竄薬枕子[122]鋭烈焼酒ヲ和スヲ外貼シ重証ハ艾灸法ヲ心下ニ行フ等撰用スヘシ」尚《ホ》且《ツ》之ニ兼テ蛔虫ヲ駆リ僂麻質。伊偪篤。黴毒ヲ攻ル等病因ヲ除クノ治法ヲ処スヘシ

乳糜利「[123]フリュクシュス、クーリアキュス」羅「[124]メルキロープ」蘭

徴候　白色ニメ乳汁ノ如ク或ハ乳糜ニ類セル者ヲ下泄ス」或ハ糞穢ヲ混スルアリ或ハ血ヲ交《フ》ルアリ共ニ窘迫ヲ兼テ急卒ニ起ル者多シ」消食不良ニメ皮膚滲澹灰白。羸痩漸ク加《ハ》リ労熱徐ク発シテ乃《チ》斃ル

原由　近因ハ腸ノ粘液漏泄ナリ白帯下ト其致ヲ一ニス其悪液病ヲ起シ羸痩ヲ来《タ》ス等ノ害弊モ亦猶《ホ》白帯下ノ如シ」故ニ此病ハ一ニ之ヲ直腸白帯下ト名ク遠因ハ白帯下ニ異ナラス就中痔血鬱閉。病毒転徙。及《ヒ》腸ノ衰弱ヨリ来ルヲ多シトス

治法　痔疾及ヒ病毒転徙ニ因セル者ハ各《ヽ》其治法ヲ行ヒ肝臓及《ヒ》其他内臓ノ壅塞ヨリ来レル者ハ之ヲ開達シ殊ニ有力ノ苦味強壮薬ヲ用フヘシ即《チ》[85]格綸僕《コロンボ》。[90]括失亜《クハッシア》。[125]坎百設《カンペセ》。[131]著草。[126]鉄剤等ヲ与ヘ「[127]ピロモンテル」水鉱泉ヲ服セシメ解凝強壮ノ灌腸法ヲ

行フ等ナリ

肝崩「[128]フリュキュス、ヘパチキュス」羅「[129]レーフルフルード」蘭

徴候　下利スル所ノ者水ノ如ク粘液ノ如クニメ其色血中ノ沕乙《ウエイ》ニ類似シ糞穢ヲ混スルアリ否《ラ》サルアリ而《メ》絞痛ヲ兼ルヿナシ其下利時ニ随テ差異アリト雖𪜈大抵一日ニ十行十二行ニ至ル此病或ハ発歇スル者アリ然ラサル者モ総テ緩慢ニメ数年持久ス而メ其終リ衰弱羸痩シ労熱ヲ発スルヲ常トス抑《ヒ》希有ノ病ナリ

原由　近因ハ血中ノ沕乙《ウエイ》小腸ニ滲漏スルナリ」痔疾及《ヒ》内臓壅塞殊ニ肝臓ヨリ来ルヲ多シトス或ハ腸ノ虚脱。[130]血液溶渙ヨリ起ル者モ亦之レアリ」或ハ実ニ肝臓器質ノ脱弛溶解若《ク》ハ膿潰ヨリ来ル者モ亦之レナシトス可カラス然ル者ハ即《チ》肝病ニメ必死ニ属スルナリ

治法　病因ニ準《フ》テ其治ヲ処スヘシ」始《メ》先《ツ》[131]著草。[132]珊篤《サント》里《リ》等ノ緩性苦味解凝薬ニ[133]酒石葉ヲ伍シ与ヘ次テ幾那。[125]坎百設木《カムペセ》。[134]硫酸等ノ強壮薬ヲ用ヒ是類ノ灌腸法ヲ行ヒ「[135]アゲル」水「[136]スパー」水「[127]ピロモンテル」水皆鉱泉等ヲ少量ニ服セシムルハ通メ偉功アリトス

下利「[137]ヂアルルーア」羅「[138]ドールロープ」蘭

徴候　大便過多ニメ稀薄ナル者是ナリ」疼痛ヲ兼ルアリ否《ラ》サルアリ速ニ止ムアリ一二日稽滞スルアリ或ハ甚タ緩慢ニメ数月数年ニ及フアリ」其排泄物モ亦種々一様ナラス糞穢ヲ下《タ》スアリ水液ヲ下スアリ粘液ヲ下スアリ胆液ヲ下スアリ血ヲ下スアリ膿ヲ下スアリ其軽重安危亦種々ナリ極《メ》テ軽易ナル者アリ甚シケレ𪜈恐ル、ニ足ラサル者アリ却テ治病的ノ[139]吉利済《キリシス》ナル者アリ或ハ険重恐ルヘキ者アリ或ハ危篤既ニ迫《マ》レルノ徴ナル者アリ」然レ𪜈凡《ソ》下利ハ皆患者ニ益アルノ佳事ナリト看做シ著《シ》キ悪候ノ有ルニ非レハ決メ遮《キ》ルヿ勿ランヿヲ

要ス但シ純然ノ水液ヲ下シ是亦必シモ悪徴ナラス僂麻質下利ノ如キ却テ吉利済ナル者アリ更衣スル毎ニ虚脱ヲ加ヘ時ニ昏冒ヲ兼ル者ハ凶兆ナリトス」又此病久シク稽留スレハ非常ニ衰弱ヲ作シ終ニ神経病。悪液病。[140]完穀利。虚労。水腫等ヲ発ス

原由　近因ハ腸ノ蠕動機ト分泌機ト両ツナカラ亢進セルナリ」其遠因多端ナレ氏畢竟唯ゝ感動過敏ト異常刺衝トノ二ノ者ニ過キス」而メ其感動過敏亦二般アリ生力旺盛ニ因ル者多血性焮衝性ト衰弱ニ因ル者虚性。神経性。[47]歇以私的里性。溶崩下利等トナリ但シ感動遅鈍ノ衰弱ハ下利ヲ起サスメ却テ便秘ヲ致ス者トス」其刺衝モ亦本部刺衝ト交感刺衝或ハ対称刺衝トアリ停食。汚物。蛔虫。病毒転徙。器質変常等ニ因セルカ如キハ本部刺衝ナリ歯牙新生。情意感激。煩悶疼痛等ニ起レルカ如キハ交感刺衝ナリ皮膚抑遏ヨリ来レル僂麻質《レウマチ》下利ノ如キハ[141]対称刺衝ナリ」若夫ノ腸ノ感動過敏ト為ル者ニ汚物鬱滞ヲ兼ルカ如ク両因合併セル者ハ其下利甚タ猛悪ナリトス」或ハ亦劇証痢疾ノ後チ腸ノ衰弱ノ為メニ甚タ頑滞シ毎日数回泄瀉メ生涯連緜スルヿアリ」余曽テ八十歳許ノ一老夫壮年ヨリ之ヲ患ヒテ毫モ其健康ニ妨ケ有ラサリシ者ヲ目撃セリ

其素因亦二般アリ一ハ各人ノ性ニ在リ人或ハ微聊ノ誘因ニ遇フモ必ス泄瀉シ其自然良能モ亦病ノ異同ヲ問ハス必ス分利ヲ此路ニ取ル者アリ一ハ大気ノ性ニ在テ普ク諸人ヲ此病ヒニ傾カシムルナリ即チ歳々夏時一般ニ流行スルカ如キ是ナリ是レ炎暑ノ為メニ胆液分泌増多シテ且ツ酷厲ト為ルニ由ル熱帯諸地ニ於ケル流行下利モ亦同一ノ因ニ出ルナリ

治法　或ハ其刺衝物ヲ駆除シ或ハ其感動過敏ヲ降鎮シ或ハ両ツナカラ兼摂メ之ヲ行フニ在リ」然レ氏其刺衝物ノ異同ト感動過敏ノ原ツク所生力旺盛或ハ衰弱トニ準フテ其法各ゝ差ハサルヿヲ得ス

〔夏時流行下利〕七八月ノ間我六七月炎暑隙マナキ時ニ発メ多少腹痛ヲ兼ル胆液性ノ下利是レナリ炎熱

（ノ為メニ胆液分泌増多メ酷烈トナルニ由ル）」大黄[142]ヲ特効薬トス二三日間摂養ヲ厳ニメ果実。蔬菜。麦酒。酸味ノ品ヲ禁シ唯燕麦水。大麦水。米煮汁。鶏肉若クハ犢牛肉ノミヲ食トシ大黄水製丁幾日ニ半ヲ[19]或ハ第百七十八方ヲ服用スレハ尋常足レリトス」大黄末三四氏[24]宛毎一時半（或ハ毎二時）単服スレハ殊ニ効多シ服シ易カランカ為メニハ甘草膏[143]ヲ加ヘ丸トスルモ可ナリ」然レ𪜈大便水ノ如クニメ汚物上湧ノ徴アル者ハ先ツ硇砂[144]ヲ粘味ノ煎汁ニ和シ与ヘ（水瀉ヲ治スルノ妙功アリ）而メ後吐根ヲ以テ吐セシメ（[145]吐根モ亦水瀉ノ特効薬ナリ）次テ大黄ヲ服セシムヘシ証ニ随テ吐剤ハ数回用ヒサル可カラサルコアリ」或ハ泄瀉水ノ如クニメ劇キ腹痛ヲ兼ル者アリ油質ノ品ニ硇砂ヲ加ヘ緩和ヲ伍シ与ヘ（第百七十九方）兼テ是類ノ擦剤。琶布[146]。灌腸ヲ行フヘシ即効アル良法ナリトス

〔停食下利〕[147] 治法前証ニ同シ証ニ随テ吐剤（吐根）ヲ与フヘシ其他ハ大黄ヲ用フルニ宜シ

諸種ノ下利大抵右件ノ治法ヲ以テ足レリトスト雖𪜈或ハ之レニ由テ下利止マス依然トメ水瀉シ汚物鬱滞ノ兆ナクメ患者疲憊スル者アリ然ル𪜊ハ之ヲ過止セサル可ラス然レ𪜈之ヲ行フニハ頗ル謹慎ヲ加ヘンコヲ要ス決メ早キニ過ク可ラス腸胃ノ清刷十分ナラスメ之ヲ過止スレハ必ス大害危険ヲ惹クノ恐レアリ又其序ヲ紊ル可ラス必ス緩法ヨリ始メテ強法ニ移ルヘシ」其法先ツ皮膚ノ対称機ヲ以テ始メトスヘシ夫ノ皮膚ノ抑遏能ク下利ヲ起スカ如ク其開達亦能ク下利ヲ遏ムル者ナリ即「フラ子ル」（布名）ヲ複《フタヘ》ニメ腰腹ヲ纏被スルヲ佳トス唯是レノミニメ足ルコアリ」其次ハ大黄末ナリ一二氏ニ少量ノ吐根[145]ヲ和ス（第百八十方）次ニ牡蠣[148]。蝲蛄石[149]。礬土[150]。赤石脂等[151]ノ土質薬ヲ試ミ（第百八十一方）其ノ他亜刺比亜護謨《アラビアゴム》。沙列布《サーレップ》[116]。米粥等ノ粘膠薬ヲ用ヒ或ハ漿粉ヲ以テ灌腸シ或ハ葛斯《カス》[152]加栗刺越幾斯《カリツラ》（第百八十二方下利ヲ過テ毫末ノ害ヲ起サヽルコ此薬ノ右ニ出ル者ナシ）及ヒ肉豆蔻[117]ヲ用ヒ最後ニ阿芙蓉ヲ与フヘシ阿芙蓉ハ其功諸薬ニ超絶スト雖𪜈危害ヲ起シ

易シ必《ス》下薬ヲ配用スルヲ宜シトス第百八十三方
〔僂麻質性下利〕唯感冒ヨリ起レル者 大抵唯「フラ子ル」布名ヲ以テ腹部ヲ纏包シ蓐中ニ発汗シテ粘味ノ飲液ヲ多服スレハ足レリトス」若《シ》汚物ヲ兼併セル者ハ前段ノ治法ヲ行フヘシ
〔常習下利〕慢性下利 二証アリ一ハ其下利常ニ持続スルナリ一ハ否ラスメ僅微ノ誘因ニ遇フモ輒《チ》下利ス可キ常習トナレルナリ共ニ急性下利ノ継病ナル者多シ」治法ハ総テ感動過敏ヲ兼ル腸ノ局処衰弱ヲ目的トセンヿヲ要ス然《レ》𪜈亦病的ノ刺衝有テ敏性衰弱ハ其余患ナル者アリ然ル𪜈ハ有力ノ強壮薬ヲ用ル𪜈更ニ功ナシ唯其刺衝ヲ除クノミニメ全治ヲ遂クヘシ」其刺衝ニ由ラスメ単純ノ敏性衰弱ニ由《レ》ル者ハ苦味収濇ノ性有テ鎮痙麻酔ノ功ヲ兼ル強壮薬ヲ連用シ兼テ反対刺衝法ヲ行ハンヿヲ要ス乃《チ》格綸僕《コロンボ》[85]。第百八十四方散末ハ一𠂊宛日ニ四次用フ 坎百設《カムペセ》。第百八十五方 橙皮。西瑪爾抜《シマルバ》[153]。葛斯加栗刺《カスカリツラ》[152]。「サリカリア」[154]。未詳 檞実[119]骨喜《コーヒー》[155]。赤払郎斯酒。「ポ[156]ンタグ」[157]「カホルス」皆酒名。橙皮ヲ浸漬ス 鉄剤「ピロモンテル」水ヲ殊ニ佳トス等ヲ撰用シ「フラ子ル」ヲ以テ纏被シ強壮薬ノ擦法ヲ腰腹ニ行ヒ冷滴法ヲ少腹ニ施ス等ナリ」
芳香枕子[158]丁子[159]。胡椒。益智[160]。桂[161]。薑[162]ヲ盛ル ヲ焼酒ニ浸シテ朝夕胃部ニ外敷スルモ亦良功アリ」凡《ソ》此証感動過敏ノ大ナル間ハ右ノ強壮薬ニ阿芙蓉少許ヲ加ヘンヿヲ要ス諸薬寸験ナキ者 府利丁幾《フーリー》[163]ニ阿芙蓉ヲ加《ヘ》用ヒテ第百八十六方奇験ヲ奏セシヿ少《ナ》カラス」其他番木鼈[164]第百八十七方[91]百薬煎第百八十八方モ亦甚タ偉功アルヿ多シ」虚衰大ナル者ハ冷食ヲ良トス余曽テ頑固ノ証ニ唯乳汁ト冷肉ト白蒸餅[165]トヲ用フルノ他一切ノ薬食ヲ禁メ全功ヲ収メシヿアリ
右ノ諸法功ナキ者ハ蛔虫。転移毒等ノ刺衝ノ所為ニ非ルヤ否ヤ之ヲ撿査センヿヲ要ス転徙毒ハ伊倔篤《イクド》[64]。僂麻質《レウマチ》。癬毒。黴毒ヲ殊ニ多シトス若《シ》然ル者ハ各毒相当ノ治法ヲ行ヒ痔疾ニ因セル者ハ硫黄ヲ用フヘシ第百八十九方」自余患者ノ飲食。衣服。所業等ニ注目セスンハアラス薄衣。湿地。或ハ過

酒等暗ニ之カ因ト為ルヿ屢ミアリ

〔溶崩下利〕[166] 膿労。虚労。水腫。[167]歇屈扶加《ヘクチカ》等ノ病末ニ傍発セル者是ナリ各ミ本病ノ治法ヲ行ヒ兼テ前ニ挙ル遏止薬ニ阿芙蓉ヲ伍シ又糊質灌腸薬ニ阿芙蓉ヲ加ヘテ行フヲ佳トス

[11]失荀児陪苦《シケウルホイク》ニ兼発セル腐敗性下利ハ[168]礬乳清附 [91]百薬煎或ハ幾那ニ少量ノ阿芙蓉ヲ配用スヘシ

腸ノ結核ヨリ来リ 瘰癧性小児ニ多シ 或ハ腸ノ形器病ニ因セル下利ハ[119]榔実骨喜《コーヒー》。[152]葛斯加栗刺《カスカリツラ》越幾斯。[62]傑列《ゲレ》乙剤。滋養薬ヲ用ヒ麦芽浴ヲ行フヲ宜シトス」是類ノ下利。多歳稽滞メ頑固ナリシ者ニ[169]蛞蝓煮汁ヲ[152]葛斯加栗刺《カスカリツラ》ト配用メ非常ノ神験ヲ得シヿ亦屢ミ之アリ

〔膿液下利〕 是腸内ノ膿腫破潰ノ徴ナリ乳汁。[170]乳清。[171]酪余。[116]沙列布《サーレップ》。[169]蛞蝓煮汁。幾那。没薬。[172]抜爾撒謨骨湃霍《バルサムコッパイハ》。乳汁ニ石灰水ヲ加フル者等ヲ与ヘ乳汁ニ没薬液 〔[173]リキュアムミルラ 没薬丁幾カ未詳〕 或ハ抜爾撒謨骨湃霍一二銭[174] [175]舎電阿芙蓉液少許ヲ加ヘテ 或ハ之ニ[176]鉛醋二三滴ヲ加フ 灌腸薬トシ日ニ二三次之ヲ行フニ宜シ

〔乳児下利〕 後ノ小児門ニ論説ス

痢疾 「[177]デイセンテリア」羅 「[178]ペルスロープ」蘭

徴候 [179]重墜努責メ頻リニ[77]上圊スレ𪜈真ノ大便ヲ利セス唯些少ノ粘液或ハ血ヲ下タシ腹痛劇シクメ発熱ス故ニ原来過泄病ニ属セスメ閉塞病ニ算入スヘキナリ而メ其病性全ク下利ト相反ス即チ下利ハ腸内ノ汚物ヲ排泄スレ𪜈此病ハ之ヲ内ニ鬱滞セシム又下利ハ独リ自ラ治スルヿアレ𪜈此病ハ否ラス大便排泄スルヿヲ得テ始テ治ニ就クナリ

其経過一様ナラス前兆有テ来ルアリ否ラサルアリ短急ナルアリ緩慢ナルアリ或ハ遷延メ経久痢ニ移ルアリ」其前兆ハ大抵下利或ハ腹痛ヲ以テス而メ其発病ノ初メ先ツ胆液性ノ大便歇ミ努責メ粘液些少ヲ下シ 之ヲ[180]白痢ト云フ 次テ刺衝加ハルニ随テ之ニ血ヲ交フ 之ヲ[181]赤痢ト云フ 軽証ハ熱勢早ク退却ス

レ氏重証ハ疼痛漸ク増シ熱勢漸ク進ミ上圊間断ナク一昼夜百行ニ至ルメ下物ニ一種ノ悪臭ヲ放ツ而メ此病ノ増進スル所以《ン》ハ傍発ノ焮衝ニ由リ胆液性汚物ノ過多ニ由リ或ハ精力ノ衰弱ニ由ル其死スル所以《ン》ハ焮衝ニ由リ壊疽ニ由リ生力虚脱ニ由ルニ在リトス」疼痛劇烈ナリシ者頓ニ歇《ン》テ顔貌萎縮シ四肢厥冷シ脈細小ニメ結代シ大便失禁メ極《メ》テ悪臭ヲ放ツ者ハ壊疽ニ陥《レ》ルノ兆ナリ」熱漸ク退却シ痛《ミ》徐ク減少シ下物逐次ニ常糞ト為ル者ハ快復ノ良候ナリ

凡《ソ》劇証痢疾ノ後ハ経久下利。神経熱。麻痺病。遷延熱等ノ諸病ヲ貽《コ》スヿ多シ

原由　近因ハ大腸ノ抗抵過劇ニメ痙[182]搐性ヲ帯ヒ且《ツ》其粘液酷厲ト為テ分泌増盛セルナリ然メ其本性ハ焮衝ニ非ス唯其刺衝増加シテ乃チ焮衝ニ移ル可キノミ」故ニ感冒ニ於ケル気管刺衝ト全ク其態ヲ一ニス乃《チ》大腸ノ感冒若《ク》ハ僂麻質ト名ケテ可ナル者ナリ猶《ホ》感冒ノ噴嚔欬嗽甚シケレハ粘液ニ血線ヲ交ヘ刺衝増加スレハ遂ニ焮衝ニ転スルカ如ク一般ナリトス

遠因ハ多端ナレ氏畢竟異常刺衝ト感動過敏トニ外ナラス就中皮膚運営抑遏ノ対称機ニ兼子テ胆液増多メ酷烈ト為《レ》ルヨリ起ル者最《モ》多シ故ニ此病八九月我七八月ノ比《ヒ》昼間大ニ熱シ暑熱ハ胆液分泌ヲ増シ且《ツ》之《ヲ》酷烈ナラシム黄昏夜間冷涼ナルノ候蒸気ヲ抑遏スニ一般流行ス其病タル即《チ》僂麻質《レウマチ》性胆液病ナリ」而《メ》流行痢疾ノ極度ニ至レル者殊ニ腐敗性ニ傾ケル者ハ一種ノ伝染毒ヲ生ス但《シ》其毒腸内ニ生メ唯其排泄物ニノミ寄舎ス故ニ其排泄物ノ気ニ触ル、ヲ恐ルヘシトス」又其素因各地ノ英垤密[183]《エンデミ》病ナル者アリ即《チ》汚地泥沼卑湿ノ地凡《ヘ》テ間歇熱流行スル所ノ処ハ痢疾モ亦毎歳流行ス

其他此病ヲ傍発シ或ハ媒起スルノ因仍《ホ》多シ即《チ》蛔虫。中毒等ノ如ク腸ニ局処ノ刺衝ヲ起ス者痔疾。病毒転徙等ノ如ク腸ニ感動過敏ヲ進ムル者或ハ歯牙新生等ノ如ク腸ニ交感刺衝ヲ致ス者

ノ類是《レ》ナリ
治法　大腸ノ抗抵ヲ降鎮スルニ在リ故ニ其刺衝物ヲ除キ感動過敏ヲ治メンヿヲ要ス然《レ》圧其刺衝物ノ異ナルト感動ノ状態相違フトニ準《フ》テ治法少差ナキヿ能ハス」而《ソ》其最モ多キハ僂麻質兼胆液性ノ痢疾ナリ秋時ニ行ハルヽ者大抵皆是ナリ通例左ノ治法ヲ行《フ》テ足レリトス即《チ》先《ツ》吐根ヲ吐剤トシ用ヒ次テ満那《マンナ》[184]。答未林度《タマリンド》[185]ニ少量ノ芒消[186]ト吐酒石[187]ヲ配セル緩下剤ヲ与フヘシ若《シ》之ヲ服スルヿ一昼夜ニメ寛解セサル者ハ粘味乳剤ニ阿芙蓉ヲ加ヘ与ヘ第百九十方尚且《ツ》之ニ兼テ大麦水。燕麦水。亜刺比[188]亜漿殊ニ佳シ等ヲ多服セシメ「フラ子ル」布名ヲ以テ腰腹ヲ纏被シ鎮痙軟膏ニ阿芙蓉ヲ和メ少腹ニ塗布スルヲ佳トス」此病ノ初起ニ於テ吐根[145]ヲ吐剤トシ用フルハ諸証ニ通メ必《ス》功アリ唯汚物上湧ノ徴ナク且《ツ》大便常糞ヲ下ス者ノミ此例ニ非ストス
右件ノ治法ヲ行《フ》テ功ナキ者数証アリ発熱増進メ脈緊実トナリ或ハ少壮ニメ多血ノ候アル者腹痛峻劇ニメ一処ニ定住シ全腹緊満メ之ヲ按スレハ必《ス》疼ム者ハ焮衝ノ徴ナリ刺絡ヲ必要トシ軽キ者ハ蜞鍼[67]ヲ腹部ニ貼ス而メ油製乳剤ヲ用ヒ第四十七方脈力頓挫スルヲ待テ乃《チ》之レニ阿芙蓉ヲ加ルヲ良トス」若《シ》其脈実ナラスメ舌上不潔等腸胃汚物殊ニ胆液性汚物ノ徴アル者ハ仍《ホ》持久メ第一道ヲ清刷スヘシ但《シ》其大便常糞ヲ下《タ》スヤ否ヤヲ撿メ若《シ》已ニ常糞ヲ下ス者ハ前ノ緩下薬ト粘味薬ヲ持続シ用《ヒ》テ水ノ如キ大便ヲ瀉スルニ至ルヘク其未《タ》常糞ヲ下《サ》サル者ハ更ニ吐剤ヲ投スヘシ大抵常糞ヲ下《タ》スヿヲ得ルナリ然《ソ》仍《ホ》寛解セサルトキハ大黄[142]ヲ用ヒ第百九十一方或ハ甘汞[189]ニ阿芙蓉ヲ伍メ之ヲ与フヘシ」若《シ》焮衝ノ候ナク亦汚物ノ徴ナクメ疼痛劇《シ》ク後重甚《シ》ク僅ニ稀汁粘液若クハ血ヲ下ス者ハ感冒ニ起レル所ニメ即《チ》単純ノ僂麻質《レウマチ》痢ナリ宜ク阿芙蓉ヲ亜刺比亜護謨《アラビアゴム》ニ配メ内服セシメ亦之ヲ灌腸薬トシ兼テ芫菁膏ヲ腹ニ貼シ微温浴

ヲ行フヘシ若シ亦始メヨリ精力非常ニ虚脱セル者ハ神経性及ヒ虚性痢疾初起ヨリ阿芙蓉。粘味薬。此証モ亦吐下薬ヲ用フヘキ者ハ之ヲ用フヘシ等ニ[190]纈草。[191]白芷。[192]亜児尼加《アルニカ》。葡萄酒等ノ神経薬ヲ伍シ兼テ微温浴ヲ行フニ宜シ若シ其虚脱極メテ已甚シク其排泄物屍臭ヲ放ツ者ハ腐敗ニ陥レルナリ[192]亜児尼加《アルニカ》根末服ハ毎一時一[193]刃煎湯ハ半[19]ヲヨリ八ヲニ至ルト葡萄酒ト殊効アリトス

右ノ諸法ヲ行ヘ氏病ヒ頑然トメ退カス或ハ稍ヤ減退スレ氏荏苒トメ治セサル者ハ実験ニ拠ルニ左ノ諸薬甚タ良効アリ即チ[164]番木鼈末一日ニ半刃及ヒ其越幾斯。毎服二氏至四氏硫黄華。甘汞。[194]升汞是レナリ升汞ハ少量ニ用フベシ[195]八分氏ヲ水四ヲニ溶和シ[188]亜刺比《アラビ》亜護謨《アゴム》漿三ヲ阿芙蓉液十二滴ヲ加ヘテ半時毎ニ一食匙ヲ内服シ或ハ升汞十六分氏ヲ阿芙蓉及ヒ粘漿ニ和メ灌腸薬トス而メ仍ホ功ナキ者ハ左法亦大ニ良験アルヿヲ称誉セリ[196]赫篤綸安質没扭《ヒットリユムアンチモニ》(名)一銭[174]ヲ極末トシ白蠟半銭ヲ和シ文火[197]ニ上セ手ヲ遏メス攪拌メ烊解セシメ能ク混和メ遂ニ紅

褐色ノ乾末ト為ルニ至リ半氏至一氏ヲ一服トシ沙糖ヲ和メ用フ証ニ随テ連服セシムヘキ者アリ或ハ白蠟ヲ鶏子黄ニ和シタル者モ功アリ微温浴モ亦宜シトス僂麻質痢ニ於テハ殊ニ然リ若シ夫ノ荏苒タル経久痢ト為レル者ハ亜児尼加《アルニカ》ヲ主薬トス根末一刃宛一時或ハ一時半毎ニ与フヘシ此証腸内裏面ノ粘液剥脱メ滑利ヲ失フヨリ起レル者アリ然ルトキハ沙列布《サーレップ》漿ヲ専用スルニ宜シ唯之レノミニメ全功ヲ収ムルヿ間ゝ多シ又其頑滞スル所以ン衰弱ニ在ル者ト直腸ノ虚焮衝ニ在ル者トアリ其衰弱ノ為メニメ遷延熱ヲ兼ル者ハ[85]格綸僕《コロンボ》。[125]坎百設木《カンペセ》。[153]西瑪爾抜《シマルバ》。功アリ其虚焮衝ニ由レル者ハ升汞十分氏ヲ阿芙蓉。亜刺比亜漿或ハ粘糊ニ和メ灌腸ヲ行フヲ佳トス

閉塞痢ハ葡萄酒。焼酒。多量ノ阿芙蓉等ヲ誤用メ痢失頓ニ閉塞シ以テ諸種ノ悪証ヲ起セル者是ナリ急慢二証アリ急証ハ焮衝性或ハ痙攣性ニメ疼痛劇烈。腹肚緊満。大便秘閉。煩悶痙攣等ノ諸

患ヲ発ス宜ク速ニ油質薬。満那《マンナ》。甘汞ヲ与ヘ琶布《パップ》[146]ヲ貼シ緩和灌腸法ヲ行テ其排泄ヲ再起シ焮衝性ノ者ハ蜞鍼ヲ施コシ痙攣性ノ者ハ菲阿斯ヲ用ヒ微温浴ヲ行フヘシ」慢証ハ頑固ノ僂麻質。麻痺。水腫等ヲ起スナリ解凝薬下薬ヲ用ヒ兼テ新発諸病ノ治法ヲ施スニ宜シ

差後ノ治法ハ通メ皆苦味強壮薬ヲ連服シ「フラ子ル」（布名）ヲ腹囲ニ纏絡シ厳ニ食禁ヲ守ルニ在リ」自余傍発ノ慢性痢疾（他病ニ傍発セル者ヲ云）ハ各ミ其因ニ準フテ本病ノ治法ヲ処スヘシ（蛔虫ニ因ル者ハ虫病条。歯牙新生ニ因ル者ハ小児門。病毒転移及ヒ腸ノ潰瘍等ニ因ル者ハ慢性下利条ヲ併考スヘシ）但シ諸証ニ通メ皆感動過敏ヲ鎮静シ病毒刺衝ヲ駆除スルヲ以テ主トセンヿヲ要ス」諸ヒ経久ノ痢疾或ハ痔瘻ノ為メニ頑滞スルヿアリ意ヲ用ヒテ撿セスンハアラス

凡ソ痢疾ノ預防法ハ「フラ子ル」（布名）ノ腹帯ニ優レル者アルヿナシ」亦熟菓ヲ喫スルヿヲ称スル者アリ過食セサレハ害ナシトス

霍乱「[198]コレラ」羅「[199]ブラークロープ」蘭

徴候　吐逆泄瀉持続メ兼ルニ胃痛。腹痛。煩悶。重墜[179]努責ヲ以テス」其劇キ者ハ吐瀉殆ド間断ナク其重キ者ハ精力速ニ虚脱ヲ極メテ脈細小診知シ難ク四肢厥冷メ昏冒搐搦痙攣等ヲ発スルナリ」其吐瀉スル所ノ者初頭ハ胃中ノ蓄物及ヒ胆液（胆液）（性霍乱ハ病末ニ至ルマテ之ヲ吐瀉ス）ナレ𪜈其次ハ水様ノ稀液ヲ排泄シ終ニ排泄物尽テ唯乾嘔[200]努責ヲ致スノミ或ハ始メヨリ一物モ吐瀉スルヿ無キ者アリ（[201]乾霍乱）或ハ唯風気[202]痞滞ニ由レルノミナル者アリ（然ル者ハ[203]風気疝ノ一種ニ属ス）其経過一様ナラス或ハ懊憹。煩悶。心下圧重。食欲欠乏等ノ前兆アル者アリ或ハ前兆ナク卒然トメ発スル者アリ或ハ軽易ニメ恐ル、ニ足ラサル者アリ（飲食不化ノミニ由レル者ノ如キ是ナリ）或ハ峻劇猛烈ニメ速ニ斃ル、者アリ劇キ者ハ其死一昼夜ヲ俟タス[204]哥烏垤百私篤《コウデペスト》〔巻之二ニ出ツ〕ノ如ク一般流行スル者ニ於テ殊ニ然リトス」凡ソ此病ヒ留連スルヿ久シキモ

三日ヲ越エス其間死ヲ致《サ》サレハ病勢必《ス》退却ス
而《シテ》其死スル者ハ焮衝ニ由リ或ハ生力虚脱ニ由
ルナリ

原由　近因ハ胃腸ノ[182]痙搐性抗抵ニメ通例肝臓モ
亦之ニ与《アツカ》ルナリ胆液性ノ者ニ於テハ胆液分泌非常ニ増盛スルヲ以テ之ヲ徴スヘシ故ニ其近因焮衝ニ非レ𪜈神経ノ抗抵過劇
ナレハ遂ニ焮衝ヲ挟ミ易シトス

誘因ハ腐蝕性毒薬。不化ノ飲食。胆石。蛔虫。歯牙新
生。娩産感動等ナリ然レ𪜈[183]英垤密《エンテミ》及《ヒ》[205]越必垤密《エピテミ》病
ニ由ルヲ殊ニ多シトス即《チ》汚地泥沼多キ地痢疾ノ流
行ト其地ヲ同フス及《ヒ》昼間暑気甚クメ夜間冷涼ナルノ候
七八月ニ流行スルヲ常トス」英垤密霍乱ハ間《ミ》真ノ
[205]越必垤密《エピデミ》性ヲ得テ伝染病ト為ルヿアリ[204]哥烏垤《コウデ》
百私篤《ベスト》ノ如キ即《チ》是ナリ

治法　其治験速ニメ即効ナクンハアラス病ノ時
期短急ニメ僅ニ一二日ヲ争ヘハナリ而《シテ》其主ト
スル所ハ腸胃ノ痙攣性抗抵ヲ鎮静スルニ在リ
但《シ》過急ニ其排泄吐瀉ヲ遏止セサランヿヲ要ス」宜《シ》
ク大麦粘汁。燕麦粘汁。亜刺比亜《アラビア》漿。稀薄ノ[206]雛鶏羹
汁等ヲ多服シ[207]里歇利飲《リヘリ》〔第一方〕及《ヒ》少量ノ菲阿斯《ヒオス》或
ハ少量ノ吐根ヲ用ヒ油質薬ノ灌腸ヲ施シ鎮痙
軟膏及ヒ麻酔薬ノ琶布《パップ》ヲ外敷シ[208]乾角ヲ胃部ニ附
貼シ且《ツ》微温全身浴ヲ行フヘシ大抵之ヲ以テ足
リトス」然《レ》𪜈茲ニ注目セサル可ラサル者二証ア
リ危険ノ焮衝ト危険ノ虚脱ト是《レ》ナリ疼痛劇甚
ニメ灼クカ如ク急患少壮多血ナルカ越必垤密《エピデミ》
焮衝性ナルトキハ必《ス》刺絡ヲ行フヘシ」若《シ》前件ノ諸
法ニ由テ諸証退却セス脈細小トナリ四肢厥冷
シ或ハ昏冒スル者ハ虚脱ノ極ナリ阿芙蓉ノ外《カ》
之ヲ拯フヘキ者ナシ乃《チ》[175]舎電阿芙蓉液ヲ取テ毎
四分時二三滴宛粘味乳剤ニ点服セシメ兼テ之
ヲ擦剤トシ及ヒ灌腸薬トシ用《フ》ルヲ佳トス然《レ》𪜈
之《レ》ニ由テ泄瀉《ヤ》少減スルニ至ルヘキノミ決メ閉
止スルニ至ルヿ勿レ卒《カ》ニ閉止スレハ必《ス》危険ノ
焮衝ヲ招クナリ衰弱甚シキ者ハ阿芙蓉ニ兼テ
醇烈ノ葡萄酒ヲ用ヒンヿヲ要ス就中経年ノ「マ[209]

ラガ」名酒ヲ最《モ》良シトス
哥烏埕百私篤《コウデベスト》ハ前ニ本条アリ就テ見ルヘシ

扶氏経験遺訓巻之十六終

巻之十六註

1 *blenorrhoeae* 膿漏。
2 niet bloedige vochtontlasting 血流不通。
3 wei 血清。
4 ontsteking 炎症。
5 wederherstelling 再修復。
6 gevoeligheid 感度。感受性。
7 idiopathisch 原発性の。
8 sympathisch 感応性の。
9 *ptyalismus* 流涎。唾液分泌過剰。
10 speekselvloed 唾液流出。
11 scheurbuik 壊血病。
12 ヨード。
13 *ephidrosis* 発汗症。
14 overmatig 過剰発汗。
15 giestuitslagkoorts 粟疹熱。
16 *sudor anglicus*。
17 原文は cholera コレラ。可烏埕百私篤《カウデベスト》の蘭語は koude pest。
18 塩素水。
19 ons 薬量一オンスは約三一・一グラム。
20 *herba* salviae サルビア。
21 *thee* 煎剤。
22 *infus. vinosum* 葡萄酒浸。
23 *boletus laricis* *Agaricus albus* カラマツタケ。
24 grein 一グレインハ約〇・〇六五グラム。
25 loodwater 鉛水。
26 *enuresis* 遺尿症。
27 onwillekeurige pislozing 無意識の失禁。
28 *enuresis completa, paralytica*。
29 *enuresis incomplete, spastica*。
30 *enuresis nocturna* 夜尿症。
31 scherpe pis 痛みが激しい尿。
32 *infarctus* 梗塞。
33 *pulvis aërophosrus natoratus* 本書薬方篇巻二、第七十二方参照。
34 *roborantia*。
35 *excitantia* 興奮剤。
36 *adstringentia* 収斂剤。
37 *cantharides* カンタリス剤。
38 トクリ。flsch 瓶。

39 オフ。つける。
40 *diabetes*　糖尿病。
41 pisvloed。
42 qualitative verandering　質的変化。
43 pond　薬量一ポンドは約三七三グラム。
44 zouten smaak　甘味。
45 ophoopingen van water, branden　飲み水の取りすぎ、胸焼け。
46 転移。
47 hysterie　ヒステリー。
48 hypochondrie　心気症。
49 dierlijke - chemisch proces　生体化学過程。
50 *chylus*　乳白色リンパ液。
51 *sulphuretum ammoniae hydrogen*　硫水素アンモニウム。
52 *spiritus fumans beguini*　発煙精。
53 russische baden　ロシア浴。
54 *asa foet.*　セリ科多年草。駆虫、去痰。通経剤。
55 *belladonna*　ベラドンナ。
56 *opium*　阿片。
57 *sulphas cupri ammoniacalis*　硫酸銅アンモニウム。
58 *magnesia*　酸化マグネシウム。
59 *kreosot*　クレオソート。イヌバナの木の乾留油。
60 *cystorrhoea*。
61 slijmvloed uit de blaas　膀胱粘液。
62 geleiachtige　ゲル状。ゼリー状。
63 bougie　ブージー。消息子。
64 jicht　痛風。
65 *solutio extr. tarrax*　タンポポエキス。
66 *c. tart. tartaris*　酒石酸カリウム。
67 蛭。
68 *extoria*　引赤剤。刺激剤。
68 Wildungen water。
70 *uva ursi*　ウワウルシ。欧米に自生するウルシ。乾燥葉は欧州で尿路防腐薬として用いられる。
71 *gonorrhoea*　淋疾。
72 druiper　淋病。
73 syphilitische　黴毒性。
74 *balsamus copaivae*　南米産 *Copaifera* 種のバルサム。
75 *pollutio*　遺精。
76 zaadvloed　精液。
77 stoelgang　大便。便通。
78 *pollutio diurna*　昼間遺精。
79 カリ。取り除き。
80 kussen　クッション。座布団。
81 de pikkelbaarheid verminderen　刺激を鎮める。
82 *elix. acid. haller*　Haller 氏酸性エリキジール剤。巻十一註135参照。
83 *lichen island*　イスランド苔。

84 *tinct. chin. whytt.* Whytt 氏複方キナチンキ。Robert
Whytt（一七一四－一七六六）は英国医。
85 *colombo.* コロンボ根。
86 kampher brandewiin。
87 *hyoscyamus* ヒオス。ヒヨス。
88 硝石。硝酸カリウム。
89 *kina* キニーネ。
90 *quassia Simarubaceae* 属。
91 *terra catechu, terra japonica* 阿仙薬。
92 *ratanhia* 種々の植物根。
93 *g. kino* キノ樹液のゴム。
94 *vitriol. martis* 緑礬。硫酸鉄。
95 *staalwijn* 鉄を含んだワイン。本書薬方篇第百六方参照。
96 *otorrhoea* 耳漏。
97 vloeijing uit de ooren 耳出血。
98 oogblenorrhee。
99 catarrhale カタル性。聖京偏の蘭語は zinking。
100 pulvis antidyscrasicus。
101 spaanschevliegepleister カンタリジン膏。
102 vitriool 硫酸。
103 *lienterria* 消化不良。
104 spijsloop 食物通下。
105 onverzadelijk honger 貪欲な渇望。
106 ホウレンソウ。
107 *myrrh. Aquos.* 。
108 *ook aloëtica*。
109 *pilul. balsam. hofm.* ホフマンバルサム丸薬。
110 *extr. cort. aurrentior.* 。
111 *extr. lupuli* ホップエキス。
112 *rad. calam.* ショウブ根。
113 *zingiber*。
114 *lac. chalybeat*。
115 卵黄。
116 サレップ。saleb 蘭科植物球根の乾燥粗粉。
117 *nux moschata* ナツメグ。健胃薬、香味料。
118 kweeënbrood マロメロパン。
119 カシの実のコーヒー。
120 *externa spirituosa balsamica*。
121 specerijen kussens 香味薬味を入れたクッション。
122 rum ラム。
123 *fluxus* coeliacus。
124 melk loop 乳糜下痢。
125 *lignum campechiensis* ロッグウッド。カンペシア木。
126 *martialia* 鉄剤。
127 Pyromonter。
128 *fluxus* hepaticus 肝臓下痢。
129 lever vloed。
130 血液変化。

131 *millefolium*　セイヨウノコギリソウ。
132 *centaur. mit.*　ヤグルマギク属。
133 *terra foliat. tart.*.　酒石葉状土。
134 原文は verdunde minerale zuren　稀鉱酸。
135 Eger。
136 Spa。
137 diarrhoea　下痢。
138 doorloop　走り抜ける。
139 crisis　転機。
140 spijsloop　食物通下。
141 antagonistisch pikkeling　対抗的刺激。
142 rhabarber。
143 *succ.* Liquir。
144 塩化アンモニウム。
145 *emeticum uit* ipecacuanha　イペカクアナ吐剤。
146 pappen　罨法。
147 onverteerde stoffen　食物不消化。
148 *conchae*　介殻類。
149 *lap. cancror.*　蟹石。
150 aluinaarde　明礬土。
151 bolus　膠塊粘土。
152 *ext. cascarilla. Cortex cascarillae* よりのカスカリラエキス。
153 *simarub. Simarubaceae* 属。
154 salicaria　*Lythrum salicaria*。
155 rood Fransche wijn　赤フランスワイン。
156 pontak。
157 cahors。
158 specerijzakje　香辛料小袋。
159 クローブ。丁子。
160 kardamon　カルダモン。小肉冠。
161 シナモン。桂皮。
162 gambar gevuld.　太ショウガ。
163 *tinct.* macis　ニクズクチンキ。
164 *nux. vomica*　馬銭子。
165 白パン。
166 *diarrhoea* colliquatira。
167 hectica　消耗。
168 明礬様血清。
169 slakenboullon　カタツムリスープ。
170 wei　ホエー。水っぽい牛乳。牛乳やヨーグルトの上にたまった水。
171 karnemelk　バターミルク。
172 *balsam. copaiv.*。
173 *liquam. myrrh.*　ミルラ溶液。
174 drachmen　一ダラムは約三・八九グラム。
175 *laudanum*　阿片。
176 酢酸鉛。
177 *dysenteria*　赤痢。

178 persloop　赤痢。
179 gedurige aandrams　継続切迫。しぼり腹。
180 witte loop。
181 rood loop。
182 痙攣性。
183 endermische　地方特有の風土病。
184 *manna*　。
185 *tamarinden*　マメ科高木。清涼飲料、緩下剤。
186 硫酸ナトリウム。
187 *tartar. emet.*　酒石酸水素カリウムと三酸化アンチモンとの化合物。
188 slijm van arabische gom　アラビアゴム溶液。
189 塩化水銀（Ⅰ）。
190 *valeriana*　吉草根。
191 *angelica*　セイヨウヨロイグサ。
192 *arnica*　ウサギギク属多年草。神経系病薬。
193 scrupel　薬量一スクルペルは約一・三グラム。
194 塩化水銀（Ⅱ）。
195 八分の一グレインは約八・一ミリグラム。
196 *vitrum antimonii*　硫酸アンチモン。
197 弱火。
198 *cholera*　コレラ。
199 braakloop　コレラ。
200 vruchlooze pogingen to braking　嘔吐の徒労の努力。
201 *chol. Sicca*　乾性コレラ。
202 lucht ontwikkeling　屁の発生。
203 放屁病。
204 epidemische braakloop de ergste de Oost-indische　東インドの最悪の流行性コレラ。
205 流行病。
206 kippen bouillon　養鶏肉ブイヨン。
207 *potio riveri*　本書薬方篇第一巻、第一方参照。
208 drooge koppen　乾燥吸い玉。
209 Malaga　マラガワイン。

（表紙）

扶氏経験遺訓　十七

扶氏経験遺訓巻之十七

足守　緒方章公裁　同訳
義弟郁子文
西肥　大庭忞景徳　参校

第十編

閉塞病「[1]シユップレッシオ子ス」羅「[2]オップストッピング」蘭

総論

徴候　平常欠ク可ラサル排泄（大小便。蒸発気。月経等）ノ閉塞セル者是レナリ」凡ソ排泄閉塞スレハ継発スル所ノ患害甚タ軽カラス決メ蔑視スルヿ勿レ其排泄全躯ノ為メニ貴要ナル者其閉塞スルヿ急卒ナル者全ク遏止セル者ハ其危害愈ヽ大ナリ」而メ其継発ノ患害二般アリ一一ハ敗液滞止メ全躯ノ清楚ヲ失スルナリ体液之レカ為メニ酷厲ト為リ栄養之レカ為メニ不良ト為リ血液調和ヲ差フテ諸ヽ悪液病ヲ生ス一一ハ体内諸機之レカ為メニ衡平ヲ失フテ対称機[3]ノ変ヲ起スナリ因テ内部ニ急慢ノ劇証ヲ発シ或ハ他部ニ危険ノ襲替[4]分泌(病)ヲ生ス」是故ニ此病ハ急慢諸病ノ因ト為ルヿ甚タ汎シ医能ク注目セスンハアラス

原由　其因。体液循環支障ノ因ト同ク或ハ含《フクム》之者管質ニ在ルアリ或ハ所含者《フクマル、》（排泄物）ニ在ルアリ一而メ甲因ニ属スル者ハ痙攣。（痙性緊縮。逆戻運動等）[5]焮衝。若クハ運動休止（虚脱。麻痺若クハ硬結。腫脹。癒着等ノ[6]形器性支障）ナリ或ハ此三因相併シ若クハ相次テ一閉塞ノ因ヲ為スヿアリ喩ヘハ始メ焮衝ナリシ者消散メ痙攣ヲ貽《ノコ》シ終ニ其刺衝過度。充張圧迫等ノ為メニ虚衰麻痺ヲ生シ或

ハ織質[7]変性ヲ致シテ然ルヿヲ為スカ如キ是ナリ乙因ニ属スル者ハ排泄物稠凝固結シ或ハ充積塡塞シ若クハ異物ノ之ニ雑ハル等ナリ或ハ甲因ヨリ乙因ヲ生スルヿアリ或ハ亦甲乙両因相合併スルヿアリ

治法　其原因ヲ除クヲ以テ主トス乃チ焮衝。痙攣。虚衰。或ハ[6]形器性支障等各〻其因ヲ為セル者ヲ療スレハ閉塞自ラ開達スヘシ然ルヿナキ者ハ直チニ其排泄物ヲ稀釈シ其部ヲ刺衝シ〔按ニ解凝薬。疎滌薬。発汗薬。利尿薬ヲ用ル類〕或ハ外術〔按ニ涮胞子。灌腸法等〕ヲ行ヒ以テ之ヲ導泄センヿヲ要ス」若シ夫除ク可ラサル因ニ係レル者ハ人為ト天然トヲ問ハス他道ヲ仮テ襲替ノ排泄ヲ致サシムルノ外カ他ノ伎倆ナシトス〔按ニ穿胞術ヲ行ヒ造肛法ヲ施スノ類是レ人為ノ他道ヲ仮ルナリ〕

便秘「[8]デイスコプリア」羅「[9]ハルドレイヒグヘイド」[10]蘭

徴候　人或ハ二三日ニ一回更衣メ害ヲ見サル者アリ是レ其人ノ常ニメ素トヨリ病ニ属セス然レ圧日ニ一次上圊[11]スルヲ以テ無恙ノ正則トシ健康ノ常態トスルナリ」凡ソ大便秘閉久シキニ過クレハ糞質凝厚メ硬結シ以テ印華爾屈篤《[12]インハルクト》ヲ生シ結腸拡張ヲ致シ其圧迫ニ由テハ内臓壅塞。痔疾。頭胸ノ血液鬱積。或ハ神経覚機[13]ノ変常〔[14]依卜昆垤児等〕等ヲ将来ス

原由　飲啜稀少。〔婦人ニ多キ所以ン〕硬食過度。〔木実莢果等ノ燥性硬固ノ品〕腹帯緊縛。久坐屈居。屢〻大便ヲ忍フ類。及ヒ胆液匱乏。若クハ其無力ナル等之レカ因ト為ル〔按ニ焮衝。痙攣。圧迫。摩痱等ノ諸因ニ起レル者ハ各〻其傍証ニ属スルヲ以テ茲ニ論セサルナリ〕

治法　凡ソ此患ヒアル者ハ毎朝早起メ勉メテ上圊シ以テ其排泄ヲ之ニ慣レシムヘシ預防ノ良法ナリ」其他飲液ヲ多服シ〔薄麦酒ヲ殊ニ良トス〕植物ヲ食料トシ多液ノ蔬菜果実〔林檎。梅。杏ヲ殊ニ佳トス〕ヲ喫シ燥性硬固ノ品類ヲ禁シ多ク軀体ヲ運動シ屢〻腹肚ヲ摩揩センヿヲ要ス」而メ其薬ハ胆液分泌ヲ催起シ或ハ其用ニ代ハルヘキ品ヲ撰用スヘシ即チ牛胆。大黄。[15]〔第百九十二方〕盧会[16]。旃那《[17]センナ》。瓦刺徴阿刺《[18]ガラチオラ》ヲ佳トス但シ便秘ノ後患ヲ遺スヘキ塩類下剤ハ之ヲ禁ス」盧会〔或ハ没扭謨《モニユム》[19]蓏甘《スカム》〕

ハ鉄少許ヲ加《ヘ》テ大《ヒ》ニ其功ヲ増ス者ナリ第百九十二甲方旃那ハ常ニ用《ヒ》テ其最モ害ナキ者トス唯馴ル、ニ随テ能力衰フルノミ或ハ丸薬トシ用ヒ第百九十四方或ハ[20]熱爾瑪尹《ゼルマイン》茶トス第百九十五方此剤ハ始《メ》ニ焼酒ヲ以テ旃那ヲ浸漬シ其[21]華爾斯《ハルス》ヲ脱去セルヲ以テ殊ニ佳トス其剤二℥[22]ニ沸湯五椀ヲ注キ煮ルヿナク温浸スルヿ五時[23]上清ヲ傾ケ取テ半椀ヲ頓服ス胃弱家ハ少許ノ「マルラゴ」[24]酒ヲ加ヘ用フヘシ生涯之ヲ服メ微害ヲ見ス其功亦常ニ的切ナリシ者余自《ラ》屢《ヽ》目撃セリ」腸ノ運営怠謾メ諸薬寸験ナキ頑固ノ便秘ニ用《ヒ》テ其功確実ナル経験ノ一薬アリ[25]格碌菫篤《コロキント》複方越幾斯第百九十三乙方是ナリ一氏[26]宛頓服スヘシ「カル、バット」鉱泉ハ便秘ノ常習ヲ除ク可キ偉効アリ冷水灌腸法モ亦然リ既ニ[12]印華爾屈篤《インハルクト》ヲ生セル者ハ[27]羯普《カムプ》人名ノ[28]必設刺児《ヒッセラル》灌腸法附ヲ行フニ宜シ」[29]蒲謨阿把扶《ホムオパチ》〔学流ノ名〕ノ説ニ拠テ極少量ノ番木鼈[30]ヲ用フルモ亦頑固ノ便秘ニ奇功アルヿアリ

吐糞病「[31]イレウス」羅「[32]ヘット、ミセレレ」蘭

徴候　大便頑秘メ其始《メ》食物ヲ吐逆シ次テ胃液ヲ吐シ其終リ糞穢ヲ吐出シ兼ルニ腸痛峻劇ナル者是ナリ

此病《ヒ》焮衝ヲ夾《サ》ムヲ以テ常トス焮衝已ニ発セル者ハ危険ナリ発熱メ疼痛灼クカ如ク間断ナク持続メ外触ニ堪ヘス腹肚緊張メ焮灼[33]シ脈短数細小ナル者ヲ其徴トス」若《シ》夫《ノ》疼痛頓ニ歇テ夥《シ》ク臭便ヲ下《タ》シ腹部萎軟メ脈細弱ト為リ且《ツ》結代シ四肢厥冷スル者ハ壊疽ニ陥レルノ徴ナリ其軽快ヲ覚ユルカ故ニ患者自ラ其治ヲ期シ医モ亦之ヲ欺カル、ヿアリ詳ニ鑑別センヿヲ要ス

原由　近因ハ腸ノ閉塞若《ク》ハ蠕動機ノ逆戻ニ由テ大便ノ通過ヲ支障セルナリ」其遠因四般ニ帰ス

其一形器性[6]支障　其腸内ニ在ル者ハ結腸直腸ノ硬屎。結石。果核[34]〔余曽テ一小児楊梅実ヲ過喫シテ其核直腸ニ梗塞シ此病ヲ発メ死セル者ヲ見タリ〕蛔虫。腸ノ転置。肛門ノ癒閉。結腸直腸ノ腫瘍硬結等ナリ其腸外ニ在ル者ハ箝頓[35]貌僂《ブレウ》

屈《ク》。腫瘍。硬結腫。新生塊物ノ圧搾等ナリ
其二焮衝　腸焮衝ノ一傍証タルヿ此病ノ常ナリ
其三刺衝及《ヒ》痙攣　酷厲胆液ノ鬱滞。泡醸食品ノ過用。足脚或ハ腰腹感冒ノ対称刺衝此病一般ニ流行スルヿアル者多ク此因ニヨル等之ヲ起スナリ殊ニ感冒ハ他因ニ傍テ此病ヲ淹滞セシムルヿアリ
其四腸ノ虚衰　経久便秘ノ継証トシ来テ此病ヲ頑滞セシムルヿ多シ
治法　凡《ソ》此患者ニ値ハヽ必《ス》先《ツ》貌僂屈《プレウク》[36]ノ有無ヲ撿スヘシ若《シ》此患《ヒ》有ル者ハ百方寸験アルヿナシ宜《ク》先《ツ》之ヲ治センヿヲ要ス患者之ヲ黙スレ氏其言ニ信任スルヿ勿レ軽証ハ其人自ラ之《レ》アルヿヲ識ラス且《ツ》婦人ノ如キハ恥テ隠匿スルヿアリ医能ク其部位ヲ探索セスンハアラス」其次ハ腸焮衝ノ有無ヲ撿スヘシ若《シ》之有ルヿヲ知ラス妄《リ》ニ下剤ヲ投スレハ患者ヲ殺サンヿ必セリ疼痛灼クカ如クニメ持続シ毫モ之ニ触ルヽヿヲ容《ル》サス腹肚焮灼脹満シ熱強ク尿赤クメ渇ヲ兼ル者即《チ》是ナリ腸焮衝ノ治法ヲ行フヘシ
若《シ》右ノ両因アルヿナク原《ト》焮衝アリシモ既ニ去テ本病依然タル者ハ腸ヲ刺衝メ其蠕動機ヲ進メ且《ツ》緩和鎮痙ノ功ヲ兼摂スル薬ヲ用《ヒ》テ其支障ヲ駆除シ閉塞ヲ開達シテ腸ノ運営ヲ正路ニ向ハシメンヿヲ要ス此《コヽ》ニ用ヒテ試験ヲ歴タル良薬ハ油質薬ナリ其功強烈ノ下剤ニ超絶ス」就中蓖麻油新ニ搾ル者ヲ一食匙宛毎半時或ハ尚《ホ》頻数ニ用フ服セシムルヲ佳トス」之ヲ用《ヒ》テ効ナキ者ハ旃那濃浸[17]ニ瀉利塩[37]。菲阿斯[64]ヲ加《ヘ》テ第百九十六方[38]毎半時二食匙宛与ヘ次テ亜麻仁油一食匙ヲ用ヒ里歇利飲《リヘリ》[39]ヲ交ヘ服セシメテ嘔吐ヲ鎮止スヘシ」而《メ》仍《ホ》功ナキ者ハ毎半時蓖麻油一食匙ヲ用《ヒ》テ巴豆油半滴宛砂糖ニ研和シ或ハ丸薬ニ造テ兼服スルニ宜シ」盧[16]会。葯刺巴《ヤーラッパ》[40]モ亦用《ヒ》テ可ナリ余カ実験ニ拠ルニ第百九十七方間《ヒ》奇効ヲ奏セルヿアリ」痙攣性ノ者ニハ右ノ諸薬ニ阿芙蓉水製越幾斯ヲ配用シ或

ハ[41]煙草泡剤第百九十八方ヲ兼用スルヲ宜シトス」然《レ》𪜈
内服薬ハ服後直《チ》ニ之ヲ湧吐スルヿ有ルカ故ニ
灌腸法大《ヒ》ニ優レルヿアリ即《チ》其始《メ》一時半或ハ二
時毎ニ瀉利塩。[17]旃那ノ浸剤ニ蓖麻油ヲ加《ヘ》テ之ヲ
行ヒ次テ[42]醋[43]三四[22]ʒニ[44]吐酒石四氏ヲ溶《カ》メ之ヲ施
スヘシ」[45]煙草浸剤半ʒヲ以テ之ヲ行ヘハ殊ニ良
トス此剤ハ神経ヲ麻酔セシメテ昏冒ヲ起スヿ
有《レ》𪜈昏冒中大便ヲ利メ奇験ヲ致スヿアリ」又二
三[46]弗篤《フート》ノ管ヲ直腸内ニ挿ミ入レテ微温湯ヲ注
クノ法アリ亦良効ヲ奏スルヿアリ直腸注射浴ト名ク
外用ニハ緩和麻酔ノ[47]琶布。[48]芥子泥。[49]角法等ヲ行ヒ
殊ニ微温半身浴ヲ施シ又腹部ニ巴豆油ヲ擦ス
ル等皆右ノ治法ニ兼用スヘシ
内外冷水ヲ用フルモ亦偉効アリ即《チ》冷水ヲ一口
ツヽ頓服シ兼テ冷水灌腸法ヲ行ヒ[50]冷濕法ヲ施
シ或ハ氷片ヲ腹部ニ外貼スル等是ナリ
諸薬皆験ナク病仍《ホ》依然タル者ハ仮令焮衝ノ微
ナク𪜈刺絡ヲ試ムヘシ能ク急迫ヲ緩《ル》メテ預メ

焮衝ヲ防キ且《ツ》阿芙蓉等ノ起熱薬ヲ用《フ》ルニ便ナ
ラシム」若《シ》夫《ノ》腹満強ク疼痛劇《シ》ク脈細数。四肢厥冷。
煩渇。赤尿等ノ諸証アル者ハ固《ト》ヨリ刺絡ノ主《サ》ト
ル所ナリ
尚《ホ》且《ツ》遠因ニ注目メ[51]伊偪篤《イヽグト》ノ侵襲ニ起レル者ハ
初起刺絡メ[52]芫菁膏ヲ腹部ニ貼シ[53]歇以私的里《ヘイステリ》ノ
痙攣ナル者ハ多量ノ阿芙蓉ヲ内服外用シ蛔虫
ニ因セル者ハ甘汞等《ノ》殺虫薬ヲ与フルカ如ク各
自ノ治法ヲ処センヿヲ要ス
若《シ》頑証ニ於テ已ムヲ得サル卄其焮衝ナキヿヲ
察セハ[54]生水銀ヲ試用スルモ亦可ナリ即《チ》水銀半
[55]比ヲ取リ乳剤或ハ油一食匙ヲ以テ頓服セシムヘ
シ速《カ》ニ大便ヲ利スルヿアリ
〔慢性吐糞病〕 患者便秘ヲ苦ムヿ既ニ久シク毎《ツ子》
常《ニ》内外諸薬ヲ竭クシテ僅《カ》ニ少許ノ大便ヲ通シ
後《チ》終ニ全ク秘閉メ尋常ノ薬法皆功ヲ致スヿ能
ハス以テ此ニ至レル者是《レ》ナリ」其因二般アリ其
一ハ便秘日ヲ経ルヿ久《シ》キカ為《メ》ニ硬屎結腸ニ填

塞メ通路ヲ妨クルナリ其候結腸ノ部位皆一様ニ堆起メ硬張シ或ハ累々相分レテ結節状ノ堅塊ヲ致シ恰モ内臓硬腫ノ如キヲ致セ𪜈之ヲ按メ移動スルヲ以テ否ラサルヿヲ鑑別スヘシ死後其屍ヲ解観スルニ結腸拡張メ巨大ノ嚢状ヲ為シ硬屎其内ニ充実メ填塞シ直腸ハ之カ為《メ》ニ引縮セラレテ細小ト為リ恰モ其器質ノ変常ニ由テ狭窄セル者ノ如キヿ屢之アリ此証ハ唯軟化解凝ノ功アル石鹼質。油質ノ品ヲ灌腸薬トメ連施シ直腸注射浴〔前段ニ挙ル所ノ管ヲ直腸ニ挿テ温湯ヲ注クノ法〕ヲ行ヒ或ハ外科具ヲ以テ腸ヲ闢開シ徐々ニ硬屎ヲ穿チ出シテ之ヲ療スヘキノミ其二ハ真ニ硬腫或ハ木節腫[56]ヲ結腸直腸ニ生メ然ルナリ外科具ヲ用《ヒ》テ腸ヲ闢開シ或ハ有力ノ解凝薬ヲ試ムヘシ是即《チ》生水銀ヲ服スヘキノ的証ナリ用ヒテ間奇験ヲ得シヿアリ〔服法前段ニ出ツ〕

尿閉「[57]イスキュリア」羅「[58]ピスオップストッピング」蘭

徴候　此病或ハ小便渋滞メ疼痛ヲ兼ル者アリ或ハ唯通シ難クメ寡少ナル者アリ或ハ全然閉止スル者アリ而《メ》其閉止セル者ニ二証アリ膀胱ニ瀦留メ出ルヿ能ハサル者ト膀胱空虚ニメ其分泌ノ閉止セル者ト是ナリ

其軽重甚タ差等アリ軽キ者ハ唯煩困ナルノミニメ恐ル、ニ足ラスト雖𪜈全ク閉止セル者ハ甚タ危険ナリ或ハ膀胱ニ焮衝壊疽ヲ発メ乃《チ》斃レ或ハ膀胱破裂シ小便腹腔ニ氾溢メ死ヲ致シ或ハ亦尿ヲ血中ニ吸収メ血液苛烈トナリ劇痒ヲ皮表ニ発シ皮膚病ヲ生シ汗唾尿臭ヲ帯ル等ノ諸患ヲ将来ス

原由　膀胱尿閉ノ所因甚タ多シ

其一膀胱括約筋《ノ》痙攣緊縮　是歇以私的里《ヘイステリ》[53]。依卜《ヒポ》[14]昆埊児《コンデル》。神経熱。病毒転徙。蒸気抑遏。腸胃汚物。虫病。痔疾等ヨリ来リ或ハ焮衝後ノ余患ニ出ツ

其二膀胱焮衝或《ハ》其血液鬱積　是右件ノ刺衝増

劇セルヨリ来リ或ハ外傷ノ為メニ生シ或ハ小便ノ潴留久シキニ因シ或ハ痔疾黴毒ノ侵襲ニ由リ或ハ芫菁[52]薩毘那《サビナ》[59]等ノ起熱利尿薬ヲ誤用セルヨリ起ル

其三膀胱麻痺　是前件諸因ノ為メニ来リ或ハ小便潴留メ充張スルヿ過久ナリシニ因シ或ハ高老ノ年齢。過劇ノ外傷等ヨリ起ル

其四形器性支障　是尿道ノ狭窄。瘉着。結石。凝血。粘液塊。血脈腫。肛内ノ蟯虫。摂護ノ硬腫。近隣諸器ノ腫脹。妊婦季月ノ子宮等ナリ

小便分泌閉止ノ因ハ腎ノ痙攣。歇以私的里家ニ多シ焮衝。結石。或ハ其器質変常ニ在リ蓋シ両腎共ニ此患ニ罹ルニ非レハ尿閉ヲ起サストス是一腎ノミニ妨ケ有ルトキハ一腎之ニ代ツテ其機能ヲ陪スル者ナレハナリ」又小便分泌匱乏証ノ軽キ者ハ世間ニ甚タ多シ殊ニ老人小児ニ於テハ此証在テ知ラス識ラス他病ノ隠因ト為レルヿ常ニ少ナカラストス

治法　小便渋滞証ノ淋疾及ヒ膀胱痔ニ兼発セル者ハ黴毒編。痔疾編ヲ参考メ治法ヲ議スヘシ」総テ小便渋滞疼痛ヲ兼ル者ニ奇効アルハ石松子[60]ナリ亜刺比亜《アラビア》漿及ヒ舎利別ヲ加ヘテ乳剤トシ或ハ之ヲ油質乳剤ニ造テ与フヘシ

尿閉ハ殊ニ詳カニ病因病性ヲ鑑別メ治法ヲ処センヿヲ要ス甲ニ利アル者乙ニ害ヲ為スヿ少ナカラサレハナリ」左ニ其区別ヲ列ス

第一多血性焮衝性尿閉　尿意急迫ニメ疼痛ヲ兼子膀胱劇痛メ之ヲ按スレハ益ヽ疼ミ其部焮灼緊張メ総身発熱シ測胞子《カテーテル》[61]若クハ紙捻子ヲ挿ムニ痛ミ極メテ甚シク或ハ断ヘテ之ヲ入ルヿヲ容ルサス或ハ熱性利尿薬。痔血鬱閉。過酒。外傷等ニ起因セル等ヲ稽徴メ之ヲ察スヘシ」此証ハ勉メテ速《ハヤ》ク防焮法ヲ行ハスンハアラス即チ先ツ刺絡メ蜞鍼ヲ会陰。膀胱部ニ貼シ緩和ノ灌腸法及ヒ蒸湯法ヲ施シ水銀軟膏ニ菲阿斯油[62]。羯布羅ヲ加ヘテ塗擦シ消石[63]。甘汞ヲ内服セシメ傍ラ誘因ニ注目メ芫菁毒ニ

因セル者ハ油質薬羯布羅ヲ用ヒ痔疾及《ヒ》病毒転徙ニ起レル者ハ芥子泥[48]等ノ反対刺衝法ヲ行フ[52]芫菁膏ハ用フヘカラス類。怠ルヘカラス而《メ》妄《リ》ニ測胞子ヲ施スヿ勿レ疼痛ヲ増シ焮衝ヲ進メテ却テ益ナケレハナリ」既ニ適宜ノ瀉血ヲ行《フ》テ尿仍《ホ》利セント欲セサル者ハ時刻ヲ移サス早ク阿芙蓉甘汞ヲ与ヘ且《ツ》之ヲ外用シ灌腸薬トシ用フヘシ此時ニ当テハ焮衝已ニ転メ痙攣ニ移レリ故ニ阿芙蓉能ク尿ヲ利スヘシ」而《メ》仍《ホ》利セサレハ乃《チ》測胞子ヲ行《フ》テ可ナリ微温浴モ亦大《ヒ》ニ宜シトス

第二痙攣性感動過敏性尿閉　発熱セス劇痛セス膀胱部焮灼セス之ニ触レテ其痛ヲ増サス或ハ其証往来スルヿ有ル等ヲ以テ徴スヘシ」此証ハ菲阿斯[64]《ヒオス》。阿芙蓉等ノ鎮痙薬ヲ内服外用シ阿芙蓉ヲ油質乳剤ニ加ヘ用ヒ且《ツ》之ヲ以テ灌腸シ油質ノ擦薬。菲阿斯。亜麻仁ノ琶布ヲ外敷シ坐浴法ヲ行フヲ宜シトス而《メ》効ナキ者ハ謹慎ヲ加ヘテ測胞子ヲ試ムヘシ然《レ》𪜈決メ謾用ス可ラス」尚且《ツ》傍《ハ》ラ遠因ニ注思センヿヲ要ス

第三虚衰性麻痺性尿閉　疼痛ナクメ能ク測胞子ヲ行フニ堪ヘ且《ツ》膀胱ヲ捺シテ少許ノ尿ヲ搾出シ得ル等ヲ以テ之ヲ徴知スヘシ」治法先《ツ》測胞子ヲ行フヲ以テ主トス毎六時[65]之ヲ施シテ膀胱ノ充張ヲ防クヘシ膀胱充張スレハ更ニ其虚衰ヲ増シ且《ツ》其縮力ヲ支フレハナリ或ハ撓屈自在ナル測胞子ヲ不断膀胱ニ挿ミ入《レ》テ八日或《ハ》十日毎ニ之ヲ換フルモ亦可ナリ次テ膀胱ヲ強壮ニシ其神経ヲ刺衝センヿヲ要ス即《チ》幾那。亜児尼加[66]《アルニカ》等ノ強壮薬。及《ヒ》杜松実[67]。第百九十九方 薩毘那[59]《サビナ》。芫菁[52]。第二百方 的[68]《テ》列並底那《レビンテイナ》等ノ刺衝性利尿薬ヲ与ヘ膀胱及《ヒ》薦骨ノ部ニ冷溻法。冷洗法ヲ行ヒ冷水ヲ膀胱ニ注射シ或ハ之ヲ以テ灌腸シ越列幾的児[69]《エレキテル》ヲ膀胱ニ施シ脊骨下部ニ刺衝薬擦法。艾灸法。芫菁膏ヲ外用シ兼テ「ウィルヂュンゲル」[70]水鉱泉ヲ服スル等皆宜シトス」是故ニ尿閉ト遺尿トハ其証相反スレ𪜈其因同一ナレハ麻痺其治法ヲ同フスル者ナリ

第四形器性尿閉〔原由条ヲ見テ之ヲ知ルヘシ〕 此証ハ外科術ニ係ルノ治法ヲ行フヘシ粘液及《ヒ》凝血ノ壅塞メ然ル者ハ紙捻子ヲ挿ミ注射法ヲ施シ尿道硬腫ニ因レル者モ亦紙捻子ヲ挿ムヲ良トス
小便分泌閉止ハ腎ノ痙攣焮衝ヲ治シ形器支障。器質変常ヲ除クノ法ヲ処センヿヲ要ス

蒸気閉塞「[71]アニドロシス」羅「[72]オンデルドリュッキング、デル、ホイドオイトワーセミング」蘭

徴候 人目視ル可ラサル皮膚ノ蒸気減却シ若《ク》ハ抑遏メ皮膚乾燥セル者ハ之ヲ慢性蒸気閉塞ト謂ヒ発汗淋漓セシ者寒気ニ冒触メ頓ニ抑遏セラル丶者ハ之ヲ急性蒸気閉塞ト謂フ乙証ハ知リ易シト雖𪜈甲証ハ甚タ徴シ難シ若《シ》之ヲ審《カ》ニ撿セント欲セハ[73]删多林《サントリン》人名ノ[74]称秤ヲ用ヒテ其増減ヲ量定スルヨリ他ナカルヘシ〔删多林《サントリン》ハ多年間自ラ軀体ヲ称量メ飲食ノ量ト大小便ノ量トヲ比較シ以テ日常発泄スル所ノ蒸気ヲ量定シタル古昔ノ明哲ナリ〕然𪜈尋常唯其抑遏スヘキ原由ノ先駆ト[75]聖京倔《シンキング》証及《ヒ》僂麻質証ノ発現トヲ以テ之ヲ察メ足レリトス

此分泌ノ閉塞ハ世人多ク軽蔑メ之ヲ病《ヒ》ニ属セスト雖𪜈諸種ノ疾病其原ヲ此ニ資ル者少ナシトセス凡《ソ》人身分泌ノ有形無形感動ヲ全軀ニ致スヿ此ヨリ甚シキ者無ケレハナリ其有形感動ヲ云ヘハ体内無用ノ廃液皮膚ノ蒸気ニ由テ其三分之二ヲ排除スルヲ常トス故ニ閉塞メ内ニ鬱滞スレハ必《ス》常ニ苛厲ノ病毒ト為ルヿ素《ト》ヨリ論ヲ俟《タ》ス其毒始《メ》ハ刺衝物タレ𪜈後《チ》終ニ液質ニ混淆メ其調和ヲ傷リ其性質ヲ変スルニ至ル其無形感動ヲ論スレハ体内分泌諸器ニ就テ其神経ノ系鏈スルヿ皮膚ノ如ク広大ナル者アルヿナシ故ニ其対称機関[76]ヲ起スノ部位甚タ汎シ肺。腸。粘液膜。[77]汭乙《ウエイ》膜ノ如ク常ニ交通セル地ハ固《ト》ヨリ論ヲ俟タス其他ノ諸器。諸系。諸分泌器。之ニ交感セサル者殆ト少ナリ故ニ此ヨリ起ル所ノ病ハ僂麻質。聖京倔[75]。萎黄病[78]。粘液漏泄。内外焮衝。諸種

神経病。皮疾。水腫。肺労。液質ノ変性。諸種ノ悪液病等一々枚挙スルヿヲ得ス

原由　急慢二因アリ急因ハ身体方《サ》ニ温熱シ或ハ発汗セル時ニ当テ俄カニ寒気ノ冒触セル者是ナリ」慢因ハ衣服軽薄。大気湿濡。気候冷濡居地卑湿寒暖驟《ニハカニ》変革スル時候。冷温常ニ一定シ難キ職業。汚垢不潔。沐浴粉粧。或ハ鉛ヲ含メル薬類ノ外敷悲哀不楽。間居逸楽等ニ由リ識ラスメ早晩《イツカ》皮膚ノ運営ヲ減却シ或ハ抑遏セル者是ナリ

治法　急性閉塞ハ温被温浴ヲ以テ皮膚ヲ煖《タ》メ兼テ発表ノ諸薬ヲ用フヘシ」慢性閉塞ハ皮膚ノ運営ヲ挑起シ諸液ノ表達[79]ヲ増進シ且《ツ》[80]腠理ヲ浄潔ニセンヿヲ要ス故ニ擦薬。浴法ヲ行ヒ肢体ヲ運転動作シ意識ヲ欣慰舒暢シ清浄乾燥ノ気ヲ引テ皮膚ニ異功アル諸薬硫黄。[81]安質没扭ノ類。僂麻質編ヲ参考スヘシヲ服用スル等ヲ佳トス

扶氏経験遺訓巻之十七終

（奥付）
安政四年丁巳初秋

三都書賈

京二条通柳馬場　若山屋　茂　助
江戸日本橋通壱町目　須原屋　茂兵衛
同二町目　山城屋　佐兵衛
同芝神明前　岡田屋　嘉　七
同浅草茅町二丁目　須原屋　伊　八
大坂心斎橋通北久宝寺町　秋田屋　治　助
同安堂寺町北ェ入　秋田屋　善　助
同安堂寺町南ェ入　秋田屋　太右衛門

巻之十七註

1 *suppressiones* 抑圧現象。
2 opstopping 閉塞。
3 antagonistische terugwerking 対立的反作用。
4 plaatsvervangende afscheidingen 交替脱離。
5 炎症。
6 werktuigelijke verhindering 機械的障害。
7 weefsel 組織。
8 *dyscopria*。
9 hardlijvigheid 便秘。
10 open lijf 便所へ行くこと。
11 便所へ行くこと。
12 *infarctus* 梗塞。
13 gevoeligheid 感度。敏感。
14 hypochondrie 心気症。
15 *rhabarbar*。
16 *aloë* アロエ。
17 *senn*。
18 *hb. gratiol.* グラチオール草。毒性のため現在は使用されない。
19 *scammonium.* スカンモニウム根より得た乾燥乳液。
20 thee van ST. GERMAIN ゼルマン（laxantes種）茶。
21 harsachtig beginsel 樹脂成分。
22 ons 薬量一オンスは約三一・一グラム。
23 10 uren lang 一〇時間。
24 Mallagawijn マルラゴワイン。
25 *extractum colocynth.* コロシントエキス。
26 grein 一グレインは約〇・〇六五グラム。
27 Kämpf。Johann Kaempf（一七二六－一七八七）はドイツの医家、内臓灌腸法を推奨したことで知られる。
28 visceraal 内臓の。
29 homoeöathische 同毒療法。ホメオパシー。
30 *nux vomica* 馬銭子。
31 *ileus* 吐糞症。腸不通症。
32 het miserere。
33 heet 熱くなる。
34 果物の種。
35 カントンブレウク。beklemde breuk 絞扼性ヘルニア。箝はさみふさぐ。頓はくるしめる。
36 breuk 脱腸。
37 Engelsch zout（*sulphas magnes.*）。硫酸マグネシウム。
38 alle urenn 一時間毎。
39 drankje van Riverius リベリ氏飲剤。本書薬方篇巻一、第一方参照。
40 *jalappa* ヒルガオ科ヤラッパの塊根。下剤。
41 *infusum hb. nicotian.* 煙草葉浸液。
42 *acetum vini* 酢。
43 原文は2, 3 onsen（オンス）。

44 *tartar. emet.*　酒石酸水素カリウムと三酸化アンチモンとの化合物。

45 *infusum hb. nicontian*　煙草泡剤と同じ。

46 voet　フィート。アムステルダムフィートは二八・三センチ。原蘭文は3 tot 4 voetとあるが、訳文は二、三弗篤となっている。

47 pappen　パップ。湿布薬。

48 mostaard　カラシ。

49 koppen　吸い玉法。

50 冷湿布法。

51 jicht　痛風。関節炎。

52 spaanschevliegpleister　カンタリス膏。

53 hysterie　ヒステリー。

54 *merrcurius vivus*　液状水銀。

55 pond　薬量一ポンドは約三七三グラム。

56 knoestgezwel　木の節様腫瘍。

57 ischuria　尿閉。

58 pisopstopping。

59 *sabina*　杜松。

60 *sem. lycopodii*　石松子。

61 bougies　消息子。ブージー。

62 kampher　樟脳。

63 硝石。硝酸カリウム。

64 *hyoscyamus*　ヒヨス。

65 十二時間。

66 *arnica*　キク科植物の根。

67 *juniperus*　サビナ。ネズ属杜松。

68 *terebinthina*　テレビンティーナ。松脂。

69 electriciteit　電気。

70 Wildunger。

71 *amidrosis*　無汗症。

72 onderdrukking der huiduitwaseming　皮膚蒸気の抑圧。

73 Santorin　S. Santorio（一五六一－一六三六）はイタリアのパドウア大学教授の医学者。身体に起る現象を理学的に解明しようとした先駆者で羸痩などの生理的状態における体重との関係を初めて明らかにした。

74 天秤。

75 zinking　カタル。原蘭語はcatarrhaal。

76 antagonistische werking　反作用。

77 weivliezen　血清膜。

78 bleekzucht。

79 aandrang　衝動。刺激。

80 皮膚。肌のきめ。

81 antimonialia　アンチモン。

（表紙）

扶氏経験遺訓　十八

（扉）

安政四年丁巳初秋新雕

緒方洪菴訳本

扶氏経験遺訓

適適斎蔵

扶氏経験遺訓第五帙目次

巻之十八

第十一編

皮膚病　総論

痘瘡

類痘

牛痘種法

変痘

巻之十九

麻疹

猩紅斑

律別屋刺《リュベオラ》

越設羅《エッセラ》

蕁麻羅斯《ロース》

粟疹

血斑

天泡瘡
鵞口瘡
巻之二十
疥瘡
頑癬
癩
謁戻的麻《エレイテマ》
頭瘡
皻赤皰
癧瘡癰
湿爛
皸裂
雀斑
汗斑
黙垤越的児斯《メーデエーテルス》
胼胝疣

糾髪病

痣

脱髪

潰瘍

扶氏経験遺訓巻之十八

足守　緒方　章　公裁　同訳

義弟郁　子文

西肥　大庭　悳　景徳　参校

第十一編

皮膚病「[1]エキサンテマタ」羅「[2]ホイドシーキテ」蘭

総論

徴候　外傷ニ由ラスメ皮膚ノ色形其常態ヲ変セル者総テ之ヲ皮膚病ト謂フ（爪毛髪ノ病モ之ニ属ス）五種ノ別アリ

第一其隆起スルヿ無キ者ハ之ヲ麻屈羅撒《[3]マキユロサ》ト謂フ（斑ト訳ス）猩紅斑。血斑。雀斑ノ類ノ如シ

第二隆起スレ𪜈疱形ヲ成サル者ハ之ハ把布羅撒《[4]パプロサ》ト謂フ（疹ト訳ス）越設羅《[5]エッセラ》。麻疹。疣ノ類ノ如シ

第三隆起メ内空ヲナシ或ハ水液ヲ含ミ或ハ膿汁ヲ充ツル者ハ之ヲ普斯黜羅撒《[6]プスチユロサ》ト謂フ（疱或ハ瘡ト訳ス）痘瘡。粟疹。疥瘡ノ類ノ如シ

第四乾痂ヲ結ヒ或ハ鱗屑状ヲ成ス者ハ之ヲ屈《[7]ク》留私太設亜《リユスタセア》ト謂フ（癬ト訳ス）乾癬。頭瘡ノ類ノ如シ

第五遺爛メ膿汁漏出スル者ハ之ヲ烏爾摂羅撒《[8]ウルセロサ》ト謂フ湿癬。癩瘡。潰瘍ノ類ノ如シ

品類右ノ如シト雖𪜈或ハ経日淹滞スルニ由リ或ハ各種錯雑メ併発スルニ由リ或ハ交《ヒ》互ニ継発スルニ由テ其態ヲ転変シ更ニ亦百般ノ差別ヲ生ス晩近ノ諸家細《マ》カニ其統類ヲ分テ品目ヲ立ツル者アリト雖𪜈必竟治術ノ為《メ》ニ益アルニ非ス故ニ其本形ニ準フテ右ノ五種ニ区分スレハ足レリトス」然レ𪜈其本性ニ準フテ之ヲ急性《性熱》ト慢性トノ二種ニ分ツハ更ニ治術ニ裨益アルナリ

急性皮膚病ハ必《ス》熱ヲ兼発ス或ハ唯急性熱病ノ傍証タルヨリ他ナラサル者アリ」慢性皮膚病ハ熱ヲ兼子ス或ハ之ヲ兼ル者アルモ唯其経過中偶《ヒ》傍発セルノミ

急性皮膚病ハ兼発スル所ノ急性熱ト同シク必ス七日。十四日。廿一日。廿八日等ノ定レル経過ア

リ然レ圧慢性皮膚病ハ右ノ如ク定レル日期ナクメ或ハ数日ヲ経或ハ数週ヲ亘《タ》リ或ハ数月ヲ累子或ハ数年ヲ積ミ或ハ生涯連緜メ治セサル者アリ

急性皮膚病ノ軽重安危ハ其兼発ノ熱度ト熱性トニ係ルカ故ニ危険ニ陥ル者多シト雖圧慢性皮膚病ハ然ル者ナシ然レ圧若シ内陥メ其毒転徙[9]シ或ハ久シク淹滞メ之カ為メニ栄養補給ノ機ヲ妨ケ以テ悪液病ヲ醸シ消削病ヲ起スニ至テハ乃チ性命ヲ害スルヿアリ

原由　近因ハ皮膚ノ栄養補給ノ機其常ヲ変セル者ニメ通例皆小局処ノ微焮[10]衝ヲ兼ルナリ」而メ之ヲ発スルノ所由ハ其熱性ナルト否ラサルトニ随テ大ニ差別アリ

〔急性皮膚病〕即熱性証　其熱ト本来同一元ナル者ト他因有テ熱病ニ合併シ出ツル者トニ種アリ」其甲種ニ属スル者ハ皆伝染毒ヲ以テ因トス〔痘瘡麻疹ノ類〕其毒タル必ス皮膚ヲ侵スノ固有性有テ各ミ自家ノ固有熱ヲ発ス而メ皮疾ハ其熱ノ分利[11]ナル者ナリ然レ圧是レ十全ノ分利ナラス所謂不全分利ナリ之ヲ草木ノ蕃蒕[12]ニ譬ヘテ云フ其伝染毒ハ種子ノ如ク其発熱諸証ハ芽ヲ抽キ葉ヲ生スル等ノ発生長育ノ如ク其発熱ノ極ニ皮疾ヲ発スルハ発生長育ノ極ニ花ヲ開キ実ヲ結フカ如シト当レリト謂フヘシ」凡ッ皮疾ノ伝染毒ハ大気ヲ以テ伝フル者アリ人ヨリ人ニ伝フル者アリ或ハ此両道ヲ兼ル者アリ」又本来皮疹熱ニ非ルノ熱病モ終ニ伝染性ノ皮疹ヲ発スルヿアリ」総テ熱病ノ皮疹ヲ発スル者ハ皆能ク伝染病ト為ルト知ルヘシ

其乙種ニ属スル者ハ皮疾ト熱病ト本来一体ノ者ニ非レ圧偶ミ傍来ノ内外因有テ其熱ト合併セルナリ」其因多シト雖圧就中温熱ヲ最トス蓋シ温熱ハ動植ノ発成化育ヲ扶ケテ栄養補給ノ機ヲ変ス故ニ諸ミ熱病劇盛ナレハ能ク皮疹ヲ生シ羽蓐。珏[13]歇児《カゲヘル》〔火桶ノ類〕等ノ温保過度或ハ温補起熱ノ内薬誤用亦能ク之ヲ発スルナリ」其他腸胃ノ汚物。腸胃熱ニ吐下薬ヲ怠ル者殊ニ之ヲ発ス腐敗性ノ溶崩。不潔ノ密閉気。僂麻質。[14]聖京偪。[15]伊偪篤等ノ病毒皆之レカ因ト為リ皮膚ノ刺衝ハ殊ニ能ク之ヲ催起ス皮膚局処ノ刺衝ハ麁糙ノ毛布。不潔ノ衣服。発汗薬ノ誤用等ナリ其交感刺衝ハ蛔虫及ヒ腸胃汚物等ナリ」故ニ亦居地ノ形勢時令ノ模様大気ノ流行性ニ管メ此証各地ニ行ハレ或ハ一般ニ流行スルヿアリ」輓近ニ比スレハ粟疹。血斑。及ヒ諸種ノ皮膚病。古昔ニ多カリシ者ハ他ナシ当時熱病ヲ療スルニ専ハラ発汗起熱ノ治法ヲ行ヒシ者ニ由レルヿ顕然ナリ

（慢性皮膚病） 皮膚ノ衰弱若クハ其刺衝之レカ因トナル」茲ニ預メ着目スヘキ者三件アリ （其一） 皮膚ハ無生萬有ト有生人体トノ界域ヲ為ス者ニメ死物活物相接スルノ要路ナリ故ニ不断外冦ノ害ニ抵リテ居恒《ツ子》ニ夫ノ[16]無機舎密《セーミ》ト[17]生機舎密《セーミ》ト[病]ノ戦争中ニ立テリ是ヲ以テ動モスレハ那ノ無機舎密《セーミ》過越メ我カ栄養補給ノ機ヲ紊リ以テ生死両性相間錯セル異物即皮疹ヲ生出シ易キナリ

（其二） 皮膚ハ体内掃除ヲ主サトレル諸器ニ就テ其地最モ汎ク其力ラ最モ強シ故ニ生命保続ノ為メニ須臾モ休ム可ラス血液循環ノ為メニ瞬時モ欠ク可ラサル至大至要ノ分泌器ナリ故ニ亦体内ノ病毒害物皆此《コヽ》ニ来リ易ク自然良能モ屢ゝ此《コヽ》ニ路ヲ仮テ分利ヲ営ムナリ （其三） 皮膚ハ神経ヲ介トメ普ク全軀ニ交渉スルヿ極メテ親密ナリ故ニ内部ノ諸病其害患ヲ皮膚ニ及ボサヽル者殆ント之レナシ是レ皮膚病ノ世ニ夥クメ其害患ノ全軀ニ交渉スルヿ亦軽カラサル所以ナリ

是故ニ慢性皮膚病ノ遠因甚タ多端ナリ即チ皮膚不潔。卑賤ノ土民。不潔ノ国俗ニハ皮膚病多クメ魯西亜《ロシア》人ノ如ク常ニ発汗浴ヲ行フ者ハ此患ニ罹ルヿ少ナシ 蒸気閉塞。居地ノ卑湿。大気ノ冷濡等ニ由ルノ皮膚抑遏殊ニ此因トナル 摂養不良。辛鹹味。油膩品。腐壊物等ノ貪飱ヨク之ヲ発ス凡テ飽食過飲ハ腸胃ノ汚物ヲ醸スノミナラス血中ニ入テ未熟液トナリ皮膚ノ酷厲刺衝物トナル小児ノ皮疾之レニ因セル者甚タ多シ 伝染病毒。疥癬。黴毒等 液質変壊。瘰癧。伊偪篤。黒胆液

病等交感刺衝。蛔虫。腸胃汚物。[18]印華爾屈《インハルク》[19]篤《ト》ノ交感ヲ多シトス対称刺衝。腸。胃。肝。腎ノ分泌閉塞。月経帯下ノ壅止。病毒[11]分利ノ抑遏。及ヒ諸病毒ノ[9]転徙等此《コヽ》ニ対称ノ変ヲ起シテ此病ヲ生スル者少《ナ》カラス多血満溢。脱力衰弱。小児少年ノ皮疾ハ多血ニ因スル者多ク老人ハ脱力ノ為メニ之ヲ発スル者多シ汞。鉛。砒石等ノ緩慢中毒。腐敗ノ大気。新築ノ居室。過度ノ温熱。麁糙ノ襯衣等皆之ニ属ス」経久ノ皮膚病ニ於テハ其頑滞セル所以ノ因。全ク常習ニ在ル者アリ是レ自然良能其病ニ慣レテ之ヲ排泄ノ熟路ト為シ体内害物常ニ此《コヽ》ニ出テ遂ニ欠ク可ラサルノ排除器トナレルナリ」或ハ亦皮膚器質ノ潰乱荒蕪モ頑滞不治ノ因ト為ルヿアリ

人或ハ皮膚病ノ素質ヲ先天ニ得ル者アリ即チ一血族皆之レニ傾ケル者アリ然レ圧多クハ生初ノ温保過度ナルヨリメ此素質ヲ生スル者トス」凡《ツ》小児ト老人トハ甚タ此病ヲ発シ易シ是レ其皮膚ノ分泌完カラサル者之レカ素因ト為ルナリ殊ニ老人ニ於テハ他因アルヿ無ク唯其老衰ノ為《メ》ニ頑固ノ皮膚病ヲ発スルヿアリ是レ他ナシ其皮膚已ニ死枯セントスルノ初起ナルノミ

治法　先ツ其急性ト慢性トヲ鑑別セスンハアラス」急性皮膚病ニ於テハ各《ヽ》其熱性ヲ撿メ之《レ》カ治法ヲ施セハ本病自ラ治スヘシ然《レ》圧其伝染性ナルカ他熱ノ傍証ナルカ将タ他病ノ分利証ナルカ審カニ査点メ各《ヽ》其策ヲ処センヿヲ要ス

慢性皮膚病ニ於テハ皮膚ノ機能ヲ調ヘテ其器質ノ変常ヲ恢復スルヲ以テ治法ノ主トス故ニ内外対証ノ諸法ヲ行ハスンハアラス」但《シ》外治法ヲ行フニハ頗ル能ク注意センヿヲ要ス若シ其病因全軀ニ在ル者及ヒ深ク根帯セル者ニ於テハ此法能ク之ヲ根治スルヿ能ハス或ハ一旦癒《ユ》ルヿアルモ久シカラスメ復タ再発シ或ハ内陥メ貴要ノ部ニ転徙スルノ恐レアリ」是故ニ其根治ヲ営ムニハ左ノ法則ニ順ハンヿヲ要ス

〔第一〕先ツ遠因ヲ探索メ之ヲ除去スヘシ」即チ不潔ノ汚垢ヲ攘ヒ不良ノ摂養ヲ禁シ或ハ液質ノ

変壊ヲ復治シ或ハ腹臓ノ壅塞ヲ開達シ或ハ痔疾ヲ療シ或ハ月経ヲ調ヘ皮膚ノ多血ニ因セル者ハ断食法誘導法等ヲ行ヒ皮膚ノ衰弱ニ起レル者ハ羸弱ノ小児高年ノ老人ニ於ケル皮疾多ク是ナリ強壮薬ヲ与ヘテ有力ノ摂養ヲ命スル類是レナリ」大抵外治法ヲ行ハスメ全功ヲ収ムルニ足ル

〔第二〕遠因ヲ除クコ右ノ如クニメ功ナキ者ハ是レ其病已《ヒ》ニ皮膚ノ本患ト為テ独立セルナリ直《チ》ニ其近因ヲ攻ムルノ直治法ヲ処センコヲ要ス」直治法二般アリ其一ハ液質ヲ復良メ功力皮膚ニ走リ以テ其運営ヲ順調ス可キ薬術ヲ行フナリ」其二ハ外用薬ヲ施スナリ」甲法ハ即チ清浄乾燥ノ外気ヲ引キ辛辣起熱ノ飲食ヲ禁シ常ニ軀体ヲ運転メ専《ハ》ラ其身ヲ清楚ニシ屢《ゝ》襯衣ヲ更換メ時時微温浴ヲ行ヒ諸《ゝ》分泌殊ニ蒸発気ヲ催進シテ多ク下剤ヲ内服シ且ツ硫黄。[20]安質没扭《アンチモニ》。[21]普魯乙蔑児散《プロイメル》附 [22]朴屈福烏篤《ボックホウト》。[23]薩爾沙《サルサ》根。山牛蒡。[24]蜀羊泉。[25]羊蹄根。[26]蒲公英。[27]蘆根。[28]楡皮等ノ如キ皮膚ニ特効ヲ致スノ諸薬ヲ服用スルニ在リ」若シ斯《シカ》クメ仍《ホ》功無キ者ハ乃チ乙法外用薬ヲ兼子行フヘシ是レ直チニ皮膚上ニ[29]舎密性ノ作用ヲ致シテ其器質ヲ復良シ其分泌ノ順調スルヲ旨トス」是《レ》ニ運営ヲ抑遏メ此功ヲ致ス者鉛。[30]石胆。明礬等ノ収閉薬ト運営ノ調ヲ転変シテ然ルコヲ為ス者ト二般アリ其抑遏ノ法ハ病毒転徙ヲ起シテ危険ヲ惹キ易キカ故ニ其転調法ノ仍《ホ》用フヘキ際ハ勉メテ之ヲ行ハンコヲ要ス」其最モ簡易ニメ無害ナル者ハ石鹼水。石灰水及ヒ石灰軟膏ナリ其他硫黄。水銀。木炭。石墨。[20]安質没扭《アンチモニ》。[31]塩酸重土。[32]蘊魯林加爾基《ソロリンカルキ》。及ヒ前ニ挙クル[22]朴屈福烏篤等ノ諸薬ヲ以テ洗剤。軟膏。或ハ浴薬トメ用フルヲ佳トス」浴法。洗法ハ他薬ヲ加ヘス温湯ヲ単用メ功有リト雖圧夫《ノ》石鹼。食塩。硫黄。[33]升汞。[28]楡皮等ノ類ヲ加フレハ其功験益《ゝ》多シ

（第三）局処ノ因ニ発セル者ハ其初起唯局処ノ治法ヲ施シテ可ナリト雖圧久シク淹留スレハ遂ニ液質ヲ変常セシメ或ハ合併病。常習等ノ為《メ》ニ

連緜持続スル┐アリ共ニ全軀ノ治法ヲ行ハサル可ラス

（第四）前段ニ反メ本来全軀ノ因ニ発セル皮膚病後チ遂ニ単純ノ局処病トナル┐アリ然ル者ハ唯局処薬ノミヲ撰用メ之ヲ治スヘシ

（第五）頑滞甚シキ皮膚病ニ於テハ左ノ一件ヲ撿査スヘシ一ハ合併病有テ其頑滞ノ因ヲ為セルナリ一ハ本病已ニ常習ト為テ方《サ》ニ有要ナル自然ノ排除器ト為レルナリ」甲種ハ専《ハ》ラ合併病ノ治法ヲ処スヘク乙種ハ誘導法ヲ行ヒ且《ツ》他部ニ襲[34]替運営〔病〕ヲ起サン┐ヲ要ス就中下剤ヲ用ヒ打膿法ヲ施スヲ佳トス

（第六）総テ経久皮膚病ノ治セル後ハ必ス打膿法[35]ヲ行フテ久シク癒《ヤ》サス以テ其常習ト為リシ分泌抑遏ノ継害ヲ防禦セン┐ヲ要ス夫《ノ》局処薬ニ由テ其治ヲ得シ者ノ如キハ殊ニ然リトス

痘瘡「[36]ファリオラ」羅「[37]キンデルポッケン」蘭

徴候　発熱スル┐三日ニメ（第四日）初メテ紅斑ヲ見ハシ其斑点徐ク起脹スル┐三日許ニメ疱[38]ト為リ疱又漸ク灌膿スル┐三日許ニメ（初起ヨリ第十一日）乃チ乾[39]濇ス是レ各痘各自ノ経過ナリ」然リト雖𪜈一身諸部一斉ニ見点セス陸続相逐フテ三日ニ出斉シテ而《メ》各痘其時期ヲ経過スルカ故ニ毎期必ス三日ヲ後クル、ナリ是故ニ全痘咸ク収靨[40]スルハ正《サ》ニ第十四日ニ在リトス

右ニ説ク所ノ者ハ是レ順正単一ノ良性痘ナリ能ク心ニ銘メ類痘ト混同スル┐勿レ若シ夫《ノ》類痘ヲ以テ誤リ認テ真痘トスル𪜈ハ後日必ス不虞ノ患《ヒ》「アリ謹マスンハアル可ラス」故ニ今更ニ其経過ヲ論説メ時期ヲ示ス┐左ノ如シ

第一感染期　此期ハ其毒未タ生力ノ抗抵ヲ挑起セスメ潜蟄スルカ故ニ其感染分明ナラス種痘（按ニ人痘種）ニ於テハ此期七日ナレ𪜈天然ノ者ニ在テハ十一日以上ニ在リ

第二発熱期　其熱始メ緩柔ナレ氏日ゝニ漸ク亢盛シ以テ第四日方《サ》ニ見点スルノ時ニ至ル但シ其熱タル弛張稽留熱ナリ」左ノ証ヲ稽徴メ他熱ト鑑別シ早ク之ヲ察知スルヲ治術ノ緊要トス即チ悪心嘔吐メ呼気ト小便トニ一異腐臭ヲ放チ固有ノ痘臭[41]衄血頭痛メ大人ハ譫語シ或ハ狂躁シ小児ハ搐搦シ腹痛シ或ハ腰背掣痛ス

第三見点期　発熱弛張スルヿ三回ノ終リニ方テ乃チ見点ス而《メ》初日顔面。次日手臂。三日足脚及ヒ余処ニ発スルヲ常トス」其紅点始メ甚タ微小ナレ氏毎半時厚広著シク増大シ初日之ヲ按メ細撿スルニ已ニ其裏ニ小核有テ粟粒ニ触ル、カ如キヲ覚ユ之ヲ痘芽ト謂フ以テ麻疹等ノ他ノ皮病ト弁別スルヿヲ得ヘシ」此期三四日其間《タ》断エス新痘逐フテ見点ス故ニ全軀ノ痘自ラ三等（初日痘。第二日痘。第三日痘。）ノ別ヲ有スルナリ其別灌膿。収靨ノ期ニ至テモ亦粲然タリ故ニ足部方《サ》ニ見点スル時顔面已ニ灌膿セントシ足部灌膿スレハ顔面既ニ収靨ス」順正ノ良痘ニ於テハ其見点スルト共ニ熱乃チ退テ身神全ク爽快ナルヿヲ得。唯皮膚ニ発痘ノ刺衝ヲ覚ユルヿ有ルノミ

第四灌膿期[42]　其表皮隆起メ小疱トナル」其疱初《メ》ハ小ニメ巓頂窅凹[43]シ裏面ニ水様ノ液ヲ含ムノミナレ氏漸漸増大メ益ゝ起脹シ帯黄色ノ膿液ヲ充ツ其全ク熟成セル者ハ充実円満ニメ黄色宛《カ》モ豌豆ノ如シ」此期モ亦三四日ナリ其間大抵発熱。腫脹。吐涎ノ三証ヲ兼発ス其熱ハ之ヲ膿熱ト名ケ亦第二熱ト名ク（序熱ニ対ス）其腫ハ醸膿[44]ノ為《メ》ニ起ルカ故ニ先ツ面部ニ始マリ而《メ》手ニ及ヒ而《メ》足ニ至ル」其痘ノ稠密ナル者ハ眼瞼腫脹メ闔閉シ全面。全頭。渾沌タル一円球ノ如キニ至ル者アリ」然レ氏此三証ハ痘ノ稀稠ニ準フカ故ニ軽易ナル稀痘ニ於テハ一証モ兼発スルヿ無クメ此期ヲ過了スルヿアリ

第五収靨期　其痘見点セシ順序ヲ逐テ徐ク乾濇結痂ス」此期亦大抵三四日ナレ氏或ハ八日ニ

及ヒ或ハ各処ノ各痘尚《ホ》久シク淹滞メ痂ヲ結フ丅甚タ遅キ者アリ」其結痂脱落スレハ其痕多時赤斑ヲ見ハシテ通例醜瘢ヲ遺スナリ」然《ソ》面部ノ痘将《サ》ニ結痂セントスル時ヲ全病中ニ於ケル最大危険ノ秋《トキ》トス即チ溶崩壊疸失血等ノ諸証ヲ発シ或ハ貴要ノ内臓脳肺等ニ焮衝ヲ起シ或ハ諸種ノ神経証ヲ生スル丅アリ

差後ノ悪証。継病。亦少ナカラス或ハ醜顔畸面トナリ或ハ脱力亡液メ虚労肺労ニ陥リ或ハ眼盲。耳聾。遷延眼焮衝。骨疽。潰瘍等ノ諸患ヲ貽《ノコ》ス類勝テ計フヘカラス

痘顆各各相離レテ粒粒相分ル丶者ハ之ヲ稀痘ト謂ヒ」密邇群聚メ見点シ灌膿スルニ臨テ互《ヒ》ニ合着シ広大ノ一膿面ト為ル者ノ如キハ之ヲ稠痘ト謂ヒ焮衝熱。神経熱。腐敗熱。腸胃熱等ノ合併有テ之カ為《メ》ニ多痘過急ニ見点シ或ハ互《ヒ》ニ密著シ或ハ常期ヲ後《レ》テ見点シ或ハ見点後。熱仍《ホ》稽留メ解セス痘ノ成熟支障セラレテ十全ナラス痘頂陥凹メ暈脚ナク若クハ水ヲ含ミ若クハ血ヲ蓄ヘ若クハ空虚ニメ其色宜シカラス灌膿ノ時ニ臨テ熱更ニ増劇シ或ハ面部ノ腫脹卒然トメ陥没シ或ハ収靨急速ニメ常期ニ先タツ等ノ悪証アル者ハ之ヲ悪性痘ト謂ヒ」全ク然ル丅ナキ順良単純ノ者ハ之ヲ良性痘ト謂フ

痘ハ吾人知ル所ノ百患中ニ於テ最大危険ノ病ナリ其苦楚殊ニ甚シク最モ悪ム可ク最モ嫌フヘシ健全無恙ノ人ヲメ八日間ニ壊爛無貌ノ臭屍ニ変セシム其兇猛之《レ》ヨリ甚シキ者ナシ」而《メ》其安危軽重ハ顆数ノ稀稠ト殊ニ面部ニ於テ之ヲ徴ス愈ゝ稠密ナル者ハ愈ゝ重シ合併病ノ多寡ト愈ゝ単一ナル者ハ愈ゝ安シ年齢ノ長少ト大人ハ小児ヨリ危シ但シ生歯ノ時ハ其例ニ非ス当時流行ノ病性トニ準フ」而《メ》亦流行ノ時ニ比スレハ流行ナキ時ニ於ケル者ヲ良性也トシ一般流行ノ時ニ於テモ其中頃ニ於ケルヨリ其始メト終リトハ良性也トス」搐[45]搦ハ見点前ニ在テハ害ナシト雖𪜈季期収靨ノ時ニ発スルハ危険ナリ」驟然《ニハカ》トメ一頓ニ見点ス

ル者及ヒ群聚メ密着シ発スル者ハ凶徴ナリ」痘頂陥没メ灰白悪色ナル者ハ宜シカラス」血痘ハ愈《ミ》悪シク」収靨ノ時ニ当テ尿中及ヒ大便ニ血ヲ下ス者ハ最モ危シ

原由　近因ハ中毒ナリ（按ニ食毒ニ中レルモ伝染毒ニ中レルモ其機ハ一ナリ）此病ノ全体ハ外来ノ伝染毒侵入メ滋蔓シ繁殖セントスル作用ト体内ノ生力抗抵メ之ヲ化熟シ排除セントスル機撥トノ両《ノ》者ニ成ル

抑《ミ》痘ノ世ニ剙メテ行ハレシ亇欧羅巴《ヱウロツパ》ニ於テハ紀元六百年間ニアリトシ亜墨利加《アメリカ》ニ於テハ一千四百年間ニ在リトシ意斯蘭土《イースランド》[46]ニ於テハ一千七百年間ニ在リト云フ」蓋シ其毒純《ハ》ラ活体中ニ生セン者ニメ大気中ニ生セシ者ニ非ス故ニ其伝送モ亦大気ニ憑ラス直チニ病体ニ触レ或ハ其触レシ所ノ器什類ニ由テノミ感染ス而《メ》其器什ニ由ル者ハ百里外ニモ尚《ホ》能ク之ヲ輸《タ》ス亇ヲ得ヘシ」然《レ》𪜈親シク患者ヲ囲擁セル大気ハ亦能ク之ヲ伝送シ大気ノ性亦時ニ其毒ノ感染滋蔓ヲ助クルト否ラサルトハ之《レ》アルナリ故ニ或ハ一時一般ニ流行シ或ハ数年絶エテ流行ヲ見サル亇アリ」而《メ》痘毒ノ性タル人身ヲ侵ス亇生涯唯一回ノミニメ再ヒ其生力ノ抗抵ヲ挑起セス二回ニ及フ者ハ甚タ希有ノ亇トス

所謂中毒ノ内情ハ右ノ如ク痘毒ノ滋蔓繁殖セントスルト神経血脈ノ力ヲ奮起メ之ヲ化熟排除セントスルノ機撥トニメ其機撥ノ転変自ラ時期ヲ逐フテ左ノ経過ヲ致スナリ

感染期ニ於テハ痘毒仍《ホ》潜蟄シテ未タ生力抗抵ノ醒覚ニ遇ハス

発熱期ニ於テハ其毒方《サ》ニ体内ニ滋蔓繁殖メ生力抗抵亦大ニ発動シ将《サ》ニ之ヲ分利[11]セントスルノ預備ヲ致スナリ

見点期及《ヒ》灌膿期ニ於テハ其毒遂ニ皮表ニ排出セラレテ茲ニ住着ス是レ吉利済《キリシス》[11]ナリト雖𪜈不全分利ニメ病毒転徙ナリ此時小便蒸気ニモ亦分利ノ排泄アリ」故ニ単純ニメ稠密ナラサル痘

ニ在テハ内患歇ミ熱証退ヒテ食欲故ニ復スルヿヲ得」然レ𪜈稠痘ニ於テハ此時更ニ又一患ヲ発ス膿熱是レナリ此熱ハ無数ノ小膿瘍ニ由テ皮膚ニ劇キ[10]焮衝ヲ起スト膿液吸収。蒸気抑遏ノ為メニ酷厲ノ[47]沕乙《ウエイ》鬱滞セルトニ起因ス故ニ腫脹ト吐涎トノ両証ヲ生スルナリ」是故ニ膿熱ハ病性複襍メ甚タ猛悪ナリトス即チ一ニハ皮膚刺衝ノ為メニ焮衝性ヲ帯ヒ一ニハ精力体液ノ脱耗ニ由テ虚性ヲ夾ミ一ニハ膿液血中ニ混メ腐敗性ヲ襍フルナリ

収靨期ニ於テハ[11]吉利済既《キリシス》ニ済テ毒花方サニ凋落ス」但シ稠痘ニ於テハ従来《コレマテ》皮膚ニ住着セシ病毒更ニ復タ内部ニ向テ貴重ノ内臓ヲ犯スヿ有ルヲ以テ最大危険ノ期ナリトス

治法　痘毒固有ノ異性ヲ懐臆ニ置テ眼目ヲ熱性ニ注カンヿヲ要ス其熱性ノ異同ニ準フテ治法大ヒニ差等アレハナリ」而メ此病ノ治術ニ於テ決メ欠クヿ能ハサル必究ノ一品アリ即チ冷涼ノ新鮮気是レナリ能ク痘毒ノ滋蔓ヲ遮止メ現ニ発出ノ顆数ヲ稀少ニシ且ッ能ク危険ノ諸証ヲ鎮制スルヿ実ニ神験アリ痘ヲ患フル者ハ内ニ毒ノ泡醸有テ外ニ毒ノ雰囲アリ其泡醸ハ冷涼以テ減却スヘク温熱以テ増益スヘシ其毒[48]雰ハ活体ノ大敵ニメ至害ノ残賊ナリ駆散セサル可ラス是レ冷涼新鮮気ノ功アル所以ンナリ諸家ノ経験及ヒ余カ実測ニ拠ルニ其鴻益アルヿ果シテ昭昭タリ若シ誤テ之ヲ温保シ之ヲ鬱閉スレハ則チ至軽ノ良痘モ直チニ至険ノ悪痘ニ変セシムルニ足ル」是故ニ痘瘡ノ治法ハ新古大ヒニ其趣ヲ異ニセリ新法ハ専ラ其毒ヲ制止メ其発出ヲ減センヿヲ主トシ古法ハ殊ニ其毒ヲ駆逐メ其発出ヲ進メンヿヲ旨トシテ而メ其毒却テ之レカ為メニ体内ニ滋蔓繁殖スルヿヲ知ラサリシナリ

各期ノ治法左ニ之ヲ列ス

第一発熱期　是レ痘瘡治法ノ為メニ最大緊要ノ時トス凡ッ痘ノ劇易ハ発痘ノ多寡ニ係ルカ故ニ

此期ニ於テ毒ノ滋蔓ヲ遮止スレハ全病ヲメ軽易ナラシム可ケレハナリ」而《メ》茲ニ功ヲ致ス者ハ冷涼ト甘汞[49]トノミ甘汞ハ日ニ二三次小児ハ半氏[50]或ハ一氏大人ハ二三氏宛与フヘシ」而《メ》合併病ヲ防禦スルモ亦此期ニ在リ乃チ患者ヲ清涼ニ保護メ新気ヲ迎入シ厳ニ羽蓐ヲ禁シ勉メテ蓐外ニ居ラシメ屢ヽ冷水ヲ以テ面部ニ注キ且《ツ》眼ヲ洗ヒ吐薬及ヒ清涼下剤ヲ用ヒテ腸胃ヲ清刷センヿヲ要ス第二百四十五甲方ヲ用ヒテ其始メ屢ヽ下利セシメ後チ服量ヲ減メ一日ニ[51]溏便二行ヲ得ルヲ度トス若シ熱勢劇クメ且《ツ》少壮多血ナル者ハ必ス刺絡ヲ行ハスンハアラス」小児頻リニ搐搦スル者ハ牖戸ヲ開《ヒ》テ新鮮ノ冷涼気ニ中ラシムレハ他技ヲ要セスメ峻功アリ灌腸法モ亦宜シトス」大人ノ譫語或ハ狂躁甚キ者ハ刺絡ヲ行ヒ清涼下剤ヲ与ヘ芥子泥[52]ヲ腓腸ニ貼シ脚浴及ヒ灌腸ヲ施スヘシ」若《シ》夫《ノ》搐搦及ヒ他ノ神経証留連シ見点期ニ至テモ仍《ホ》退カス発痘之レカ為《メ》ニ妨ケラレ忽チ見ハレ忽チ消スル等ノ証ヲ致ス者ハ必ス他因ノ之アルナリ能ク鑑別メ其治ヲ処セズンバアラス」面色黲澹四肢微冷ニメ小便淡白ナル者ハ単純神経性ノ痙攣ナリ亜鉛華ニ麝香ヲ伍シ与ヘ芥子泥ヲ足蹠ニ貼シ微温浴。灌腸法等ヲ行フヲ良トス」腸胃ノ諸証有テ其清刷ヲ怠レル者ハ汚物之レカ因ヲ為セルナリ吐下薬。灌腸法能ク其見点ヲ促スヘシ」蛔虫ノ合併証アル者ハ甘汞ヲ内服セシメ乳汁ヲ以テ灌腸スルニ宜シ」搐搦ニ嗜眠ヲ兼テ顔面紅ク前頭熱スル者ハ脳ニ焮衝様ノ刺衝アルナリ宜シク急ニ蜞鍼[53]ヲ耳後ニ貼シ前頭ヲ冷洗メ清涼薬ヲ与フヘシ能ク痙攣ヲ退ケテ見点ヲ進ムルナリ」大人ノ譫語狂躁モ亦右ノ諸証ヲ兼ル者ハ右ノ諸因アルニ由ルナリ同法ヲ用ヒテ之ヲ鎮止スヘシ

痘ノ眼ニ入ルヲ防クモ此期ニ在リ即チ冷水ヲ以テ之ヲ洗ヒ且《ツ》[54]羯布羅《カンフラ》布（按ニ布片ニ羯布羅ヲ擦セル者）ヲ以テ之ヲ掩フヘシ若シ既ニ眼中ニ見点セル者ハ[55]羅独窊篤児《ロードワートル》ヲ稀メテ眼ニ点滴スヘシ能ク之ヲ

消除ス
第二見点期　第一期ニ於テ既ニ右ノ処置ヲ為セル者ハ別ニ技倆ヲ要セス唯清涼ノ保護ト第二百四十五甲方ノ内服ヲ持久スヘキノミ」若シ前期其治ヲ怠テ今《マ》仍《ホ》前患ヲ余ス者ハ吐剤。刺絡等《ノ》対証ノ治法ヲ処シ合併熱証有ル者ハ各ゝ熱性ニ応メ其治ヲ下スヘシ
第三灌膿期　単性ノ稀痘ニ在テハ唯前期ノ保護及ヒ薬方ヲ連施メ足レリト雖乇稠痘及ヒ合併病アル者ニ於テハ更ニ膿熱ヲ発スルカ故ニ医能ク注思セスンハアラス其熱ノ性タル駁雑猛悪ニメ善ク死ヲ将来スレハナリ」治法ハ焮衝セル皮膚ノ刺衝ヲ寛解シ吸収セル血中ノ膿液ヲ清排シ諸液ノ腐敗ニ傾ケルヲ復良スルニアリ」其皮膚ヲ寛解スルニハ広幅ノ種痘鍼ヲ以テ其疱ヲ開破スヘシ啻ニ膿液ヲ外泄スルノミナラス亦能ク其吸収ヲ防クニ宜シ若シ疼痛メ不寐スル者ハ夜間ニ阿芙蓉少許ヲ与ヘテ可ナリ而《メ》其疱復《タ》充実セハ亦随テ之ヲ開破センヿヲ要ス」其血液ヲ清刷スルニハ清涼酸味ノ飲液ヲ多服セシメ且ツ大便ノ通利ヲ促カシ小便ノ排泄ヲ進ムヘシ此時皮膚ノ分泌闕如スレハナリ」而《メ》其腐敗ヲ防止スルニハ硫酸適宜ヲ飲料ニ和シ与フルヲ良シトス」其他努メテ清潔ヲ専《ハ》ラトシ常ニ新気ヲ迎入シ屢ゝ襯衣ヲ革タメ日ゝニ裀蓐ヲ換フル等皆欠ク可ラサルノ要件ナリ」吐涎スル者ハ飲液ヲ多服セシメテ冷食冷飲ヲ禁シ以テ之ヲ持続セシムヘシ若シ卒《ハカ》ニ遏止スルヿ有ラハ緩和ノ含嗽薬ヲ用ヒ頸囲ヲ温蒸シ若シ亦之レカ為《メ》ニ窒息ヲ起スヿ有ラハ[56]芫菁硬膏ヲ胸ニ貼センヿヲ要ス」腫脹ノ為《メ》ニ眼瞼鬮閉シ或ハ咽喉壅塞スルヿアリ眼瞼ハ乳汁ヲ以テ屢ゝ洗浴シ咽喉ハ緩和薬ノ煎汁ヲ注射メ足レルナリ
諸種ノ合併病此期ニ至テ始メテ見ル、ヿアリ其熱性多クハ複襍ス」即チ
（焮衝証合併）痘色殷紅。脈緊ニメ熱強ク渴甚シク

兼ルニ肺脳或ハ腹臓ノ焮衝ヲ以テス」宜ク有力ノ防焮法ヲ施シ甘汞ヲ内服セシメ蜞鍼ヲ行ヒ芫菁硬膏ヲ貼スヘシ大人ニ在テ初期ニ刺絡ヲ怠レル者ハ刺絡モ亦行ハサル可ラス

（神経証合併）痘形陥没メ或ハ水ヲ含ミ或ハ空虚ニメ暈脚ナク皮膚黲澹微冷ニメ顔面充盈セス且ツ痙性ノ顫震ヲ兼ル者是ナリ」宜ク阿芙蓉ニ甘汞ヲ伍メ与フヘシ蓋シ阿芙蓉ハ覚機痙攣ヲ鎮止メ血脈ヲ強旺スルノ能有テ亦皮膚ノ運営ヲ増シ醸膿ノ機撥ヲ扶クルノ功ヲ兼備シ甘汞ハ消毒ノ異能アルヲ以テ其力《ラ》能ク悪性ヲ逞フシ来テ極度ニ至レルノ痘毒ヲ摧挫スルニ足ル故ニ両薬ヲ合メ此証ニ於ケル無比ノ良薬トセリ其他麝香。[54]羯布羅《カムフラ》。[57]亜児尼加《アルニカ》[52]。芥子泥。微温浴。二十八度[56]芫菁硬膏。水銀軟膏等亦皆撰用スヘシ

（腐敗証合併）痘色汚悪ニメ青色褐色ヲ帯ヒ血斑ヲ夾雑シ腐臭ヲ放チ壊疽ヲ生シ衆痘融解メ一潰瘍トナリ或ハ全身潰爛メ渾然タル無貌ノ一腐肉ノ如キニ至リ或ハ口鼻腎腸ヨリ出血シ脈極メテ細小ニメ甚タ短数ナル者是ナリ」治法ハ寒冷ト有力ノ衝動防腐法ヲ処センヿヲ要ス即チ断エス氷寒ノ新鮮気ニ浴セシメ屢《ヽ》冷水ヲ灌漑シ羯布羅醋或ハ鶏子白ニ羯布羅ヲ溶セル者ヲ総身ニ塗布シ硫酸。明礬。幾那。葡萄酒。[58]摂爾扁答里亜《セルペンタリア》等ヲ内服セシムヘシ死徴悉ク具ハレル者モ猶《ホ》之ヲ救ヘルヿアリ

（腸胃証合併）此合併亦少ナカラス殊ニ下剤ヲ用《フ》ルヲ佳トス之《レ》カ為《メ》ニ夥シク膿様ノ汚物ヲ下《タ》シテ大功ヲ奏スルヿ多シ

（内陥証）最モ危険ノ一証ニメ大抵必死ノ前兆ナリ」未タ定期ニ至ラスメ面部ノ痘俄然トメ紅色ヲ失シ萎縮メ乾涸シ腫脹亦随テ退却ス」治法ハ力《ラ》ヲ極《メ》テ速カニ其生力ノ沈衰ヲ揚発シ諸液ヲ皮表ニ進達シ且ツ病毒ノ貴器ニ[9]転徙スルヲ防禦スヘキ諸法ヲ竭クサズンバアラス即チ緩和糊剤ニ芥子末ヲ加ヘテ手臂足脚ヲ温蒸纏被シ

芥子泥ヲ諸部ニ外貼シ葡萄酒。阿芙蓉ニ甘汞。羯布羅ヲ伍メ内服セシムルヲ宜シトス

第四収靨期　従来《コレマデ》鬱滞セル所ノ残毒ヲ駆散シ当今吸収スル所ノ膿液ヲ排泄シ以テ血液ヲ清刷スルヲ此期ニ於ケル治法ノ本旨トス」然レ氏稠痘ニ於テハ皮膚閉鎖メ滲通スヘカラサルカ故ニ唯路ヲ腸ト腎トノ分泌ニ仮ルヘキノミ自然良能モ亦此時自ラ下利ヲ発メ著シク膿様ノ汚物ヲ排除スルヿアリ」乃《チ》乳清[59]。「セルチェル」[60]水鉱泉[27]蘆根。遏爾託亜《アルタア》[61][62]。甘消石精等ノ清血薬。利尿薬ヲ多服セシメ二三日緩下薬ヲ連施スヘシ痘数ノ多寡ニ準テ爾後仍《ホ》二三日毎ニ之ヲ用フ但《シ》下薬ニハ少量ノ甘汞ヲ伍スルヲ宜シトス」単性ノ良痘ニ於テハ右ノ如ク処置メ事既ニ足レリト雖氏複性ノ悪痘ニ在テハ仍《ホ》強壮揮発薬ヲ持長シ用ヒ就中幾那ヲ内服セスンハアラス」若シ其収靨急速ナル者及ヒ期ニ先ツテ早ク乾濇スル者ハ卒カニ脳或ハ肺ニ血液鬱積ヲ生シテ昏睡。卒中。窒息等ノ険証ヲ起スヿアリ此証ハ速カニ刺絡ヲ行フヲ無比ノ良法ナリトス

差後ハ常ニ開豁気中ニ居リ屢〻微温浴法ヲ行ヒ清血ノ功アル飲料ヲ喫シ緩性ノ滋養品ヲ食スヘシ但シ肉類ヲ以テ急ニ滋補セントスルハ宜シカラス動モスレハ病毒転徙ヲ起スナリ

凡ソ百病人身ヲ残掠スルヿ斯ノ如ク速カニメ体液精力ヲ奪却スルヿ斯ノ如ク甚シク且ツ其毒ノ全軀ニ瀰満スルヿ斯ノ如ク恣《マヽ》ナル者アルヿナシ故ニ極劇ノ険痘ヲ凌キ来レル者ハ其状態実ニ見ルニ忍ヒサル者アリ是等ノ人ハ旺《サカ》ンニ滋補ヲ加ヘテ更ニ活気ヲ与フルノ策ヲ処センヿヲ要ス

類痘「[63]ファリセルラ」羅「[64]ファルセポッケン」蘭又之ヲ仮痘ト訳ス所謂水痘即是ナリ

徴候　発熱十二時[65]ニメ乃チ見点ス其熱甚タ微ニメ徴知ス可ラサルモ有レ氏劇キ者ハ譫語スルニ至ル其痘形ハ真痘ニ比スルニ細小ナルモア

レ圧或ハ能ク肖似メ毫モ異ナル乛ナキ者アリ而《メ》其発出一処ヲ局スルアリ全軀遺ス所ナキアリ」見点後十二時已ニ[42]灌膿シ灌膿亦十二時ニメ乃チ[39]乾濇スルヲ常トスレ圧或ハ此限ヲ踰《ヘ》テ灌膿スル乛久キ者モ亦《タ》罕ニ之アリ

是故ニ之ヲ真痘ト分ツハ形状ヲ以テス可ラス熱勢ヲ以テス可ラス唯其日期ノ長短ヲ以テスヘシ即《チ》真痘ハ見点前発熱三日ナレ圧類痘ハ一日ナリ真痘ハ見点後灌膿ニ至ルモ三日ナレ圧類痘ハ亦一日ナリ灌膿期モ亦復《タ》然リ故ニ真痘ハ九日ヨリ十二日ニ至テ其経過ヲ終リ類痘ハ三四日ニメ乃《チ》其病ヲ過了ス」而《メ》此痘ハ重キ者モ性命ヲ害スル乛アル乛ナシ

原由　其病原真痘ニ肖似セル伝染毒ナリト雖圧其力《ラ》劣弱ニメ其性全ク差ヘリ故ニ之ヲ種エテ真痘ヲ防ク乛能ハス一旦類痘ヲ患ヒシ者復《タ》真痘ヲ患ヒ既ニ真痘ニ罹レル者再ヒ類痘ニ罹ルナリ種痘ヲ行フニ当テ粗忽ノ徒誤テ類痘ヲ種エシ者遂ニ防痘ノ功ヲ得サリシ乛諸書ニ見エタリ

此痘ハ真痘流行ノ時ニ並ヒ行ハレ或ハ其前後ニ行ハル、ヲ多シトス然レ圧亦真痘ニ拘《ハ》ラスメ単《ト》リ流行スル乛アリ

治法　自然良能ヨク其治ヲ全フスル者ニメ医力ヲ要スル乛ハ少ナリ唯其病末ニ当テハ下剤ヲ用フルヲ佳トス一部ノ残痘久ク癒エサル者ニハ殊ニ然リ

牛痘種法「[66]ファクシ子ルラー」羅「[67]クーポックインエンチング」蘭

牛痘種法ハ輓近発明ノ諸件ニ就テ其世ニ鴻益アル乛広大無辺ナル者ノ一ナリ」蓋シ痘ヲ預防スルニ二道アリ一ハ其伝送ノ道ヲ遮止スルナリ一ハ其感受ノ性ヲ滅却スルナリ然レ圧人事ノ応接ト器物痘毒陰ニ之ニ舎スル乛少《ナ》カラスノ運送ト共ニ遏絶ス可ラサルカ故ニ甲法ハ之ヲ行フ乛難ク用フ可キ者ハ唯乙法ノミ其法中古ニ在テハ[68]天然痘ノ苗ヲ種エテ之ヲ行ヘリ其説ニ謂《ヘ》ラク痘ノ性

タル一タヒ之ヲ患フレハ再ヒ感受スヘキノ性ヲ滅スル者ニメ且ツ之ヲ種ルニハ預メ其体ヲメ之ニ佳適セシムルノ策ヲ行フカ故ニ天然痘ニ比スレハ其危険甚タ少ナシト然レ𪜈此法仍《ホ》全ク危険無シトシ難ク五百人ニ一人ヲ損スト云且《ツ》之カ為《メ》ニ痘毒更ニ世間ニ伝播スルノ害アルナリ」紀元一千七百六十九年明和五年独乙《ドイツ》国ニ於テ牝牛ノ乳房ニ発セル痘毒人体ニ感染スルヿアレハ其人生涯痘ヲ免ル、ヿヲ発見シ一千七百九十八年寛政九年英吉利国ニ於テ応涅児《イエンチル》[69]人名始《メ》テ牛痘ヲ採テ人ニ種ルヿヲ試ミ遂ニ之ヲ世ニ公ニセリ」此法ハ毫モ危険ヲ惹クノ恐レナクメ更ニ苦楚ヲ致スノ害ナク且《ツ》後日ニ醜態ヲ遺サス世間ニ痘毒ヲ伝播セス之ヲ天然痘ノ種法ニ比スルニ其利害得失啻〻ニ霄壌ノ差ニアラス故ニ当今ハ欧羅巴ノミナラス天下一般此法ノ行ハレサル所殆ト之レナク或ハ官令ヲ以テ厳ニ人痘種法ヲ禁メ専《ハ》ラ此法ヲ行フヿヲ命スルノ邦少《ナ》カラサルニ至レリ

蓋《シ》牛痘種法ハ其術簡約ニメ容易ナリト雖𪜈之ヲ種ルニハ頗ル注視メ其苗ノ十全ニメ純粋ナルヤ否ヤヲ弁シ之ヲ発セル時モ其痘ノ防痘ノ功ヲ保ス可キヤ否《ヤ》ヲ審《カ》ニセスンハアラス動モレハ其痘本性ヲ変メ防痘ノ功ヲ失スルヿ有レハナリ」故ニ撰苗ト施術ト鑒定トニ意ヲ尽サンヿヲ要ス

（撰苗）痘漿ハ之ヲ醸スノ始メ早ク採収セズンバアラス大抵種後第七八日其漿透亮ニメ水ノ如クナルヲ佳トス之ヲ採ルヿ愈〻早ケレハ感染ノ力愈〻鋭敏ニメ防痘ノ功益〻切実ナリ若シ既ニ黄色ヲ帯ヒテ膿状トナレル者ハ其力《ラ》脱亡メ用フルニ堪ヘス」尚且ツ之ヲ撰ムニ方テ其痘ノ良否ヲ点撿スルト他患ノ有無ヲ査問スルトハ欠ク可ラサルノ要事ナリ

（施術）十全防痘ノ功ヲ保センニハ必ス直チニ活体ニ採テ活体ニ接センヿヲ要ス（貯蓄メ用ヒサルヲ云）種

法ハ広幅利鍼ノ溝渠ヲ具フル者ヲ痘疱下ニ入レテ漿ヲ鍼頭ニ採リ以テ左右ノ上膊ニ刺スヿ各ゝ三四処ナルヘシ其鍼ヲ下タスニハ横ニ浅ク表被ヲ刺シテ次皮ニ達セス僅カニ小血斑ヲ見ルヘキヲ度トメ決メ出血スルニ至ルヿ勿レ若シ深キニ過クル𪜌ハ流血痘苗ヲ漂シ去テ其術無益トナレハナリ刺後ハ唯小布片ヲ被フテ摩[70]揩ヲ防クノミ別ニ伎倆ヲ要セス」之ヲ行フニハ時令ヲ論セス年紀ヲ問ハスメ佳ナリト雖𪜈初生二月ニ充タサル間ハ其皮膚ノ結構未タ完カラスメ動モスレハ不正痘ヲ発スルヿアリ故ニ之ヲ避クルヲ宜シトス

（鑑定）経過ト発証トヲ稽徴メ真仮良悪ヲ弁スヘシ其良善ニメ真正ナル牛痘ノ経過発証左ノ如シ

（第二三日）種処毫モ異変アルヿナシ（第四日）紅点始メテ現ハレテ微《ヤヽ》隆起ス（第五日）其点益ゝ隆起ス（第六日）中点ニ小疱ヲ生メ微少ノ水液ヲ含蓄ス（第七日）其疱愈ゝ増大スレ𪜈大ヒニ厚サヲ増サス扁円ニメ広径二[71]分弱ヨリ三分許ニ至リ根脚ニ一分許ノ紅圏ヲ画シ中央窅[43]凹ニメ帯青色ノ水様液ヲ充填ス（第八日）其液漸ク黄色ヲ帯ヒテ膿状ニ変シ腋腺差《ヤヽ》腫起シ必シモ皆著シキニアラス体温少《ヤヽ》増加シ脈状微熱ヲ徴シ軀体疲労ヲ覚エ食欲ハ大抵其常ヲ差ヘス但大人ハ其衝動劇盛ニメ或ハ泄瀉嘔吐ヲ発スルヿ有レ𪜈諸証持続セスメ速ニ退散ス（第九日十日）痘囲更ニ焮衝状ノ紅暈ヲ発シ其紅暈一二寸許ノ大サニ至リ或ハ汎ク全膊ニ布衍ス疼痛ハ甚シカラサレ𪜈瘙痒堪ヘ難ク此時ヨリ其疱漸ク乾濇スルヿヲ始メテ遂ニ痂ヲ結ヒ其痂大抵八九日ヲ経テ乃チ脱ス」痘数ハ通例種処ノ数ニ準フト雖𪜈或ハ第八日後体内諸部ニ数多ノ小紅疹ヲ発スルヿアリ然レ𪜈是レ一二日ニメ乃チ消散ス」自余継病余患ヲ生スルヿナク唯一二週間面色灰白ヲ遺《ノコ》シ或ハ総身ニ微少ナル粟疹状ノ者ヲ発スルヿ有ルノミ

若シ夫ノ不全ニメ防痘ノ功ナキ仮痘ナル者ハ其見点甚タ早ク第三四日既ニ疱ト為テ起脹シ痘形匾円ナラスメ中央窅凹セス却テ球円ニ充実メ周辺紅暈ヲ発セス」種後第八九日痘囲著シク紅暈ヲ発スルハ是レ牛痘ノ毒全軀ニ達セルノ徴ニメ防痘ノ功生涯ヲ保スヘキノ証ナリ」而ノ右ノ如ク不全ノ仮痘ヲ発スル所以ンハ採漿其期ヲ後クレテ痘苗既ニ過熱セルカ（過熱スレハ感染力ヲ脱ス）若クハ其人ノ感受性欠クルニ遇ヘル者トス

此痘ハ固トヨリ人工ノ疾病ニメ毫モ医療ヲ加フルヿヲ要セス日常ノ摂生ヲ守テ可ナリ唯第七八日ノ比ハ発熱期ニメ其毒ノ全軀ニ布達ス可キ時ナルヲ以テ家外ニ出テサルヲ良トスルノミ」然レ𪜈其病末紅暈散シテ痘痂結フノ時ニハ甘汞葯刺巴ノ下剤ヲ用フルヿ一二回ニメ以テ皮疾。腺病等ノ後患ヲ防クニ宜シ

変痘「[72]ファリオロイデス」羅「[73]ゲウェーシグデポッケン」蘭

既ニ牛痘種法ヲ行ヘル者天然痘毒ニ感染メ偶ヽ発スルヿ有ル所ノ一種ノ皮疹之ヲ変痘ト謂フ」是レ真痘種子ヲ種痘ノ田ニ播テ其土ニ抽芽セル一異物ナリ固トヨリ既ニ天然痘ノ真面目ヲ失シテ其性大ヒニ緩柔ト為レリト雖𪜈真痘ノ本性未タ全ク脱セス故ニ之ヲ人ニ伝フレハ亦タ能ク真痘ヲ発スルヿアリ（或ハ之ヲ伝播スルヿ一二回ニメ始メテ真痘ニ復ス）云ト

此痘ノ他痘ト異ナル所以ン左証ヲ以テ之ヲ徴ス」即チ経過ノ時期全ク真痘ニ同シ（是レ類痘ト異ナル所以ン）ト雖𪜈大抵序熱甚タ微弱ニメ多クハ膿熱全ク欠ケ発痘ノ次序真痘ニ異ナラスメ甚タ稠密ナルヿモ有レ𪜈唯少許ノ稀液ノミヲ含ミ或ハ全ク空虚ニメ乾痂斯《シカ》ク厚固ナラス薄フメ鱗屑ノ如ク差後凹瘢ヲ遺サス其痕一時間却テ凸起ス而ノ尋常危険ヲ致ス者アルヿナシ偶ヽ病勢峻劇ニメ死ニ陥ル者モ無キニ非スト雖𪜈希有ノヿノ

ミ抑《ヒ》此変痘ヲ発スル所以《ン》ノ因ハ牛痘種法ヲ行ヘル時ニ当テ十分ニ其感受性ヲ滅却シ尽クスヿ能ハサリシニ在ル者ニメ決メ年月ニ拘《ハ》ルニ非ス」或ハ云フ痘苗逐次ニ伝播メ年月ヲ累ヌレハ其感染力漸ク衰フルニ由ルト」或ハ云フ種後久《シ》ク歳月ヲ積メハ体内復《タ》更ニ感受性ヲ生スルニ由ルト」然《レ》𪜈這《ノ》変痘ハ二三十年前那《ノ》痘苗仍《ホ》嫩新ナリシ時之ヲ種ヱシ者モ近頃ニ至テ之ヲ行ヘル者モ共ニ患フルヿアリ両説皆取ルニ足ラサルヿ知ルヘシ」或《ハ》亦云フ之ヲ種ルヿ過少ナルニ由ルト」然《レ》𪜈決メ其多寡ニ拘《ハ》ル者ニ非ス応涅児《イエンチル》[69]氏ハ鍼ヲ下スヿ六刺ニ過キサレ𪜈優ニ防痘ノ功ヲ収メシニアラスヤ」蓋シ其十分ニ感受性ヲ滅却シ尽クスヿ能ハサルノ本原ハ種法ニ用ヒタル痘漿純正ナラサリシカ採漿其期ヲ後《ク》レテ既ニ旧敗セルカ当時感受性ノ少欠《ヤヽ》ケタルニ遇フテ其抗抵十分ナラサリシニ在ル者トス」是故ニ此患ヲ免レンニハ再ヒ種法ヲ行テ之ヲ試ムルニ若《ク》ハナシ仮令感受性ノ余残アル者モ之ニ由テ消滅スルヿヲ得ヘシ

治法　痘瘡ノ治法ニ同シ

訳者云《ク》此編ノ所論ニ依レハ変痘ハ曩《サキ》ニ牛痘種ヲ行ヘル者ノミノ患フル所ナルニ似タリト雖𪜈他書ニ就テ考フルニ必シモ然ルニ非ス就中[74]罕斯達篤《カンスタツト》人名カ治療書千八百四十八年鏤板ニ載スル所《ロ》議論頗ル精詳ナリ此頃門人渡辺卯三郎[75]大聖寺之藩之ヲ訳セリ方今　本邦《モ》亦牛痘種ノ行ハル、カ故ニ此痘ヲ弁別スルヿ実ニ医家ノ要務トナレリ故ニ今畧採メ左ニ之ヲ附贅ス読者其蛇足ヲ咎ムルヿ勿レ

（総論）[76]　変痘ハ痘ノ一種属ニメ真痘ト水痘トノ中間ニ位セリ或ハ云《フ》是《レ》真痘ノ変形セル者ニメ唯其性緩柔ト為リ其証軽安ト為レルノミ必竟真痘ト同一元ニメ其類族タル者ナリト或ハ云《フ》是《レ》真痘ノ類族ニ非ス全ク其元ヲ異ニセル別族

ノ病ニメ自家ノ病性ヲ具フル者ナリト両説紛紛トメ議論一定セス余今《マ》将《サ》ニ之ヲ裁判セントス先《ツ》其証候ヲ示スヿ左ノ如シ

凡《ソ》変痘ハ真痘ニ比スルニ諸証緩柔ニメ経過急速ナリ序熱短暫ニメ見点前皮上ニ紅暈ニ類セル猩紅斑状ノ赤斑ヲ発ス之ヲ刺斯《ラス》[77]ト云フ(暈斑ト訳ス)而《メ》見点スルヿ急速ニメ順次ナク逐《フ》テ継発スル者多ク夫《ノ》痘臭ヲ呈セス起脹急ニメ盈満スルヿ少ナク収靨亦速《カ》ニメ破綻スルヿナクメ乾濇シ灌膿期更ニ紅暈ヲ現ハサス顔面腫脹セス膿熱ヲ発セス差後瘢痕ヲ遺サス之ヲ遺スヿ有ルモ真痘ト其状ヲ異ニシ継病ヲ起スモ真痘ノ如ク甚シカラス」全病ノ経過真痘ハ十五日乃至十八日ナレ𪜈此痘ハ七日ヨリ十一日ニ至ルノ間ニ終始ス」(序熱)諸証真痘ニ異ナラス唯較《ヤヽ》緩柔ニメ痘臭ナク三日ヲ俟タス多《ク》ハ一昼夜若《ク》ハ二日ニメ次期ニ移ル其主徴トスヘキハ所謂刺斯《ラス》[77]暈斑ナリ見点ニ先ツヿ六時或ハ十二時ニ発メ鮮紅ナルヿ猩紅斑ノ如ク或ハ暗赤ニメ形状正シカラス全軀ニ汎発スルアリ一部ヲ局メ発スルアリ」(見点)序熱退キ皮膚柔軟トナリ或ハ汗ヲ得テ始《メ》テ見ハル、ヿ真痘ニ同シト雖𪜈点発スルヿ急ニメ斉ハス那《ノ》暈斑上ニモ暈斑ナキ部ニモ見ハレテ其形《チ》円ク其色紅ク其大《サ》帽鍼頭ノ如ク或ハ差《ヤヽ》大ニメ点発スルニ順次ナク或ハ四肢ヨリシ或ハ顔面ヨリシ十二[78]時間全軀ニ発シ而《メ》後《チ》復《タ》逐テ徐《ヤ》ク継発ス故ニ各痘経過一致セス已ニ灌膿セル者ト稍《ヤ》ク起脹セル者ト今《マ》見点セル者ト一部位ニ時ヲ同フシテ見ルヿアリ」顆形亦真痘ト同シカラス真痘ハ点ノ中心更ニ小顆有テ其顆徐《ヤ》ク起脹メ疱ヲナセ𪜈変痘ニ於テハ此《ノ》小顆ナク紅点ノ全体起脹メ疱トナルカ故ニ増大スルヿ急速ナリ」而《メ》外表ノ見点ト同時ニ上顎。咽喉。舌上等ノ粘液膜ニ発痘メ咽喉不利。欬嗽。嘶嗄。吐涎等ノ諸証ヲ兼発スルヿ多シ」(起脹灌膿)真痘ハ見点後三日ニメ起脹ノ極ニ至リ而《メ》[42]灌膿スルヿ三日ナレ氏変痘ハ其時間甚タ短暫ナリ見点後六時ニ〆帽鍼頭大ノ小疱トナリ十二時一昼夜ニ〆巳ニ起脹ノ極ニ至リ充盈〆[79]「リンセ」大トナリ紅暈其周ヲ囲テ顆頭窅凹シ之ニ触ル、ニ硬フ〆張力ヲ有シ之ヲ刺スニ空洞トナラザルヿ真痘ニ於ケルカ如ク其形ヲ差ヘス〆稽留スルヿ一二日或ハ進テ豌豆大トナリ内液漸ク溷濁シ疱皮漸ク萎軟〆灌膿スレ氏真痘ノ如ク全ク醸熟セス第五日ニ至テ大抵収靨スルヿヲ始ム」重証ニ於テハ熱証留連スルヿアレ氏別ニ灌膿熱ヲ起サス痘間発赤腫脹セス第二ノ紅暈（灌膿期更ニ発スル紅暈ナリ前期ノ紅暈ニ対〆之ヲ第二紅暈ト云）ヲ生セス此期ニ至レハ大抵平全ニ帰〆病床ヲ離ル」但《シ》粘液膜ニ発痘セル者ハ咽喉ノ諸患有テ外表ノ痘ト其劇易ヲ等フス」[40]（収靨）第五六日或ハ第七日九日乾濇スルヿヲ始ム其見点一斉ナラサリシカ故ニ結痂亦一斉ナラス真痘ノ如クニ破綻〆滲漏スルヿナク直《チ》ニ中心ヨリ乾濇シ後《ク》レテ発セル者ハ内液速《ヤ》ク吸収セラレ或ハ内空ニ〆疎薄ノ痂ヲ結ヒ其成熟ヲ極メス〆終ル者多シ」其痂大率皆薄匾ニ〆褐色ナリ少《ヤヽ》厚キモ其質海棉状ニ〆之ヲ破砕スルニ片片トナリ其痂ノ大ナル者ハ遅ク脱落シ小ナル者ハ早ク剥離シ或ハ収靨スルヿ二日ニ〆落痂スルアリ或ハ五日七日全軀ノ結痂シ終ルヲ俟テ脱下スルアリ或ハ此期ニ至テ更ニ継発シ直《チ》ニ剥離スルアリ」瘢痕ハ痂ノ薄キ者ニ於テハ唯数月間紅色或ハ浅褐色ノ斑ヲ遺シ其厚キ者ハ凹痕ヲ遺セ氏周縁平円ニ〆鋸状ノ分裂ナク深カラス〆底面紋理ナク或ハ落痂後贅肉状ニ凸起シ日ヲ経テ終ニ消滅スルアリ」落痂ノ時ニ当テ咽喉粘液膜ノ痘痂モ剥離シ欬嗽吐痰等ノ諸証有テ皮膚滋潤シ小便ニ[80]垽滓ヲ下シ大便快利ヲ得ルヲ常トス（継病）真痘ニ於ケルカ如ク多カラス亦暴ナラス目盲シ耳聾セル者アルヲ聞カス但[81]癤瘡。膿瘍。遷延潰瘍。腺病。水腫。胃痛。声音嘶嗄。関節腫等ヲ此《レ》ニ算入ス肩臂膝膕等ノ関節甚シク腫脹メ劇痛スルヿ間〻之レアレ𪜈膿潰骨疽等ノ悪証ニ陥リシ者ヲ見ズ」（死亡）序熱見点ノ間ニ在テハ搐搦[45]卒中ニ斃ル、者アルヿ真痘ニ異ナラス或ハ咽喉粘液膜ノ発痘過多ナルカ為メニ義膜咽喉焮衝。窒息等ヲ発シ或ハ腐敗熱。神経熱。虚憊。失血。若クハ肺焮衝。脳焮衝等ノ合併ニ由テ死スル者アリ

右件ハ是レ私公列尹斯《スコンレインス》[82]氏依設満《エーセマン》[83]氏夫屈蘊《ヒュクス》[84]氏等カ変痘ヲ以テ真痘ニ異ナル別族也トスルノ説ニ由テ定ムル所ノ徴候経過ナリ唯此ノ徴候ニ依ルノミナラス尚ホ左ノ諸説ヲ挙テ之ヲ主張セリ」其説ニ云ク真痘ハ当今自発ノ者ナク唯伝染ニ由ル者ノミナリト雖𪜈変痘ハ自発ト伝染ト両ツナカラ之レアリ千八百二十五年「ユルスビュルグ」[85]地名ニ流行セル変痘之ヲ証スルニ足レリ其流行前久シク羅斯性ノ皮疹一般ニ行ハレ後チ漸ク転メ変痘ニ移レリ当時其近界真痘ノ流行セルヿヲ見ス是レ其元ヲ真痘ニ資レル者ナラサルヿ亮亮タリ」又云ク私公列尹斯《スコンレインス》[82]氏「ユルスビュルグ」[85]ニ於テ嘗テ牛痘種ヲ行ヒシ者ト既ニ真痘ヲ患ヒシ者ト未タ嘗テ之ヲ患ヒサル者トニ変痘種ヲ行フテ之ヲ試ミシニ共ニ皆種後十二時或ハ十八時種処ニ小点ヲ発シ第三日其小点已ニ著大ノ疱トナリ中央窅凹メ周囲ニ鮮紅ノ暈ヲ発シ第四日五日内液溷濁スレ𪜈真膿ヲ釀スヿ少ナク紅暈愈〻増大シテ上膊疼痛シ腋腺腫脹シ第六日或ハ七日乾濇スルヿヲ始シメ第八日已ニ痂ヲ結ヒ剥落スルヿ早フメ其痕唯赤斑ヲ遺シ或ハ尋常ノ変痘痕ヲ印シタリ而メ牛痘種ヲ行ヒシ者真痘ヲ患ヒシ者ハ種処ヲ局メ他部ニ伝達セスト雖𪜈三患者共ニ種後五六日ニメ発熱。頭痛。神思沈鬱。及ヒ腸胃ノ諸証ヲ起シ母痘ノ紅暈上更ニ粟疹状ノ細疱ヲ発シ或ハ四肢ニ紅斑ヲ現ハセル者アリ而メ未タ痘ヲ患ヒサル者ハ其四肢ノ紅斑上亦種処ニ等キ細疱ヲ発セル者アリ其発熱諸証ハ稽留スルヿ十二時或ハ十八時ヲ過キス其細疱内液ハ六

時ニメ已ニ溷濁シ身熱紅暈ノ去ルト共ニ斉シク消散セリ」真痘種ニ於テハ継テ全軀ニ発痘スルヿ殆《ン》ト皆免レサル所ナレ𪜈変痘種ニ於テハ然ルヿナシ是《レ》変痘ト真痘ト其毒ノ異ナルニアラスヤ」又云《ク》曩《サキ》ニ真痘ヲ患ヒタリ𪜈後日変痘ヲ免ル、ヿヲ得ス後日ノ変痘却テ劇悪ナルヿアリ」又云《ク》牛痘ヲ種タリ𪜈全ク変痘ヲ預防スルヿ能ハス種後三四年ヲ経レハ変痘ヲ患フル者多シ又変痘種ヲ行フテ後牛痘種ヲ試ムルニ初一年間ハ感染セサレ𪜈明年之ヲ種レハ乃《チ》感染スル者多シ」又云旧記歴史等ニ由テ考フルニ変痘ハ牛痘ノ世ニ見ハレテ後《チ》初《メ》テ始《マ》レル者ニ非ス真痘ノ亜細亜地方ニ始生セルカ如ク変痘ハ欧羅巴地方ニ始生セル一種ノ痘ニメ彼《ノ》亜細亜痘ノ未《タ》伝来セサル前已ニ欧羅巴中専《ハ》ラ流行セルニ東民西民交《リ》ヲ通メヨリ已往真痘此地ニ来テ大《ヒ》ニ行ハル、カ故ニ旧来ノ変痘仍《ホ》存メ並ヒ行ハルト雖𪜈其勢《ヒ》ニ圧セラレテ著ルシカラス輓近真痘モ亦牛痘ノ為《メ》ニ制セラル、ニ至テ変痘復《タ》其権ヲ擅《マ、》ニメ再ヒ横行スルヿヲ得タルナリト

右ノ如ク之ヲ主張スト雖𪜈 [86]扶歇蘭土《ヒュヘラント》氏 [87]篤謨曽《トムソン》氏 [88]公刺地《コンラヂ》氏等ノ諸家ハ敢テ其説ヲ取ラス変痘ヲ以テ真痘ノ類族ニメ唯変形セル者《也》トシ其病性ノ緩柔ナル所以ンハ曩ニ牛痘ヲ種エ或ハ既ニ真痘ヲ患《ヒ》テ痘ノ感受性減却セルニ由ル者《也》トセリ」余モ亦従来 [82]私公列尹斯《スコンレインス》氏ノ流ヲ信メ其説ニ服膺セルト雖𪜈多年ノ実験ヲ経テ後《チ》之ヲ類族トスルノ公論タルヿヲ発明セリ其然リトスル所以《ン》左説ニアリ

凡《ソ》変痘ノ本徴《也》トスル所ノ諸証皆自家ノ本性ヲ具《フ》ルニアラス唯真痘証ノ緩柔ナル者ノミ病床ニ就テ詳ニ之ヲ撿スルニ夫《ノ》別族家者ノ主張セルカ如ク両痘ノ分界粲然タル者ニアラス古来ノ流行病ヲ論シタル諸書ヲ渉獵シ当今自ラ実験スル所ヲ併セテ考窮セハ古今熱性ノ皮病本

来同一元ナル者種種ノ変証異態ヲ現ハシテ之カ種族ヲ別ヵタサル可ラサルヿノ多キヲ知ルヘシ痘モ亦然リ軽証アリ重証アリ類証アリ変証アリ故ニ牛痘発明ノ前ハ変証モ亦水痘軽痘ノ類ニ算入メ其死亡ノ少キカ為メニ医家此ニ注目セサリシナリ而メ其真痘ニ異ナル所以ン唯各期ノ短縮ナルト諸証ノ緩柔ナルト熟成全タカラサルトニ在テ必竟唯其病ノ全体不足セル者ノミ而メ這ノ一候実ニ那ノ真痘ニ之レナシトメ其別ヲ言フヘキ者断エテ之レアルヿナク偶ミ之レアルカ如キハ定レル本証ニ非ス且ッ水痘ト変痘ト分明ニ其界ヲ別チ難ク或ハ変痘ト真痘ト顕著ノ域ヲ立ツ可ラサルヿ常ニ数ミ見ル所ニアラスヤ」凡ッ痘ハ定レル時期ヲ守ルト謂フト雖𪜈必シモ然ル者ナラス彼説ニ云フ「序熱期真痘ニ於テハ三日変痘ニ於テハ二日見点期モ真痘ハ三十六時三日変痘ハ十二時一日或ハ十八時ナリト然レ𪜈真痘モ二十四時二日ニメ見点シ或ハ見点期十八時ナル者間ミ之レ有リ

而メ変痘却テ其序熱三四日ノ長キヲ延ク者アリ」初期ノ暈斑ヲ区別ノ一徴トスト雖𪜈変痘必シモ之アリトシ難ク真痘必シモ之ナシトス可ラス余自ラ諸ミ変痘ヲ歴観セルニ之ヲ見ル者ト見サル者ト其数相半ハセリ且ッ両痘共ニ此斑ヲ発ス可キ者ナルヿハ人痘種ニ於テ之ヲ見ルヿノ多キヲ以テ証スルニ足レリ」痘臭ノ有無モ亦徴トスルニ足ラス変痘モ亦極メテ重キ者ハ此臭ヲ放ツヿ熟煉ノ経験家已ニ之ヲ謂ヒ余モ亦自ラ之ヲ目撃セリ而メ真痘モ亦此臭ヲ欠ク者少ナカラス」発痘ノ常規ナキモ真痘ニ於テ之レナキニアラス軽証ニ在テハ顔面ヨリ発セスメ先ッ四肢ニ見ハレ諸部同等ナラス一部ニ於テハ満成熟化セルニ他部猶《ホ》未タ発セス或ハ半成ニメ消散スル等ノヿアルハ毎《ツネ》ニ見ル所ニアラスヤ」灌膿期ニ膿熱ノ欠クルト腫脹ノナキトモ亦軽重ノ差ノミ変痘モ劇証ニ在テハ其熱ヲ発メ顔面腫脹スル者アルヿ少ナカラス別族家者ノ説ニ是レ其痘ノ稠密

ナルカ為《メ》ニ初熱持張メ此期ニ達セルノミ夫《ノ》真痘ニ於テ此期更ニ発スルノ膿熱ト自ラ其性ヲ異ニスト云フト雖𪜈徒ニ是紙上ノ空論ノミ病床ニ於テ何ソ若《シカ》ク細密ノ別ヲ看ルヿヲ得ン瘢痕ノ平坦滑沢ナルト差后ノ継病少ニメ劇シカラサルモ亦病性ノ緩柔ナルニ係ルノミ真痘モ之ニ異ナルヿナケレハナリ

右余カ論説スル所《ロ》彼《ノ》別族家者ハ正《サ》ニ是方今吾《カ》地方真痘ノ流行スルヿ稀ニメ経験少《ナ》キニ由ルノ臆按ナリトスヘシト雖𪜈余ハ吾道ノ為《メ》ニ沕《ウエー》[89]念《チン》地名払郎斯《フランス》[90]地名等ノ諸邦ニ遊歴メ真痘ヲ見シヿ頗ル少《ナ》シトセス変痘ヲ撿セルヿモ亦頗ル多シ然ルニ変痘ノ重証ト称スル者ハ真痘ト其界ヲ分チ難ク或ハ変痘感染メ真痘ヲ発セル者ヲ見タリ且《ツ》近歳真痘ト変痘ト並ヒ行ハル、ヿ甚タ少《ナ》カラス若《シ》夫ノ一家ニメ児真痘ヲ患ヒテ母変痘ニ罹ルヿ有ルヲ偶然ナリトセハ議論ナキニ似タリト雖𪜈其流行スル毎ニ之アリ豈偶然トスルヿヲ得ンヤ或《人》云《フ》両痘モシ一毒ナラハ未《タ》痘ヲ患ヒサル者変痘ニ感セハ必《ス》真痘ニ罹ルヘキニ然ラサルハ如何ト是亦不通ノ論ナリ諸皮病ノ流行スルヲ看ヨ全証ト不全証ト並ヒ行ハル時不全証ニ感スル者ハ不全証ヲ発ス其事已ニ牛痘種ニ於テ顕然タラスヤ又変痘種ト人痘種ト其発スル所ノ証候同シカラサル所以ハ是一ハ既ニ人痘ヲ患ヒ或ハ牛痘ヲ種テ感受性ノ減却セルニ由リ一ハ其毒性ノ一変セルニ係ルナリ故ニ未《タ》痘ヲ患ヒサル者ニ変痘種ヲ行フテ発セル証ト嘗テ痘ヲ患ヒシ者ニ人痘種ヲ行テ発セル証ト毫モ異ナラス私公列尹斯《スコンレインス》[82]氏カ未《タ》痘ヲ患ヒサル者ニ変痘ヲ種テ人痘種証ヲ発セル者アルヿナシト云《ヘ》ルハ余敢テ之ヲ信セス必《ヒツ》[91]的児満《テルマン》氏格児丟謨《コルチュム》[92]氏加烏斯《カウス》[93]氏来満《ライマン》[94]氏黜越信幾《チュエツシンキ》[95]氏儒我《ジュガ》[96]氏等皆変痘ヲ種テ真痘ヲ発セルヲ見タル経験ヲ其書ニ載セタレハナリ又夫《ノ》別族タルノ証ヲ旧史ニ取レル者ノ如キハ之ヲ議スルニ

足ラス古昔ノ史類ハ精細ヲ尽サスメ其実ヲ失セル者多ケレハナリ

〔預後〕　変痘ハ真痘ニ比スルニ危険少ナシ真痘ニ死スル者ハ百人中三十人許《也》トスト雖𪜈変痘ニ死スル者ハ七八人《也》トス而《メ》細《カ》ニ之ヲ分テハ嘗テ牛痘種ヲ行ヒシ者ハ百人ニメ一二人ニ過キス既ニ真痘ヲ患ヒシ者ハ六人乃至十人未《タ》之ヲ患ヒサル者ハ十人ヨリ十五人ニ至ルト云《フ》」而《メ》其危険ニ陥ルノ所因ハ真痘ニ異ナラス」第一。流行ノ毒性ト患者ノ体質トニ由ル」焮衝性ノ者ハ危ク神経性腐敗性ノ者ハ最モ恐ルヘク猩紅斑性ノ者発痘稠密ナル者ハ重シ」第二。発痘ノ部ニ係ル」呼吸器ノ粘液膜ニ発セル者ハ危篤ナリ殊ニ義膜咽喉焮衝。呼吸不利。窒息ヲ起ス者ハ必ス斃ル」第三。年齢ニ係ル」嬰児ト壮齢ノ人トハ険証ニ陥リ易シ」第四。脳及《ヒ》肺ノ焮衝ヲ兼ル者ハ危シ」第五。失苟児陪苦[97]《シケウルボイク》。瘰癧。結核等ノ素質アル者及《ヒ》妊婦。産後ハ恐ルヘシト云

〔預防〕　此痘モ亦牛痘種ヲ行フノ他之ヲ預防スヘキ法ナキヿ真痘ニ於《ケ》ルカ如シ然レ𪜈此痘ニ於テハ全ク之ヲ防止スルヿ能ハス実ニ其患者ノ数ヲ寡フシ或ハ病苦ヲ軽寛ニスルニ足ルノミ」私公列尹斯[82]《スコンレインス》氏ハ之ヲ預防スルニ変痘種ヲ行フヿヲ称セリト雖𪜈必ス険証ヲ起スヿナシト保証シ難ク且《ツ》其毒ヲ世間ニ伝播セシムルノ恐レナシトス可ラス千八百二十五年「ユルスビュルグ」《地名》ニ於テ変痘ノ専《ハ》ラ行ハレシハ同氏カ変痘種ヲ行ヘルノ多キニ関セルニ似タリ

〔治法〕　総テ真痘ニ異ナラス就中咽喉ノ所患ニ意ヲ注カンヿヲ要ス宜ク初期ニ蘓魯林[98]《ソロリン》。塩酸。明礬等ノ含嗽剤ヲ用ヒテ此部ノ発痘ヲ防キ嚥下困難。咽痛。声嗄等ヲ起セル者ハ頸囲ニ蜞針[53]ヲ貼シ項窩ニ吸角[99]ヲ行ヒ水銀軟膏ヲ塗擦シ義膜咽喉焮衝証アル者ハ甘汞或ハ硫酸銅ヲ内服セシムヘシ」発痘過多ナル者ハ蘓魯林加爾基[100]《ソロリンカルキ》水ニ雨水等分ヲ和シ或ハ蘓魯林加爾基溶水ヲ以テ灌漑スル

ニ宜シ経過ヲ短縮シ病勢ヲ退却スルノ奇功アリ」若シ其余毒関節ヲ侵セル者ハ吸角。[101]水銀擦法ヲ行ヒ下剤ヲ与フルヲ佳トス

扶氏経験遺訓巻之十八終

巻之十八註

1 *exanthemata* 皮疹。
2 huidzieken 皮膚病。
3 *maculosa* 斑。
4 *papulosa* 丘疹。
5 *essera* チャイナ粟風疹。
6 *pustulosa* 膿痂疹。膿疱。
7 *crustacea* 痂皮。瘡痂。
8 *ulcerosa* 潰瘍。
9 転移。
10 炎症。
11 crisis 岐路。病気の峠。
12 groei 生長。成育。
13 kagchelwarmte ストーブの熱。
14 シンキング。zinking カタル。原蘭語は catarrhaal。
15 イイグト。jichitige 痛風。
16 doode chemismus 無機（不生）化学。
17 levende（chemismus）。有機（生物）化学。
18 infarctus 梗塞。
19 antagonistische pikkeling 対抗刺激。
20 アンチモン。
21 Pluimer's poeder プリュメル酸。本書附録巻一、十八丁参照。甘汞と金硫黄が成分。
22 *guajac.* 癒瘡木。
23 *rad.sarsaparilla.* サルサパリラ根。
24 ヅルカマラ。
25 *lapath. acut. Rumex obtusifolius* エゾノギシギシの根。
26 *taraxac.* タンポポ。
27 *stipit. dulcamar.* ヨシの根。
28 *cort. ulmi.* ニレ樹皮。
29 dynamische - chemische werking 直接化学作用。
30 vitriool 硫酸。
31 *murias baryt.* 塩化バリウム。
32 chlor kalk 塩化カルシウム。
33 塩化水銀（Ⅱ）。
34 plaats vervangende werkzaamheden 代理活動。
35 kunstige zweren（fontanel） 人為的化膿法。
36 *variola* 痘瘡。
37 kinderpokken 小児痘瘡。
38 ettering 化膿。

39 opdrogen en korsten vormen　乾いたかさぶたを形成する。

40 besluit der opdroogeing　乾燥の終結。

41 鼻血。

42 *stad. suppurationis*　化膿期。

43 ヨウオウ。くぼむ。

44 化膿。

45 チクジャク。stuipen　痙攣。ひきつけ。

46 Ijsland　アイスランド。

47 wei　血清。

48 wolk van vergiftigen damp　毒の蒸気雲。

49 塩化水銀（I）。

50 グレイン。grein　薬量一グレインは約六四・八ミリグラム。

51 便通。

52 mostaarpapen　カラシ湿布。

53 蛭。

54 カンファー。樟脳。

55 loodwater　鉛水。

56 spaanschevliegpleister　カンタリス膏。

57 *arnica*　ウサギギク科多年草。

58 *serpentaria*　*Aristolochia serpentaria* の根。

59 wei　ホエー。水っぽい牛乳。

60 Seltzerwater。

61 *althaeae*　タチアオイ。

62 *diuretica*（*spiritus nitri dulcis*）　利尿剤（甘硝石精）。

63 *varicella*　水痘。

64 valsche pokken　偽痘。

65 二十四時間。

66 *vaccinella*　仮痘。

67 koepokken　牛痘。

68 pokken zelve　痘瘡そのもの。真性痘瘡。

69 Eduard Jenner（一七四九－一八二三）。一七九六年、牛痘種痘法を創始した。

70 こすり落とすこと。

71 ブ。一分は約〇・三センチメートル。「二分弱、三分許」に相当する蘭原文は2, 4 lijnen。

72 *varioloides*　軽症痘瘡。

73 gewijzigde pokken　変痘。

74 ドイツ内科医Carl Canstatt（一八〇七－一八五〇）その治療書とはドイツ原著をH. H. Hageman Jr.がオランダ語に訳した"De bijzondere ziekte - en genezingsleer uit een klinische standpunt bewerkt"（一八四四－五四）である。

75 加賀大聖寺出身の適塾生、大聖寺藩医。嘉永元年（一八四八）適塾入門。安政元年（一八五四）、洪庵の二子平三（惟準）と四郎（惟孝）が大聖寺へ来て卯三郎に就いた。卯三郎によるカンスタットの訳書は現在不明である。

76 以下、巻末までの文章はC. Canstattの「治療書」の中のVariolois（Gewijzeigde Akken）の節の六四－七七頁を渡邊卯三郎が抄録したものに基づいて洪庵が採録したものと思われる。その和訳は『扶氏経験遺訓』の本文と同様に、原蘭文の忠実なしかし要にして簡の翻訳である。

77 rash（erythema diffusuer） 拡散紅斑。

78 二四時間。

79 linze レンズマメ。ヒラマメ。

80 キンシ。おり。沈殿物。

81 血管にできる腫れ物。

82 蘭原書にはCHÖNLEINとあるがSchoenleinであろう。Johann Lucas Schoenlein（一七九三－一八六四）はドイツの臨床医。

83 EISENMANN。Gottfried Eisenmrann（一七九五－一八六七）はドイツ医で、治療に関する多くの著書を残している。

84 FUCHS。Conrad Heinrich Fuchs（一八〇三－一八五五）。ドイツの皮膚学の権威。ヴェルツブルグおよびゲッチンゲン大学教授。

85 Würtzburg ウュルツブルグ。中部ドイツ都市。

86 C. W. H. Hufeland（一七六二－一八三六）。序註1参照。

87 THOMSON。John Thomson（一七六五－一八四八）はイギリスの外科軍医。一八一七－一八年にエジンバラで流行した天然痘について調査報告した。

88 Johann Wilh. Heinrich Conradi（一七八〇－一八六一）。臨床教育を重視したドイツの大学教授。ドイツ原書の蘭訳本の病理書 "Handboek der allgemeene ziektkunde" 治療書 "Handboek der bijzndere pathologie en therapie" が日本に入ってきて読まれた。

89 Weena ウイーン。

90 Frankrijk フランス。

91 HITTERMANN 不明。

92 KORTUM Karl Geory Theodor Kortum（一七六五－一八四七）はドイツの皮膚病専門医。

93 KAUSCH。Johann Joseph Kausch（一七五一－一八二五）はドイツの臨床医家。その業績はフーフェランドの "Enchiridion medicum" に度々引用されている。特に一七九八年にフーフェランドの神経熱の著書に対して交換した手紙は医学経験問答集として出版されるなど、フーフェランドと医学上での深い交流があった。

94 RAIMANN Johann Nepomuk Ritter von Rainnann（一七八〇－一八四七）。ウィーンの臨床医家。クラコウ大学で病理治療学教授となった。

95 THUESSINK Evaert Jan Thomassen Thuessink（一七六二－一八三二）はオランダグローニンゲンの臨床医。

96 DUGA。Pierre Thèodore Dugas。生没不明。フランスの伝染病専門医。

97 scheurbuik 壊血病。

98 chlore クロール。塩素。

99 koppen 吸い玉。

100 chlorkalk 塩化カルシウム。

101 kwikzalf 水銀軟膏。

（表紙）

扶氏経験遺訓　十九

扶氏経験遺訓巻之十九

足守　緒方　章　公裁
義弟　郁　子文　同訳
西肥　大庭　悳　景徳　参校

麻疹「1モルビルリ」羅「2マーゼレン」蘭

徴候　麻疹ハ其大《サ》一分許ニメ多《ク》ハ少《ヤヽ》隆起セル紅斑ナリ発熱スルヿ三四日ノ後ニ見点ス」其熱ハ感冒熱ニ類メ乾欬頻数眼内発赤涙出テ噴嚏スル等ノ諸証ヲ兼ルナリ」而《メ》其疹仍《ホ》欬嗽眼患ヲ兼テ持留スルヿ三四日表被麦糠ノ如クニ剥落メ乃《チ》消散ス」其剥落ノ模様全ク他ノ皮膚病ト異ナリ故ニ亦鑑定ノ一徴ニ属ス

経過三期

第一期之ヲ抽芽期ト謂フ発熱三四日弛張稽留ス其熱感冒熱ニ類似スレ𪜈乾欬頻数眼内赤色羞明メ涙ヲ出タシ噴嚏メ鼻涕ヲ流カス等一種ノ固有証有テ自ラ麻疹熱タルヿヲ徴シ諸証日又一日《シタイ〳〵ニ》熱ト共ニ増進シ頭痛前額ニ甚シクメ劇《シ》キ者ハ譫語シ小児ハ痙攣ヲ発スルヿ痘瘡ニ於ケルカ如ク或ハ下利ヲ起スヿアリ

第二期之ヲ開花期ト謂フ第三四日ニ方《ッ》テ初《メ》テ顔面手臂ニ見点ス其状細小ノ紅斑ニメ微《ヤヽ》隆起スレ𪜈疱ヲ為サス三四日間陸続メ新疹漸ク発見シ稠密ナル者ハ顔面手臂著《シ》ク腫脹ス然レ𪜈其腫脹痘瘡ノ如ク甚シカラス」而《メ》眼患ト欬嗽トハ此期ニ至テ愈《ゝ》増進ス是レ此疹ノ粘液膜ヲ刺衝スルニ由ルナリ故ニ其刺衝甚キ者ハ喉頭焮衝[3]及《ヒ》肺焮

衝ヲ起スニ至ル」開花三日ニメ紅色乃《チ》退キ見点ノ序ヲ逐テ其斑徐《ヤ》ク消散ス」見点終レハ熱ハ則《チ》退クヲ常トスレ圧或ハ仍《ホ》稽滞スルヿアリ是《レ》合併病ノ在ルニ由ルカ若クハ発疹稠密ニメ刺衝過甚ナルニ係ル

第三期之ヲ凋落期ト謂紅色退散メ其表被麦糠状ノ小屑ト為リ或ハ麦粉状ノ細末ト為テ剥落スルヿ恰モ花ノ飛散スルカ如シ此期ハ第六七日ニ始《マ》ルヲ常トスレ圧或ハ第九日十日ヨリ来テ而《メ》数日留連ス」但《シ》其軽証ノ者ハ表被ノ剥落甚タ微ニメ斯《シカ》ク著シカラサルモ亦之《レ》アリ」此期ニハ又発汗利尿泄瀉等ノ[4]分利ヲ致スヿアリ殊ニ泄瀉ハ良好ノ分利ニメ諸証之《レ》カ為《メ》ニ悉ク消散スル者ナリ」或ハ亦此時ニ当テ熱更ニ劇発シ肺。脳若《ク》ハ腹臓ノ焮衝等危険ノ諸患ヲ発スルヿアリ

此病ハ差後ノ継患ヲ生シ易ク就中欬嗽。結核。膿労等ノ肺病ヲ貽《ノコ》シ或ハ眼疾。腺病。神経病等ノ諸患ヲ起スヿ多シ」而《メ》其経過ノ間ハ危険ヲ致スヿ痘瘡ノ如ク甚シカラスト雖圧内陥スルカ若《ク》ハ肺焮衝及《ヒ》他ノ合併病アレハ死ニ陥ル者モ亦之《レ》アリ唯恐ル可キハ其余弊ノミ麻疹ニ斃ル、者三分之二ハ此余弊ニ在レハナリ其患《ヒ》本病全《ク》癒ユルノ後ニ在ルヲ以テ其本原ノ此《コ、》ニアリシヿヲ知ラサル者多シ」而《メ》従来肺患アリシ者及《ヒ》肺労ノ素質ヲ抱ケル者ハ殊ニ危シトス

此病モ亦痘瘡ノ如ク単純良性ノ者アリ他病ヲ夾雑メ悪性ナル者アリ即《チ》〔焮衝性合併〕ハ熱性劇烈ニメ過急ニ見点シ且《ツ》稠発シ或ハ為《メ》ニ支障セラレテ宣発スルヿヲ得ス兼ルニ焮衝性ノ肺患ヲ以テス〔神経性合併〕ハ見点十分ナラスメ同等ニ出斉セス其色灰白ニメ動モスレハ内陥シ易クメ而《メ》諸種ノ神経証ヲ兼発ス〔腐敗性合併〕ハ疹間ニ血斑ヲ夾発シ出血下利等ノ溶崩証ヲ兼ヌ」総テ他病ヲ合併セル麻疹ハ見点ノ期ヲ過《キ》テ熱仍《ホ》淹滞シ更ニ又焮衝ヲ発シ病毒[5]転徙ヲ作シ或ハ溶崩証ヲ生スルヲ常トス

原由　近因ハ痘瘡ニ於ケルカ如ク一種定類ノ伝染毒ニ中レル者ニメ其病ノ全体即チ是其毒ノ為《メ》ニ発動セル生力抗抵ナリ」而《メ》其毒ノ原始亦痘瘡ニ於ケルカ如ク大ヒニ旧《ヒサ》シカラスメ紀元五六百年ノ間ニ始マレリト云フ其感染モ亦痘瘡ニ於ケルカ如ク大気ノ伝送ニ憑ラス唯其体ニ触レ若《ク》ハ其側《ラ》ニ陪スルニ由リ其人身ヲ犯スヿ唯一次ナルモ彼カ如ク然ラサル者モ罕ニ之ナキニ非ス其之ヲ犯スニハ必《ス》契合ノ感受性ヲ要スルモ彼カ如ク其流行大気ノ性ニ依テ助ケラレ或ハ支ヘラルルヿ有ルモ亦彼カ如キナリ或ハ一般ニ普ク流行シ或ハ然ルヿ能ハサル者即之カ為ナリ」然《リ》而《メ》此毒ノ痘瘡及《ヒ》爾余《ノ》伝染毒ト異ナル所以《ン》ハ其性粘液膜就中肺ノ粘液膜ト交和親密ニメ全ク感冒ニ等シキ証状ヲ発スルト其力《ラ》痘瘡ノ如ク強劇ナラスメ器質ヲ害スルヿ斯《シカ》ク太甚《シ》カラサルト其作用彼ニ比スレハ緩慢ニメ斯《シカ》ク急劇ナラサルトニアルナリ

治法　其毒ノ異性[6]ヲ胸臆ニ認《メ》テ其熱性ニ眼目ヲ注ク可キハ素《ト》ヨリ痘瘡ニ同シト雖𪜈其毒ノ性タル適宜ノ温保ヲ要スルヿ聖京偏《シンキンク》[7]ノ如キカ故ニ其治法ニ至テハ痘瘡ト全ク相反スル所アリ即チ痘瘡ニ在テハ寒冷ヲ以テ降鎮制伏ノ神薬トスレ𪜈麻疹ニ於テハ分利ヲ妨ケ内陥ヲ起スノ殄[8]毒トスルナリ」蓋《シ》麻疹治法ノ主トスル所ハ其毒ノ皮表ニ発泄駆散スルヿヲ進メテ体裏ニ陥入転徙スルヿヲ防キ且《ツ》之ヲメ慢病ニ移ラシメス継病ヲ起サシメサランヿヲ務ムルニ在リ故ニ適宜ニ温保メ厳ニ冒寒ヲ防カンヿヲ要ス然レ𪜈決メ熱蒸ス可ラス」其之ヲ温保センニハ褥中ニ静臥スルノ外他策ナキカ故ニ小児ニ於テハ殊ニ然リ就褥ヲ以テ此病ニ於ケル萬古不易ノ治則トセリ宜ク病初ヨリ十四日間冬時ハ三週之ヲ守ラシムヘシ」但シ臥褥ハ獣毛ヲ充《ツ》ル者ヲ宜シトシ羽毛ヲ充ル者ヲ禁ス被褥ハ毛布ヲ以テ製スル者ヲ佳トシ室内ハ列[9]氏験温管十五度ノ温ナランヿヲ要ス」而《メ》冬日ハ尚《ホ》六週モ外風ヲ避ケテ以テ病毒転徙

ヲ預防セサル可ラス」単純良性ノ麻疹ニ於テハ唯右ノ如ク温保メ防焮ノ摂養ヲ守ラシメ多量ノ飲液ヲ服セシメテ而《メ》病末ニ緩下薬ヲ用フレハ全功ヲ収ルニ足レリトス

〔第一期〕単性麻疹ニ於テハ右《ノ》普通治法ノ外《カ》唯清涼発表薬[10]第二百四十五乙方ヲ用フヘキノミ」但眼焮衝ト欬嗽トハ此病ノ固有証ニメ除ク可ラスト雖𪜈患者ノ為《メ》ニ煩困ナルカ故ニ寛解セシメサルヘカラス即《チ》眼患ニハ光気ヲ避ケテ微温乳汁。[11]蜀葵煎汁。[12]榠樝粘漿等ヲ以テ之ヲ洗浴スヘク[13]鉛類ノ収濇薬ハ宜シカラス欬嗽ニハ燕麦粘汁。大麦粘汁。緩和舐剤等ヲ与ヘ劇キ者ハ第二百四十六方ノ如キ麻酔性ノ油質薬ヲ用ヒ兼テ発表薬ヲ服セシメ蒸気ノ多少ヨク欬嗽ヲ増減ス腸胃刺衝。一部焮衝等ノ合併有テ之ヲ増劇セシムル者ハ吐下薬。[14]蜞鍼等ヲ行ハンヿヲ要ス」総テ此期ニ在テハ肺焮衝。腸胃病等合併シ或《ハ》傍発メ本病ヲ害スルヿ多シト雖𪜈猶《ホ》能ク之ヲ除キ易シトス」少壮多血ノ徒ハ刺絡ヲ行ヒ小児ハ蜞針ヲ施ス等怠ル可ラサルノ要務ナリ

〔第二期〕前段ノ治法ヲ連施メ厳ニ冒寒ヲ避クヘシ此時隠ニ肺焮衝ヲ醸スヿアリ不断注視センヿヲ要ス若《シ》然ルヿヲ看取セハ必ス刺絡セサル可ラス前期之ヲ怠レル者ハ殊ニ然リ」此期ニ於テ最《モ》恐怖ス可キ者ハ内陥ナリ其因冒寒ニ在ルカ若《ク》ハ情意《ノ》感動。摂養ノ不良ニ在リトス其内陥セル者ハ仮令《ヒ》較著ノ患害ヲ見ス𪜈必《ス》之ヲ蔑視スルヿ勿レ直《チ》ニ性命ヲ害スルヿ無シト雖𪜈之《レ》カ為《メ》ニ分利支障セラレテ極悪ノ病毒転徙ヲ致シ危険ノ継病ヲ起ス等其後患甚タ恐ル可ケレハナリ」治法皮膚ノ分利ヲ復故スルニ在レ𪜈其因ト証トニ随テ一ナラス」此ニ三証アリ（其一）毫モ悪証ヲ継発セスメ発汗利尿若《ク》ハ恰当ノ下利アル者是ナリ是《レ》自然良能已ニ分利ヲ営メルカ故ニ唯温保メ[15]接骨木花泡剤ニ[16]安質没《アンチモ》酒ヲ加ル等ノ発表飲液ヲ温用スルノミニメ足レリ」（其二）肺焮衝。脳焮衝。咽喉焮衝。腹臓焮衝等ノ険証ヲ起シテ発熱太甚

シク譫語狂躁スル者是ナリ瀉血ヲ行ヒ消石[17]ヲ用ヒ芥子泥[18]。芫菁膏[19]等ノ反対刺衝法[20]ヲ施シテ先《ッ》其焮衝ヲ退却セシメ而《ソ》后発表法ヲ以テ皮膚ノ分利ヲ復セシメンヿヲ要ス其薬ハ殊ニ消石。羯布羅ヲ佳トス（其三）衰弱已甚ニメ痙攣搐掣シ四肢微冷スル者是ナリ鎮痙温補ノ発表法ヲ行フニ宜シ羯布羅[21]《カムフラ》ニ民垤列里[22]《ミンデレリ》精。鹿琥精[23]。麝香。阿芙蓉等ヲ配シ用ヒ兼テ芥子泥微温浴ヲ施サンヿヲ要ス」若《シ》夫《ノ》泄瀉ニ因ル者ハ之ヲ遏止セサル可ラス飽食ニ因ル者ハ吐法ヲ行ハサル可ラス

複性麻疹ハ各《ミ》其合併熱ノ性ニ応メ相当ノ治法ヲ行フヘシ

（第三期）単性麻疹ニ在テハ唯能ク温保メ防焮ノ摂養ヲ守ラシメ満那[24]ニ酒石[25]ヲ伍スルカ如キ緩和清涼ノ下剤ヲ用ヒ以テ其体中ニ残留セル病毒ヲ皮膚ト腎腸ト此時表被剥落ノ為《メ》ニ皮膚ノ運営完キヿヲ得サレハナリヨリ排除センヿヲ要スルノミ」此時更ニ局処ノ焮衝殊ニ肺焮衝ヲ起シテ瀉血ヲ要スル者少《ナ》カラス

宜ク適当ノ治法ヲ施スヘシ甘汞ト芫菁硬膏トハ此期ニ於テ諸証ニ通セル病毒転徙ノ要薬ナリ必《ス》之ヲ用フルニ宜シ羯布羅モ亦然リトス」此期ニ至テ欬嗽荏苒タル者ハ忽諸スヘカラス是《レ》其余毒肺ノ粘液膜ヲ侵セルノ徴ニメ漸ク結核ヲ醸シ終ニ結核労ニ転スルノ恐レアレハナリ宜ク先《ッ》緩下発表ノ剤ヲ連服シ甘汞ヲ用ヒ芫菁硬膏ヲ貼シ微温浴ヲ行ヒ「フラ子ル」ヲ以テ胸部ヲ被覆スヘシ良驗ヲ得ルヿアリ而《ソ》功ナキ者ハ十二回吐薬ヲ与《フ》ルヲ妙トス是ニ由テ仍《ホ》驗ナキ者ハ乳清。「セルチェル」水[26]。(鉱泉)之《レ》ニ乳汁ヲ加フ甘汞。金硫黄[27]ト阿芙蓉ヲ伍《ス》遠志[28]等ヲ試ムヘシ硫黄ニ失鳩答[29]。老利児結爾[30]《ラウリールケル》斯《ス》水ヲ配シ用ヒ兼テ瑞香皮[31]打膿法[32]ヲ行フハ殊ニ偉効アルナリ」若シ其欬。吐痰ヲ兼テ淹滞スル者ハ依蘭苔[33]傑列乙ヲ良シトス

麻疹モ亦種法ヲ行テ鴻益アリトス其法疹花満開ノ期ニ当テ漏泄スル所ノ涙液或ハ搔破セル疹頭ヨリ出ル所ノ血ヲ採テ之ヲ行フナリ然リ

ト雖𪜈此病ハ其危険大抵痘瘡ヨリ甚シカラサルヲ以テ唯悪性麻疹ノ流行スル時ニ当テ用フヘキノミ

猩紅斑（「[34]シカルラチナ」羅「[35]ロードフォンク」蘭）

徴候　初起発熱〆咽喉疼ミ脉非常ニ短数ナルヿ一二日大斑乃《チ》発見ス」其斑ハ猩血《セウ〈ヒ》紅色。周囲漫然トメ限界ナキヿ宛モ羅斯[36]ノ如ク其大ナル者ニ至テハ一斑ニメ全手全脚ヲ覆フヿアリ稽留スルヿ四五日ニメ乃《チ》消散ス」而《メ》其表被巨屑ト為テ片片剥落シ或ハ次テ水腫ヲ発スルヿアリ」通例此斑平塌[37]ナレ𪜈或《ハ》斑上ニ細小ノ粟疹ヲ発スルヿアリ故ニ之ヲ二種ニ分ツノ徒アレ𪜈是《レ》徒ニ無益ノ区別ナルノミ

右説示セル所ハ此病ノ本徴ナリト雖𪜈其変候異証ヲ現ハスヿ此病ノ如ク甚シキ者ナシ故ニ或ハ唯咽喉焮衝ノミヲ発メ外証著シカラス或ハ外証全然トメ発見セサル者アリ（是《レ》咽喉粘液膜ノ猩紅斑ナリ内証猩紅斑ト謂フ）或ハ諸徴悉ク闕ケテ之ヲ弁スルヿ能ハス唯季期ノ表被剥落若クハ継発ノ水腫病ヲ見テ始《メ》テ此病タリシヿヲ徴知ス可キ者アリ」

経過三期

（第一期）発熱〆咽痛ミ脉短数ナルヿ前ニ云ヘルカ如シ其脉ノ非常ニ短数ナルヿ他《ノ》皮病ノ比似ス可キ者アルヿナシ故ニ之ヲ以テ此熱ノ一主徴トス而《メ》欬ナク嚔ナク眼亦涙ヲ流サス是《レ》麻疹熱ニ非ルノ証ナリ」其熱モ咽痛モ共ニ次期ノ迫《マ》ルニ随テ益《ヽ》増進シ甚シキ者ハ譫語痙攣ヲ兼発ス

〔第二期〕所謂開花ノ期ニメ稽留スルヿ五六日ナリ」其斑始《メ》腕ト臂トニ発シ徐《ヤ》ク滋蔓メ総身ニ及ヒ（但顔面ニ発スルヿハ罕《レ》ナリ）漸ク増大シ漸ク増紅シ且《ツ》陸続メ新斑日《ヽ》ニ増生シ咽痛亦愈《ヽ》増進ス（是《レ》唯内部ニ発セル猩紅焮衝ナルノミ）」軽証ニ於テハ発斑スルノ始《メ》ヲ以テ其熱退ク者アリト雖𪜈多《ク》ハ依然トメ持続シ或ハ却テ増劇シ動モスレハ脳焮衝及ヒ腹臓焮衝ヲ兼

発ス」而《メ》此斑ノ性タル軽揮ニメ消散シ易ク且ツ内部ニ転徙シ易キヿ猶《ホ》羅斯ノ如キナリ

〔第三期〕所謂落花ノ期ナリ発斑後第六日或ハ第九日若クハ尚《ホ》後《ク》ルルヿアリ其表被大花弁ヲ擬メ始《メ》テ剥落シ其斑ノ焮衝劇シカリシ者ハ間《ヽ》手臂足脚陰嚢等ノ表被其部ノ全形ヲ存メ脱シ咽喉モ焮痛太甚シカリシ者ハ亦斯ノ如クニメ其剥落連緜スルヿ数日或ハ既ニ脱メ又脱スルヿ数回ニ及フ者アリ」而《メ》転徙ヲ致サル者ハ其熱利尿及《ヒ》自余ノ分利ヲ以テ退散スルヲ常トス」然リト雖𪜈此病ハ継病ヲ発シ転徙ヲ致スヿ少《ナ》カラス就中水腫ヲ来タスヿ最《モ》多シ是《レ》冒寒等ノ其分利ヲ障碍スルニ由ルナリ」而《メ》此水腫ハ多ク急性ニメ患者之カ為《メ》ニ八日十四日ノ間ニ斃ル、ヲ常トス其徴初《メ》眼瞼腫起メ次ニ四肢水脹シ而《メ》后ニ遍身水腫。腹水。胸水。或ハ頭水トナルナリ」或ハ其毒眼。耳。若《ク》ハ腺ニ転徙メ其部ノ硬腫潰瘍ヲ生スルヿモ亦少《ナ》カラス」凡《ソ》此病ノ転徙ハ器質ヲ残掠スルヿ非常ニ甚シトス余曽テ八日間ニ眼目潰爛シ鼻骨耳骨共ニ皆頽敗セルヲ目撃セルヿアリ

皮膚病多シト雖𪜈其狡猾ニメ人ヲ欺ク者蓋シ此病ヨリ甚シキハ莫シ一般流行ノ際ニ当テ尽ク皆暴劇危険ナルニ其一二ハ安然トメ軽易ニ経過スルヿアリ或ハ世間咸《ナ》良性無危ニメ斃ル者ナキニ其一二極メテ悪性ナル険証ニ罹ルヿアリ其悪性証ノ流行スルニ当テハ死者ノ数。実ニ疫病ニ均シク六人ニメ必《ス》一人ヲ損シ甚シケレハ三四人ニメ其一ヲ失ヒ極メテ悪性ノ者ハ発斑後一二日其毒俄然トシテ脳中ニ転徙シ卒中証ヲ発メ斃レ或ハ外証軽易ナルカ如クニメ季期驟《カ》ニ内陥シ或ハ忽チ水腫ヲ起シテ不意ニ其命ヲ終ルヿアリ」而《メ》此病ニ死スルハ大抵脳焮衝。咽喉焮衝。若《ク》ハ水腫ニ由ルヲ常トス

諸種ノ熱病善ク此病ニ合併メ変証ヲ起スヿ多シ即チ焮衝劇烈。斑色濃紅ニメ全身ニ汎発シ咽喉焮痛甚シク且《ツ》他ノ内臓焮衝ヲ兼発シ易キハ

焮衝性合併ナリ｣皮膚黲澹微冷。斑色活潑ナラス消散シ易クメ痙攣証ヲ兼発シ且《ツ》神経性卒中ヲ起シ易キハ小便頻数ヲ以テ其兆トス神経性合併ナリ｣衰弱甚シク熱勢盛《ン》ニメ失血或ハ溶崩漏泄ヲ兼子斑色帯青ニメ血斑ヲ夾雑シ殊ニ其咽喉腫迅《ハヤ》ク壊疽ニ転スル者ハ腐敗性合併ナリ尋常壊疽性ノ咽喉焮衝多《ク》此種ノ猩紅斑ニ属ス

原由　近因ハ気中ノ伝染毒ニ中レルナリ｣然𪜈亦其毒人ヨリ人ニ伝フルヿアリ故ニ此病ハ両個ノ伝染性ヲ具フル者トス｣而《ソ》其毒タル喜《ン》テ咽喉ト皮膚トヲ侵シテ其部ニ羅斯状ノ焮衝ヲ起シ亦善ク脳ノ血管ヲ刺衝ス而《メ》又吸収管ノ運営ヲ減損スルノ性有テ其終リ諸部ノ水腫ヲ生スルナリ｣其水腫ヲ生スル所以ンハ是皮膚ノ組織ヲ変メ其分泌ヲ妨ケ水脈（即吸収管）ヲ衰弱セシメテ其吸収ヲ支フルニ在リトス｣蓋シ此毒ハ契合ノ感受性ヲ滅却スルヿ痘瘡麻疹ノ如クナラス故ニ之ヲ患ルヿ一回ニ止マラス且《ツ》人人相触レテ感染スルヿ無キニ非レ𪜈之ヲ気中ニ伝フルヿ多キ者亦是《レ》痘瘡麻疹ニ異ナル所以ナリ

此病ノ世ニ行ハルヽ其創《ハシメ》甚タ晩ク紀元一千六百年間ニ在リト云ヘリ

治法　防焮治法ヲ以テ旨トスト雖𪜈病毒転徙ノ恐レアルカ故ニ適宜ニ温保セサル可ラス宜ク二三週間褥中ニ居ラシムヘシ又終始内部ノ焮衝就中脳焮衝ニ注目シテ病ノ軽重ヲ商量シ合併証ノ差等ヲ分別シ以テ各個ノ治法ヲ議センヿヲ要ス

良性ノ単純証ハ唯褥中ニ静臥メ清涼緩和ノ発表薬ヲ用ヒ緩下剤ヲ兼服メ毎日溏便[38]二行ヲ得レハ足レリトス其下剤ハ孕鹼酒石[39]ノ溶水ニ安《アン》質没酒少許ヲ加《フ》ル者甚タ佳ナリ｣然《レ》𪜈諸証較《ヤヽ》重《ク》メ発熱焮灼太甚シク斑色濃紅ニメ総身遺ス所ナキ者ハ焮衝ニ進ミ腐敗ニ陥ルノ恐レアリ速《カ》ニ撲滅セサルヘカラス｣此ニ用ヒテ良功有ル者二法アリ蘊魯林水[40]ノ内服ト冷水ノ外用ト是《レ》ナリ蘇魯林水ハ水或ハ佳味《ノ》[41]舎利別ヲ加ヘテ小児

ハ日《ミニ》二三銭[42]大人ハ日《ミニ》二三匁[43]用フヘシ冷水外用ハ皮膚乾燥シ頭部焮灼シテ感覚遅鈍ナル者ニノミ之ヲ行フヘシ其法一時若《ク》ハ一時半毎ニ冷水ヲ以テ皮膚ヲ洗テ之ヲ涼解スルナリ然《レ》圧瀉血ノ如キ防焮ノ功一等強クシテ衰弱ヲ加フヘキ者ハ病ヲ〆速《ハヤ》ク神経証衰弱証ニ転セシムルカ故ニ謾ニ施スヘカラス若シ其人少壮多血ニ〆脳及《ヒ》咽喉ノ所患劇シキ者ハ唯蜞鍼ヲ貼スヘキノミ若《シ》亦病勢尚《ホ》劇烈ニ〆発熱太甚シク既ニ脳ヲ侵シテ譫語昏睡ヲ兼ル者ハ冷水ヲ以テ頻頻頭部ヲ洗滌シ或ハ屢《ヒ》冷水ヲ頭上ニ灌漑スルヲ宜シトス

咽喉焮衝ハ通常接骨木花ト葵花[44]ノ浸剤ニ[45]屋施《オツシ》蔑児《メル》ヲ加ヘテ含嗽シ第二百四十七甲方ノ舐剤ヲ用ヒ頸囲ニ「フラ子ル」ヲ纏フテ足レリト雖圧其重キ者ハ蜞鍼ヲ貼シ芥子泥ヲ行ハンヿヲ要ス

神経性合併証ハ初《メ》ヨリ適当ノ神経薬ヲ用ヒテ其力ヲ扶助シ腐敗性合併証ハ防腐薬ヲ与ヘ壊疽性咽喉焮衝前ニ本条アリノ治法ヲ施シ腸胃性合併証ハ初期ニ吐下薬ヲ行ハスンハアラス

此病ノ治法ハ剥落期ヲ以テ特ニ大切ノ時トス就中継発ノ水腫ヲ預防シ且《ツ》之ヲ療スルヿ甚タ肝要ナリ乃《チ》此期ニ在テハ患者勉メテ褥内ニ静養シ夏日ハ四週冬日ハ六週家外ニ出《テ》ス〆厳ニ冒寒ヲ避ケ緩下薬発表薬ヲ用ヒ且《ツ》甘汞ヲ兼服〆水脈ノ運営ヲ振起シ悪性ノ継病ヲ禦カンヿヲ要ス若《シ》既ニ水腫ノ初候見ハル、ヿ有《ラ》ハ早ク吸収ヲ進メ分泌腎腸ノ分泌ヲ促スノ諸薬ヲ取リ力ヲ竭クシテ之ヲ用ヒスンハアラス就中甘汞年紀ニ随テ毎一時半ニ一[46]氏二氏或三氏[47]葯刺巴《ヤラッハ》。[48]実芰答里斯《ヂギタリス》ヲ伍シ兼テ利尿泡剤第二百四十七乙方ヲ与ヘ微温浴ヲ行フヲ最《モ》佳トス若《シ》能ク査点〆其熱ノ焮衝性タルヿヲ察知シ其脈活潑其人多血ナルヿヲ診シ得ハ刺絡欠ク可ラサルノ良法ナリ小児ハ三匁至四匁ノ血ヲ瀉スヘシ大抵之《レ》ニ継《ヒ》テ尿自ラ利シ従前《コレマデ》効験ナカリシ利尿薬モ始《メ》テ其力ヲ揮フヿヲ得ルナリ此証ハ消石ニ酒石[25]。海葱[49]。遠志[28]ヲ伍シ用ヒ「フラ子ル」ニ琋珀[50]ヲ薫シテ全軀ヲ纒絡スルヲ冝シトス」又此《ノ》水腫ハ莨菪[51]ニ甘汞ヲ配用メ良験ヲ得。頑固証ハ芫菁丁幾モ亦妙功ヲ奏スルヿアリ

此病ヲ預防スルニ小量ノ莨菪ヲ用フル説アリ[52]華涅満氏ニ創マレリ諸家ノ試験ニ拠ルニ偉効アリト云《フ》」其流行軽易ナルトキハ強チ之ヲ用《フ》ルヿヲ要セスト雖𪜈悪性ノ危証流行スルトキハ之ヲ行フテ可ナリ其法良製ノ莨菪越幾斯[51]一瓦ヲ桂水[53]半℥ニ溶カシ三歳児ハ毎日五滴宛用ヒ自余一歳毎ニ一滴ヲ増加ス

律別屋刺《リュベオラ》羅[54]

徴候　紅色ノ斑ニメ其大サ三分[55]究母《ドイム》[56]或ハ一究母ニ至ルアリ中央ニ許多ノ細疱群聚シ其初起発熱咽痛スルヿ一二日ニメ発見シ五六日ヲ経テ乃《チ》剥落ス」其剥皮麻疹ニ比スレハ大ニメ猩紅斑ヨリ小ナリ」而《メ》病後水腫ヲ継発スル者多シ

其斑ノ形状兼発ノ咽喉腫。差後ノ水腫等ヲ以テ之ヲ観ルニ此病ハ麻疹ノ変証ニ非スメ猩紅斑ノ一異種ナリ

治法　猩紅斑ニ同シ此病ハ通例良性ナリトス唯褥内ニ静息スルヿ三週間清凉ノ緩下薬。発表薬ヲ服用スルノミニメ足レリ」然《レ》𪜈其重証ノ者及ヒ合併病ヲ夾ム者ハ厳ニ猩紅斑ノ治轍ヲ蹈テ殊ニ其水腫ノ治法及ヒ預防法ヲ専用セスンハアラス

[57]越設羅《エッセラ》羅「[58]ポルセレインギールストオイトスラグ」蘭

徴候　赤色ニメ硬起セル斑ナリ能ク「[59]ワンドロイス」虱ノ一種ノ咬刺ニ肖似ス微熱ヲ兼ル者アレ𪜈多《ク》ハ然ラス二三日ニメ乃《チ》消散ス」此病ハ毫モ危険ノ者アルヿナシ

原由　腸胃汚物ヨリ来リ或ハ感冒ヨリ起ル

治法　二三日室内ニ保養メ後チ下剤ヲ用フルノ

外他伎ヲ要スルヿナシ

蕁麻羅斯[36]「[60]ウトリカリア」羅「[61]子ーテルローズ」蘭

徴候　紅色ノ大斑ニメ中央白ク焮痒灼クカ如クニメ忍ヒ難ク其形状ト感覚ノ模様ト全ク蕁麻ニ傷ラレタルト同一ナル者ナリ」而《メ》温ニ遇ヘハ輒チ消除シ冷ニ遇ヘハ輒チ発見スルヲ此病ノ一異性トス」此病《ヒ》熱ヲ兼ルト兼サルトアリ共ニ二三日ニメ消散スルヲ常トス

原由治法共ニ越設羅[57]《エッセラ》ニ同シ」而《メ》両病共ニ甚タ慢性ニ転シ易シ其既ニ転セル者ハ些微ノ誘因ニ遇フモ輒チ発メ煩困堪フ可ラス」其所因ハ皮膚ノ失常若《ク》ハ全軀ノ悪液病ニ在リトス」宜《シ》ク先ツ皮膚ノ運営ヲ恢復スヘキ治法ヲ行《フ》テ専《ハ》ラ之ヲ清楚ニスヘシ皮膚病総論ヲ参考セヨ然クメ癒エサル者ハ潜伏セル瘰癧。黴毒。伊倔篤[62]等ヲ探索メ其治ヲ処センヿヲ要ス

粟疹「[63]ミリアリア」羅「[64]ギールストオイトスラグ」蘭

徴候　赤白両種アリ白粟疹ハ白色ニメ粟粒ニ肖似セル細疹ナリ諸部其処ヲ択ハスト雖𪜈多《ク》ハ胸部ニ発シ或ハ数疹集合メ透亮ノ小疱ト為リ[65]沕乙ヲ含ム或ハ尚《ホ》大《ヒ》ニ集合メ水泡ヲ成ス者アリ」赤粟疹ハ紫紅ノ細疹ニメ之ヲ発スルノ地モ亦赤色ナリ其極《メ》テ細小ナル者ハ目之ヲ視ルヿ能ハス唯触《レ》テノミ之ヲ知ルヘク其皮膚宛《カ》モ麁糙ノ褐子[66]《トロメン》ニ触ル、カ如シ」但《シ》白粟疹ハ常ニ多クシテ赤粟疹ハ常ニ少ナシ然《レ》𪜈一患者ニメ両証ヲ夾発スルヿモ亦之《レ》アリ」而《メ》発熱。多汗。酸臭ヲ放ツ乾欬。煩悶。太息《タメイキ》ヲ兼発スルヲ此病ノ常トス

経過修短一定セス或ハ発熱三四日ニメ発見スルアリ或ハ七八日若《ク》ハ十四日ヲ経テ始《メ》テ発見スル者アリ」而《メ》其留連モ亦一二日ニメ止ムアリ八日若《ク》ハ十四日ヲ亘《タ》ルアリ或ハ既ニ消メ復《タ》発スルアリ」其発見スルモ亦微弱ニメ勢《ヒ》ナキアリ急劇ニメ強烈ナルアリ遍身処ヲ択ハスト雖𪜈

殊ニ臂胸ニ多クメ通例面部ハ免ル、ヿヲ得其将《サ》ニ発セントスルヤ先《ツ》発熱メ初起ヨリ汗多ク一種ノ酸腐臭ヲ放チ乾欬煩悶メ安睡セス軽軽戦栗メ皮膚刺スカ如ク煩痒シ或ハ痙攣譫語等ノ神経証ヲ発ス」其熱及ヒ欬嗽煩悶等ノ諸証大抵疹ノ発見ヲ以テ歇ムト雖圧或ハ仍《ホ》依然トメ退カス益ゝ劇勢ヲ加ヘテ新疹陸続シテ発シ神経諸証亦愈ゝ増進スルヿアリ」而《ソ》后其表被微微剥落メ以テ消散スルヲ常トス

此病ハ他病ノ傍証トシ発スルヿ多クメ而《ソ》悪ムヘキノ悪徴ニ属ス大抵本病ヲ軽快セシムルヿ少《ナ》クメ多《ク》ハ之ヲ増重セシメ殊ニ神経性ノ熱病ニ兼発メ更ニ危険ノ神経証ヲ招ク者ナリ其傍証ニメ本病ニ非ルヿハ疹ノ発見大《ヒ》ニ期ニ先チ或ハ大《ヒ》ニ期ヲ後クレ或ハ既ニ発見メ諸証仍《ホ》減退セサル等ヲ以徴知スヘシ

此病ノ死ヲ致スハ皆内陥ニ由ルナリ卒中或ハ窒息ヲ以テ終ルヲ常トス」然《レ》圧此疹モ亦他病ノ分利ニ出ルヿアリ第七日第十一日或《ハ》第十四日ノ如キ分利ノ期ニ発見シ諸証随テ退ク者即チ是《レ》ナリ」但《シ》是レ亦動モスレハ内陥メ危険証ヲ起スヿ多シ

原由　近因ハ皮表ニ蒸発スヘキ物質ノ一異変敗ヲ為セルニ在リ」是《レ》皮膚ノ運営衰弱メ其排泄物溶崩性ヲ得ルヿ甚シク終ニ変敗メ特ニ神経ヲ侵害シ或ハ伝染スヘキ所ノ酷厲物粟疹毒ト為レルニ由ルナリ」故ニ皮膚ノ運営衰弱メ僂麻質。聖京偭ノ素質ヲ抱ケル者。熱病摂生ヲ誤テ温保度ヲ過セル者。殊ニ羽褥ヲ用ヒ密室ニ居テ温保セル者腸胃ニ汚物有テ其排除ヲ怠レル者起熱ノ発汗薬ヲ誤用セル者。及ヒ産蓐ノ摂生宜キヲ失セル者等殊ニ能ク此病ヲ発ス

今古ノ流俗ト医風ノ沿革トヲ以テ考ルニ大古ニ於テハ此病アリシヿナシ千六百年間熱病ヲ療スルニ専《ハ》ラ起熱ノ発汗薬ヲ投スルノ悪風行ハレシ時ヨリ世ニ多クメ羽蓐ヲ用ルノ地方ニ

ハ之ヲ見ルヿ最モ夥シ千七百年間ノ半ハニ至テ世医熱病ニ防焮ノ清凉法ヲ行フヿ盛ナルニ至テヨリ漸ク少ナク方今ニ於テハ之ヲ見ルヿ甚タ罕《レ》ナリ」乃《チ》方今ハ唯此病ヲ流行セシムヘキ越必垤密《エピデミ》[67]ニ遇ヒ或ハ其人之ヲ発スヘキ素質ヲ抱キ或ハ腸胃汚物ノ排除ヲ怠リ温保度ヲ過セル者ニ之ヲ発スルノミ」是故ニ此病ハ固《ト》ヨリ天然ニ出ツル者アリト雖𪜈亦人工ニ係ル者多キニ居ルトス

治法　勉《メ》テ預防スルヲ治法ノ本旨トス故ニ毎常《イツモ》之ヲ熱病ノ附属物ト看做シテ催進センヨリハ之ヲ遮隔シ之ヲ減却センヿヲ要スヘシ」諸ゝ熱病ニ於テ被褥ヲ軽クメ寒温ヲ適シ大気ヲ清浄ニメ腸胃ノ掃除ヲ怠ラサル𬼀ハ此病ヲ発スルヿ必《ス》罕《レ》ナルヘク既ニ其前兆ヲ見ル者モ斯ノ如ク処置スレハ能ク其発見ヲ防クヿヲ得ヘシ或ハ唯羽褥ヲ脱セシムルノミニメ之ヲ禦クニ足ルヿアリ」然《レ》𪜈熱病分利ノ期日ニ発メ諸証之《レ》カ為《メ》ニ退散スル者ハ分利ノ粟疹ナリ決メ此《ノ》例ニアラス適宜ニ保護メ内陥ヲ防カスンハアラス

既ニ発見セル者ニ於テハ各ゝ兼発スル所ノ熱性ヲ撿メ之《レ》カ治法ヲ処スルヨリ他ナシトス」若《シ》夫ノ溶崩証アル者ハ蘊魯林[68]ヲ用ヒ甚キ者ハ稀硫酸ヲ与ヘ腸胃ノ清刷ヲ怠レル者ハ緩性ノ清凉下剤ヲ投シ[69]答末林度ヲ殊ニ佳トス特ニ冒寒ヲ避ケテ内陥ヲ防カンヿヲ要ス

若《シ》既ニ内陥セル者ハ其継証ニ注目メ之《レ》カ策ヲ議スヘシ其疹内陥スト雖𪜈有害ノ後患ヲ起サスメ良能自ラ腸及《ヒ》皮膚ニ分利ノ排泄ヲ致スヿアリ是ノ如キ者ハ適宜ニ温保スルノ外《カ》他ノ伎倆ヲ要セス然レ𪜈之カ為《メ》ニ神経証。脳患。肺病等ノ危険ナル転徙証ヲ起ス者ハ強《ツト》メテ速《ヤ》ク芥子泥ヲ施シ芫菁膏ヲ貼シ微温浴ヲ行ヒ羯布羅。麝香ヲ内服セシメテ以テ皮膚ノ分利ヲ催進セスンハアラス」若《シ》焮衝ノ素因有テ局処ノ焮衝ヲ来タス者ハ瀉血ヲ怠ル可ラス麻疹ノ治法ヲ参考スヘシ此病熱ナクメ発スル者アリ之ヲ慢性粟疹ト謂フ其経過定度ナク多《ク》ハ久ク淹滞シ或ハ皮膚ニ其素質ヲ貽《ノコ》シテ屢《ゝ》「再発ス」大抵是《レ》唯内部悪液病ノ外証ナルノミ余曽テ伊偪篤[62]及ヒ脚痛ノ患者ニ於テ春時此疹ヲ得レハ其年必《ス》脚痛等ノ諸証ヲ免ル、者ヲ見シヿアリ　[70]失苟児陪苦《シケウルホイク》ニ兼発スル粟疹モ亦此類ノ者アリ」治法ハ唯其本因ノ悪液病ニ応メ各自相当ノ策ヲ回ラシ且《ツ》皮膚清刷薬（[71]按ニ硫黄。安質没扭。[72]朴屈福烏篤。[73]薩爾沙根ノ類）ヲ用ヒ浴法ヲ行ヒ角[74]法ヲ施ス等ヲ佳トス

血斑「[75]ペテキアー」羅「[76]ブリユッフレッケン」蘭

徴候　紫色。褐色。黒色。若《ク》ハ紅色ノ小斑ニノ其径《リ》一[77]分許形チ正円ニメ分界歴然タル者是《レ》ナリ然《レ》𪜈亦其形《チ》正シカラス周囲漫然トメ分界ナキ者アリ或ハ其大《サ》「一二三」[56]兜母《ドイム》ナル者モ亦之アリ」而《メ》其発スルニ部位ヲ択ハス亦順次ナク定期ナクメ熱ヲ兼ルアリ否《ラ》サルアリ」其小ナル者ハ蚤[78]刺痕ト甚タ善ク肖似セルカ故ニ之《レ》ト混同スルヿアリ然レ𪜈発刺痕ハ必《ス》咬刺点アルヲ以テ看別スルヿヲ得ヘシ

熱性血斑ハ其見発既ニ発熱ノ初日ニ在ル者アリ次日ニ在ル者アリ或《ハ》日ヲ経テ始《メ》テ発スル者アリ而《メ》留連スルニ定期ナク消散スルニ表被ノ剥落ヲ以テセス」其斑発メ其熱退カス或ハ却テ増劇スルヿアレ𪜈軽快ヲ得ルヿハ甚タ稀《レ》ナリ

原由　近因ハ血液ノ皮下ニ溢出セル者ニメ故ニ此病ハ失血病ニ算入メ可ナル者ナリ間《ゝ》亦失血証ト合発スルヿアリ　全軀ノ衰弱ト血液ノ溶崩トニ起因ス故ニ通例腐敗熱ノ常証タルナリ」然《レ》𪜈過度ニ皮膚ヲ温保熱蒸メ局処ノ刺衝ト局処ノ衰弱トヲ致スヨリ生スルヿアリ」是《レ》焮衝熱ニ於テモ亦見発スルヿ有ル所以《ン》ナリ」或ハ又腸胃ニ汚物有テ排除ヲ怠リ交感ニ由テ之ヲ生スルヿアリ猶《ホ》粟疹モ亦腸胃熱。虫熱ニ傍発スルヿ有ルカ如ク一般ナルナリ」或ハ亦分利ノ一証トシ発スルヿアリ然《レ》𪜈是《レ》唯其余証ノミ

ニメ決メ分利ノ本然ニ非ス」是故ニ此斑ト粟疹トハ其原由殆《ン》ト同一ナル者ナリ故ニ亦屢《ミ》互ニ相合併スルヿアリ」又此病ヲ兼ル流行病ノ行ハル、ヿアリ是《レ》此《ノ》斑本《ト》伝染スヘキノ性有ルニ非レ氏之ヲ兼発セル熱病ノ伝染スルニ従属メ亦共ニ伝送セラル、者トス

治法　全ク粟疹ト其趣ヲ一ニス」其未《タ》発見セサル者ハ勉《メ》テ早ク之ヲ預防シ其既ニ発見セル者ハ勉《メ》テ速《カ》ニ之ヲ駆散センヿヲ要ス」其之《レ》ヲ預防スルニハ其熱ノ初起ニ当テ清涼ニ保護シ兼テ腸胃ヲ疎滌スルヲ宜シトシ」其之《レ》ヲ駆散スルニハ熱性ヲ撿メ各《ミ》対証ノ治法ヲ行ヒ神経熱ト腐敗熱ヲ最《モ》多シトスレ氏焮衝熱モ亦之アリ若《シ》然ル者ハ瀉血モ亦行ハサル可ラサルヿアリ下剤ヲ投シ答末林度ヲ殊ニ佳トス鉱酸ヲ用ヒ醋ヲ以テ皮膚ヲ洗ヒ清鮮ノ外気ヲ引クヲ佳トス」殊ニ下剤ハ即効ヲ奏スルヿ多シ

慢性血斑ハ此斑ノ熱ヲ夾マサル者ナリ諸種ノ慢性病ニ傍発シ殊ニ多ク腸胃汚物。蛔虫等ニ起因ス」或ハ亦他病ノ傍証ナラスメ単発スルヿアリ斑病（前ニ出ツ）ノ類ノ如キ是《レ》ナリ是《レ》血液失荀児陪《シケウルボイ》[70]苦《ク》性ノ溶崩ヲ為セルヨリ来ル宜ク失血編ト参考メ之カ治法ヲ処スヘシ

天泡瘡「[79]ペムピギュス」羅「[80]ブラールオイトスラグ」蘭

徴候　豌豆大ヨリ胡桃子大ニ至ルノ疱ニメ其形《チ》円満二三合着メ其形正シカラサルモアリ裏面ニ水様ノ稀液ヲ充填シ周囲ニ紅色ノ縁脚ヲ纏フテ瘙痒焮熱スル者是ナリ」其熱ヲ兼ル者ヲ急性天泡瘡ト謂フ二三日稽留メ乾濇シ或ハ潰膿メ遷延瀰久ス」其熱ヲ夾マサル者ヲ慢性天泡瘡ト謂フ陸続トメ逐テ新疱ヲ発シ以テ数月数年ヲ経ルヿアリ

治法　原由治法共ニ全ク水泡羅斯[36]（羅斯条ニ出ツ）ニ同シ専《ハ》ラ熱性ニ準《フ》テ従事センヿヲ要スルヿ他ノ皮病ニ異ナラス別ニ注意スヘキハ唯外治法ノミ鉛類石胆[81]等ノ軀逐薬ハ決メ用フ可ラス危険ノ転徙ヲ起スヿアリ若《シ》其疱依然トメ久ク癒エサ

ルキハ謹慎ヲ加《ヘ》テ疱毎ニ毫鍼[82]ヲ両刺メ蓄液ヲ漏泄シ表被ヲ剥離セスメ其乾濇ヲ自然ニ任スヘシ」若《シ》亦疼痛焮熱ヲ起ス者ハ薔薇水ニ榠樝[12]粘漿ヲ加ヘテ温蒸スルヲ佳トス」潰膿スルモ決メ脂膏ヲ施スㇶ勿レ久《シ》ク醸膿セシムルノ害アリ若《シ》其疱壊疽ニ変セル者ハ老人ニ発セル者及《ヒ》疫熱ニ兼ル者間《ヽ》之アリ幾那。羯布羅。石灰水ヲ以テ蒸溻[83]スルニ宜シ

慢性天泡瘡ハ皮膚病中遷延スルㇶ殊ニ久シク治癒スルㇶ最《モ》難キ者ノ一ニメ其原因深ク潜クレ病毒知リ易カラサル者甚タ多シ大抵他部ノ分泌殊ニ小便分泌抑遏ニ因シ或ハ全軀ノ悪液病ニ其原ヲ資ル者ナリ」先《ッ》皮膚病ノ通治法総論ヲ参考スヘシヲ施シテ次ニ其遠因ヲ探索シ小便分泌ノ不調ニ因セル者ハ利尿薬ヲ処シ悪液病ニ起レル者ハ各毒相当ノ治法ヲ行フヘシ就中潜伏黴毒ヨリ来レル者多シ若《シ》然ルキハ専《ハ》ラ水銀剤ヲ用ヒンㇶヲ要ス」[84]蘊魯林加爾基《ソロリンカルキ》浴一浴ニ一匁ヲ加フ升汞浴ハ之ヲ行フテ偉効アルㇶ多シ

鵝口瘡「[85]アプター」羅「[86]スプリュー」蘭

徴候　口内舌上。上顎。食道等ニ生スル白色ノ小潰瘍ニメ或ハ胃腸肛門ニモ之ヲ生スルㇶアリ其形《チ》海綿ノ如ク其質豕肉ノ如シ而《メ》一二日ニ消スル者アリ数週数月連綿シ随テ消スレハ随テ生スル者アリ」其瘡ノ刺衝ニ由テ兼発スル所ノ局発証。交感証少ナカラス乃《チ》咽ニ在テハ咽痛。嚥下痛ヲ起シ気管ニ在テハ欬嗽ヲ起シ食道。胃ニ在テハ悪心。呃逆。胃痙。嘔吐ヲ起シ腸ニ在テハ疝痛。腸焮衝。泄瀉。窘迫痢剥脱セル瘡皮ヲ泄ス等ヲ起スカ如シ」而《メ》前徴ハ口内咽喉乾燥メ渇ヲ兼子咽中一異物有ルカ如キヲ覚エ或ハ喉内刺痛メ麁糙ナルㇶヲ覚エ或ハ悪心乾嘔嘔吐シ或ハ欬嗽シ或ハ声音嘶嗄シ或ハ胃部圧重シ或ハ煩悶シ或ハ嘈雑[87]スル等是ナリ此病ニ死スル者蓋《シ》咽喉ノ焮衝壊疽或ハ内臓焮衝ヲ媒起スルニ由ルナリ

原由　鵝口瘡ハ内部ノ粘液膜ニ発セル一種ノ瘡瘮ナリ唯其織質[88]ノ差ヘルヲ以テ皮膚ト趣キヲ

異ニスルノミ而メ其織質愈ヽ嫩脆ナレハ愈ヽ之ヲ生シ易シトス故ニ之ヲ患ル丁乳児ニ最モ多シ」其遠因ハ腸胃ニ汚物有テ其排除ヲ怠レルヲ殊ニ多シトス其余ハ皮膚分泌ノ抑遏。僂麻質《レウマチ》。聖京偪《シンキング》[89]ノ転徙。全軀血液ノ腐敗故ニ腸胃性腐敗熱。肺労ノ溶崩期ニ発スル丁常ニ多シ等ナリ」是故ニ鵞口瘡ト粟疹トハ大ヒニ其類ヲ同フシ且ツ其発成スルノ機モ亦大ヒニ其趣ヲ等フス故ニ其熱病ニ於ケルヤ夫ノ粟疹ト同シク唯一傍証トナルノミニメ分利証トナル丁甚タ罕レナリ而メ此病モ亦粟疹ノ如ク天行熱病ノ固有証トシ来テ一般ニ流行スル丁アリ

慢性鵞口瘡ハ唯病毒転徙ニ由テノミ発ス殊ニ骨ノ潰瘍等ノ如キ慢性病ノ過急ニ治セル後チ之ヲ生スル丁多シ

治法　一部若クハ全軀ノ病因ヲ除去スルニ在リ即チ之レカ本病ト為レル所ノ熱病。血液腐敗等ノ治法ヲ施シ兼テ局処ノ治法ヲ行ハン丁ヲ要ス」是故ニ熱性ノ鵝口瘡ニ於テハ必ス先ツ吐下薬ヲ用ヒテ腸胃ヲ清刷スル丁喫緊ノ最要事ナリ間ヽ之レノミニメ他技ヲ費ヤス丁ヲ要セサル者アリ而メ清浄気ヲ迎引シ熱性ヲ斟酌メ各ヽ之レカ治法ヲ処シ瘡色宜シカラスメ腐敗ニ傾ケル者ハ強壮防腐ノ諸薬ヲ与ヘ屢ヽ口内ヲ洗嗽シテ蓬砂[90]此病ノ奇薬ナリヲ舐剤トシ第二百五十一方[13]用フル等ヲ宜シトス」但シ明礬。[81]石胆類ノ収濇薬ハ之ヲ外用スル丁勿レ俄カニ消散メ危険ノ転徙ヲ起ス丁アリ殊ニ其毒ヲ脳中ニ駆逐ス唯頑固ニメ既ニ慢性ニ変セル者ノミ皓礬[91]ヲ塗テ可ナリトス而メ疼痛甚シキ者ハ[44]葵花。遏爾託亜根《アルタア》[92]ノ煎汁ヲ以テ含嗽シ腐敗ノ素質ヲ具フル者ハ幾那。明礬等ノ防腐薬ヲ用ヒ深ク食道胃腸ニ蔓延セル者ハ油質乳剤ヲ与ヘ且ツ油ニ乳汁ヲ和メ灌腸法ヲ行フニ宜シ

慢性鵝口瘡ハ局処治法ニ亜ツヒテ其本因ト為レル悪液病ノ治法ヲ施スヘク皮疹潰瘍等ノ内攻ニ原ケル者ハ更ニ潰瘍ヲ造テ旧痾ヲ喚起セン丁ヲ要ス

乳児ノ鵝口瘡ハ後ノ小児門ニ詳説ス

扶氏経験遺訓巻之十九終

巻之十九註

1 *morbilli*。
2 mazelen　はしか。
3 炎症。
4 危機。病気の峠。
5 転移。
6 eigenaardigheid　特色、奇妙さ。
7 zinkingkoorts　カタル熱。
8 テンドク。毒を絶やす。
9 eene temperatuur van 15° R° R は Réaumur　列氏一五度は摂氏一八度。
10 uitwaseming bevorderend middel 発散促進薬。
11 malva　ゼニアオイ。
12 kweeénslijm　マルメロ粘液。
13 *adstringentia*　収斂薬。
14 蛭。
15 vlierthee　セイヨウニワトコ茶。
16 *vin. antimony.*　アンチモン酒。
17 硝石。硝酸カリウム。
18 mostaadpappen　芥子湿布。
19 spaanschevliegplesters　カンタリス膏。
20 tegenprikkels　反対刺激。
21 樟脳。
22 *spir. mindereri*　酢酸アンモニウム液。
23 *liqu. c. c. succin.*　琥珀酸鹿角薬液。コハク酸アンモニウム液。
24 *manna*　マンナ。
25 酒石酸水素カリウム。
26 seltzerwater。
27 *sulphur aurat.*　五硫化アンチモン。
28 *rad. seneg*　セネガ根。
29 cicuta　ドクゼリ科薬草。
30 *aq. laurocerasi*　月桂樹水。
31 *cort. mezerei*　*Daphne merzereum* 樹皮。
32 kunstmatige zweren　人為的化膿法。
33 *gelat. lichen. island*　イスランド苔ゼリー。
34 *scarlatina*　猩紅熱。
35 roodvonk　猩紅熱。
36 roos　丹毒。
37 平らか。滑らか。
38 便通。

39 *tartar. tartaris.* 酒石酸カリウム。
40 塩素水。
41 stroop 糖蜜。シロップ。
42 drachmen 薬量一ドラクマは約三・八九グラム。
43 ons 薬量一オンスは約三一・一グラム。
44 *malv.* タチアオイ花。
45 *oxymel simple* 単醋蜜。
46 grein 薬量一グレインは約六四・八ミリグラム。
47 rad. jalap ヒルガオ科ヤラッパ塊根。下剤。
48 *digitalis*。
49 *squilla* カイソウ。ユリ科多年草。鱗茎が利尿剤となる。
50 *succinum* 琥珀。コハク。
51 *Belladonna* ベラドンナ。
52 HAHNEMANN。Samuel Christian Friedrich Hanemann（一七五五－一八四三）ホメオパシー（類似療法）を唱えた医家。
53 *aqua cinnamomi* 桂皮水。
54 *rubeolae* 風疹。
55 三分の一。
56 duim ダイム。インチ。一ダイムは約二・五センチメートル。
57 *essera*。
58 porcelein - gierstuitlag チャイナ粟風疹。
59 wandluizen ナンキンムシ。
60 *urticaria* 蕁麻疹。
61 netelroos 蕁麻疹。
62 jichtige 痛風。
63 *miliaria* 汗疹。粟粒疹。
64 gierstuitklag。
65 wei 血清。
66 baai 毛布の一種。毛織地。
67 epidemic 流行。
68 *acid. muriat. oxygenat.* 蘇魯林は塩素であるが、この場合は塩酸か。
69 tamarinden タマリンド。マメ科。実が清涼緩下剤となる。
70 scheurbuik 壊血病。
71 括弧中の「按ニ」以下の文章は蘭原文にはない。
72 ポックホウト。癒瘡木。
73 サルサ。サルサパリラ。土茯苓。
74 koppen 吸い玉法。
75 *petechiae* 点状出血。
76 blutsvlekken 血痕。
77 1 to 2 lijnen 一分は約〇・三センチメートル
78 vloobeten 蚤の刺し痕。
79 *pemphigus* 天疱瘡。
80 blaaruitslag 水疱発疹。
81 vitrool 硫酸。
82 naaldsteken 注射針。

83 湿布。

84 塩化カルシウム。

85 *aphthae* アフタ。

86 spruw。

87 branden van zuur 胸やけ。

88 teederder en losser より繊細でより細い。

89 zinking カタル。蘭原文は catarrhale。

90 硼砂。硼酸ナトリウム。

91 硫酸亜鉛。

92 *rad. althaeae* アルテア *Malvaceae* 属の根。

（表紙）

扶氏経験遺訓　二十

扶氏経験遺訓巻之二十

足守　緒方　章　公裁　同訳
義弟　郁　子文
西肥　大庭　忞　景徳　参校

疥瘡「1スカビース」羅「2シキュルフト」蘭

徴候　透亮ノ稀液ヲ含メル小疱ニメ辺縁少《ヤ、》紅色ヲ帯ヒ其初《メ》多《ク》ハ指間手腕ニ発メ漸ク他部ニ及ヒ瘙痒劇甚ニメ蓐中ノ温煖ト指爪ノ摩揩トニ其痒増《ゝ》加ハリ稽留スルニ随テ漸ク痂ヲ結フ者是《レ》ナリ」其痂乾ケル者アリ湿ヘル者アリ或ハ膿ヲ醸ス者アリ」而《メ》顔面ヲ除クノ外《カ》全軀蔓延セサル処ナク就中皮膚ノ襞積ト関節ノ曲処トニ之ヲ発スルヿ多シ」其必《ス》指間ニ発スル者他ノ皮病ト異ナル所以ノ徴候ナリ

此瘡ハ熱ヲ兼発セス其自然ニ任スレハ数月数年ノ久《シ》キヲ瀰《タ》ルナリ」初起ニ在テハ大《ヒ》ニ外寒ヲ憎ムト非常ニ飢餓ヲ覚ユルノ外《カ》他患ヲ見ハサスト雖圧久《シ》ク稽留メ汎ク総身ヲ侵スニ及テハ終ニ羸痩メ遷延熱ヲ作《コ》ス者少《ナ》カラス」而《メ》此病ノ性タル人人相伝染スルナリ

原由　真《ノ》疥瘡ハ皆一種ノ伝染毒有テ之《レ》カ因ヲ為スナリ」其毒タル甚タ固性ニメ直《チ》ニ患者ニ触レ若《ク》ハ患者ノ為《メ》ニ汚染セル器什ニ触ル、ニ非レハ感染セス」又契合ノ感受性ナケレハ感染スルヿ能ハス故ニ其感受性闕クル者ニ於テハ之ヲ種ルモ之ヲ発スルヿナシ」而《メ》皮膚ノ不潔。居室ノ鬱敗気。不良ノ食物。及《ヒ》湿気。冒寒。大《ヒ》ニ能ク其伝染

ヲ助クルナリ故ニ病院。幼院。軍陣等ニ於テハ此病ノ蔓延スルヿ殊ニ甚タシ然《レ》氏亦真疥瘡ナラスメ内部ノ疾病ヨリ起ル者アリ其始《メ》唯他病ノ一現証ナレ氏其終《リ》伝染毒ヲ醸シテ遂ニ一個ノ伝染病ト為ルニ至ル所謂黴毒疥。癧毒疥。伊倔篤[3]疥。失苟児陪苦《シケウルボイク》[4]疥ナル者即《チ》是ナリ又吉利済《キリシス》[5]疥ナル者アリ急性病ト慢性病トヲ論セス之ヲ発スレハ其病輒《チ》[6]分利スル者是ナリ

真《ノ》疥瘡ニ於テハ発生スル所以《ン》ノ因（伝染）ト留滞スル所以ノ因トアリ其頑然トメ久《シ》ク留滞スル所以ハ多ク本病ノ為《メ》ニ起ル所ノ衰弱ニ在ルカ若《ク》ハ他ノ悪液病ノ合併ニ在ルナリ」夫《ノ》瘡中ニ見ル所ノ細虫ハ決メ疥瘡ノ因ニ非ス唯病ノ為《メ》ニ生シタル一属物ナルノミ

治法　一種定類ノ特効薬ヲ以テ一種定類ノ伝染毒ヲ鏖滅スヘシ而《メ》傍《ハ》ラ有害ノ傍因ヲ逐除シテ皮膚ノ運営ヲ恢復センヿヲ要ス」其特効薬ハ硫黄ナリ其疥瘡ニ異効アルヿ猶《ホ》水銀ノ黴毒ニ於ケルカ如シ然《レ》氏此薬モ亦謾ニ用ヒ妄《リ》ニ投メ可ナル者ニアラス若《シ》之ヲ単ニ外用スル𪜈ハ能ク皮膚ノ病患ヲ抑制スト雖氏病毒既ニ深ク侵染セル者ハ之ヲ滅スルヿ能ハスメ却テ其病ヲ綿綿再発セシメ或ハ其毒ヲ他部ニ転徙セシメテ[7]肺労。水腫。胃痙。癲癇。及《ヒ》諸《ゝ》神経病等ノ危険ノ病患ヲ起スヿ少《ナ》カラス若《シ》夫他病ト合併セル者及《ヒ》其原ヲ他病ニ資レル者ニ於テハ其害益《ゝ》甚タシ」故ニ左件ニ徴メ応当ノ治法ヲ処センヿヲ庶幾ス

（其一）患者他ノ病患ナク偶《ゝ》此病ニ伝染メ其患《ヒ》未《タ》久シカラサル者（八日以内若《ク》ハ十四日以内ニ在ル者）ハ其毒仍《ホ》体表ニ在テ皮膚ノ一部ニ局セリ故ニ直《チ》ニ硫黄ヲ外用メ可ナリ即《チ》硫黄水ヲ以テ洗浄シ或ハ硫黄軟膏ヲ塗布シ或ハ硫石鹼[8]（[9]緑石鹼二分ニ硫黄一分ヲ和メ之ヲ製ス毎晩患部ニ擦メ翌朝石鹼浴ヲ行フヘシ其効最《モ》著ルシ）ヲ塗擦スルニ宜シ能ク其毒ヲ滅メ其功ヲ収ムルニ足ル然《レ》氏兼テ硫黄ヲ内服スレハ（硫黄華一銭ヲ一日ニ用フ）其外用ノ功ヲ扶ケテ内陥ノ害ヲ防クカ故ニ其益極メテ多シト

ス且《ツ》内服セル硫黄ハ善ク蒸気ト交《ツ》テ皮表ニ出ルヲ以テ亦大《ヒ》ニ外用ノ功ヲ兼有スルナリ」軽証ハ二三日唯石鹼ヲ外敷シ石鹼浴ヲ行フノミニメ全治ヲ得ル者アリ其法晩ニ瘡ヲ破開メ之ヲ塗リ翌朝石鹼浴ヲ行フニ至ルマテ其石鹼仍《ホ》依然トメ瘡上ニ存在スルヲ貴フ小児ニ在テハ[10]土木香軟膏(附)ヲ無害ノ卓薬トス毎日瘡上ニ塗擦メ偉効アリ

(其二) 患者素《ト》健康ナリト雖𪜈伝染メ既ニ時日ヲ経シ者ハ其始《メ》硫黄ヲ内服スルヿ数日ニシテ而《メ》后外用ニ移ルヘシ且《ツ》兼テ第二百二方ノ飲剤ヲ用ヒ石鹼浴ヲ行フヲ佳トス

(其三) 患者素《ト》健康ナラス他患有テ伝染セル者ハ其合併病ノ治法ト兼テ疥瘡ノ治法ヲ行フヘシ小児ニ於テハ瘰癧病ノ合併ヲ多シトス

(其四) 病《ヒ》既ニ経久メ深ク根帯セル者ハ硫黄ヲ用フルノ外尚《ホ》水脉ノ循環ヲ催進シ皮膚ノ運営ヲ振起スヘキ薬剤ヲ処センヿヲ要ス就中水銀ヲ最《モ》佳トス硫黄ニ[11]越扶屋布斯密涅剌列《エチオプスミ子ラーレ》或ハ[12]布魯《プロ》乙蔑児《イメル》散(附)ヲ配用メ甚タ効験アリ外用ニハ第二百五十二方ノ軟膏毎夜手ノ関節ニ擦ス或ハ[13]皓礬。[14]黎蘆ヲ加ヘタル硫黄軟膏ヲ塗擦シ煙草煎汁ヲ以テ洗浄シ硫黄浴ヲ行フ等ヲ佳トス又兼テ山牛蒡。[15]薩爾沙《サルサ》根。[16]朴屈福烏篤《ポックホウト》ノ煎汁ヲ内服セシメ朴屈福烏篤脂日ニ半[17]銭ヲ用フヘシ」殊ニ亦極メテ清潔ニスルヲ一大要務トス疥瘡ノ治セサル所以ン唯患者汚穢ヲ被リテ之《レ》カ為《メ》ニ其病ノ益《ヽ》滋蔓スルニ在ル者少《ナ》カラス故ニ屢《ヽ》襯衣ヲ換ヘ時時被蓐ヲ更タメスンハアラス」或ハ又既往ノ他病ニ由リ若《ク》ハ本病ノ稽留スルカ為《メ》ニ疲労メ其病ノ頑滞スルヿアリ此証ハ有力ノ滋養物ヲ与ヘ強壮ノ薬剤ヲ用《ヒ》テ能ク其治ヲ扶クヘシ[18]亜児尼加《アルニカ》殊ニ良験アリ」若《シ》潜伏セル黴毒。瘰癧。[19]失荀児陪苦等ノ他病合併其頑滞ノ因ト為レル者ハ各《ヽ》之ヲ撿メ各自応当ノ治法ヲ兼子行フヘキヿ固《ト》ヨリ論ヲ俟タス

（其五）伝染ニ由ラスメ唯黴毒瘰癧等ノ他病ヨリ起レル者ハ先《ッ》其本病ノ治法ヲ行フヘシ而《メ》仍《ホ》治セサル𪜈疥瘡治法ニ移ルヲ宜シトス

（内陥証）前ニ論示セルカ如ク預メ之《レ》カ備《ヘ》ヲナサスメ外ヨリ急ニ其病ヲ駆逐スル𪜈ハ転徙メ内部ニ危険頑固ノ病患ヲ起スヿアリ是《レ》亦硫黄ヲ以テ的薬トス肺労。水腫。神経病ノ如キモ此《ノ》内陥ニ因セル者ハ唯此一薬ヲ以テ治スルヿヲ得ヘシ且《ッ》兼テ打膿法[20]ヲ行フヲ宜シトス

頑癬「[21]ヘルペス」羅「[22]ハールヲルム」蘭

徴候　許多ノ小疹聚然トメ攢簇シ其部ニ紅色ヲ見ハス者是ナリ一処ヲ局メ発スルアリ数処ニ分レテ出ルアリ小ニメ分界ヲ画スルアリ漫然トメ漸次ニ延展スルアリ四肢ニ瀰蔓メ遺ス所ナキアリ」而《メ》乾湿二種ニ分カル乾癬ハ常ニ乾涸シ其表被片屑ト為テ剥離シ或ハ粉末ト為テ飛散シ又《タ》更ニ新被ヲ生スルナリ」湿癬ハ水様ノ苛液ヲ滲出メ或ハ乾痂ヲ結ヒ或ハ潰瘍トナリ瘙痒堪ヘ難クメ痛ヲ兼子深ク皮質ヲ侵蝕シ汎ク周辺ヲ爛傷シ所謂頑癬瘍トナル者多シ」頑癬瘍ハ不良ノ膿汁ヲ醸シテ常ニ酷厲ノ稀液ヲ滲出シ其質胼胝状ヲ為スヲ以テ自ラ他ノ潰瘍ト別アリ」凡《ソ》此病ハ熱ヲ兼発セス亦伝染スルヿナシ」其外証種種ノ変態有テ区区相同シカラス甚キ者ハ殆ント癩ニ類似セル者アリ是故ニ許多ノ種類ヲ分テ許多ノ異名ヲ命スル徒アリト雖𪜈徒《ラ》ニ区別ヲ氾濫ナラシムルノミニメ毫モ治術ニ益アルヿナシ必竟同一ノ病ナレ𪜈稟賦ノ異ニ随テ証状ノ差《ヘ》ルノミ故ニ証状異ナル所有リ𪜈治術ノ為《メ》ニハ唯一個ノ頑癬ニメ皆一轍ノ療法ヲ要スルナリ

其経過モ亦一様ナラス或ハ少間ニメ治スルアリ或ハ数月数年ヲ瀰ルアリ或ハ生涯連緜メ癒エサルアリ」或ハ居恒持続スルアリ或ハ時ヲ定メテ発歇スルアリ（多クハ時令ニ拘ハル者ニメ乾燥セル夏日ニ少ナク湿濡

寒冷ノ候ニ多シ」或ハ一部ニ住着メ動カサルアリ或ハ彼此遊走メ転徙スルアリ

此病ハ煩困ノ頑病ナリト雖𪜈危険ナル者罕ナリ其黄泉ニ赴ク者唯二道アルノミ一ハ之ヲ侵スノ地汎クメ皮膚ノ運営之レカ為メニ変常シ以テ歇屈扶加《ヘクチカ》[23]（前ニ出ツ）ヲ起スニ由ルナリ一ハ内陥メ貴重ノ内臓ニ転徙スルニ由ルナリ

原由　近因ハ皮膚ノ運営変常メ其分泌機。補給機共ニ一種ノ損敗ヲ致セル者ニメ終ニ全軀ニ悪液頑癬毒ヲ醸スナリ然レ𪜈此毒ハ伝染性ヲ有スルコトナシ」遠因ハ遺伝ノ素質。此病一血族ノ固有病ナルコト多シ肝臓ノ疾患。苛烈ノ胆液刺衝。慢性ノ蒸気抑遏。殊ニ居室ノ湿濡油膩若クハ塩臓ノ食物。痔血月経ノ閉塞。衣服ノ麁糙。温被ノ過度。腺病。妊娠。老衰。皮膚ト腎臓ノ乾涸メ運営衰敗スルヨリ来ル或ハ全軀ノ悪液病殊ニ潜伏黴毒等ナリ」而メ皮膚ノ甚タ嫩脆ナルハ此病ノ素因ト為ルコト多ク殊ニ能ク那ノ粉末性頑癬ヲ来タスナリ

治法　先ツ遠因ヲ探索メ応当ノ治法ヲ処センコトヲ要ス」殊ニ摂養ヲ厳ニメ食量ヲ減シ厚味膏粱辛鹹起熱ノ諸品ヲ禁シ乾燥清浄ノ大気ヲ引カシメ肝臓ノ疾患胆液ノ変常ヨリ来レル者ハ解凝剤及ヒ胆液分泌催進ノ薬ヲ用ヒ痔疾之レカ因ヲ為セル者ハ頑癬焮衝性ナル者従前痔疾ヲ患ヒシ者若クハ痔疾ト頑癬ト交代シ発スル者等是ナリ硫黄ヲ与ヘテ痔疾ノ諸法ヲ行ヒ月経不調ニ原ツケル者亦又然クシ瘰癧ニ原ツケル者ハ水銀剤[24]塩酸重土等ヲ与ヘ伊偪篤[26]ニ原ツケル者ハ朴[25]屈福烏篤等ノ伊偪篤剤[26]ヲ投シ黴毒ニ原ツケル者ハ潜ニ遠因ヲ為スコト多シ亦水銀ヲ服セシムル等ナリ然レ𪜈素《モト》右ノ諸因ナク或ハ之レ有リシモ既ニ駆除シテ頑癬仍ホ依然タル者アリ直チニ皮膚ノ運営ヲ恢復シ酷厲ノ頑癬毒ヲ攻伐スヘキ近因ノ治法ヲ行ハスンハアラス」蜀羊泉[27]ハ此病ノ的薬ニメ諸薬中ノ魁首タル者ナリ煎剤ハ日ニ二銭至四銭[17]越幾斯ハ日ニ一刄[28]至二刄与フヘシ之ニ亜ツク者ハ生安質没扭《アンチモニ》[29]ナリ日ニ一銭或ハ其余モ麻偪涅[30]失亜ニ配シ用フヘシ両薬合メ丸薬トセル者ハ

最モ峻効アリ第二百四十八方其他普魯乙蔑《プロイメ》[12]児散。附清[31]血散。第二百一方升汞[32]。硫黄。石墨。日ニ一刄至一銭[17]安質没《アンチモ》[33]硫加《カ》爾幾《ルキ》。(附)朴屈福烏篤《ボックホウト》[16]脂。楡皮煎汁[34]。薩爾沙《サルサ》[15]煎汁。升汞ヲ加フ「ヘルバヤセア」[35]濃煎汁未詳等ヲ連服スルニ宜シ」頑証ハ悉徳満《シットマン》[36]煎第二百四方モ亦良験アリ」焮衝性頑癬ハ乳清[37]ヲ多服セシメ蘆根[38]。蒲公英[39]。砕米薺[40]。黜失《チュッシ》[41]刺護《ラゴ》。紫菫[42]等ノ新鮮絞汁ヲ用ヒ且ツ屢ヒ角法[43]ヲ施スヘシ此証ハ塩酸十滴至二十五滴日ニ二三次大ヒニ偉効ヲ奏スルヿアリ其病ヒ極度ニ進テ煜底阿失斯《イクテイオシス》[44]皮膚堅硬ト為テ拆裂シ宛モ魚鱗ノ如クナレル者ノト為レル者モ之ヲ用ヒテ治セルヲ見タリ」浴法モ亦行フヘシ石鹸浴。楡皮浴[34]。一比[45]ヲ一浴ニ用ユ硫黄浴ヲ宜シトス殊ニ「子ウンドルフ」[46]「ヱイルセン」[47]〔共ニ鉱泉ノ名〕ハ深ク根帯セル頑癬ニ大効アリ最モ悪性ニメ醸膿結痂シ諸薬験無カリシ者モ之ニ浴メ全癒セシヿ少ナカラス

外用ニハ決メ駆逐薬ヲ施ス可ラス鉛類ハ殊ニ忌ムヘシ貴重ノ内臓ニ駆逐メ危険ノ転徙ヲ起スヘキ恐レアリ」軽証乾癬ハ胡桃子[48]ヲ搗爛シ或ハ其新鮮搾油ヲ擦スルヲ最良トス蓬砂溶液[49]第二百四十九方ヲ以テ洗フモ亦可ナリ殊ニ顔面ニ発セル者ニ宜シ其他塩酸加爾幾《カルキ》[50]。蘊魯林加爾幾《ソロリンカルキ》[51]。石灰水。椰子油製石鹸ヲ加フル者殊ニ良シ升汞稀溶水。蓬砂軟膏。白降汞[52]軟膏等モ亦撰用スヘシ」湿癬ノ疼痛ヲ夾ム者ハ石灰軟膏ヲ称誉ス顔面ニ発セル者ニ殊ニ佳ナリ」焮灼堪ヘ難キ者ハ斯百児麻摂的《スペルマセッテ》[53]名ニ扁桃油[54]ヲ加ヘ貼スルヨリ良キハナシ若シ之ニ由テ仍ホ鎮静セサルトキハ乳酥[55]ヲ以テ屢ヒ温蒸スヘシ」若シ其焮衝強クメ疼痛甚シキ者ハ殊ニ顔面ニ発セル者新汲水ニ布片ヲ醮シテ半時毎ニ改メ貼メ能ク其苦ミヲ退ケ且ツ其病ヲ治スルノ奇験アリ」病勢尚ホ劇キ者ハ甜菜[56]或ハ車前[57]ノ鮮葉ヲ搗爛メ頻リニ換貼スヘシ其顔面ニ発メ醸膿侵蝕スル悪性ノ者モ全癒セルヿ少ナカラス」又単ニ軟革ヲ瘡上ニ覆フモ亦良功ヲ得ルヿアリ」或ハ亦極メテ頑固ニメ諸薬寸験ナキ者ニ爹児[58]一椀鶏子黄[59]二個酥[55]一椀研和メ軟膏ト為シ日ニ二次塗擦メ全治ヲ得シヿアリ」

「セイコシスメンチ」[60]（頷ニ発スル無花果状癬）ト「リュピュス」[61]（侵蝕癬）トハ頑癬中ノ最モ頑固ナル者ナリ前件ノ諸法ヲ尽クメ功ナキ𪜈ハ悉篤満煎《シットマン》[36]（第二百四方）ヲ用フルヲ佳トス

凡ソ頑固証ノ治ヲ施スニハ（外用薬ヲ行フニハ殊ニ然リ）必ス[20]打膿法ト下剤ヲ兼用シ以テ一ニハ其治癒ヲ扶ケ一ニハ其内陥ヲ防カンヿヲ要ス

癩「レプラ」[62]羅「メラーツヘイド」[63]蘭

徴候　皮膚全ク本性ヲ変メ膨然ト腫起シ累累結核状ヲ致シ厚痂鱗屑状ニ重襲シ其間膿点ヲ夾雑ス而メ或ハ焮灼シ或ハ煩痒シ終ニ皮膚ノ器質全ク荒蕪ス」其発スル全軀処也ヲ択ハス顔面ニモ亦之ヲ生スルナリ

此病ハ軽重甚タ差等有テ証状種種一様ナラス其極劇証ヲ東方癩ト謂フ（欧羅巴洲ニ於テハ方今絶テ之ヲ見ス）眼鼻手足其余諸部悉ク毀壊メ終ニ壊疽ニ転シ或ハ潰瘍ト為テ深ク侵蝕シ疼痛劇烈殊ニ夜間ニ甚シク全身痂皮ヲ被テ面貌大ヒニ本相ヲ失シ且ツ兼ルニ腫脹。煩悶。耳聾。声嗄。労熱ヲ以テシ羸痩脱力ヲ極ムルニ至テ死ニ帰スルナリ而メ此証ハ著シク相伝染ス」其較ヤヽ軽キ者ヲ西方癩ト謂フ諸証斯《シカ》ク甚シカラス皮膚ヲ崩壊スルヿモ亦斯《シカ》ク著シカラス病ヒ多クハ一処ヲ局メ内部ヲ犯サス之カ為メニ死スルヿナク亦伝染スルヿナシ」象皮癩ト名クル者ハ身体各処（殊ニ足部）ノ皮硬固ト為テ厚痂ヲ被ヒ恰モ象皮ノ如クニメ侵蝕スヘキ悪臭ノ敗血漿ヲ滲出ス」白癩ト名クル者ハ大白斑ヲ発メ表被断エス麦糠ノ如ク剥離シ皮下ノ蜂窠[64]質硬結スルナリ」「ペルラグラ」[65]ト名クル者ハ背脊四肢ニ羅斯[66]様ノ大斑ヲ発シテ灼クカ如キヲ覚エ多クハ水泡ニ転メ其表被屢ヽ剥脱シ其斑春時ニ発メ冬月ハ消散ス此証ハ神経ヲ侵スノ性有テ殊ニ脳ヲ感攪シ動モスレハ精神病ヲ招クヿアリ是レ[67]英垤密病ニメ方今伊太里亜《イタリア》ニノミ流行ス」癩ノ軽証ハ欧羅巴ニ於テ方今仍ホ稀レニ之ヲ見ル

ヿ有レ𪜈重証ハ中古癩病院ヲ設ケテ大ニ備虞ヲ為セシヨリ以来我地方ニ在テハ其種竭《キ》タリ唯東方諸地ニ於テハ仍《ホ》之《レ》アルノミ

夫《ノ》極劇証東方癩ノ如キハ其因一種ノ伝染毒ナリ其軽証西方癩ノ如キハ蓋《シ》素《ト》他ノ皮膚病ニメ癩ノ外証ヲ取レル者ノミ多《ク》ハ頑癬ノ極度ニ進メル者ナリ

治法　甚タ難治ノ一病ナリ宜ク頑癬ノ治則ニ準ヒ且《ツ》其方剤ヲ襲用スヘシ就中水銀剤。安質没扭《アンチモニ》剤ヲ用ヒ升汞ニ阿芙蓉。[68]失鳩答ヲ伍シ与ヘ「[69]カリカアレナル」根（未詳）及ヒ[70]羊蹄根ノ煎汁。[71]芫菁丁幾。（至三四十滴）塩酸等ヲ内服セシメ外用ニハ水銀製剤。塩浴。硫黄浴。升汞浴等ヲ施スヲ佳トス極悪証ハ[72]砒石ヲ外用メ良験アルヿアリ

謁戻的麻羅《[73]エレイテマ》（「[74]ブランド、ブラールチース」蘭按ニ漢人所謂血風瘡ノ類ナリ）

徴候　殊ニ面部ニ発スル紅色ノ斑ニメ小泡若《ク》ハ膿泡ヲ兼発シ二三日ニメ消除スル者是ナリ」是軽易ノ皮疾ニメ多《ク》ハ年少ノ女子ヲ侵シ大ニ煩困セシムルヿアリ

原由　其因多血ニアリ頭中《ノ》血液鬱積（便秘或ハ衣服緊縛ヨリ来ルヲ多トス）ト皮膚ノ嫩脆ナルトヨリ起ルヲ常トス

治法　多血ヲ療スルニアリ」滋補ノ力少《ナ》キ清涼性ノ植物ヲ食料トシ酒。骨喜。麦酒等ノ起熱品ヲ禁シ飲液ヲ多服セシメ「[75]ビットルワートル」（鉱泉）[76]旃那。[77]葯刺巴等ノ下剤ヲ与ヘ兼テ脚浴ヲ行ヒ屢《ヽ》角法ヲ施シ毎夜骨私滅徴加水《[78]コスメチカ》（第二百四十九方）ヲ以テ其部ヲ洗フヲ佳トス

此類ノ紅斑。[79]聖京偪熱。僂麻質熱ニ兼テ小児ニ発スルヿ多シ」猩紅斑或ハ麻疹ト混同シ易キニ似タレ𪜈是唯聖京偪毒。僂麻質毒ノ皮膚ヲ刺衝スルニ起レル者ニメ夫《ノ》表被剥離証ナク且《ツ》速《カ》ニ消散スルヲ以テ自ラ別アリ」而《メ》此証ハ其熱去レハ随テ散スルカ故ニ治法ヲ要スルヿナシ

頭瘡「[80]ファフュス」羅「[81]ホーフドセール」蘭

徴候　頭部髪際上ニ生メ悪臭ノ粘膠液ヲ滲出シ痂ヲ結テ瘙痒甚シキ者是ナリ」二種アリ一ハ尋常ノ頭瘡ナリ一ハ白色ノ厚痂ヲ結ヒ固ク窂着メ髪根腫脹セル者ナリ之ヲ悪性頭瘡「[82]チ子ア」ト謂フ」而メ尋常ノ頭瘡ハ小児ノ通患ニメ日常《フダン》甚タ多シ然レ𪜈近世小児ヲ裸頭ニメ遊戯セシメ頭髪ヲ裁テ短フスルノ風習行ハレテヨリ之ヲ患フル者大ニ減セリ悪性頭瘡ハ前証ニ比スルニ少ナシト雖𪜈其病タル甚タ頑強ナリ

原由　尋常ノ頭瘡ハ頭部ノ汚穢不潔或ハ温護過度ヨリ起リ或ハ瘰癧性ノ病毒。腸間膜ノ閉塞。蒸発気ノ抑遏等ニ因スルナリ悪性頭瘡ハ一種ノ局処病ニメ其近因髪根ノ病患ニ在リトス

治法　尋常頭瘡ニ於テハ勉メテ頭部ヲ浄ラカニシ屢ミ毛髪ヲ梳ツリ或ハ之ヲ裁除スルヲ宜シトス但之ヲ裁除スルニハ風烈ノ日ヲ避クヘク亦短ニ過コス可ラス内陥ヲ致スヿ猶ホ頓ニ温帽子ヲ脱去セルカ如クナレハナリ而メ微温石鹼水ヲ以テ患部ヲ洗ヒ牛酪若クハ油脂ヲ塗テ硬痂ヲ軟ラゲ兼テ越扶屋布斯密涅刺列《[11]エチオプスミ子ラーレ》ニ大黄[83]。麻偪涅失[30]ヲ加ヘ用ヒ且ツ薩撒弗刺斯《[84]サッサフラス》ノ泡剤[85]ヲ服セシメ八日毎ニ葯刺巴[77]甘汞[86]ノ下剤ヲ与フヘシ大抵全功ヲ収ムルニ足ルナリ然レ𪜈仍ホ頑強ナルトキハ浴法ヲ行ヒ普魯乙蔑児散《[12]プロイメル》附ニ朴屈福烏篤《[16]ボックホウト》。失鳩荅《[68]シキウタ》ヲ伍メ之ヲ用フルヲ良シトス」外用ニ収濇薬[87]ヲ要スルヿハ甚タ罕ナリ謾用ス可ラス動モスレハ之ヲ内陥セシメテ脳及ヒ五官ニ危篤ノ転徙ヲ致セハナリ頑固証ニハ蕪青葉[88]ヲ三襲ニメ瘡上ニ貼シ毎日三次改メ換フルヲ佳トス之ニ由テ其痂徐徐ニ剥離セハ随テ油質擦剤ヲ行フヘシ

悪性頭瘡モ内服ニハ右ノ諸薬ヲ用ヒテ宜シ但治療ノ要ハ病患ヲ得タル髪根ヲ抜除スルニ在リ乃チ[89]瀦膏[90]華爾斯ニ麦粉ヲ揀和メ之ヲ製スヲ長形ノ小布片ニ攤ヘテ毎日頭上ノ一小部ニ貼シ乾クヲ待テ之ヲ除ケハ髪根之ニ固着メ去ルナリ又護謨安没尼亜《[91]ゴムアムモニア》

幾《キ》[92]ヲ海葱醋ニ和シ煮テ硬膏トナシ之ヲ貼メ自ラ剥落スルニ至ルマデ棄置スルモ亦可ナリ其甚タ頑固ナル者ハ水銀ヲ消酸ニ溶化シ一食匙ヲ取テ同量ノ牛酪[93]ニ和シ毎日患処ニ塗テ其部ノ全ク清潔ヲ得ルニ至ルヲ宜シトス

皶赤皰「[95]ギュッタロナセア」羅「[96]コーペルオイトスラグ」蘭（酒皶鼻相同シ）

徴候　紫紅色。褐赤色或ハ銅赤色ノ大斑ニメ顔面ニ発シ殊ニ鼻上ニ生ス而《ソ》其部焮熱ヲ覚エ或ハ稍《ヤヽ》隆起ス

此病ノ一種「ファリ[97]」ト称スル者ハ赤色ニメ尖起セル胼胝状ノ小結腫ナリ其尖頭破開メ膿汁或ハ水様液或ハ血色ノ液汁ヲ滲出ス」此瘡ハ顔面ニ発スルヲ常トスレ𪜈他部ニモ亦之ヲ生ス

右両種其証ヲ異ニスレ𪜈其因ハ乃《チ》同シ故ニ屢《ヽ》相錯ハリ発スルᄀアリ

原由　其本因ハ皮膚固有ノ素質ニアリ故ニ相遺伝メ一血族ノ固有病タルᄀ多シ其誘因ハ慓悍[98]飲液ノ過用ニ在ルヲ最モ多シトス然《レ》𪜈胆液分泌ノ変。月経ノ不調モ亦之カ因ヲ為スᄀ少ナカラス

治法　治癒スルᄀ甚タ難シ先《ツ》遠因ヲ駆除メ下剤ヲ用ヒ打膿法ヲ施シ久シク上腨ニ行フ脚浴ヲ行ヒ芥子ヲ加フ蠟布襪《ラフビキタビ》[99]ヲ着スル等ノ誘導法ヲ処シ骨私滅徴加水《コスメチカ》[78]第二百四十九方ヲ以テ患部ヲ洗ヒ微的規吉撒爾弗《ウイッテクイキサルフ》[100]按ニ白降汞軟膏[52]ヲ瘡囲ニ擦スル等ヲ宜シトス」斯《シカ》クメ験ナキ者ハ硫黄。羯布羅[101]第二百五十方ヲ用フヘシ奇功ヲ奏スルᄀアリ」此病モ亦外用薬ヲ以テ急ニ駆逐スルᄀ勿レ危険ノ転徙ヲ起スᄀアリ

癧瘡「[103]フリュンキュリュス」羅「[104]ブルードズウエール」蘭

徴候　円起シ或ハ尖起セル硬腫ニメ小ナルハ一二分大ナル、数寸ニ至リ徐《ヤ》ク焮衝メ褐赤色トナリ終ニ潰破メ血ヲ交ヘタル膿ヲ排出シ瘡底ニ膿爛セル蜂窠質[64]膿核ヲ含有ス若《シ》其膿核排出シ尽《ク》サスメ瘡口癒合スル𪜈ハ結核ヲ貽《ノコ》シ早晩《イツカ》復《タ》

焮衝メ更ニ潰破スルナリ」此瘡ノ生スル全軀処
ヲ択ハスト雖圧殊ニ関節ノ曲処及ヒ脂肪過多
ノ部ニ発スルヲ常トス

原由　皮膚病ノ通因皆之《レ》カ原トナル」而《メ》之ヲ生ス
ル所以ノ因ハ蓋《シ》其皮膚ノ稟質ニ在リトス微微
タル誘因ニ遇フモ毎ニ之ヲ発スル人アルヲ以
テ証スヘシ」又此瘡ハ諸《ミ》熱病。熱性皮疹。慢性皮疾。
疥瘡。[26]伊偪篤等ノ分利ト為テ継発スルヿ多シ

治法　亜麻仁。[105]菲阿斯《ヒオス》。[106]雑腹蘭《サフラン》ヲ乳汁ニテ煮タル者
ノ如キ軟化ノ功有テ刺衝ノ性ヲ帯フル[107]蒸湯薬
ヲ施シ[108]若把爾麻《デヤハルマ》膏ヲ貼メ速《カ》ニ十全ノ膿熟ヲ致
サシメ潰破セル後ハ刺衝性ノ解凝軟膏ヲ貼メ
膿核ノ排除ヲ促スヘシ」若《シ》全軀ニ癧瘡ノ素質有
テ此瘡ノ陸続シ発スル者ハ皮膚病ノ通治法ヲ
施スヘク他ニ本病有テ之《レ》カ傍証ト為リ発セル
者ハ其本病ノ治法ヲ行ハンヿヲ要ス

〔[109]哥爾《コール》〕所謂癰ハ悪性ノ癧瘡ナリ形状頗ル大ニメ疼
痛最モ劇シク外面ニ青色或ハ黒色ノ斑ヲ見ハ
シテ終ニ寒壊疽状ノ泡腫ト為ル」多《ク》ハ是《レ》腸胃性
神経熱ノ傍証ニメ項窩或ハ肩背ニ発シ動モス
レハ其壊疽蔓延メ腐敗ヲ全軀ニ及《ホ》スカ故ニ危
険最《モ》甚《シ》キ者トス」治法ハ神経熱療法ヲ行フト手
術ヲ施スト二在リ乃《チ》先《ツ》吐剤ヲ与ヘ次ニ有力ノ
衝動防腐薬ヲ用ヒ患処ハ生肉ノ部ニ至ルマテ
深ク十字形ニ割截シテ幾那。[18]亜児尼加《アルニカ》。[110]没薬。[101]羯布
羅等ノ防腐ノ功有ル抜爾撒謨《バルサム》性薬ヲ処シ総テ
外科術ニ準《フ》テ寒壊疽ノ治法ヲ行フニ宜シ」軽証
ハ唯[111]蘇魯林ヲ以テ温蒸シ[112]乱刺法ヲ施スノミニ
メ足ル者モ亦屢《ミ》之《レ》アリ

其他[113]密爾多扶児《ミルトヒュール》ノ[114]黒泡腫。[115]列漢多《レハント》疫ノ腺腫等ハ
各《ミ》其本病ニ就テ参考スヘシ伝染熱条ヲ見ヨ

湿爛「[116]インテルトリゴ」羅「[117]スメッテン」蘭
皸裂「[118]ラガデス」羅「[119]バルステン、イン、ホイド」蘭

湿爛《タヾレ》ハ関節ノ凹処或ハ陰部等剥脱メ赤爛シ疼
痛スルナリ」乳児ニ於テハ汚垢或ハ汗尿ノ酷厲

ナルニ由テ起ル者多シ」妄リニ鉛剤ノ類ヲ以テ急ニ乾[120]濇セシムルヿ勿レ唯冷水ヲ以テ洗ヒ石松子末ヲ摻スルヲ佳トス」大人ニ於ケル者モ亦然クメ相当ノ治法ヲ処セスンハアラス

手足皹《アカガリ》裂ハ時気ノ変更殊ニ凍寒ニ由テ生シ或ハ伊偪篤等ノ全軀悪液病ヨリ起ル」扁[121]桃油製石鹼。葛[122]《カ》加阿《カオ》酪。[123]鹿脂等ノ緩和油脂ヲ外敷スルニ宜シ」鹿脂ハ勝クレテ此病ニ妙効アリ此ニ由テ之ヲ観ルニ諸ゞ油脂類ハ舎[124]密ヲ以テ論スレハ共ニ同一ナリト雖𪜈活体上ノ功用ハ各ゞ其趣キヲ異ニスル者アリ若シ其皮膚ノ触覚太タ顕敏ナル者ハ鹿脂ノ外カ毫モ他ノ油脂ニ堪ルヿ能ハサルヿアリ」蓬[49]砂モ亦骨斯滅微加《コスメチカ》[78]水（第二百四十九方）ニ製シ用ヒテ殊効アリトス」若シ夫ノ凍寒ニ由テ発セル者ハ凍瘡ノ治法ヲ施シ伊偪篤等ノ悪液病ニ起因セル者ハ対証ノ治法ヲ行フヘシ」然レ𪜈両病（皹裂湿爛）共ニ唯皮膚ノ嫩脆軟弱ナルノミニ原ツク者アリ此証ハ収濇薬ヲ外用シ冷水浴ヲ行フテ可ナリ

雀斑「[125]レンチゴ」羅「[126]ソーメルスプルーテン」蘭
汗斑「[127]エペリス」羅「[128]レーフルフレッケン」蘭

雀斑《ソバカス》ハ顔面若クハ手ニ生スル茶褐色ノ小斑ナリ瘙痒ナク春夏ニ発メ冬日ハ消散ス而メ婦人ニ多ク殊ニ毛髪帯黄紅色ナル者及ヒ皮膚嫩白緻蜜ナル者ニ夥シ

汗斑《ナマヅ》ハ帯黄褐色ノ斑ニメ其大サ一二分ナルアリ数寸ニ及フアリ而メ一処ニ発スルアリ全身ニ発スルアリ尋常瘙痒ヲ兼ルヿ無ケレ𪜈或ハ瘙痒ヲ兼テ表被屑剥スル者モ亦之アリ

両証共ニ唯膚表一局処ノ病ナリト雖𪜈汗斑ハ又胆液過多若クハ肝臓運営ノ変常等ニ因シ或ハ月経ノ不調ニ起ルヿアリ」或ハ又婦人之ヲ発スルヲ見レハ其姙ヲ徴スヘク分娩スレハ随テ消スルヲ常トスル者アリ

治法　常ニ日光ニ中タルヿヲ避ケ洗浴後直チニ開豁気中ニ出ルヿヲ禁シ臨臥ニ骨[78]斯蔑微加水ヲ外用スルニ宜シ」汗斑ニハ蓬砂ヲ奇薬トス半銭[17]ヲ

薔薇水[129]一ヲ[130]ニ溶シテ屢ト患部ヲ湿ホスヘシ」若シ酷厲胆液ノ徴候有ル者ハ胆液ヲ制尅シ血液ヲ清刷スヘキ解凝薬ヲ内用セスンハアラス

[131]黙埊越的児斯《メーデエーテルス》蘭「[132]コメド子ス」羅

徴候　全軀ノ皮膚死痺縦弛メ黲澹乾枯シ微ヤヽ隆起セル黒色ノ細点夥シク発生シ之ヲ搾レハ小虫状ノ凝結物ヲ洩出ス而メ其極度ニ進メル者ハ斯ノ小虫状ノ細条普ク皮表ニ纏ヒ尚且ツ一身羸痩衰弱メ顔貌老人ノ如ク総テ枯労（前ニ出ツ）ノ諸証ヲ具ヘ終ニ虚憊ヲ極メテ死ニ就クナリ

原由　是レ小児二三歳ニ至ル間ノ病ニメ其因ハ皮膚生力ノ匱乏セルニ在リ其分泌吸収共ニ全ク妨ケラレテ皮腺中ニ斯ノ如キ小虫状ノ凝結ヲ醸スナリ」古人之ヲ誤リ認テ真ノ小虫也トシ且ツ其全軀ノ栄養ヲ奪フヲ以テノ故ニ亦之ヲ斥シテ[131]黙埊越的児斯《メーデエーテルス》（按ニ食客ノ義）ト名ツケタリ而メ遠因ハ皮膚ノ不潔ト食物ノ不良トニ在リトス

治法　皮膚ノ生力ヲ活起スルニ在リ石鹸。麦芽。香竄薬草ノ浴法ヲ行ヒ有力ノ食物。葡萄酒ヲ与ヘ清浄気ニ中ラシメ強壮衝動ノ諸薬ヲ服セシムヘシ」而メ水脈（殊ニ腹部水脈）甚シク其患ヲ被ムルヿヲ徴セハ[11]越質屋布斯密涅刺列《エチオプスミチラーレ》。[133]安質没扭《アンチモニ》。[83]大黄等ヲ用ヒスンハアラス（小児門ヲ参考スヘシ）

胼胝「[134]カルロシタスキュチス」羅

徴候　胼胝ハ表被若クハ皮質堅厚ト為レル者ノ総称ナリ（字書云胼胝ハ皮堅也皮厚也）」初生児ニ於テ皮膚広ク硬結メ胼胝ヲ致ス者アリ殊ニ拂郎斯《フランス》国ニ多シ蜂[64]窠質硬結ト名ク其終リ必ス死ニ帰スルナリ」或ハ又瘰癧病。[66]羅斯性焮衝ノ後。四肢全皮ニ此証ヲ発メ著シク堅腫シ以テ異態ヲ為シ或ハ又諸種ノ慢性皮疾（殊ニ頑癬）ニ之ヲ兼発スルヿアリ

治法　内外ヨリ有力ノ皮膚刺衝法ヲ行ヒ発汗薬ヲ用フルニ在リ即水銀剤。安質没扭《アンチモニ》剤ニ莨菪[135]。失鳩答ヲ伍用シ塩浴。硫黄浴。[136]羅偘《ローグ》浴ヲ行ヒ緩和薬

ヲ以テ蒸[137]瀉シ酸[138]素軟膏（未詳按ニ消酸脂ナラン附）ヲ外貼シ[20]打膿法ヲ施ス等ナリ

（疣《イボ》）「[139]ウラット」（魚疣《ウヲノメ》）「[140]リッキドールン」（角疣）「[141]ホールンオイトワス」其堅キ亅角ノ如ク其質モ亦角ニ類ス等モ此ニ属ス」疣ハ単個ニ発生スルアリ多顆一斉ニ点発スルアリ（小児ニ於テ殊ニ然リ）而メ其発スルモ顕著ノ因ナク其消スルモ亦顕著ノ因ナキ者多シ」其誘因多クハ唯形器性ノ圧迫ニ在リ（衣服ノ緊紮摩擦等ヲ云フカ）然氏多顆一斉ニ点発スル者ハ体機発動期（歯牙抽出。言語始発等ノ期ヲ云フ）ニ於テシ或ハ瘰癧。黴毒。伊偏篤等ノ内部ノ病患ニ起レル皮膚ノ変常ニ原ツク者少ナカラス」治法ハ芫菁[71]丁幾。[142]発烟消石精。[143]安質没扭《アンチモニ》酪。[144]刺必斯印歇児那栗私《ラーピスインヘルナリス》或ハ烙鉄ヲ用ヒテ之ヲ腐蝕セシメ或ハ糸ヲ以テ結断スルニ宜シ」若シ他病ニ傍発セル者ハ其本病ノ治法ヲ施スヘシ」或ハ又総身皮膚普ク疣状ノ贅肉ヲ生メ遺ス所ナキ者アリ魚鱗皮「[145]ゲシキュップテホイド」豪猪皮「[146]ステーケルファルケンスホイド」共ニ病名モ亦此類ニ属ス共ニ前件ノ治法ヲ施スヘシト雖氏痊ユル者ハ罕ナリ

糾髪病「[147]プリカ」羅「[148]ポールセフレクト」蘭

徴候　毛髪紛乱纏結メ終ニ糾塊ト為ル者是ナリ」其初メ捲縮メ繚乱シ漸ク糾合メ離解スヘカラス其質モ亦肥倍シテ一種ノ膠液ヲ滲出シ以テ益ヽ粘窂メ一団塊ヲ為シ進テ極度ニ至レル者ハ其髪疼痛ヲ発シ爪ニモ亦贅物ヲ生スル亅アリ」而メ其発病前四肢倦怠メ微熱ヲ覚エ頭痛眩暈メ悪臭ノ汗ヲ発スル等ノ前兆有テ病ヒ既ニ発スレハ其諸証尽ク去ル若シ期ニ先テ早ク其糾髪ヲ截除スレハ内陥メ麻痱。耳聾。失明等ノ諸患ヲ発スル亅少ナカラス」此病ハ頗ル慢性ナリ或ハ生涯全治セサル者アリ

原由　近因ハ毛髪ノ資生力一種ノ変性ヲ得テ過盛セルナリ」此病ハ全ク[67]英垤密《エンデミ》（病）ニメ[149]甫児《ポール》国ニノミ之アリ偶ヽ他邦ニ之ヲ見ル亅アルモ皆其源ヲ甫児《ポール》ニ資レルナリ蓋シ其民俗ノ体軀不潔ナルト毛皮帽ヲ被ルト飲用ノ水ノ異ナル所アルト之カ発生ヲ助クルニ似タリ」而メ又其地ニ在テモ

唯「[150]サルマチセ」種ノ人ノミ之ヲ患ヒテ独乙《ドイツ》人魯《ロ》西亜《シア》人ノ如キハ起居摂養ヲ一ニスレ𪜈此病ニ罹ルヿ罕《レ》ナリ故ニ夫《ノ》人種ニモ亦関係スル所アルヿ知ルヘシ」経験家ノ説ニ拠ルニ此病ハ一個ノ伝染毒ヲ醸シ殊ニ交媾ニ由テ能ク相伝染スト云フ」又従来他患アリシ者此病ヲ得レハ乃《チ》治シ此病退ケハ復《タ》前患ヲ発スルヿ有ル等ヲ以テ之ヲ観ルニ其因唯局処ニ在ルニ非スメ体内ノ悪液病ノ[6]分利状ニ[7]転徙シ来テ発スル者アルヿ亦知ルヘシ

治法　体内ノ悪液ヲ復良シ慎重ヲ加ヘテ糾髪ヲ分チ除クニ在リ」但《シ》其時期ニ応メ恰当ノ治ヲ施サンヿヲ要ス

（初期）是《レ》其前兆ヲ見ルノ間ナリ勉《メ》テ悪液ヲ復良シ且《ツ》病毒ノ転徙シ出ルヲ催進スヘシ即《チ》発汗薬ヲ用ヒ就中安質没扭《アンチモニ》。殊効《アリ》[151]朴屈福烏篤《ボックホウト》煎ヲ服セシメ若《シ》焮衝ノ素質有テ已ニ焮衝証ヲ起ス者ハ刺絡モ亦行ハサルヘカラス

（中期）糾髪証已ニ発スル時ナリ前薬ヲ主張シ用ヒ且《ツ》其量ヲ増加メ十全ノ分利ヲ営マシメンヿヲ要ス

（季期）糾髪従前ノ光沢ヲ失ヒ悪臭ヲ脱メ新生ノ毛髪ニ懸留ス是《レ》分利既ニ済《ナ》ルノ徴ナリ此《コヽ》ニ於テ之ヲ截除スヘシ治法ノ要ハ此《ノ》好時ヲ待ツニ在リ故ニ此《コヽ》ニ至ルマテ前件ノ諸薬ヲ用ヒテ之ヲ催進スルニ宜シ若シ此期ニ先《ツ》テ之ヲ截除スルトキハ最危ノ悪証ヲ媒起スルナリ」而《メ》後ハ強壮剤ヲ以テ其全功ヲ収ムヘシ

潜伏糾髪病ナル者アリ経久頑固ノ神経病之ニ因スル者少《ナ》カラス宜ク注意メ点撿スヘシ

痣「[152]ナーヒュス」羅「[153]ムーデルフレッキ」蘭

徴候　皮膚ニ生セル天稟ノ斑ナリ或ハ疣状ヲ為セルアリ或ハ海棉状ニ隆起セルアリ紅色褐色紫色等其色種種有テ其形状大小一様ナラス或ハ其上ニ毛茸ヲ生メ恰モ覆[154]盆子ニ似タル者ア

リ」通例生涯持続メ其摸形ヲ違ヘスト雖𪜈或ハ他ノ病因殊ニ局処ノ刺衝ニ由テ増大シ或ハ著シク組織ヲ変シ甚シキハ癌腫ニ転スルヿアリ

原由　其因胚腪ノ始メ形成ノ時ニ在リ故ニ之ヲ父若《ク》ハ母ヨリ伝ヘテ之レト同一ノ部ニ発スル者少《ナ》カラス」蓋《シ》又胎内ニ在テ一部常ニ圧迫ヲ受テ皮膚ノ形成妨ケラレ之《レ》カ為《メ》ニ生セル者モ亦之アルニ似タリ」其他母体ノ意識ノ感動。胎児ノ皮膚形成ヲ支ヘテ之ヲ発セシムルヿモ亦之《レ》アリ」然《レ》𪜈世間無稽ノ徒ノ臆想ニ出タル妄説ノ如キハ固《ト》ヨリ取ルニ足ラサルナリ

治法　之ヲ除クニハ最《モ》慎重ヲ加ヘサル可ラス局処ノ刺衝皆能ク之ヲ増大セシメ尚且《ツ》之《レ》ニ加《フ》ルニ著大ノ織[155]質変性ヲ誘起スル者ナレハナリ」故ニ寧《ロ》為ルヿ勿カランニ若カストス諸《ヽ》[156]形器性ノ伎倆（外科術）モ慎テ行ハサルヲ佳トス」若《シ》已ムヿナクメ其需《メ》ニ応セサル可ラサルトキハ蓬砂。明礬。剥[157]篤亜斯。[32]升汞等ノ稀溶水及《ヒ》石灰水ヲ外敷メ之ヲ試ムヘシ」若《シ》海綿状ニ隆起メ根脚細小ナル者ハ糸ヲ以テ結断スルニ宜シ」若《シ》斑色火紅ナル者ハ其部ニ皮膚ノ自然色ヲ出スヘキ[158]箚刺《イレホクロ》ヲ行フモ亦大《ヒ》ニ可ナルヿアリ

脱髪「[159]アロペシア」羅「[160]アフステルフエン、デル、ハーレン」蘭

徴候　毛髪乾枯メ白色トナリ自ラ分裂メ脱落スル者是ナリ

原由　総テ毛髪ノ栄養ヲ支フル者皆之《レ》カ因トナル就中高老ノ年齢。諸《ヽ》急性熱病。頭部ノ羅[66]斯。苦心焦思。甚キハ一夜間ニ白髪トナル者アリ房労過度。慢性皮疾。及《ヒ》黴毒等ノ悪液病ヨリ来ルナリ

治法　屢《ヽ》毛髪ヲ梳リ石鹼水及ヒ山[161]牛蒡ノ煎汁ヲ以テ洗浄シ牛ノ骨髄ニ[162]設突魯油《セドロ》(附)ヲ加《ヘ》テ塗擦シ食塩ヲ煆キ他ノ粉末ヲ加《ヘ》テ之ヲ摻シ或ハ胆礬水ヲ以テ洗フヲ宜シトス

潰瘍「[164]ウルセラ」羅「[165]ズウェーレン」蘭

皮膚ノ潰瘍。骨ノ潰瘍。共ニ其治法皮膚病ノ規則ニ準フヘシ皮膚病総論ヲ参考スヘシ内科治法ニ於テハ其遠因ヲ探索メ之レヲ攻メンヿヲ要ス而メ患部ハ専ハラ外術ヲ要スルカ故ニ此病ハ殊ニ外科ノ関カル所トス」[166]水癌（「ワートルカンクル」就中薄弱ノ小児ニ於テ口吻唇頬ニ発メ速カニ壊疽ニ転スル悪性ノ潰瘍ナリ）モ亦然リ外科書ニ就テ之ヲ議スヘシ」但シ[167]木醋[附]ヲ外用メ偉効ヲ得タルヿ多シ

扶氏経験遺訓巻之二十終

（奥付）
安政四年丁巳初秋

三都書賈

京二条通柳馬場　若山屋　茂　助
江戸日本橋通壱町目　須原屋　茂兵衛
同二町目　山城屋　佐兵衛
同芝神明前　岡田屋　嘉　七
同浅草茅町二丁目　須原屋　伊　八
大坂心斎橋通北久宝寺町　秋田屋　治　助
同安堂寺町北ェ入　秋田屋　善　助
同安堂寺町南ェ入　秋田屋　太右衛門

巻之二十註

1 *scabies* 疥癬。
2 schurft 疥癬。
3 jichtige schurft 痛風疥癬。
4 scorbutsische schurft 壊血病疥癬。
5 kritische schurft 分利疥癬。
6 crisis 危機。病気の峠。
7 転移。
8 zwavel zeep 硫黄石鹸。
9 groene zeep 軟石鹸。複合甘草石鹸。
10 *ungt. helenii* 土木香。オオグルマから製した軟膏。
11 *aethiops min.* エチオピアミネラル。
12 *pulveris pluimeri* ピュルメル散。本書附録巻一参照。
13 硫酸亜鉛。
14 *veratrum album* バイケイソウ。
15 *sarsaparill.* サルサパリラ。土茯苓。
16 *lign. guajak* 癒瘡木。
17 drachma 一ダラクマは約三・八九グラム。
18 *arnica* キク科植物の根。
19 scheurbuik 壊血病。
20 kunstmatige zwaeren 人為的化膿法。
21 *herpes* 瘡疹。水疱疹。
22 haarworm 旋毛虫。
23 *hectica* 消耗。
24 *baryta* 酸化バリウム。塩酸重土は誤訳であろう。
25 ポックホウト。癒瘡木。
26 jicht 痛風。
27 *dulcamara* ヅルカマラ。
28 scrupel 一スクルペルは約一・三グラム。
29 *antimonium crudum* 粗アンチモン。
30 *magnesia* 酸化マグネシウム。
31 *pulvis antidyscrasicus* 悪液質薬散剤。癒瘡木、金硫黄、甘汞などを成分とする。
32 塩化水銀（Ⅱ）。
33 gezwavelde kalk met spiesglans アンチモン硫化カルシウム。
34 cort. *ulmi* ニレ皮。
35 *herb. jaceae*。
36 *decoct. zittmanni* シットマン煎。サルサ根を主成分とする。本書薬方篇巻二、第二百四方参照。シットマンはJohann Friedrich Zittmann（一六七一－一七五七）。ボヘミアのテップリッツ生まれの軍医。
37 乳汁漿。
38 ヨシの根。
39 *rad. taraxac.* タンポポ。
40 *gram.* 禾本科モロコシ属。
41 *hb. tussilag.* オランダタンポポソウ。ファルファラ葉。
42 *nasturt. aquat.* ナスターシャム。オランダガラシ属。

43 koppen　吸い玉法。
44 *ichthyosis*　魚鱗癬。
45 pond　薬量一ポンドは約三七三グラム。
46 Neundorf。
47 Eilsen。
48 walnootolie（*oleum juglandum*）　クルミ油。
49 *borax*　硼砂。硼酸ナトリウム。
50 *murias calcis*　塩化カルシウム。
51 原文には前項に続いて　of chlorkalk（または塩化カルシウム）とあるので、同じ塩化カルシウムを言い換えたものであろうか。
52 アミノ塩化水銀（Ⅱ）。
53 *sperma ceti*　鯨油。鯨蝋。
54 *ol. amygdale*　杏仁油。
55 room　乳脂。
56 *beta alba*　砂糖大根。
57 *plantago*　オオバコ。
58 teer（*pix liquida*）　木タール。
59 eijerdoren　卵黄。
60 *sycosis menti*　顎部毛瘡。
61 *lupus*　狼瘡。
62 *lepra*　癩。
63 melaatschheid　ハンセン氏病。
64 celweefsel　細胞組織。
65 *pellagra*　ペラグラ。
66 roos　丹毒。
67 endemisch　地方特有の。風土病の。
68 *cicuta*　ドクゼリ。
69 *rad. caric. arenar.*　ドイツサルサの根。
70 *lapath. acut.*　エゾノギシギシの根。
71 *tinct. cantharidum*　カンタリジンチンキ。
72 原文は rattenkruid とあるが rattenkruit（砒素を含んだ鉱物、白砒）の誤りであろう。
73 *erythema*　紅疹。紅斑。
74 brandblaartjes。
75 bitter water　硫苦。ニガリ。下剤。
76 *fol. senn.*　センナ葉。
77 *rad. jalap.*　ヤラッパ根。
78 *aqua cosmetica*　化粧水。香水。
79 シンキング。Zinking　原文は catarrhale　カタル。
80 *favus*　黄癬。
81 hoofdzeer　頭痛。
82 *tinea*　頭部皮疹。
83 rhabarber。
84 *lign. Sassafras*　クスノキ科高木。根が発汗、利尿剤。
85 thee　煎汁。
86 塩化水銀（Ⅰ）。
87 収斂薬。

88 koolbladen キャベツ。
89 pikpleister ピッチ膏。
90 hars 樹脂。
91 *gumm. ammoniac.* 阿魏に類似した茎より流出するゴム質。
92 c. acet. *squill. coct.*。
93 boter バター。
94 皶（サ） はにきび。
95 *gutta rosacea* 酒皶鼻。赤い鼻のにきび。
96 koperuitslag 頭部の吹き出物。
97 *vari.* 吹き出物。にきび。
98 アルコール度の高い。
99 蝋引き布で織った靴下。
100 witte kwikzalf 白色水銀膏。
101 カンフラ。樟脳。
102 ねぶと。かたね。
103 *furunculus* 癤腫。
104 bloedzweer 血の潰瘍。
105 *hyoscyam.*。
106 *crocus*。
107 湿布薬。
108 *empl. diachyl. comp.* 単鉛硬膏。
109 *carbunculus* 癰（よう）。皮膚に生じる化膿性炎症。
110 *myrrha* ミルラ。
111 原文は *aqua oxymuriat.* 塩素水。
112 scarificatiën 掻破試験。
113 miltvuurkool 炭疽。
114 *carbunculus contagiosus* 伝染性癰。炭疽。
115 原文は *de bubo en anthrax* verschijnsel van pest ペストの鼠蹊腺腫および癰様症状とある。列漢多疫はレファント Levant 病。Levant は地中海東岸の地名。
116 *intertrigo* 間擦疹。
117 smetten しみ。
118 *rhagades* 亀裂。
119 barsten in de huid 皮膚のひび。あかぎれ。乾燥する。
120 amandelzeep。
121 *bytyr. cacao* カカオ脂。
122 *sebum cervin.* 鹿膠。
123 scheikunde 化学。
124 *lentigo* 黒子。
125 zomersproeten そばかす。
126 *ephelis* 雀卵斑。そばかす。
127 levervlekken 肝のしみ。本文に「汗斑」とあるが「肝斑」の誤植であろう。
128 *aqua rosarum* ローズ水。
129 *ons* 薬量一オンスは約三一・一グラム。
130 medeëters 食客。
131 *comedones* 面皰。

133 アンチモン。
134 *callositas cutis* 胼胝。
135 *belladonna* ベラドンナ。
136 *cicuta* ドクゼリ。
137 loog。灰汁（あく）。
138 *ung. oxygenat.* ung は unguentum 軟膏。
139 wratten いぼ。
140 likdorens 魚の目。
141 原文は hoonrachtige hardheid 角のように固きもの。
142 発煙硝酸。
143 *butyr. antimon.* アンチモンバター。三塩化アンチモン。
144 *lapis infernal.* 硝酸銀。
145 gescheubdehuid うろこ皮。
146 stekelvarkenshuid ヤマアラシ皮。
147 *plica* 皺襞。
148 poolsche vlecht ポーランドちぢみ髪。
149 Polen ポーランド。
150 Sarmatische 放牧民の。
151 *guajac*-afkooksel 癒瘡木煎。afkoolsel は煎じ薬。
152 naevus。
153 moedervlek 母斑。生まれつきのあざ。
154 原蘭語不明。覆盆子はカズラの一種の実。
155 weefsel 組織。
156 wektuigelijke aanranding. 道具を用いる荒々しい行為。
157 ポトアス。Potasch 炭酸カリウム。
158 tatouëren 刺青。
159 *alopecia* 無毛。
160 afsterven der haren 髪の毛の衰亡。
161 *decoct. rad. bardan* ゴボウ根煎。bardock root。
162 *ol. de cedr.* 香椿属の油。
163 硫酸銅。
164 *ulcera* 潰瘍。
165 *zweren.* ただれる。
166 *noma*（water kanker） 壊疽性口内炎。
167 木材を乾留して得られる粗酢酸。

緒方洪庵全集第一巻
扶氏経験遺訓　上

2010年11月24日　初版第1刷発行　[検印廃止]

編　集　適塾記念会緒方洪庵全集編集委員会

発　行　大阪大学出版会

代表者　鷲田　清一

〒565-0871　吹田市山田丘2-7

大阪大学ウエストフロント

TEL：06-6877-1614

FAX：06-6877-1617

URL：http://www.osaka-up.or.jp

印刷・製本　株式会社 遊文舎

ISBN 978-4-87259-370-9　C3321